Saints moines d'Orient

François Halkin, Bollandiste

François Halkin

Saints moines d'Orient

VARIORUM REPRINTS
London 1973

ISBN 0 902089 52 8

Published in Great Britain by
VARIORUM REPRINTS
21a Pembridge Mews London W11 3EQ

Printed in Switzerland by
REDA SA
1225 Chêne-Bourg Geneva

VARIORUM REPRINT CS17

TABLE DES MATIERES

Ce livre est composé de 360 pages

AVANT-PROPOS

Désigné, il y a exactement un demi-siècle, pour faire partie, après un long apprentissage, de l'équipe des Bollandistes, je me vis bientôt confier le soin d'éditer en un volume les différentes Vies grecques du génial initiateur de la vie religieuse en communauté, saint Pachôme († 347) (1). D'autres saints moines d'Orient, depuis le grand Antoine de Thébaïde (IIIe – IVe siècle) jusqu'aux ermites des Balkans au XIVe siècle, ont retenu mon attention au cours des quatre dernières décennies. Les articles que je leur ai consacrés de-ci de-là suffiraient à remplir, en réimpression anastatique, un recueil si lourd qu'il cesserait d'être maniable. Pour éviter cet inconvénient, j'ai exclu de la présente publication, qui m'a été demandée par Variorum Reprints de Londres, une discussion de 45 pages sur *L'Histoire Lausiaque et les Vies grecques de saint Pachôme* (2), la *Notice* de saint Sisoès (3), deux mémoires qui ont paru dans *Byzantion* en 1953 et 1961 (4), ainsi que ma communication au Congrès international sur l'Orient chrétien tenu à Rome en 1963 (5). Ces trois dernières études ont d'ailleurs été reproduites déjà dans les *Recherches et documents d'hagiographie byzantine* (6) réunis naguère à l'occasion de mes soixante-dix ans.

Quelques additions, bibliographiques et autres, ont été groupées à la fin du volume sous le titre de *Notes additionnelles*. L'index général et la table des manuscrits sont dus à la collaboration dévouée du P. François Lamal, S.J.

Les philologues, hellénistes et byzantinistes, qu'intéressent les particularités du vocabulaire, de la langue et du style, sont priés de se reporter soit à l'*Index graecitatis* qui est joint à plusieurs éditions de textes, soit aux notes de commentaire placées au bas des pages. Les latinistes, de leur côté, trouveront à glaner dans les deux premiers articles du recueil.

F. HALKIN, S.J.

Bruxelles, décembre 1972

REFERENCES

(1)   Les *Sancti Pachomii Vitae graecae* parurent en 1932; elles forment le no.19 de la collection bollandienne des *Subsidia hagiographica*.

(2)   *Analecta Bollandiana*, t.48 (1930), p.257–301.

(3)   Ibid., t.66 (1948), p.89–90.

(4)   *Une victime inconnue de Léon l'Arménien? Saint Nicéphore de Sébazè (Byzantion,* t.23, p.11–30); *Un ermite des Balkans au XIVe siècle: la Vie grecque inédite de saint Romylos (Byzantion,* t.31, pp.111–147).

(5)   *L'abdication de Benoît IX et sa fin édifiante parmi les moines grecs de Grottaferrata (L'Oriente cristiano nella storia della civiltà,* 1964, pp.131–138).

(6)   Bruxelles, 1971 (= *Subsidia hagiographica*, no.51).

I

LA LÉGENDE DE SAINT ANTOINE
TRADUITE DE L'ARABE
PAR ALPHONSE BONHOME, O. P.

*Un manuscrit de Malte et un de Florence nous ont conservé une « Vie en images » de S. Antoine, dont Mlle R. Graham a publié naguère une reproduction intégrale [1]. L'intérêt de cette série de 200 miniatures n'est pas seulement d'ordre artistique ; les notices placées au bas de chaque tableau indiquent les sources où le peintre a puisé son inspiration. Or, à côté d'*Athanasius, *auteur de la biographie classique de S. Antoine, à côté de la Vie de S. Paul par S. Jérôme, des* Vitae Patrum *et d'une* Legenda breviarii, *inédite mais facile à identifier [2], le miniaturiste mentionne fréquemment et sans autre précision un certain* Alphonsus, *à qui il se déclare redevable de 50 sujets sur 200. Qui pouvait bien être cet énigmatique personnage ? La question ne laissait pas d'être embarrassante, car ni les* Acta Sanctorum, *ni la* BHL., *ni les répertoires d'écrivains médiévaux ne connaissent un hagiographe latin du nom d'Alphonse qui se soit occupé du « Père des moines [3] ».*

Le prologue d'une « Tentation de S. Antoine », qualifiée dans le titre de Legenda mirabilis *et découverte par Mlle Graham dans un manuscrit de Londres [4], jeta bientôt quelque lumière sur le mysté-*

---

[1] *A Picture Book of the Life of Saint Anthony the Abbot reproduced from a MS. of the year 1426 in the Malta Public Library at Valletta* (Oxford, 1937, in-fol.) ; cf. *Anal. Boll.*, t. LVI, p. 154-56.

[2] *BHL.* 609 g. M. P. Noordeloos prépare une édition de ce texte. C'est plutôt une *Narratio* qu'une *Vita*, bien que le manuscrit A 2 des Archives de Saint-Pierre, à Rome, et plusieurs autres lui donnent ce titre.

[3] Pas un Alphonse dans la longue liste d'écrits relatifs à S. Antoine dressée par U. Chevalier, *Répertoire des sources hist. du moyen âge*, Bio-bibliogr., t. I² (1905), col. 282-84, ni dans A. Potthast, *Bibliotheca historica medii aevi* ² (Berlin, 1896), p. 1175. Quant à J. A. Fabricius, *Bibliotheca latina mediae et infimae aetatis*, ed. J. D. Mansi, t. I (Padoue, 1754), p. 71-75, il énumère une quinzaine d'Alphonse, entre autres *Alphonsus Bonihominis*, mais il n'atribue à aucun d'eux une Vie de S. Antoine.

[4] British Museum, Add. 30972, du xve siècle, fol. 65-78. Cf. *Catalogue of*

rieux Alphonse. Dédiant ce récit à un prélat qu'il appelle « Votre Béatitude » et « Votre Sainteté » et dont il se dit le devotus cappellanus, *l'auteur se nomme lui-même* frater Alphonsus *et déclare appartenir à l'ordre des Prêcheurs; il raconte ensuite dans quelles circonstances il a traduit, en 1341, des extraits d'une longue légende arabe de S. Antoine, qu'il avait trouvée chez des moines égyptiens* [1].

Le dépouillement méthodique des catalogues de bibliothèques et l'examen direct des manuscrits hagiographiques de Westphalie nous permirent alors de repérer toute une série d'autres exemplaires de la « Tentation » : recensions abrégées, sans titre, à Munster [2] *et à Osnabruck* [3]*, sous le titre de* Vita, *à Dantzig* [4]*, et sous la curieuse appellation de « Souricière ou piège de S. Antoine »,* à Trèves [5] *et à Klosterneuburg* [6] *; textes complets de la* Legenda mirabilis *à Bruxelles* [7]*, à Cologne* [8]*, à Trèves* [9] *et à Berlin* [10]*. L'analyse de ce dernier exem-*

Additions to the MSS. in the British Museum in the years 1876-1881 (London, 1882), p. 135. Ce ms. provient de Strasbourg (R. GRAHAM, op. c., p. 18).

[1] Voir ci-après, p. 161-62, le texte de ce prologue (Inc. *Significat...*) et du lemme qui y fait suite.

[2] Bibliothèque de l'Université, ms. 432, du xve-xvie s., fol. 142-144. Décrit très sommairement par J. STAENDER, *Chirographorum in R. Bibliotheca Paulina Monasteriensi Catalogus* (Breslau, 1889), p. 107, no 486 (notre légende de S. Antoine n'est pas mentionnée). Provient du couvent dominicain de Soest.

[3] Gymnasium Carolinum, ms. 11, du xve s., fol. 298-302v. Cf. *Anal. Boll.*, t. LV, p. 239. Appartint jadis aux bénédictines de Malgarten.

[4] Stadtbibliothek, ms. Mar. F 42, du xve s., fol. 12v-13v. Cf. O. GÜNTHER, *Die Handschriften der Kirchenbibliothek von St. Marien in Danzig* (1921), p. 83.

[5] Stadtbibliothek, ms. 1143 (ancien 722), du xive-xve s., fol. 116-126v. Cf. *Anal. Boll.*, t. LII, p. 187. Provient de la chartreuse de Coblence. Notre légende est intitulée *Muscipula S. Anthonii.*

[6] Stiftsbibliothek, ms. 411, du xve s., fol. 321-324. Cf. H. PFEIFFER et B. ČERNIK, *Catalogus codicum mss. qui in bibliotheca canonicorum regularium S. Augustini Claustroneoburgi asservantur*, t. II (1931), p. 179. Le titre de la légende n'est indiqué que dans l'explicit : *muscipula vel potius decipula S. Antonii.*

[7] Bibliothèque royale, ms. 8077-82, du xve s., fol. 255v-260v. Cf. J. VAN DEN GHEYN, *Catalogue des mss. de la Bibl. royale de Belgique*, t. V (1905), p. 693, no 3584. Le recueil a été écrit en partie par son premier possesseur, Paul Nikkels, de Wickrath, en Rhénanie, prêtre et maître ès arts.

[8] Historisches Stadtarchiv, ms. Wallraf 168, du xive s., fol. 32v-38v.

[9] Stadtbibliothek, ms. 1735 b, du xve s., fol. 1-11. Cf. M. KEUFFER et G. KENTENICH, *Verzeichnis der Handschriften des historischen Archivs* (Trier, 1914), p. 83, no 179.

[10] Staatsbibliothek, ms. Theol. Fol. 280, du xve s., fol. 74-91. Cf. V. ROSE,

plaire, publiée par V. Rose en 1903, nous mit sur la piste des deux copies de Munich, dont l'une [1] est dépourvue de tout prologue, tandis que l'autre [2] présente, à la place du prologue habituel, une lettre-dédicace du plus haut intérêt. Nous y apprenons que notre traducteur s'appelait Alphonsus Bonihominis [3], *qu'il était Galicien d'origine [4], qu'il remplissait à Chypre les fonctions de* clericus *et* orator *du cardinal espagnol Pierre de Sotomayor [5], enfin qu'il avait mis en latin une partie seulement des merveilleuses histoires arabes sur S. Antoine et S. Macaire [6].*

La suite du Monacensis *5681 n'est pas moins riche en renseignements nouveaux. Elle contient, en effet, cinq autres récits traduits de l'arabe par* Alphonsus Hispanus *et précédés chacun d'une courte*

Verzeichniss der lateinischen Handschriften der königlichen Bibliothek zu Berlin, t. II, 2 (1903), p. 870-71, n° 810. Provient du couvent des franciscains de Brühl, en Rhénanie.

[1] Clm. 8395, du xv⁰ s., fol. 1-6ᵛ. Provient du couvent munichois des ermites de Saint-Augustin. Cf. C. HALM et G. MEYER, *Catalogus codicum latinorum bibliothecae regiae Monacensis*, t. II, 1 (1874), p. 24, n° 186.

[2] Clm. 5681, du xv⁰ s., fol. 51ᵛ-81ᵛ. Provient du monastère des chanoines réguliers de Saint-Augustin de Diessen. Cf. C. HALM, G. THOMAS et G. MEYER, *Catalogus...*, t. I, 3 (1873), p. 37, n° 271. Les fol. 49-51ᵛ contiennent deux sermons sur S. Antoine, l'un en allemand, l'autre en latin. A la fin du premier se trouve une liste des couvents et hôpitaux de l'ordre de Saint-Antoine en terre germanique (cf. S. REICKE, *Das deutsche Spital und sein Recht im Mittelalter*, t. I, 1932, p. 156-66). Dans le second on relèvera une allusion à la « légende de Patras » *BHL.* 609 g, ainsi qu'une description de la manière dont les reliques du saint, conservées en Dauphiné, étaient censées communiquer une fois l'an leur vertu miraculeuse au vin versé sur elles et recueilli ensuite pour être donné en boisson aux malades : *de vino quod mittitur per corpus et ossa ipsius S. Anthonii multi infirmi curati sunt, sicut evidenter apparet in monasterio ipsius beati Anthonii, ubi singulis annis talis consuetudo inolevit quod vinum ad feretrum beati Anthonii <mittitur>, et post hoc illud vinum datur multis hominibus qui venerant multis moribus* (lisez : *multis morbis vexati*), *et etiam per merita ipsius beati Anthonii curantur.* On appelait ce remède le « saint vinage ». Cf. H. DIJON, *L'église abbatiale de Saint-Antoine en Dauphiné* (Grenoble, 1902), pp. 21-22, 140.

[3] A ce nom latin devait correspondre en langue vulgaire une des deux formes *Bonhome* ou *Buenhombre*. Avec le P. A. López (voir ci-dessous, p. 148, note 1) nous écrivons *Bonhome*, tandis que les PP. Van den Oudenrijn et Meersseman préfèrent *Buenhombre* (cf. p. 148, notes 3 et 4).

[4] Voir ci-dessous, p. 160, note 1.   [5] Voir p. 156, note 2.

[6] De ces histoires de S. Macaire traduites de l'arabe par Alphonse Bonhome nous n'avons jusqu'à présent trouvé aucune trace.

préface [1]. *Il en ressort que le dominicain A. Bonhome n'a pas trouvé
la grande légende de S. Antoine en Égypte, mais chez les moines
coptes de Famagouste, en Chypre ; qu'il n'en a traduit d'abord que
le dialogue ou dispute avec le diable déguisé en reine, puis la guérison et la conversion du roi de Barcelone, enfin d'autres épisodes,
sans respecter l'ordre de l'original; qu'il fut pour ce motif obligé
d'insérer parfois dans sa version des explications, indispensables au
lecteur qui n'avait pas sous les yeux le début de l'histoire ; qu'enfin
les moines égyptiens attribuaient à leur habit une origine céleste
et divine* [2].

*Par malheur, le manuscrit de Munich, seul témoin connu, est
resté inachevé ; le texte s'arrête au beau milieu d'une phrase* [3]. *Mais
la partie manquante ne devait pas être bien considérable. Nous en
avons un premier indice dans le fait que deux ou trois seulement sur
les 50 miniatures de la Vie en images où Alphonse est indiqué comme
source correspondent à cette lacune* [4]. *On peut ensuite établir d'une
manière plus précise l'étendue de la perte en comparant notre copie
avec l'analyse d'un manuscrit maintenant disparu de Baden-Baden* [5],
*envoyée par le P. J. Gamans, S. I. († 1684), à Bollandus ou à l'un
de ses successeurs* [6]. *D'après cet érudit correspondant — et diligent*

---

[1] Ces courtes préfaces, ainsi que la lettre-dédicace dont il vient d'être question, ont été publiées — ou plutôt enfouies — par V. Rose dans un appendice
au Catalogue des mss. latins de Berlin, t. II, 3 (1905), p. 1339-41. Le P. G.
Meersseman en a donné une seconde édition dans l'*Archivum Fratrum Praedicatorum*, t. X (1940), p. 101-105.

[2] Voir ci-dessous, p. 156-60, l'*Epistula interpretis*, puis les §§ 27, 47, 54
(fin), 57 (début) et 59 (fin).

[3] Au bas du fol. 81ᵛ (ci-dessous, § 61, note 4). Il semble qu'aucune feuille
écrite n'a été perdue. Le scribe a interrompu sa copie et laissé en blanc tout
un sesternion (fol. 82-87), sans doute dans l'intention d'achever plus tard sa
transcription. Peut-être aura-t-il remarqué que la dernière phrase du fol. 81ᵛ
(*Venit usque punctum mortis...*) ne pouvait logiquement faire suite au passage
précédent et se sera-t-il mis en quête d'un autre modèle pour corriger cette in-
cohérence.

[4] R. GRAHAM, op. c., p. 74-76. Il s'agit de la résurrection d'un jeune homme
dont la mère a déposé le cadavre devant la cellule du saint.

[5] Le collège et la bibliothèque des jésuites de Baden-Baden furent anéantis
dans l'incendie de la ville en 1689.

[6] Feuillet autographe inséré dans les *Collectanea bollandiana* de janvier :
Bibliothèque des Bollandistes, ms. 106, fol. 9-10.

*collaborateur — des premiers bollandistes, le codex en question, un
in-folio écrit sur parchemin, provenait de la chartreuse de Strasbourg et ne contenait que des écrits relatifs à* S. Antoine : Vie de
S. Athanase *traduite par* Évagre, *récits d'Alphonse Bonhome et une*
Vita beatissimi Antonii abbreviata.

*Au lieu de la dédicace au cardinal de Sotomayor, l'exemplaire de
Baden-Baden s'ouvrait sur le prologue* Significat, *comme les copies
de la « Tentation » conservées à Londres, Bruxelles, Cologne, Trèves
et Berlin. Il se divisait exactement comme le* Clm. *5681 en trois
parties, qui se suivaient tout juste dans le même ordre et commen-
çaient par les mêmes mots. La longueur respective des trois sections
est indiquée par les chiffres suivants : 1) dispute avec la reine tentatrice, 13 feuilles ; 2) voyage à Barcelone, 7 feuilles, avec un appendice
d'une feuille* [1] ; *3) autres épisodes, 9 feuilles. La dernière partie
était donc à peine plus longue que la deuxième. Or, dans le manuscrit
de Munich, la conversion de la Catalogne remplit neuf feuilles et
ce qui reste de la suite en couvre huit. Il ne doit donc guère man-
quer plus que l'équivalent de deux feuilles.*

*La copie analysée par Gamans semble bien avoir été complète.
Après le desinit :* omnes bestiae erant domesticae sancto Antonio,
elle se terminait par le colophon que voici : Et haec sunt transcripta
de arabico in latinum per fratrem Alfonsum Boni Hominis, ordinis
Praedicatorum, anno Domini M CCC XLI°, xx die mensis maii.

Le manuscrit 89 du Musée diocésain de Haarlem [2], *qui ne contient pas la Tentation, mais les deux autres parties du texte (fol.
7-12*v*), aurait dû nous livrer la fin de la traduction d'Alphonse.
Mais, sans parler d'une énorme lacune, qui correspond à nos §§ 40-57,
la malchance veut que cette copie néerlandaise ait été exécutée sur un
modèle où le récit s'interrompait à peu près au même endroit que
dans notre* Monacensis. *Ce qui a été ajouté, peut-être par une autre
main* [3], *n'est qu'un supplément improvisé et malhabile.*

---

[1] Cet appendice correspond aux §§ 45-46 de notre édition (p. 198-99).

[2] B. Kruitwagen, *Catalogus van de handschriften en boeken van het Bis-
schoppelijk Museum te Haarlem* (Amsterdam, 1913), p. 71 : « begin 16ᵉ eeuw ».
Le R. P. Kruitwagen, O. F. M., à l'obligeance de qui nous sommes redevable
d'une transcription très soignée de cette copie (ou plutôt de cette recension, car
le texte a été retouché presque à chaque phrase), nous écrivait en 1936 qu'elle
lui paraissait remonter aux années 1450-1460.

[3] Soit les dernières lignes, en haut du fol. 12ᵛ, depuis *noluit ut talis fama divulgaretur.* Voir cependant le texte français cité p. 211, note 1.

Si la Legenda mirabilis *de S. Antoine semble avoir échappé jusque tout récemment à l'attention des bibliographes comme à celle des hagiographes*[1], *d'autres traductions d'Alphonse Bonhome sont connues depuis plus ou moins longtemps*[2]. *Les PP. M. A. van den Oudenrijn, en 1920*[3], *et G. Meersseman, en 1940*[4], *leur ont consacré deux intéressantes monographies, qui nous dispensent de revenir sur ce sujet. Nous nous bornerons à esquisser, d'après les sources où ils ont puisé, la carrière très mouvementée de leur confrère arabisant.*

*C'est en 1336 que le dominicain espagnol apparaît pour la première fois dans un document daté. Il était alors prisonnier du « soudan de Babylone », qu'il qualifie d'*horrendus princeps[5]. *Actif jusque dans son cachot, il mit à profit ses loisirs forcés pour traduire en latin une histoire arabe du patriarche Joseph, que les chrétiens*

[1] Seul, à notre connaissance, le P. Atanasio López, O. F. M., l'a mentionnée avant Mlle Graham. Dans son importante étude sur *Los obispos de Marruecos desde el siglo XIII*, il retrace la carrière et énumère les œuvres de notre Alphonse ; en note, il signale la légende de S. Antoine contenue dans le ms. 8395 de Munich (*Archivo ibero-americano*, t. XIV, 1920, p. 454, note 1).

[2] P. Colomiès, *Italia et Hispania orientalis*, ed. Jo. Chr. Wolf (Hambourg, 1730), p. 209, Fabricius, l. c., et même B. Altaner, *Zur Kenntnis des Arabischen im 13. und 14. Jahrhundert*, dans *Orientalia christiana periodica*, t. II (1936), pp. 438 et 447, ne mentionnent que la Lettre de rabbi Samuel. Quétif et Échard, *Scriptores Ordinis Praedicatorum*, t. I (1719), p. 594-95, N. Antonio, *Bibliotheca hispanica vetus*, t. II² (1788), p. 157-58, F. Wüstenfeld, *Die Uebersetzungen arabischer Werke in das Lateinische seit dem XI. Jahrhundert*, dans les *Abhandlungen* de Gœttingue, t. XXII (1877), p. 119-20, et M. Steinschneider, *Die europäischen Uebersetzungen aus dem Arabischen bis Mitte des 17. Jahrhunderts*, dans les *Sitzungsberichte* de l'Académie de Vienne, t. CXLIX, 4 (1905), p. 4, ne connaissent que deux opuscules traduits par Alphonse : la Lettre de rabbi Samuel et la Dispute d'Abutalib.

[3] *De opusculis arabicis quae latine vertit fr. Alphonsus Buenhombre, O. P. Textus aliquot e codd. mss. Bibliothecae R. Med. Laurent. Florentiae cum introductione et notis*, dans *Analecta sacri ordinis Fratrum Praedicatorum*, t. XIV, 2 (1920), pp. 32-44, 85-93, 163-68.

[4] *La chronologie des voyages et des œuvres de frère Alphonse Buenhombre O. P.*, dans *Archivum Fratrum Praedicatorum*, t. X (1940), p. 77-108.

[5] L'Égypte était gouvernée depuis 1293 (1310) par le sultan al-Nāṣir Muḥammad. Cf. *Encyclopédie de l'Islam*, t. III (1936), p. 924-26 ; S. Lane-Poole, *The Mohammedan Dynasties* (Paris, 1925), p. 81 ; L. Lemmens, *Die Franziskaner auf dem Sion* (Münster, 1919), p. 37-39 ; Fr. Baethgen, *Die Chronik Johanns von Winterthur* (Berlin, 1924), p. 159-61.

I

d'Égypte tenaient pour « authentique, très célèbre et ancienne [1] ».
Il acheva son travail le 31 octobre 1336 et le fit remettre à ses trois
protecteurs : le patriarche latin de Jérusalem, Pierre de la Palu, O.P.,
le maître de l'ordre des Prêcheurs, Hugues de Vaucemain, et l'arche-
vêque de Rouen, Pierre Roger (le futur pape Clément VI). Dans la
dédicace de cet opuscule, Alphonse indique nettement la méthode
qu'il a suivie et qu'il suivra encore en d'autres traductions : visant
à la brièveté, il omet les passages qui concordent parfaitement avec
les récits déjà connus en Occident, à moins qu'il ne soit nécessaire
de les reproduire pour faire saisir le contexte [2].

En 1339, de Paris, A. Bonhome dédie au maître général de son
ordre, « frère Hugues », la plus fameuse de ses traductions, qui fut
imprimée maintes fois dès le xve siècle [3] : la lettre de rabbi Samuel,
juif de Fez, à un autre juif du Maroc, sur l'accomplissement des
prophéties messianiques en Jésus de Nazareth.

Quelque temps après, il met en latin un autre opuscule arabe du
même Samuel : la Disputatio Abutalib saraceni et Samuelis iu-
daei, *qui lui est tombée sous la main récemment (nuper), tandis qu'il*
était captif des Maures apud Marrochium [4]. *La mission d'Alphonse*
au Maroc doit donc se placer entre son retour du Caire et son séjour
à Paris, soit en 1337-1338.

La dédicace de la légende de S. Antoine au cardinal Pierre de
Sotomayor est datée de Famagouste, le 15 février 1341 (c'est-à-dire
sans doute 1342, dans notre style). D'après le colophon du manuscrit
de Baden-Baden, la traduction avait été achevée le 20 mai 1341.
Dans quatre des copies conservées, le lemma *ou titre développé, qui*
précède la Tentation, *indique l'année 1342 ; mais ce doit être une*
erreur pour 1341, date qui est correctement marquée dans le ms. de
Trèves [5].

---

[1] Cette histoire arabe était sans doute une traduction de la légende syriaque
publiée par M. WEINBERG, *Die Geschichte Josefs...* (Diss., Halle, 1893), d'après
un ms. de Berlin (syr. Sachau 9), incomplet de la fin.

[2] La dédicace et le colophon ont été publiés par le P. Meersseman, t. c.,
p. 98-99, d'après le ms. 1882 (1439) de la Bibliothèque municipale de Trèves.
Nous en avions copié le texte dans le ms. 2146-54 de la Bibliothèque royale de
Bruxelles (*Catalogue*, n° 2060), fol. 143-167 : *Hystoria de Ioseph secundum sum-
mam Arabum.*

[3] HAIN, 14260-76 (en latin, en allemand, en italien).

[4] Voir la dédicace de ces deux opuscules de Samuel dans MEERSSEMAN, t. c.,
p. 100-101.

[5] Voir ci-après, p. 162, avec la note 6.

Alphonse n'était donc pas resté longtemps à Paris. Il ne demeura pas davantage en Chypre [1]. *Dès 1343 il était en Avignon ; il y reçut, le 5 janvier 1344, la bulle de Clément VI qui le nommait évêque du Maroc* [2]. *Il mourut avant le mois d'août 1353* [3].

Serait-il possible de retrouver l'original arabe dont Alphonse était fier d'avoir révélé au monde latin les parties les plus intéressantes ? Aucune Vie ancienne de S. Antoine, rédigée en arabe, n'a été imprimée jusqu'à ce jour. Force nous a donc été d'interroger les manuscrits. Mais comme notre ignorance de cette langue est aussi complète que celle de S. Jérôme, qui linguam et litteras arabicas penitus ignoravit [4], *nous avons eu recours aux lumières d'arabisants avertis et serviables.*

Le Catalogue des manuscrits arabes chrétiens conservés au Caire, *dressé par M. Georg Graf* [5], *ne mentionne pas moins de six numéros relatifs à S. Antoine. Trois d'entre eux sont intitulés « Vie de S. Antoine, étoile du désert et père de tous les moines* [6] ». *Cette appellation évoque aussitôt le souvenir de la première phrase de la légende arabe traduite par Alphonse :* B. Anthonius, stella matutina et lucifer deserti... fecit desertum habitabile monachis, quia ipse fuit principium habitationis illius [7]. *Y aurait-il donc dans la bibliothèque du patriarcat copte trois copies du texte que nous cherchons ? Il nous a été impossible d'obtenir les renseignements nécessaires pour contrôler cette hypothèse.*

Dans un opuscule rarissime : Sapientissimi Patris nostri Anto-

---

[1] La dernière traduction d'Alphonse qui nous soit parvenue est datée de 1342 dans l'unique manuscrit connu : Ambros. I 128 inf. Il s'agit d'un petit traité *Contra malos medicos*, dont le texte arabe a pu lui être communiqué en Orient ou en Espagne (comme le suppose le P. Meersseman, t. c., p. 93-94) ou même en France.

[2] Publiée par le P. A. López, t. c., p. 455-56 ; cf. MEERSSEMAN, p. 96.

[3] Son successeur fut nommé le 12 août 1353. C. EUBEL, *Hierarchia catholica medii aevi*, t. I² (1913), p. 327.

[4] Ainsi s'exprime Alphonse Bonhome dans la dédicace au cardinal de Sotomayor, ci-dessous, p. 159.

[5] Città del Vaticano, 1934 (= *Studi e Testi*, 63).

[6] Ce sont les nᵒˢ 498, 545 et 614 du *Catalogue*. Ils appartiennent tous les trois au Patriarcat copte et datent respectivement du xviiᵉ siècle, du xviiiᵉ et de l'année 1693.

[7] Ci-dessous, § 48, p. 200. Le saint est maintes fois qualifié de *lucifer deserti* et aussi de *stella matutina* (§§ 37, 40, 45, 46).

nĭĭ... regulae... et vita duplex (*Paris, 1646*), *le savant maronite Abraham Ecchellensis a mis en latin une Vie arabe de S. Antoine* (*p. 108-118*), *qui ressemble en bien des points à la légende qui nous occupe. Il déclare l'avoir tirée* « *ex libro inscripto* Clavis ianuae paradisi », *expression qui en rappelle une autre de notre Alphonse :* merito vocatur beatus Anthonius clavis portae gratiae [1]. *Dans la préface, il précise qu'il s'agissait d'un* « *pervetustus codex* » *apporté naguère à Rome par l'ancien gardien de Terre sainte, le R. P. André d'Arco* [2]. *Où est passé cet antique manuscrit ? Un de nos confrères orientalistes n'a pas réussi à en retrouver la trace dans les bibliothèques romaines.*

Par contre, le P. J. Mecerian, S. I., professeur à l'Université Saint-Joseph de Beyrouth, a bien voulu examiner pour nous les manuscrits 619 (1147) et 482 (912) de la Bibliothèque orientale de Beyrouth [3]. *Le premier, qui est aussi le plus récent (XIXᵉ siècle), contient, aux pages 168 et suivantes, un récit de la Tentation identique à la* Legenda mirabilis *traduite par Alphonse Bonhome.*

Quant au ms. 482, qui remonte au XVIIᵉ siècle, l'analyse détaillée que nous en a fournie le P. Mecerian [4] *nous permet d'affirmer que la longue Vie de S. Antoine qu'il renferme (p. 281-382) répond assez exactement à la description que le dominicain du XIVᵉ siècle nous a laissée de la* magna et longa legenda *arabe de Famagouste. Seule une comparaison minutieuse pourrait justifier cette assertion ; si nous renonçons à l'instituer ici* [5], *c'est que nous espérons voir paraître un jour le texte même du manuscrit de Beyrouth. L'orientaliste qui en procurera l'édition ne manquera pas de contrôler la fi-*

---

[1] Ibid. (§ 48, p. 200). Alphonse doit avoir confondu deux mots arabes de même racine : il a lu *n'imat*, « grâce », au lieu de *na'im*, « paradis ».

[2] Ce franciscain, rappelé à Rome, quitta Jérusalem le 13 décembre 1642. Cf. G. GOLUBOVICH, *Croniche o Annali di Terra Santa del P. Pietro Verniero di Montepeloso*, t. I (Quaracchi, 1930), p. LXIII, note 3 ; T. CAVALLON, *Croniche... del P. Francesco da Serino*, t. II (ibid., 1939), p. 285.

[3] Cf. L. CHEIKHO, *Catalogue raisonné des manuscrits historiques de la Bibliothèque Orientale de l'Université Saint-Joseph*, pp. 369 et 295 (*Mélanges de l'Université Saint-Joseph*, t. XI, 1926, pp. 275 et 201).

[4] Analyse complétée en quelques points par le R. P. Paul Peeters lors de son dernier séjour à Beyrouth, en octobre-décembre 1935.

[5] Notons seulement que le patriarche d'Alexandrie qui s'intéresse au petit Antoine et lui impose les mains est identifié à S. Athanase dans le manuscrit de Beyrouth, tandis qu'il est appelé Théophile dans la légende ci-dessous, § 50, p. 202.

I

délité des traductions d'Alphonse ; il s'efforcera de déterminer la provenance et l'ancienneté de son modèle arabe et d'en rechercher les sources.

Sources littéraires évidemment [1] *; car, en fait de sources documentaires, ces naïves histoires d'interventions diaboliques et de miracles surprenants ne supposent absolument rien. La pieuse imagination d'un hagiographe égyptien en a fait tous les frais.*

Est-ce à dire que la légende dont nous publions le texte ci-dessous ne peut rien apprendre aux historiens ? Tant s'en faut. Les dédicaces et les prologues du traducteur nous ont déjà livré plusieurs détails qui complètent sa biographie. Ils nous montrent, en ce missionnaire remuant, un admirateur enthousiaste de la langue arabe : Est enim, *écrit-il,* ita fecunda in doctrina sicut ad loquendum scientibus lingua gratissima et suavis [2]. *Ils témoignent d'un esprit suffisamment large pour comprendre que les Latins gagneraient à mieux connaître l'Orient, tout comme les Orientaux auraient profit à se familiariser avec l'histoire de nos saints et les écrits de nos docteurs. S'ils trahissent une étonnante crédulité, on y découvre pourtant des indices d'une attitude critique à l'égard de certaines légendes : Alphonse ne doit-il pas recourir à l'autorité d'Aristote pour apaiser les doutes qu'éveille en lui le récit incroyable de la conversion de la Catalogne par S. Antoine* [3] *?*

Les dédicaces et les prologues nous apportent aussi un témoignage autorisé et daté sur l'existence d'un monastère égyptien à Famagouste [4], *en 1341, sur l'ignorance générale de l'arabe parmi les occidentaux, y compris, semble-t-il, les dominicains, confrères de Bonhome, enfin sur la profondeur du fossé qui séparait les deux Églises, au point que, plus d'un siècle après la mort des SS. Dominique et François, les chrétiens de langue arabe connaissaient à peine leurs noms, tandis que d'autre part l'Église romaine ne possédait encore, après un millier d'années, aucun des innombrables traités de S. Éphrem le Syrien* [5]*.*

Moins curieux que les prologues d'Alphonse, les textes eux-mêmes

---

[1] Parmi ces sources, il faudra faire une place à part aux apocryphes coptes, éthiopiens, syriaques et arabes de l'Ancien et du Nouveau Testament. Voir ci-dessous, p. 180, notes 1 et 4 ; p. 207, note 2.

[2] Lettre-dédicace au cardinal de Sotomayor, ci-après, p. 160.

[3] § 27, vers la fin (p. 187).   [4] § 47, p. 199-200,

[5] Lettre-dédicace, p. 157-58,

qu'il a traduits ne sont cependant pas dépourvus de tout intérêt. Des six extraits de la légende arabe qu'on va lire, le premier et le plus long mérite assurément de retenir l'attention des historiens de la spiritualité. Ils y trouveront, sur les lèvres de la royale séductrice, un plaidoyer pour le mariage et contre la virginité, où l'Ancien et le Nouveau Testament sont constamment cités. Ils remarqueront avec quelle habileté la tentatrice procède pour masquer son jeu et surprendre la simplicité du vieux moine[1]. *Les arguments invoqués en faveur de la vie active et des œuvres de charité, auxquelles les solitaires sont accusés de renoncer à la légère, pourraient être insérés à leur place dans la série sans cesse renouvelée des plaintes de Marthe contre Marie ou des clercs voués à l'apostolat contre les contemplatifs*[2].

Plus un saint est populaire, et moins les récits qui le concernent méritent de créance. De cet axiome hagiographique, si souvent vérifié, les textes antoniens d'Alphonse fournissent une nouvelle et irrécusable illustration. Le troisième fragment, en particulier[3], *nous fait toucher du doigt les procédés habituels de l'hagiographe que n'embarrasse point la pénurie des sources : pour satisfaire la curiosité des dévots, qui ne peuvent se résigner à tout ignorer de l'enfance et de la jeunesse de leur patron, il invente, il emprunte et il amplifie*[4]. *Il invente, par exemple, le nom des parents d'Antoine ; il emprunte aux apocryphes du Nouveau Testament l'éloge de leurs vertus, et il amplifie tel paragraphe de S. Athanase sur les premières luttes de l'anachorète avec le diable.*

De leur côté, les spécialistes du latin médiéval ne s'intéresseront pas sans profit à la langue souvent malhabile et incorrecte du missionnaire dominicain. Dans ses traductions, comme dans les dédicaces et les prologues dont il est lui-même l'auteur, ils trouveront à glaner, avec quelques mots directement empruntés à l'arabe[5], *une série de « vulgarismes » qu'un Du Cange n'eût pas manqué de relever*[6].

---

[1] Comparez, dans *La Tentation de saint Antoine*, de G. FLAUBERT, la fin du ch. II : *La Reine de Saba*.

[2] Voir surtout les §§ 16 et 18-22.   [3] §§ 48-54 (*De pueritia S. Antonii*).

[4] Sur ces procédés cf. H. DELEHAYE, *Les légendes hagiographiques*[3], p. 85-99.

[5] Citons : *calecuec* ou *calezeut* (§§ 23, 27, 40, 56, 59), « scapulaire, cuculle » ; *esary* (§ 56), « ceinture, partie inférieure du vêtement monastique » ; *exequin* (§ 27), « habit monastique » ; *mocamet* (§ 51), « prostrations ».

[6] Par exemple : *hortalia* et *horticillae* (§ 1) ; *diuturna*, « journée, salaire quotidien » (§ 7) ; *gardarauba* (§ 10) ; *sculpibus ornari* (§ 11) ; *danus* et *damus*, « daim » (§§ 2, 26) ; *falciata* (§ 27) ; *mirificus*, « thaumaturge » (§§ 31, 44, 45) ;

Mentionnons en dernier lieu — last but not least — le parti que les historiens de l'art pourraient tirer de nos textes, même après la publication si importante et si neuve de Mlle Graham [1]. *En dehors de la Vie en images du manuscrit de Malte qu'elle a reproduite e commentée, en dehors des peintures isolées et des séries de peintures qu'elle en a rapprochées, il reste encore bien des miniatures, des fresques et des tableaux relatifs à S. Antoine, dont l'interprétation demeurera incertaine et pratiquement impossible aussi longtemps qu'on n'aura pas interrogé les récits d'Alphonse* [2]. *Ici comme en maint autre cas d'œuvres d'art apparemment inintelligibles, c'est l'hagiographie qui fournira la clef de l'énigme* [3].

Trop de légendes orientales ou latines du grand ermite de la Thébaïde sont encore inédites pour qu'il soit possible dès à présent d'assigner à celle de Famagouste la place qui lui revient dans le dossier hagiographique de S. Antoine. En attendant, le lecteur bienveillant estimera peut-être que nous n'avons pas fait œuvre tout à fait inutile en lui mettant sous les yeux cette collection d'épisodes légendaires, qui n'a jamais été imprimée malgré la vogue dont elle jouit au XVe et au XVIe siècle [4] *et dont voici enfin le texte latin, avec la dédicace, le prologue et les courtes préfaces d'Alphonse Bonhome.*

---

sanguineus, « parent, proche » (§ 51) ; *adamita*, « fils d'Adam, homme » (§§ 55, 57) ; *barrator*, « imposteur » (§ 60).

[1] Voir ci-dessus, p. 143, note 1.

[2] Ainsi le tableau du XVIe siècle, copie d'un original néerlandais du début du XVe, publié avec de bonnes planches et un commentaire insuffisant par W. SCHÖNE, *Die Versuchungen des hl. Antonius : ein wenig bekanntes Bild im Escorial*, dans le *Jahrbuch der Preussischen Kunstsammlungen*, t. LVII (1936), p. 57-64. Ainsi encore les « storie di S. Antonio abate », de Vital de Bologne (XIVe siècle), conservées au musée de Saint-Étienne à Bologne (cf. R. SALVINI, dans la *Rivista del R. Istituto di archeologia e storia dell' arte*, t. VIII, 1941, p. 249-50, fig. 29-30).

[3] Cf. G. DE TERVARENT, *Les énigmes de l'art du moyen âge*, t. I et II (Paris, 1938, 1941) ; *Anal. Boll.*, t. LIX, p. 346-47.

[4] Le récit de la Tentation fut traduit (ou du moins abrégé) en néerlandais, en allemand, en français. Voir entre autres les mss. flamands de Bruxelles, 10765-66 (*Catalogue*, n° 2403), fol. 193-224, et de La Haye, 73. E. 19 (*Catalogus*, t. I, 1922, n° 430), f. 164^v-173^v. La traduction allemande, insérée dans certaines éditions incunables du *Buch der Altväter* (Augsbourg, 1482 : HAIN, 8605 ; etc.), fut retraduite en latin et publiée dans les deux éditions colonaises des *Vitae Patrum* (*Prototypon veteris Ecclesiae...*, 1547, et *Vitae sanctorum Patrum veteris catholicae atque apostolicae Ecclesiae...*, 1548), fol. C 5 - D 1, sous le

Faute de mieux, nous suivons d'ordinaire le manuscrit de Munich 5681 (= C), qui contient seul la dédicace et l'ensemble des six extraits [1]. *Pour la Tentation, nous avons collationné, en outre, les mss. de Londres, British Museum, Add. 30972 (= L)* [2], *et de Bruxelles, Bibliothèque royale, 8077-82 (= B)* [3]. *Les quatre autres témoins connus* [4] *: Cologne Wallraf 168 (= W), Trèves 1735 b (= S), Berlin theol. fol. 280 (= F) et Munich 8395 (= A), auraient sans doute pu nous fournir quelques leçons intéressantes. Mais au prix de quel interminable et fastidieux travail? Il nous a semblé raisonnable de nous borner à mentionner leurs variantes, à titre de spécimen, dans le prologue* Significat *et l'en-tête de la* Legenda mirabilis.

Quant aux recensions abrégées (Muscipula S. Antonii, etc.), *il eût fallu pour en tenir compte faire une édition en colonnes parallèles. Nous ne serons pas seul à estimer qu'une telle dépense de temps et de papier aurait été hors de proportion avec l'intérêt de ces remaniements plus ou moins tardifs.*

Du manuscrit de Haarlem (= H), dont la valeur vient de la «queue» qu'il donne au dernier extrait [5], *nous avons noté toutes les variantes à partir du § 57; au contraire, dans l'appareil critique*

---

titre d'*Exemplum de divi Antonii insuperabili castitate, ex quodam germanico libro exceptum.* Rosweyde en fait mention à deux endroits au moins de ses *Vitae Patrum* (Anvers, 1615), p. LXVII, § VI, et p. 74, annot. 143 [reproduit dans *P. L.*, t. LXXIII, col. 77c et 194B]. Quant à *La Vie de Monseigneur Saint Anthoine abbé*, publiée à Lyon en 1555, elle suit pas à pas la « Vie en images » étudiée par Mlle Graham (cf. *A Picture Book...*, 1937, p. 25-27). Le célèbre historiographe de Saint-Antoine-de-Viennois, Aymar Falco, n'a évidemment pas ignoré les merveilleux récits de notre Alphonse; il les cite ou y fait allusion à différentes reprises, mais n'ose leur accorder pleine confiance (*Antonianae historiae compendium*, Lyon, 1534, fol. 6, 10ᵛ, 12, 27, etc.). Plusieurs auteurs n'ont connu les récits d'Alphonse qu'à travers l'*Antoniane* d'Aymar Falco ; ainsi, par exemple, l'érudit polygraphe Théophile RAYNAUD, S.I., *Symbola Antoniana* (Romae, 1648), p. 91-92 [= *Opera*, t. VIII (1665), p. 389].

[1] Voir ci-dessus, p. 145, note 2.

[2] Voir p. 143, note 4.

[3] P. 144, note 7. Les deux mss. B et L sont étroitement apparentés ; ils dérivent d'un même archétype, dont les leçons paraissent en bien des cas préférables à celles de C. Ce dernier écrit, par exemple, *vicum* pour *virum* (§ 4), *interitu* pour *introitu* (§ 9), *aperta* pour *apportata* (§ 13), *inobediatis* pour *mihi obediatis* (§ 15). Mais à côté de ces énormités il a plusieurs bonnes leçons en des passages défigurés par l'ancêtre de BL.

[4] Ci-dessus, p. 144, notes 8-10 ; p. 145, note 1.

[5] Voir plus haut, p. 147, et ci-après, § 61.

*de l'*Iter Barcinonense (*§§ 27-46*), *nous n'en avons relevé que les leçons principales.*

Enfin, par souci de ne négliger aucun élément de la tradition, nous avons également collationné le manuscrit Inc. Hafn. 2510, *fol. 11-11ᵛ, de Copenhague* (= K) (1), *qui contient une copie incomplète du troisième extrait* (§§ 48-51).

Pour plus de clarté, les prologues et explications d'Alphonse Bonhome sont imprimés en sommaire. Seul le texte en lignes pleines appartient à la légende arabe traduite par lui en latin.

F. H.

EPISTULA ALFONSI BONIHOMINIS INTERPRETIS

e codice unico Monacensi 5681 (= C).

In nomine domini Dei nostri Iesu Christi. Reverendissimo patri ac domino, domino Petro de Saltu maiori (2), sancte romane Ecclesie cardinali Hyspano, eius humilis clericus [1] et orator, frater [2] Alfonsus [3] Bonihominis, ordinis Predicatorum, degens in Cipro. Flecto genua cordis mei, quia corpore sum remotus, qui naturali et devoto affectu, si adessem, pedes humiliter oscularer dominacioni vestre. Ne [4] de sequentibus amiretur, duxi necessario intimandum quod, sicut sancta [sacra] Ecclesia romana habet, habuit et habebit semper et usque ad finem mundi magnos sanctos et doctores precipuos, quos in suo gremio enutrivit in partibus occidentis, ut sunt (3) doctores quatuor principales et post eos beatissimos

Epistula. — [1] clericius C. — [2] super C. — [3] Alfensus C. — [4] nec C.

(1) Recueil écrit au xvᵉ siècle, en Allemagne. Cf. E. JØRGENSEN, *Catalogus codicum latinorum medii aevi Bibliothecae Regiae Hafniensis* (Copenhague, 1926), p. 202.

(2) Pierre Gomez de Barroso, cardinal depuis 1327, mort en 1348. Cf. EUBEL, t. c., pp. 16, 168 ; F. BAIX, *Dictionnaire d'hist. et de géogr. eccl.*, t. VI (1932), col. 934-36. Si Alphonse le désigne par le nom de sa mère, *Memsia Garsia de Sotomaiori*, c'est apparemment pour lui rappeler leur commune origine galicienne : Sotomayor, en effet, se trouve en Galice, au diocèse de Tuy. Cf. R. GRAHAM, op. c., p. 19, note 4.

(3) Pour justifier les accusatifs qui suivent (*beatissimos....*) il faudrait remplacer *ut sunt* par *utputa* ou une expression analogue.

Ysedorum Hyspalensem [5], Leandrum Toletanum (1), Bern-
hardum, Thomam de Aquino et ceteros quos melius ipse
scitis, et sicut habuit eciam in eysdem partibus clarissimos
vita et miraculis alios confessores — ut de infinitis taceam,
nomino tres tantum, scilicet beatos [beatum] Benedictum,
Dominicum et Franciscum — quorum doctrina et facta non
pervenerunt hactenus vel quid permodicum ad Arabes
christianos nec alios christianos orientales, qui sunt in numero
non merito [6] plures quam omnes quicumque [7] hodie sancte
romane Ecclesie obediunt a finibus Ungarie <et> Teutonie
usque ad Sanctum Iacobum (2) de Gallicia usquequaque,
eodem modo si<c> etiam ipsi christiani orientales et specialiter in Egypto, ubi in deserto Citi (3) floruerunt anachorite, ante scisma sanctos clarissimos vita, miraculis et doctrina in numero sine numero habuerunt : et de pluribus eorum nec etiam pervenerunt nomina ad Latinos, de quibus ipsi
orientales sollempniter sollempnisant et de quorum [8] vita et
doctrina sunt aput eos in arabica et vulgari volumina libro-
rum et libri diversorum doctorum ad ea valde multa, quod
vix de Latinis crederet aliquis si audiret.

Et ut de aliis taceam, exempli gratia sanctum Efren Su-
rianum in medio profero, cuius sanctitati [9] et infuse scientie
in Vitis Patrum beatus Ieronimus atestatur (4) : de quo

---

[5] hyspalem C. — [6] numerato ? C. — [7] omnis quique C. — [8] quarum C. — [9] sanctitate C.

---

(1) En nommant les SS. Isidore de Séville et Léandre de Tolède immédiatement après les quatre grands docteurs, Alphonse trahit manifestement son origine espagnole. A vrai dire, Léandre fut évêque de Séville comme son frère
Isidore ; mais il présida, en 589, le fameux concile de Tolède où le roi des Wisi-
goths, Reccarède, fut reçu dans l'Église. C'est sans doute pour ce motif qu'Alphonse l'appelle *Toletanus*.

(2) Cette mention de Saint-Jacques de Compostelle pour indiquer une des
extrémités de l'Église d'Occident est toute naturelle sous la plume du Galicien
Alphonse.

(3) Le désert de Scété, célèbre dans l'histoire des origines monastiques à l'é-
gal du mont de Nitrie et de la Thébaïde, est situé à 80 km. environ au sud
d'Alexandrie. Cf. H. G. Evelyn WHITE, *The Monasteries of the Wadi 'n Natrûn*,
t. II (New-York, 1932), p. 27-36.

(4) Le passage des *Vitae Patrum* où il est question de S. Éphrem le Syrien

I

sancto testantur Egipcii et Suriani quod in libris suis duodecim milia tractatus edidit (1), quorum sunt libri aliqui
valde magni, sicut et [10] nos de beato Augustino asserimus quod
mille triginta libros edidit seu tractatus (2) : de cuius sancti
Efren doctrina sancta romana Ecclesia nichil habet (3).
De sancto etiam Crisostino [11], de cuius expositionibus et sermonibus sunt in littera arabica super epistolas Petri et Pauli
et super quatuor ewangelia et super pentateuchum [12], et sermones [et] per omnia festa Christi et in ieiuniis, libri plurimi (4) : de quibus non habet sancta mater [12*] Ecclesia nisi
paucas omilias et expositionem super Matheum, que etiam
rarissime inven itur (5).

De sanctis etiam confessoribus anachoritis, quorum nomina sunt in honore apud nos et quorum ymagines in nostris
ecclesiis depinguntur, respective ad illa que habent Egipcii
monachi habuimus valde pauca ; et ut de pluribus taceam
de quibus non est modo dicendum per singula, de beatissimis
Anthonio [et Enufrio [13]] et Machario preter illa que nobis

---

[1] enim C. — [11] *ita* C *pro* Chrysostomo. — [12] penthacentum C. — [12*] *an* nostra?
(*lectio dubia*) C. — [13] *lectio dubia* (euuacrio ROSE, emicorio MEERSSEMAN).

n'est pas de S. Jérôme, mais du pseudo-Amphiloque dans la Vie de S. Basile.
Voir *BHL.* 2564 ss.

(1) Au temps de Photius on attribuait à Éphrem plus de mille λόγοι (*Bibliotheca*, cod. 196 : *P. G.*, t. CIII, col. 661). Sozomène parle de trois millions de
lignes (ἔπη : *Hist. eccl.*, III, 16).

(2) C'est le chiffre donné par Possidius tout à la fin de l'*Indiculum* (*BHL.*
786) : *fecit libros, tractatus, epistolas numero mille triginta* (éd. A. WILMART,
dans *Miscellanea agostiniana*, t. II [Rome, 1931], p. 208).

(3) Le culte de S. Éphrem n'a été introduit dans l'Église latine que sous
Benoît XV en 1920. Cf. *Comm. martyr. rom.* (1940), p. 45.

(4) Voir dans le recueil Χρυσοστομικά, *Studi e ricerche...* (Rome, 1908),
p. 175-86, l'*Inventaire des traductions arabes des œuvres de S. Jean Chrysostome*
dressé par C. BACHA.

(5) La première traduction latine d'œuvres de S. Jean Chrysostome, faite
vers 415-420 par le diacre Anien de Celeda, comportait précisément vingt-cinq
homélies sur l'évangile de S. Matthieu et une série d'autres sermons ou panégyriques. Cf. C. BAUR, *L'entrée littéraire de S. Chrysostome dans le monde latin*,
dans la *Revue d'histoire ecclésiastique*, t. VIII (1907), p. 253-57 ; ID., *S. Jean
Chrysostome et ses œuvres dans l'histoire littéraire* (Louvain, 1907), p. 61-66.

Ieronimus contulit (1) sunt apud dictos monachos facta et dicta alia in libris eorum magnifica et preclara ; de quibus libris inmediate de duobus sanctis predictis hec [14] transtuli in latinum que in hoc parvo volumine continentur (2). Vere non transtuli hystoriam totam eorum prout in arabico continetur, sed solum illa que existimavi quod nondum pervenerunt ad Latinos.

Et si aliquis lector curiosus admiratus fuerit quomodo et qualiter tam antiqua quam magnalia que [15] in hoc opusculo [16] enarrantur, maxime de beato Anthonio, tam tarde pervenerunt ad audientiam Latinorum, existimo respondendum quod pauci grammatici valde fuerunt [super] interpretes de lingwa arabica in latinam, maxime qui sicut ego se ad partes contulerunt orientis, ubi sancti floruerunt predicti et ubi eorum facta habentur in recenti memoria [17] et in libris, sicut [enim] apud nos facta [18] mirabilia sancti Francisci et beati Dominici, de quibus ipsi propter eandem causam, scilicet propter defectum interpretum, nichil habent. Beatus eciam Ieronimus, qui grecam lingwam scivit et caldeam et hebream et litteras earundem, cum esset philosophus in latino [19], lingwam et litteras arabicas penitus ignoravit — in Arabia autem est Egyptus, ubi beatus Anthonius et anachorite alii floruerunt — et ea que nobis dedit in Vitaspatrum, de auditu habuit per interpretes, non legendo (3).

Ego autem in fine huius litere peto duo humiliter toto corde : primo, oro [20] Deum ut exaudiat [21] orationes illorum qui

[14] hoc C. — [15] sunt C. — [16] postulo C. — [17] incontra C. — [18] sancta et C. — [19] *lectu difficile*, licteris MEERSSEMAN ; *forsitan legendum* lectione, *vel corrigendum sic :* peritus in litteris. — [20] orando C. — [21] exaudeat C.

(1) Le premier livre des *Vitae Patrum*, qui étaient attribuées en bloc à S. Jérôme, contenait entre autres les Vies de S. Antoine, de S. Onuphre et de Macaire le Romain. Cf. *BHL.*, p. 943. La mention de S. Onuphre nous paraît due à une interpolation du copiste ; car, dès la phrase suivante, Alphonse parle des deux (et non trois) saints qu'il vient de nommer.

(2) Seules les légendes relatives à S. Antoine nous sont connues. Celles de S. Macaire sortiront peut-être aussi, un jour, de l'oubli.

(3) Alphonse se figure que l'arabe était déjà la langue de l'Égypte au temps de S. Antoine. Il en conclut que S. Jérôme, qui ignorait l'arabe, n'a pu connaître que par interprète l'histoire des premiers moines et anachorètes.

vos in caritate diligunt et pro robore spiritus vestri et con-
servacione anime vestre fundunt Domino preces suas ; secundo,
supplico quod de multa loquacitate, cum sim Gallicus (1),
habeat me vestra benignitas excusatum (2), presertim quia
postquam arabicum didici, habeo loquendi materiam dupli-
catam : est enim ita fecunda in doctrina sicut ad loquendum
scientibus lingwa gratissima et suavis. Et addo [22] tercium,
videlicet quod hunc libellum, eximium exenium [23] vestrae
devocioni aptum, vestra magnificentia recipere non recuset,
affectum pensantes recongnicionis et amoris pocius quam
effectum.

Datum Famaguste quinta decima die februarij, anno Domini millesimo trecentesimo quadragesimo primo (3).

---

[22] ad C. — [23] aicenium C.

---

(1) Il ne faut pas corriger ce mot en *garrulus*, « bavard », comme le suggère
le P. Meersseman (*Archivum Fratrum Praedicatorum*, t. c., p. 103, note 17). *Gallicus* ou *Gallaecus* signifie « Galicien », tout comme plus haut *ad Sanctum Iacobum de Gallicia* désignait Saint-Jacques de Compostelle, en Galice. C'est donc à
tort que les villes castillanes de Cuenca et de Tolède revendiquent l'honneur
d'avoir donné le jour à notre Alphonse (cf. MEERSSEMAN, t. c., p. 78).

(2) D'après ce passage les Galiciens étaient réputés pour leur faconde. Un
auteur français du xiie siècle, qui les dépeint comme enclins à la colère et très
chicaniers, ne semble pas avoir été frappé par leur *loquacitas* (J. VIELLIARD,
Le Guide du Pèlerin... de Compostelle, Mâcon, 1938, p. 32). Sans doute, la confusion entre *Gallecus* et *Gallicus* aura-t-elle facilité l'attribution aux Galiciens
de la *loquacitas*, *garrulitas* ou *facundia* communément attribuée aux Gaulois par
les anciens (par exemple JUVÉNAL, 14, 111).

(3) Si, comme c'est probable, la date est marquée dans le style de l'Incarna-
tion, il faut la transposer dans notre style : 15 février 1342. Voir ci-dessus, p.
149.

I

I. Disputatio S. Antonii cum tentatore
ipsum sub specie reginae ad matrimonium alliciente.

Prologus brevior et Lemma (1)

e codicibus ABFLSW (2).

Significat [1] beatitudini vestre [2] devotus cappellanus [3] magno affectu [3] frater [5] Alfonssus [6] quia [7] in deserto Scithi [8] (3), que [9] est in Egypto [10], distans ab Alexandria per dietam [11], ubi flores anachoritice [12] (4) crescunt [13], sunt adhuc ibi monachi [14] de regula Anthonii vel Macharii, id est [15] multa monasteria populosa ; inter quos monachos [16] (5) dic-

---

Prologus. — [1] *integrum prologum om.* A ; in nomine Domini amen epistola Alfoncii *praemittit* W ; de sancto Anthonio B *in marg. sup.* — [2] (b. v.) *om.* F, sanctitati v. S. — [3] *om.* S. — [4] magno cum aff. S, m. effectu B. — [5] super L. — [6] Alphonsius B, Alfonsus F, Alfonsius S, Alfontius W. — [7] qui BLFW, quod S. — [8] *ita* F ; Citi WS, Cirici BL. — [9] qui F, quod S. — [10] deserto W. — [11] (p.d.) una dieta F. — [12] anathoritice BL. — [13] ubi floruerunt anachorite S. — [14] (ibi m.) monachorum S. — [15] (id est) idem BL, habentes F, *om.* S. — [16] monachus B.

(1) Tandis que la lettre-dédicace qu'on vient de lire se rapportait à l'ensemble des traductions d'Alphonse relatives à S. Antoine (et à S. Macaire), le prologue qui suit ne concerne manifestement que le premier extrait de la légende arabe : le récit de la tentation. D'après le P. Meersseman, ce « prologue spécial ne fait que résumer, très imparfaitement d'ailleurs, la dédicace authentique » (t. c., p. 93, note 48 ; cf. R. Graham, op. c., p. 20). Nous croirions plutôt à l'authenticité des deux lettres : l'une, composée dès que le premier récit eut été traduit (avril 1341?), en accompagnait l'envoi à un dignitaire ecclésiastique qui n'est pas nommé ; l'autre, rédigée en février 1342, quelques mois après l'achèvement de tout le travail, présentait au cardinal de Sotomayor les six extraits de la légende de S. Antoine, en même temps qu'une histoire de S. Macaire.

(2) Cf. p. 155. Nous ne tenons pas compte des variantes orthographiques comme (h)ortus, sicud, dyabulus, hystoria, thezaurus, temptator, pungna, commedit, apotecarios, langworem, michi, etc.

(3) Voir ci-dessus, p. 157, note 3. La distance entre Scété et Alexandrie était bien supérieure à une journée de marche. Si Alphonse avait fait lui-même le voyage, pareille erreur ne lui eût pas échappé. Il s'est sans doute fié aux explications imprécises des moines égyptiens de Famagouste.

(4) Le mot *flos* est apparemment considéré comme féminin.

(5) Alphonse a-t-il vraiment voulu dire (et faire croire) qu'il avait trouvé la légende de S. Antoine dans un monastère de Scété ? Cette affirmation semble in-

tus [17] frater invenit legendas sanctorum Patrum in multis et diversis voluminibus magnis valde, in quibus libris continentur multa [18] miraculosa [19] de vita et doctrina sanctorum parcium illarum [20], que hactenus in latinum [21] non [22] venerunt [23]; de [24] quibus exscripsit [25] multa, et transtulit in latinum [26] libellum qui continet hystoriam de pugna mirabili et [27] inusitata [28], qualiter [29] beatus Anthonius contra diabolum pugnavit ipsum vincendo [30] (1). Continentur eciam in presenti libello disputaciones [31] et argumenta dyaboli matrimonium virginitati preferentis [32], ut ad matrimonium beatum Anthonium [33] inclinaret. Que [34] omnia vobis [35] ad solacium mittit [36], orans humiliter ut sanctitatem vestram [37] Deus [38] inter laboriosas [39] occupaciones consoletur, corroboret [40] et [41] conservet per tempora multa [42] sue Ecclesie et amicis [43].

Ad [1] honorem Domini [2] nostri Iesu Christi Incipit legenda mirabilis [3], quam frater Alfonsus [4], ordinis Predicatorum, de arabico [5] transtulit in latinum anno Domini M° CCC° quadragesimo primo [6], excerpta de magna et longa legenda sua [7].

---

[17] dictos L. — [18] permulta S ; (c. m.) m. c. B. — [19] *om.* S. — [20] (p. i.) patrum BLFW. — [21] (h. in l.) ad latinos h. S. — [22] *om.* L. — [23] invenerunt B. — [24] ex F. — [25] collegit F, excerpsit S. — [26] inter que presentem *add.* S. — [27] a sanctis aliis S. — [28] invisitata L. — [29] qua S. — [30] (i. v.) et i. vicit F ; (contra -v.) p. cum dyabolo vel contra d. et vicit S. — [31] continetur et simul disputacio S. — [32] preferencia F. — [33] ut Anth. ad matr. S. — [34] quem L. — [35] nobis LW. — [36] (que-mittit) invenit et transtulit et ad s. nobis misit S. — [37] nostram LSW. — [38] deos L. — [39] laboriosos L. — [40] corroboretur BL ; et confortet *add.* S.— [41] *om.* BL. — [42] per m. t. B. — [43] et cetera *add.* B ; in nomine Domini amen ut incipiam legendam beati Anthonii *add.* W.

Lemma. — [1] *integrum lemma om.* F ; de sancto Anthonio abbate *praemittit* A. — [2] Dei *add.* S. — [3] miserabilis B. — [4] Alfonsius BS, Alphonsus W. — [5] de ar. *om.* W. — [6] secundo ABLW. — [7] (exc.-sua) *om.* S.

conciliable avec ce qu'il raconte lui-même au § 47. D'ailleurs *inter quos monachos* peut signifier tout simplement : *inter monachos de regula Anthonii vel Macharii ;* ce qui convient aux moines coptes de Chypre comme à ceux d'Égypte.

(1) Serait-il ici question du combat livré par S. Antoine à une armée de diables en présence du roi de Barcelone (ci-dessous, §§ 40-41) ? Dans ce cas, la conversion de la Catalogne aurait sûrement été mentionnée. La « bataille admirable et inusitée » dans laquelle Antoine remporta la victoire sur le démon, c'est précisément la longue tentation dont on va lire le récit.

TENTATIO S. ANTONII

e codicibus Bruxellensi 8077-82 (= B), *Monacensi 5681* (= C)
et Londiniensi 30972 (= L).

1. Sanctus Anthonius cum iam vixisset sexaginta et [1] quinque annos in deserto solitariam vitam ducens, visum est ei [2] bonum facere unum parvum ortum ante cellam suam (1), unde posset aliquando recreari [3] non solum ipsum, sed magis alios [4] homines ipsum pro sua doctrina visitantes eciam holeribus reficeret. Aliquanto [5] ortum plantavit, in quo caules et alia ortalia seminavit [6]. Cumque orticille [7] crevissent [8], descenderunt de nemore fere diverse, ut sepius instinctu demonum caules et alias herbas viri sancti comederent [9], non in hoc tunc contente, sed residuum pedibus conculcaverunt. Cumque sanctus Anthonius exiret de cella sua, videns ortum suum sic penitus dissipatum et devastatum, admiratus est valde. Et cepit nichilominus incedere per desertum et ambulare, intentus suis meditacionibus ; habebatque in manibus suis folia palmarum, de quibus cophinum [10] plectebat [11]. Nam tempore isto coffinos [12] seu sportas [13] quas [14] faciebat mittebat ad vendendum, quia de labore manuum suarum vivebat iuxta illud theologicum [15] : Qui non laborat, nec [16] manducet [17] (2).

2. Dum igitur longius processisset, invenit dyabolum in forma humana sedentem [1] in deserto ; et non cognovit quod dyabolus esset, sed estimavit eum esse unum [2] de Arabicis venatoribus [3] ibi venare feras : nam operabatur [4] recia et laqueos preparabat ; qui, sicuti [5] videbatur, solitus erat [6] ad capiendum feras [7] et decipulam [8] deponere. Et dixit Anthonius ei [9] : « Facias mihi, rogo te, decipulam [10] unam ad capiendum danos [11] et feras qui demoliti sunt ortum meum. » Respondit ei dyabolus et dixit : « Libenter parabo tibi

1. — [1] *om.* C. — [2] illi C. — [3] recreare C. — [4] alienos L. — [5] igitur *add.* C.— [6] firmavit B. — [7] ortille B. — [8] crevessent L. — [9] commederant BCL. — [10] confinium C, officium L. — [11] plectebatur *corr.* B, flectebat CL. — [12] coffinos CL. — [13] spurtos C. — [14] que C. — [15] theoloycum C. — [16] non BL. — [17] manducat B.

2. — [1] sedende C. — [2] (e. u.) u. e. C. — [3] viatoribus L ; volentem *add. corrector in marg.* B ; *supple, si mavis,* solitis *vel* venientibus. — [4] approbatur B, *sed del. corr.* — [5] secuti L.— [6] *om.* L. — [7] (nam-feras) *om.* C.— [8] deciplam B, discipulas C, descipula L. — [9] *om.* B. — [10] discip. CL. — [11] *ita* BL ; *in* C *vacat spatium.*

(1) Cf. *Vita Antonii,* § 50 (*Act. SS.,* § 67-68).
(2) Cf. 2 *Thessalonic.* 3, 10.

decipulam [12] (1). Vade quo vadis et non dubites ; nam ego faciam tibi posse meum [13], et tibi faciam [14] decipulam [15] valde aptam, et spero quod bene conveniet [16] tibi. » Et sanctus Anthonius inde progressus est ultra per desertum deambulans [17]. Dyabolus vero, ut [18] promiserat ei [19], diu excogitaverat sancto Anthonio laqueos et recia parare ad capiendum eum ; et fecit ei laqueos et recia [20] talia qualia non sunt [21] visa [22] a principio seculi usque ad illam horam ac omnibus hominibus inaudita.

3. Cumque sic [1] Anthonius [2] deambularet, invenit ante se in ripa currentis fluminis [3] unam dominam magne [4], ut apparebat [5], reverencie et honestatis. Erat enim aspectu graciosa, et erant cum ea decem puelle ancille [6] pedisseque, que se in flumine balneabant [7] ; ipsaque domina videbatur exisse de flumine balneata [8] eratque semiinduta et in parte nuda [9] apparuit. Quam cum vidisset Anthonius, avertit vultum suum et cepit fugere redeundo viam quam venerat. Et domina illa clamavit post illum dicens : « O homo solitarie, incola deserti huius, propter Hominem Deum cui servis [10] sta [11], non fugias [12], quia multo tempore te quesivi, et spero quod me docebis viam salutis et lucrabis animam meam. Et nescis quantum acceptabile est [13] Deo dirigere animas in salutem? » Quo audito, sanctus Anthonius ad eam [14] rediit, ut audiret quid volebat dicere mulier illa. Et illa dixit ei : « Recte fecisti quod debuisti, pater benedicte, redeundo ad nos. Quia bonus homo [15] animam suam exponit [16] pro fratre suo (2). Hic gradus perfectionis tue [17] convenit sanctitati. Nam ego multa et magna audivi de te et scio qualiter demones superbos superasti. Quare te rogo, pater sancte, quod apponas curam tuam ut [18] salves [19] animam meam, antequam vadat [20] in perdicionem. »

---

[12] discip. C, descip. L. — [13] (p. m.) pro posse meo B ; (nam-m.) posse meum nam ego scico (?) C. — [14] (t. f.) ego f. t. B. — [15] descip. C, discip. L. — [16] conveniat B, convenit C. — [17] ambulans C. — [18] om. L. — [19] om. B. — [20] (pararerecia) om. C. — [21] om. BC. — [22] sunt add. corr. B.

3. — [1] ac sanctus L. — [2] (s. a.) a. s. B. — [3] fluvii B, flumina C.— [4] om. B.— [5] magnam et apparebit L. — [6] om. B. — [7] balniabant C. — [8] balniata C ; (ipsaque-b.) om. B. — [9] nude L. — [10] servies C. — [11] ista B. — [12] fuges C.— [13] sit B. — [14] ad e. om. C. — [15] om. BL, pastor add. corr. B. — [16] ponit C. — [17] hec causa tue perf. C. — [18] et L. — [19] salvas B. — [20] vadam L.

(1) C'est à cause de ce passage que la légende est intitulée, dans les abrégés de Trèves et de Klosterneuburg, *Decipula* ou *Muscipula S. Antonii*.
(2) Cf. *Ioh.* 10, 11 ; 15, 13.

4. Et dum illa loqueretur, ancille eius stabant nude in flumine, quasi [1] attente [2] audirent verba domine sue. Postquam [3] clamans contra illas dixit increpando eas : « Nonne [4] verecundamini? Cooperite vos [5]. Erubescere debetis quod sic statis nude coram homine isto sancto, quem Dominus misit ad nos [6] ut anime nostre [7] salventur per eum [8]. » Et ad mandatum domine puelle exierunt de flumine et induerunt se vestibus suis. Tunc sanctus Anthonius [9] dixit domine : « O tu, mulier, eciam cooperias [10] te. » Et illa visa est [11] quasi erubescere, et conversa ad sanctum Anthonium dixit : « O sancte et amice Dei, tu times de me misera peccatrice? Ignosce mihi [12]. Ego simplex sum mulier. Nesciebam quod tu cogitasses de mea nuditate et videres carnem meam et adverteres me fore nudam, cum tamen sum clamide cooperta.   Sed faciam sicuti [13] mandat sanctitas tua. » Et statim affuerunt [14] ille decem puelle et induere [15] ceperunt dominam suam vestibus suis [16] preciosis et [17] odoriferis. Et dum illa induebatur, dixit sancto Anthonio : « Pater, ne respicias me, nec tamen mireris [18] si ego respicio te. Quia sicuti nosti, Deus creavit mulierem de latere viri et virum [19] creavit de terra ; et ergo vir debet respicere terram sicut matrem suam, et mulier virum [20] de quo formata est. » Quibus auditis, sanctus Anthonius expavit de eloquencia illius mulieris [21] multum et oculos in terram deiecit [22].

5. Tunc illa induta et [1] ornata, pariter sederent. Et vera [2] dimissa [3] proposita [4] (1) propter quod sanctum attraxerat [5] precibus, incepit alloqui sancto [6] verbis dulcibus et honestis, ut non adverteret [7] S. Anthonius nec intelligeret de proposita [8] malicie illius. Et quasi devota ex quadam [9] familiaritate et affectu passionis di-

---

4. — [1] quod B, quia L. — [2] *corr.* BL, *prius* attentite (?). — [3] *ita* CL *et, ni fallor,* B *ante corr.; post quas corr.* B. — [4] non B. — [5] vos coopertite C. — [6] vos B. — [7] vestre B. — [8] ipsum B. — [9] *om.* C. — [10] cooperiaris B. — [11] *om.* C. — [12] *om.* C. — [13] secuti L *hic et saepius.* — [14] offerunt C. — [15] indute C. — [16] *om.* L. — [17] *om.* C. — [18] miratur C. — [19] vicum C. — [20] vicum C ; (creavit de terra-v.) *bis in* C. — [21] (i. m.) sua B. — [22] direxit B.

5. — [1] ne *add.* C. — [2] verba BL. — [3] demissa B. — [4] proposito L. — [5] adtaxerat L. — [6] (a. s.) sanctum alloqui C. — [7] adverteretur C. — [8] proposito BL. — [9] de *add.* L.

---

(1) Ce mot semble employé ici et à la fin de la phrase comme substantif féminin, dans le sens de *propositum*, « dessein ». Du CANGE, i. v., cite des exemples de *proposita* = « proposition à discuter en conseil » ; cf. italien « proposta ».

xit ei : « O pater mi, quot anni sunt quod [10] incepisti Deo servire
in isto deserto ? » Qui respondit : « Sexaginta quinque anni sunt. »
Tunc illa suspexit et appropinquavit ; et stans ante sanctum [11]
cepit quasi pre [12] passione lacrimare [13], et dixit flendo : « O pater,
scio quod frequenter demones verberaverunt te [14] graviter, nec
adhuc est finis laboris tui. Nam demones superbi sunt et contu-
maces [15] resistentibus illis. » Et dixit ille [16] : « O soror, passus fui [17]
omnia que dixisti et multa alia que non dicis ; et ita fui ab eis frequenter tribulatus et afflictus quod omnino subcubui. Sed [18] Dominus Iesus Christus [19] per suam misericordiam venit [20] michi in
adiutorium et confortavit me. » Tunc illa subridens ait : « Magnus
est Dominus Deus. Sed intelligencius fuit michi revelatum quod
demones inpugnantes [21] in tantum prevaluerunt contra te quod
pluries cum furore et [22] cum impetu extraxerunt te per pedes et
per [23] capillos de monte ad vallem (1) et dilaniaverunt [24] corpus tuum,
quod non remansit in te caro integra, et adhuc apparent cicatrices
lesionis. »

6. Respondit sanctus et dixit ei : « Tu [1] dicis [2], ita fuit. Sed Dominus Iesus Christus venit consolare me. Et ego vidi quod habebat
Dominus [3] in manu sua librum, quem aperuit [4] et ostendit mihi,
in quo erant scripte omnes tribulaciones et impugnaciones [5] et
eciam verbera [6] demonum que [7] ab illis passus sum. In illis tribulacionibus semper Dominus [8] affuit michi et fugavit demones et
consolatus est me. Et cum vidi librum istum in manu Domini,
permansi in serenitate [9] longo tempore. Iterum apparuit michi
Dominus Iesus Christus et ostendit eundem librum quem prius [10]
vidi [11] : et nec amplius scriptum in eo [12] fuerat postea. Et dixit
mihi Dominus : O Anthoni, negociacio tua et lucrum tuum est in
bello. Advertas in libro quoniam nullam utilitatem tuam fecisti
ista vice, ex quo bellum non habuisti et advixisti [13]. » Et Anthonius

---

[10] quando B. — [11] et *add.* L. — [12] *correxi*, pura C, puer BL. — [13] lacrimari
B. — [14] (f. d. v. te) v. f. te d. B. — [15] contrariantes BL. — [16] illi B. — [17] sum B.
— [18] *om.* C. — [19] *om.* C. — [20] pervenit L. — [21] pugnantes te BL. — [22] quod pl. c.
f. et *om.* L. — [23] *om.* C. — [24] dilanierunt B.

6. — [1] ita *add.* B. — [2] scis C. — [3] *om.* C ; (h. d.) d. h. B. — [4] apparuit C.—
[5] et i. *om.* C. — [6] verba B. — [7] quas BL. — [8] Deus C.— [9] sevenitate B, severitate
senceritate *ante corr.* L. — [10] pius L. — [11] *om.* B. — [12] in eo scr. B.— [13] adnixisti L,
adiuxisti C.

(1) Voir plus loin, § 59,

ait : « Et propter hoc [14] consolor [15], si labores mei secundum verba [16]
<Domini> non habent [17] finem, et gaudeo [18] si demones non [19]
cessant [20] impugnare me, nec volo quod cessent [21] una hora, quia
certus sum quod per [22] hoc recipiam maiora a Domino meo Iesu
Christo graciarum [23] et mercedem : nam ipse dixit michi ore sancto
suo et benedicto (1) : O Anthoni [24], secundum quantitatem laboris
habebis et premium. »

7. Et illa respondit : « Verum dixisti, pater, nam sic [1] tibi ille.
Sed si ita [2] est, qualiter intelligemus [3] illud verbum ewangelii ubi
ostenditur quod Dominus non [4] reddit premium [5] secundum quantitatem laboris, ut patet [6] in ewangelio (2) de patre familias qui [7]
fecit diuturnam parum [8] laborantibus in vinea, sicut et primis qui [9]
portaverunt pondus diei et estus [10], cuilibet denarium? Unde enim
multi vocati, pauci vero electi? » Et dixit ei [11] S. Anthonius : « Ista
sunt verba Dei [12]. Quid vis [13] inducere per illa? » Et illa [14] dixit :
« Ut melius advertas que sit misericordia Dei, quia dat novissimis
sicut et primis et parum laborantibus sicuti et multum [15] laborantibus [16]. Et hoc quod dico tibi, pater mi, in me consideres, et
cognoscas [17] misericordiam Dei et veritatem promissorum eius et [18]
quanta nos diligit caritate. Nam et [19] ego sum regina, et habeo hoc
regnum et istud [20] dominium magnum valde [21], et habeo nobilita-
tem et honorem et pulchritudinem quantam vides, et habeo a Deo
quod prevaleat omnibus istis, scilicet graciam faciendi miracula. »

8. Et dixit ad S. Anthonium : « Respice. » Et indicavit sibi manu.
Sanctus [1] allevavit [2] oculos suos et vidit ultra flumen duas civitates [3] ad [4] invicem parum distantes, magnas et gloriosas valde [5].
Et dixit : « Suntne tue civitates ille [6]? » Illa respondit : « Dominus
contulit michi hec et quamplurima alia et insuper dona gracie que

---

[14] om. C. — [15] (et-c.) et semper consulor B. — [16] verbum C. — [17] habet L.
— [18] gaudio L. — [19] om. C. — [20] si non c. d. B. — [21] cessant C. — [22] propter
B. — [23] recipiam a D. m. I. C. maiora graciam B. — [24] Anthonii L.
7. — [1] (n. s.) niram B.— [2] ista C.— [3] intelligimus B.— [4] add. corr. in marg. B,
om. CL. — [5] mercedem B. — [6] (ut p.) utrumque C. — [7] que L. — [8] parvam C. —
[9] om. L.— [10] esus C. — [11] om. C. — [12] om. BL. — [13] om. C.— [14] ista C.— [15] multi
C. — [16] (sicuti-lab.) om. L. — [17] cogn. et cons. C. — [18] om. C. — [19] om. L. —
[20] om. B. — [21] (m. v.) v. m. C.
8. — [1] Anthonius add. B. — [2] elevavit B. — [3] pulchras valde add. B. — [4] ab B.
— [5] m. et gl. v. om. B. — [6] civ. ille tue B.

(1) Voir ci-après, § 56.   (2) Cf. Matth. 20, 1-16.

tu recepisti a Deo post multum tamen et spaciosum tempus [7] et post tot agones et labores ; ista vero [8] michi collata erant a Deo in spacio paucorum annorum. » Dixit ei sanctus [9] : « Et quid [10] est illud quod tibi donavit Dominus [11] Iesus Christus ? » Respondit illa [12] : « Michi collatum [12*] est a Deo quod ego consolido [13] paraliticos, egros, contractos et claudos [14], aperio oculos cecorum, mundo leprosos, sano omnem languorem [15] et infirmitatem, nisi unum quod non est michi collatum, scilicet non possum mortuos suscitare. » Cumque audisset S. Anthonius verba, ammiratus [16] est valde et nesciebat quid diceret. Tunc illa dixit : « Miraris [17] super hec que dixi tibi. Omnia videbis oculis tuis antequam discedas [18] a me. Surge et sta super pedes tuos. » Surrexit S. Anthonius [19] et stetit. Et ipsa domina et puelle acceperunt se per manus et transierunt cum illo flumen, ambulantes sicco pede super aquas. Obstupuit sanctus pre miraculi multitudine et magnitudine [20], pensata maxime [21] condicione domine illius et ancillarum eius. Erant enim inmense pulchritudinis et ambiciosi [22] ornatus.

9. Erant autem speculatores super turres proxime civitatis [1] : qui cum vidissent [2] dominam suam flumen transivisse, insonuerunt tubis et bucinis [3] contra civitatem. Quibus auditis, statim omnes exierunt de civitate currentes domine sue obviam, principes et magnates et plures domicelle [4] in apparatu [5] mirabili, insuper exercitus magnus militum [6] armatorum [7], quorum lorice et arma splendore miro [8] refulgebant, quos precedebant iuvenes [9] in equis levissimis [10] precurrentes ; et venit hinc inde populus infinitus laudantes dominam suam et letantes musicis instrumentis diversis modis. Et facta est reverencia ab omnibus domine sue [11]. Insuper fuit ei presentatus currus mirabiliter adornatus, et ascendit ipsa [12] et puelle eius, et S. Anthonium secum ascendere fecerunt cum magna reverencia super currum. Et [13] sic omnes cum magna gloria et gaudio [14] pervenerunt ad civitatem. In introitu [15] civitatis invene-

---

[7] temporis B ; *in* C *post* spacio *relictus est locus septem vel octo litterarum vacuus.* — [8] *om.* C. — [9] Anthonius *add.* C. — [10] quod C. — [11] *om.* L. — [12] ille L. — [12*] collata L. — [13] consulo C. — [14] cl. egr. contr. B ; et *add.* C. — [15] langworum L. — [16] miratus B. — [17] miratus C. — [18] descedas L. — [19] (S. A.) ipse C. — [20] et m. *om.* B. — [21] maxima B. — [22] ambisiosi B.

9. — [1] civitates L. — [2] audissent C. — [3] *correxi ;* tybicinis B, buccis C, buces L. — [4] domicille L. — [5] apertu C. — [6] multorum B, multum C. — [7] armorum BL. — [8] m. spl. B. — [9] precidebant iuvenis B. — [10] laussimis (*corr. ex* causs.) C. — [11] dominis suis B. — [12] ipse L. — [13] *om.* L. — [14] cum magno gaudio et gl. B. — [15] interitu C.

runt campsores, ante quos annuli erant [16] aurei, argentei † omnis [17] preciosi et diversa iocalia [18]. Et transeuntes invenerunt apothecarios, quorum [19] vicus (1) ille plenus [20] erat, habentes diversa et preciosa aromata odorifera, et reliqua [21] (2). Postea venerunt in vicum mercatorum, ubi panni preciosi erant colorum omnium [22]. Postea venerunt in vicum armorum, ubi erat vulgus arma fabricancium et purgancium infinitus [23].

10. Et cum sic ostense [1] sunt Anthonio omnes divicie et potencie civitatis, dixit in corde suo quod non erat tam pulchra et tam graciosa civitas sicuti illa super faciem orbis. Nam preter divicias et copias gencium, erat civitas tota aquis currentibus [2] limphidissimis [3] fecundata, statutique erant [4] per diversa loca civitatis fontes miri [5]; aque ductus [6] per marmores diversi coloris ubique derivabatur [7] per vicos et plateas ad placitum et solacium omnium habitancium et intrancium [8] civitatem. Muri civitatis erant fortissimi et sculpibus [9] diversarum figurarum ornati in parte extrema. In vertice eminentis loci erat positum castrum admirabilis pulchritudinis et decoris ; et erat ante castrum platea, ubi tot misteria (3) et tot artes erant et tantus populus [10] apparebat quod non videbatur posse scire (4) numerus [11] euncium et redeuncium [12] ante [13] castrum. Erant enim valve et porte castri alte et ample [14], in quibus pendebant clipea multa et diverse armature. Que omnia cum [15] fuissent S. Anthonio demonstrata, regina ipsum deducente et ipsum continue alloquente [16], sanctus [17] fuit [18] ob stupore<m> mentis alteratus, et non cognoscebat [19] quod per operacionem dyaboli omnia hec [20] fantastice [21] apparebant, et mirabatur valde.

---

[16] *om.* C ; (a. e.) e. a. B. — [17] a. a. o. *om.* B ; *videtur aliquid excidisse in* C *et* L. — [18] localia C. — [19] quos BL. — [20] planus L. — [21] (et r.) *om.* B, etc. C. — [22] calorum o. C, o. col. B. — [23] misunitus L.

10. — [1] ostensa CL. — [2] currentis L.— [3] limpidissimis B, lyphidissimis L.— [4] statuti erantque L. — [5] miti C. — [6] ductos L. — [7] dirivabantur B, dirnabantur L. — [8] intr. et hab. B. — [9] sculpti B. — [10] tantis populis L ; ubi *add.* B. — [11] et *add. del.* L. — [12] (e. et r.) eum et credencium L. — [13] ad B. — [14] ample et alte B. — [15] que L. — [16] colloquente L. — [17] Anthonius *add.* B. — [18] *om.* C. — [19] cognovit C. — [20] *om.* C. — [21] fantastase B.

---

(1) Traduction inexacte de l'arabe *sūq*, « marché ».

(2) Alphonse abrège sa traduction. Voir de même §§ 28, 46, 50, 52, 54, 55, 56.

(3) Forme vulgaire pour *ministeria*, « métiers ».

(4) Lisez : *sciri*. Notre texte confond fréquemment les formes actives et passives de l'infinitif.

11. Tunc illa dixit ei : « Adhuc ostendam tibi maiora et meliora. » Tunc ingressa est cum illo in atrium castri sui interius, ubi [1] aula regia [2] eminebat [3]. Et ascendentes intraverunt palacium admirabilis pulchritudinis et ornatus ; et euntes de domo in domum, regina S. Anthonium in cameram propriam introduxit, que erat magna pulchritudine regaliter decorata ; et duxit ipsum [4] in locum qui dicitur gardarauba [5], ubi erant pelles rubricate [6] diversis coloribus, omnem mittentes molliciem [7], et alia ornamenta que mirabilia [8] videbantur. Post hec introduxit regina S. Anthonium ad thesaurum suum et ostendit ei multitudinem diviciarum suarum, quarum non erat numerus, lapides preciosos [9] diversi generis et coloris. Et sanctus non cessabat admirari [10] super misericordiam Dei et super beneficiis que illi concesserat et cui dederat tot et tanta. Nec tamen cor sancti movebatur ad concupiscendum de omnibus illis quidquam.

12. Tunc ait illa sancto : « Vidisti, o pater, quanta est misericordia Dei super illos quos fecit dignos suo amore. Nam in thesauris et beneficiis non gloriamur, cum sint corruptibilia [1] ; sed gloria nostra est in graciis Dei, qui [2] contulit hominibus artes divinas, et gloriamur in operibus [3] divinis. » Dixit ei S. Anthonius : « De quibus artibus loqueris? » Tunc illa respondit [4] : « De omnibus artibus loquor tibi [5] (1). Nam omnes artes disserendi [6] humanitus invente [7] mechanice possunt nominari, quia a Deo collatus homini intellectus indidit quomodo artes ab hominibus sunt invente, ut sunt artes disserendi [8] speculative [9], practice, et artes mechanice, † quorum latemorum [10], sartorum, sutorum [11] et argentum fabricancium atque ferrum [12] et reliqua [13] † musice ; que omnia habemus vel alii qui nobis serviunt in diversis. Sunt et alie artes quas enu-

---

11. — [1] *bis in* L. — [2] apparebat et *add.* C. — [3] imminebat B. — [4] eum B. — [5] gardaranba B. — [6] cubriate C. — [7] malliciem C. — [8] mirabiliter B. — [9] (l. p.) p. I. C. — [10] mirari L.

12. — [1] corruptubilia L. — [2] (cum sint-qui) *om.* C. — [3] suis *add.* C. — [4] t. i. r. *om.* C. — [5] respondit illa *add.* C.— [6] deserendi B. — [7] iuventute C. — [8] deserendi BC. — [9] speculate L. — [10] latheniorum B, lathaniorum C ; *legendum videtur* latomorum. — [11] scutorum B. — [12] a. f. *om.* C. — [13] ceterum C ; (f. et r.) fetura mentis B.

---

(1) Sous les phrases embrouillées des copistes ou du traducteur, on croit deviner ce que l'auteur arabe voulait dire : les sciences spéculatives sont des métiers d'invention humaine tout comme les arts mécaniques,

merare longum esset. Sed preter ista (1), que non sunt humana et
non fiunt nisi virtute divina, sicut subito [14] febrem curare [15] et lan-
guores curare insanabiles [16] per naturam (etsi interdum curantur
infirmitates [17] per naturam [18], tamen subito non curantur). Sed
alia opera sunt ad que [19] nunquam natura [20] potest attingere, sicut
mortuos suscitare, cursum mutare [21] (2) et solem [22] arte arrestare et
retrocedere facere [23] (3), speciem aliquam in naturam aliam trans-
mutare ut aquam in vinum, virgas in aurum : quorum Deus dilectis
suis potestatem dedit (4).   De quibus operibus nos gloriamur [24],
non in mundana potencia nec in rebus transitoriis huius mundi. »
    13. Dicit ei S. Anthonius : « Pulchre et graciose [1] locuta es [2]. »
Respondit illa : « Ego sum ingrata, sed regracior Domino [3] Iesu
Christo quod me fecit participem cum perfectis, et sicuti [4] fecit
aliis sanctis suis, dedit michi potestatem artis divine faciendi [5]
opera supra dicta, que facultatem excedunt nature. » Dixit ei S.
Anthonius : « Diu est quod memorata [6] es de dono isto quod a Deo
acceperas [7], quando eramus ultra flumen aquarum. » Respondit
illa : « Quid est michi transire flumen sicco pede ? Habe fiduciam
et esto fortis [8] et constans : modo ostendam tibi. Considera pulchritudinem artis divine et habundanciam potestatis eius super
electos suos. » Tunc illa mandavit ministris suis dicens : « Cito cur-
rite, et omnem [9] infirmum et langwidum quem [10] inveneritis [11] in
civitate deportate. » Hiique currentes adduxerunt claudos et [12]
cecos, leprosos, ydropicos, impotentes alios in grabbato [13], paraliticos et omnia genera infirmorum, et presentaverunt eos omnes

---

[14] *correxi*, sabbon B, sabbato CL. — [15] (f. c.) c. f. C. — [16] (c. i.) que sunt sana-
biles B. — [17] *om.* C. — [18] (et si-nat.) *om.* B. — [19] (ad que) atque L. — [20] nat.
nunq. B. — [21] ymutare B. — [22] (et s.) solemque B. — [23] (r. f.) retrorecedere C.
— [24] glorimamur C.
    13. — [1] gloriose C. — [2] est L. — [3] nostro *add.* B. — [4] securi L. — [5] faciendo B.
— [6] (q. m.) me mota C. — [7] acciperas C. — [8] foris L. — [9] hominem C.— [10] quid
L. — [11] langwidos quos invenietis B. — [12] *om.* B. — [13] (imp. a. in gr.) *om.* L, et
imp. a. in gravatis C.

(1) Suppléez *venio ad ea* ou quelque chose d'analogue.
(2) Cf. *Ps.* 113, 3.   (3) Cf. *Iosue* 10, 12-13 ; *Is.* 38, 8.
(4) L'eau fut changée en vin à Cana (*Ioh.* 2, 7-10). Mais où donc des verges
furent-elles transformées en or ? Alphonse doit avoir confondu les deux mots arabes qui signifient l'un « or », l'autre « fleur ». Son modèle faisai'. sans doute allusion à la verge d'Aaron qui fleurit par miracle (*Num.* 17, 8).

coram dominam suam et coram S. Anthonium [14]. Tunc surrexit
illa et coram omnibus stans [15] elevavit manus in altum et assimu-
labat orare labia movendo ; nulla tamen vox in ore eius audieba-
tur. Et ipsa annuente oculis, fuit aqua apportata [16] quasi ad bene-
dicendum ; que quasi legendo dixit super <aquam> aliqua verba
et flevit aliquantulum, et de aqua illa super quam oraverat asper-
sit super multitudinem populorum [17] infirmorum. Et statim omnes
infirmi quos aqua illa [18] tetigerat curati sunt unusquisque de infirmitate sua, et ceperunt currere ad pedes domine sue. Et ipsa dedit
omnibus licenciam, et recesserunt omnes cum gaudio et leticia
magna magnificantes [19] Deum, qui potestatem talem [20] dedit domine
sue (1). Tunc S. Anthonius laudavit Deum et dixit illi : « Domina,
de operibus multum miror, non de thesauris et diviciis [21] tuis. »
Suspirans [22] illa dixit : « Si vidisses virum meum, qui mortuus est [23],
qui erat rex [24] civitatis [25] huius et tocius terre [26], tunc fuisses amplius et merito ammiratus [27]. Ille enim solo verbo resuscitabat
mortuos. »

14. Tunc dixit ad eam S. Anthonius : « Rogo te ut dicas michi
conversacionis tue decursum et qualiter vivis [1] ante [2] Deum et
per [3] quas virtutes pervenisti ad recipiendam [4] tantam virtutem
et [5] gloriam a Domino Iesu Christo. Nam forsitan ego debilis et
inperfectus homo exemplo tuo proficiam [6]. » Respondit illa : « Con-
versacio mea [7] est admirabilis [8] et conposita. Sed vobis [9] solitariis [10],
qui estis pauperes nec videtis homines, forsitan non conveniet [11].
Tamen tibi [12] non celabo [13] veritatem. O pater sancte, ignosce michi.
Dico tibi quod ego bene scio quod habitantes desertum monachi non
habent requiem in hac vita et multum laborant, et parum profi-
ciunt et parva [14] dona recipiunt a Deo, et illa dona [15] que recipiunt [16], ea post multos [17] agones et dolores recipiunt. Et ego dico [18]

---

[14] (eos-Anth.) omnes eos coram domina sua et coram sancto Anthonio B. —
[15] sanctis B. — [16] aperta C. — [17] peccatorum B. — [18] *om.* B. — [19] magnificanti L. —
[20] (p. t.) t. p. B. — [21] div. et th. B. — [22] sopirans C. — [23] et *add.* L. — [24] *bis in*
C. — [25] et *add.* L. — [26] et *add.* L. — [27] miratus B.

14. — [1] unus C. — [2] *om.* C, *sed add. al. man. sup. lin.* — [3] *om.* B, *sed add. corr.*
in marg. — [4] recipiendum C. — [5] v. et *om.* B. — [6] perficiam L. — [7] unica L.
— [8] mirabilis C. — [9] nobis L. — [10] salitariis C. — [11] convenit L. — [12] *om.* B. —
[13] celeba L. — [14] prona L. — [15] *om.* L. — [16] (a Deo-rec.) *om.* B. — [17] multas B.
— [18] dicam C.

(1) Cf. *Matth.* 9, 8,

tibi causam, et est hec quia modicum habent [19] de caritate Dei et proximi. » Et dicit sanctus [20] : « Non iudices alios, rogo [21] te, sed dic michi aliquid de conversacione vite tue. » Respondit illa : « Dicam tibi, ex quo [22] placet tibi audire. Ego distribuo in necessitatibus pauperum omnes proventus et fructus [23] regni mei, et ego personaliter infirmos visito ubi sunt sub dominio [24] meo, et illis ministro et habundanter satisfacio [25] providere. Omnes viduas cognosco et omnibus benefacio, tribulatos consolor [26], incarceratos [27] qui mortem non [28] merentur cito facio expedire. Mitto auxilium indigenti, assisto [29] omnibus me petentibus, benefacio [30] secundum statum [31] uniuscuiusque [32]. Construo [33] ecclesias, edifico monasteria, provideo servitoribus Dei, sollicita sum quod faciant [34] residenciam quilibet in loco suo. De mea abstinencia dico tibi : ad mensam meam veniunt magnifica fercula et delicatissime preparata [35] secundum magnificenciam regalem [36], et ego non cognosco quidquam de illis, sed abstineo propter Deum et illa pauperibus facio distribui, sicuti decet ; nec sumo [37] nisi de tercio in tercium [38] diem, et tunc una sola vice commedo panem et aquam tantum. Et in toto regno meo iusticiam tenere facio. » Respondit S. Anthonius et dixit ei [39] : « Opera hec iusta [40] sunt. » Ait [41] illa : « Rogo te, pater mi sancte, dicas michi si in hiis que dixi tibi cognoscis peccatum [42]. » Respondit sanctus et ait : « Hec que connumerasti bona sunt et racionabilia, si perseveraveris in eis [43] usque in [44] finem. »

15. Ait illa : « Ego nunc audaciter [1] loquor tibi et familiariter. Pater sancte, attende in me : ego sum mulier excellentis pulchritudinis et perfecti decoris (1). Nam in toto corde [1*] meo non est una macula (2) intus, et in [2] extremitatibus [3] meis foris excedo omnem pulchritudinem mulierum. Et scias, pater sancte, quod ego et regnum istud, quod vides tam opulentum et gloriosum et quod sub

---

[19] habens L. — [20] Anthonius *add.* B. — [21] roga L. — [22] (ex quo) si B. — [23] facultates B. — [24] sub domino C, subsidium L. — [25] satisfactio L. — [26] consulor C. — [27] incaceratos L. — [28] (m. n.) n. m. B. — [29] osisto C. — [30] facio B.— [31] *om.* C. — [32] uniusciuscumque B, unius cuius est C. — [33] conservo L. — [34] faciunt B. — [35] parata C. — [36] regialem BL. — [37] summo CL ; cibum *add.* B. — [38] terciam CL. — [39] et d. ei *om.* C. — [40] (h. i.) illa bona C. — [41] at B. — [42] (c. p.) p. sit B. — [43] ea B ; (si p. in eis) qui perseverabit eis C. — [44] ad B.

15. — [1] audaucter B. — [1*] *exspectes* corpore. — [2] *om.* B. — [3] extremibus C.

(1) Cf. *Ezech.* 27, 3.   (2) Cf. 2 *Reg.* 14, 25 ; *Cant.* 4, 7 ; *Dan.* 1, 4.

se habet quas [4] non vidisti multas et magnas civitates, omnes sumus, inquam [5], parati unanimiter et uno consilio ad obediendum tibi in omnibus et [6] per omnia. » Dixit [7] ei S. Anthonius : « Que necessitas est et quare michi obediatis [8] et in quo vultis michi obedire [9] ? » Respondit illa : « Propter sapienciam tuam et ut [10] regas nos consilio tuo : nam prope nos est unus rex infestus michi et regno meo ; et non celabo tibi tamen qualiter infestat. Noveris, pater sancte [11], quod quando fuit [12] mortuus vir meus [13], multi reges hic nuncios miserunt sollemnes, pecierunt me in uxorem, et promittebant [14] dotem [15] et [16] offerebant munera magna valde et preciosa ; et ego omnia respui [17] et dedi omnibus neganciam. Inter illos reges qui pecierunt, iste qui [18] impugnat nos plura expendidit [19] et plus laboravit ut haberet [20] me. Et [21] dico tibi, pater, peccatum meum [22], quod fui multum inclinata ad consenciendum eis multociens, quia portare non possum tanto tempore continenciam a viro, sed tamen feci vim michi ipsi et redii ad me ipsam, et consideravi gracias quas a Deo [23] recepi et quas vidisti oculis tuis, reduxique ad memoriam sanctitatem viri mei defuncti, et omnino iudicavi inconveniens quod ego, propter res temporales que sunt transitorie, virum reciperem hominem peccatorem. Que [24] iam confortata [25] per Deum firmavi propositum meum quod nunquam reciperem virum nisi tam sanctum hominem et perfectum sicut fuit vir meus, qui faciebat miracula et prodigia super terram et sanabat omnem infirmitatem et omnem langworem (1), insuper et mortuos resuscitabat. Et ego probavi quod omnes reges sunt peccatores, nec aliquis eorum habet graciam sanandi infirmos vel resuscitare mortuos, sicuti habuit vir meus. Ideo [26] me elongavi ab eis, et licet michi sit difficile servare castitatem [27] et pena, quia multas habeo, pater [28], temptaciones in carne mea, tamen nolui [29] consentire. Sed video quod Deus est misertus [30] mei, quia misit te ad me. Sed et Deus

---

[4] quos B. — [5] om. C. — [6] ut L. — [7] autem add. L. — [8] (m. o.) inobediatis C. — [9] (v. m. o.) inobedire v. C. — [10] om. L. — [11] (p. s.) s. p. B. — [12] fuerit B. — [13] (m. v. m.) vir meus mortuus B. — [14] promittere B, promiserunt C. — [15] dotes B, om. L. — [16] om. B. — [17] (o. r.) respuo o. B. — [18] i. q. bis in L. — [19] expendit L. — [20] habere C. — [21] om. C. — [22] (p. m.) m. p. B ; (p. p. m.) pecc. m. pater C. — [23] accepi vel add. L. — [24] ita codd.; an quare? — [25] confortatata C. — [6] inde B. — [27] servire castitatem L, servire castitati B. — [28] om. C. — [29] vol ui L. — [30] (e. m.) m. e. B.

(1) Cf. Matth. 10, 1.

misit te huc, ut [31] recipias [32] graciam [33] et gradum et hereditatem mei viri ; et eciam Deus compassus est [34] tui et vult quod corpus tuum, quod [35] tantis laboribus afflixisti, requiescat amodo in hac consolacione post tam longam miseriam. Vult eciam Deus quod de cetero cor tuum habeat pacem a pugna demonum, quibus tam longo [36] et tantis periculis et vexacionibus decertasti, et quod recipias delicias [37] et gloriam in regno [38] isto mecum et ego tecum. »

16. Et perpendens dyabolus quod S. Anthonius non movebatur, transtulit se in aliam materiam, antequam [1] sanctus [2] responderet [3] quidquam. Et ait illa : « Rogo te, que utilitas est [4] habitare solum in deserto, dic michi, ubi [5] non invenies afflictum cui miserearis [6], nec [7] esurientem [8] quem pascas, non incarceratum quem visites [9] et absolvas, non tribulatum quem consoleris [10], non iniuriatum [11] quem in suis dampnis et periculis defendas ; non iniuriantem videbis ut [12] de illo vindictam facias [13], non tristem cum quo contristeris [14] ; non [15] invenies [16] ecclesiam quam [17] frequentes, nec habes unde bene facias claustris et monasteriis et alios [18] pauperes possis [19] sustentare? De quibus omnibus Dominus in ewangelio non facientes redarguit [20] (1). » Respondit [21] S. Anthonius et ait : « Quid est quod vis concludere [22] ex verbis istis [23]? » Respondit [24] illa : « Volo quod recipias regnum istud [25] et desponses [26] me et accipias [27] me in legittimam uxorem. Vides [28] quod [29] ego refutavi [30] reges et magnates qui pecierunt me, sed erant peccatores nec [31] erant me digni. Sed ego venio ad te et [32] peto te [33] propter sanctitatem, quia vir meus debet esse sanctus [34], sicut erat ille qui mortuus est ; et ideo volo quod vir meus sis et quod [35] ego sim uxor [36] tua legittima, sicut narravi tibi. Sed non vis intelligere que clare et aperte dicuntur

---

[31] et L. — [32] corr, prius recipiam L. — [33] gracias B. — [34] (d. c. e.) c. e. d. B. — [35] quando B. — [36] longum B. — [37] de cilicio B. — [38] meo add. dein del. L.

16. — [1] nunquam BL. — [2] Anthonius add. B. — [3] respondit BL. — [4] om. L. — [5] ibi B. — [6] miseraris BC. — [7] om. B. — [8] esurrentem C. — [9] visitas B. — [10] consolaris BC, consoleres L. — [11] iniuriatum B, iniuriam C. — [12] et L. — [13] facies CL. — [14] contristes B ; cum quibus tristeris C. — [15] et L. — [16] invenis B. — [17] quem L. — [18] alias L. — [19] posses L. — [20] redarguet B. — [21] respondet C. — [22] excludere BL. — [23] (ex v. i.) hiis v. C. — [24] sanctus add. del. C. — [25] (r. i.) C, i. BL ; in L post istud relictum est vacuum spatium sex litt. — [26] desponsas B. — [27] accipies C. — [28] videsque L. — [29] quia C. — [30] refutam C. — [31] et non B. — [32] ego add. C. — [33] om. B. — [34] (e. s.) s. e. B. — [35] vir m. s. et q. om. C. — [36] sis vir m. et ego ux. B.

(1) Cf. Matth. 25, 42-43.

tibi. » Respondit S. Anthonius et dixit : « Ego sum antiquus homo et confractus, et nec corpus habeo nec cor ad talia [habeo] sicut commemoraris michi, nec ad illa ullo modo inclinare possum [37]. Nam dico tibi quod ista magnifica et preciosa apud me vilia sunt, et nulla est michi cura [38] de talibus cogitare. » Respondit illa : « O Deus, quomodo loquitur [39] homo iste! Certa sum quod tu nunquam probasti delectacionem que est in matrimonio, et ideo loqueris sic. Quia si solum gustasses una vice quanta est delectacio homini cum muliere, nunquam postea contempneres [40]. »

17. Dixit S. Anthonius : « Et quomodo possem [1] talibus consentire, postquam deveni ad tantam [2] senectutem et complexio mea refriguit [3] et corpus meum confractum <est>? Fortitudo mea abiit et carnes mee consumpte sunt et infirmata est virtus mea (1), nec et capillus remansit michi, et tota carnalis concupiscencia in me enervata [4] est. » Et cum sanctus [5] hec diceret, illa appropinquavit magis ad eum, et sanctus respexit [6] eam. Et [7] apparebat ita pulchra mulier sicut nunquam viderat super terram ; visa fuit ei graciosa ut [8] luna quando lucet in decore suo. Et illa commovit odoramenta vestium suarum flagrancium [9], et magis appropinquavit sancto et aptavit se illi [10]. Et dixit ei S. Anthonius : « Elonga te a me, o mulier. Credis me sic perdidisse discrecionem meam quod illud quod acquisivi magnis laboribus sexaginta quinque annis, hodie velim perdere una hora? Exivi de domo mea ut mercarer [11], et multis annis laborans lucratus <sum> (2), et per te perdam [12] omnia in momento [13]? Sexaginta annis congregavi et amplius, et [14] ero ita [15] fatuus et [16] insensatus quod in ictu oculi fiam pauper et privatus [17] omnibus bonis meis? Fuit michi Christus [18] dilectus et propicius in omni vita mea, et non faciam illum iratum. Deus fuit michi per suam misericordiam benignus et familiaris, et modo in una hora faciam quod sit michi [19] semper extraneus? Ego sum pro-

[37] possem L. — [38] om. L. — [39] deus add. del. L. — [40] contempnens C.

17. — [1] possum B. — [2] totam C. — [3] confriguit L. — [4] ervata C. — [5] Anthonius add. C. — [6] aspexit B. — [7] ipsa add. B. — [8] et L. — [9] ita codd.; lege fragrantium. — [10] illa C. — [11] mercator B. — [12] perdeam C. — [13] memento C. — [14] in C. — [15] iam B. — [16] ita add. B. — [17] prefatus C. — [18] meus add. L. — [19] (s. m.) m. s. C.

(1) *Thren.* 1, 14.
(2) Il s'agit évidemment d'un négoce métonymique et de bénéfices spirituels. Cf. *Matth.* 25, 16 ss.

pinquus regno celorum per castitatem, et modo elongabor ab illo
per corrupcionem? Bene recolo quod dyabolus comminatus est
michi pluries dicens : Ego vindicabor de [20] te per feminam, quia
alios qui fuerunt in alto gradu ego deieci [21] per amorem feminarum.
Et modo video quod dyabolus conatur ducere me de gradu meo
per unam feminam. »

18. Cumque audisset mulier verba ista et videret S. Anthonium
torvo [1] vultu talia proferentem [2], apparuit afflicta et amaricata.
Surrexit et prostravit se ad pedes eius et adoravit eum dicens :
« O domine, rogo te ut caveas ne [3] de cetero, homo tante reputa-
cionis, loquaris talia, tam [4] adversa fidei et [5] legi et veritati [6]. Peccasti hodie in animam tuam contra statum altissimum et sanctis-
simum matrimonium, et locutus [7] es que non decent. Et propter
hoc caveas ne de cetero talia loquaris : multum enim peccasti in verbis hiis. Vis namque in verbis tuis quod caste mulieres [8] coniugate
elongent hominem a Deo. Non enim caste mulieres [9] et sancte,
que sancte [10] sunt in matrimonio coniuncte, elongant [11] hominem [12] a
Deo, sicut tu errans locutus es. Non enim ut vir sapiens advertisti [13]
que dixisti. Vis enim excludere de Christi gracia et gloria celesti [14]
coniugatos. Absit a sanctitate tua ut [15] amplius [16] sic loquaris. Nec
mirum tamen quod sic locutus es [17]. Vos enim, solitarii, tempus
vestrum perdidistis in deserto, nec studuistis scripturas Dei nec
audivistis docentes et dicentes [18] homines sapientes. Non dico
quin eciam [19] tu scias ; sed tamen non habeas pro malo nec recipias [20]
ad presumpcionem, si ego dico veritatem. Ego enim scio [21] libros
scripture sacre et didici omnem scienciam, et recitabo totum anti-
quum testamentum cordetenus de verbo ad verbum. Incipiam
enim, o pater sancte [22], a lege Moysi sancta et mirabili [23], cui Deus
contulit auctoritatem inmensam, quia Deus locutus est Moysi
facie ad faciem. »

19. In hiis dictis illa sedit ante sanctum [1] et incepit sic exordium

---

[20] *om.* B. — [21] eieci B.

18. — [1] curvo C. — [2] perferentem L. — [3] nec CL. — [4] *om.* B. — [5] *om.* B. —
[6] lege et veritate CL. — [7] locus C. — [8] mulieris L. — [9] (coniugate -m.) *om.* L. —
[10] (q. s.) oneste C. — [11] elongent B. — [12] homines L. — [13] avertisti CL *et ante
corr.* B. — [14] de Christo graciam et gloriam celestem (celeste L) *codd.;* circa
add. corr. in marg. B. — [15] et L. — [16] non *add. in marg.* L. — [17] est L. — [18] et
d. *om.* B. — [19] (quin e.) quoniam BL. — [20] precipias BL. — [21] (e. s.) s. e. L. —
[22] o s. p. B. — [23] ammirabili B.

19. — [1] Anthonium *add.* B.

I

sermonis : « Sicut ait scriptura [2] : Frater qui iuvatur [3] a fratre [4] quasi felicitas firma [5] (1) ; et ideo peccatum est magnum illi qui novit doctrinam et [6] non docuit proximum suum. Et ideo in ewangelio sancto, ubi loquitur Christus de dono [7] sciencie, ait : Gratis accepistis [8], gratis date (2), quasi diceret : Doceatis fratres vestros gratis [9], sicut ego docui vos. Nichilominus tamen, pater sancte, cum omni reverencia [10] loquor tibi, et [11] exponam in illis que doctrine [12] sunt, non per modum erudicionis sed recordacionis [13]. » Respondit sanctus [14] : « Que [15] necessitas est ut gratis [16] dicas michi ? » Respondit illa, tota pravitas [17] et acuta : « Caveas, pater, quid dicas, ne forte sis de [18] numero illorum qui repulerunt [19] divinam scienciam et dixerunt [20] Deo : Recede a nobis, scienciam [21] viarum tuarum nolumus [22] (3). Absit hoc a te. » Et iam [23] non permisit sanctum [24] respondere, sed continuavit verba sua dicens [25] : « Nonne [26] Dominus [27] Deus statim [28], quando creavit Adam de lymo terre, in eadem creavit [29] Evam ? Nam scriptum est : Inmisit Deus [30] soporem [31] in Adam et tulit unam de costis [32] eius et creavit Evam, aitque : Hec caro de carne mea et os de ossibus meis (4). Hoc testimonium Ade patris mei. Et si Deus scivisset [33] quod mulier <Adam> a Deo [34] elongasset [35], non creasset Evam vel mulierem, sed [36] creasset Adam solum ; vel saltem [37] si voluisset Evam [38] creasse et prescivisset [39] quod illa esset eum [40] elongatura, si [41] est bonus [42] Dominus et providus, premonuisset [43] Adam et dixisset ei [44] : Attende et cave [45] a muliere ; et similiter mulierem : Cave [46] tibi [47] a

---

[2] et add. L. — [3] innatus CL, illuminatus est B. — [4] sancto C, Spiritu sancto B. — [5] (q. f. f.) que est fel. summa B. — [6] docuit add. del. L. — [7] domo C. — [8] accipistis C. — [9] om. B. — [10] referencia C. — [11] om. C. — [12] (q. d.) quia doctrina L. — [13] sed r. om. BL. — [14] Anthonius add. B. — [15] quia C. — [16] ut g. om. C. — [17] pravita L, pravitate B. — [18] om. L. — [19] repallerunt C. — [20] domino add. B. — [21] (et dix.-sc.) om. C. — [22] nolimus BL. — [23] nunc BL. — [24] Anthonium add. B. — [25] dominus C. — [26] in me L, immo corr. B. — [27] domine L. — [28] statuit BL. — [29] (Adam-cr.) om. C. — [30] dominus C. — [31] saporem C. — [32] costibus C.— [33] civisset C. — [34] a d. om. C.— [35] (a d. e.) e. [Adam add. corr.] a d. B. — [36] et L. — [37] v. s. bis in C. — [38] eam B. — [39] precivisset C. — [40] illum B. — [41] sed BL. — [42] unus B. — [43] premunisset B, premunuisset C, preminuisset L. — [44] et add. L. — [45] caveas C. — [46] cav C ; (a mul.-c.) om. L. — [47] te B.

---

(1) Prov. 18, 19 : Frater qui adiuvatur a fratre, quasi civitas firma. Alphonse aura lu melmana « bonheur », pour medina « cité ».

(2) Matth. 10, 8.   (3) Iob 21, 14.   (4) Gen. 2, 21, 23.

viro. Et bene scimus quod Deus bonus est et nichil odit [48] eorum que fecit (1), sed omnia diligit [49]. Ergo non est dicendum quod mulier elonget hominem [50] a Deo. »

20. « Et declaro tibi amplius istud. Dictum enim constat scienti [1] scripturas quod Adam non fuit elongatus a Deo per actum matrimonialem (2), sed propter inobedienciam suam, quia ambo de ligno [2] vetito commederunt (3). Et Deus precepit Noe [3] ut faceret archam, et dilexit eum [4] et letatus est in illo et custodivit illum, et mandavit bestiis et avibus et reptilibus cunctisque animantibus quod [5] intrarent cum illo in archam, et signavit eum dextra sancta : et erat cum eo uxor sua [6] et uxores filiorum suorum (4). Si igitur uxores elongarent hominem [7] a Deo, non introduxisset [8] eas Deus in archam cum illis. Et aliud de David propheta magno : dedit ei [9] Deus nomen magnum <magis> quam aliis prophetis ; de quo ipse testatur [10] dicens quod [David] inveni hominem secundum cor meum, David filium Isaii (5). Cui [11] David non fuit satis cum una uxore vel duabus, sed plures habuit. Qui eciam uxorem [12] fidelis militis sui rapuit et fecit ipsum mori ; et non fecit [13] solum contra Deum, ymmo contra homines [14] et leges hominum. Et illi tamen Deus fuit iratus [15] non propter uxorem, sed quod interfecit virum eius. Tali modo in signum huius non delevit Deus [16] nomen eius de cathalogo [17] sanctorum eius [18] ; ymmo Deus post hec dilexit eum in tantum quod eum vocavit filium suum : et ista mulier genuit ei Salomonem [19] (6). Qui Salomon [20] non fuit contentus de una muliere, sed habuit mille mulieres (7) ; insuper corrupit magna et [21]

---

[48] adit C. — [49] s. o. d. *om.* C. — [50] (e. h.) homines e. L.
20. — [1] conscienti B. — [2] suo *add.* C.— [3] quod *add.* L. — [4] *om.* B *ante corr.* — [5] ut B. — [6] sancta B. — [7] homines L. — [8] introduxit L. — [9] eis B. — [10] (i. t.) t. i. B. — [11] (dicens-cui) Ysaias quod BL. — [12] uxores L, B *ante corr.* — [13] (n. f.) f. n. B. — [14] sed homines *add.* C, sed secundum homines *add.* L. — [15] (d. f. i.) f. i. d. C, f. d. i. L. — [16] *om.* L. — [17] chatologo C. — [18] eciam B. — [19] Salomon C. — [20] Salamon B. — [21] (insuper-et) in BL.

---

(1) Cf. *Sap.* 11, 25.
(2) Philon interprétait déjà le passage de la Genèse où est rapportée la faute de nos premiers parents comme le récit symbolique d'une faute charnelle. *De opificio mundi*, § 157-67 (éd. L. Cohn, t. I, Berlin, 1896, p. 54-59).
(3) Cf. *Gen.* 3, 17.   (4) Cf. *Gen.* 6, 14-20 ; 7, 7.
(5) Cf. *Act.* 13, 22.   (6) Cf. *Ps.* 2, 7 ; 2 *Reg.* 11-12.
(7) Cf. 3 *Reg.* 11, 3.

subtili astutia [22] reginam [23] Austri (1), cui testimonium perhibuit ewangelium [24] quod est iustum et dicit quod consurget in iudicio [25] et iudicabit contra gentem istam [26] (2). Et Deus non imputavit Salomoni [27] omnia ista, ymmo [28] adamavit eum tantum quod fecit [29] eum dignum incipere et perficere Dei templum, et insuper dedit ei tantam sapienciam quod per illum hodie tota edificatur Dei universalis Ecclesia [30] (3). »

21. « Et quid dicis [1] de Moyse [2], capitaneo [3] prophetarum, cui locutus est Deus lxxii (4) vicibus, sicut loquitur homo cum amico suo vel cum fratre suo, qui et uxorem habuit et filios ? Et quid dicis [4] de Melchisedech, in cuius conspectu descendit ignis de celo et excitavit aquam coram illo ? Et quid dicis de patre patrum Abraham, qui habuit tres uxores (5) et amicus Dei appellatus est [5] (6),

---

[22] astante L, circumstante B. — [23] regina BL. — [24] perhibet in ewangelio C. — [25] iudicem C. — [26] istum B. — [27] Solomoni L ; (i. S.) impugnavit Salomonem C. — [28] eciam B. — [29] fecerat B. — [30] eccl. ed. Dei u. BL.

21. — [1] dices B. — [2] Moysi C. — [3] capitanio C, captivo L. — [4] dices B. — [5] om. C.

(1) Cf. 3 *Reg.* 10, 1-13. L'historiette des noces de Salomon avec la reine de Saba ne se lit pas seulement dans certains commentaires du Coran (cf. J. HALÉVY, *La légende de la reine de Saba*, dans *Annuaire de l'École pratique des Hautes Études*, Sciences hist. et philol., 1905 [Paris, 1904], p. 14-16) ; elle forme la donnée fondamentale de l'apocryphe éthiopien *Kebra Nagast*, qui prétend expliquer ainsi les origines mystérieuses de la dynastie nationale (trad. C. BEZOLD, dans les *Abhandlungen* de l'Académie de Bavière, 1e cl., t. XXIII, 1, 1905, p. 120-21 ; trad. E. A. W. BUDGE, *The Queen of Sheba*, London, 1922, p. 33-37). Cf. *Anal. Boll.*, t. XLII (1924), p. 418-20 ; E. LITTMANN, *Bibliotheca Abessinica*, I : *The Legend of the Queen of Sheba in the Tradition of Axum* (Leyde et Princeton, 1904), p. 14-16. Mentionnons, à titre de curiosité, l'étonnante dissertation dans laquelle l'archimandrite Arsène KAKOGIANNÈS entreprit naguère de démontrer le bien-fondé des traditions éthiopiennes : Ἡ βασίλισσα Σαβᾶ ἢ βασίλισσα Νότου ἐν τῇ ἁγιογραφίᾳ καὶ Μακεδα ἐν ταῖς ἐθνικαῖς τῶν Αἰθιόπων Ἀβησσυννῶν παραδόσεσι καὶ χρονικοῖς (série d'articles parus dans l'Ἐκκλησιαστικὸς Φάρος d'Alexandrie, t. XXVI-XXVIII, 1927-1929).

(2) Cf. *Matth.* 12, 42.

(3) Les livres sapientiaux de la Bible, et particulièrement le *Cantique*, les *Proverbes* et la *Sagesse*, étaient attribués à Salomon.

(4) Nous ne savons de quel apocryphe, sans doute arabe ou copte, provient ce chiffre. Même remarque pour la phrase suivante, relative à Melchisédech, pour les *tres uxores* d'Isaac (ci-dessous, p. 181, note 2) et pour deux détails du § 58 (p. 207, notes 3 et 5).

(5) Sara, Agar et Cetura (*Gen.* 16, 1-3 ; 25, 1).   (6) *Iudith* 8, 22.

et invitavit Deum, et Deus recepit eius convivium et commedit Deus cum illo, et cum eo ad mensam Abrahe Michahel et Gabriel, et presentavit eis vitulum coctum et modium [6] simile (1)? Postquam [7] commederunt, annunciaverunt ei [8] nova desiderata scire, scilicet quod haberet filium Ysaac. Et hic Ysaac [9], annuntiatus per Deum et promissus, habuit tres uxores ; et fuit iste Ysaac quem Deus redemit de morte et providit in locum eius arietem ad sacrificium (2). Et quid dicis [10] de [11] Iacob, qui meruit luctari cum Deo et in lucta prevaluit contra Deum et benedixit illi Deus dicens : Non vocaberis ultra Iacob, sed Israel erit [12] nomen tuum? Et hic habuit quatuor uxores (3). Et si uxores separarent [13] a Deo homines, Deus non fuisset cum illis ita familiariter locutus nec ostendisset se ipsum illis. Ioseph eciam habuit filios et filias ; fecit eum Dominus potentem in Egypto, et fuit causa vite patri suo et fratribus suis, quando prevaluit fames [14] in universa terra, et [15] in sola [16] Egypto prudencia Ioseph non erat fames (4). Et quid dicis de principe apostolorum, qui fuit uxoratus, et vocavit eum Dominus [17] Cephas [18], et dedit illi Dominus claves regni celorum et commisit ei curam ovium [19] suarum [20] et dixit ei : Tu es Petrus, et super hanc [21], etc. (5). Eciam preter illos qui enumerati [22] sunt, plures fuerunt coniugati, de quorum [23] multitudine nimis prolixum esset. »

22. « Sed videamus [1] ad auctoritates. Nonne audisti [1*] in ewangelio

---

[6] nudum B, medium L. — [7] sederunt *add. del.* L. — [8] a C. — [9] *om.* B ; et h. Y. *om.* C.— [10] dicit L. — [11] *om.* C. — [12] *om.* C. — [13] separant B.— [14] fama B.— [15] *om.* B. — [16] in *add.* L. — [17] *om.* C. — [18] Ephas C. — [19] omnium BL. — [20] suorum L. — [21] *om.* C ; petram *add.* B. — [22] numerati L. — [23] quibus C.

22. — [1] *ita codd. ; an* veniamus ? — [1*] audistis L.

---

(1) *Gen.* 18, 1-15. L'identification des *tres viri* avec les archanges Michel et Gabriel et le Seigneur lui-même se rencontre dans un panégyrique copte de S. Michel, *BHO.* 762 (éd. BUDGE, 1894, p. 13-14), et dans une homélie copte éditée par le P. J. SIMON dans la revue romaine *Orientalia*, N. S., t. III (1934), p. 217-42, avec une traduction en français, ibid., t. IV (1935), p. 222-34. Le passage relatif à l'arbre de Mambré est traduit au t. IV, p. 225. Cette « première apparition de S. Michel sur la terre » était commémorée le 12 paôni (6 juin).

(2) La Genèse raconte le sacrifice d'Isaac au chap. 22 et son mariage avec Rebecca au chap. 24. Mais elle ne fait pas mention des deux autres épouses qu'il aurait eues.

(3) *Gen.* 32, 24-28 ; 29, 16 - 30, 9.   (4) *Gen.* 41-45.

(5) Cf. *Matth.* 8. 14 ; *Ioh.* 1, 42 ; *Matth.* 16. 18-19 ; *Ioh.* 21, 17.

sancto, quod est flumen vite, quod homo relinquet [2] patrem et matrem et adherebit uxori sue (1)? Si uxor elongaret hominem a Deo, Deus non coniunxisset illos [3], sed separasset. Et alibi non audisti [4], pater sancte, ewangelium dicens : Venient nati ab oriente et [5] occidente, et recumbent cum Abraham [6], Ysaac et [7] Iacob (2)? Non dixit : In sinu Anthonii domini deserti ; non dixit : In sinu filiorum eius, incolarum [8] deserti et heremi, monachorum videlicet, qui paciuntur ardorem estatis sine defensione et frigores heremi [9]. Sed dixit : In sinu Abrahe (3), et habuit uxorem et filios [10]. Intellexisti, o᷉ pater sancte [11], verba mea? Quare affligis temetipsum? Appropinquare ad me sine mora et age viriliter et gusta [12] delectaciones [13] meas, quibus [14] non sunt maiores nec erunt ultra. Confortare et esto robustus (4), et suscita vigorem tuum et vivifica animam tuam : et redibit [15] iuventus tua, quam laboribus et afflictionibus destruxisti, et habebis utramque vitam in mundo isto. »

23. Sanctus Anthonius [1] in efficacia vultus eius et perswasione verborum eius [2] incepit emolescere [3]. Nam preter hec verba que dicta sunt, talia dicebat illa et tali modo quod montes caderent et liquefierent, si intelligerent eam et [4] audirent eam proloquentem. Cum illa vidisset sanctum in illo statu trepidantem et quasi inclinatum, appropinquavit ad eum aliqualiter, et procaciter obtulit odores ad vultum eius ; et [5] estimans eum propinquum ad casum, extendit manum suam et apprehendit calecuer [6] (5), id est scapulare [7] eius sumebat, ut exspoliaret illum. Et sanctus in [8] utraque manu iniecta [9] tenuit habitum suum et dixit mulieri illi : « Dimitte me, quia dico tibi [10] quod non dimitterem habitum istum si dares michi cum civitate ista regna tua [11] et [12] omnia regna mundi. Plus enim consolatus sum in isto habitu et confortatus per istum habitum quod nec celum nec terra valeret michi [13] tantum sicut [14] ha-

---

[2] reliquit C. — [3] eos B. — [4] audistis L. — [5] ab *add.* L. — [6] et *add.* L. — [7] *om.* C. — [8] *bis in* B ; (deserti-inc.) *om.* C. — [9] (sine-h.) sine frigoris h. d. B. — [10] (et f.) etc. C. — [11] o s. p. B. — [12] gustas B. — [13] sicut *add.* C. — [14] (m. q.) sic quibus in ea L. — [15] ridebit B, reddidit L.

23. — [1] *om.* L. — [2] *om.* B. — [3] molescere B. — [4] ut L. — [5] *om.* B. — [6] caletuor B, calaverum C. — [7] scapularem B, scapulere L. — [8] *om.* B. — [9] necta CL. — [10] *om.* C. — [11] regnum tuum B. — [12] (r. t. et) et regno tuo L. — [13] in *add.* BL. — [14] sic L.

---

(1) *Matth.* 19, 5.   (2) *Matth.* 8, 11.   (3) Cf. *Luc.* 16, 23.
(4) *Deut.* 31, 7 etc.   (5) Voir ci-après, § 27 et la note 1, p. 186.

bitus iste, quo induit me [15] Dominus noster Iesus Christus manu sua propria [16], postquam demones verberaverunt me ; et quando induit [17] me [18], dixit michi : Iste habitus confringet virtutes inimici universas et [19] nequicias [20] voluntatis [21] eius, dissipabit [22] ossa demonis et conteret exercitum eius totum (1). Si ego deponerem [23] habitum, que arma remanerent michi adversum [24] dyabolum ? Nunquam erit hoc. »

24. Tunc sanctus Anthonius [1] signavit se signo sancte crucis, et illa tremefacta [2] est [3]. Tamen incepit [4] iterum temptare eum et [5] inquirere [6] scapulare ac auferre [7] ab eo : et [8] non poterat manu tremula eum continere sicut prius. Tunc S. Anthonius cognovit ipsam esse dyabolum, et perterritus est valde [9], et dixit ei : « Nunc congnosco quod tu es inimicus. » Et clamavit vociferando tota virtute qua potuit dicens : « O Domine Iesu Christe, adiuva me ; succurre michi cito, ne derelinquas me. » Ad hanc vocem facta est mulier ante oculos eius sicut mons niger [10] et grossus, et de lateribus eius erumperunt [11] ignes et evaporaverunt [12] fumi terribiles. Et convenerunt contra sanctum ad bellum omnes demones qui ante visi fuerunt in civitate ad similitudinem hominum et mulierum, et clamaverunt simul universi terribiliter : « O senex inique, pulvis [13] nequam, terra infima, ecce viribus tuis conturbasti funditus [14] mentes [15] nostras [16] ; laqueos nostros [17] et recia confregisti, †adumasti [18] captelam (2). » Et statim [19] cum [20] ululatibus validis [21] tumultum impetuosum fecerunt et irruerunt super eum et verberaverunt ipsum [22] graviter, et per pedes traxerunt [23] per desertum [24] sine verecundia, non cessantes a [25] tormentis eius ab hora nona illius diei usque ad horam nonam alterius diei.

---

[15] quem ind. michi BL. — [16] sua pr. m. B. — [17] viderunt B. — [18] *om.* B ; (et q. i. me) q. i. me et BL. — [19] *om.* B. — [20] nequissimas C. — [21] voluntates CL. — [22] dispipabit B, dissipavit L. — [23] disponerem B. — [24] contra *add.* B.

24. — [1] *om.* L. — [2] tremafacta L. — [3] *om.* B. — [4] cepit C. — [5] *om.* C. — [6] inquerere L. — [7] (ac a.) et auferret B. — [8] *om.* L. — [9] *om.* BL. — [10] *om.* BL. — [11] eruperunt L. — [12] evoparaverunt L ; i. et e. *om.* B. — [13] populus BL. — [14] funditos L. — [15] motas C. — [16] nostros L. — [17] *om.* C. — [18] adunnasti L.— [19] (et st.) te L, *om.* B. — [20] tamen L. — [21] et *add.* BL. — [22] sanctum BL. — [23] eum *add.* B. — [24] p. d. *om.* C. — [25] *om.* B.

(1) Voir ci-dessous, § 56.

(2) Un lecteur nous suggère la correction : *adhumasti captatelam,* et la traduction : « tu as jeté à terre notre piège ».

25. Et in ortu solis tercii [1] diei iacebat sanctus prostratus et non poterat surgere de terra. Et clamavit [2] ad Dominum et ait [3] : « O Domine Iesu Christe, succurre michi [4], adiuva me, quia non remansit virtus [5] in corde meo, nec possum stare supra [6] pedes meos. » Tunc apparuit ei Dominus Iesus [7] et dixit [8] ei [9] : « Salveris, pugil fortis laudis singularis, o Anthoni. Superasti machinamenta fortitudinis inimici, contrivisti omnia arma in quibus erat tota [10] fiducia eius. Beatus es et multi bene erunt propter te. Ammodo enim dignus es [11] ut [12] sis dispensator gracie thesauri mei et [13] revelentur tibi secreta. Sicut cogitasti semper de me in temptacionibus demonis, sic cogitabo bonum et pacem super te. Scias, Anthoni, quod ego coronavi te corona angelorum et cinxi [14] te zona lucis, et dedi tibi [15] potestatem super omnes habitantes terram et [16] super omnes bestias terre et super omnia volatilia celi et reptilia que moventur in terra. Et [17] cognoscent [18] omnes quod virtus tua magna sit. Qui invocaverit [19] nomen tuum et quicumque in tribulacione sua habuerit [20] fiduciam in te, ego liberabo eos propter te. Ammodo precepi igni [21] (1) quod sit [22] servitor et custos [23] ecclesie tue [24], et posui eciam custodes legiones angelorum, qui comburent igne derisores et iniuriatores [25] tuos [26]. » Respondit S. Anthonius et ait [27] : « Sit mecum misericordia tua [28] et non elongaveris a me, Domine Deus meus. » Et Dominus Iesus Christus manu sua apprehendit manum beati [29] Anthonii, et statim sanatus [30] est de omni plaga quam ei intulerat inimicus ; et surrexit de terra fortis et plenus Spiritu sancto, et ait : « Sit nomen Domini benedictum in eternum (2). »

26. Et respiciens, neminem iuxta se invenit in deserto solitudinis preterquam sportam suam quam prius operabatur, quam invenit super terram iacentem. Et resumpsit illam et cepit [1] redire ad monasterium suum. Et invenit in via unum [1*] de discipulis suis, qui

---

25. — [1] tercie BL. — [2] *corr.*, *prius* clamabat C. — [3] (et a.) dicens B. — [4] et *add.* B. — [5] mihi C. — [6] super B. — [7] Christus *add.* C. — [8] ayt B. — [9] *om.* C. — [10] omnis B. — [11] est L. — [12] ac CL. — [13] *om.* L. — [14] cingsi C, zinxi L. — [15] *om.* B. — [16] (super-et) *om.* C. — [17] ut L. — [18] cognoscunt C, cognoscant L. — [19] invocaverunt C. — [20] habuerint C. — [21] igitur BL. — [22] sis BL. — [23] et c. *om.* BL. — [24] mee BL. — [25] incantatores B, irritatores L. — [26] (et i. t.) t. et i. C. — [27] (resp. - ait) dixit Anth. B. — [28] domine *add.* C. — [29] sancti C. — [30] sanctus C.

26. — [1] recepit L. — [1*] virum BL.

(1) Cf. § 42 et la note 1, p. 197.   (2) Cf. *Ps.* 112, 2.

consueverat vendere cophinos et sportas monachorum ; et dedit illi sportam illam ut venderet : nam ille ibat ad populatum, id est ad loca habitata. Et mandavit illi de illis que voluit, et abiit. Et sanctus, dum ambularet in via sua, invenit illum venatorem damorum [2]. Et dixit ei sanctus [3] : « Homo [4], fecisti michi tendiculam [5] pro qua te petivi ? » Et dixit ille : « Et feci tibi, o [6] perturbator et cruciator [7] demonum, tendiculam [8] illam scilicet [9] et laqueos ; et [10] recia [11] que tibi insidiando posueram fregisti totaliter et disrumpisti [12]. Recede a me, ait tentator ille [13], noli me cruciare. » Et hiis dictis ille, qui videbatur homo, factus est coram eo [14] columpna seu statua grossa et magna valde. Et sanctus congnoscens quod esset dyabolus, sputam iecit [15] contra figuram Sathane et signavit se [16] signo sancte crucis ; et facta est hec columpna quasi ignea, apparens totum desertum esse plenum igne gehennali [17] et succensum. Postea evanuit, et sanctus solus remansit incolumis [18] sine omni lesione ; et laudavit Deum et magnificavit sanctum nomen eius. Et rediens post hoc in cellam suam, in servitutem [19] Dei permansit firmus [20], et omnes [21] fratres et [22] alios [23] homines ipsum visitantes verbo et opere confortavit et docuit quod continue essent in servitute [24] Christi et firmam haberent in omnibus suis tribulacionibus confidenciam [25], quia nunquam in eum sperantes sine spe misericordie derelinquit. Tu autem, Domine, miserere nobis [26].

II. S. Antonii Iter Barcinonense

e codice Monacensi 5681 (= C)

annotatis e codice Harlemensi 89 (= H) praecipuis lectionibus.

27. <**Praefatio** [1]>. Hanc hystoriam ego frater Alfoncius Hispanus, ordinis Predicatorum, transtuli in latinum non

---

[2] (de discip.-d.) *om.* BL. — [3] Anthonius vel *add.* L. — [4] et *add.* L. — [5] tenticulam BL ; (m. t.) intendiculam C. — [6] *om.* BL. — [7] perturbatur et cruciatur L. — [8] tenticulam BL. — [9] simul B, similiter C. — [10] ac BL. — [11] reciam B. — [12] disrupisti L. — [13] ne incendas me *add.* C. — [14] *om.* C. — [15] sputum fecit L. — [16] se sign. BL. — [17] iehennali BC. — [18] incolimis BL, incolemis C. — [19] *ita codd.* — [20] firmos L. — [21] alios *add.* B.— [22] fr. et *om.* L. — [23] alias C. — [24] servitutem L. — [25] confiduciam BL. — [26] mei C ; nostri Deo gratias B.

27. — [1] sequitur sermo eiusdem C ; *totam praefationem om.* H (cf. p. 147).

mutata sententia, sed tamen in locis aliquibus declarata ex eiusdem [2] hystorie factis, prout erat necessarium. Nam si aliquis a principio seu a capite non interpretetur librum, multa essent obscura et non intellecta, nisi interpres per precedentia declararet.

Declaretur [3] quod habitus quem Dominus Iesus Christus dedit beato Anthonio, hodie a suis monachis portatur in forma eadem et [3*] simili figura in Egipto, et voca[ba]tur in arabico calecuec (1) : et est unum capucium quod habet retro caudam longam, sicut scapulare Predicatorum, et nullam suturam habet a parte ante. Et capucium est semper in capite monachi ita breve quod est sicut almucia, nisi quod habet superius brevem angulum. Et cingunt istum habitum cingulo communi et etiam alia zona facta de longis et subtilibus corrigiis valde subtiliter [4], que pendent ab humeris [5] in modum crucis et <in> modum stole ante pectus et calecuer ; et in ista zona sunt due parve cruces de eodem opere. Et tali zona cinxit Dominus Iesus Christus manu sua beatum Anthonium ; et hec zona vocatur [6] in arabico exequin (2). Et iste est habitus monachorum beati Anthonii, quem [7] portant

---

[2] cuiusdem C. — [3] *lectio dubia; forsitan legendum :* declaro eciam. — [3*] (ead. et) et ead. C. — [4] subtilem C. — [5] umbris C. — [6] notatur C. — [7] quam C.

(1) Voir ci-dessus, § 23, et ci-après, §§ 40, 56, 59. Le P. Meersseman, t. c., p. 103, note 19, rapproche ce mot du grec καλόγηρος, « caloyer, moine », et de l'adjectf καλογηρικός, « monacal ». M. S. G. Mercati, de son côté, estime qu'il dérive plutôt de καμελαύκιον ou καλυμαύκιον (*Byzant. Zeitschrift*, 1941, p. 259). A propos du latin *camelaucum*, Du Cange cite un passage d'Allatius qui appelle de ce nom la coiffe des hiéromoines orientaux. Mais on aurait tort de chercher une origine grecque ou latine à ce terme qu'Alphonse transcrit littéralement de l'arabe. Sous les formes *calecuec* (ou *calecuet*), *calecuer*, *caletuor*, *caletuet*, *calauet*, ou mieux *calezeut* (§ 56), il faut reconnaître le mot arabe *kalansuat* ou *qalansiat*, correspondant au copte *klaft* (en grec : κουκούλιον). [Nous sommes redevables de ces indications — et de plusieurs autres — à notre confrère et senior, le P. P. Peeters]. Dans l'ouvrage déjà cité d'Abraham Ecchellensis, *S. P. N. Antonii... regulae et Vita duplex* (Paris, 1646), on lit : « dedit ei venerabilem *cucullum...* ».

(2) Déformation du mot arabe *askim* (= grec σχῆμα), fréquemment employé pour désigner l'habit monastique. Ainsi l'ont compris, semble-t-il, le ms. arabe de Beyrouth (p. 299ᵛ) et Abraham Ecchellensis ; celui-ci traduit : « dedit *habitum magnum*, nempe stolam coelestem... ».

super tunicam superiorem, sicut Predicatores portant scapulare ; sed quando exeunt de monasterio, induunt unam falciatam [8] (1) sine aliqua sutura, sicut Predicatores non exeunt monasterium sine cappa.

Post narrationem predictam in eodem libro arabico sequebatur hystoria qualiter Deus misit beatum Anthonium ad partes occidentales et qualiter convertit ad fidem Christi regem Brachionensem [9] (2) et occidentales in circuitu nationes. Sed quia ego non audiveram hec et non videbatur mihi bene certum, ex hoc quod non tam solempnis conversio et tam gratiosa hystoria latuisse potuisse<t> Latinos, transferre non proposui. Sed tamen occurrit mihi illud verbum philosophi in fine secundi Elencorum [10] (3) : « Infinities scientie perdite sunt et iterum adinvente ». Sic possibile est quod per guerras Sarracenorum in partibus illis hystoria illa fuit perdita, et reservata apud monachos beati Anthonii Egiptios, et iterum [11] adinventa. Igitur inmediate post temptacionem prefatam, de qua exivit beatus Anthonius gloriosus, hec hystoria libro sequitur in predicto.

[8] *ita cod. ; legendum videtur :* flaciatam. — [9] Brathionensem C.— [10] *an* elementorum? (*lectio dubia*). — [11] (et it.) isto C.

(1) Voici la note du P. Meersseman, t. c., p. 104, note 23, à propos de ce mot : « *Flaciata*, en marseillais : flansade, veut dire couverture de laine (Du Cange). »

(2) Dans le ms. de Beyrouth, le personnage converti est appelé « Cassios, roi d'Occident » ; Abraham Ecchellensis le désigne sous le nom de « rex Longobardorum » et le synaxaire éthiopien (trad. E. A. W. BUDGE, t. II, Cambridge, 1928, p. 535) en fait « un roi franc de la région de Baîrknôn ». Il n'est cependant pas certain que le texte arabe original ait mentionné *Barchiona* (§§ 31, 34, etc.) Les auteurs arabes appellent Barcelone *Baršaliāna* (JACUT, *Geographisches Wörterbuch*, ed. F. WÜSTENFELD, t. I, Leipzig, 1866, p. 566), ou *Baršaluna* (Ibn al-ATHIR, éd. du Caire, 1883, t. VI, p. 67 ; Ibn KHALDŪN, éd. de Boulaq, 1867, t. IV, p. 125, etc.), ou encore *Barǧelona* (A. S. ATIYA, *Egypt and Aragon. Embassies and Diplomatic Correspondence between 1300 and 1330 A. D.*, Leipzig, 1938, pp. 29, 36, etc.). Le mot arabe dans lequel Alphonse — ou son modèle — et le synaxaire éthiopien ont cru reconnaître le nom de Barcelone pourrait correspondre à Wârîkôn, cité légendaire que S. Paul aurait évangélisée (*BHO.* 896 : *The Contendings of the Apostles*, trad. E. A. W. BUDGE, London, 1901, p. 691).

(3) Nous n'avons retrouvé ni à la fin des *Sophistici elenchi* ni dans les *Analytica posteriora* d'Aristote ce passage qu'Alphonse cite apparemment de mémoire.

28. Cum [1] fama et nomen beati Anthonii essent per orbem divulgata, de illo ubique sermo erat, et hoc referebat quilibet fratri [2] suo dicens [3] : « Apparuit in deserto Egipti unus sanctus solitarius a mundo separatus, qui pervenit ad tantam gratiam in servitio Dei quod solo nomine imperando expellit demonia, curat omnem infirmitatem, extendit contractos, erigit illos qui non poterant super pedes stare, aperit oculos cecorum [4], etc. In tantum exaltavit illum Deus quod sola umbra vestimentorum eius curat infirmos supra quos cadit (1). Nichil est ei difficile curare. » Et iste rumor, ipso vivente, erat per quatuor mundi climata divulgatus.

29. In illo ergo tempore demones, non ferentes sanctitatem sancti Anthonii nec potentes audire nomen eius, fugierunt [1] de deserto Egipti (2), ubi fuerat conventus eorum ; et transtulerunt se ad partes occidentales et specialiter in Catholoniam [2], <et> multos vexare ceperunt. Tunc omnes de regno illo principes et patres familias conveniebant ad regem et rogabant eum dicentes : « Domine rex, rogamus te quod mittas nuncios cum precibus et muneribus illi sancto benedicto [3] qui apparuit in Egipto, quod dignetur venire ad terram tuam visitare nos. Sublevet Deus pestem de regno tuo per suam presenciam. Quod si noluerit venire, omnes transibimus [4] mare et ibimus ad ipsum, etiam si deberent multi in via mori. » Rex vero <erat> occupatus in multis et habebat guerram et non erat bene credulus dictis populi ; nec etiam credebat adhuc bene Christum, licet esset iam nomen Christi ubique celebre etiam in terra sua. Populus vero totus, omnes rogabant Deum quod dignaretur eis ostendere sanctum suum Anthonium, ut curaret infirmos eorum [5].

30. Videns autem Deus devotionem populi, exaudivit preces eius. Et dedit potestatem demonibus super domum regis, et vexare ceperunt demones filium regis et filiam et uxorem. Que cum vidisset rex, turbatus est valde. Et territus adeo fuit quod vix erat ausus intrare cameram suam. Et incurrit tristitiam maximam propter filium suum, filiam et uxorem. Congregavitque omnes sapientes

---

28. — [1] de sancto Anthonio *praemittit* H. — [2] *correxi*, facti C. — [3] (et hoc-d.) dicebant enim H. — [4] (illos-c.) elisos curat paraliticos H.

29. — [1] *sic* C. — [2] (occid.-Cat.) orientales H. — [3] Anthonio H. — [4] *correxi*, transibunt C. — [5] et doceret eos viam salutis *add.* H.

(1) Cf. *Act.* 5, 55.   (6) Cf. *Tob.* 8, 3.

regni sui medicos et astrologos, incantatores ¹ et magos, et non potuerunt curare aliquem de domo sua ; immo quanto plus laborabant ² secundum artes suas ³ ut expellerent demones, tanto magis multiplicabantur, et passi vexabantur crudelius. Quod cum vidisset rex, pre dolore cogitavit dimittere terram suam et fugere ad aliquam ubi viveret ⁴ extraneus et peregrinus. Et incepit disponere de domo sua et de regno suo.

31. Et vocabat ad consilium unumquemque de prudentibus regni sui, inter quos fuit unus nobilis valde, homo magni consilii, nomine Andreas ¹ (1). Hic introivit ad regem, et erat prepositus ² regni sui, et dixit ei : « Domine rex, humiliare ³ Deo et audi consilium meum, et domus tua recipiet ⁴ sanitatem et illi qui rebellant tibi redibunt ad obedienciam tuam. » Et ait rex : « Qualiter et hoc posset mihi evenire, o amice karissime? » Dixit ei prepositus : « Domine rex, mitte nuncios ad mirificum ⁵, <et ipse veni>et ⁶ ad te ⁷. » Et statim rex acquievit sermonibus prepositi, et elegit homines prudentes et timentes Deum, et misit eos ⁸ in Egyptum nuncios sine aliquibus mercibus, sed specialiter et simpliciter propter sanctum Anthonium cum muneribus. Qui pervenerunt Alexandriam. Et presentaverunt patriarche qui tunc erat, nomine Cosesus (2), exenium honorabile ⁹ et litteras quas mittebat ei dominus rex Barchione ¹⁰. Qui recepit eos cum magno honore. Cumque audisset ab eis causam adventus eorum, gavisus est valde. Et misit cum eis de familia sua homines qui eos dirigerent per desertum, et dedit eis interpretem suum, qui

---

30. — ¹ H, mercatores C.— ² H, laborant C. — ³ suos C.— ⁴ *correxi*, uniret C.
31. — ¹ (n. A.) et devotus n. Arsenius H. — ² et dapifer *add.* H. — ³ humilia te H. — ⁴ H, recipiat C. — ⁵ Anthonium *add.* H.— ⁶ (et i. v.) et humiliter supplica sibi quatenus dignetur venire H. — ⁷ et si preceperis ego vadam sperans in Deo quod ego adducam eum ad te *add.* H. — ⁸ cum preposito supradicto *add.* H. — ⁹ (patr.-hon.) se patr. H. — ¹⁰ Barrochie H.

(1) Le ms. arabe de Beyrouth nomme ce personnage « le vizir Arsani (= Arsène) ». La copie de Haarlem (H), qui porte *Arsenius*, est donc en ce point plus proche de l'original que C, qui écrit *Andreas*, comme aux §§ 36-38, 42-43.
(2) Aucun patriarche d'Alexandrie n'a porté ce nom étrange. Théophile, qui est nommé dans le ms. arabe de Beyrouth, ne convient pas davantage, puisque les débuts de son épiscopat se placent une trentaine d'années après la mort de S. Antoine. *Cosesus* est plus que probablement dû à une faute de lecture d'Alphonse : son modèle arabe devait porter *Athanasius*.

sciebat lingwam [11] arabicam [12] et Francorum. Et accepta benedictione a patriarcha, profecti sunt.

32. Et pervenerunt ad desertum sancti et mirifici Anthonii. Cumque invenissent illum extra cellam in deserto, salutaverunt eum reverenter [1] et per interpretem salutaverunt eum ex parte regis Brachione. Et exposuerunt humiliter desiderium regis videndi eum et audiendi ab eo verba salutis, nichil manifestantes [ea] de causa quare rex adibat [2] eum principaliter, sed solum quod dominus [3] eorum optabat informari [4] per eum in fide Iesu Christi et quod benediceret ei et terre [5] eius. Fuerant enim [6] informati nuncii per patriarcham quod nichil loquerentur ei de infirmis qui erant in domo regis, quia, si audiret, nuncquam acquiesceret precibus eorum ; fugiebat enim [7] gloriam quantum erat ei possibile. Respondit eis sanctus multum benigne et ait : « Faciam libenter quod petit dominus vester rex. Ite in pace et significate illi quod ego veniam ad eum. » Et antequam recederent ab illo, viderunt feras [8] venientes de deserto et intrantes monasterium eius cum fetibus suis tamquam mansuetas [9]. Nam et hoc erat ei commune et familiare quod iam non pro miraculo sed [10] ex consuetudine etiam bestie saltus indomite, ut leones et lupi et alie bestie, veniebant ad cellam eius ita secure [11] sicut ad locum proprium ; et ipse curabat infirmitates eorum [12] quando indigebant (1).

33. Et preter hoc miraculum nichil aliud viderunt nuncii supradicti, quamvis multum desiderassent videre signum aliquod fieri ab eo (2) ; sed sanctus fugiebat oculos hominum quando signa faciebat, et maxime [1] cavebat ne coram extraneis aliquid faceret, timens ne diffamarent eum [2]. Et licet illi audivissent de eo, non fuerunt ausi interrogare, sed humiliter petiverunt benedictionem suam, et ipse benedixit eis. Et profecti sunt redeuntes, ut non du-

---

[11] ligwam *passim* C. — [12] H, arabiam C.

32. — [1] H, refanter C. — [2] adebat C, videre desiderabat H. — [3] domus C, rex H. — [4] H, reformari C. — [5] uxori H. — [6] H, autem C. — [7] vanam *add.* H. — [8] foras C, feras silvestres H. — [9] manswete C, domesticas et mansuetas H. — [10] *correxi*, iam C. — [11] H, *om.* C. — [12] *ita* CH.

33. — [1] *corr. ex* maximum C. — [2] (sed sanctus-eum) *om.* H.

(1) Voir un autre exemple de familiarité avec les fauves dans la légende récemment publiée de S. Mammès, *Anal. Boll.*, t. LVIII, p. 131-32.

(2) Cf. *Luc.* 23, 8.

bitarent de promissione sua. Et ipse intravit in cellam suam. Et pervenerunt nuncii Alexandriam et narraverunt domino patriarche qualiter contigerat illis cum sancto. Et gavisus est vehementer et dixit eis : « Cuncta que dixit vobis sanctus adimplebit. Nam suum dicere est facere. » Et accepta licentia a domino patriarcha, intraverunt mare. Et cum magna difficultate applicaverunt Siciliam [3]; nec potuerunt exire de insula per dies multos propter tempus contrarium.

34. Beatus vero Anthonius congregavit [1] illa die ad se omnes discipulos suos qui erant dispersi per heremum, et dixit eis qualiter venerunt ad eum nuncii regis Barchione [2] et qualiter promiserat eis quod iret ut potuerat [3]. Et discipuli responderunt : « Tu scis, pater, quid debes facere, et potes, quamvis nobis non videtur bonum nec placet. Et scias, pater, quod hic vocaris Anthonius et illic vocaberis Anthon (1), »

> quod in arabico est nomen parvuli seu pueri [4], sed Anthonius est nomen magnum.

Et sanctus solum risit et ait : « Et ego Anthon volo esse. » Et exivit de cella cum discipulis suis. Et praecepit illis dicens : « Non dicatis alicui ubi ego sum [5], sed si aliqui quesierint me, audacter promittatis eis quod ego veniam pro tempore. » Et benedixit discipulis et cepit ire per desertum solus.

35. Et quando fuit longe ab eis, quod non videbant eum, misit ei Dominus nubem lucidam, et ascendit super eam. Que sustulit eum et [1] in tertia [1*] hora eiusdem noctis [2] posuit in orto [2*] domus regis Barchione [3] (et erat sero quando recessit a discipulis suis). Et accessit et pulsavit ad ostium castri regis. Et exierunt aliqui de custodibus et dixerunt : « Quid vis, o homo ? » Qui respondit eis et ait : « Ego volo dicere regi vestro aliqua pauca graciosa et utilitatis magne sibi. » Qui audientes hoc nuncciaverunt regi. Et rex, nichil

---

[3] Siliciam C, Ceciliam H.
34. — [1] H, aggregavit C. — [2] Barrochie (*corr. ex* Barrachie?) H. — [3] *ita* C. — [4] puerile H. — [5] H, *om.* C.
35. — [1] *om.* C. — [1*] *om.* H. — [2] et *add.* C. — [2*] atrio H. — [3] Barrachie *hic et deinceps* H.

---

(1) *Antoun* étant la forme syriaque du nom d'Antoine, on peut soupçonner ici un coup de griffe des Coptes à l'adresse des Syriens. A noter qu'Abraham Ecchellensis remplace *Anthon* ou *Antoun* par le diminutif *Antoninus*.

cogitans de sancto Anthonio, quia nuncii sui non redierant, respondit custodibus : « Dicatis curialiter illi viro quod habeat patienciam usque mane, quia ego pro nunc non possum attendere, quia sum nimis occupatus. »

36. Sanctus autem ivit ad unum de curialibus, qui erat in officio regis magnus, et pulsavit ad ostium ; et statim apperuerunt ei, et petivit loqui principali [1] domus, et statim habuit ingressum. Et cum inciperent loqui ambo, [et] ecce venit una sus, que in illa nocte [2] pepererat filios cecos et sine pedibus anterioribus ; et portabat illa [porcos] in ore suo unum filium suum, et cum stridore vocis sue [3] pervenit usque coram sancto Anthonio. Ut enim audivit sanctum loquentem, cucurrit ad eum, emittens quasi plangens vocem. Et dominus hospitii vocabatur Andreas. Qui cum furore magno expulit suem, et illa nolebat recedere pro verberibus nec pro verbis. Et dixit ei sanctus : « Dimitte illam, ita vult et desiderat quelibet salutem pro filio suo, sicut dominus tuus rex desiderat [4]. » Tunc sanctus accepit manum prepositi et inpressit illi signum crucis et posuit eam super oculos porcelli, et statim illuminatus est ; et iterum posuit eam super locum defectuosum [5], et nate sunt [6] ei manus [7].

37. Et expavit Andreas prepositus vehementer et cepit respicere sanctum. Et sanctus, doctus a Spiritu sancto lingwa frangica (1), dixit ei : « Quid habes, o Andrea [1], quod tantum miraris de magnificentia Domini nostri Iesu, qui fecit misericordiam in ista bestia debili et infirma, que non habet lingwam ad loquendum ? » Dixit Andreas : «Domine mi, quis es tu, ut annunciem regi meo ? » Et sanctus Anthonius ait : « Vocavit me rex per nuncios [2]. » Dixit ei prepositus : « O domine mi sancte, et qua de re fecit te venire ? » Dixit

---

36. — [1] principaly C, cum principe H. — [2] (in i. n.) H, in domo erat et C. — [3] (str. v. s.) grunnitu H. — [4] (ita vult-d.) desiderat enim aliquid filio suo quem portat in ore H. — [5] vehementer et cepit respicere *add. sed del.* C. — [6] *bis in* C. — [7] pedes H.

37. — [1] Andree C. — [2] (dixit Andreas-n.) *om.* C, *supplevi ex* H.

(1) Miracle fréquent dans la littérature hagiographique. D'après la légende *BHL.* 6482, § 7, par exemple, S. Patient, disciple de S. Jean et apôtre de Metz, se mit à parler le gaulois sans l'avoir jamais appris (*Act. SS.*, Ian. t. I, p. 470). De même, le pseudo-Amphiloque prétend que, sur la prière de S. Basile, S. Éphrem reçut miraculeusement la connaissance du grec (*BHG.* 255 : COMBEFIS, p. 205-206 ; *BHL.* 1022 : *P. L.*, t. LXXIII, col. 310-12).

ei sanctus : « Propter salutem suam et domus sue. » Dixit ei prepositus, quando audivit verba hec : « Forsitan tu es ille magnus Anthon, lucifer deserti? » Dixit ei sanctus : « Idcirco commemoravi [3] tibi hec verba que dixi, ut scias quod ipsi miserunt pro me. Et ego sum homo Egiptius, qui magis debito diligo mundum ; et edificabam ibi monasterium pro filiis meis, quibus desiderabam preesse. Sed videtur michi quod esset indecens quod tu intrares ad regem, qui forte nunc est in lecto suo [4]. » Dixit ei prepositus : « Non dicas hoc, domine mi, quia dominus meus ad te misit nuncios cum navigationis [5] expensis, solempnes et venerabiles viros, et inposuit eis multum diligenter quod rogarent te : et modo non erit sibi grave scire quod tu es hic ; ymmo ego possem argui de negligentia, si non dicerem illi statim. » Dixit ei sanctus : « Ex quo tibi videtur faciendum, vade et dicas ei. Et tu ipse ora super filium regis cum advocatione Domini Iesu Christi, et exibit ab illo demon. »

38. Et exivit prepositus, et statim habuit aditum ad regem et nunciavit ei omnia verba hec. Et oravit super [1] filium regis [2], et [3] curatus est. Et contingerunt hec ante mediam noctem. Statim rex surrexit et venit ad sanctum et salutavit eum reverenter, et sanctus benedixit illi. Et eadem hora sanctus venit cum rege ad palatium suum et oravit pro uxore eius et filia, et statim exiverunt ab eis demonia clamancia et dicentia : « Ve nobis de te, o Anthon. » Et antequam perficerent nomen sancti, dixit eis sanctus : « Obmutescite in nomine Domini Iesu Christi. » Et statim exivit <demon> cum satellitibus [4] suis [5] ; et non poterat [6] nominare sanctum. Et dixit ei rex : « De qua patria es tu, domine mi, sancte Dei? » Respondit beatus Anthonius (1) : « Patriam meam Deus novit [eam], sed terram de qua queris [7], potes cognoscere per lingwam de qua loquor tibi. » Dixit ei rex : « Vox tua et verba et modus tuus loquendi sunt hominis nutriti Barchione et in ista patria. Sed rogo te quod sanes bene filios meos et domum meam et quod ores Deum

---

[3] corr. ex communioni? C. — [4] (ad regem-s.) H, monasterium super hominem qui est multo suo C. — [5] nugacionis C, magnis H.

38. — [1] (o. s.) tangens H. — [2] cum advocacione domini Iesu Christi add. sed del. C. — [3] om. H ; exibit ab illo demon add. sed del. C. — [4] satellibus C. — [5] (et statim-s.) om. H. — [6] potuerunt H. — [7] ita H ; novit (del.) loqueris C.

(1) A partir d'ici le ms. C écrit d'ordinaire le nom d'Antoine en abrégé : An.

quod non redeat ultra hec tribulatio ad domum istam. » Dixit ei sanctus : « Non erunt curati perfecte nec securi, nisi tu fueris bene firmus in fide Domini Iesu Christi. » Et rex procidit ad pedes eius et ait : « Credo ego, o sancte benedicte, quod tu es perfecte servus Dei et credo toto corde in Dominum. » Tunc inpressit crucem in fronte regis et dixit ei sanctus : « Accipe virtutem ad curandum omnem morsum serpentis in nomine Domini nostri Iesu Christi. » Et habuit ille rex virtutem istam usque ad mortem suam, et filii eius post [8] eum. Tunc rediit sanctus ad hospicium domini Andree. Et insonuit rumor per omnem locum in circuitu quod surrexit unus sanctus oriundus de Barchiona, qui in fide Domini Iesu Christi faciebat signa et prodigia magna. Et vocabatur An(thon), et nomen illius divulgabatur ubique, et crescebat vehementer fama eius.

39. In diebus illis apparuit inimicus visibiliter in terra illa in forma religiosi hominis, et incepit coram omnibus facere mirabilia, que, ut postea apparuit, non erant vera, sed delusiones. Nullus tamen advertebat, sed credebant eum [1] sanctum virum. Quod cum fuisset nunciatum beato Anthonio, laudavit Deum. Et venit [2] sanctus ad visitandum eum. Et dixit sanctus : « Unde es tu, o homo Dei ? » Respondit ille : « Ego sum infirmus homo, et contulit mihi Deus munus istud magnificum, quod etiam, ut [3] intellexi, tu habes sicut ego [4]. » Et sanctus subrisit. Et tunc convenerunt multi demones in forma mulierum cum parvulis suis et multi homines infirmi et alii demoniaci et alii ceci, et incepit ille monachus curare eos verbo suo. Et admiratus est sanctus. Tunc presentaverunt monacho illi servitores sui multum de terra et pulvere, et oravit ille monachus, et surrexerunt mortui de terra illa et de pulvere multi [5]. Et sanctus amplius admiratus dixit : « Gratias tibi ago, Domine Iesu Christe, in eternum. Sed ex quo [6] tu sciebas quod in terra ista erat homo qui manifestaret nomen tuum sanctum istis gentibus, quare permisisti me avelli a monasterio meo ? »

40. Et apparuit ei Dominus Iesus Christus et dixit ei : « Confortare, lucifer deserti splendide. Iste est inimicus homicida ab initio (1). Aggredere ipsum, quia dedi tibi virtutem super ipsum. »

---

[8] mortem *add. sed del.* C.

39. — [1] H, enim C. — [2] *corr. ex* evenit C. — [3] H, *om.* C. — [4] (s. e.) H, e. s. tu C. — [5] (et admiratus-m.) *om.* H. — [6] (sed ex q.) H, et postquam C.

(1) *Ioh.* 8, 44.

Et disparuit [eum] Dominus Iesus Christus. Et hoc dyabulus igno-
rabat. Tunc audacter sanctus Anthonius appropinquavit ad monachum illum et dixit ei : « O tu qui facis mirabilia et virtutes
multas istas, sanas infirmos, illuminas cecos, resuscitas mortuos [1],
in conspectu istius multitudinis civitatis huius accede ad me et
tange caput meum, quia invasit in me dolor capitis, et ora, et
sanor.» Et dyabolus non fuit ausus appropinquare ad eum. Et
dixit ei sanctus : « In veritate scio quod tu es inimicus.» Et mu-
niens se signo crucis iniecit manus in monachum illum et tenuit
eum dicens : « Adiuro te per nomen Domini Iesu Christi quod
non possis mutare figuram istam quousque ego dimittam te.»
Tunc insufflavit sanctus in faciem eius, et ignis combussit fron-
tem et supercilia et barbam et calecuec (id est scapulare) monachi
illius (scilicet demonis), et combussit insuper ignis quicquid erat
in capite eius et omnes vestes eius. Tunc sufflavit iterum in eum
sanctus et excecavit eum. Et tunc ululatu teterrimo [2] exclamavit
dyabolus. Et venerunt omnes milites infernales cum armis visibiliter in forma humana et steterunt ad pugnam contra sanctum,
et impetum faciebant in sanctum. Et ipse opponebat eis signum
crucis et dicebat : «Prevalebo contra vos in nomine Domini Iesu
Christi, o gentes adverse et barbare.» Et nitebantur ledere illum
et non valebant. Et duravit bellum inter illos tribus diebus et tribus noctibus, videntibus cunctis. Et clamabant demones terribiliter et dicebant : « Egredere et recede a nobis, non est hic locus
tuus, o nequam Anthon. Egredere, inique senex.» Et fatigatus est
senex multum et lassatus in bello, defendendo se signo crucis et
clamando super eos.

41. Tunc descendit ad eum archangelus Michael, in quo sanctus
habebat specialem devocionem (1). Et dixit ei : « Salveris, o plene
gratie. Confide : Dominus Iesus veniet ad te in hac hora et con-

---

40. — [1] *omissis non paucis statim transit* H *ad aliam partem huius legendae ;
vide infra, § 57, annot.* — [2] *lectio dubia.*

(1) Le culte de S. Michel est particulièrement ancien et populaire dans l'Église
copte, qui avait établi douze fêtes annuelles en son honneur, une chaque mois.
Cf. V. BOLOTOV, *Mihailov den'* (Saint-Pétersbourg, 1892. Extr. de *Hristianskoe
Čtenie*, 1892, t. II, p. 593-644). Voir aussi A. M. KROPP, *Ausgewählte koptische
Zaubertexte*, t. III (Bruxelles, 1930), p. 78-81, et l'article du P. Simon, cité
plus haut, p. 181, note 1. L'archange Michel intervient plus d'une fois dans notre texte ; cf. §§ 21, 49.

fortabit te. » Et tunc archangelus dedit ei unum ensem igneum et dixit ei : « O immaculate Anthoni, accipe gladium istum ignis, quia ignis est datus tibi a Domino ut urat inimicos tuos. » Cumque sanctus accepisset [1] gladium, fugierunt [2] ab eo demones vociferantes : « O senex inique, dirupuisti [2] edificia nostra, debilitasti fortitudinem nostram. Dimisimus tibi Egiptum, et huc venisti fatigare nos. Si redeamus in Egiptum, inveniemus Paulum, discipulum tuum (1), ita nequam sicut tu ; et omnes discipuli tui sunt nobis infesti [3]. Et hic invenimus te ad afflictionem nostram [4], o senex perverse. » Et rex et tota turba audiebant hoc et territi admirabantur valde.

42. Tunc apparuit Dominus Iesus sancto, stans super nubem adeo claram et lucidam quod illuminabat totam civitatem. Et fuerunt omnes perterriti et ceperunt fugere. Aliqui dicebant : « Fulgur est.» Alii dicebant : « Ignis de celo descendit (2). » Et erat tempus tonitruorum et lampadarum et pluviarum. Et dedit ei Dominus Iesus pacem dicens : «Beatus es tu, pugil fortis, in confessione nominis mei, in omni tribulacione et in omni loco. Scias te fuisse sanctificatum per Spiritum sanctum ab utero matris tue (3). Et in tertio anno a nativitate tua apparuit cunctis virtus tua (4). Et quia per te gentes iste salvate sunt, nomen tuum numquam delebitur in partibus Latinorum, et habebis ibi filios sine numero, et dabunt tibi gentes partem in bestiis et in peccoribus suis. Et non prevalebit inimicus super [1] bona eorum qui fecerint pacem tibi, et inimicus non appropinquabit locum ubi [2] fuerit nomen tuum. Et quicumque abstulerit quidquam de rebus oblatis tibi, ignis destruet eum et substantiam eius. Et quicumque furatus fuerit etiam rem modicam

---

41. — [1] accipisset C. — [2] *sic* C. — [3] investi C. — [4] *lectio dubia.*
42. — [1] (i. s.) inimici sunt C. — [2] aut C.

(1) D'après la *Vita Pauli* de S. Jérôme, Paul de Thèbes n'était pas un disciple d'Antoine, mais plutôt son précurseur. Notre hagiographe arabe penserait-il à Paul le Simple, ce mari trompé, qui vint se mettre sous la direction d'Antoine (PALLADIUS, *Hist. Laus.*, c. 22 ; éd. C. BUTLER, p. 69-74)? C'est assez probable, car le ms. de Beyrouth (p. 313-16) et la Vie d'Antoine résumée par Abraham Ecchellensis (ci-dessus, p. 150-51) contiennent plusieurs épisodes relatifs à Paul le Simple.   (2) Cf. 2 *Macc*, 2, 10.

(3) Cf. *Luc.* 1, 15. L'hagiographe arabe n'hésite pas à mettre S. Antoine sur le même pied que S. Jean Baptiste.

(4) Cf. ci-après, § 49.

de tuis, ego dimittam currere ignem super eum, dilecte mi (1). »
Et hiis dictis et aliis, ascendit in celum Dominus Iesus Christus.
Et sanctus accepit tunc virtutem et fortitudinem magnam valde.
Et rediit in domum hospitis sui domini Andree prepositi, [qui de-
derat regi consilium ut pro eo mitteret in Egiptum] (2).

43. Cumque demoraretur sanctus Anthonius Barchione, pervenit usque in Siciliam [1] nomen eius. Et in hunc modum dicebant
omnes ad invicem : « Apparuit in civitate Barchionensi unus sanctus
de civitate oriundus, et curavit et liberavit a demonio filios regis,
et omnes infirmos domus eius curavit, et sanavit omnem langworem,
ita quod etiam presentaverit [2] filium Lucii qui fuerat mortuus, non
ipse sanctus personaliter, sed hospes eius Andreas posuit baculum
sancti super filium Luci, et surrexit vivus [3] qui fuerat mortuus (3).»
Cumque audissent nova hec nuncii regis, quos miserat in Egiptum
ad beatum Anthonium, contristati sunt valde. Et dicebant ad invicem : « Quid faciemus ? Quid dicemus domino nostro regi, qui
dedit nobis magnas expensas ut duceremus sibi sanctum Anthonium, et nos veniemus vacui ? Et dicetur nobis quod expendimus
peccunias regis gratis. Saltem si sanctus fuisset nobiscum, bene
fuisset ; sed modo filius regis curatus est sine sancto Anthonio. Nec
nos habemus aliquem colorem sufficientem nisi [4] quia dixit quod
veniret. Dato vero quod veniat, quid valebit nobis ? Nam ille alius
sanctus qui apparuit Barchione curavit omnes. » Et sic cum magna
tristicia intraverunt navem.

44. Et venerunt Barchionem et intraverunt coram rege, et rex
non multum curavit de eis nec respexit eos muneribus nec promissis ;
et contristati sunt valde. Tunc familiares regis accesserunt ad eum
et dixerunt ei quod non fecerat quod debuit circa illos nuncios nec
receperat eos ut moris est nec remuneraverat eos, et quod recede-
bant tristes et turbati, et merito, quia sustinuerant [1] magnos labores.
Quod cum audisset rex acquievit, et misit, et fecit eos redire ad

43. — [1] Cilicia C. — [2] *an* suscitaverit ? — [3] unus C. — [4] non C.
44. — [1] sustineram C.

(1) Cf. supra, §§ 25 et 41. Dans ces trois passages le feu est indiqué comme le
vengeur d'Antoine et des siens.
(2) Interpolation de copiste. Cf. p. 189, note 1.
(3) Cette résurrection du fils de Lucius n'a pas été racontée plus haut, mais
bien la guérison d'un porcelet, opérée également par l'hôte de S. Antoine (§ 36).

se, et recepit eos cum gaudio et honore, et excusavit se quod erat occupatus quando venerant prima <vi>ce. Et dum sederent coram rege et loquerentur, ecce diabolus arripuit in conspectu omnium unum militem nobilem, amicum regis, virum magni consilii et prudencie, cuius industria totum regnum disponebatur et qui erat regi fidelissimus in secretis. Et cepit eum dyabolus vexare vehementer et quasi strangulare eum. Et rex contristatus est valde. Et ait rex : « Cito ite ad sanctum et rogate illum quod veniat. » Et dum irent nuncii ad sanctum, dixerunt illi nuncii qui venerant de Egipto : « O domine rex, si vidisses sanctum Anthonium mirificum ! Tante virtutis est quod a presencia[2] eius fugiant demones. Et audivimus ibi quod sanat omnem infirmitatem et resuscitat mortuos. Et nisi[3] quod supervenerit nobis tribulacio istius militis, narravissemus tibi mirabilia que audivimus et vidimus de sancto Anthonio. »

Iterum rubrica. Nota quod nuncii regis decipiebantur in nomine sancti ; nam in Egipto vocabatur Anthonius ultima producta in declinacione[4], et Franci vocabant eum Anthon indeclinabile.

45. Cumque nuncii hec dicerent, intravit beatus Anthonius. Quem cum vidissent prefati nuncii, qui eum viderant in deserto Egipti, statim cognoverunt eum et vocibus magnis dixerunt : « Ha, domine rex, ha, domine rex, [et] iste est sanctus Anthonius mirificus, qui ultra mare vocatur lucifer deserti, et vere est stella matutina et corona monachorum. » Et repleti sunt nuncii gaudio ineffabili ; et currentes, procidentes oscula <ba>ntur pedes eius : sanctus vero prohibebat. Et stantes coram eo dicebant : « O domine rex, iste est pro quo misisti nos ; sed nos decipiebamur in isto nomine quo vocatur apud vos, Anthon. Nam nomen illius est Anthonius. » Cumque loquerentur et gauderent, clamavit demon in obsesso corpore prefati nobilis et ait voce magna : « O Anthonios, inposuisti mihi silencium et me fecisti obmutescere, quod non valerem nomen tuum revelare. Modo revelatum est, omnes sciunt iam quod tu es Anthonius iustus et sanctus, et ego non possum tacere quin dicam. Ego sum ille quem tu superasti et destruxisti et insuper combusisti[1] me et afflixisti. Quo fugiam a te ? Si rediero[2] ad civitatem

---

[2] principio C. — [3] non C. — [4] *lectio dubia.*
45. — [1] *sic* C. — [2] redigero C.

tuam, inde fugant me ; si vero in deserto, ibi sunt filii tui, qui persecuntur me. Et si appropinquavero ad aliquem illorum, ignis
exurit me. Ibi etiam Paulus, discipulus tuus, depinxit ymaginem
tuam (1), quam ego non sum ausus respicere. Dimiseram tibi totam
Egiptum et terminos eius, et fugeram huc : et secutus es me. Clau-
sisti mihi vias, et nescio quo fugiam <a> te. Certe non restat mihi
nisi abissus terre. » Et increpavit eum sanctus : et exivit spiritus,
et liberatus est nobilis ille. Et facta est letitia magna in domo regis, et nuncii flebant pre gaudio.

46. Et cum audiebant eum loqui lingwam frangicam, dicebant :
« Cum vidimus istum sanctum, per interpretem locutus est nobis. »
Et divulgatum est per totam civitatem quod ille sanctus est [1] ille
magnus Anthonius, lucifer deserti Egipti et corona monachorum.
Et mansit sanctus Anthonius in civitate illa triginta mensibus et
fecit ibi mirabilia quorum non est numerus : que si vellemus per
singula describere, multa oporteret impleri volumina (2). Et dicebant discipuli eius quod non omnes sciebant de filiis suis quod ipse
iverat in terram Francorum ; et asserebant quod in illis triginta
mensibus quibus fuit in terra Francorum [2], omni die sabbati in
nocte ascendebat super nubem et veniebat ad monasterium suum
et erat cum discipulis suis in laudibus divinis ; et summo diluculo
recedebat super nubem et restituebatur Barchione in loco ubi
manebat. Completis vero triginta mensibus, restitutus est totaliter
monasterio suo cum filiis suis. Et conplebat tunc annum septua-
gesimum, etc.

III. DE PUERITIA S. ANTONII

e codicibus Monacensi 5681 (= C) et Hafniensi 2510 (= K).

47. **<Prologus [1].>** Ad honorem Domini nostri Iesu Christi,

---

46. — [1] quod C. — [2] Fraccorum C.

47. — [1] *totum prologum om.* K, *ubi narratio inscribitur sic :* Incipit historia
beati Anthonii abbatis inventa in arabico et transumpta in latinum ; *cf. p. 156.*

(1) Un portrait de S. Antoine peint par Paul le Simple ? Alphonse doit avoir
mal compris son modèle arabe, qui disait sans doute que le disciple était comme
une image de son maître, tant il avait mis de soin à l'imiter.
(2) Cf. *Ioh.* 21, 25.

qui in sanctis suis semper est mirabilis, ego exscripsi hoc de legenda sancti Anthonii quam inveni in arabico apud monachos Egipcios qui morantur Famaguste in ecclesia beati Anthonii, que est in eminenciori loco civitatis illius (1). Sed quia ad presens vacat mihi, ad Dei eiusdemque sancti Anthonii laudem et ut maiorem ad ipsum devocionem concipiat<is>, qui fuit tanti meriti apud Deum, et ad declaracionem aliquorum que in dictis hystoriis tacta sunt, volo a capite (2) incipere legendam prefatam et aliqua addere de legenda illa huic exscriptioni ; que licet hic sint posteriora in [2] ordine istius libelli, tamen in ordine legende sue in arabico sunt priora. Sed non proposui primo transferre nisi dyalogum seu disputacionem quam habuit dyabulus contra eum. Sed postea addidi hystoriam Barchinonensis civitatis, et tunc de eodem libro exscripsi hec pauca que secuntur.

48. Beatus Anthonius, stella matutina et lucifer deserti, aperuit [1] portam heremi et fecit [2] desertum habitabile monachis, quia ipse [1] fuit principium habitacionis illius, antequam essent in deserto monasteria et [1] ecclesie sicut modo. Et prebuit exemplum constancie et paciencie universis, in solis ardoribus in estate et in frigoribus in hyeme [3] solitarius perseverans. Et cum infiniti, sequentes eius [4] exemplum, in deserto Titi (quod [5] in arabico vocatur statera cordium (3), quia in eo corda probantur) <eum> secuti fuissent, merito vocatur [1] beatus [6] Anthonius clavis [7] porte [8] gratie (4),

---

[2] (p. in) in p. C.
48. — [1] *om.* C. — [2] (et f.) f. et C. — [3] hienne C. — [4] (s. e.) e. s. K. — [5] quid K. — [6] sanctus K. — [7] claruit C. — [8] porta C.

(1) On sait qu'il y avait un quartier copte à Nicosia et un monastère copte près du village de Platani (J. HACKETT, *A History of the Orthodox Church of Cyprus*, London, 1901, p. 526). A Famagouste, on mentionne bien un hôpital et une église Saint-Antoine, mais d'origine latine (G. JEFFERY, *A Description of the Historic Monuments of Cyprus*, Nicosia, 1918, p. 156).

(2) C'est donc le début de la légende arabe qu'on va lire.

(3) *Titi* ou *Citi*, déformation du nom de Scété ; voir ci-dessus, p. 157, note 3. S. Antoine n'a pas vécu dans ce désert-là ; mais S. Macaire, qui y fit fleurir la vie monastique, peut être appelé en un certain sens le disciple d'Antoine. Cf. Ev. WHITE, t. c., p. 65-68. Ce n'est pas en arabe, mais en copte, que *Shihêt* (d'où le grec Σκῆτις) signifie « balance des cœurs » (WHITE, t. c., p. 27-28).

(4) Voir p. 151, note 1.

quia quam plurimi in illo deserto per ipsum in thesaurum gracie intraverunt.

49. Pater eius vocatus fuit [1] Behabex [2] et mater eius vocabatur Giux (1). Et erant ambo iusti ante Deum (2) et erant valde divites in peccuniis et pecoribus. Et habebant ambo magnam devocionem ad sanctum Michaelem archangelum (3). Et dabant terciam partem bonorum scilicet [3] reddituum suorum in elimosinam [4] annuatim [5] (4). Et fuerunt [6] de Egipto, de [7] parte illa que vocatur Zaide [8] (5), de villa que dicitur Zaituna [9] arabice, id est oliva [10] latine (6). Parentes eius, cum essent steriles, a Domina matre Dei istum filium precibus [11] impetraverunt. Qui cum esset trium annorum, incepit ire ad ecclesiam solus ambulans firmus et [11] rectus ; et non implicabat se in [11] ludis puerorum, sed tota cura eius erat [12] circa ecclesiam, ita ut parentes mirarentur vehementer. Et [13] quando erat quinque annorum, que audiebat de ewangelio in ecclesia [14], retinebat et [15] aliis pueris exponebat, ita quod totus populus admirabatur. Et venit una die sacerdos ecclesie ad audiendum Anthonium, et [11]

---

49. — [1] *om.* K. — [2] Beabex K. — [3] suorum K. — [4] elimosinas K. — [5] animati C. — [6] erudi (*an* oriundi?) *add.* C. — [7] et C. — [8] Tayde K. — [9] Zercuni K. — [10] olive K. — [11] *om.* C. — [12] fuit K. — [13] (p. m. v. et) suis orbatus parentibus K. — [14] (que-e.) ecclesiam visitabat verbum Dei audiebat et evangelium memoriter K.

(1) Dans le ms. arabe de Beyrouth, le père s'appelle Jean et la mère Ghiouche. Une légende ligure, née sans doute tout à la fin du moyen âge, a emprunté à notre texte les noms des parents de S. Antoine : son père s'appelait *Beabessio* et était Égyptien, tandis que sa mère, fille d'un comte de Vintimille (!), s'appelait *Guita* et avait été emmenée d'Italie en Égypte par des corsaires (FALCO, op. c., fol. 6ᵛ-7 ; RAYNAUD, *Symbola antoniana*, p. 184-89 [= *Opera*, t. VIII, p. 412-13] ; G. A. LUCENTI, *Vita di S. Antonio abate*, Roma, 1697, p. 99 ; Gir. ROSSI, *Storia... di Ventimiglia* ², 1886, p. 36-38).

(2) *Luc.* 1, 6.

(3) Voir ci-dessus, p. 195, note 1.

(4) Ainsi faisaient les parents de la Sainte Vierge, d'après l'évangile du pseudo-Matthieu, *BHL.* 5335, c. 1.

(5) Ṣaʿīd, nom arabe de la Thébaïde ; d'où l'adjectif *saïdique*.

(6) Le village natal de S. Antoine est appelé Κόμα dans Sozomène, *Hist. eccl.*, I, 13, et Qiman dans le Synaxaire alexandrin, au 22 tubeh (trad. J. FORGET, t. I, 1921, p. 387). Cf. J. MASPERO et G. WIET, *Matériaux pour servir à la géographie de l'Égypte*, I (Le Caire, 1914-1919), p. 152-53 ; F. ZUCKER, dans *Aegyptus*, t. XI (Milano, 1931), p. 491 ; ID., dans *Symbolae Osloenses*, t. XVII (1937), p. 54-55.

admirans verba eius dixit [15], imponens manus super caput eius [16] :
« Magnus erit iste puer in regno celorum (1). »

50. Et fama istius pueri et verborum eius pervenit usque ad sanctum Theophilum [1], patriarcham Alexandrie (2) ; et non credidit nar-
rantibus sibi. Et [2] fuit ductus ad patriarcham, cum iam puer esset
sex annorum. Et audiens eum et videns conposicionem pueri ad-
mirabilem, expavit de tanta eloquencia et ingenio [3] pueri. Et dixit
episcopis et prelatis qui secum erant : « Magnus erit iste puer [4] in
regno celorum. » Et conversus ad puerum posuit manus super caput
eius (3), et benedixit illi et ait : « Benedictus sis, o Anthoni ; in
eternum erit nomen tuum [5] in omnibus congregationibus [6] terre
notum [7], preveniens in gradu et fama patriarchas [8] universos ; et
eris propinquior Christo quam nunc es propinquus [9] michi. Et [7]
ego rogo te quod benedicas michi [10], o Anthoni, quia ex quo vidi
personam tuam, sensi in me virtutem et graciam Dei [7] magnam. »
Respondit puer Anthonius : « Ego sum, o pater reverende [11], infirmus et debilis, qui [12] a discipulis tuis indigeo benedici. » Et
hec dicens [13] osculatus est manus domini patriarche et pedes [14]. Et
omnes episcopi dederunt benedictionem puero. Et rediit ad domum
parentum suorum. Et quando attingit [15] decimum annum etatis sue,
sciebat omnem scientiam. Et in undecimo [16] anno interpretabatur et
exponebat omnes libros qui in ecclesia legebantur.

Et defuncti sunt parentes eius etc. sicut continetur hystoria in Vitaspatrum [17] (4).

51. Et erat puer magne oracionis, et in secreto noctis silencio
faciebat in oracione mille quingentas [1] mocamet, id est prostra-

---

[15] *om.* K. — [16] et dixit *add.* K.

50. — [1] Thophilum C. — [2] sed K. — [3] et i. *om.* K. — [4] (p. i.) i. p. omnino K. —
[5] (e. n. t.) n. t. e. notum K. — [6] cognacionibus K. — [7] *om.* K. — [8] patriarchos C.
— [9] (n. es p.) es n. propinquius C. — [10] (b. m.) tu m. b. K.— [11] o p. r. ego sum K.
— [12] quia K. — [13] dominus C. — [14] et p. dom. patr. K. — [15] *ita* CK. — [16] decimo C. — [17] (et def.-v.) *om.* K.

51. — [1] quingentos K.

(1) Cf. *Matth.* 5, 19.
(2) Théophile ne devint patriarche d'Alexandrie qu'en 385, soit plus d'un
siècle après l'enfance d'Antoine.
(3) Dans le ms. de Beyrouth, le patriarche, qui est appelé Athanase, confère
à l'enfant le diaconat.
(4) *Vita Antonii*, § 2 (*Act. SS.*, § 4).

ciones [2] (1). Et dedit partem patrimonii sui, que ascendebat usque ad quinquaginta milia bisanciorum (2), amore Dei. Et multiplicavit ieiunia et oraciones in tantum quod non erat vivens sanctus [3] qui attingeret eum in reverencia Dei. Et ardebat dimittere seculum et dicebat : « Vel ego dimittam seculum voluntarie, vel dimittam per violenciam sicut et pater meus.» Tunc commendavit sororem suam uni sangwineorum suorum et fugit ab eis ; nec curavit claudere portam domus sue, sed dimisit eam apertam. Et abiit, et transivit flumen Nili, et invenit unum sepulchrum apertum et habitavit in eo (3). Et faciebat in sepulchro illo opera eius qui [4] portabat ei necessaria, et residuum erogabat. Et erat nunc, cum habitare cepit sepulchrum, quatuordecim annorum.

52. Et displicuit inimico [1] omnium bonorum et principi [2] omnium malorum dyabolo, qui apparuit ei in forma unius nobilis militis et cum eo familia in circuitu eius. Et dixit ei dyabolus : « O tu, homo vivens, qui habitas cum mortuis, quis es tu ? etc. » Respondit beatus Anthonius : « Ego sum, o homo, unus infirmus servus Iesu Christi. » Quod cum audisset ille dyabolus, indignatus est valde et ait : « Ymmo fuisti ausus coram me nominare illum malificum ? » Et incepit dyabolus et satellites sui percutere sanctum graviter et acerbe, quousque non remaneret in eo anhelitus. Cumque dimisissent eum semimortuum, venit ille secularis qui ministrabat ei, et invenit eum taliter verberatum ; et portavit illum ad villam suam, que prope erat. Et congregati sunt ad eum rustici, compacientes ei, quia non poterat se movere ullo modo. Cumque loqui potuit, vocavit servitorem suum et ait illi : « Rogo te, duc me illuc ubi fui verberatus. Spero enim in Domino Iesu Christo quod ibi habeo graciam et ibi curabor. » Et duxit eum rusticus illuc et dimisit eum.

53. Quod videns dyabolus admiratus est et dixit amicis suis,

---

[2] *quae sequuntur in* K *huc non pertinent; excerpta sunt enim ex athanasiana* Vita S. Antonii, *c. 1 extr. et c. 2.* — [3] sunt C. — [4] et C.

52. — [1] inimicorum C. — [2] *lectio incerta.*

(1) *Moqām* signifie « action de se tenir debout ou de se relever ». Le ms. de Beyrouth porte à cet endroit : *mantanijet*, transcription du grec μετάνοια, « métanie, prostration ».

(2) *Byzantius*, pièce d'or.

(3) Comparez à ce passage et aux deux §§ suivants les §§ 8 et 9 de la *Vita Antonii* (*Act. SS.*, § 16-20).

audiente sancto : « Venite et videte novum quid [1] et mirabile, quod modo apparet, et non fuit simile a die quo fuit creatus Adam. Scitis qualiter terrivimus [2] istum et tam dure flagellavimus corpus eius : et non timuit venire ad locum istum. Ego expave[n]sco quid significat. » Et dyabolus cum suis incepit furere in sanctum ; et ab occasu solis non cessaverunt percutere eum demones et affligere et terrere. Et beatus Anthonius dicebat [3] : « Gracias tibi ago, Domine Iesu Christe, quod me fecisti dignum pati propter nomen tuum (1) et propter amorem tuum. » Et clamabat contra demones dicens : « O voluntarie iniuriosi, ego non sum latro, non homicida, non fornicator ; nec habetis contra me causam, nisi quod amo Dominum Iesum Christum, et propter hoc verberatis me. » Et istud est secundum martirium quod sustinuit in corpore suo beatus Anthonius, antequam dimitteret terras populatas, scilicet antequam iret ad desertum, quando habitavit inter sepulchra mortuorum.

54. Post hoc dimisit illum locum et habitavit iuxta flumen Nili prope unam villam in principio deserti. Et mansit in illo loco anno cum dimidio, et multum profecit et fortis effectus est in servicio Dei. Et una die exivit una femina de villa et balneavit se coram domunculam [1] sancti. Et dixit ei sanctus : « O soror, non decet te balneare coram me. Non erubescis de me, qui solitarius heremita sum ? » Respondit illa : « Si esses solitarius, non morareris in loco isto. » Et compunctus de verbo isto, eadem hora recessit et intravit in interiorem desertum,

> (**Rubrica**) ubi contingerunt [1] illi omnia que in nostris libris scripta sunt et multa alia que ego dimisi in arabico nec transtuli, nisi [2] solum hec pauca que secuntur, quia faciunt ad declaracionem aliquorum que in precedentibus narracionibus continentur, etc.

53. — [1] quod C. — [2] *legendumne* trivimus *an* terruimus ? — [3] dicens C.
54. — [1] *ita* C. — [2] non C.

(1) Cf. *Act.* 5, 41.

IV. De Habitu quem Christus Antonium induit

e codice Monacensi 5681 (= C).

55. Videns dyabolus beatum Anthonium ad perfectionem tendere, convocavit cohortem demonum et querendo ait illis : « En ille adamita, qui habitavit inter sepulchra, intravit interiora deserti habitaturus ibi. Veniamus ad eum et conturbemus illum et taliter terreamus illum quod fugiat, ne forte fiat nobis in scandalum maximum. Nam exemplo eius convenient [1] adamite alii <et> habitabunt desertum ; et, si multiplicati fuerint, erunt nobis in decrementum [et] irrecuperabile, et non [2] poterimus eos repellere. Perdidimus celum ; si modo perdamus desertum, quid faciemus? Tota ergo pungna nostra est in isto [loco] solo et primo adamita : quem si excuserimus [3] de loco isto, nullus alius [adamita] filius Ade temptabit ingredi fines istos. [Et] ergo pugnate et fortiter agite, quia videtis quantum iam perdidistis de mundo, et hoc esset nobis causa maxime ruine. » Responderunt demones : « Parati sumus facere quidquid mandaveris. » Et tunc, etc.

56. Et peracta illa tribulacione demonum, apparuit ei Dominus Iesus Christus et dixit ei : « Non vocaberis de cetero Anthonie, sed Anthonius erit nomen tuum (1). » Et dixit ei Anthonius : « O Domine Iesu, ubi eras (2)? » etc. Et tunc induit eum Dominus Iesus Christus manu sua habitum qui vocatur in arabico calezeut (3), et cinxit illum manu sua zona [1] que [2] vocatur esary (4). Et dixit illi : « In hoc erit tibi victoria contra inimicum et in hoc confringes exercitum eius et adnichilabis astucias eius et dissolves robur eius et humiliabis [3] eum sub pedibus tuis (5). Et antequam exeas de mundo isto, habebis multos filios in deserto ; et eris pater monachorum qui in desertis istis exemplo tuo servient michi. » Et clamavit Anthonius ad Dominum et ait : « O Domine, oro te, adiuva me et

---

55. — [1] conveniunt C. — [2] nos C. — [3] *ita* C.
56. — [1] sona C. — [2] qua C. — [3] humialiabus C.

(1) Nous ne voyons pas ce que peut signifier ce changement de nom.
(2) Cf. *Vita Antonii*, § 10 (*Act. SS.*, § 20).
(3) Ci-dessus, p. 186, § 27 et note 1.
(4) Le mot arabe *tzar* signifie « vêtement qui couvre la partie inférieure du corps, depuis la ceinture jusqu'à mi-jambes ».
(5) Cf. § 23, p. 183.

pone veritatem in corde meo. Ne derelinquas me nec elongeris a me. »
Respondit ei Dominus Iesus : « O Anthoni, ego semper tecum sum,
sed tamen scias quod secundum quantitatem laboris erit tibi et
quantitas premii (1). » Et benedixit ei Dominus et dedit ei pacem,
et ascendit in celum, intuente beato Anthonio. Et fuit ex tunc nimis confortatus beatus Anthonius in gracia magna valde.

V. DE ARTIFICIIS DAEMONUM

e codicibus Monacensi 5681 (= C) et Harlemensi 89 (= H).

57. Rubrica. Et infra, post multas pugnas et agones cum
demonibus, antequam beatus Anthonius haberet discipulos
in deserto.

Tunc congregati sunt demones et consiliati sunt quomodo pos-
sent decipere sanctum Anthonium per aliquam viam et modum honestatis ficte. Et unus magnus pater malicie et commentor omnis
fraudis venit et appropinquavit ad sanctum una die cum esset
extra cellam suam, et apparuit dyabolus ille in similitudine monachi
accincti †exquando (2), ut [1] qui iam pervenerit ad magnam perfectionem : et videbatur homo magne reverencie et maturitatis. Et ostendit quasi non esset assuetus videre adamitas [2], et divertit a beato
Anthonio quasi anachorita solitarius [2*], qui nullius hominis volebat
consorcium. Cumque videret beatus Anthonius hominem tante
reverencie et honestatis et tante solitudinis quod nolebat videri
ab eo, admiratus est valde et dixit in corde suo : « Forsitan aliquis
filiorum hominum prevenit me habitare desertum istum ad serviendum Deo, cum demones ideo persecuntur me quia timent quod
homines venient ad serviendum in locis istis, et dicunt mihi quod
nunquam hoc desertum fuit habitacio hominum. » Et tunc dyabolus intravit cellam suam quam fecerat ibi prope, ut apparebat.
Et amplius admiratus est sanctus et ait [3] : « Ego tot annis permansi [4] in deserto isto et tociens [5] transivi per [6] locum istum, et [7]

57. — [1] et C. — [2] adamites C. — [2*] solitario C. — [3] *hinc denuo* H : et ait illi
(*cf. supra, § 40, annot.*). — [4] ego per tantum tempus steti H. — [5] sepius H. —
[6] *om.* H. — [7] tamen *add.* H.

(1) Cf. § 6, *in fine*, p. 167.
(2) Il faut peut-être lire *exequin* (cf. p. 186, note 2) et se rappeler qu'en
Orient le grand σχῆμα est réservé aux moines « parfaits » ou μεγαλόσχημοι.

nunquam vidi hic cellam nec [8] hominem. » Et cepit sanctus cogitare super hoc, et stetit, et non appropinquavit ad cellam dyabuli sicut dyabulus voluisset. Tunc sanctus non mutatus [9] nec territus elevavit [10] manus ad celum et oravit [11] dicens : « Domine mi [12] et [12] Deus meus, Iesu [12] Christe [12], tu nosti cor meum et [12] desiderium [12] meum [12]. Precor misericordiam tuam [13] ut [14] doceas [15] me si iste [16] est filius Ade <et> servitor tuus. »

58. Et [1] cum hoc dixisset [2], dyabolus clamavit [3] de antro : « Discede [4] a me nec appropinques mihi [5], o [1] Anthoni, quia facis me vexari [6]. Et si [7] non [1] nosti [8] me [1], ego [1] dicam tibi quis ego [1] sum. » Et ait dyabolus [9] : « Ego sum (1) qui subplantavi Adam, patrem [1] tuum [1], qui tantum [10] dilexit uxorem suam [1] quod [1], ut [11] non contristaret eam [12], obedivit ei [13] et cecidit de gradu suo. Ego supplentavi [14] Kain et feci quod diligeret pulcherrimam uxorem fratris sui Abel et propter hanc odiret fratrem suum, et interfecit eum (2). Ego feci quod Abraham, qui amicus Dei appellatus est, accepit secundam uxorem. Et feci quod Ysaac, quem Deus liberavit et dedit pro eo arietem in sacrificium, accepit terciam uxorem. Ego feci quod Iacob, qui luctatus est cum Deo et inposuit sibi nomen Israel, habuit quatuor uxores et accepit quintam (3). Ego sum qui amore feminarum supplentavi [15] multos et magnos, sicut David, de quo Deus dixit : Inveni virum secundum cor meum ; et tamen interfecit Uriam propter uxorem suam, que genuit ei Salomonem (4). Qui Salomon lapsus est postea, me procurante, per

---

[8] (h. c. n.) c. h. neque H. — [9] mutans C. — [10] (et cepit-el.) et ivit cum eo ad cellam eius nec territus nec mutatus sed levavit H. — [11] sic *add.* H. — [12] *om.* H. — [13] (m. t.) t. m. H. — [14] et C, *om.* H. — [15] doce H. — [16] homo *add.* H.

58. — [1] *om.* H. — [2] sanctus *add.* H. — [3] (d. c.) c. d. H. — [4] dicens recede H. — [5] me C. — [6] facias me vexare C. — [7] sicu C. — [8] nostis C, nescis H. — [9] et a. d. *om.* H. — [10] in terra H. — [11] *om.* C. — [12] fregit mandatum Dei et *add.* H. — [13] michi H. — [14] *sic* C ; *vide annot. 17.* — [15] *sic* C.

(1) Tout le passage qui suit est à la fois une amplification du § 6 de la *Vita Antonii* et un abrégé des §§ 20 et 21 de notre légende.

(2) Dans l'apocryphe syriaque intitulé *La Caverne aux Trésors*, Caïn aime celle de ses sœurs qui est destinée à Abel et c'est pour ce motif qu'il tue son frère. C. BEZOLD, *Die Schatzhöhle*, I (Leipzig, 1883,) p. 8 ; E. A. W. BUDGE, *The Book of the Cave of Treasures* (Londres, 1927), p. 69-70. Même histoire de jalousie dans le *Panarion* de S. Épiphane, *Haer.* 40, v, 4 (éd. HOLL, t. II, 1922, p. 85).

(3) Voir ci-dessus, § 21, avec les notes 4-6 (p. 180) et 2 (p. 181). La cinquième femme de Jacob a sans doute été inventée par un apocryphe copte ou arabe.

(4) Cf. § 20, p. 179-80.

amorem unius mulieris, et tam graviter erravit quod deletum est nomen eius de kathalogo [16] prophetarum (1). Ego sum ille qui fecit eum exardescere in concupiscenciam mulierum, nec valuit sibi sapientia sua [17]. Et ego [18] corrupi in [18] gentibus [18] tot magnos et tantos [18*] quod longum esset enarrare. Et feci ultimum posse [19] meum contra te, sed non potero [20] quidquam [21]. » Et ayt dyabolus : « Audi [22] confessionem meam, Anthoni [23]. Ego sum ille [23] qui mitto odium inter fratres ut discordent inter se. Ego excito iurgia [24]. Ego [23] commoveo gentes ad bella et dirigo eas ad prelia [25]. Ego incendo ignes [26] avaricie et invenio vias astucie ad congregandum divicias [27]. Ego facio delectari [28] in pulchritudine mulierum [23] et incendo ad [23] concupiscentiam. Ego sum [23] actor [29] malorum desideriorum [29*] et augeo delectationes hominibus in peccatis. Ego spargo invidiam in cordibus hominum. Ego sum qui subverto honores multorum [30]. Ego sum [23] qui [23] impleo infernum et impedio ne paradisus [31] impleatur. Ego sum qui odio omne bonum et vias eius, et diligo omne malum [32] et semitas eius. Ego sum qui facio homini videri [33] difficile viam gracie ambulare, et viam perdicionis facio [34] ei latam [35]. Ego sum [23] ille [23] qui [23] precipitavi Salomonem de gloria sua [23] et tronos regum everti magnorum [36]. Et [37] tu, o [23] Anthoni [23], vilis pulvis, superasti me. »

59. Tunc clamavit super eum sanctus et ait [1] : « Discede a me, maledicte. » Tunc dyabolus de antro fecit sicut furiosus impetum in sanctum et vulneravit eum cum lancea quam portabat in manu sua, et clamavit terribiliter [2]. Et [3] apparuerunt cum illo [4] demones diversarum figurarum horribilium, habentes pugiones acutos et

---

[16] kathologo C. — [17] (ego supplentavi Kain-sua) *om.* H. — [18] *om.* H. — [18*] (m. et t.) et tam m. viros H. — [19] (f. u. p.) nunc ad u. f. possum H. — [20] s. n. p. *om.* C. — [21] contra te *add.* H.— [22] modo *add.* H. — [23] *om.* H. — [24] ego scito virgia C, *om.* H. — [25] et dir. eas ad p. *om.* H. — [26] igne H. — [27] (et invenio-d.) *om.* H. — [28] delectare C. — [29] *ita* CH ; an auctor ? — [29*] (m. d.) d. m. H. — [30] (et augeo-m.) *om.* H. — [31] locus sanctorum H. — [32] ego omne bonum odio et omne malum diligo H. — [33] videre C. — [34] faciam C. — [35] (et semitas-l.) *om.* H. — [36] (e. m.) m. subverti H. — [37] sed H.

59. — [1] (cl.-a.) beatus Anthonius clamabat H. — [2] (tunc dyabolus-terr.) qui exiens de antro clamabat faciens furiosum impetum et vuln. sanctum Anthonium cum lancea terr. clamando H. — [3] *om.* H. — [4] eo H.

---

(1) Allusion à une histoire apocryphe ? ou à l'épisode de la reine de Saba ? (cf. ci-dessus, p. 180, note 1).

enses et baculos et macias et instrumenta belli ; et non cessave-runt [5] verberare sanctum [6] usque in secundum diem in ortu solis [7]. Et non propter hoc eum verberatum dimiserunt, sed tamquam mor-tuum supinum [7*] extensum super faciem terre traxerunt a summi-tate montis usque ad vallem et a valle sursum. Et fluebat sanguis eius super rupes deserti sicut aqua ; et accipiebant demones san-guinem eius et deturpabant [demones] faciem eius et cruentabant, et dicebant [8] : « Egredere et [9] exi [9] de terra nostra, o pulvis, alioquin destruemus te et [9] extrahemus [9] animam tuam [10]. » Et sanctus utraque manu tenebat calauet suum et dicebat [11] : « Non auffera-tur a me, Domine [9], habitus [12] quem dedisti mihi (1), quia in te speravi, et [9] miserere mei. » Et cum hoc dixisset [13], accessit dya-bolus ad [9] eum [9] et percussit eum cum manu [14] ad maxillam. Et sanctus vertit [15] faciem suam, exhibuit [16] aliam maxillam et dixit [17] : « Comple mandatum Christi (2), o miser, in malignitate voluntatis tue [18]. » Cumque vidisset [19] dyabolus magnitudinem paciencie sue [20], et <quod> ipse [9] sanctus non cessabat [21] dicere : « Adiuva me, Do-mine, et [22] da mihi fortitudinem ut sustineam propter amorem [23] tuum ; scio [24] quod non feci aliquid dignum [25] coram te, sed in mise-ricordia tua confido quod [26] dabis michi graciam et fortitudinem faciendi voluntatem [27] tuam, » tunc dyabolus non potuit plus expectare nec stare coram sancto, sed factus est in figura in qua erat sicut flamma ignis ardentis vehementer, et cum clamore fugit. Et dicebat [28] aliis demonibus : « Fugiamus ab eo [29] ; nam pulvis

---

[5] (acutos-cess.) et gladios ac. etc. non cessantes H. — [6] Anthonium *add.* H. — [7] u. ad secundum diem ad ortum s. H. — [7*] supprimum C. — [8] (et non propter-d.) tandem ipsum tanquam mortuum supinum dimiserunt, sed statim redibant et traxerunt eum de summ. montis usque ad vallem et iterum de valle ad mor-tem (*sic*) sursum ita quod sanguis eius fluxerat sicut aqua super terram, atque cum sanguine eius liniebant faciem suam deturpantes eum, et clamabant H. — [9] *om.* H. — [10] de corpore extrahentes *add.* H. — [11] (et sanctus-d.) s. autem An-thonius ambabus manibus tenuit habitum suum quem conabantur sibi auferre et dixit ad Dominum H. — [12] iste o Domine *add.* H. — [13] (et c. h. d.) hec dicens H, *sed corr. in marg.:* hec illo dicente. — [14] (e. c. m.) sanctum H. — [15] (et s. v.) qui vertens H. — [16] prebuit ei H. — [17] (et d.) dicens H. — [18] (v. t.) t. perverse v. H. — [19] hoc *add.* H. — [20] (m. p. s.) et pacienciam eius H. — [21] cessavit H. — [22] Deus meus H. — [23] nomen H. — [24] enim *add.* H. — [25] indignum C. — [26] quia H. — [27] et f. f. v. *om.* H. — [28] (tunc-d.) non potuit dyab. diucius stare coram s. sed versus in fugam cum magno clamore dicens H. — [29] (ab eo) hinc ab isto H.

---

(1) Ci-dessus, §§ 27 et 56.   (2) *Matth.* 5, 39.

iste destruxit fortitudinem nostram. » Et [30] recessit dyabolus [31] confusus [31]. Et virtus Dei sanavit sanctum. Fuit autem sanctus Anthonius in bellis acerrimis contra demones [quo]usque ad quadragesimum septimum etatis sue annum, nec usque tempus illud vidit mortalem hominem, sed nocte die<que> inpugnabant eum inimici [32].

VI. Quomodo Antonius se ipse diffamabat

e codicibus Monacensi 5681 (= C) et Harlemensi 89 (= H).

60. Rubrica. Et post multa in eadem historia sequebatur hoc exemplum [1].

Cum fama beati Anthonii iam esset divulgata per occidentales partes et orientales et usque in Indiam et Ethyopiam et in Nubiam, et cum iam multos haberet discipulos [2], una dierum exivit [3] multitudo magna [3] hominum et [4] mulierum, et intraverunt desertum, querentes monasterium beati Anthonii. Et habebant [5] cecos et [3] claudos ac eciam langwidos, pro quibus volebant eum rogare ut inponeret manus super eos et curaret eos [6]. Et contigit quod invenerunt sanctum longe ex monasterio suo perambulantem solitarium in deserto [7]. Et dixerunt ei : « Ubi est monasterium sancti Anthonii mirifici [3], o senex [8]? » Et respondit sanctus [3] et [3] ait [3] : « Quid est quod vultis habere de illo trufatore, barratore, deceptore hominum [9]? » Dicunt illi : « Caveas [10] ne loquaris ita, o [3] senex [3]. Nam totus mundus est plenus de fama [11] sanctitatis eius. » Respondit sanctus [12] : « Ego veritatem dico vobis. Et si non credideritis [13] michi, ducatis me ad puerum [14] cecum quem habetis in comitiva vestra [15]. » Et presentaverunt illum puerum sancto, et imposuit manus ei, et statim aperti sunt oculi eius. Et expavescentes cuncti

---

[30] sic *add.* H. — [31] *om.* H. — [32] (fuit autem-i.) *om.* H.
60. — [1] (Rubrica-ex.) item de sancto Anthonio aliud H. — [2] (occid.-d.) mundum H. — [3] *om.* H. — [4] (h. et) virorum ac H. — [5] (et intrav.-h.) quesierunt beatum Anthonium habentes secum H. — [6] (ac etiam-eos) et languentes plurimos ut sanctus eos curaret H. — [7] (quod-d.) ut sanctum longe a mon. in des. ambulantem invenirent H. — [8] o s. ubi est m. s. a. H. — [9] quid vultis illi truphatori et hom. deceptori H. — [10] (d. i. c.) at ipsi cave H. — [11] (e. pl. de f.) iam pl. e. f. H. — [12] (r. s.) et senex H. — [13] creditis H. — [14] (d. me ad p.) adducite michi H. — [15] in comitima v. C, vobiscum H.

considerabant personam sancti admirantes [16]. Dixitque eis [17] sanctus : « Videte virtutem Christi et admiramini eam. Presentetis [18] mihi omnes infirmos [19] quos habetis vobiscum, quorum obtatis salutem. » Et cum factum fuisset, inposuit cuilibet istorum manum et curavit omnes. Et ait sanctus : « Modo potestis credere mihi de verbo quod vobis dixi [20] de Anthonio quem querebatis, quod ipse decipit gentes et diligit gloriam, nec est ita secundum quod est fama de illo. Quare redeatis ad propria in pace [21], et credatis verbis meis que dixi vobis de illo : quia ego [22] sum unus de anachoritis qui habitant [23] desertum, et Deus misit me ad vos. » Cumque audissent eum, accepta benedictione ab eo [24], redierunt.

61. Et cum pervenissent ad populatum habitabile, in prima villa [1] habuerunt obviam sanctum episcopum civitatis illius [2] et sacerdotes. Et incepit episcopus et alii interrogare [3] eos de novis deserti [4] (1) et si vidissent beatum Anthonium. Qui ceperunt ei detrahere, sicut fuerunt informati. Et dixerunt : « Nos in veritate invenimus sanctum Dei, qui fecit nobis hec et hec miracula. Et sic nobis dixerat de Anthonio. » Audiens hec episcopus conturbatus est valde. Et cogitans secum dixit : « Rogo vos, dicatis michi, cuius figure et stature erat homo ille qui locutus est vobis ? » Responderunt : « Senex erat magnus, debilis facie et valde attenuatus et exilis corpore. » Respondit episcopus : « In veritate, fratres, ille fuit beatus [5]

---

[16] (et present.-a.) et sanctus Anthonius locum signavit oculorum et statim visum recepit ; expaverunt illi hoc videntes et mirati sunt H. — [17] (d. e.) dixit H. — [18] (videte-pr.) videtis veritatem, et ait : presentate H. — [19] vestros add. H. — [20] (vobiscum-d.) quo facto sanavit omnes dicens : modo pot. cr. que dixi vobis H. — [21] (ad pr. in p.) correxi, in pr. p. C. — [22] (quem querebatis-ego) qui querit gloriam mundi decipiens homines sicut dixi nec est fama vera quam putatis de eo ; quare michi credite quod H. — [23] inhab. H. — [24] (eum-eo) hoc H.

61. — [1] (pop. h. in pr. v.) primam civitatem H. — [2] om. H. — [3] (et inc.-i.) qui interrogaverunt H. — [4] Venit usque punctum mortis et non est medicina que valet sicut dixit ei monachus add. C, qui ita desinit. — [5] add. sub lin. H.

(1) La fin de cet épisode manque dans le ms. de Munich. De celle qu'on va lire, d'après le ms. de Haarlem, les dernières lignes du moins ne semblent pas originales (cf. p. 147, note 3). Elles ne diffèrent pourtant guère de la rédaction française imprimée dans la *Vie de Monseigneur S. Anthoine abbé* (Lyon, 1555), fol. CIVᵛ : « ... C'estoit ung homme assez eagé, de grande reverence, le visaige long et bien proportioné, la barbe entremeslée et assez longue, les yeulx inclinez en terre, et apparoissoit homme de grande saincteté. — En vérité, dit l'evesque, celuy que vous avez trouvé est la lumière du desert, S. Antoine ; mais pour ce qu'il veult fuyr la gloire mondaine, il vouldroit bien que la renommée de luy

Anthonius. Sed noluit ut talis fama divulgaretur de eo per mundum. Sed divina clementia vult quod mundus sciat ipsum et adiu-
vetur precibus eius. » — Mira res : sanctus Anthonius vocavit
seipsum deceptorem hominum. Vere bene decepit istos supradictos.

fut telle qu'il vous a donné entendre. Mais Dieu le créateur veult qu'il soit con-
gneu par tout le monde et que par ses mérites et prières nous soyons par luy con-
solez ; par quoi allez vous en en paix. — A bien considerer ce mistere, S. Anthoine
s'appelloit decepveur de gens, et a la vérité dire il estoit, car il deceut tresbien
ceulx icy en leur faisant entendre que ce n'estoit il pas. »

INDEX NOMINUM

Abraham 180, 182, 207.
Adam 178-79, 207.
Aegyptus, Aegyptii 157-59, 161, 181,
  186-89, 196-201.
Aethiopia 210.
Alexandria 161, 189, 191, 202.
Alfonsus Bonihominis 156, 162, 185.
Andreas praepositus 189, 192, 197.
Arabes, Arabia 157, 159, 163.
Arsenius praepositus 189 n.
Augustinus ep. Hippon. 158.
Barchiona, Brachiona, Barchino 187,
  189-91, 193-94, 197, 199-200.
Barrachia, Barrochia 189 n., 191 n.
Beabex, Behabex pater S. Antonii 201.
Benedictus ab. Casin. 157.
Bernhardus ab. Claravall. 157.
Brachiona 187, 190. *Vid.* Barchiona.
Cain, Kain 207.
Catholonia 188.
Cirici, Citi. *Vid.* Scithis.
Cosesus patr. Alex. 189.
Cyprus 156. *Vid.* Famagusta.
David 179, 207.
Dominicus fund. O. P. 157, 159.
Efren, Ephrem Syrus 157-58.
Eva 178.
Famagusta 160, 200.
Franci 190, 198-99.
Franciscus Assis. 157, 159.
Gabriel arch. 181.
Gallaecia (S. Iacobus de) 157.
Gallicus (i. e. Gallaecus) 160.
Giux mater S. Antonii 201.

Hieronymus presb. 157, 159.
Iacob patr. 181, 207.
India 210.
Iohannes Chrysostomus 158.
Ioseph filius Iacob 181.
Isaac patr. 181, 207.
Isidorus ep. Hispal. 157.
Leander Toletanus 157.
Lucius 197.
Macarius anach. 158, 161.
Melchisedech 180.
Michael arch. 181, 195, 201.
Moyses 177, 180.
Nilus 203, 204.
Noe 179.
Nubia 210.
Onufrius anach. 158.
Paulus (Simplex) 196, 199.
Petrus ap. 181.
Petrus de Saltu maiori card. 156.
Regina Austri 180.
Salomon 179-80, 207-208.
Sarraceni 187.
Scithis (Citi, Titi) 157, 161, 200.
Sicilia 191, 197.
Suriani = Syri 158.
Tayde = Thebais 201 n.
Teutonia 157.
Theophilus patr. Alex. 202.
Thomas de Aquino 157.
Ungaria 157.
Urias 207.
Zaide = Thebais 201.
Zaituna, *al.* Zercuni 201.

II

UNE HISTOIRE LATINE DE S. ANTOINE
LA « LÉGENDE DE PATRAS »

*Le merveilleux tient une place considérable dans la Vie de
S. Antoine par S. Athanase ; les interventions diaboliques, notamment, s'y rencontrent presque à chaque page. Il y eut pourtant des époques et des pays où ce texte classique parut trop sobre
et où l'on s'ingénia à le compléter par des récits de pure imagination.
C'est ainsi que vit le jour, en Orient, une légende assez prolixe,
dont une rédaction arabe fut communiquée, peu après 1340, au
missionnaire dominicain Alphonse Bonhome, qui en traduisit
les épisodes les plus caractéristiques : la tentation de S. Antoine
par un démon déguisé en reine, le séjour de l'ermite égyptien à
« Barcelone » et quelques extraits de moindre importance [1]. C'est
ainsi aussi que fut composée, en Occident, la « légende de Patras »,
populaire au moyen âge, mais tombée dans l'oubli à l'époque
moderne [2], et que nous publions ci-dessous [3].*

*L'auteur, un inconnu, brouillé avec toutes les règles de la gram-
maire latine, y a développé à sa manière, c'est-à-dire en les en-
tourant d'incroyables détails de son invention, deux données prin-*

---

[1] Nous avons publié ce texte l'an dernier : *La légende de S. Antoine, traduite
de l'arabe par Alphonse Bonhome, O.P.*, dans *Anal. Boll.*, t. LX, p. 143-212.

[2] Outre le P. Alb. Poncelet, bollandiste († 1912), qui en a signalé différentes
copies dans ses catalogues de mss. latins (*Catal. Lat. Rom.*, pp. 3, 7, 24, 31, 49,
267 ; *Catal. Lat. Vatic.*, pp. 34, 279) et mentionné l'incipit et le desinit dans
le supplément de la *BHL.* ([2] 1911, nᵒˢ 609 g, i), nous ne connaissons que deux
érudits contemporains qui se soient occupés de notre légende : Mˡˡᵉ R. GRA-
HAM, *A Picture Book of the Life of Saint Anthony...* (Oxford, 1937), pp. 17-18,
76-81 ; et M. P. NOORDELOOS, dans *Het Gildeboek*, t. XXIV (1941), p. 35-41.

[3] Grâce à la présente publication et à trois autres qui ont paru en 1939 et
1942 par les soins de MM. Garitte et Noordeloos et de nous-même (cf. *Anal.
Boll.*, t. LIX, p. 310-11 ; t. LX, pp. 68-81, 143-212), on peut dire, croyons-
nous, que l'ensemble des légendes latines de S. Antoine a été mis à la portée
des chercheurs. Il n'en va pas de même des légendes orientales.

cipales qui lui étaient fournies par les Vitae Patrum : *le miracle des chameaux qui vont ravitailler au désert les moines affamés et la visite de S. Antoine à S. Paul de Thèbes.*

Antoine — s'il faut en croire notre légende — était à la tête d'un monastère à Patras. Désireux de solitude, il invite ses disciples à l'accompagner au désert (§ 1-3). L'évasion a lieu de nuit (§ 4). Près d'une source, un dragon les effraie (§ 5). Le quatrième jour, les moines commencent à murmurer (§ 6). Le roi d'une ville de Palestine est averti en songe qu'il doit sans retard leur envoyer des vivres (§ 7). Sur le conseil d'un mendiant, il leur dépêche une caravane de douze chameaux, qui trouvent leur chemin sans le secours d'aucun guide (§ 8). Le saint abbé et ses « frères » bénissent Dieu, qui les a ainsi sauvés (§ 9). En voyant revenir ses bêtes, chargées d'un message des moines, le roi quitte son royaume et entre au monastère, qui compte bientôt — et comptera toujours — 335 moines (§ 10).

Antoine est fier de ses succès ; il déclare qu'aucun solitaire ne peut lui être comparé. Mais une voix du Ciel le réprimande et lui enjoint d'aller prendre des leçons auprès de Paul le Simple (§ 11). Guidé par deux loups, il parvient à la grotte d'Agathon ; cet anachorète, devenu pour ses péchés semblable à un cerf, lui indique le sentier à suivre (§ 12-13). Antoine frappe à la porte de l'ermitage ; mais Paul croit d'abord avoir affaire à Satan, puis il reproche au visiteur son péché de vaine gloire (§ 14). Enfin, il l'accueille, lui pose une série de questions (§ 15), partage avec lui le pain qu'un corbeau leur apporte et lui fait ses adieux (§ 16). Antoine revient à son monastère, accompagné d'Agathon, qui a été miraculeusement ramené à la forme humaine (§ 17). Il confie à celui-ci la direction de ses moines (§ 18) et retourne à la grotte de S. Paul. Il le trouve déjà mort (§ 19) et l'enterre avec l'aide de deux lions (§ 20).

Toute la seconde partie du récit, consacrée à la rencontre de S. Antoine et de S. Paul (§ 11-20), est empruntée à la Vita Pauli *de S. Jérôme, c. 7-16. Mais ce modèle, littérairement si parfait, a été transposé avec une liberté, ou plutôt une désinvolture déconcertante. Le remanieur devait avoir sous les yeux le texte de la Vita, puisqu'il en cite pas mal de bribes littéralement. Il s'est permis cependant d'y apporter tant de retouches maladroites et d'y pratiquer des interpolations d'un goût si douteux que la biographie du premier ermite en a perdu tout son charme.*

*D'après S. Jérôme, Paul ne se trouva orphelin qu'à l'âge de
seize ans, quand il était déjà familiarisé avec les lettres grecques et
égyptiennes, et il resta encore quelque temps avec sa sœur mariée,
avant de s'enfuir dans les montagnes inhabitées (c. 4-5). Dans
notre légende, au contraire, l'enfant, né d'un adultère, ne connaît
d'autre berceau que la tanière d'un lion ; nourri par un corbeau,
il n'a pas vu une seule femme dans toute sa longue vie (§ 11).*

*L'hippocentaure et le faune, dont S. Jérôme parlait avec un
sérieux amusé (c. 7-8), ont été remplacés par une espèce de monstre
rébarbatif (§ 12-13). Dans la* Vita Pauli, *les questions que
l'anachorète centenaire posait à son visiteur étaient simples et
naturelles :* Narra mihi, quaeso, quomodo se habeat humanum
genus, an in antiquis urbibus nova tecta consurgant, quo mundus
regatur imperio, an supersint aliqui qui daemonum errore ra-
piantur (c. 10). *Notre cacographe a cru intelligent d'ajouter deux
questions qui semblent d'abord étranges, mais qui s'expliquent,
surtout la première, si l'on se rappelle qu'à l'en croire, S. Paul
n'avait jamais rencontré aucune personne de l'autre sexe :* Quae
est illa plasma quae dicitur mulier ? (*suit une diatribe contre Ève
et ses filles*) et Quomodo vocitatur illa mulier per quam illuminatus est mundus? (§ 15). *L'occasion même de la visite
d'Antoine à son prédécesseur était indiquée brièvement par S. Jérôme :* Haec in mentem eius (Antonii) cogitatio incidit, nullum
ultra se perfectum monachum in eremo consedisse. At illi per
noctem quiescenti revelatum est, esse alium interius multo se
meliorem, ad quem visendum deberet proficisci (c. 7). *Il suffit
de comparer à ces quelques lignes l'informe paragraphe 11 qui
lui correspond dans notre texte pour mesurer la distance qui sépare
les deux récits. D'autres divergences seront signalées dans l'annotation ; il est donc superflu d'y insister ici.*

*La première moitié de l'adaptation offre incontestablement plus
d'intérêt. Non que cette histoire de retraite au désert et de chameaux
ravitailleurs ait le mérite de la nouveauté : on en connaissait déjà
presque tous les éléments par la* Vita Frontonii abbatis [1] *et par
la* Vie ancienne de S. Front de Périgueux [2]. *Mais c'est la première fois qu'on la trouve mise au compte de S. Antoine.*

---

[1] *BHL.* 3189.
[2] Publiée en 1930 par le P. M. Coens : *La Vie ancienne de S. Front de Péri-*

Ce n'est assurément pas le vieux biographe de S. Fronton qui s'est inspiré de notre légende. Le titre même de celle-ci, du moins dans le manuscrit principal, désigne une compilation et en indique la source : Acta... collecta de Vitas Patrum[1]. Or la Vie de l'abbé Fronton fait précisément partie du fameux recueil factice connu depuis toujours sous le nom de Vitae Patrum[2].

Le fait que deux détails de la « légende de Patras », qui ne se retrouvent pas dans la Vita Frontonii abbatis, ont à peu près leur équivalent dans la Vie ancienne de l'évêque S. Front[3], pourrait suggérer l'hypothèse que notre auteur n'a connu celle-là qu'à travers celle-ci. Pareille supposition doit être écartée, d'abord parce qu'il est peu probable a priori que, pour étoffer des Actes de S. Antoine, un compilateur qui s'est constamment servi des Vitae Patrum soit allé chercher ailleurs un aussi mince complément d'information ; ensuite parce que le parallélisme entre les passages en question n'est qu'assez approximatif et que l'analogie peut s'expliquer autrement que par un emprunt. Quoi de plus naturel, en effet, pour un hagiographe du haut moyen âge, que de faire apparaître le dragon infernal au beau milieu du chemin des justes et de donner comme épilogue à un récit de miracle la conversion des témoins ?

En dehors de la Vita Frontonii et de la Vita Pauli, insérées toutes deux dans les Vitae Patrum, l'auteur de nos Acta ne semble pas avoir puisé à d'autres sources. J'excepte évidemment la Vie de S. Antoine par S. Athanase, à laquelle se rattache la première phrase du texte. L'érudition de notre « historien » laisse d'ailleurs beaucoup à désirer. Il fait de l'empereur Théodose un contemporain de S. Antoine (§ 16). Il confond Paul le Simple, disciple d'Antoine, et Paul de Thèbes, le premier ermite, en un seul personnage, auquel il attribue sans raison une naissance illégitime et une enfance prodigieuse (§ 11). Il n'ignore pas moins la géographie que la

---

gueux, dans *Anal. Boll.*, t. XLVIII, p. 324-60 ; cf. *BHL.* 3182. Comme l'a très bien montré notre confrère (p. 328-30), toute la seconde partie de ce texte du VIIIe siècle reproduit, souvent mot pour mot, le remaniement *BHL.* 3190 de la *Vita Frontonii abbatis.*

[1] Ms. Vatican lat. 1189. Ci-après, p. 224.

[2] *BHL.*, p. 943 ss.

[3] Voir ci-dessous, p. 228, note 9 ; p. 233, note 6.

*chronologie : il situe le mont Cédron à la fois près du Sinaï (§ 2
et 20) et de Dothaïn (§ 4), à environ trois jours de marche de Patras,
où se serait trouvé le premier monastère de S. Antoine* [1].

*Il va de soi que de telles énormités n'ont pu être écrites ni en
Égypte ni en Palestine ni en Grèce. La « légende de Patras », comme
celle de S. Fronton, est d'origine occidentale* [2]. *Puisqu'on en connaît
deux manuscrits qui remontent au* X^e-XIe *siècle, il faut admettre
qu'elle a été rédigée avant l'an mil. Peut-être y aurait-il moyen de
préciser sa provenance et son âge en étudiant sa langue, étonnam-
ment incorrecte. Nous laisserons ce soin aux spécialistes du latin
médiéval. Pour notre part, nous nous bornerons à relever, ici et
dans les notes au bas du texte, quelques particularités plus fréquentes ou plus déroutantes.*

Non content d'écrire hiemendo *pour* gemendo *(§ 14),* d *pour* t [3],
b *pour* v *ou* v *pour* b [4], *de violer toutes les règles grammaticales
de l'accord en genre* [5], *en nombre* [6] *et en personne* [7], *et d'employer
pour ainsi dire n'importe quel cas de la déclinaison pour exprimer les différentes fonctions des noms et des adjectifs* [8], *notre
anonyme semble avoir des notions bien imprécises sur le sens et l'u-*

---

[1] *Ambulaverunt... tota nocte illa et duos dies* (§ 4).

[2] Dans sa grande *History of the Monasteries of Nitria and of Scetis* (New York,
1932), p. 43-45, H. G. E. White ne trouve que des auteurs occidentaux à citer sur S. Fronton. Le synaxaire grec de Constantinople et le synaxaire copte-
arabe ignorent jusqu'au nom de ce prétendu premier abbé de Nitrie.

[3] *Dad* (§ 9), *dereliquid* (§ 10) et *reliquid* (§ 19). Cf. Fr. MÜLLER-MARQUARDT,
Die Sprache der alten Vita Wandregiseli (Halle, 1912), p. 90.

[4] Voir ci-après, p. 234, note 6. Sur la permutation de *b* et *v*, cf. M. BONNET,
Le latin de Grégoire de Tours (Paris, 1890), p. 165-66 ; C. H. GRANDGENT, *An
Introduction to Vulgar Latin* (London, 1907), p. 135-37 ; etc.

[5] Exemples : *somnium que* (§ 3), *in solitudine isto* (§ 6), *contristatus erat
totum palatium* (§ 7), *factum est magnus ibi primus monasterium* (§ 10), *aliud
homo* (§ 11), *servitium quam* (§ 12), *mulier per quem* (§ 15). Les mots *fons* (§ 5)
et *serpens* (§ 9) sont parfois considérés comme féminins. *Loca* est traité tantôt
comme un féminin singulier (§ 5), tantôt comme un neutre pluriel (§ 4).

[6] Voir p. 225, note 1 ; p. 231, note 3 ; p. 233, notes 5, 7 ; etc.

[7] *Ascenderit* pour *ascenderis* (§ 2), *fuit* pour *fui* (§ 17), *ego adduxit* (§ 18).

[8] On trouvera des exemples dans n'importe quel paragraphe. Il suffit d'en
relever sept ou huit, fournis tous par le seul § 5 : *iactus lapis* pour *lapidis, vocavit locus* pour *locum, serpentem magnus, ab horationem, crux facientes, tenebris*
(pour *tenebrarum*) *factor, voce* (pour *vox*) *diaboli, fecerunt umbra de ramis arboribus.* Cf. p. 228, note 2. Comparez MÜLLER-MARQUARDT, op. c., p. 169-81.

*sage des temps et des modes de la conjugaison. Il affectionne sur-
tout le participe présent qu'il met, à tout propos et hors de propos,
à la place du parfait ou de l'imparfait de l'indicatif. Cette « manie »
du participe présent donne à maintes phrases une allure lourde et
embarrassée ; elle rend parfois difficile l'établissement d'une ponc-
tuation convenable* [1].

*C'est, comme nous l'avons rappelé ci-dessus, en préparant les
catalogues des manuscrits hagiographiques latins de la Vaticane et
des autres bibliothèques romaines que notre confrère, le P. Albert
Poncelet († 1912), rencontra la « légende de Patras ». Il en fit une
copie d'après le Vaticanus 1189 et commença de la collationner sur
le ms. A 2 des Archives de Saint-Pierre. Nous avions formé depuis
plusieurs années le projet de reprendre l'étude de ce texte considéré
comme inédit* [2] *et d'en procurer une édition critique, quand M. P.
Noordeloos, de Grootebroek en Hollande septentrionale* [3]*, mit gra-
cieusement à notre disposition tout le matériel réuni par lui dans
le même dessein, savoir : 1° la photographie des 14 manuscrits
dont il avait eu connaissance ; 2° la copie du Vaticanus, ainsi que*

---

[1] Voir ci-après, p. 224, note 4 ; p. 226, note 2 ; p. 234, note 8 ; p. 240, note 2 ; p. 241, notes 5 et 6 ; p. 242, note 5, etc. Inversément, on trouve parfois l'indicatif à la place du participe : p. 234, note 8 ; p. 235, note 6. Des constructions analogues se rencontrent sous la plume de Grégoire de Tours (cf. BONNET, op. c., p. 650-53) et dans maints écrits du haut moyen âge (cf. MÜLLER-MARQUARDT, op. c., p. 218 ; P. TAYLOR, *The Latinity of the Liber Historiae Francorum* [New York, 1924], p. 130-31). Le P. Peeters nous signale qu'elles sont courantes en syriaque et en arménien (cf. Th. NÖLDEKE, *Kurzgefasste syrische Grammatik* [²1898], p. 202 ; A. MEILLET, *Altarmenisches Elementarbuch* [1913], p. 114). D'où la séduisante hypothèse que notre texte pourrait être l'œuvre d'un moine oriental réfugié en pays latin.

[2] En réalité, une *Vita beati Antonii abbatis*, opuscule rarissime, publié à Naples en 1556, et dont le P. Ch. Martin, S. J., nous a obligeamment transcrit l'exemplaire de la Bibliothèque Mazarine, contient (fol. B 4ᵛ-F 1) une édition du texte faite d'après un ms. très proche de ceux de Berlin et de Paris 755 (ci-dessous, p. 218, nᵒˢ 12 et 15).

[3] Nos lecteurs se rappelleront l'article que M. Noordeloos a publié chez nous l'an dernier : *La Translation de S. Antoine en Dauphiné*, dans *Anal. Boll.*, t. LX, p. 68-81. Nous saisissons l'occasion de leur signaler deux autres mémoires du même auteur, parus récemment dans la revue néerlandaise d'art et d'archéologie chrétienne *Het Gildeboek : De Ikonographie van het bezoek van Antonius den Groote aan Paulus van Thebe* (t. XXIV, 1941, p. 33-73, avec 57 illustrations) ; *De Tau van S. Antonius* (t. XXV, 1942, p. 69-79, 14 fig.).

du prologue et de l'épilogue du Casanatensis [1] *; 3° une collation minutieuse des 14 témoins ; 4° une introduction en néerlandais sur les sources, la tradition manuscrite, la langue et la provenance de la légende.*

Cette abondante documentation, pour laquelle nous tenons à remercier publiquement notre généreux collaborateur, nous a grandement facilité notre tâche. Elle nous a dispensé notamment du fastidieux travail de collation et nous a permis d'établir sans trop de peine le classement des manuscrits en familles.

Voici la liste des manuscrits collationnés par M. Noordeloos :

1. Vatican, lat. 1189, du xe-xie s., fol. 7-13 (= V) [2].

2. Rome, San Pietro [3], *A 2, du xe-xie s., fol. 79^v-80^v et 65-69 (= A)* [4].

3. Rome, San Pietro, A 3, du xiiie s., fol. 101-102. Lectionnaire [5].

4. Rome, San Pietro, A 7, du xiiie-xive s., fol. 59-59^v. Lectionnaire [6].

5. Rome, San Pietro, A 9, fol. 23-24^v. Lectionnaire écrit en 1339 pour le chapitre de Saint-Pierre, à Rome [7].

6. Rome, San Pietro, A 8, du xve s., fol. 45^v-47^v. Copie du précédent [8].

7. Rome, San Giovanni in Laterano, A 67, du xiiie-xive s., fol. 24^v-26. Lectionnaire [9].

8. Cologne, Wallraf 168, du xive s., fol. 38^v-40^v (= W) [10].

9. Vatican, Palatinus 853, du xive-xve s. [11], *fol. 30-31^v.*

10. Londres, British Museum, Add. 30972, du xve s. [12], *fol. 78^v-83.*

---

[1] Voir ci-dessous, p. 223.

[2] Provient du monastère romain de Saint-Grégoire *in clivo Scauri.* Cf. *Catal. Lat. Vatic.,* p. 34.

[3] Depuis janvier 1942, les mss. et archives de la basilique Saint-Pierre se sont ajoutés aux fonds déjà existants de la Bibliothèque Vaticane. Cf. *Revue d'histoire ecclésiastique,* t. XXXVIII (1942), p. 613.

[4] *Catal. Lat. Rom.,* p. 1-6.   [5] *Ibid.,* p. 6-1

[6] *Ibid.,* p. 24-28.   [7] *Ibid.,* p. 29-38.

[8] *Ibid.,* p. 28-38.   [9] *Ibid.,* p. 49-52.

[10] Ci-dessus, p. 160, n° 6.

[11] *Catal. Lat. Vatic.,* p. 279.

[12] Provient de Strasbourg. Cf. *Anal. Boll.,* t. LX, p. 143, note 4.

11. Bruxelles, Bibliothèque royale, 8077-82, du xvᵉ s. [1], fol. 261ᵛ-264.

12. Berlin, Theol. Fol. 280, du xvᵉ s. [2], fol. 91-100.

13. Rome, Biblioteca Casanatense, 3898, du xvᵉ s., fol. 51-57ᵛ (= C) [3].

14. Venise, Biblioteca di San Marco, lat. 36, du xvᵉ s., fol. 496ᵛ-497ᵛ. Bréviaire Grimani [4].

A cette liste déjà longue, il faut ajouter encore trois numéros :

15. Paris, lat. 755, du xiiiᵉ s., fol. 110ᵛ-116ᵛ. Lectionnaire de la basilique vaticane ou de la chapelle papale [5].

16. Paris, Nouv. acq. lat. 386, du xivᵉ s., fol. 166-167ᵛ. Bréviaire des antonins [6].

17. Nancy, Bibliothèque publique, 27 (249), écrit en 1473, fol. 92 ss. Bréviaire des antonins de Pont-à-Mousson [7].

Bien que la plupart de ces mss. ne contiennent pas le texte complet de la « légende de Patras [8] », leur nombre suffirait à prouver qu'elle a joui, du xᵉ à la fin du xvᵉ siècle, d'une sorte de vogue, ou à tout le moins qu'elle a connu, surtout en Italie, une certaine diffusion.

De cette vogue nous avons toute une série d'autres indices, d'ordre littéraire ou iconographique.

Vers 1340, Vital de Bologne peignit, en une série de petits tableaux, des « Storie di S. Antonio abate ». Deux au moins de ces

---

[1] Cf. ibid., p. 144, note 4.   [2] Ibid., note 10.

[3] Appartint à la bibliothèque des franciscains de Stroncone, près de Terni, en Ombrie. Cf. *Catal. Lat. Rom.*, p. 267. Voir ci-après, p. 223.

[4] Cf. I. Valentinelli, *Bibliotheca manuscripta ad D. Marci Venetiarum. Codices mss. latini*, t. I (Venetiis, 1869), p. 302-306 ; S. de Vries, *Breviarium Grimani. Reproduction photographique complète*, t. VIII (1908), pl. 948-951.

[5] Désigné à tort sous le nom de Bréviaire de Montmajour, près d'Arles. Cf. *Catal. Lat. Paris*, t. III, pp. 573, 581 ; V. Leroquais, *Les bréviaires manuscrits des bibliothèques publiques de France* (Paris, 1934), t. IV, p. 369-73 ; P. David, *Un légendier romain du temps d'Innocent IV et d'Urbain IV* (Paris, 1936) ; C. Lambot, dans *Revue Bénédictine*, t. LIV (1942), p. 69-71. M. le chanoine Leroquais a eu l'obligeance de consulter pour nous ce manuscrit.

[6] *Catal. Lat. Paris*, t. III, p. 603 ; Leroquais, op. c., t. III, p. 382-83.

[7] Leroquais, t. II, p. 274-75.   [8] Voir ci-après, p. 222, note 1.

peintures illustrent notre légende [1]. *On y voit, d'une part, le vieil abbé s'évader de la ville per* funiculum *(§ 4), rencontrer dans une sorte d'oasis boisée une fontaine surmontée d'une statue et chasser le dragon qui l'infestait (§ 4-5) ; et d'autre part, le roi ae Palestine, alité, recevant les conseils du mendiant (§ 7-8), et les chameaux chargés de vivres arrivant auprès des moines (§ 9).*

La Leggenda del glorioso beato messer sancto Antonio abbate, *conservée dans le ms. Oᵇ. 6 de Dresde, du* xvᵉ *siècle, est une traduction italienne très fidèle du texte ci-dessous* [2], *avec l'appendice des mss. de Berlin et de Paris 755* [3].

Un sermon latin, copié en Bavière au xvᵉ *siècle, compare S. Antoine au prophète Samuel, dont le nom* interpretatur postulatus [4] *et* significat beatum Anthonium, quem totus clerus et conventus monasterii civitatis P a t r a s in abbatem postulavit [5].

Des 200 miniatures qui composent la Vie en images du précieux ms. de Malte reproduit naguère par Mˡˡᵉ *R. Graham, plusieurs — exactement treize* [6] *— représentent des épisodes empruntés à la première partie de notre légende, désignée sous le nom significatif de* Legenda breviarii : *elle avait, en effet, fourni aux antonins les leçons du second nocturne soit pour l'office de l'octave (24 janvier* [7])

---

[1] R. SALVINI, dans *Rivista del R. Istituto d'archeologia e storia dell' arte*, t. VIII (1941), pp. 233, 250, avec les fig. 29 et 30. Dans la partie inférieure de cette dernière, on reconnaît sans peine plusieurs détails de la légende : le bois fleuri et la statue de marbre (§ 2 et 4), la fontaine et le dragon (§ 5). Mais les deux personnages couchés à terre comme des cadavres restent pour nous une énigme.

[2] L. SCHMIDT, *Katalog der Handschriften der k. öffentlichen Bibliothek zu Dresden*, t. III (Leipzig, 1906), p. 76-77. C'est M. Noordeloos qui a comparé l'italien au latin.

[3] Ci-après, p. 223.   [4] Cf. I Reg. 1, 20.

[5] Ms. latin de Munich 5681, du xvᵉ s., fol. 51. Cf. *Anal. Boll.*, t. LX, p. 145, note 2.

[6] *A Picture Book of the Life of Saint Anthony the Abbot reproduced from a MS. of the year 1426...* (Oxford, 1937), p. 76-81 et pl. xvi-xix (fig. 63-75) ; cf. *Anal. Boll.*, t. LVI, p. 154-56. Une copie du ms. de Malte, offerte au pape Eugène IV (1431-1447), est conservée à la bibliothèque Laurentienne de Florence, ms. Med. Pal. 143. Mˡˡᵉ Graham en a reproduit quatre tableaux (pl. LI ; cf. p. 131-32) et M. Noordeloos vingt-six (dans *Het Gildeboek*, t. XXIV, fig. 1-18, 22-29 ; ces huit dernières illustrent précisément la « légende de Patras »).

[7] Ci-dessus, ms. nᵒ 16 (Paris, Nouv. acq. lat. 386).

soit pour la fête de S. Antoine (et les sept jours suivants ?) [1], *et au bréviaire Grimani, ainsi qu'à d'autres livres liturgiques romains, les leçons de la fête (17 janvier* [2]*).*

Un volet de retable, daté de 1451, provenant de Las Huelgas, près de Burgos, et attribué à l'école de Roger van der Weyden, nous montre le roi malade, recevant les avertissements de l'ange, puis deux dromadaires qu'on va charger de victuailles, enfin les mêmes animaux sauveurs arrivant près de S. Antoine ; l'un d'eux porte une sonnette à son cou, tandis qu'un ange mène l'autre par une longe [3]*.*

Dans l'Oratorio dei Pellegrini, à Assise, une fresque de Pierre-Antoine Mezzastris, de Foligno, peinte vers 1468, représente aussi l'arrivée providentielle des chameaux au monastère de S. Antoine [4]*.*

Un des chefs-d'œuvre conservés à l'Ancienne Pinacothèque de Munich, une peinture colonaise de la fin du XVe siècle, retrace la vie de S. Antoine et la translation de ses reliques en une curieuse série de 24 scènes groupées dans un seul tableau [5]*. Deux scènes sont consacrées à l'histoire des chameaux et à la conversion du roi, six autres, à la rencontre de S. Antoine et de S. Paul. Dans ces dernières, le peintre rhénan ne s'inspire pas directement de la Vita Pauli de S. Jérôme, mais de la seconde partie de notre légende, comme le prouve la présence des deux loups qui attendent S. Antoine à la sortie de son monastère et le guident dans sa course à la recherche de Paul le Simple* [6]*.*

Sous le règne de Charles VIII (1483-1498), le dominicain Pierre de Lanoy « translate » en français une Légende du grand S. An-

---

[1] Ci-dessus, ms. n° 17 (D'après une lettre du bibliothécaire de Nancy).

[2] Ci-dessus, n°ˢ 14, 15, 3, 4, 5, 6, 7. Dans les n°ˢ 3 et 4, le texte est divisé en trois leçons ; les mss. 5, 6, 7, 14, 16 et 17, au contraire, indiquent neuf leçons.

[3] W.-H.-J. Weale n'a pas reconnu S. Antoine ; il l'a pris pour S. Gérasime (*Revue de l'art chrétien*, t. LV, 1905, p. 362 et pl. VIII). Le tableau est actuellement conservé au Metropolitan Museum de New-York. On en trouvera une photographie et une description dans le grand ouvrage de Mˡˡᵉ Graham (pl. LIX et p. 136-37) et dans l'article déjà cité de M. Noordeloos (t. XXIV, fig. 21 et p. 51-52).

[4] Mˡˡᵉ E. Zocca signale et reproduit cette fresque dans le t. IX du *Catalogo delle cose d'arte e di antichità d'Italia*, intitulé *Assisi* (Roma, 1936), p. 231-32. Elle y voit un « sermon aux chameaux » ; ce qui n'est pas tout à fait exact.

[5] R. GRAHAM, pl. LX et p. 137-41 ; P. NOORDELOOS, fig. 20 et p. 46-51.

[6] Ci-dessous, p. 235, § 12-13, avec la note 5.

toine ¹, *dont les chapitres XXXIV-XXXVII correspondent aux § 1-10
de notre texte.*
Au milieu du siècle suivant (1555), la Vie de Mgr S. Anthoine
abbé, *publiée à Lyon sans nom d'auteur, raconte de même « comment S. Anthoine, demourant abbé en la cité de Patras, voulant
fuyr la compagnie des hommes, alla demourer au désert avec aulcuns
des ses frères » ; puis « comment les vivres faillyrent aux religieux... ; comment douze dromadaires furent chargez pour porter
des vivres en la montagne... » ; enfin « comment le roi receut les dromadaires, et du beau couvent qui fut édifié au désert ² ».*

*En 1534, l'historiographe officiel des antonins, Aymar Falco
ou Falcoz, se refusait à admettre notre anonyme au rang des « pro-
bati auctores » et ne rapportait qu'avec des réserves l'opinion de
ceux qui voyaient dans la clochette, emblème du saint ermite, un
souvenir de l'épisode des chameaux ³.*

Dans l'opuscule de Naples 1556 ⁴, l'édition de notre Vita B. Antonii abbatis *est précédée de neuf leçons sans titre (cf. BHL. 609)
et suivie de la* Translation BHL. 612.

*A la fin du XVIIᵉ siècle, la « légende de Patras » est encore insérée
en abrégé dans la* Vie de S. Antoine *que maître Blas Antonio de
Ceballos publia sous le titre de* Flores del Yermo *ou* Flores de los
yermos de Egypto. *Mais le nom même de la ville de Patras, con-
damné par Falco comme fantaisiste, a complètement disparu, tandis
que le roi de Palestine est baptisé, Dieu sait pourquoi, Gerodosio ⁵.*

*De tous ces indices il ressort que, sans parvenir à la notoriété
universelle ⁶, notre texte a été connu et exploité par un nombre assez
élevé d'auteurs et d'artistes, dont les œuvres seront, croyons-nous,*

---

¹ Publiée par M.-C. Guigue, à Lyon, en 1889. Cf. *Revue critique*, t. XXVIII
(1890), p. 88-90. Les quatre chapitres qui nous intéressent font suite à l'épisode
de Balacius (*Vita Ant.*, § 86) et occupent les pages 114-23 de l'édition.

² Il y a un exemplaire de cette *Vie* à la Bibliothèque de l'Arsenal, à Paris.
Les chapitres dont nous avons transcrit l'en-tête se lisent aux fol. cɪvᵛ-cvɪɪɪ.

³ *Antonianae historiae compendium*, ch. 9, fol. 6, et ch. 48, fol. 27-27ᵛ.

⁴ Voir ci-dessus, p. 216, note 2.

⁵ L'approbation du censeur est datée de 1685, mais nous ne connaissons
pas d'édition antérieure à 1729. Celle que nous utilisons porte le millésime de
1796. Le ch. vɪ du livre II est intitulé : *Como S. Antonio se retiró a los desiertos
de Heracleas y el Rey de Palestina lo socorrió con vituallas*, etc. (p. 216-20).

⁶ Il semble avoir échappé à Rosweyde (*Vitae Patrum*, 1615) et à Bollandus
(commentaire des Actes de S. Antoine au t. I de janvier des *Acta SS.*, 1643).

mieux comprises, une fois que la source où ils ont puisé aura été rendue accessible à tous.

Il nous reste à dire brièvement comment nous avons procédé dans la présente édition. La collation complète des manuscrits, effectuée par M. Noordeloos, montrait à l'évidence que l'immense majorité des variantes — et il y avait dans son texte un appel de note presque à chaque mot — était parfaitement inutile. Nous avons écarté d'abord les huit témoins qui ne présentent qu'une petite portion du récit[1] ; aucune de leurs leçons ne nous a paru mériter d'être retenue.

*Des neuf manuscrits restants, trois forment un groupe nettement caractérisé par toute une série de corrections de détail qui leur sont communes. Ce sont les n⁰ˢ 8, 9 et 10 de notre liste (Cologne = **W**, Palatin et Londres). Ils ne contiennent pas non plus toute la « légende de Patras », mais s'arrêtent après le § 13 (Cologne et Londres) ou même dès la fin de la première partie (§ 10 : Palatin). Trois autres, les n⁰ˢ 12 (Berlin), 13 (Casanatense = **C**) et 15 (Paris 755), sont presque toujours d'accord entre eux et souvent aussi avec les trois précédents. Ensemble, ces deux groupes constituent une branche de la tradition, la branche « cadette », rajeunie par des retouches de style intentionnelles[2].*

*Au contraire, les plus anciens de nos manuscrits, les n⁰ˢ 1 (Vaticanus = **V**) et 2 (San Pietro A 2 = **A**), qui remontent au commencement du XIᵉ siècle ou même à la fin du Xᵉ, ainsi que le n⁰ 11 (Bruxelles), qui date du XVᵉ siècle, mais ne s'écarte pour ainsi dire jamais de V, constituent la branche aînée, très reconnaissable à la barbarie de sa langue. De ce groupe il faut mettre en évidence le n⁰ 2, qui est indépendant du Vaticanus et s'en distingue par deux séries de divergences : un certain nombre d'additions et de retouches, dont deux au moins ont quelque importance[3], et une quantité de corrections grammaticales effectuées par un reviseur[4]. Celles-ci, en permettant de deviner sous le grattage les formes qui*

---

[1] Le ms. n⁰ 16 s'arrête au milieu du § 3 (... *ut ad exempla sanctorum possimus pervenire*), le n⁰ 17 une phrase plus loin (... *inveniet eam*), les n⁰ˢ 3, 4, 7 et 14 à la fin du § 4, et les n⁰ˢ 5 et 6 avant la fin du § 5 (... *tu debes habitare*).

[2] Voir quelques ex mples dans l'appareil critique : § 1, notes 18, 25, 27, 28, 29, 31 ; § 2, notes 3, 25, 33, etc.

[3] Voir, par exemple, § 4, note 2 ; § 5, note 1 ; § 9, note 5 ; et surtout § 8, note 1 ; § 15, note 3.

[4] Chaque fois que dans l'appareil critique nous avons indiqué « *corr.* A », il

se lisent dans V, témoignent à leur manière de l'antiquité de ces horribles solécismes [1]. *Quant à celles-là, elles donnent en règle générale l'impression que le même Vaticanus a conservé plus fidèlement le texte original. C'est donc le texte de V qu'il fallait mettre à la base de l'édition* [2].

Des mss. A, W et C nous avons relevé toutes les variantes dans les deux premiers paragraphes : le lecteur pourra ainsi se faire une idée de leur habituelle insignifiance. A partir du § 3, nous n'en avons signalé que les leçons qui nous paraissaient offrir quelque intérêt ; d'aucuns estimeront sans doute que nous avons encore été trop généreux.

Seul de tous nos témoins, le Casanatensis s'est ingénié à transformer la « légende de Patras » en une véritable Vie de S. Antoine au moyen d'un prologue sur son enfance et d'un épilogue sur ses tentations au désert et sur sa mort.Ces deux additions, assez banales, sont reproduites en appendice [3]. *On remarquera que la première contredit en plus d'un point la* Vita Antonii *de S. Athanase, tandis que la seconde se termine par des emprunts quasi littéraux à cette source. Dans l'épilogue, on notera l'apparition d'un ange qui apporte à l'ermite un sanglier muni d'une clochette et chargé de son ravitaillement quotidien (§ 2), puis les noms d'Hilarion et de Prior donnés aux deux disciples qui enterrèrent S. Antoine (§ 7-9).*

Les mss. nᵒˢ 12 et 15 (Berlin et Paris 755) n'ajoutent à la légende que les deux derniers paragraphes de l'épilogue (§ 8-9). Ils y joignent une phrase typiquement médiévale [4], *sur laquelle se terminent également la traduction italienne du XVᵉ siècle et l'édition de Naples 1556, mentionnées ci-dessus* [5].

F. H.

---

faut comprendre qu'avant la correction du reviseur le ms. A portait la même leçon que V.

[1] Il n'est pas exclu toutefois que certaines fautes ne remontent pas à l'auteur, mais seulement à l'archétype de nos mss. V et A. Voir p. 237, note 3.

[2] En de rares cas, l'accord du ms. A avec les témoins de la «branche cadette » semble indiquer que V est fautif à cet endroit. Voir, par exemple, § 1, notes 2 et 11 ; § 2, note 44 ; § 3, note 2 ; § 12, note 3. Plus souvent cet accord est dû à un même souci de corriger les barbarismes de l'original.

[3] Ci-dessous, p. 243-50.   [4] P. 250, à la fin de l'appareil critique.

[5] P. 219 ; p. 216, note 2, et p. 221.

Incipiunt acta beati Antonii et Pauli heremite collecta de Vitas Patrum [1]. Mense ianuario die XVII [2].

E codice Vaticano latino 1189 (= **V**), *fol. 7-13, collatis in § 1-2 codicibus Archivi S. Petri A 2* (= **A**), *Coloniensi Wallraf 168* (= **W**) *et Casanatensi 3898* (= **C**) ; *cf. supra, pp. 217-18, 223.*

1. Beatus Antonius abbas, cum esset in civitate Patras (1) in monasterium [1], non valebat servitium Dei facere [1*] quomodo [2] ipse cupiebat [3], quia cotidie videbat ad se venire [4] multas gentes (2) seculares [5] (3). Cogitans [6] et gemens in corde suo [7] dicens [8] (4) :

Lemma. — [1] Vita sancti Antonii A, hic incipiatur legenda sanctissimi Antonii abbatis et confessoris et est de vita eius quomodo scilicet monasterium intravit etc. W, de vita sancti Antonii C *qui prologum praemittit* (*infra, p. 243-45*). — [2] (m.-xvii) *om.* WC.
1. —[1] monasterio WC, *corr.* A. — [1*] implere W. — [2] *ita* AC, quo V, sicut W. — [3] affectabat W. — [4] (ad se v.) advenire C. — [5] (videbat-sec.) molestabatur multitudine hominum W. — [6] et c. C, c. igitur W. — [7] in c. s. *om.* W. — [8] dicebat W, dixit fratribus suis C.

(1) S. Antoine n'ayant jamais quitté l'Égypte, son monastère ne saurait être situé dans le Péloponèse. Pourtant nos dix-sept manuscrits sont unanimes à désigner la ville de Patras, sans hésitation ni variantes. L'auteur avait-il en vue Pétra, capitale de la province romaine d'Arabie? Cette indication topographique cadrerait moins difficilement avec celles que nous réserve la suite du récit : mont Cédron (§ 2), Dothaïn (§ 4), désert du Sinaï (§ 5 et 20), une cité de Palestine (§ 7), bien que la distance entre Pétra et Dothaïn soit de beaucoup supérieure à celle que nos moines sont censés avoir parcourue en une nuit et deux jours (§ 4). Mlle Graham, op. cit., p. 17-18, émet l'hypothèse que le nom de Patras pourrait provenir de l'interprétation erronée du passage où Sozomène (I, xiii) affirme que S. Antoine appartenait à une famille noble : ἦν Αἰγύπτιος τῷ γένει, τῶν εὐπατριδῶν. De son côté, le P. Peeters suggère de reconnaître dans ce nom de ville une réminiscence des Actes apocryphes de S. André, qui placent à « Patras en Achaïe » le martyre de l'apôtre.

(2) Notez le romanisme *multas gentes*, « beaucoup de gens ».

(3) Comparez le chapitre 49 de la Vie de S. Antoine par S. Athanase (= *Vita Ant.*). Nous nous référons à la traduction d'Évagre (*BHL.* 609) et à la division en chapitres de l'édition bénédictine, reproduite par Migne, *P. G.*, t. XXVI, col. 833-976.

(4) *Dicens* pour *dicebat* ou *dixit*. L'emploi du participe présent pour l'indicatif parfait ou imparfait est une des caractéristiques de la langue de notre auteur. Voir ci-dessus, p. 216.

« Fratres, quid faciemus [9], quia conturbat [10] me cogitationes meę (1)
et non est hic locus quietus ut possimus salvare animas nostras?
Quid vultis faciamus [11]? Venite [12], pergamus de loco isto et eamus
in illo loco [13] ubi fideliter et firmiter Domino [14] deserviamus [15] (2). »
Illi autem, qui in timore Dei erant positi, animo suo [16] dixerunt :
« Sic [17] oportet nobis [18], pater. Et nos [19] non te derelinquimus [20]. »
Tunc [21] beatus | Antonius dixit : « Fili mi [22], vocavit nos Deus [23]   Fol. 7ᵛ
in ordine monachorum et sacerdotum. Sed tamen [24] videamus ut
non [25] sit falsum [26] in nobis [27], quia dicit scriptura [28] precepta Dei
in omnibus obedire et adimplere [29]. Et iterum : Quod oculus non
vidit nec aures [30] audivit nec in cor hominis ascendit, quę preparavit Deus his qui diligunt eum [31] (3). »

2. Cum iam [1] sol ad occasum venissent [2], introierunt in eccle-

---

[9] *ita* AWC, faci//mus V. — [10] conturbant WC, *corr.* A. — [11] (quid v. f.) hec
[hoc W] dicebat illis quos sciebat [videbat C] in Dei timore [in amore Dei W,
in D. a. C] positos et per singulos dies molestabat [molestabatur W] et orta-
batur eos dicebatque illis [eis C ; (d. i.) dicens W] : Quid faciemus [facimus
fratres C]? Illi autem dicebant [dixerunt W] : Quid tu, pater, iubes [(p. i.) i.
p. W]? Ille [ipse C] vero [(i. v.) at i. W] dicebat [respondit WC] AWC. —
[12] et *add.* C. — [13] in i. l. *om.* W ; in illum locum C, *corr.* A. — [14] *in* V *sequuntur litterae tres erasae;* Deo WC. — [15] *ita* A, // serviamus V, serviamus
WC. — [16] (in tim. - a. s.) a. s. in t. Dei e. p. W, in t. Dei a. e. p. C. — [17] si sic
W. — [18] nos A, *om.* WC. — [19] et n. *om.* W. — [20] (te d.) derelinquemus te W.
— [21] *om.* W. — [22] filii mei C, *corr.* A ; filii karissimi W. — [23] dominus WC.
— [24] sed t. *om.* W. — [25] (ut n.) ne WC. — [26] vanum C. — [27] (f. in n.) in n.
f. W ; huiusmodi nomen *add.* WC. — [28] (q. d. s.) sed secundum scripturas
W, si sec. scripturas C. — [29] preceptis Dei obedire volumus eas in omnibus
adimplere debemus C, obedire Dei preceptis et ea in omnibus adimplere veli-
mus W. — [30] auris A. — [31] (et iterum - eum) *om.* WC.

2. — [1] autem AWC. — [2] venisset WC, *corr.* A.

---

(1) Le verbe est au singulier, bien que le sujet soit au pluriel. On trouvera
ci-dessous maints exemples de cette anomalie : *fratres tui qui vult* (§ 2),
omnia que ei acciderat ou *contigerat* (§ 7, 8), *muta animalia cavaret* (§ 20), etc. ;
et inversément le verbe au pluriel avec un sujet au singulier : *cum sol venissent* (§ 2), *rex habebant* (§ 10), *fratrem qui venerant* (§ 18), etc.

(2) Mêmes doléances au début de la Vie de S. Fronton d'Égypte (*P. L.*, t.
LXXIII, col. 437-39) et dans le passage correspondant de la Vie de S. Front
de Périgueux (*Anal. Boll.*, t. XLVIII, p. 351, § 9). Voir ci-dessus, p. 213-14.

(3) I *Cor.* 2, 9.

sia [3] et ceperunt reddere laudes Deo omnipotenti [4] sicut mox [5] (1)
erat. Et cum completum esset officium monasterii [6], omnes re-
quiescerunt [7] in lectum suum [8]. Ille [9] vero [10] prosternens [11] se in
terra [12], deprecans (2) Deum [13] dicens : « Deus celi et terrę (3),
qui cunctorum es cognitor [14] (4), in cuius voluntate [15] cuncta sunt
posita et non est qui possit resistere tuę [16] voluntati (5), qui re-
vocans [17] (6) errantes ut non [18] pereant, custodi servos tuos et
ostende nobis locum in quo tibi mundo corde (7) et corpore [19]
placeamus [20], quia non est hic locus conversationis nisi de [21] amatoribus istius [22] seculi [23]. » Et cum [24] orasset beatus Antonius
abbas [25], accidit [26] ei modicum somnum [27]. Veniens autem angelus Domini in somnis [28] dicens [29] ei [30] : « Antoni, surge [31], vade in
loco [32] in quo [33] dico tibi [34], tu et fratres tui qui vult [35] sequere te [36].
Ego autem dabo tibi in heremo figuram angeli [37] et ibi pascam te
de cunctis regionibus terrę. Et cum ascenderit [38] in [39] excelsum
montem [40] Cedron (8), ibique [41] invenies [42] modicam [43] vallem ne-

---

[8] ecclesiam *corr.* A ; (i. in e.) intraverunt ecclesiam WC. — [4] *om.* C ; (D. o.)
o. Deo W. — [5] *ita* VC, mos *corr.* A, moris W. — [6] *om.* C ; et *add.* WC, *in
ras.* A. — [7] requiescerent A, quiescerent WC. — [8] in lectis suis C, *corr.* A ; in
lectulis suis W. — [9] ipse C. — [10] *erasum a corr.* A, *om.* WC. — [11] prostravit
WC, *corr.* A. — [12] terram WC, *corr.* A. — [13] precando Dominum W ; et *add.* C,
sup. lin. A. — [14] conditor W. — [15] (in c. v.) c. voluntati W. — [16] (p. r. t.) t.
p. r. C. — [17] revocas C, *corr.* A. — [18] (et non - ut non) ne W. — [19] casto c. A,
corpore casto C ; (tibi-corp.) mundo corde tibi W. — [20] serviamus AWC. —
[21] *om.* AWC. — [22] huius W. — [23] mundi C. — [24] (et c.) c. autem W. — [25] *om.*
WC. — [26] *om.* C. — [27] modicus sompnus *corr.* A, modicus somnus C ; accidit
add. sup. lin. C. — [28] somniis C. — [29] dixit C, *corr.* A.— [30] (accidit-ei) et sompno
aliquantulum raptus, angelus Domini apparuit ei dicens W. — [31] et *add.* W.
— [32] locum AWC. — [33] (in q.) quem WC. — [34] (d. t.) t. ostendero C. — [35] vo-
lunt AWC. — [36] sequi te AW, te sequi C. — [37] (in h. f. a.) f. a. in h. WC. —
[38] ascenderis W, *corr.* A ; ascendes C. — [39] *om.* W. — [40] (e. m.) m. e. WC. —
[41] ibi C, *corr.* A. — [42] (ib. inv.) inv. ibi W. — [43] *om.* C.

---

(1) *Mox* pour *mos.* Cf. *senix* pour *senis* (§ 20, trois exemples).

(2) Lire ici *deprecabatur* ou, deux mots plus loin, *dicebat.*

(3) *Iudith* 6, 15.   (4) Cf. *Dan.* 13, 42.

(5) Cf. *Esther* 13, 9.   (6) Pour *revocas.*

(7) *Matth.* 5, 8. Comparez l'oraison *Ure igne Sancti Spiritus*, dans le missel
romain, *Orationes ad diversa*, 26 ; ... *ut tibi casto corpore serviamus et mundo
corde placeamus.*

(8) L'*excelsus mons Cedron*, que notre texte situe près du Sinaï (*iuxta Synai*,

morosam pulcram nimis [44] inter montibus [45] clausam, illic [46] invenies
lapidem marmoreum in similitudinem [47] hominis, qui tibi aliquid
pavore [48] emittit [49] ; sed noli timere, quia ego tecum sum (1) in
omni [50] opere tuo [51].» Tunc beatus Antonius surgens a somno dicens [52] : « Gratias ago tibi [53], Domine Ihesu Christe, qui me dignatus
es exaudire.» Et introivit in ecclesia [54], tangens [55] signum ad matutinum. Et, congregatis cunctis fratribus, insimul fecerunt officium [56].

3. Mane autem facto exierunt de ecclesia et ante portas ecclesię
pariter sederunt. Exinde ce|pit beatus Antonius narrare somnium   Fol. 8
que viderat fratribus suis : « Dixi vobis iam, fratres, venite, se-
quimini me ; educam vos in loco illo ubi animas vestras salventur,
quia non est hic locus solitarius nisi adulatoris et stupri [1]. Propterea fugiamus a facie peccatoris.» Illi vero respondentes dixerunt : « Pater, eamus ubi vis. Sed tamen videamus ne in vacuum
laboremus, proinde ut ad exempla sanctorum possimus pervenire. »
Ille iterum dixit : « Videte, fratres, ut cor vestrum et cogitatio
vestra non vacet in vanum et nec seducat vos seculi cupiditas,
sed voluntatem meam [2] per omnia custodite, et audite me, quia
ita dicit in evangelio : Qui voluerit animam suam salvam facere,
perdet eam, et qui perdiderit animam suam propter me in vitam
eternam inveniet eam (2). » Et paulo post incipierunt cantare omnes
psalterium usque ad horam nocturnam, quando somnus depri-
mitur.

4. In prima vigilia noctis, tunc surgens beatus Antonius, accepit
vaculum suum et suscitavit illis qui secuti [1] erant illum. Egredientes

----

[44] (n. p. n.) *ita* AWC, nemus plena V. — [45] montes WC, *corr.* A. — [46] ibi
WC. — [47] similitudine A. — [48] pavoris WC, *corr.* A. — [49] immittet WC, *corr.* A.
— [50] *om.* C. — [51] (in o. o. t.) omni tempore W. — [52] dixit WC, *corr.* A. — [53] gr.
t. a. W, t. gr. a. C. — [54] ecclesiam *corr.* A ; (i. in e.) intravit ecclesiam WC. —
[55] faciens W. — [56] (f. o.) divinum officium peregerunt W.

3. — [1] (a. et st.) *ita* V, *forte pro* amatoribus adulterii et st. ; amatoribus
istius seculi et vanitatum A, amatoribus huius seculi W, am. h. sec. et vanitatis
C. — [2] Domini et nostras [meas WC] exortaciones AWC.

4. — [1] secuturi A, secum profecturi W, prosecuturi C.

----

§ 20), n'a de commun que le nom avec le torrent du Cédron, mentionné dans
l'évangile (*Ioh.* 18, 1), ou avec la ville de Cédron, nommée deux fois dans I
Macc. (15, 39 et 16, 9). Il faut le considérer comme une invention de l'hagiographe, à moins qu'il n'ait écrit Cédron pour Horeb (*Ex.* 3, 1 ; 17, 6, etc.).

(1) *Ierem.* 46, 28.   (2) *Matth.* 16, 25.

228 UNE HISTOIRE LATINE DE S. ANTOINE

cum silentio de monasterio, perrexerunt ad murum civitatis ; et
deponentes Antonium per funiculum (1) et omnes qui cum eo erant,
exeuntes foras civitatem, ambulaverunt per diversa loca montium
tota nocte illa et duos dies. Et pervenerunt in valle nemorosa,
pulchra nimis, odor ² omnium arborum repleta. Erat autem ibi
lapis in similitudinem hominis aspectus ; et ipse erat locus ubi
spoliaverunt filiis (2) Israel fratrem suum Ioseph ³ (3)

5. Erat autem ibi longius tantum fons aquarum, quantum iactus
est lapis (4), unde Dominus aquam de petra produxit ad filios Israel in heremo (5) et vocavit locus ille Sanctissimus ¹ (6). Nam circa
ipsam fontem viderunt serpentem magnus valde, qualem umquam
nondum viderat homo. Et venerunt ² omnes et ita dixerunt : « Posuit nos Deus in medio ore draconis. Videamus quomodo possumus
vincere eum ». Et adoraverunt unianimes ad Dominum psallentes
et dicentes : « Ne tradas, Domine, bestiis | animas confitentes tibi,
et animas pauperum tuorum ne obliviscaris in finem (7). Exurge,
Domine, adiuva nos et libera nos propter nomen tuum (8). » Et
exinde canentes finierunt psalterium.Tunc surgentes ab horationem
viderunt ipsum draconem fugientem (9). Et ipsi cum manibus suis
crux Christi facientes et dicentes : « Super aspidem et basiliscum am-
bulabis, Domine, et conculcabis leonem et draconem (10), » iterum

Fol. 8ᵛ

---

² *sic.* — ³ et in sanguine hedi intinxerunt tunicam eius et ipsum vendide-
runt Ismaelitis viginti argenteis *add.* A.

5. — ¹ invidiosus etenim et malignus diabolus qui semper hodire solitus
est iustos, ausus est taliter trasfigurari in serpentium fantasiam. Illi vero re-
lassati et siti fatigati erant nimia prę itinere. Exierunt ad fontem aurire aquam
unde se (eorum *add. al. m. sup. lin.*) refocilaret spiritus, quia iam duo erant
dies quod (quibus *corr. al. m.*) neque panem neque aquam gustaverant *add.* A.
— ² // venerunt V, invenerunt A.

---

(1) Cf. *Act.* 9, 25.
(2) *Filiis* pour *filii.* Même faute au § 6 : *filiis Israel murmuraverunt et servis
tuis afflicti sunt.* Cf. § 13 : *et ungulis eius ut camelus,* c'est-à-dire *et unguli eius
<erant> ut cameli.*
(3) *Gen.* 37, 23, 28, 31.   (4) *Luc.* 22, 41.
(5) *Num.* 20, 11.   (6) Cf. *Ios.* 5, 16 ?
(7) *Ps.* 73, 19.   (8) *Ps.* 43, 26.
(9) Cette histoire de dragon n'a pas d'équivalent dans la Vie de S. Fronton
l'abbé, mais bien dans celle de S. Front de Périgueux, § 9, p. 351-52 ; cf. supra,
p. 214.
(10) *Ps.* 90, 13.

dicebant : « O serpens antique (1), vade in mare, quia ibi est ampla et spaciosa loca in qua tu debes habitare. Seductor hominum, deceptor animarum, tenebris factor, voce diaboli [3], vade in profundum abissi (2), quia ibi est pater tuus diabolus [4] (3). » Deinde ascenderunt ad superiorem locum et benedixerunt fontem aquarum et biberunt ex ea, et confortati sunt. Et fecerunt ibi umbra de ramis arboribus, et sedentes adoraverunt Dominum.

6. Cumque iam dies quartus fuisset, ceperunt aliquantuli eorum dicere et murmurare intra se (4) : « Numquid non erant monumenta in terra nostra [1] aut in civitate, quia adduxit nos mori in solitudine isto ? » Audiens hec beatus Antonius dixit fratribus suis : « Quare murmurastis, fratres, sicut filiis Israel murmuraverunt in heremo (5) ? Et Dominus quidem iratus est propter murmurationem eorum. Nam manna, quam dederat, abstulit eis (6). Et nolite murmurare, sed magis orate ad Dominum, ut Dominus exaudiat vos. Rogo vos, fratres, ut sustineatis me modicum tempus sicut boni fratres et fideles Dei, ut confirmetur sermo scripturę, sicut dicit in psalmo : Expectans expectavi Dominum, et respexit me, et exaudivit deprecationem meam (7). » Et iterum cum lacrimis coepit orare beatus Antonius et dixit : « Domine, Deus omnipotens, qui fecisti mirabilia magna in populo, de quinque panibus et duobus piscibus quinque milia hominum satiasti (8) et qui in Chana Galileę prima mirabilia fecisti de aqua vinum (9) | et satiasti animam   Fol. 9
inanem et replens in bonis (10), da nobis, Domine, servis tuis, Domine

---

[3] tenebrarum factor, vox diaboli WC. — [4] cum quo debes fruere aeternum supplicium (frui aeterno supplicio *corr. al. m.*) *add.* A.

6. — [1] *sequuntur in* V *litterae circiter duodecim erasae.*

(1) Cf. *Apoc.* 12, 9.   (2) *Eccli.* 1, 2.
(3) Cf. *Ioh.* 8, 44.
(4) Dans la Vie de S. Fronton de Nitrie les murmures des moines forment le ch. 2, et la réponse de l'abbé remplit tout le ch. 3. Comparez les § 10-12 de la Vie de S. Front l'évêque.
(5) Cf. *Num.* 21, 5.
(6) Rien de pareil dans le Pentateuque. On pourrait peut-être retrouver ce détail dans un apocryphe, mais notre auteur est bien capable de l'avoir tiré de son cru.
(7) *Ps.* 39, 2-3.   (8) Cf. *Matth.* 14, 19 ; 16, 9.
(9) *Ioh.* 2.   (10) Cf. *Ps.* 106, 9 ; 102, 5.

Ihesu Christe, pastor bone (1), quia [2] promittere dignatus es antequam veniremus in loco isto, quia tu scis, Domine, quod servis
tuis fame nimis afflicti sunt. »

7. Quidam autem rex civitatis Palestine (2) dum iaceret in lecto
suo, apparuit ei angelus Domini in somnis dicens (3) : « Surge, et
dirige victum ad servos meos, qui in heremo nimis esuriunt. »
Rex namque, cum surrexisset mane, oblitus est sermo Domini.
Alia autem nocte iterum veniens ad eum dixit ei similiter. Sed ille
ut stultus neglexit. Venit ad eum tertio (4) dixitque ei : « Quare
oblitus es sermones meos ? Amen dico tibi, si non feceris ea que
tibi precipio, cito auferetur anima tua a te. » Ille autem expavit,
volens se erigere, et non potuit, quia dolor magnus eum apprehendit. Et nesciebat ubi fuisset locus ille et exinde quod facere[t]
debuisset. Tunc citius fecit vocare universus populus et narravit
illi omnia que ei acciderat. Et nemo illorum fuit qui possit ei consilium dare. Iam vero contristatus erat nimis totum palatium regis
pro morte ipsius.

8. Venit quidam homo mendicus (5) elemosinam petens [1], et inter-
rogavit unum ex illis et dixit ei : « Rogo te, ut dicas mihi unde est
contristatum palatium regis. » Et illi respondentes dixerunt :
« Rex noster debet mori hodie pro eo quod oblitus est mandatum
Domini. Et non est qui donet ei consilium quomodo vivere possit. »
Iterum ille pauper dixit : « Vivit Deus et vivit anima mea (6) :

---

[2] *legendum putaverim* quae.

8. — [1] (Venit-petens) Angelus autem Domini fincxit se peregrinum arte
quidem mendicantis introivit in civitatem et perrexit ad palatium et venit
ante ianuam ut peregrinis est more (mos *corr.*) stipem petens. Illi autem pre
nimia tristitia nullum ferebant ei auxilium A.

(1) Cf. *Ioh.* 10, 14.
(2) Ce n'est pas un « roi », mais un riche que l'ange envoie au secours de
S. Fronton (ch. 5), tandis que dans la vie de S. Front de Périgueux, c'est le
gouverneur païen Squirius qui reçoit les mêmes avertissements célestes, ac-
compagnés de menaces et de coups (§ 13).
(3) *Matth.* 1, 20.   (4) Cf. I *Reg.* 3, 8.
(5) Ce mendiant, en qui le ms. A veut reconnaître un ange déguisé, remplace le sage conseiller qui, dans les Vies de S. Fronton et de S. Front, suggère
à son ami d'envoyer au désert ses soixante-dix chameaux.
(6) Cf. I *Reg.* 20, 3.

si audisset me rex et fecisset consilium meum, non moreretur anima sua hodie. » Nuntiatum est autem hoc verbum in aula regis,
et rex concite iussit venire eum ad se. Rex vero, cum vidisset eum,
letificatus est cor ipsius, et dixit ei omnia quę ei contigerat. At ille
per omnia dedit ei responsum. Et rex iterum dicit ei : « Certe vivit
Dominus | et vivit anima mea : si mihi adiutorium feceris et con-   Fol. 9ᵛ
silium bonum dederis, ut possim salvare animam meam, magnum
honorem in hoc palatio meo tibi dabo. » At ille dixit ei : « Audi,
rex, consilium meum. Iuve venire camelos tuos et inpone super
eos omnia quę sunt necessaria hominum tam ad manducandum
quam ad bibendum et induendum vel operandum, et quicquid ad
usum monachorum pertinent, et fac egredere eos foras portam civitatis, et unum ex illis camelis primitarius ² (1) fac appendere squillam ad collum eius, et dirige illos in exitu viarum. Dominus autem
dirigat eos per viam usque ad illum locum ubi illi habitant, si est
Domini voluntas. » Dixit ei rex : « Omnia quę vis exinde facere, tua
sit potestas ad faciendum. » Ille vero festinanter fecit omnia quomodo precepit ei rex, deducentes duodecim camelos (2) et super-
ponentes ei omnia quę superius scripta sunt, et deportantes (3)

---

² primitariis C, *corr.* A ; primitiariis W.

(1) *Primitarius* ou *primitiarius* (§ 9) est sans doute une déformation de
primicerius, au sens de « premier, chef de file ». L'idée de suspendre une clochette, *squilla* (voir Du Cange, i. v. *skella*), au cou du chameau qui marche
en tête de la caravane n'est pas propre à notre auteur. La Vie de S. Fronton
mentionnait déjà *campanae sonitum* (ch. 8).

(2) Douze chameaux seulement, autant qu'il y eut d'apôtres ! Dans les Vies
de S. Fronton et de S. Front la caravane ne compte pas moins de soixante-dix
bêtes, sans doute en l'honneur des 70 disciples du Seigneur. Il y avait d'ailleurs
précisément 70 moines dans le monastère de ces deux saints. Notez d'autre
part que pour fonder un nouvel établissement religieux, c'était la coutume d'envoyer une colonie de douze moines en souvenir du collège apostolique. Dès
le vɪᵉ siècle nous voyons S. Colomba partir pour la Bretagne *cum duodecim com-
militonibus discipulis* (Adamnanus, *Vita S. Columbae,* l. III, c. 4 ; éd. W. Ree-
ves, p. 196). Au début du xɪɪᵉ siècle, S. Barthélemy de Rossano adjoint douze
moines du Patir à son disciple Luc, chargé d'organiser la nouvelle fondation
du Saint-Sauveur à Messine (*BHG.* 235, § 37 ; *Act. SS.,* Sept. t. VIII, p. 825).

(3) De nouveau la confusion des nombres. Il faut lire : *deducens, super-
ponens eis* et *deportans.* A moins que le sujet ne soit sous-entendu : « les gens
du roi » ; dans ce cas, les participes seraient employés pour des indicatifs :
deduxerunt, etc.

foras civitatem. Et sine custodia hominum ambulaverunt festinanter per deserta montium et concava vallium in quo nondum fuerunt viam. Sic pervenerunt ad illum locum beati Antonii.

9. Erant autem servi Dei nimis afflicti fame per dies multos. Stantes vero in orationem (1), audivit sanctus Antonius quasi squillam sonantem, qua primitiarius erat camelus (2). Dixit beatus Antonius fratribus suis : « Non audistis aliquam rem sonantem ? » Fratres vero illius respondentes dixerunt : « Miramur in te, pater, cur talia loqueris. Tam longius per herema huc venimus, non audivimus nec vidimus aliud nisi temptator maligni. Et tu, quomodo sonitum hic quasi squilla audisti ? » At ille dixit : « Vere audivi ut squillam in monte hoc. » Hęc autem dicente, intraverunt ad orationem ; et cum finita fuisset eorum oratio [1], exierunt foras dixeruntque ad beatum Antonium : « Ecce, pater, hoc quod tu primitus nobis audisti [2] modo credimus quia sic est. » Et dum

Fol. 10   aspicientes, | viderunt camelos stantes in ordine circa fontem ubi serpens maligna olim iacuerat (3) ; timuerunt, existimantes ut fantasma fuissent [3] (4). Et dixit eis beatus Antonius : « Nolite timere, fratres, sed ite festinanter et deponite sarcinam illorum. Nam elemosinam transmisit nos Dominus, qui dad servis suis affluenter annonam pro sua magnam misericordia, non nostro merito, et non deseruit sperantes in se (5). » Et ceperunt gratias agere Deo. Iterum dixit beatus Antonius fratribus suis : « Fratres, conducite ipsos camelos in hospitium, ut eis meretur, et lavate pedes eorum, ut habeant requies, et date illis ad comedendum de hoc quod ipsi adportarunt et aqua similiter [4], et Dominum Deum nostrum glorificemus. » Illi vero preceptum patri oboedientes, deponentes omnia

---

9. — [1] *corr., prius* orationem V. — [2] *corr., prius* audistis V. — [3] *corr., prius* fuisset V. — [4] (conducite - similiter) accipite vobis unusquisque camelum vestrum et facite illis sicut mos est ac sicut ospites sint A, accipiat unusquisque frater camelum suum et faciat sicut moris est W, accipiat unusquisque camelum suum C.

(1) Nominatif absolu. — Cf. *Marc.* 11, 25.

(2) Il faut sans doute comprendre : *quae primitiarii erat cameli,* ou bien, avec le ms. A : *quam primitiarius habebat camelus,* à moins que l'adverbe *qua* ne signifie simplement « du côté où ».

(3) Cf. ci-dessus, § 5.   (4) Cf. *Matth.* 14, 26.   (5) Cf. *Iudith* 13, 17.

sarcina camelorum et que erant illi necessaria, dicentes : « Potens est Dominus Deus patrum nostrorum servis suis parare mensam in deserto (1). » At ille beatus Antonius dixit : « Fratres, nolite cessare ab opere manuum vestrarum, quia dicit Apostolus : Qui non operatur nec manducet [5] (2). Melius est homini, si fieri potest, ut de suo lavore vivat et alterius det, quam de aliorum cum peccati accipiat. Sicut dixit David propheta : Surgite postquam sederitis, qui manducatis panem doloris (3). »

10. Alia autem die scripserunt epistolam et posuerunt in ea omnia quę necessaria erant illis et direxerunt eam per ipsi cameli (4) ad regem. Rex vero, cum vidisset eos, gavisus est multum, quia iam ut perditos illos habebat [1]. Et videntes (5) epistolam, cum gaudio magno [2] accepit eam. Et legens, gratias egit Deo de illis et eorum monasterium. Iam cum vidisset rex mirabilia Dei in loco illo, tunc dereliquid regnum suum et perrexit illuc, et secutus est Dominum Deum (6). Et multi alii seculares similiter hęc fecerunt magnificantes misericordiam Dei in loco illo. Et veniebant ad eos cotidie [3] habundanter quę illi oportune erat. Factum est autem magnus ibi primus monasterium, qualis umquam non fuit, habentes (7) trecentos triginta quinque monachos. In sempiternum non minuetur | numerus monachorum et, si unus moritur in loco illo, statim alter ingreditur (8).   Fol. 10ᵛ

---

[5] quoniam otiositas inimica est animae, et beatus Paulus dicit : Manus vacua super ventrem vacuum requiescat, et quidam sapiens dicit *add.* A.

10. — [1] habebant *corr. sup. lin.* V. — [2] super collum primitarii cameli qui squillam ferebat nuntiaverunt regi... *add.* A. — [3] apportantes *add.* W.

(1) *Ps.* 77, 19.   (2) Cf. II *Thess.* 3, 10.   (3) *Ps.* 126, 2.

(4) Entendez : *per ipsos camelos.* Prenant *cameli* pour un génitif singulier, les mss. 8, 9, 10 et 13 ont commis le contresens d'introduire ici un chamelier : *per ipsius cameli custodem.*

(5) Pour *videns.* Cf. supra, p. 215, avec la note 6.

(6) Cette conversion du roi qui se fait moine a son équivalent dans la Vie de S. Front de Périgueux : l'ancien persécuteur Squirius demande et reçoit le baptême (§ 17).

(7) Pour *habens.*

(8) Pourquoi ce nombre de 335 moine était-il miraculeusement maintenu à perpétuité, nous laissons à d'autres le soin de l'expliquer. Dans le manuscrit à peintures de La Valette il n'est question que de 135 moines (R. GRAHAM, op. c., p. 81).

11. Quadam autem die, cum sederet beatus Antonius in cellulam suam, dixit fratribus suis : « Gaudeo propter vos in hoc seculo, quia talis gloria Dei vobis obtavi [1], et operatus sum monasterium, et non est aliud homo in terra solitarius similis mihi (1). » Audita est autem vox Antoni ad aures Domini. Et, dum iaceret beatus Antonius in lectum suum, venit ei vox de celo (2) dicens : « Antoni. » At ille dixit : « Ecce adsum (3), Domine. » Et vox iterum ad eum : « Quare te exaltasti sicut avis in altu petens volatu, ita ut, cum valido ventu veniet, statim revertitur ad terram? Proxime erat tibi gloriam Dei, sed propter extollentiam tuam longe facta est a te. Nam si vis esse solitarius, quod non sit similis tui, vade, require Paulum Simplicem heremita (4), quem matrem suam in adulterium peperit et portavit in excelsis montibus, et misit eum in speluncam leonis et revolsit lapidem magnum, ut nullus quidem cognosceret verecundiam matris eius (5) ; et nutritus est ibi omnibus diebus vitę suę de sanctorum civorum (6) escas cęli per corvum semper afferentes ei dimidium panem (7) ; cuius oculi feminam umquam non viderant. Vade ad eum. Ipse tibi indicat fieri solitarius. »

12. Surgens autem Antonius de lecto suo nocte, nimio pavore perterritus, et intravit in ecclesia, cepit (8) orare cum lacrimis

---

11. — [1] (t. - o.) talem gloriam Dei [*om.* W] vobis optavi AW, talem optavi C.

(1) Comparez la *Vita Pauli* (*BHL.* 6596), c. 7 ; ci-dessus, p. 213.
(2) *Ioh.* 12, 28.   (3) *Gen.* 46, 2.
(4) Comme d'autres biographes de S. Antoine (cf. *Anal. Boll.*, t. LX, p. 196, note 1), notre auteur confond Paul de Thèbes, le premier ermite, avec Paul le Simple. Les détails qui suivent ne conviennent ni à l'un ni à l'autre ; ils contredisent aussi bien la *Vita Pauli* de S. Jérôme que l'*Histoire Lausiaque* de Pallade, ch. 22. Ils proviennent apparemment de quelque conte ou récit folklorique.
(5) Dans la légende de Grégoire le pécheur (*BHL.* 3649-51 ; cf. *Anal. Boll.*, t. LV, p. 232-33), le futur saint, né d'une union incestueuse, est également envoyé au loin, de peur que la honte de sa mère ne soit découverte. Cf. C. PLUMMER, *Vitae Sanctorum Hiberniae*, t. I (Oxford, 1910), p. cxxxv, note 2.
(6) Pour *cibo* ou *ciborum*. Cf. *civum* (§ 16), *vaculum* (§ 4), *iuve* (§ 8), *lavore* (§ 9), *revelles* (§ 18) ; et inversément : *corbus* (§ 16), *cadaber* (§ 20).
(7) *Vita Pauli*, c. 10.
(8) Comprenez *surgens,.. [et] intravit... <et> cepit*, ou bien *surrexit,.. et intrans,.. cepit.*

dicens : « Domine, non secundum peccata hominum tribuas, sed secundum magnam misericordiam tuam tribues mihi. Et ne irascatur furor tuus in me (1) propter verbum irreverentie[1] meę, ut non perdam servitium meum, quam tibi ab infantia mea conare obtavi[2]. Sed parce, qui ad latronem misertus es clamantem (2), et demonstra mihi locum illum ubi Paulus Simplex requiescit.» Expleta eius oratio (3), exivit foris ut videret signa celorum ad sonandum signum ad matutinum. Luna vero lucebat magnum lumen in ordine suo (4). Et exinde modicum recubuit supra parietem portarum monasterii, videns quasi ad se venientes duos lupos (5) mittentes capita sua infra portas, | lingentes caliga eius, et cauda   Fol. 11 eorum quasi blandimenta facientes. Ille autem, cum hoc vidisset[3], exiit ad illos et sequebatur eos, cognovit (6) quod Domini esset voluntas.

13. Et cum cepisset sequere eos usque ad auroram, pervenerunt ad locum ubi erat spelunca[1] quasi lapidem dimissum. Invenerunt fontes aquarum et stantem ibi hominem habentem in capite suo duo cornua quasi cervus, et ungulis eius ut camelus. Iacebat capilli eius circa lumbos, usque ad pedibus pertingebant (7). Videns hoc Antonius, velocius retro se revertens expavitque nimis et dixit : « Adiuro te per omnipotentem Deum ut dicas mihi de qua genere fuisti. Homo es, annon ? » Et ille respondit : « Homo sum, nomine Agathonem (8). Sed propter iniquitatem meam contingit

---

12. — [1] *ita* WC ; reverentie VA. — [2] conare obtavi *ita* V, conare optavi A, semper optavi W, donare optavi C. — [3] *ita* AWC ; audisset V.
13. — [1] habens *add. sup. lin.* A.

(1) *Iudic.* 6, 39.   (2) *Luc.* 23, 42.
(3) Nominatif absolu.   (4) *Iudic.* 5, 20.
(5) Dans la *Vita Pauli*, c. 9, c'est une louve qui aide S. Antoine à découvrir la grotte du saint ermite.
(6) Pour *cognoscens.*
(7) Cet homme aux bois de cerf, aux pieds de chameau et à la chevelure démesurée remplace ici l'hippocentaure et le faune que S. Jérôme s'est amusé à décrire dans la *Vita Pauli*, c. 7-8. Sur les ermites velus on pourra consulter (avec circonspection) Ch. A. WILLIAMS, *Oriental Affinities of the Legend of the Hairy Anchorite*, t. II (Urbana, 1926) ; cf. *Anal. Boll.*, t. XLVII, p. 138-41.
(8) Un personnage de ce nom est cité fréquemment dans les *Vitae Patrum* (voir l'index de Rosweyde et les *Mémoires* de Tillemont, t. X, p. 418-27) ; mais on ne lui prête nulle part les aventures dont il est question ci-après,

mihi hoc in ² signum, quia, dum essem solitarium in loco isto, venit inimicus et decepit me, et peccavi cum fera cervorum, et exinde in similitudine cervi sum (1) ; sed credo Domino Deo, quia per orationem tuam salvus ero. » Et orabat beatus Antonius cum lacrimis dicens : « Ne tradas, Domine, <bestiis> animas confitentes tibi, et animas pauperum tuorum ne obliviscaris ³ in finem (2). » Et dixit : « Ubi est ille heremita, qui dicitur Paulus ? » At ille respondit : « Vade per istum tramitem et, cum perveneris ad locum, invenies ibi lapidem erectum et ibi pulsa ⁴ ; quia ille est pater meus, cuius ego elymosinam sustentor. »

14. Et cum venisset illuc beatus Antonius pulsavit tribus vicibus dicens : « Pater, aperi nobis. » At ille deintus non dedit ei responsum, sed percutiens se in fronte et dixit : « Vade retro, temptator. Non me temptare, quia Dominus mecum est, et inexpugnabilis es contra humanum genus pugnare. Quis est iste pulsator ? Forsitan deceptor paradisi, peccatorum fabricator, dampnator[um] animarum, inventor omnium malorum ¹, lingua serpentium, luctuosa potestas. O mors amarissima, quid vis temptare ? Certe non habebis me in escam, nec me lucreris (3), sicut fecisti illum primum hominem peccare protoplausti (4) paradisi, quem Dominum lucratum habebant (5). Et me iterum sua posuit custodia ». Hec plorando
Fol. 11ᵛ et hiemendo ² (6) dicebat, | existimans ut temptator esset, quia non

---

² *erasum in* V. — ³ obiviscaris V. — ⁴ *pauca quae in* W *sequuntur* (Erumpente igitur luce... servum quem mihi promisit ostendet) *exscripta sunt e* Vita Pauli, *c.* 7 *; deinde, abrupto textu, haec addita sunt :* etc. Tu autem Domine etc. ut supra Pauli primi heremite etc.
14. — ¹ *om.* V. — ² *ita* V ; gemendo AC.

(1) Comparez le cas de « lycanthropie » ou plutôt de « boanthropie » dont l'Écriture parle à propos de Nabuchodonosor (*Dan.* 4, 30). La Vie de S. Grégoire l'Illuminateur par « Agathange » (*BHG.* 712) fournit un autre exemple de pécheur que Dieu châtie en le rendant semblable aux bêtes : le roi Tiridate se comporte comme un sanglier (§ 89, *Act. SS.*, Sept. t. VIII, p. 360 ; P. DE LAGARDE, *Agathangelus*, p. 45).

(2) *Ps.* 73, 19.   (3) Pour *lucraberis.*

(4) Pour *protoplastum.* Cf. *Gen.* 3, 1-6.

(5) Comprenez : *quem Dominus lucratus erat.*

(6) La forme *hiemendo* pour *gemendo* mérite d'être relevée. Comparez *iesta* pour *gesta,* *Ienubam* pour *Genavam,* et réciproquement *geiuna* pour *ieiuna* et

erat ei consuetudo ut ibi aliquando hominem veniret. Similiter plorando dixit beatus Antonius : « Pater Paule, aperi mihi. Ego enim sum Antonius, servus tuus. » At ille deintus respondit (1) : « Tu es Antonius, abbas magni monasterii, qui, cum sederes in cellulam tuam, exaltasti te meliorem esse quam aliis monachis. Ora ad Dominum ut non reminiscar [3] Dominum peccatum tuum. Et quando sedet homo in magno honore, sic debet se humiliare subtus omnes peccatores, et ita nos debemus humiliari, fratres. In evangelio quidem dicit, quia omnis qui se exaltat humiliabitur (2). »

15. Et cum hoc dixisset, surgens aperuit ei, et introivit ille, et salutaverunt se pariter et obsculaverunt se dicentes : « Pax Domini sit nobiscum, domine frater, et pax in omni christiano populo. » Deinde sederunt. Et cepit beatus Paulus interrogare beatus Antonius (3) : « En[im] [1] quę tanto labore quesisti patribus senectutem, frater [2]. Quomodo est in hoc seculo et quomodo terra dat fructum suum ? Quot sunt ordinem ecclesiarum, quod officia monasterii, et quo modo mundus regitur imperio ? Quę est illa plasma, que dicitur mulier, que apostolus non laudat, propter prevaricatione Adam seduxit, id est Eva, per quem dampnatus est mundus (4) ? Dicit Salomon : Mulier bona corona est viri sui (5) ; mulier vero mala

---

[3] *ita* V ; reminiscatur AC.

15. — [1] eñ V, en A. — [2] (quę - fr.) quem tanto labore quesisti, putribus senectute membris, operit inculta canities. En vides hominem pulverem mox futurum *al. man. in ras. corr.* A.

d'autres exemples analogues dans GRANDGENT, op. c., p. 110. Voir aussi G. H. FOWLER, *Notes on the Pronunciation of Medieval Latin in England*, dans la revue *History*, N. S., t. XXII (1937-1938), p. 100.

(1) Dans la *Vita Pauli*, c. 9, le vieil ermite se fait prier comme ici, mais il n'adresse ni insultes au « tentateur » ni reproches violents à Antoine. Enfin c'est en souriant (*arridens*) qu'il accueille son visiteur.

(2) *Luc.* 14, 11.

(3) Lisez : *beatum Antonium*. Dans les mots qui suivent il faut reconnaître, avec le correcteur du ms. A, une invraisemblable déformation du texte de S. Jérôme : *En quem tanto labore quaesisti, putridis senectute membris, operit inculta canities* (*Vita Pauli*, c. 10). Pareille déformation n'est sans doute pas imputable à l'auteur, mais plutôt au copiste de l'archétype des mss. V et A. Si le modèle que ce scribe avait sous les yeux était écrit en semi-cursive de l'Italie du Nord, pas mal de fautes de lecture s'expliqueraient sans peine.

(4) Allusion à *Rom.* 5, 14?   (5) Cf. *Prov.* 12, 4.

devorat eum tamquam vermis lignum (1). Quomodo vocitatur illa mulier per quem illuminatus est mundus? » Beatus Antonius respondit : « [3] Per beata Maria natus est Christus, et Christus per lignum crucis nos redemit et perduxit nos ad vitam eternam. »

16. Cum autem completa esset eius interrogatio, dixit beatus Paulus : « Ora est iam reficiendi. » Et exinde solitus erat venire corbus et offerre ei dimidium panem. Tunc asportavit illis etiam sanum (2). Dixit beatus Paulus : « Frater Antoni, ecce Dominus misit ad nos suam annonam[r](3) ; eamus et comedamus. » Exierunt et iuxta fontem aque sederunt et gratias Deo egerunt. Et unum ad alterum aspicientes (4), pene die [1] duxit in vesperum (5). Ite-

---

[3] In hoc autem seculo bene terra dat fructum suum qui in omni semine reddet hominibus centuplicatum. De ordine vero ecclesiarum, bene crescunt in Dei servitio : episcopis, presbyteris, diaconibus, subdiaconibus, acolithis, exorcistis, lectoribus, hostiariis sanctam (*in ras.*) scripturam audientibus et ea que audiunt memoriter et spiritaliter retinent (*in ras.*). Sunt autem monasteria monachorum cenobia qui cotidie in sancta ecclesia Deo laudes cum suma diligentia nituntur servire. Sunt etenim monachi ut nos qui in heremo solitariam vitam ducunt et Deo servitium gratum impendunt (gr. 1. *in ras.*). Sunt autem monachorum diversi hordines Deo servientes (*corr.*, *prius* diversis hordinibus Deo servientibus). Sunt etenim plerique homines multeque (*corr.*) //// mulieres que ecclesias Dei venerantur et Deo studentes deserviunt. De hoc etenim ecclesia in Dei laude (*corr.*, *prius* laudes) cotidie pollet et viget. De mundo quomodo imperium regitur, Dei omnipotentis est prosperitas, si ipsi reges sunt in Domini subditi servitio ; Deus autem eorum tempora pace, gaudio, letitia, sanitate (*corr.*, *prius* pacem, gaudium, l., sanitatem) ad vota crescere facit et pollere (cr. f. et p. *al. man. in ras.*). De muliere namque quam superius dixisti que nominata (q. n. *al. man. in ras.*) est (*sup. lin.*) Eva, per ipsam venit ve in mundo, de ipsa surrexit omnis homo propter Domini precepta que contempsit, introivit mors in orbem terrarum ; propterea (*corr.*) Apostolus non laudat, quia per ipsam fuit dampnatus mundus. Placuit igitur altissimo Domino iterum reducere misericordiam et salvare genus humanum quod (*corr.*) ipse creaverat. Suscitavit de semine David beata virginem Mariam et (v. M. et *al. man. in ras.*) *add.* A.

16. — [1] diem AC.

---

(1) Cf. *Prov.* 25, 20.

(2) *Sanus* est employé ici dans le sens d'*integer*, comme parfois *sano* en italien. Cf. W. Meyer-Lübke, *Romanisches etymologisches Wörterbuch*, i. v.

(3) Cf. *Vita Pauli*, c. 10 : *Christus duplicavit annonam.*

(4) Nominatif absolu. Le verbe suivant n'a pas de sujet.

(5) *Vita Pauli*, c. 11 : *oborta contentio pene diem duxit in vesperum.*

rum dixit beatus Paulus : « Frater Antoni, | vide quia ab hodie non
comedis mecum ex hoc quod in mundo est, quia celestem civum
comedisti hodie. Sed vade ad monasterium tuum et consolare
fratres tuos, quia conturbati sunt propter te, nescientes quid facturus es. Et ego in die sexto, in qua Dominus noster in cruce ascendit,
de hac luce migrabo (1). Tu vero tolle pallium quem habes desuper
altare, quod beatissimus Theodosius rex posuit, et veni, sepelies
corpus meum (2), quia tibi tradita est cathedram istam in qua
sedeo. Sed sollicitus esto omni hora, quia inimicus diabolus requiem non habet pulsandi hic. » Et cum hoc dixisset, osculaverunt
se invicem dicentes : « Frater Antoni, ora pro me. » Et ille dixit ei
similiter. Et recessit ab eo beatus Antonius, cum nimio dolore revertens [2] per illam viam [3] unde perrexerat.

17. Et cum pervenisset ad locum ubi viderat ille homo peccator,
qui cornua [1] habuerat, gratias reddidit Deo, quia sanum eum
invenerat. Cumque [2] vidisset Agathonem beatum Antonium, cecidit ad pedes eius dicens : « Misit Dominus super me servum suum
propheta ut sanaret me (3). Et sanus factus sum, gratias Deo (4),
qui fuit (5) primitus similis bestie. Vere, pater, non dimittam te (6),
sed tecum ad monasterium venio. » Cumque venisset ad monasterium,
pariter introierunt ad orationem. Post orationem egressi sunt foras.

---

[2] *ita* AC ; vertens V. — [3] viam //// V.
17. — [1] *ita* AC ; cornu V. — [2] cumque /// V.

(1) Ce n'est pas dans S. Jérôme, mais dans sa pieuse imagination que notre
hagiographe a trouvé ce détail que Paul l'ermite serait mort un vendredi.

(2) *Vita Pauli*, c. 12 : *pallium quod tibi A t h a n a s i u s episcopus dedit, ad
obvolvendum corpusculum meum defer.* L'empereur Théodose n'était pas même
né à l'époque où S. Antoine, nonagénaire, rendit visite à Paul de Thèbes (vers
341). L'intrusion de Théodose est peut-être due à une réminiscence de l'*Histoire Lausiaque*, ch. 35, ou de l'*Historia Monachorum*, § 1, où un autre moine égyptien, S. Jean de Lycopolis, est mis en rapport avec cet empereur. Cf. *Anal.
Boll.*, t. LIV (1936), p. 359-81.

(3) Cf. *Tob.* 12, 14.

(4) La formule *Deo gratias*, employée parenthétiquement, semble avoir été
chère aux écrivains du midi de la Gaule. Elle se rencontre dans les œuvres
de S. Patrice, qui avait vécu au monastère de Lérins (*Confessio*, § 19 et 42 ;
Epistula, § 17).

(5) *Fuit* pour *fui*, comme *ego adduxit* pour *adduxi* (§ 18).

(6) *Gen.* 32, 26.

Rettulit beatus Antonius omnia quę viderat et ei acciderat. Dixit :
« Ve mihi peccatori, quia falsum nomen [3] monachi fero. Vidi monachos et vere vidi in paradiso Paulum heremitam (1). » Et hęc
dicens, suspirans et gemens, cantaverunt psalterium. Et inclinata
est iam dies ad vesperum, sumens (2) modicum quidem cibum cum
fratribus.

18. Hora vero noctis, tangens signum ad matutinum, ut cunctis
fratribus redderent Deo suum officium, dixit beatus Antonius :
« Rogo vos, fratres, ut non me deleatis de oratione vestra, quia
oportet me in illo loco abscondere, ubi alterum hominem non videam. » Et illi dixerunt : « Cur talia, pater, facturus es ? » At ille
dixit : « De hoc querite inter vos (3). Nolite contristari (4), sed
confortamini in Domino (5) et in omni opere bono, et ne frangatur
oratio vestra. | Eligite vobis unum qui contineat et doceat vos.
Ego enim adduxit vos in loco isto, et de medio opere pollutorum (6)
Deus eripuit vos. Videte ne in vacuum (7) laboretis. Ego vado in
illo loco, ut non videam amplius huius seculi vanitatem, quia lingua
mea contraria est mihi et oculi mei contra me sunt revelles. Propterea hinc [1] ire [2] me oportet in hoc seculo, quia melius est mihi vivere [3] quam mori in secula seculorum, sicut dicit Apostolus quod
oculus non vidit nec aures audivit nec in cor hominis ascendit quę
preparavit Deus his qui diligunt eum (8) ; quia viderunt oculi
mei (9) quod cor meum timet et caro mea contremescit. » Et dixerunt ad eum : « Pater, tu scis omnia et nostis nos. Elige nobis
pastorem ut non errantes pereamus. » Et tradidit eis ipsum fratrem
qui cum ipso venerant, cui nomen erat Agathonem, dicens ei ta-

Fol. 12ᵛ (margin)

---

[3] *om.* V.
18. — [1] *corr., prius* huc V. — [2] (h. i.) humiliare A, humiliari C. — [3] in solitudine *add.* C.

---

(1) Cf. *Vita Pauli*, c. 13 : *Vae mihi peccatori, qui falsum monachi nomen fero.
Vidi Eliam, vidi Iohannem in deserto, et vere vidi Paulum in paradiso.*
(2) Je comprends : *Et inclinata lam die, sumpsit...* Ou bien *sumens* est un
nominatif absolu qui équivaut à *dum sumit.*
(3) La réponse d'Antoine n'est pas moins énigmatique dans le texte de S.
Jérôme, c. 13 : *Tempus tacendi et tempus loquendi* (*Eccl.* 3, 7).
(4) II *Esdr.* 8, 10.   (5) *Eph.* 6, 10.
(6) Cf. *Is.* 6, 5.   (7) Cf. II *Cor.* 6, 1.
(8) I *Cor.* 2, 9.   (9) *Luc.* 2, 30.

liter : « Age, cura ut meritum pro eis aput Dominum invenias, quia
hodie a Domino tradita est tibi ista congregatio (1). » Tunc osculaverunt eum omnes fratres unusquisque per singulos eorum effun-
dentes lacrimas cum gemitu ; et dicebant [4] : « Ad quem nos dimittis, pater? Aut cui nos orphanos relinquis (2)? »

19. Sexta autem feria reliquid monachos suos. Media autem nocte
accepit pallium quod ei dixerat supradictum senem. Exivit foras
monasterium [1] (3), abiens velut avis (4) ad locum beati Pauli
heremite. Et cum appropinquasset ad locum hostii, pulsans (5) ;
ille vero non dedit ei ullum responsum. Aspiciens intus, vidit eum
iacentem quasi ad orationem. Tunc introivit, et prosternens se
iuxta eum, similiter ut cognovit quia non esset in eo alitus [2], aspexit ad celum, vidit angelorum choros et [3] inter prophetarum et
apostolorum catervas animam beati Pauli nimio candore fulgentem ; statim ad faciem eius procidens, plorans et dicens (6) :
« Cur me, pater Paule, sic citius dimittis (7)? »

20. Igitur amplexavit (8) et deportavit eum foras. Et obvoluto
pallio corpore sedensque ad caput eius, cantantes et psallentes (9)
secundum traditionem christianam, contristabatur beatus Anto-

---

[4] *corr., prius* dicebat V.

19. — [1] cum duobus discipulis suis, scilicet cum Ylarione et cum quodam
alio qui Prior vocabatur *add.* C. — [2] (ut cogn. - a.) cepit orare, et cum diu orasset, mirabatur valde eo quod sibi nichil locutus esset, et extendens manum teti-
git eum ; ipse vero confestim cecidit in terram, eo quod migratus erat ad Dominum C. — [3] *om.* VA.

(1) Le successeur d'Antoine semble avoir été son disciple Amathas, un des
deux moines que S. Jérôme cite, dans le prologue de la *Vita Pauli*, comme
garants de l'historicité de Paul de Thèbes.

(2) Cf. SULPICE SÉVÈRE, *Epist.* III, 10 (*BHL.* 5613 ; éd. HALM, p. 148). Ces
paroles, adressées au grand S. Martin par ses disciples réunis à son lit de mort,
ont été maintes fois démarquées par les hagiographes.

(3) Les deux compagnons que le ms. C assigne à S. Antoine reparaîtront
dans l'épilogue, § 7 (ci-dessous, p. 249, avec la note 3).

(4) Cf. *Vita Pauli*, c. 15 : *tanta velocitate... ut ad instar avis pervolaret.*

(5) Pour *pulsavit.*   (6) Pour *ploravit et dixit.*

(7) Cf. *Vita Pauli*, c. 14 : *vidit inter apostolorum choros n i v e o candore Paulum fulgentem in sublime conscendere. Et statim in faciem s u a m procidens,
... plorans et eiulans aiebat : Cur me, Paule, dimittis ?*

(8) Cf. *Vita Pauli*, c. 15 : *in flebile osculum ruens.*

(9) Le pluriel pour le singulier. Voir ci-dessus, p. 215, avec la note 6.

Fol. 13 nius quod sarculum non haberet unde terra foderet (1). Pror|sus
aspiciens ex interiores partes heremi vidit venientes duos leones
currentes ; et illi quidem directu cursu ad cadaber beati senix
substiterunt,adulantibusque caudis circa eius pedes accumberet (2),
fremitu facientes, acsi intellegerent ut eos plangerent (3). Deinde
procul ceperunt arenosam terram pedibus cavare. Et exinde iterum
ad beatum Antonium perrexerunt, manus eius et pedes lingentes [1],
ut ille cognoscerent quod muta quoque animalia tumulum cavaret.
Imperavit ut habiret [2], et ille amplectentes cadaber beati senix in-
curvabit se, in collo suo eum asportavit et, deposito eum in fossam,
desuper terram congregans, tumulum ex more composuit in sum-
mis verticem montis Cedron (4), quę est iuxta Synai. Antonius
autem reversus est in cella [3] eius, sedensque (5) cum magna humi-
litate deprecans Deum cunctis diebus vite suę. Et indutus est tunicam beati senix, quam de foliis [4] palme facta fuerat (6). Ipse vero
fecit primum monasterium in terram illam. Prestante Domino
nostro Ihesu Christo, qui cum Deo Patre et Spiritu sancto vivit et
regnat in secula seculorum. Amen [5].

20. — [1] ligantes V. — [2] (imp. ut h.) dedit eis benedictionem et abierunt C.
— [3] spelunca C. — [4] *erasum in* V. — [5] (primum - amen) discipulos suos ad primum monasterium abire, precipiens eis ut locum illum et de vita sua minime
revelarent. Discipuli vero illi preceptis eius obedientes osculantes se invicem
cum gemitu magno et luctu iter arripuerunt, et remansit beatus Antonius solus in solitudine illa C, *ubi sequitur Epilogus, quem edimus infra, p. 245-50.*

(1) Cf. *Vita Pauli,* c. 16 : *Igitur obvoluto et prolato foras corpore, hymnos quoque et psalmos de christiana traditione decantans, contristabatur Antonius quod
sarculum quo terram foderet non haberet.* Les dix lignes qui suivent, jusqu'à
tumulum ex more composuit, sont également empruntées presque littéralement
au chapitre 16 de la *Vita Pauli.*
(2) Pour *accubuere.*
(3) Cf. *Vita Pauli : prorsus ut intellegeres eos plangere quomodo poterant.*
(4) Voir ci-dessus, p. 226, note 8.   (5) Pour *seditque.*
(6) Cf. *Vita Pauli,* c. 16 : *tunicam eius sibi vindicavit, quam in sportarum
modum de palmae foliis ipse sibi contexuerat... diebusque solemnibus paschae
et pentecostes semper Pauli tunica vestitus est.*

APPENDIX

De vita sancti Antonii.

E codice Casanatensi 3898 (= C) ; cf. supra, pp. 218, 223.

I. PROLOGUS DE PUERITIA S. ANTONII

1. | Fuit in civitate Patras (1) quidam ditissimus puer, nomine Antonius, ex nobili progenie procreatus, qui ab infantia sua Dominum Ihesum Christum timere studuit ac eius in omnibus adimplere mandata. Cum esset annorum septem, parentes eius eum litteris tradiderunt. Qui divina misericordia cooperante magis ac magis studebat (2) et cotidie scripturas sacras omni mora postposita perscrutabat [1], ieiuniis et orationibus adherens ac in Dei servitio et amore perseverans. Noctibus et diebus ad ecclesias ad audiendum Dei laudes et sacra officia ambulabat, et sacras scripturas in omnibus adimplere studebat.

Fol. 51

2. Anno vero decimo sue etatis (3) mortuus est pater eius. Tempore vero illo erat beatus Antonius in quadam ecclesia dicte civitatis, ut audiret sacrosancta officia Dei. Sed tunc missa cantabatur a sacerdote. Et cum evangelium legeretur, eum diligentissime ascultabat [1]. Inter cetera dicta beati Luce evangeliste (4) audivit verba taliter resonantia : « Si vis perfectus esse, vende omnia tua bona que habes et da pauperibus, et sequere me, et habebis thesaurum in celis. » Elevans autem Antonius oculos suos in celum, vidit angelum Domini manum suam innuantem [2] ei, quasi diceret : « Recta verba iam dicta serva, ut possis tuum adimplere de-

---

1. — [1] *sic.*
2. — [1] *sic.* — [2] *sic.*

(1) Voir ci-dessus, p. 224, note 1.
(2) D'après S. Athanase, *Vita Antonii*, § 1, Antoine, loin de s'appliquer à l'étude, fuyait l'école : *non se litteris erudiri... passus est.*
(3) La *Vita Antonii*, § 2, fait mourir les parents d'Antoine quand il avait 18 ou 20 ans. Comparez le début du § 6, ci-dessous.
(4) Le passage cité ici et dans la *Vita Ant.*, § 2, n'est pas de S. Luc, mais de S. Matthieu, 19, 21.

siderium.» Quod neglectus fuit (1) minime talibus obedire mandatis. Sed tamquam vas electionis (2) Domini statim revertens ad
domum, omnia sua bona que habebat distribuere cepit, prout angelus Domini per evangelium preceperat.

3. Mater autem eius cum hoc videret dixit : « Fili mi, pater tuus
multas tibi acquisivit divitias. Tu autem quare vendis et distribuis
bona tua? Doleo super te, fili mi, quia si hoc feceris, in magnam
paupertatem devenies. Fili mi, sequere vestigia patris tui et memento eorum [1] que fecit, ut in hoc mundo habeas decus, gloriam et
honorem.» Vicini et amici et consanguinei eius hec et hiis similia
ei dicebant. At ille dixit : « Castrum valde mihi placibile (3) emi,
mirificeque constructum ex margaritis et pretiosissimis lapidibus
decoratum. Ibi multitudo est auri maxima et argenti ; ibi eternum
est gaudium et letitia, ibi pax et exultatio. Et que necessaria sunt
vel placabilia vel delectabilia solo cogitatu complentur.»

4. O quale nobis prebere deberet exemplum, si cogitaremus saga-
Fol. 51ᵛ citatem illius adolescentis, | dum simus perfecte etatis, et discretio[1]
in vitiis istius mundi et pravitatis [2]. Puer erat etate [3], sed senex in
discretione, cum cognovisset Dei potentiam et amorem, splevisset [4]
huius seculi pravitatem ; parvus corpore, sed magnus corde, cum
cogitaret super excelsos montes ascendere in celum.

5. Revertendo igitur ad premissa, cum ille puer vendidisset omnia
sua bona, ibat caute per plateas et loca in quibus pauperes et infirmi inveniebantur, et unicuique secundum qualitatem suam ele-
mosynam tribuebat. Nichil enim sibi aliud reservavit, nisi ut so-
lummodo matri sue posset tribuere necessaria.

6. Anno vero octavo post obitum genitoris sui obiit et mater.
Defuncta autem matre, continenter [1] de eo quod sibi pro dando
alimento matri reservaverat [2], fecit sibi unum habitaculum fabri-

---

3. — [1] quorum C.
4. — [1] sic ; an discretionem ? — [2] sic ; an pravitate ? — [3] add. in marg. a ·
man. — [4] sic ; lege sprevisset.
6. — [1] correxi ; cum tinet C. — [2] corr., prius reservarat C.

(1) Quod neglectus fuit pour qui neglexit.
(2) Act. 9, 15.
(3) Les deux formes placibilis et placabilis, employées ici à trois lignes de
distance, sont mentionnées par Du Cange.

cari (1). Et ingresso habitaculo, merito sanctissime vite sue Dominus ac redemptor [3] noster multas per famulum suum gratias ostendit hominibus, in tantum ut homines loquerentur de illius vita
et sanctitate. Multi enim viri illius provincie venientes ad eum com-
puncti sunt corde (2) propter ipsius vitam et doctrinam, dimitten-
tesque bona sua secuti sunt eum (3) ; et, divina favente gratia, factum est monasterium magnum in illo loco. Crescente autem fama
sancti Antonii de die in diem, die noctuque veniebant ad eum viri
innumerabiles et mulieres. Et si quis detinebatur ab infirmitate (4)
vel aliqua adversitate, sancto Antonio implorato, nutu Dei statim
desiderium eorum integre adimplebatur.

II. EPILOGUS DE TENTATIONIBUS ET MORTE S. ANTONII

1. Et cum stetisset per multos dies, nichilque comedisset, quia
indigebat comestione — erat enim nimis afflictus fame, et totus
spiritus eius deficiebat, et continue per omnes horas diei et noctis
demones infernales eum acriter verberabant et mugitus et stri-
dores mittebant, ita quod totum desertum erat plenum vocibus
eorum (5) — tunc beatus Antonius orabat ad Dominum dicens :
« Domine, non secundum peccata mea neque secundum multitudinem iniquitatum mearum retribuas mihi (6), sed parce, qui la-
troni misertus es clamanti (7). Domine, ne memineris iniquitatum mearum, sed cito anticipiet [1] me misericordia tua, quia pauper factus sum nimis (8). Patiente [2] fame in hac solitudine pereo,
et continue adversantur michi iniqui (9) inimici mei. »
2. | Completa eius oratione, apparuit ei angelus Domini, ferens   Fol. 56ᵛ

---

[3] repdentor C.
1. — [1] sic. — [2] sic.

---

(1) D'après la *Vita Ant.*, § 2, 3, 8, Antoine s'occupe d'abord d'assurer l'édu-
cation de sa jeune sœur ; ensuite, loin de se faire construire une demeure, il
se retire dans un tombeau.

(2) *Act.* 2, 37.

(3) Cf. *Matth.* 4, 22.

(4) Cf. *Ioh.* 5, 4.

(5) Comparez *Vita Ant.*, § 8-9.

(6) Cf. *Ps.* 102, 10.

(7) Cf. *Luc.* 23, 42.

(8) Cf. *Ps.* 78, 8

(9) Cf. *Ps.* 34, 19.

ei aprum [1] unum habentem squillam (1) ad collum eius appensam,
et dixit ei : « Antoni, in hoc erit exultatio tua in seculo (2). » Et
statim angelus recessit. Demones vero, qui cedebant eum, in auditu
angeli omnes figierunt [2]. Tunc beatus Antonius signans se signo
salutifere crucis, cepit ire per desertum, increpans eos et dicens :
« Erubescite, inimici Dei mei, erubescite [3], quia periit virtus vestra.
Periit forti<tu>do vestra, sicut fumus deficit a facie venti (3),
quia Dominus visitavit servum suum et refluissit [4] spiritus meus,
qui perieram [5], et ecce salvus sum factus, et protexit me clipeo
Spiritus sancti, quia non timebo tormenta vestra ». Aper vero ille
cotidie visitavit illum, ferens in ore suo radices herbarum et fructus arborum quos inveniebat per desertum, et ex ipsis cibavit eum
multis temporibus vite sue. Similiter multe fere silvarum visi-
tabant eum (4) et quasi cotidie veniebant ad eum lingentes vulcera
eius (5).

3. Revertentes igitur demones die noctuque magis ac magis fra-
gellabant eum et percutiebant ; sed constans pugnabat cum ipsis,
et collaudabat Dominum de hiis que acciderant. Cogitavit autem
inimicus humani generis decipere eum luxuriose. Tentavit itaque [1] ;
sed ipso semper in oratione perseverante, superabat tentationem.
Coruscatio libidinis illustrabat eum, sed virtus humilitatis obum-
brabat eum. Calor luxurie conterebat eum, sed lacrimarum fons
resistebat calori.

2. — [1] i. e. porcus *add. sup. lin. al. man.* — [2] *sic.* — [3] *add. sup. lin. al. man.*
— [4] *sic, forte pro* reflorescit *vel potius* reviviscit. — [5] *corr., prius* perierat.

3. — [1] *sequitur locus sex septemve litterarum vacuus.*

(1) Voir ci-dessus, p. 231, note 1.
(2) Le « cochon de S. Antoine », si célèbre dans le folklore et dans l'icono-
graphie, intervient dans maintes légendes (cf. Th. RAYNAUD, *Symbola Antonia-*
na [Romae, 1648], ch. VIII ; *Anal. Boll.*, t. LX, 1942, p. 192, § 36). Mais c'est
ici la première fois, à notre connaissance, que le sympathique animal est apporté
à Antoine par un ange envoyé du ciel tout exprès et lui procure chaque jour
sa ration de racines et de fruits.
(3) Cf. *Ps.* 67, 3.
(4) Cf. *Vita Ant.*, § 51 : *et feras... secum pacificabat ; Anal Boll.*, t. LX, p.
190, § 32 (avec la note 1).
(5) Cf. *Luc.* 16, 21. Sur la graphie *uulcera* pour *ulcera*, cf. BONNET, op. c.,
p. 167, avec la note 2 (*uuixit* pour *vixit* dans une inscription de 380).

4. Quadam vero die venit ad eum diabolus in figuram cuiusdam serpentis, que dicitur sibbilla (1), que figuram habet feminarum, ad hoc ut ipse [1] obcubiisset [2] cum ea. Beatus Antonius dixit : « Que est ista fera turpissima, que me temptare desiderat ? Cur me decipere velis, o stulte et insensate ? In figura serpentis venisti, ut me temptares, sicut Evam temptasti (2), serpens venenum ferens anime mee ; sed talem non habebis in me potestatem, quia Deus mecum est. » Et hiis dictis statim serpens evanuit.

5. Longo tempore translato, quadam die, cum staret beatus Antonius ad orationem, venit ad eum quedam puella pulcerrima [1], pulcra facie et aspectu decora (3). Alba enim erat sicut nix, color eius erat rosarum et formosa nimis. Capilli vero aurei esse videbantur ; regalibus enim erat indumentis induta (4). Et ridentibus oculis salutavit eum dicens : « Magno desiderio desideravi (5) te videre, Antoni, et ab infantia mea semper dilexi te ; et totam terram circumivi et te invenire non potui. Nunc vero consolatum est cor meum, quia inveni te. Vide pulcritudinem meam et decorem meum. Nunc autem veni, dormiens mecum, quia data est tibi hodie effigies | pulceri [2] corporis mei. » Et amplectens osculata est eum. Elevans oculos beatus Antonius in celum, nullum ei dedit responsum, ymo cum lacrimis ad Dominum oravit dicens : « O creator celi et terre, redemptor humani generis, qui noscis omnia antequam fiant, largire mihi gratiam pietatis tue et infunde mihi gratiam Spiritus

Fol. 57

---

4. — [1] *correxi* ; ipsa C. — [2] *sic.*
5. — [1] *sic.* — [2] *sic.*

(1) Notre auteur n'aurait-il pas confondu les sibylles avec les sirènes ? Ou se serait-il souvenu des *sibila colla colubrae* de Virgile ? On sait que le mot *sibilus* et ses dérivés sont fréquemment employés en parlant des serpents.

(2) Cf. *Gen.* 3, 1-5.

(3) Cf. *Vita Ant.*, § 5 : *ille (diabolus) per noctes in pulchrae mulieris vestiebatur ornatum, nulla omittens figmenta lasciviae.* Tout le monde sait que ce genre de tentation, si sobrement décrit par S. Athanase, a été exploité à l'envi par les littérateurs et les artistes.

(4) On se rappellera que c'est également sous les dehors séduisants d'une reine de toute beauté que le tentateur se présente à Antoine dans la *Legenda mirabilis*, traduite de l'arabe au XIVe siècle par le dominicain Alphonse Bonhome (*Anal. Boll.*, t. LX, p. 164 ss. ; voir notamment les § 3, 15, 17).

(5) Cf. *Luc.* 22, 15.

sancti, ut videam et cognoscam que sit tentatrix ista et quis me cotidie urit. Et ne permittas me a tuis deserere (1) mandatis, ut possim integrum tuum desiderium adimplere, qui vivis et regnas per cuncta secula. Amen. » Et exinde retro se vertens, quam prius viderat in figura tante pulcritudinis, tunc effectus est fons putredinis (2)† spurgitu et vitalis †. Et si vellem omnia comprehendere ipsius fastidii, putredinis et pravitatis, non esset sufficiens dextera mea. Sed ut breviter dicam, vidi<t> eam in figuram cuiusdam infantuli leprosi, manibus et pedibus retortis (3). Et cognovit inicio luxurie criminis putredinem, sicut voluntas fuit illius gratie largitoris qui largitor est omnium gratiarum. Beatus Antonius dixit : « Gratias tibi ago, Domine Iesu Christe, qui me indignum dignatus es exaudire. Vere nunquam deseris sperantes in te (4). Consolatum est cor meum, et spiritus meus quievit et cogitatio mea in te semper, quia tu es spes mea, Deus, et a ioventute mea (5) in te consolatus sum. Nunc vero temptatio vana et iniqua facta est [a] longe a me, quia putredinem eius [3] et delectatio eius vere in fastidium vertitur. »

6. Tunc demon ille cepit alta voce clamare, et more solito venit multitudo magna demonum cedentes et percutientes sanctum Antonium, sicut facere solebant (6). Alter eorum mordebat cum dentibus (7), alter cum cornibus percutiebat (8), alter umgulis [1] delacerabat [1] eum, alter contra eum recalcitrabat, alter fustibus cedebat et alter in eum lapides mittebat ; alteri eorum aperientes [2] flammam ore in eum ignem gehennalem mittebant. Ipse vero semper Dominum glorificabat et patienter omnia sustinebat. Et elevans oculos in celum vidit gloriam Dei (9) et dixit : « O bone Ihesu, ubi

---

[3] *supple* perspexi.
6. — [1] *sic.* — [2] *an* spirantes ?

---

(1) Employé ici dans le sens intransitif de *discedere*.
(2) Cf. *Anal. Boll.*, t. c., p. 183, § 24 : *facta est mulier... sicut mons niger et grossus, et de lateribus eius eruperunt ignes et evaporaverunt fumi terribiles.*
(3) Comparez *Vita Ant.*, § 6 : l'esprit de fornication se montre à Antoine sous l'aspect d'un *puer horridus atque niger.*

(4) Cf. *Iudith* 13, 17.
(5) Cf. *Ps.* 70, 5.
(6) Cf. *Vita Ant.*, § 8.
(7) Ibid., § 52.
(8) Ibid., § 9,
(9) Cf. *Act.* 7, 55,

eras ? Domine mi, ubi eras ? Quare non affuisti a principio, ut me eriperes de manibus pessimorum, qui me adversantur inique (1) ? » Et dixit Ihesus : «Antoni, hic eram, sed expectabam videre certamen tuum. Nunc autem, quia ad dimicandum viriliter non cessasti, ecce ego tecum sum et faciam te nominari in toto orbe terrarum (2). »

7. Discipuli vero eius, sanctus Ylarion et Prior, qui cum eo venerant ad sepeliendum corpus beati Pauli primi heremite predecessoris sui (3), qui postmodum reversi fuerunt ad monasterium pristinum, cum sederent in cella sua die una, dixerunt inter [1] se : « O miseri et insensati, cur | in tantam obstinationem perseverati   Fol. 57ᵛ sumus, cum tam longum tempus dimiserimus patrem nostrum cum feris silvarum, et non ivimus ad eum ? Vere diu mortuus est vel a feris bestiis devoratus. Eamus et videamus si mortuus est annon. » Et egredientes caute de monasterio, perrexerunt ad locum et invenerunt eum vivum, feceruntque gaudium magnum (4). Et nuntiavit eis beatus Antonius omnia que ei acciderant, et omnia de verbo ad verbum retulit eis.

8. Postmodum cum mediocre [1] incom<m>odum senilia [2] membra turbasse[n]t (5), vocatis ad se fratribus ait : « Ego quidem, filioli, secundum eloquia scripturarum, patrum gradior viam (6), et iam me Dominus invitat. Iam cupio videre celestia. Sed vos ammoneo ut tanti temporis laborem ne repente perdatis. Varias demonum nostis insidias et vidistis eorum impedus [3] feroces et vires. Christum infigite vestris mentibus, et a vobis omnes demones fugabuntur. Schismaticorum [4] quoque et hereticorum venena vitate, meum [5]

---

7. — [1] correxi ; in te C.
8. — [1] me dicere C ; correxi ex Vita Ant. — [2] sonialia C. — [3] sie. — [4] sciscismaticorum C. — [5] om. C ; supplevi ex Vita Ant.

---

(1) Cf. Ps. 34, 19.

(2) Citation parfois littérale de la Vita Ant., § 10.

(3) Voir ci-dessus, § 19, appareil critique, note 1. D'après S. Jérôme, Hilarion vint tout jeune faire visite à S. Antoine et revint à Pispir au premier anniversaire de sa mort (Vita Hilarionis = BHL. 3879, § 3 et 30-31). Quant à Pior — et non Prior, comme écrit notre texte — il fut aussi disciple de S. Antoine dans sa jeunesse (ROSWEYDE, Vitae Patrum, p. 503). Mais le rôle que notre auteur prête à S. Hilarion et à Pior ne semble pas conciliable avec ce que nous savons d'ailleurs.

(4) Cf. Act. 15, 3.   (5) Vita Ant., § 91.   (6) Cf. Ios. 23, 14,

circa eos odium sectamini, quia inimici Christi sunt. In hoc autem magis estote solliciti ut Dei precepta servetis, quam post mortem vestram sancti quicquid (1) quasi amicos et notos in aeterna vos recipiant tabernacula (2). Hec [6] cogitate, hec sapite, hec retexite in vobis, et si qua patris vestri vobis memoria est, nullus (3) meas reliquias ferat, ne vano corpus meum servetur honore. Vos igitur me humo tegite ; vos patris vestri operite corpusculum, ut nemo preterquam vestra dilectio mei tumuli locum sciat. Antonius vero migrat et amplius non erit in seculo presenti vobiscum. »

9. Verbis finitis et osculantibus se discipulis, extendens paululum pedes, mortem letus aspexit, ita ut ex illaritate vultus eius sanctorum angelorum qui ad ferendam animam eius descenderant presentia nosceretur ; hos beatus Antonius intuens tanquam amicos videre<t>, sexto decimo kalendas februarii animam exalavit et ad<d>itus est patribus secundum ordinem scripturarum. Discipuli autem eius involutum corpus, ut preceperat, humo operuerunt, ita [1] quod nemo interim usque ad hunc diem preter eos ubi conditum sit novit (4). Vixit beatus Antonius centum quinque annis (5).

Explicit Vita sanctissimi Antonii confessoris et abbatis [2].

---

[6] (et notos — hec) om. C ; *supplevi ex* Vita Ant.

9. — [1] *correxi ;* et C. — [2] *in codicibus Berolinensi et Parisiensi 755, de quibus supra, p. 218, num. 12 et 15, et in editione Neapolitana, de qua p. 216, annot. 2, non integer legitur epilogus, sed solae § 8-9, quibus additur (loco* Explicit...) *haec sententia :* et a pueritia sua usque ad senectam nec vestimentum mutavit nec pedes lavit nec escam sectatus est molliorem.

(1) Au lieu de *quam post mortem vestram sancti quicquid,* il faut lire : *ut post mortem vestram sancti quique* (*Vita Ant.,* § 91). Les deux fautes (*quam* et *quicquid*) ne se lisent pas seulement dans le ms. C(asanatensis), mais encore dans celui de Berlin et dans l'édition de Naples.

(2) Cf. *Luc.* 16, 9.

(3) Suppléez : *ad Aegyptum* (*Vita Ant.,* § 91).

(4) Sauf la date (17 janvier), tout ce § 9 est tiré pour ainsi dire mot à mot de la *Vita Ant.,* § 92. Cf. *Ex.* 34, 6 : *et non cognovit homo sepulcrum eius* (Moysis) *usque in praesentem diem.*

(5) Cf. *Vita Ant.,* § 89.

III

LES VIES GRECQUES DE S. PACHOME

La vie du fondateur du cénobitisme a fait l'objet d'une abondante littérature dans la plupart des anciennes langues chrétiennes. Sans parler des textes orientaux (en copte sahidique et bohaïrique, en arabe et en syriaque [1]), il nous reste en grec tout un dossier pachômien, comprenant la *Règle de S.Pachôme*, la notice que Pallade consacre aux Tabennésiotes dans l'*Histoire Lausiaque* et huit pièces proprement biographiques.

Nous pouvons négliger la *Règle*, dont M. le chanoine Lefort, professeur à l'Université de Louvain, a savamment étudié et publié les différentes recensions grecques et coptes [2]. Laissons aussi de côté la notice de Pallade, éditée avec tout le soin possible par Dom Cuthbert Butler [3].

Restent les huit pièces narratives suivantes :

1. Une Vie très ancienne, intitulée *Βίος τοῦ ἁγίου Παχουμίου*. Le récit ne s'arrête pas à la mort du saint,mais continue jusqu'à la mort de Théodore, disciple préféré du fondateur et vicaire de son second successeur Orsisius.

Inc. Ὁ λόγος τοῦ τὰ πάντα κτίσαντος Θεοῦ ἀλήθεια — *Des. εὐφραινόμενοι ἐπὶ ταῖς τοῦ Κυρίου εὐεργεσίαις ἐγράψαμεν ὑμῖν.... Ἐρρῶσθαι ὑμᾶς ἐν Κυρίῳ εὔχομαι, ἀγαπητοὶ καὶ ποθεινότατοι ἀδελφοί.* Ces derniers mots forment la conclusion de la

---

[1] Cf. *BHO*. 824-829 ; W. E. CRUM, *Theological Texts from Coptic Papyri* (= *Anecdota Oxonensia*, Semitic Series, XII, 1913), p. 171-193 : Appendix upon the Arabic and Coptic Versions of the Life of Pachomius ; L. Th. LEFORT, dans *Revue d'histoire ecclésiastique*, t. XXI (1925), p. 102-103.

[2] Dans le *Muséon*, t. XXXIV (1921), p. 61-70 ; XXXVII (1924), p. 1-28 ; XL (1927), p. 31-64.

[3] *The Lausiac History of Palladius* (= *Texts and Studies*, VI), t. II (1904), chap. XXXII et XXXIII, p. 87-97.

lettre que S. Athanase écrivit à Orsisius pour le consoler de
la perte de Théodore.

2. La Lettre de l'évêque Ammon au patriarche Théophile d'Alexandrie, Ἐπιστολὴ Ἄμμωνος ἐπισκόπου περὶ πολιτείας καὶ βίου μερικοῦ Παχουμίου καὶ Θεοδώρου. Ammon n'a plus eu l'avantage de voir S. Pachôme, qui était
mort depuis six ans quand il se fit moine à Bau [1] ; mais il
demeura trois ans au milieu des cénobites pachômiens sous
la direction de S. Théodore. Son récit offre pour nous l'intérêt des souvenirs personnels d'un contemporain.
Inc. Ἐπειδὴ τῶν ἁγίων τοῦ Χριστοῦ θεραπόντων ἐραστὴς
τυγχάνων — *Des.* Γράψας τῇ ἁγιωσύνῃ σου ἅπερ καὶ παρὰ τοῦ
μακαρίου πάπα Ἀθανασίου ἤκουσα... Ἐρρωμένον σε... ὁ πανάγιος
τῶν ὅλων Θεὸς... διαφυλάττοι, δέσποτα, ἁγιώτατε ἀδελφέ.
Suit une courte réponse, ou si l'on veut, un accusé de récep-
tion du patriarche Théophile. *Inc.* Κυρίῳ μου ἀγαπητῷ ἀδελφῷ καὶ συλλειτουργῷ Ἄμμωνι [2] Θεόφιλος ἐν Κυρίῳ χαίρειν. Τὸν
ἀγαθὸν ζῆλον ἐπιστάμενος τῆς σῆς εὐλαβείας — *Des.* Πρόσειπε
τὴν σὴν παρὰ σοὶ ἀδελφότητα... Ἐρρῶσθαί σε ἐν Κυρίῳ, ἀγαπητὲ
καὶ ποθεινότατε ἀδελφέ.

3. Un recueil de récits détachés, auquel Papebroch a
donné le nom de *Paralipomena*. L'intitulé est différent dans
les deux manuscrits qui nous ont conservé ce texte. L'un
porte : Ἐκ τοῦ βίου τοῦ ἁγίου Παχουμίου; l'autre : Ὁ βίος ἐκ
τῶν ἀσκητικῶν περὶ τῶν αὐτῶν (i. e. περὶ Παχωμίου καὶ Θεοδώρου).
Chacun des 17 épisodes qui composent le recueil [3] est précédé
d'un numéro d'ordre et d'un lemme : α΄, περὶ Θεοδώρου; β΄, περὶ Σιλβανοῦ; γ΄, περὶ τοῦ ἄνευ ψαλμῶν ταφέντος ἀδελφοῦ, et ainsi
de suite. Mais, à partir du numéro 4, l'ordre des récits
n'est pas le même dans les deux manuscrits.
Le recueil s'ouvre par un court prologue. *Inc.* Αὐτάρκως μὲν τὰ
γραφέντα περὶ τοῦ ἁγίου, οἶμαι, πρὸς ὠφέλειαν δύναται συμβάλ-
λεσθαι · ἐνέχεσθαι δὲ τῶν αὐτῶν οὐ βλαβερόν—*Des.* καὶ εὐξάμενος

---

[1] C'est ainsi qu'Ammon écrit le nom du monastère principal des
pachômiens ; les autres textes fournissent les graphies suivantes :
Παβαῦ, Παβώ, Πρόου (= Πβόου), Πίβου et Πιβοῦ, Παβοῦ et Παυῦο.
[2] Le manuscrit porte, à cet endroit, Ἀμμωνίῳ.
[3] En réalité, il y en a 18 ; mais le 9ᵉ ne porte pas de numéro d'ordre ni de titre dans le seul manuscrit complet.

378   LES VIES GRECQUES DE S. PACHÔME

ἀπέλυσεν τοὺς ἀδελφοὺς ἀγαλλιωμένους ἐπὶ τῇ ἀγαθότητι τοῦ Θεοῦ ἐκ τῶν εἰρημένων · ἀμήν.

4. Une seconde Vie, qui, à la différence de la première, ne poursuit pas le récit au delà de la mort du fondateur. On y trouve par contre tous les épisodes que nous venons de rencontrer dans les Paralipomènes [1].

Inc. Ὁ κύριος ἡμῶν Ἰησοῦς Χριστὸς ἡ πηγὴ τῆς σοφίας, τὸ φῶς τῆς ἐπιγνώσεως τὸ ἀληθινόν — Des. ἀλλ᾿ ἵνα καὶ ἡμεῖς μιμηταὶ κατὰ δύναμιν αὐτῶν γινώμεθα... πρεσβείαις τῶν ἁγίων... δι᾿ οὓς ὁ δεσπότης ἡμῶν δοξάζεται Χριστός, ᾧ ἡ δόξα... ἀμήν. Dans plusieurs manuscrits cette doxologie est suivie d'un appendice, sans nouvel intitulé. Inc. Παρακαλῶ τοιγαροῦν τοὺς ἐντυγχάνοντας μὴ ἀπιστεῖν τῷ διηγήματι τούτῳ — Des. Ἐνῆν μὲν οὖν καὶ ἕτερα εἰπεῖν πρὸς ὑμᾶς, ἀλλ᾿ ἵνα μὴ ἐπὶ πλεῖον κοπῶμεν ὑμᾶς, καταπαύσωμεν τὸν λόγον · ὁ δὲ Θεὸς τῆς εἰρήνης στηρίξαι ὑμᾶς, ἀδελφοί, εἰς τὸν φόβον αὐτοῦ · ἀμήν.

5. Une très longue compilation, que nous appelons la Vita Tertia. C'est une « somme » des documents pachômiens. Elle comprend tous les récits de la première Vie, tous ceux des Paralipomènes [2], la « Règle angélique [3] » et les autres renseignements conservés par Pallade dans l'Histoire Lausiaque, enfin trois ou quatre traits qui semblent provenir d'une collection d'apophtegmes.

Inc. Ὁ λόγος τοῦ τὰ πάντα κτίσαντος Υἱοῦ τοῦ Θεοῦ ἐφάνη ἀληθής — Des. Τοῖς δὲ ἀδελφοῖς πᾶσιν ἦν κυβερνῶν... ὁ μέγας καὶ ἅγιος Ὠρσίσιος. Ἡμεῖς δὲ ἀξιοῦμεν ἀμφοτέρους, τόν τε μέγαν Παχώμιον καὶ Θεόδωρον τὸν ἡγιασμένον... πρεσβείαν ὑπὲρ ἡμῶν ποιῆσαι... ἔμπροσθεν τοῦ φρικτοῦ καὶ φοβεροῦ βήματος τοῦ Χριστοῦ · ᾧ προσκύνησις... αἰῶνας εἰς ἅπαντας οὐ μετρουμένους.

6. Une Vita Quarta, notablement plus courte, mais plus soignée au point de vue littéraire : Βίος καὶ πολιτεία καὶ θαυμάτων διήγησις τοῦ ὁσίου πατρὸς ἡμῶν καὶ θαυματουργοῦ Παχωμίου.

Inc. Ὄντως ἀληθὴς ἡ θρυλλουμένη παροιμία ὅτι οὐ πολλοὺς Αἴγυπτος, ἐπὰν δὲ τέκῃ μέγα τίκτει — Des. Τοιοῦτος ὁ τοῦ μεγάλου Παχωμίου βίος ἡμῖν παραδέδοται ὑπὸ πάντων τῶν τὰ ἐκείνου

---

[1] Sauf le dernier : ιζ΄, κατὰ εἰδωλολατρείας.
[2] Excepté le discours final contre l'idolâtrie.
[3] Ainsi appelée parce que, au dire de Pallade, c'est un ange qui la remit à Pachôme, gravée sur une tablette.

καὶ ἐγγράφως καὶ ἀγράφως ἀκριβωσαμένων... Ἀρκεῖ δὲ ταῦτα τοῖς φιλαρέτοις εἰς μίμησιν καὶ ὠφέλειαν, χάριτί τοῦ κυρίου ἡμῶν Ἰησοῦ Χριστοῦ, ᾧ πρέπει πᾶσα τιμή... ἀμήν.

7. Un cinquième *Βίος*, que M. Lefort désigne sous le nom de « contaminatio » et qui, à proprement parler, n'est pas une recension nouvelle. On y trouve, mis bout à bout, les deux premiers tiers de la *Vita Quarta* et les trois derniers quarts de la *Vita Tertia*. Cette juxtaposition de deux tronçons, empruntés à deux Vies différentes, s'explique sans doute par la mutilation accidentelle d'un exemplaire de la première ; pour remplacer les feuillets perdus, on aura transcrit la fin d'un exemplaire de la seconde.

L'*incipit* est donc le même que dans le texte précédent : Ὄντως ἀληθής... Mais le *desinit* s'écarte un peu de celui de la *Vita Tertia*, que nous avons transcrit plus haut ; le voici : Ἡμεῖς δὲ ἀξιοῦμεν ἀμφοτέρους... ὅπως πρεσβείαν ὑπὲρ ἡμῶν ποιήσωσι... ἔμπροσθεν τοῦ βήματος τοῦ Χριστοῦ · ὅτι αὐτῷ ἡ δόξα... νῦν καὶ ἀεὶ καὶ εἰς τοὺς αἰῶνας τῶν αἰώνων · ἀμήν.

8. Enfin une sixième Vie, *Βίος τοῦ μακαρίου Παχουμίου*, compilation bizarre, où l'on trouve d'abord la notice de Pallade sur les Tabennésiotes, puis la plus grande partie des Paralipomènes et enfin des extraits de la seconde moitié de la *Vita Altera*.

Inc. Ταβεννῆσις ἐστὶν ἐν τῇ Θηβαΐδι οὕτω καλουμένη, ἐν ᾗ Παχούμιος ἐκ νέας ἡλικίας — *Des.* Ὁ δὲ Θεὸς τῆς εἰρήνης στηρίζοι ὑμᾶς, ἀδελφοί, εἰς τὸν φόβον αὐτοῦ · ἀμήν. On reconnaît dans ce *desinit* les derniers mots de l'appendice de la *Vita Altera*.

De ces huit textes relatifs à la Vie de S. Pachôme, un seul a été publié d'une manière satisfaisante : le dernier, c'est-à-dire le moins important. M. F. Nau l'a édité, au tome IV de la *Patrologia Orientalis* [1], d'après le seul manuscrit existant, le Parisinus 881, du Xe siècle (fol. 222-255) [2].

Les trois premiers numéros de notre liste ont été publiés dans les *Acta Sanctorum*, au tome III de Mai, pp. 25*-51*, 63*-

---

[1] Paris, 1908. Le texte grec occupe les pages 425-503.
[2] *Catal. graec. Paris.*, p. 47.

71* et 51*-62*. Par malheur les conditions spécialement difficiles dans lesquelles ce travail fut préparé, empêchèrent les Bollandistes du XVIIe siècle de faire œuvre définitive ; telle qu'elle est, l'édition est vraiment défectueuse : fautes de lecture, omissions de mots ou même de lignes entières, tout concourt à hérisser de difficultés nouvelles et souvent insolubles un texte déjà suffisamment difficile par lui-même. De plus, le manuscrit de Florence, Laurentianus XI. 9, sur lequel avaient été copiés nos trois documents, ayant une lacune importante, Papebroch suppléa aux feuillets perdus au moyen des fragments ambrosiens N 141 et du Vaticanus 819. Mais la Vie de Pachôme contenue dans ce dernier codex est une recension toute différente : c'est la *Vita Altera*. On ne peut donc se fier au texte des *Acta*.

Il fallait même renoncer à le corriger. Pour fournir un texte sûr, il était indispensable de recommencer tout le travail de collation et d'édition. C'est ce que nous avons tâché de faire dans la première partie d'un ouvrage qui paraîtra bientôt [1] sous le titre de *Sancti Pachomii Vitae graecae* [2].

Nous y éditons la *Vita Prima* (p. 1-96) d'après le précieux manuscrit de Florence Laurentianus XI. 9, écrit en 1021 [3]. La Vie de Pachôme y occupe les feuillets 163^v-183^v. Entre les feuillets 167 et 168 on constate une lacune de 2 feuillets [4].

Une partie seulement de cette lacune peut être comblée à l'aide de l'Ambrosianus D 69 sup. (olim N 141), dont

---

[1] Dans la collection bollandienne *Subsidia hagiographica*, où il portera le n° 20. Le n° 19 est également sous presse : *Henrici VI Angliae regis Miracula postuma* edidit Paulus GROSJEAN S. I.

[2] Pour la correction du texte, nous devons beaucoup à M. Giorgio Pasquali, professeur à l'Université de Florence : avec autant de bonté que de compétence, il a dirigé notre travail durant l'année académique 1926-1927 et n'a cessé depuis lors de revoir avec grand soin nos épreuves. Nous lui en sommes profondément reconnaissant.

[3] BANDINI, *Catalogus codd. mss. bibl. Mediceae Laurentianae... graecorum Patrum*, t. I (1764), p. 502-507. Cf. P. BATIFFOL, *L'abbaye de Rossano* (Paris, 1891), pp. 87, 155.

[4] La même lacune se remarque dans le codex Vaticanus Barberinianus 491 (olim IV. 73, antea 510), copie récente (XVIIe siècle) du manuscrit de Florence. Cf. *Catalogus codd. hagiogr. graec. bibl. Barberinianae de Urbe*, dans *Anal. Boll.*, t. XIX (1900), p. 90.

l'écriture est du XIVe siècle [1] et qui contient (fol. 1-21) trois fragments de la *Vita Prima*. Nous avons soigneusement collationné les trois fragments ; ils représentent au total environ le tiers de la *Vita*.

Vient ensuite (p. 97-121) la *Lettre de l'évêque Ammon*, publiée d'après le seul manuscrit connu, le même Laurentianus XI. 9 (fol. 184^v-191^v), qui nous a conservé la *Vita Prima*.

Un court extrait de la Lettre d'Ammon, le chapitre 11 (*Acta SS.*, § 6), où est rapportée une vision de Théodore sur la Sainte Trinité, a été inséré par le moine Thécaras dans son Ὡρολόγιον τῶν θείων ὕμνων. Nous avons recueilli le témoignage de ce compilateur d'après le codex 367 (saec. XV-XVI) du monastère d'Iviron au Mont Athos [2].

Nous éditons en troisième lieu (p. 122-65) les *Paralipomènes*, toujours d'après le même manuscrit de Florence (fol. 191^v-200) et d'après l'Ambrosien D 69 sup. (fol. 21^v-40). Celui-ci est incomplet : les derniers feuillets ont disparu.

Pour les chapitres 17-20, où est racontée la grande *Apocalypse* ou révélation faite à Pachôme sur l'avenir de son ordre, nous avons collationné,en outre, les trois manuscrits suivants : le Vaticanus Ottobonianus 450 [3], du XIe-XIIe s., fol. 58^v-62 ; le Sabaiticus 128. II du patriarcat de Jérusalem [4], du XVe siècle, fol. 3^v-5^v ; et le Vatopedianus 38 [5], du Xe siècle, fol.

---

[1] MARTINI et BASSI, *Catalogus codd. graec. bibl. Ambrosianae*, t. I (1906), n. 246, p. 274-76.

[2] Spyr. P. LAMBROS, *Catalogue of the Greek Mss. on Mount Athos*, t. II (1900), n. 5892. Nous avons collationné huit autres copies du même extrait ; elles présentent toutes le même texte, à part deux ou trois variantes insignifiantes.

[3] *Catal. graec. Vatic.*, p. 297. C'est l'« antiquissimus codex » de la Maison Professe de Rome, que le P. Poussines avait signalé à Papebroch et dont celui-ci faisait grand cas (*Act. SS.*, t. c., p. 340, note b ; p. 684 DE et p. 62*, notes e, f, h).

[4] A. PAPADOPOULOS-KERAMEUS, Ἱεροσολυμιτικὴ Βιβλιοθήκη, t. II (1894), p. 209. Même texte, sous le même titre Ὅρασις τοῦ μεγάλου Παχωμίου, dans le Vaticanus Palatinus 364, XVe s., fol.312-313 (*Catal. graec. Vatic.*, p. 224-26).

[5] S. EUSTRATIADES and ARCADIOS, *Catalogue of the Greek Mss. of Vatopedi on Mt. Athos* (1924), p. 14.

267-268. Ce dernier ne contient pas l'Apocalypse proprement dite, mais seulement la catéchèse de Pachôme, qui en est l'épilogue dans les *Paralipomènes* (ch. 19-20).

Après avoir repris sur nouveaux frais l'édition des trois premières pièces du dossier grec de S. Pachôme, il fallait songer à publier les Vies inédites.

Nous avons commencé par la plus ancienne, la *Vita Altera*, qui fut aussi la plus répandue dans le monde grec : on n'en connaît pas moins de 13 exemplaires, sans compter les fragments et excerpta. Voici la liste des manuscrits :

1. Vaticanus 819 [1], XIe-XIIe s., fol. 80-140.
2. Vaticanus 1589 [2], XIe s., fol. 237-272v.
3. Vaticanus 2033 [3], XIe s., fol. 225-296. Provient de Grottaferrata.
4. Oxford, Baroccianus 240 [4], XIe s., fol. 112-153.
5. Paris, Bibl. Nationale 881 [5], Xe s., fol. 255-278v. Ne comprend que la première moitié du *Βίος*.
6. Paris 1453 [6], XIe s., fol. 25v-68.
7. Lesbos, monastère τοῦ Λειμῶνος 43 [7], XIIe-XIIIe s., fol. 35-78v.
8. Mont Athos, monastère de Dionysiou 52 [8], XIIe-XIIIe s., fol. 7-65. Les feuillets 1-6, plus récents, contiennent le début de la *Vita Quarta*.
9. Lavra Δ 62 [9], XIVe s., fol. 85-103v.

[1] *Catal. graec. Vatic.*, p. 67.

[2] Ibid., p. 130-32.

[3] Ibid., p.184-86. Le manuscrit de Paris, Suppl.grec 441, XVIIe s., provenant de Saint-Germain, contient (fol. 64-95) une copie incomplète du Vaticanus 2033 (alors à Grottaferrata), que Dom Cl. Estiennot fit faire pour Montfaucon. Cf. OMONT, *Inventaire sommaire des mss. grecs de la Bibl. Nationale*, t. III (1888), p. 261.

[4] *Catal. graec. Germ.*, n. 397, p. 320-24. Pour l'âge du manuscrit, cf. P. FRANCHI DE' CAVALIERI, dans *Studi e testi*, t. 49, p. 240.

[5] *Catal. graec. Paris.*, p. 47.

[6] Ibid., p. 121-25.

[7] A. PAPADOPOULOS-KERAMEUS, Μαυρογορδάτειος Βιβλιοθήκη, t. I (1884), p. 53.

[8] LAMBROS, op. c., t. I (1895), n. 3586, p. 322. Entre les fol. 61 et 62 un feuillet a disparu.

[9] SPYRIDON and S. EUSTRATIADES, *Catalogue of the Greek Mss. of the Laura on Mount Athos* (1925), n. 438, p. 65.

10. Vatopédi 84 [1], XIe s., fol. 65-70v. Ne contient que les 13 premiers et les 3 derniers chapitres de la *Vita Altera*.

11. Vatopédi 633 [2], écrit en 1422, fol. 238-312.

12. Jérusalem, Sabaiticus 223 [3], XIVe s., fol. 231-299. Le manuscrit n'est pas mutilé, mais le modèle sur lequel il a été copié, devait avoir perdu tout un cahier et 2 feuillets ; car le texte présente trois lacunes, dont la première est huit fois plus considérable que les deux autres.

13. Halki, École théologique 40 [4], XVIe s., fol. 40v-96v. Provient du monastère de la Trinité au Mont Olympe.

De ces 13 manuscrits, un seul, celui de Halki, nous est resté inaccessible. C'est d'ailleurs le plus récent. Du codex de Lesbos et de celui de Dionysiou nous n'avons pu collationner que les premières et les dernières feuilles : les variantes ainsi recueillies n'offrant aucun intérêt spécial, nous les avons négligées. Mais nous avons noté toutes les leçons des 10 autres manuscrits.

A vrai dire, nous aurions pu, sans grand inconvénient, sacrifier les leçons du Vaticanus 2033 et du Baroccianus 240, qui sont presque toujours d'accord avec le Vaticanus 1589, et celles des Parisini 881 et 1453, qui appartiennent à la même famille que le Vaticanus 819. Mais, comme il s'agissait d'un texte relativement ancien — il est certainement antérieur au milieu du VIe siècle, puisqu'il a été traduit en latin par Denys le Petit († vers 540) — nous avons cru bon de donner un tableau aussi complet que possible de toute la tradition manuscrite.

En dépit de son incorrection et des fautes « mécaniques » qu'on y rencontre presque à chaque page, c'est le Vaticanus 819 que nous avons mis à la base de notre édition (p. 166-271). Nous n'y avons relevé pour ainsi dire aucune correction intentionnelle, tandis qu'on en trouve plusieurs dans les autres codices, notamment dans le Baroccianus 240, dans le Lavrensis Δ 62 et surtout dans le n° 633 de Vatopédi.

---

[1] S. Eustratiades and Arcadios, t. c., p. 23.

[2] Ibid., p. 125.

[3] A. Papadopoulos-Kerameus, Ἱεροσολυμιτικὴ Βιβλιοθήκη, t. II (1894), p. 332-37.

[4] *Anal. Boll.*, t. XLIV (1926), p. 50.

La traduction latine, à laquelle on a dû jusqu'ici recourir pour connaître notre *Vita Altera*, fut exécutée par l'humaniste Gentien Hervet d'après le Vaticanus 819 et insérée par Lippomano et Surius dans leurs collections de Vies de Saints [1]. Elle n'est pas exempte de fautes qui aujourd'hui seraient impardonnables. Le cordonnier (σκυτεύς) y devient un Scythe (ch. 75). Les épithètes ἐγκρατὴς καὶ ἱλαρός, qui forment l'éloge du moine Samuel (ch. 65 fin), sont aussi transformées en noms propres. Les joncs (θροῖα, lisez θρύα) ont été pris pour le nom de l'île où on allait les cueillir « in insulam nomine Thraeam » (ch. 41), etc.

De la 3me Vie de S. Pachôme, inédite comme la précédente, nous n'avons découvert qu'un seul manuscrit ancien, le n° 9 du monastère de S. Jean à Patmos [2]. Comme l'indique le colophon, ce codex, qui ne contient que notre *Βίος*, fut achevé le 7 août 1192. Une copie toute récente (1890) se trouve dans le n° 667 de la bibliothèque de Rossicon au Mont Athos [3] ; nous n'en avons tenu aucun compte.

Nous avons publié in-extenso le texte de Patmos (p. 272-406). Cependant, pour certains passages empruntés presque littéralement à la 1re Vie, nous nous sommes contenté de noter les variantes au bas du texte de celle-ci ; nous avons ainsi évité des redites et facilité la comparaison des deux Vies. A partir du chapitre 68, c.-à-d. pour les trois derniers quarts de cette longue compilation, nous avons employé, outre le Patmensis, les manuscrits de la 5me Vie, dont nous parlerons bientôt.

Plusieurs fragments de la *Vita Tertia* ont été insérés par le moine Nicon (XIe siècle) [4] dans un grand ouvrage ascétique, encore inédit, qui nous est parvenu en de nombreux exemplaires, notamment dans le Parisinus Coislin 37, du XIVe

---

[1] A. Lipomanus, *Sanctorum priscorum patrum Vitae*, t. VI (Romae, 1558), f. 14^v-34^v ; L. Surius, *De probatis sanctorum Vitis*, t. V (Coloniae Agrippinae, 1618), p. 195-214.

[2] J. Sakkelion, Πατμιακὴ Βιβλιοθήκη (Athènes, 1890), p. 5.

[3] Sp. P. Lambros, op. c., t. II (1900), n. 6174, p. 412.

[4] Krumbacher, *Geschichte der Byz. Literatur²*, p. 155-56 ; cf. G. Bardy, dans *Mélanges de philologie et d'histoire... de l'Université catholique de Lille* (1927), p. 9.

siècle [1], que M. F. Nau a étudié [2], et dans le Sabaiticus 365, du XIIIe siècle [3], que nous avons examiné.

L'anecdote, racontée au ch. 158, où l'on voit les anges du mercredi et du vendredi suivre la dépouille d'un moine fidèle à jeûner ces deux jours-là chaque semaine, a été détachée et transcrite maintes fois. On la trouve, par exemple, dans les manuscrits ci-après : Jérusalem 223 [4], fol. 69[v]-70 ; Iviron 688, derniers feuillets [5] ; Rossicon 801 [6], fol. 280[v]-281[v] ; Dionysiou 299 [7], fol. 347[v]-348. C'est encore à la *Vita Tertia* (ch. 78) qu'a été emprunté le récit pachômien qui figure dans le Sabaiticus 633 [8], fol. 129[v]-130.

A moins d'encombrer l'appareil critique, nous ne pouvions noter les variantes de tous ces extraits : nous les avons sacrifiées résolument. Personne sans doute ne nous en fera un grief.

La *Vita Quarta*, tout à fait inédite jusqu'à présent, nous a été conservée dans 4 manuscrits :
1. Munich gr. 3, XIe-XIIe siècle, fol. 96-126[v]. Provient du monastère Saint-Jean-Baptiste de Petra à Constantinople [9].
2. Lavra *E* 182, XIIe siècle [10], fol. 6-63[v].
3. Lavra *Ω* 154, fol. 22-53[v]. Écrit en 1668 [11].
4. Vatopédi 435, XVIe-XVIIe s. [12], fol. 20-40[v].

Le n° 52 de la bibliothèque de Dionysiou, du XIIe-XIIIe s., contient, nous l'avons dit, la *Vita Altera* ; mais le premier

---

[1] MONTFAUCON, *Bibliotheca Coisliniana* (1715), p. 111 ; OMONT, *Inventaire sommaire des manuscrits grecs de la Bibliothèque Nationale*, t. III (1888), p. 117.

[2] *Patrologia Orientalis*, t. IV (1908), p. 413-14.

[3] PAPADOPOULOS-KERAMEUS, op. c., t. II, p. 480. Cet exemplaire de la compilation de Nicon est incomplet.

[4] Ibid. p. 334.

[5] LAMBROS, o. c., t. II, n. 4808, p. 203.

[6] Ibid. n. 6308, p. 436.

[7] Ibid. t. I, n. 3833, p. 407.

[8] PAPADOPOULOS-KERAMEUS, op. c., t. II, p. 623.

[9] *Catal. graec. Germ.*, p. 92-94.

[10] SPYRIDON-EUSTRATIADES, t. c., n. 644, p. 97-98.

[11] Ibid., n. 1966, p. 364.

[12] EUSTRATIADES-ARCADIOS, t. c., p. 85.

cahier du codex a été remplacé par 6 feuillets plus récents (XVe-XVIe s.), qui donnent les chapitres 1-10 in. de la *Vita Quarta.*

De ces manuscrits, nous avons cru pouvoir négliger le 3me, qui n'est qu'une copie du 2me ; le 4me, dont les variantes sont ordinairement identiques à celles du 2me ; enfin le fragment de Dionysiou.

Restent 2 témoins intéressants, le Monacensis et le Lavrensis *E* 182. Le premier semble meilleur, bien que les divergences soient peu nombreuses et en général insignifiantes.

Pour les chapitres 1-54, c'est-à-dire pour les deux tiers environ de la *Vita Quarta*, nous disposons aussi des manuscrits de la 5me Vie, dont nous allons parler.

La compilation, que nous avons appelée *Vita Quinta* et qui résulte de la juxtaposition du début de la 4me Vie et de la fin de la 3me, nous est parvenue dans 4 codices qui proviennent tous du Mont Athos.

1. Lavra *Ω* 81[1] + Chartres 1753[2] + Paris Suppl. 480[3]. Le fragment de Chartres et celui de Paris étaient déjà connus par le travail de M. Nau, qui en avait collationné le début, édité le milieu et analysé la fin[4]. Nous avons eu la bonne fortune de retrouver, grâce au catalogue de Spyridon et Eustratiades, le fragment initial resté à Lavra[5].

Ce manuscrit est palimpseste. Le texte sous-jacent, qui est du IXe siècle, ne nous intéresse pas. Le texte récrit est du XIVe siècle. La Vie de Pachôme occupe les fol. 78-122^v du Lavrensis, dont le dernier cahier, numéroté *κδ′*, est mutilé : il y manque le 1er feuillet (entre 116^v et 117) et le dernier (après 122^v). Le fragment de Chartres comprend les trois cahiers suivants (*κε′, κϛ′, κζ′*) ; mais le relieur en a interverti l'ordre : il faut lire d'abord les fol. 9-24^v, puis 1-8^v.

---

[1] SPYRIDON-EUSTRATIADES, t. c., n. 1893, p. 3 45.

[2] *Catalogue général des Mss. des bibliothèques publiques de France*, Départements, t. XI (1890), p. 431.

[3] *Catal. graec. Paris.*, p. 333.

[4] *Patrologia Orientalis*, t. IV, pp. 434-76, 504-509 et 509-511.

[5] MM. Blake et Lake, de Harvard University, ont eu l'obligeance de nous en rapporter la photographie.

Enfin le fragment de Paris fait suite, sans lacune, à celui de
Chartres ; la dernière partie du texte y remplit les fol. 1-53^v.

2. Dionysiou 148 [1], fol. 101-206^v. Daté de 1540.

3. Iviron 678 [2], fol. 1-120, XVIe siècle.

4. Lavra *I* 98 [3], fol. 1-131, XVe siècle, initio mutilus.

De ce dernier manuscrit nous n'avons pu examiner que
quelques feuillets : les premiers (1-7),correspondant aux chap.
22-28 de la *Vita Quarta*, et les derniers (126^v-131), qui
contiennent la fin de la *Vita Tertia* (chap. 197 fin-203). Nous
n'y avons relevé aucune variante importante ; en général les
leçons concordent avec celles du codex de Lavra-Chartres-
Paris, qui provient du même monastère.

Quant au manuscrit d'Iviron, son texte est identique
à celui de Dionysiou. Nous n'avons pas tenu compte de ses
leçons, sauf pour suppléer aux fol. 174^v-175 de Dionysiou,
dont la photographie nous faisait défaut.

Restent donc deux exemplaires intéressants de cette der-
nière compilation : Lavra-Chartres-Paris, et Dionysiou 148.
Le premier s'écarte assez peu du texte de la 4me ou de la 3me
Vie ; le second n'a guère retouché la partie empruntée à la
VitaQuarta, mais il a complètement remanié, pour le style,
les passages dérivés de la *Vita Tertia*.

Il ne pouvait être question d'éditer la 5me Vie à part, comme un texte indépendant. Nous l'avons considérée comme un
témoin des deux Vies précédentes ; les leçons, que nous
fournissent les manuscrits de cette « contaminatio », figurent
comme variantes en dessous du texte de la *Vita Quarta*
(chap. 1-54) et de la *Vita Tertia* (chap. 68-203).

Enfin la *Vita Sexta*, éditée par M. F. Nau (*BHG.* 1401),
ne méritait pas d'être réimprimée.

Ainsi notre recueil des Vies grecques de S. Pachôme
comprendra : 1. les trois textes déjà publiés dans les *Acta
SS.* (*BHG.* 1396-1399) ; 2. les trois Vies inédites (*BHG.* 1400,
le texte de Patmos et celui du Monacensis 3) [4].

---

[1] LAMBROS, op. c., t. I, n. 3682, p. 345.

[2] Ibid., t. II, n. 4798, p. 198.

[3] SPYRIDON-EUSTRATIADES, t. c., n. 1182, p. 195.

[4] Nous tenons à renouveler ici l'expression de notre res pectueuse

Quelle est la valeur de ce dossier considérable ? Nous tâcherons de la déterminer dans l'introduction à notre recueil de textes. Disons dès maintenant qu'on ne saurait faire trop de cas des premières pièces du dossier.

La *Vita Prima* semble bien remonter jusqu'aux disciples immédiats du fondateur ; peut-être même faut-il reconnaître dans ce vénérable document la toute première biographie de S. Pachôme, rédigée, comme l'atteste une Vie copte, par les « frères interprètes » de la colonie grecque ou alexandrine de Pabau [1].

L'*Épître d'Ammon* a toute l'autorité d'un récit de témoin oculaire ou auriculaire immédiat [2]. Les *Paralipomènes* présentent moins de garanties d'historicité ; cependant ils ne doivent pas être postérieurs de beaucoup à la fin du IVe siècle.

Quant aux trois Vies inédites, nous croyons pouvoir soutenir qu'elles ne supposent pas d'autres sources que la *Vita Prima*, les *Paralipomènes* et les chapitres 32-33 de l'*Histoire Lausiaque*. Leur importance, au point de vue historique, n'est donc pas énorme. Il ne faudrait pourtant pas les dédaigner : elles nous permettent de suivre le développement littéraire de la *Vita Pachomii* et de mesurer la place que S. Pachôme occupa, dès le Ve ou le VIe siècle, dans l'hagiographie monastique byzantine.

gratitude à M. le professeur Lefort. C'est lui qui nous a fourni presque tous les matériaux de notre édition de textes, en mettant libéralement à la disposition des Bollandistes les photographies des manuscrits pachômiens grecs qu'il avait réunies et notamment celles qu'il avait rapportées de son voyage au Mont Athos et à Jérusalem.

[1] Cf. P. LADEUZE, *Étude sur le cénobitisme pakhômien pendant le IVe siècle et la première moitié du Ve* (Louvain, 1898) p. 32-39.
[2] Ibid., p. 108-111.

IV

LA JURIDICTION SUPRÊME DU PAPE
DANS UN RÉCIT
DES APOPHTHEGMATA PATRUM

Dans un récent article de la *Downside Review* (t. 89, 1971, p. 142-146), le Rev. J. J. TAYLOR cite et commente avec un louable souci de ne rien forcer ce qu'il nomme « un témoin peu connu » d'un « appel à Rome » émanant d'Orientaux à l'époque ancienne. Il s'agit d'un apophthegme conservé en latin dans les *Verba Seniorum* (éd. ROSWEYDE, reproduite dans MIGNE, *P.L.*, t. 73, col. 968-969, n° 88) et en syriaque dans le *Paradisus* d'Anân-Ishô˙, mais dont l'original grec aurait disparu[1].

Or le texte grec existe bel et bien : il a été publié dès 1912 par F. Nau[2], qui l'avait trouvé dans un manuscrit de Paris, le Coislin 126[3], et il a été enregistré, sous le n° 1448u, dans la 3ᵉ éd. de la *BHG* (1957) et dans son *Auctarium* (1969). De plus, comme il se termine par une intervention miraculeuse de S. Épiphane, il figure aussi sous *Epiphanius*[4].

Le passage crucial correspond exactement au latin : Ἄγωμεν εἰς Ῥώμην πρὸς τὸν πάπαν, κἀκεῖνος ἐκδικεῖ ἡμᾶς ἀπὸ πάντων τούτων (il nous donnera raison contre la sentence des patriarches orientaux). Arrivés à Rome, les deux moines d'Égypte s'adressent à l'« archevêque » : Ἤλθομεν πρὸς σὲ ὅτι σὺ εἶ κεφαλὴ πάντων (*quia tu es caput omnium*).

Même si l'anecdote a été inventée de toutes pièces, elle montre qu'au Vᵉ-VIᵉ siècle les moines d'Orient admettaient comme normal le recours en dernière instance à la juridiction suprême de Rome[5].

De son côté, le texte grec fournit une nouvelle preuve de la rigoureuse fidélité des traducteurs romains, le diacre Pélage et le sous-diacre Jean (VIᵉ siècle).

---

[1] « It is now lost ». TAYLOR, t. c., p. 144.
[2] *Revue de l'Orient chrétien*, t. 17, p. 210-211.
[3] *Mss grecs Paris* (1968), p. 252-253.
[4] *BHG*, t. 1, p. 182, n° 10 ; *Auctarium*, p. 63.
[5] Cf. TAYLOR, t. c., p. 145.

V

SAINT JEAN L'ÉRÉMOPOLITE

Le *Parisinus* grec 1092, recueil ascétique du xive siècle, n'a pas été mentionné dans le Catalogue des manuscrits hagiographiques grecs de la Bibliothèque nationale [1]. Il contient pourtant trois textes qui relèvent de nos études : la Vie de S. Dosithée (*BHG³* 2117), l'histoire édifiante de l'anachorète S. Philémon (*BHG³* 2368) et un extrait de la Vie de S. Jean l'Érémopolite qui est resté inédit, voire inconnu, à ce qu'il semble, et qui fait l'objet du présent articulet.

Le titre du nouveau document précise qu'il s'agit d'une section (τμῆμα) tirée de la Vie du saint parce qu'elle fait voir les institutions et règlements des moines vivant au désert et montre comment et d'où ils se procuraient le nécessaire pour vivre. Le point de vue de l' « excerpteur » qui a choisi et sauvé cet extrait d'une pièce perdue est nettement traditionaliste ; cela ressort à l'évidence de l'adverbe ἀνέκαθεν, « depuis les origines », et des deux adjectifs ὠγύγιον, « qui remonte aux premiers âges, primordial », et πατροπαράδοτον, « transmis par les ancêtres », qu'il emploie coup sur coup dès le lemme et les tout premiers mots de son texte [2].

A cause de cette préoccupation si limitée, l'auteur n'a même pas songé à présenter au lecteur le saint dont il exploitait la biographie. Il ne dit rien ni de l'époque où il a vécu, ni du monastère auquel il était sans doute rattaché. Si deux ou trois détails glanés de-ci de-là permettent tout de même de situer le personnage dans l'espace et dans le temps, c'est qu'ils se trouvaient déjà dans le modèle et qu'ils en ont été transcrits fidèlement.

Le désert dont il est question n'est pas en Égypte, ni en Syrie, mais en Judée : la laure de Saint-Sabas nommée au § 1 suffit à le prouver. L'higoumène Nicodème, cité au même endroit, serait-il

---

[1] Le *Catal. Graec. Paris.* (1896) passe du ms. 1084 au ms. 1093.

[2] Voir aussi, à la fin du § 3, les expressions caractéristiques τὸν κανόνα καὶ τὸν τύπον, τὸν ὡρισμένον ὅρον, οὗτος ὁ τύπος, τούτῳ τῷ κανόνι... κανονίζεται, κανονισθείς...

celui qui, d'après la Vie des SS. Cosme de Maïouma et Jean Damascène, accueillit au seuil de la vie monastique ces deux futurs hymnographes [1]? Il faut sans doute répondre à cette question par l'affirmative. Dans ce cas, notre saint est à mettre au VIIIe siècle.

Le reste du récit ne contredit en rien cette datation. On y voit en effet les Bédouins affamés parcourir la région en tous sens, se comporter comme des pillards [2], enlever aux pauvres anachorètes leurs maigres provisions et leur infliger toute espèce de mauvais traitements. Cette triste situation est bien celle qui prévalut dans les montagnes arides de la Judée [3] jusqu'au terrible printemps de 797 où la laure de Saint-Sabas fut détruite de fond en comble et vingt de ses moines périrent soit dans les flammes, soit dans d'autres tourments [4].

Les historiens de l'érémitisme et ceux de la liturgie remarqueront le § 3 et les indications qu'il fournit sur la manière dont les anachorètes, à chaque carême et à chaque période de jeûne, se réunissaient le dimanche pour participer aux saints mystères, prendre un repas en commun et emporter chacun dans sa grotte la nourriture de la semaine et la communion de chaque jour.

L'attitude du saint à l'égard des « Agarènes » ou Arabes mérite assurément d'être soulignée. Il reproche à son interlocuteur, le moine Thomas, l'épithète malsonnante d'αἴσχιστοι, « vilains, abominables », qu'il leur appliquait. S'inspirant de l'Évangile, il lui recommande de les aimer, de leur faire du bien, de prier pour leur conversion et même de savoir gré à ces « bienfaiteurs », sans qui les ermites, menant une vie trop facile comme les gens du monde, risqueraient d'être le jouet des démons (§ 4).

---

[1] *BHG*³ 394, § 22 : Papadopoulos-Kérameus, p. 328, l. 2.

[2] λωποδυτῶν ἐπίσης (§ 3).

[3] Cf. S. Vailhé, dans *Revue de l'Orient chrétien*, t. 9 (1904), p. 352-354.

[4] Voir la Passion des XX martyrs sabaïtes, *BHG*³ 1200 ; la lacune du texte grec a été comblée par R. P. Blake, qui a traduit, dans les *Mélanges Paul Peeters*, t. 2 (= *Anal. Boll.*, t. 68, 1950), p. 32-37, le passage correspondant de la Passion géorgienne. Pour l'année du massacre, comparer *Anal. Boll.*, 1955, p. 374, et *Byz. Zeitschrift*, 1957, p. 269.

Jean l'Érémopolite, qui nous est révélé par l'extrait qu'on va lire, est-il encore un nouveau saint Jean ? Ou bien pouvons-nous l'identifier à un saint Jean déjà connu ?

Il y a précisément à la même époque — viiie siècle — et dans la même région — le désert de Judée — un ermite portant le même nom de Jean et fêté comme lui au mois d'avril : S. Jean le Paléolaurite, ainsi appelé parce qu'il appartenait à la laure de Souka ou Παλαιὰ Λαύρα, fondée par S. Chariton et illustrée par S. Cyriaque [1]. De ce Jean le Paléolaurite — qu'il ne faudrait plus confondre avec son homonyme le disciple de S. Grégoire le Déca-polite [2] — nous ne savons malheureusement pas grand-chose, sauf qu'il était prêtre et étranger [3]. Il est inscrit dans les ménées, syna-xaires et calendriers à diverses dates : 17, 18, 19 et 20 avril, 4 mai, 6, 26 et 27 juillet [4]. Dans l'acolouthie composée en son honneur il est qualifié de « lis brillant du désert », τῆς ἐρήμου τὸ φαι-δρὸν... κρίνον [5], ce qui pourrait être une traduction poétique du surnom d'Érémopolite.

Le document qui suit ne souffle mot de l'origine — palestinienne ou non — du héros. Il ne dit pas non plus expressément qu'il était prêtre ; mais l'épithète d'ἱερός accolée à son nom par deux fois (§ 2, fin ; § 4, commencement) convient mieux à un hiéro-moine, c'est-à-dire à un moine prêtre, qu'à un moine non ordonné.

Se rattachait-il à la Vieille Laure ? Rien ne permet de l'affir-mer. Cependant la mention, au § 1, de la μεγίστη τοῦ μεγάλου Σάβα λαύρα donne à entendre qu'il n'était pas Sabaïte : le biogra-phe ne parlerait pas ainsi d'un monastère qu'il aurait cité à maintes reprises dans les chapitres précédents. D'autre part, la distance entre les deux laures, celle de S. Chariton et celle de S. Sabas, n'est pas telle [6] que les ermites de l'une et de l'autre n'aient pu se rencontrer à mi-chemin, notamment pour la messe du dimanche.

---

[1] Cf. VAILHÉ, *Souka ou la Vieille Laure*, t. c., p. 333-358.

[2] Ibid., p. 491-498.   [3] Ibid., p. 493-494.

[4] *Synax. Eccl. CP.*, col. 611[40], 613[59]-616[34], 616[56], 617[46] et [50], 659[39], 843-844 et 852[54] ; *Mélanges Henri Grégoire*, t. 2 (Bruxelles, 1950), p. 316 ; A. PAPADO-POULOS-KÉRAMEUS, Ἱεροσολυμιτικὴ βιβλιοθήκη, t. 2, p. 130 ; G. GARITTE, dans *Le Muséon*, t. 74 (1961), p. 419.

[5] S. PÉTRIDÈS, dans *Revue de l'Orient chrétien*, t. c., p. 504.

[6] Voir, par exemple, la carte II, « The Judaean Monasteries », dans D. J. CHITTY, *The Desert a City* (Oxford, 1966), entre les p. 88 et 89. D'après la carte 45-46 de G. A. SMITH, *Historical Atlas of the Holy Land*, 2e éd. (1936), il n'y a guère plus de 6 milles à vol d'oiseau entre Mar Saba et Kh. el Khureitun.

Reste la difficulté qui provient de la date de fête. Une rubrique, dans la marge de notre texte, fait savoir que la mémoire de S. Jean l'Érémopolite a lieu le 3 avril. Or S. Jean le Paléolaurite ne semble pas avoir été commémoré ce jour-là. Il est vrai qu'on le trouve fêté à huit dates différentes d'avril, mai et juillet. Une neuvième date ne doit pas être exclue a priori ; on en découvrira peut-être un jour une autre attestation dans un ménée ou ailleurs.

En attendant, la prudence commande de n'accepter qu'à titre d'hypothèse probable l'identification de S. Jean l'Érémopolite avec S. Jean le Paléolaurite.

'Εκ τοῦ βίου τοῦ ὁσίου πατρὸς ἡμῶν
'Ιωάννου τοῦ ἐρημοπολίτου

τμῆμα ἐμπεριέχον τῶν τὴν ἔρημον ἀνέκαθεν οἰκησάντων ἁγίων
καὶ μακαρίων πατέρων καταστάσεις, διατυπώσεις καὶ ὅπως καὶ
ὅθεν τὰς πρὸς τὸ ζῆν ἀφορμὰς ἐπορίζοντο [1]

e codice Parisino gr. 1092, fol. 156ᵛ-159.

Invité par le prêtre Théodose,
Thomas le Sabaïte se fait anachorète.

1. 'Ωγύγιον ἔθος πατροπαράδοτον παρὰ τῶν πάλαι προασκη-
σάντων καὶ δομησάντων τὰς λαύρας τοῖς τὸν βίον ἡσύχιον αἱρουμέ-
νοις εὐφρόνως ἄγαν νενομοθέτητο, ὅθεν καὶ τῶν δοκιμοτάτων τινὰ
ἐκλεγόμενοι τοῖς ἐν ἐρήμῳ διακομίζειν τὰ ἐπιτήδεια ἐνεχείριζον.
'Εξ ὧν καί τις τοὔνομα Θωμᾶς παρὰ Νικοδήμου τοῦ
τῆς μεγίστης τοῦ μεγάλου Σάβα λαύρας ἐπιστατεύοντος καὶ
τῶν αὐτῆς προϊσταμένων τῶν ἐν ἐρήμῳ φροντίζειν ὡς δοκιμό-
τατος ἐμπεπίστευτο. Καὶ γὰρ ἐν τῇ ἐρήμῳ σπήλαια πέλει μέχρι
τινῶν μιλίων τῆς ‛Ραύρας [2] διϊστάμενα· ἐν οἷς ὁ θέλων διὰ
συμβουλῆς τοῦ ποιμένος ἰδίως ζῆν καὶ ἐν ἡσυχίᾳ καὶ ἠρεμίᾳ
διάγειν πρὸς ἀγῶνας τοῦ ἡσυχαστικοῦ βίου ἀποδύεται. ῏Ων εἷς

---

[1] On lit en marge : ἔστιν ἡ μνήμη τοῦ ἁγίου ἀπριλλίου γ'.
[2] Toponyme inconnu ? ou faute de copiste pour λαύρας?

f. 157 ὑπῆρχεν καὶ ὁ πρεσβύτερος Θεοδόσιος, | ὃς θεώμενος τὸν
Θωμᾶν τὴν ἐπ' αὐτοὺς πορείαν συχνοτέρως ποιούμενον καὶ
τὰ πρὸς τροφὴν ἐπιτήδεια κομίζοντα, ἐρασθεὶς τῆς τοῦ ἀνδρὸς
ἀρετῆς — καὶ γὰρ ἦν πάσῃ ἀρετῶν ἰδέᾳ κεκοσμημένος — ἐν μιᾷ
καιροῦ πρὸς αὐτὸν ἐρώτησιν ἐποιεῖτο λέγων · « Ἀδελφὲ Θωμᾶ, βούλει μεθ' ἡμῶν κατασκηνῶσαι καὶ τὴν ἡσυχίαν ἐξασκῆ-
σαι καὶ μόνος μόνῳ τῷ θεῷ προσανέχειν; Θεωρῶ γάρ σε πόθον
ἄσχετον πρὸς ἡμᾶς ἐνδεικνύμενον · καὶ σχηματίζων σε τῆς ἡσυχίας ἐραστὴν εὑρίσκω. Εἰ οὖν αἱρῇ, ἐγὼ ἥκων λέξω τῷ ποιμένι ἡ-
μῶν τὸ σὸν ἐφετόν · κἀκεῖνος κωλύων οὐ φανεῖται εὖ οἶδα, ἀλλὰ ταχέως σου τὴν ἐπιθυμίαν ἐκπληρώσειε καὶ τῆς μεθ' ἡμῶν ἡσυχίας
ἐφάψασθαί σε ἔτι παραθαρρυνεῖ καὶ τὴν σὴν ἐφήμερον τροφὴν ἐκ-
τυπώσειε[1] μετὰ τῆς ἡμετέρας κομίζεσθαι. Ταύτης δὴ τῆς ἐρωτή-
σεως ὁ Θωμᾶς ἀκηκοὼς παρεκάλει αὐτὸν εἰς τέλος κατα-
ντῆσαι ταχέως τὰ λεχθέντα · ἐδίψα γὰρ πιεῖν τὸ τῆς ἡσυχίας πόμα
ὑπὲρ τὸν διψητικώτατον[2] ἔλαφον, ὅταν ὁ τῆς δίψης αὐτοῦ καιρὸς
ἐπιστῇ. Ὁ δὲ Θεοδόσιος εὐθὺς ὡς εἶχε τόνου συμπαραλα-
βὼν τὸν Θωμᾶν καὶ τοῖς ὑπ' αὐτὸν ἀσκηταῖς συνταξάμενος,
τῆς ἐπὶ τὴν λαύραν πορείας εἴχοντο. Ὡς δὲ ἤδη φθάσαντες ἦσαν,
λοιπὸν τὴν δέησιν τῷ ποιμένι ἐντυχὼν ὁ Θεοδόσιος τὴν
περὶ τοῦ Θωμᾶ ἐποιεῖτο · ὁ δὲ ποιμὴν εὐθέως τὰ λεχθέντα παρὰ
Θεοδοσίου πέρας λαβεῖν ὑπέσχετο λέξας αὐτῷ · « Ἐπεὶ οὖν,
ἀδελφὲ Θεοδόσιε, ἔγνων σε τὴν τοῦ Θωμᾶ σωτηρίαν ὡς
f. 157ᵛ ἰδίαν ἐπιζητοῦντα, | παραλαβὼν αὐτὸν ἄπιθι πρὸς τὴν ἔρημον
χαίρων · καὶ κύριος τὰ διαβήματα ὑμῶν πρὸς σωτηρίας τρίβος
ἰθύναι[3].» Ταῦτα τοίνυν ὁ ἱερὸς ποιμὴν λέξας πρὸς Θεοδό-
σιον περὶ τοῦ Θωμᾶ καὶ γράμματα μανθάνειν αὐτὸν παρακε-
λευσάμενος αὐτῷ καὶ ἐπευξάμενος αὐτοῖς ἀπέλυσεν ἐν εἰρήνῃ.

Il apprend l'Écriture, devient contemplatif
et se retire dans une grotte.

2. Ἀφῖκται τογαροῦν ὁ Θωμᾶς μετὰ τοῦ θαυμαστοῦ Θεοδοσίου πρὸς τὴν ἔρημον καὶ εὐθέως τὴν σωτηρίαν παρ' αὐτοῦ
ἀπῄτει · καὶ Θεοδόσιος τὰς τῆς σωτηρίας ἐλπίδας παρεῖ-
χεν · « Ὑπόμεινον, λέγων αὐτῷ, τέκνον, τὸν κύριον · καὶ ὑψώσει

---

[1] Noter l'alternance des indicatifs futurs et des optatifs aoristes.
[2] δηψικώτατον cod. [3] Cf. Ps. 16 (17), 5.

σε τοῦ κατακληρονομῆσαι γῆν¹.» Καὶ τὰ ἱερὰ γράμματα ἱερῶς
αὐτὸν ἐξεπαίδευεν. Ὁ οὖν Θ ω μ ᾶ ς τὰ ἱερὰ γράμματα ὑπὲρ ση-
τάνειον ἄρτον τρεφόμενος ἦν καὶ τοὺς ἱεροὺς κανόνας ἐκστήθιζε ²
καὶ ὡς ἐν πίναξι τῇ ἑαυτοῦ καρδίᾳ ἐνεχάραττεν. Ἔτυχε γὰρ ὢν καὶ
φύσεως ἀγαθῆς. Πράξει μὲν οὖν γνώσεως ἐπιβὰς πρὸς θεωρίαν
κατήντησε · γνόφῳ τε θεωρίας ὑπεισδὺς τῷ ἔρωτι τοῦ σωτῆρος
προσεπέλασε · ζήλῳ τε θεϊκῷ πυρωθεὶς μόνος μόνῳ τῷ θεῷ προσανέχειν ἐβούλετο καὶ βουληθεὶς ἐξετέλεσε τὸ βούλημα. Ὡς γὰρ
ἤδη καὶ ἡ τῶν μεγάλων καὶ ἐνδόξων φωστήρων τῆς οἰκουμένης
πλησιάσασα ³ τεσσαρακοστὴ ἀποστόλων ⁴, σκοπῶν αὐτὸς ὡς μὴ
δέον εἴη τοὺς ὁμοσκήνους λιπεῖν καὶ συναγωνιστὰς ἐπὶ τῇ τῆς
ἀσκήσεως ὑπερβολῇ, περί που τῶν τοῦ χειμάρρου σπηλαίων διὰ
συμβουλῆς ἀποδύεται · ἔνθα καὶ μεθ' ἡμέρας τινὰς τὸν μέγαν καὶ
ἱερὸν Ἰ ω ά ν ν η ν ἐθεάσατο · πῶς δὲ λέξων ἥκω.

La réunion dominicale des anachorètes.

f. 158   3. Ἔθος τοίνυν ἐστὶ τοῖς τὴν | ἔρημον ἐκείνην κατοικοῦσιν ἀρ-
χομένης τῆς οἱασοῦν τεσσαρακοστῆς συντάττεσθαί τε τῷ προϊσταμένῳ αὐτῶν καὶ εἶθ' οὕτως πρὸς τὰ ἴδια σπήλαια ἕκαστον αὐτῶν
χωρεῖν καὶ μηδ' ὅλως ἕτερον ἑτέρῳ παραβαλεῖν μέχρι τοῦ πλη-
ρώματος τῆς ἑβδομάδος. Πληρωθείσης οὖν τῆς ἑβδομάδος, πάντες ὁμοῦ τε πάλιν συναγόμενοι ἐπὶ τὸ τοῦ προϊσταμένου αὐτῶν
μεταστέλλονται ἄντρον, ὃν τῷ κατὰ θεὸν ἀσπασμῷ ἀσπασάμενοι
καὶ μεταλαβόντες τῶν ἀχράντων τοῦ θεοῦ μυστηρίων, ἑστιάσεώς
τε κοινῶς ἐφαψάμενοι, πάλιν αἴροντες τὰς τῆς ἑβδομάδος ἕκαστος
τροφὰς καὶ τῶν τοῦ Χριστοῦ μυστηρίων τὰ ἀρκοῦντα — καὶ γὰρ
καθ' ἑκάστην ἡμέραν οἱ ἀβλαβεῖς ἀπὸ νυκτερινοῦ τόξου τῶν
δαιμόνων ⁵ διαφυλαττόμενοι μεταλαμβάνουσι τῶν ἀχράντων τοῦ
Χριστοῦ μυστηρίων — πρὸς τὰ ἴδια σπήλαια χωροῦσιν ἕως τοῦ
ἄλλου κυριακοῦ⁶. Οὕτως τοίνυν ἐστὶν ἡ αὐτῶν διαγωγή, οὕτως καὶ
ἐπὶ ταῖς λοιπαῖς τεσσαρακοσταῖς καὶ ἑβδομάσι ⁷ τοῦ ὅλου ἐνιαυτοῦ
ποιοῦσιν · οὐ τολμῶσι γὰρ ἄνευ τῆς διατεταγμένης ἡμέρας ἕτερος

---

¹ Cf. Ps. 36 (37), 34.   ² Noter l'absence d'augment.
³ Le participe pour l'indicatif.
⁴ Le « carême des apôtres » commence le deuxième lundi après la Pentecôte
pour se terminer à la fête des SS. Pierre et Paul.
⁵ Cf. Ps. 90 (91), 5-6.   ⁶ Κυριακόν pour κυριακή?
⁷ Sous-entendre νηστείας : les carêmes et autres semaines de jeûne.

ἑτέρῳ παραβαλεῖν, καθὼς καὶ πρώην εἶπον, ἀλλὰ τὰς τῆς ἑβδομάδος ἕκαστος τροφὰς αἴροντες οἴκοι μένειν ἀναγκάζονται καὶ μόνοι
μόνῳ τῷ θεῷ προσομιλεῖν ἕως τῆς συμπληρώσεως τῆς ἑβδομάδος ·
ὡσαύτως μέχρι τοῦ τέλους πασῶν τῶν τεσσαρακοστῶν τοῦ
ὅλου ἐνιαυτοῦ ποιοῦσιν. Ἄντροις δ' ἐν ἑτέροις κατορύσσοντες τὰς
τροφὰς αὐτῶν ἀποτίθενται διὰ τὸ τοὺς Ἀ γ α ρ η ν ο ὺ ς ἐπὶ
f. 158ᵛ τὸν χῶρον ἐκεῖνον πορεύεσθαι λιμῷ τηκομένους | λωποδυτῶν
τ' ἐπίσης διαθέειν πανταχόσε τῆς ἐρήμου ὥστε εὑρεῖν τι ᾧ καὶ
τραφήσονται. Καὶ οὐ τοῦτο ποιοῦσι φειδωλίᾳ νικώμενοι (μὴ
γένοιτο), ἀλλὰ μήπως αἰφνηδὸν τῶν Ἀ γ α ρ η ν ῶ ν ἐπεισπε-
σόντων, εἶτα τοῦ λιμοῦ τῆς ἀνάγκης προκειμένης καταναγκασθῶ-
σιν ἀλλήλοις συγγενέσθαι καὶ τὸν κανόνα καὶ τὸν τύπον ἀπολέσωσι
παρὰ τὸν ὡρισμένον ὅρον παραβαλόντες ἀλλήλοις. Ταῦτα τοίνυν
τὰ τῶν πατέρων διανοήματα καὶ οὗτος ὁ τύπος. Τούτῳ τῷ κανόνι
καὶ Θ ω μ ᾶ ς κανονίζεται · καὶ κανονισθεὶς πρὸς τὴν ἐνδοτέραν
ὥρμησεν ἔρημον καὶ ὡς στρουθίον μονάζον ἐπὶ δώματος ¹ ἐπὶ
τοῦ ἄντρου ἐμόναζε.

Entretien de Thomas avec Jean l'Érémopolite.

4. Εἴρηκε δὲ καί τι τοιοῦτον ὁ ἱερὸς καὶ μέγας Ἰ ω ά ν ν η ς
πρὸς τὸν τοιοῦτον Θ ω μ ᾶ ν , ὅτε τούτῳ θεόθεν ἐντυχεῖν ἠξίωτο ·
« Χρήματα πολλὰ παρὰ τὴν ἔρημον ταύτην εὗρον καὶ σπήλαια ἀγαθῶν ἀναριθμήτων ἔμπλεα · ἐξ ὧν εἴ τι θέλεις, αἴτησόν με, ἀδελφὲ
Θ ω μ ᾶ , καὶ παρέξω σοι. Καὶ γὰρ ταχέως ἀπαίρειν μέλλω πρὸς
τὴν μονὴν τοῦ μεγάλου καθηγητοῦ ἡμῶν Ἀ ν τ ω ν ί ο υ , ἐὰν καὶ
ὁ κύριος θελήσῃ.» Εἰς τὰ ὦτα δὲ τοῦ τοῦ Θ ω μ ᾶ νοὸς οὐκ ἐλή-
λυθεν ἡ διάλεξις ὧν εἴρηκεν ὁ Ἰ ω ά ν ν η ς ἀγαθῶν καὶ ἡ πρὸς
τὴν μονὴν τοῦ ἁγίου Ἀ ν τ ω ν ί ο υ ἐπάνοδος αὐτοῦ. Ὅμως
πρὸς αὐτὸν εἶπεν · « Ἐμοὶ μέν, δοῦλε τοῦ θεοῦ, περὶ χρημάτων
μέλησις οὐδεμία · ἐν δέ σε ζητῶ καὶ τοῦτο, τὸ τῶν ὀφλημάτων μου
τὴν λύσιν εὑρεῖν ταῖς πρὸς τὸν θεὸν σεπταῖς ἱκεσίαις σου. Προσ-
θήσω δέ τι καὶ ἕτερον καὶ τὸ σὺν σοί με τῆς πρὸς τὴν μονὴν τοῦ
ἁγίου Ἀ ν τ ω ν ί ο υ πορείας ἄψασθαι · ὧδε γὰρ παροικῶν ὑπὸ
f. 159 τῶν αἰσχίστων Ἀ γ α ρ η ν ῶ ν τυραννοῦμαι πάμπλειστα.» | Καὶ ὁ
ἅγιος · « Τὸ μετ' ἐμοῦ τῆς πρὸς τὴν μονὴν τοῦ κυροῦ Ἀ ν τ ω ν ί ο υ
ἀτραποῦ ἄψασθαι, οὐκ ἔστιν ἐμὸν δοῦναι · ἀλλ' οὐδὲ τὰ ἐφόδια ἀρ-

---

¹ Cf. Ps. 101 (102), 7 (8).

κούντως κέκτησαι. Τὸ δὲ τοὺς Ἀ γ α ρ η ν ο ὺ ς αἰσχίστους καὶ μισητοὺς ἀποκαλεῖν οὐ καλόν · γέγραπται γάρ · "Ἀγαπᾶτε τοὺς ἐχθροὺς ὑμῶν · καλῶς ποιεῖτε τοὺς μισοῦντας ὑμᾶς[1]." Οὐ χρὴ οὖν, ἀδελφέ, τούτους ἡμᾶς αἰσχίστους ἀποκαλεῖν, ἀλλ' ὡς εὐεργέτας μᾶλλον καὶ τιμᾶν καὶ ἀσπάζεσθαι καὶ ὑπὲρ αὐτῶν ἐκτενῶς τὸ θεῖον ἱλάσκεσθαι καὶ "ἄφες αὐτοῖς, πάτερ, λέγειν, τὰ ὀφειλήματα αὐτῶν · οὐ γὰρ οἴδασι τί ποιοῦσι[2]" καὶ τὴν ἐπιστροφὴν αὐτῶν παρὰ τοῦ θεοῦ ἐξαιτεῖσθαι. Εἰ οὖν αἱρῇ, ἀδελφέ, τοῦ Χριστοῦ τέλειος γενέσθαι μαθητής, μὴ ἔσο αὐτοὺς ὑβρίζων · καὶ γὰρ εἰ μὴ τούτους εἴχομεν ὑπὲρ τοὺς παιδαγωγοὺς ἡμᾶς τὸ ἀκτημονεῖν διδάσκοντας, τήν τε πεῖναν ὑπομένειν καὶ τὴν δίψαν καὶ πᾶν ὅ τι δεινὸν ὑποφέρειν καίπερ ἀκουσίως, εὔδηλον ὅτι καὶ ἐν τῷ τόπῳ τούτῳ ὀλίγοι ἦσαν οἱ σῳζόμενοι[3] · καὶ γὰρ ὥσπερ οἱ ἐν τῷ κόσμῳ ἐν εὐπορίᾳ καὶ ἡμεῖς διάγοντες πολλῇ, πολλοὶ καὶ δαιμόνων ἐπίχαρμα γεγόναμεν.»

---

[1] Cf. Luc. 6, 27.   [2] Cf. Matth. 6, 12 ; Luc. 23, 34.
[3] Cf. Luc. 13, 23.

VI

LA VIE DE SAINT NICÉPHORE

FONDATEUR DE MÉDIKION EN BITHYNIE († 813)

Quand le bollandiste Henschenius publia, en 1680, une courte notice sur S. Nicéphore, higoumène de Médikion [1], il ne disposait que de deux sources, peu abondantes et inégalement sûres : la Vie de S. Nicétas, successeur de Nicéphore à la tête du monastère [2], et la brève légende de Nicéphore lui-même dans le « ménologe de Basile » et d'autres recueils de même espèce [3]. Il reconnut sans hésiter l'excellence des quelques renseignements fournis par Théostéricte, disciple et biographe de Nicétas [4], et montra comment ils étaient inconciliables avec certaines affirmations des synaxaires. Ceux-ci, en effet, prolongent la vie de Nicéphore jusque sous le règne de Léon l'Arménien, qui l'aurait maltraité pour le culte des images, chassé en exil et jeté en prison, où il serait mort. Léon V n'ayant déclaré la guerre aux icones que vers la Noël 814 et le patriarche Nicéphore de Constantinople ayant été déposé

---

[1] *Act. SS.*, Maii t. 1, p. 500-501.

[2] *BHG³* 1341. Cette première Vie de Nicétas est due au moine Théostéricte, qui la rédigea probablement avant 837 (reprise de l'iconoclasme sous Théophile) et certainement avant 840 (mort de l'ex-empereur Michel Iᵉʳ). Une seconde Vie, *BHG³* 1342, est attribuée à Jean, moine de Saint-Élie. Ce que j'ai mentionné comme troisième Vie sous le nᵒ 1342b concerne en réalité un homonyme et contemporain, l'eunuque, patrice et confesseur Nicétas, fêté en octobre (le 5, le 6 ou le 13). Je dois cette correction au R. P. G. Nowack, Assomptionniste d'Athènes.

[3] *Act. SS.*, t. c., p. 721. Cf. *P. G.*, t. 117, col. 437 ; *Synax. Eccl. CP.*, col. 659-660 ; *Mélanges Henri Grégoire*, t. 2 (1950), p. 317. Dans les quelques synaxaires qui le mentionnent, S. Nicéphore est inscrit parfois au 5 mai, plus souvent au 4, qui est l'anniversaire de sa mort. Il ne figure pas dans le synaxaire-typicon de Patmos (sigle P dans l'éd. Delehaye) et n'a qu'une mention sans distique ni notice dans le synaxaire de Jérusalem, Sainte-Croix 40 (sigle H), au folio 152-152ᵛ.

[4] Sur la « tendance studite » de la Vie de Nicétas, voir E. v. DOBSCHÜTZ, dans *Byz. Zeitschrift*, t. 18 (1909), p. 81-83.

dès avant la mi-mars 815 [1], on ne voit guère le moyen de faire tenir
en quelques semaines une série d'événements comme la résistance
du saint au persécuteur, son séjour forcé loin de ses moines, sa
mort en captivité, l'élection de son remplaçant et la bénédiction
abbatiale conférée à ce dernier par le patriarche S. Nicéphore [2].
D'autre part, la Vie de Nicétas fait mourir le fondateur au milieu
des siens et ne souffle mot des souffrances qu'il aurait endurées
pour la bonne cause [3]. Henschenius concluait donc avec raison
que les compilateurs du synaxaire ne méritaient en ce cas aucune
confiance [4] et que, pour résoudre définitivement les problèmes
que posait leur chronologie fantaisiste, il faudrait dénicher en quelque bibliothèque la Vie développée de S. Nicéphore le Médikiote.

Ces *maiora Acta*, désirés depuis près de trois siècles, seront enfin
édités ci-après d'après les deux seuls manuscrits connus [5] :

M = Monacensis gr. 366, de la fin du IXe siècle, fol. 228-235v ;
incomplet de la fin, plusieurs feuillets ayant disparu [6] ;

P = Vaticanus Palatinus gr. 27, du XIe siècle [7], fol. 43-52v.

Le P. Charles Van de Vorst, avant 1914, et l'abbé Albert Vogt,
entre les deux guerres mondiales, avaient fait photographier les
deux manuscrits. C'est pour son ami, le byzantiniste suisse († 1942),
que le P. Irénée Hausherr avait entrepris de transcrire le *Palatinus*,
de collationner le *Monacensis*, de traduire le texte en latin et d'en
préparer un commentaire. D'autres occupations l'ayant empêché
de mener à bonne fin ce travail, il a eu l'extrême obligeance de
nous céder généreusement tout son dossier. Je tiens à lui en redire
ici ma vive gratitude.

---

[1] J. B. BURY, *A History of the Eastern Roman Empire... 802-867* (Londres,
1912), p. 63-73 ; V. GRUMEL, *Regestes des Actes du Patriarcat*, fasc. 2 (1936),
p. 33 ; P. J. ALEXANDER, *The Patriarch Nicephorus of Constantinople* (Oxford,
1958), p. 128-135.

[2] *Vita Nicetae*, § 24 (*Act. SS.*, April. t. 1, p. xxvii).   [3] *Ibidem.*

[4] Dans son effort pour concilier des données inconciliables, il suggérait que
le saint higoumène avait pu expirer en prison le 4 mai 814 et son successeur
être établi par le patriarche Nicéphore avant sa déposition. Mais il semble
bien que les sévices contre les iconodules n'ont commencé qu'après Pâques 815.

[5] Cf. *BHG³* 2297-2298.

[6] *Catal. Graec. Germ.*, p. 126, n° 25 ; A. EHRHARD, *Überlieferung und Bestand
der hagiogr. Literatur*, t. 1 (= *Texte und Untersuchungen*, t. 50, 1937), p. 621,
n° 6, avec la note 3.

[7] *Catal. Graec. Vatic.*, p. 208, n° 7 ; EHRHARD, t. c., p. 624, n° 8.

Le biographe de S. Nicéphore ne se nomme pas, et aucun autre document ne révèle son nom. Mais il se présente comme un disciple du fondateur, un témoin qui a entendu ses discours et notamment sa dernière exhortation[1] ; s'il n'a pas assisté à sa mort dans l'île de Halki, il était présent du moins quand son corps, ramené à Médikion, fut retiré du cercueil et déposé dans le tombeau[2].

Lorsqu'il prend la plume, les faits qu'il raconte ne sont plus tout récents : le successeur de son héros, l'abbé Nicétas, est déjà mort à son tour (en 824)[3]. Mais la dernière flambée de l'iconoclasme, à la fin du règne de Théophile (de 837 à 842), n'a pas encore commencé[4].

Souvenirs personnels et traditions locales permettent à l'hagiographe de fournir quelques détails précis sur la famille de son héros (§ 5), sur ses débuts dans la carrière monastique (§ 6), sur l'arrivée de Nicétas et la fondation de Médikion (§ 9-10), sur la dernière maladie du saint, son transfert à Byzance en quête de médecins, son trépas et sa sépulture (§ 16-19). La visite au trésor impérial (§ 15), que l'auteur déclare tenir d'un témoin respectable, mais anonyme, et qu'il a failli oublier de rapporter, forme contraste par son invraisemblance et son imprécision avec le reste du récit.

Les chapitres narratifs qu'on vient de signaler sont précédés d'un interminable et amphigourique prologue (§ 1-4) et entrecoupés de longs développements où l'édification trouve mieux son compte que l'histoire : tableau fort peu circonstancié de la persécution iconoclaste (§ 7), exposé des vertus de Nicéphore (§ 8), exhortation du fondateur à ses moines (§ 11-12), ses principes et sa méthode dans la direction des consciences (§ 13-14), ses dernières recommandations à sa communauté (§ 17).

Tout l'ensemble, aussi bien les parties « historiques » que les autres, est rédigé en un style prétentieux et boursouflé, où abondent les mots rares[5], les composés insolites, les formes archaïques

---

[1] § 13, l. 2, et 17, l. 5-6.   [2] § 19, l. 6-8.   [3] § 9, dernière phrase.
[4] Le § 7 décrit la persécution comme un fléau du passé.
[5] Dans le manuscrit de Munich, un certain nombre de ces mots, incompréhensibles pour le lecteur moyen, ont été expliqués en marge par des équivalents plus connus (voir l'apparat critique). Mais beaucoup d'autres auraient mérité

ou dialectales [1], les constructions recherchées, les expressions alambiquées. Par endroits, les réminiscences scripturaires sont accumulées comme à plaisir, et plusieurs d'entre elles s'écartent tout à fait de la banalité [2]. On croirait avoir affaire à un pédant dont le principal souci serait d'étaler sa science et son talent littéraire, ou plutôt ce qu'il prend pour tel. L'*Index graecitatis* placé en queue de cet article permettra aux philologues de repérer dans le texte grec les « perles » qui peuvent les intéresser tant au point de vue du vocabulaire que de la grammaire.

Dans le manuscrit de la Vaticane, seul témoin complet, la Vie se termine selon l'habitude par une doxologie (§ 19). Viennent ensuite neuf vers (§ 20), qui servent de préface à trois Miracles (§ 21-23), puis une invocation finale (§ 24).

Cet appendice n'a pas été rendu nécessaire, comme il arrive souvent [3], par le nombre et l'éclat des miracles posthumes : il s'agit au contraire de prodiges opérés par le saint de son vivant et qui auraient dû normalement trouver place plus haut. Le premier (§ 21) n'est manifestement qu'un extrait ou un résumé d'un récit plus détaillé. Il semble donc qu'un recueil de *Miracula S. Nicephori* aura été composé fort tôt après sa mort et qu'il n'en subsiste ici que des vestiges.

Mis à part l'intérêt philologique *sui generis* qui a été relevé ci-dessus et les détails que les historiens du monachisme ou de la spiritualité sauront glaner dans le texte qu'on va lire, le mérite capital de la Vie de Nicéphore consiste, aux yeux de l'historien, dans les renseignements chronologiques qu'on y trouve et qui vont nous permettre de fixer, avec une probabilité voisine de la certitude, la date de la mort du saint.

le même traitement ; peut-être le scoliaste eût-il été bien embarrassé pour en fournir une interprétation.

[1] Par exemple, ἰητρός pour ἰατρός (§ 17-18), γαῖα pour γῆ (§ 11[22]), ἄλγεα pour ἄλγη (§ 12[39]). Sur les ionismes dans la κοινή, voir E. Schwyzer, *Griech. Grammatik* (1938 et 1953), p. 128-129 ; cf. H. Grégoire, dans *Revue de l'Instruction publique en Belgique*, t. 44 (1901), p. 264-268.

[2] Voir notamment le § 12.

[3] Voir, entre autres, les Miracles posthumes de S. Pierre d'Atroa († 837), publiés naguère par V. Laurent ; cf. *Anal. Boll.*, t. 76 (1958), p. 245.

D'après le *Palatinus*, dont la mutilation du *Monacensis* ne permet pas de contrôler la teneur, S. Nicéphore serait décédé, à l'âge de 58 ans, après 33 ans de vie religieuse, le 4 mai, à la 6me heure, en la 6me indiction, l'an 6301 (§ 18).

Or, suivant le comput byzantin, l'an du monde 6301 (ou 792/793 de notre ère) ne correspondait pas à la 6me, mais à la 1re indiction. La date est donc fautive. Elle est d'ailleurs impossible à mettre d'accord avec l'affirmation formelle de la Vie de S. Nicétas, § 24, qui attribue au patriarche Nicéphore (806-815) la consécration abbatiale du successeur de notre saint. Imagine-t-on un higoumène qui aurait attendu treize ans, de 793 à 806, avant de recevoir la bénédiction canonique ?

Il suffit de supposer, dans le passage en question, une vulgaire faute d'haplographie, la chute du mot εἰκοστοῦ après τριακοσιοστοῦ, pour rendre parfaitement corrects tous les synchronismes du texte : l'an du monde 6321 (ou 812/813 de notre ère) correspond bien à la 6me indiction et s'est écoulé avant la déposition du patriarche Nicéphore. C'est donc le 4 mai 813, et non durant la persécution de Léon l'Arménien (entre 815 et 820), que mourut S. Nicéphore de Médikion.

Né 58 ans plus tôt, soit en 755, il devint moine à l'âge de 25 ans, donc en 780, c'est-à-dire l'année même où la mort de Léon IV mettait un terme à la première phase de la crise iconoclaste. Peu de temps après, il fondait Médikion, puisqu'il siégea, en 787, parmi les Pères du second concile de Nicée et apposa sa signature aux actes de cette assemblée œcuménique en qualité d'higoumène du nouveau monastère : Νικηφόρος ἡγούμενος τοῦ ἁγίου Σεργίου τοῦ Μηδικιῶνος ὁμοίως (ὑπέγραψα) [1].

François HALKIN.

---

[1] MANSI, t. 13, col. 153A.

P.S. Monsieur H. Grégoire a eu l'obligeance de lire en épreuves le texte qui suit. Non content de m'aider à l'écheniller, il s'est acharné à restituer les passages corrompus. Grâce à son « Sprachgefühl » et à sa maîtrise du grec classique, byzantin et moderne, il y a réussi presque partout. Ses corrections et suggestions seront marquées de ses initiales *H.G.*

Le même savant souligne avec raison 1° l'intérêt des scholies du *Monacensis* ; 2° le nombre des *hapax legomena* fournis par notre hagiographe ; 3° les emprunts qu'il fait au vocabulaire médical et philosophique.

Βίος¹ καὶ² πολιτεία καὶ ἀγῶνες³
τοῦ ὁσίου πατρὸς ἡμῶν Νικηφόρου
ἡγουμένου γενομένου⁴ τοῦ Μηδικίου⁵

e codicibus Monacensi 366 (= M) et Vaticano Palatino 27 (= P).

1. Πολλοὶ πολλάκις (1) τὴν ἄμορφον ὕλην νηπίων δίκην ἀθύρ-
μασι δρώντων ¹ κομποστολοῦσιν (2) · ταὐτὸν δὲ καὶ ζωγράφοι
καὶ λογογράφοι καὶ λιθοξόοι καὶ τέκτονες πηλίκα μεγέθη καὶ
κάλλη καὶ περιδέραια, ἐνώτιά τε καὶ ὅσα νοῦς ἐξεῦρεν ἀνθρώ-
5 πινος, ἐκ πολυχρόων μετάλλων προέθεσαν · ἀλλ' οἱ μὲν διαπαί-
ζοντες τὴν ἀλήθειάν τισιν ἀνανδρίας ἔχουσι μορμολυττοῦσιν ² (3),
ἕτεροι δὲ ἐπὶ κακῷ τῷ ἑαυτῶν γέλοια διαπλάττουσι, ὧν τῇ ἀτερ-
ψίᾳ τέρπουσι λωβούμενοι ³ (4) τοὺς ἄφρονας · οἱ δέ γε χριστενσόφοις ⁴ (5) νοήμασιν εἰς τοὐμφανὲς ἀναστηλοῦντες, ὅσον ἐφι-
10 κτόν, προσφυῶς τὰ εὐζήλωτα, ἀρίστως ἐπιθέλγουσιν, οὐ μὴν
φενακίζουσι ⁵, τοὺς ἑψομένους ⁶, ὑπερκερδεστέρας ⁷ ἑαυτοῖς φιλοφρόνως προσστησάμενοι ἐν ⁸ φιλοθεάμοσι τά τε γέρα ⁹ καὶ τὰς
ἀμοιβάς. Ὁ ἐν τριάδι παντεχνήμων (6) θεὸς δὲ ¹⁰ τῇ ὑπεραπειρο-

---

Lemma. — ¹ μηνὶ μαΐῳ δ' praemittit M, τῇ αὐτῇ ἡμέρᾳ (μαΐῳ ε') praem. P
— ² ἤτοι M — ³ κ. ἀ. om. M — ⁴ γεγονότος M — ⁵ μειδικίου (ει in ras.) M.
1. — ¹ δρῶντες M — ² μορμολύττουσιν P ; cf. § 5, l. 43 — ³ βλαπτό-
μενοι schol. marg. M — ⁴ οἱ δέ γε χρ. om. P — ⁵ φαναχίζουσι P, χλευάζουσιν
ἢ ἀπατοῦσιν sch. M — ⁶ ἀκολουθοῦντας sch. M — ⁷ ita MP — ⁸ προστη-
σάμενοι ἐκ M — ⁹ τιμὰς sch. M. — ¹⁰ om. P.

---

(1) Le prologue, particulièrement prétentieux et obscur, s'étend sur quatre
paragraphes. Le lecteur pressé passera tout de suite au § 5.

(2) Mot inconnu aux dictionnaires, comme pas mal d'autres qu'on trouvera
groupés dans l'*Index graecitatis* en queue de cet article.

(3) Plus loin, les deux manuscrits ont μορμολυττούμενοι, que le Monacensis glose en marge par ἐκφοβούμενοι (§ 5, note ²³). Le Thesaurus cite d'abord
Hésychius, qui donne pour équivalent φοβερίζειν, puis deux autres exemples tardifs de l'actif μορμολύττω.

(4) Dans le manuscrit de Munich, ce mot est interprété par une scholie ou
glose marginale. On relèvera ci-dessous, dans l'apparat critique, toutes les
notes de ce genre ; elles sont marquées de l'abréviation *sch. M.*

(5) Ce néologisme revient encore deux fois sous la plume de notre auteur :
§ 11 et 24.

(6) S. Jean Damascène parle de même du παντεχνήμων Λόγος (P. G., t. 96,

πλασίῳ ¹¹ ἀγαθοπρεπῶς ἀνθορίσας (1) παντουργικῇ σοφίᾳ τὴν ἄπλε-
15 τον αὐτοῦ ποικίλως κατ' ἀρχὰς διωργάνωσεν οὐσιώσας κτίσιν, συν-
εκτικῇ νεουργήσας παλάμῃ, ὡς παρεκτικὴ τῶν ὅλων αἰτία καὶ
σύγκρασις, καὶ αὐτὸ τὸ εἶναι τοῖς οὖσι δωρούμενος · γῆθεν δὲ
πλαστουργήσας ζωαρχικῇ ἀκαταλήπτῳ χειρὶ τὸν ἄνθρωπον κατ'
εἰκόνα καὶ ὁμοίωσιν (2), τὸ τῆς ἀθανασίμου (3) φημὶ ἀρετῆς θεο-
20 είκελον, ἐμόρφωσεν στίλψας ἐμφέρειαν, καὐτεξουσίῳ κατάρχειν
λόγῳ τῶν ἐπὶ τῆς γῆς, θείᾳ τε καὶ ζωηρᾷ ἐπιπνοίᾳ τιμήσας ἐπλή-
θυνεν · οὓς ἀπειροκάλως ἐξ ἀπροσεξίας ἀδοξήσαντας ¹² πάλαι
σφαλερῶς τῇ θεώσει ¹³ μνώμενοι (4), θανάτῳ διὰ παρακοῆς ὑπ-
έπεσαν. Ἐπεμέμικτο γὰρ αὐτοῖς φθόνῳ δεινῷ καὶ ἀπάτῃ τοῦ
25 πολυμόρφου ὄφεως τὸ ἰδιογνωμόρρυθμον (5). Ὅθεν ὁ πανοικτίρ-
μων θεὸς δι' ἄκραν φιλανθρώπου ἀγαθότητος καμπτόμενος τὴν
τούτοις ¹⁴ ἀκοσμίαν πανσόφως μεταστοιχειώσας καὶ εὐκοσμίᾳ ¹⁵
κοσμήσας ὡραιανθεῖ ἐφαίδρυνεν.

2. Καί γε ὁ μικρὸς ἐν τοῖς ¹ τὰ ζωηρὰ διαχαράττουσιν ἐγὼ (6)
κατ' ἔννοιαν λαβὼν τῶν μὲν τὸ περίγελον, τῶν δὲ τὸ περίδοξον
κατά γε τὴν ἐμὴν κατάληψιν, οὓς μὲν ἠγάσθην, οὓς δὲ κατέγνων ·
περιπαθῶς δ' ἔχων φράζειν, ἐφ' ᾧ μοι (7) ὁ πόθος ὑφέλκει ², κἂν
5 ἐξ ἀτέχνου συντέτακτο γνώμης, ἄπλαστον λόγον, οὐ μὴν ὕλης
νεκρᾶς ἀμορφίαν διαρθροῖν ³, δηλωτικὰ δ' ὅμως ἀναφανδὸν διαδεῖξαι, ἐφ' ἃ διομαλισθήσεται (8) λόγος ἅπας, πρᾶξις καὶ δια-
νόημα, καὶ κρεῖττον τάχα γε ἡ ⁴ τοῦ λόγου σύμφρασις διανυ-
σθείη, ὃν δὴ καὶ μικρὸν ὕστερον ὡς ἐν ἐπιλόγου τάξει τοῖς
10 φιλοθέοις ὑμῖν ἀγνοοῦσιν ὡς εὐγνώμοσιν εἰς προῦπτον ⁵ ἐκθή-

---

¹¹ δὲ add. P — ¹² (οὓς - ἀδ.) lege οἱ... ἀδοξήσαντες — ¹³ τε al. man. in marg.
add. P — ¹⁴ ita MP pro τούτων — ¹⁵ π. μ. καὶ εὐ. om. P.
2. — ¹ ἐντὸς ante corr. P — ² (ἐφ' ᾧ - ὑφ.) φέλκει sic P — ³ ita MP — ⁴ εἴη
M — ⁵ βλεπόμενον ἢ φανερὸν sch. M.

col. 665A). C'est le seul exemple de ce mot qui soit signalé dans le *Thesaurus*
et Sophocles.   (1) Mot rare.   (2) Cf. *Gen.* 1, 26.
(3) Adjectif inconnu. Mais on trouve ἀθανάσιος (exactement comme le nom
propre) dans Néophyte le reclus de Chypre († vers 1215) ; cf. B. MANDILARAS,
dans Ἀθηνᾶ, t. 62 (1958), p. 338.   (4) Cf. *Gen.* 3, 5.
(5) Cf. JEAN CLIMAQUE, *Scala*, grad. 24 (P. G., t. 88, col. 981c).
(6) L'auteur se range-t-il au nombre des artistes peintres ?
(7) Le datif pour l'accusatif. Cf. *Index graecitatis*, ci-dessous, p. 430.
(8) Le *Thesaurus* ne donne qu'un exemple de διομαλίζω employé au passif
(dans Anne Comnène).

σομαι, καὶ μάλισθ' ὅταν ἀκίνδυνον καὶ ἐπωφελὲς εἰσοῖσαι⁶ τὸ
ἀποτέλεσμα. Οὐκ οἴομαι γὰρ κατὰ τοὺς ὡς⁷ ἀρχῆθεν ἔφαμεν
ἀψύχοις ἐμφιλοχωρεῖν, μυθευόμενος ἐθελοκάκως ἀμβλωθρίδια⁸ (1)
οἰονεὶ παρέμποδα σωτηρίας.

3. Δεῦρο δὴ οὖν εἴπωμεν ἀριδήλως ἐπιτροχάδην διεξιόντες, τὰ
σποράδην ἠρανισμένοι, προσσημάναντες τἀληθές, οὐ γραώδους
κομπομυθορρήμονος εἴτουν σαβακόφρονος ληρήματα, ἀλλ' ἢ τὰς
τῶν ὁσίων πατέρων ἡμῶν ἐν μικρῷ λόγῳ μεγάλους¹ σταθμώ-
5 μενοι ἀνδραγαθίας καὶ ἀσκήσεις, τῶν κατὰ διαφόρους τόπους
καὶ τρόπους ἔργῳ καὶ λόγῳ καταφανῶς διαλαμψάντων, ἐπι-
καλεσάμενοι τὸν παντὸς ἀγαθοῦ δοτῆρα θεόν, ὃς δι' οἶκτον ἄφα-
τον καθ' ἑκάστην γενεὰν ἀναστῆσαι ἄνδρας ὁσίους καὶ διδασκά-
λους παιδαγωγοῦ δίκην πρὸς ἐπικουρίαν² ἡμῶν οὐκ ἔληξε · τοὺς
10 ἔκπαλαι πρὸ νόμου προπάτορας³ καὶ πατριάρχας, οἷς ἐνεσημάνθη
τὸ τῆς θεογνωσίας φάος ἀμυδρῶς, κἄπειτα⁴ Μωσῆν καὶ τοὺς
προφήτας τοὺς προκαταγγείλαντας τοῦ θεοῦ λόγου τὴν⁵ συγ-
κατάβασιν, οἷστισιν ὡς ἐν πυρὸς ἀτμίδι καὶ γνόφῳ καὶ λεπτοτάτης
αὔρας θυέλλῃ ἐφαντάσθη κύριος ἀκροθιγῶς⁶ · κἀπὶ τούτοις δ' οὖν
15 τοὺς θείους ὄντως αὐτόπτας καὶ μαθητὰς αὐτοῦ, οὓς ἐνεφόρησεν
δαψιλῶς τοῦ ἁγίου πνεύματος ἡ χάρις · καὶ αὖθις συλλήβδην
τοὺς ἐφεξῆς ἱερεῖς καὶ μάρτυρας καὶ θεοφόρους πατέρας, ἐξ ὧν
ἔνιοι μὲν τῆς ἀκραιφνοῦς καὶ ἀμωμήτου⁷ πίστεως εἴνεκα⁸ ἀδεῶς⁹
βασάνων πεῖραν ἔλαβον, ἔνιοι δὲ <τοὺς> ταῖς¹⁰ τῶν αἱρεσιωτῶν
20 ἀκλεᾶ¹¹ κεκομψευμέναις¹² γλωσσαλγίαις ἀλισγηθέντας¹³ ἢ καὶ
κραδαινομένους¹⁴ αὐτεπιβούλως προσεπὶ τούτῳ, ἔτι γε μὴν καὶ
ὡς ἐν βαράθρῳ τῇ δολοφροσύνῃ δολοπλόκοις ἄμμασιν¹⁵ συγ-
κυβισθέντας (2), τοῖς τῆς ἀσεβείας γεννήτορσιν ἐφεδρευθέντας τού-
τους¹⁶ κάλοις¹⁷ ἕλξαντες διδασκαλικοῖς¹⁸ ὡς ἐκ σκότους δίνης¹⁹

---

⁶ ita MP — ⁷ an leg. οὕς? — ⁸ σκοτεινὰ sch. M.
3. — ¹ sic MP pro μεγάλας — ² πρὸς βοήθειαν sch. M — ³ προπατέρας MP
— ⁴ καὶ μετὰ ταῦτα sch. M — ⁵ sup. lin. P — ⁶ εἰς ἄκραν προσεγγίσας ὅ ἐστιν
ὀλίγον sch. M — ⁷ καθαρᾶς ἢ ἀληθοῦς sch. M — ⁸ χάριν sch. M — ⁹ ἀφόβως
sch. M — ¹⁰ τοῖς MP — ¹¹ ἄδοξα sch. M — ¹² καὶ κεκομψευμένοις MP —
¹³ τραυματισθέντας sch. M — ¹⁴ σειομένους sch. M — ¹⁵ δέμασι sch. M —
¹⁶ τούτοις M — ¹⁷ σχοινίοις sch. M — ¹⁸ διδασκαλίας P — ¹⁹ ῥυπαρίας ἢ
σκότους sch. M.

(1) « Avortons ». Voir l'article du Thesaurus.
(2) A rapprocher de κυβιστάω, « se précipiter la tête en avant, faire la cul-
bute ou le saut périlleux ». (Comparer aussi κυβητίζω, H. G.).

25 πρὸς φῶς ἀνεσώσαντο, ἀκμαιόφρονας τῇ ὀρθοδοξίᾳ καὶ ἀρτίους
ἀπεργασάμενοι. Τῇ γὰρ ἐχέτλῃ ὥσπερ τοῦ ἀρότρου τὴν χεῖρα
ἐπιβαλόντες ἀνεπιστρόφως (1) κατ' εὐθὺ τοῖς αὔλαξι, καὶ νεώσαν-
τες τὴν ἀδαῆ ²⁰ τῶν νεηλύδων γνώμην, τοῦ θείου λόγου τὸν σπόρον
κατέβαλον, καὶ πολύχουν ἐντεῦθεν τῆς πίστεως αὐξήσαντες ²¹ κατὰ
30 τὴν ἀναλογίαν τῶν ἰδίων ἕκαστος πόνων τὸν τῆς ἀγαθοεργίας
πολυτλήτοις ²² ἱδρῶσιν ἐβλάστησαν στάχυν. Τοῦτ' αὐτὸ πάντες
οἱ ἅγιοι δρῶντες (χρὴ γὰρ συνελόντα φάναι ²³), ὥσπερ ἄριστοι
γεωργοὶ τὰς οἰκείας προαρώσαντες ψυχὰς καὶ τῇ δωρεᾷ τοῦ ἁγίου
πνεύματος σοφῶς ἐπάρδοντες ²⁴, ὡς ἔφθην εἰπών, φωστήρων δί-
35 κην τὴν θεογνωσίαν ὡς ἐν σκότει βαθεῖ τῆς ἀθεΐας τηλαυγέστερον
ἡλίου ἔλαμψαν, ἐκ παραλλήλου ταῖς μαρμαρυγαῖς τῶν ὧνπερ
ἕκαστος εἰλήφει πρὸς θεοῦ, οὐ δι' ἑαυτῶν, θείων χαρισμάτων
τὸν περίγειον αὐγάζοντες κόσμον, τοὺς πέλας καὶ πόρρω συν-
αγείραντες ²⁵ πρὸς πίστιν ἀκηλίδωτον, κἂν τούτῳ πληροῦντες τὸ
40 « Ἀγαπήσεις κύριον τὸν θεόν σου ἐξ ὅλης τῆς ψυχῆς σου καὶ τὸν
πλησίον σου ὡς σεαυτόν» καὶ τὰ ἑξῆς (2). Καὶ εἴ που ζιζάνιόν τι
τῶν τοῦ πονηροῦ σπερμάτων ᾔσθοντο ἐκφυέν (3), αὖθις δρεπάνην
ὥσπερ τῶν λόγων ²⁶ θήξαντες ²⁷ πυρὶ προρρίζους, τῷ τῆς μετα-
νοίας φημί, παρεδίδοσαν ἐκκόψαντες. Ἐξ ὧν ἁπάντων, ὧν τὰ
45 ὀνόματα ἐν βίβλῳ ζώντων (4) καὶ αἱ ψυχαὶ ἐν χειρὶ κυρίου (5),
εἷς ἦν καὶ ὁ ὅσιος πατὴρ ἡμῶν Νικηφόρος, περὶ οὗ καὶ δι' ὃν ὁ
λόγος, ἐπιμορφάζων τοῖς οὕτω πολιτείᾳ προκόψασιν.

4. Τοίνυν ἧκεν ¹ ἡμῖν τοῖς οὐκ εἰδόσιν ἡ ἐν χερσὶν ὑπόθεσις,
ὦ ἱερὸν καὶ θεοφιλὲς συνάγυρμα · ᾧ πᾶς ὥρμητο πόθος, συντέτακτο ὁ λόγος ἤδη, εἰ καὶ παροδικῶς, ὡς εἴποι τις ἄν ², ἐσχε-
δίασται. Τούτου ³ δὴν ἀνεῳγνύμην ⁴ τὴν βαλβίδα, οὐ τετρώρῳ ἄτ-
5 των ⁴* ἅρματι ⁵ καὶ ἱππεῖ (6) · οὐ μουσικῆς ὀργάνων ἠχὴν καὶ σει-

---

²⁰ τὴν ἀμαθῆ ἀπείραστον sch. M — ²¹ supple τὸν καρπὸν. — ²² πολυκαρ-
τερ(ή)τοις sch. M — ²³ εἰπεῖν sch. M — ²⁴ ἐπάρδοντας P — ²⁵ τοὺς ἐγγὺς
καὶ μακρὰν συναθροίσαντες sch. M — ²⁶ δρεπάνῃ ὥσπερ τῷ λόγῳ MP —
²⁷ ἀκονήσαντες sch. M.
4. — ¹ παρεγένετο sch. M — ² τις ἄν τις P, τι ἄν τις M — ³ τοῦ MP, forsitan recte ; cf. § 10, l. 3 : ἐκ τοῦ δὴν, et § 19, l. 5 : τοῦ γὰρ χάριν. — ⁴ corr.
H. G. ; ἀνεῴγνοιμι MP — ⁴* τετροὐῴρῳ ἄττοντι MP — ⁵ ἅρμα M.

(1) Cf. Luc. 9, 62.   (2) Cf. Marc. 12, 30-31.
(3) Cf. Matth. 13, 25-40.   (4) Cf. Phil. 4, 3.   (5) Cf. Sap. 3, 1.
(6) Réminiscence poétique? Cf. Dan. Th. 11, 40?

ρήνιον κελαδίαν ὀργῶσαν ⁶ μωκήσασθαι καὶ ἐκθηλῦναι ἀκροατάς,
προαιρετικῆς δὲ ἐχέφροσιν ἐμμελείας τὸ ἔξαλμα τοῦ λόγου.
Τοῖς ἱμᾶσιν γὰρ ὥσπερ ὁ ἔρως πρόσω με φέρεσθαι βιάζοιτ᾽ ἄν, ἀγκτῆ-
ρος δίκην δὲ τὸ δέος ⁷ εἰς τοὐπίσω με ὡς ἡνίαις ἀνθέλκει. Τίνος
10 δὲ χάριν λέξων ἔρχομαι, φαύσεις καὶ ἐπιτολὰς διαδήλους ⁸ ὧδέ
που ἱστορικῶς διαζωγραφοῦντι ⁹ λόγῳ <τὴν> τῆς ἐν σαρκὶ ζωῆς
θεάρεστον πολιτείαν τοῦ ἐν ἁγίοις ὡς ἀληθῶς Νικηφόρου, οὗτινος
παραιτητέον οὐδαμῶς οὐδὲ σιωπητέον ἃ κηρύττεσθαι ὅσιον. Οὗτος γὰρ ὁ ὄντως εὐσεβείᾳ καὶ πόθῳ τῶν ἄνω, ὑπεροψίᾳ τε τῶν
15 τῇδε οὐδαμῶς [ὥσπερ] τῶν πρώην πατέρων ὤφθη καταδεέστε-
ρος, εἰ καὶ μὴ κατὰ τὴν τοπικὴν ἐκείνοις, ὡς ἔπος ¹⁰ εἰπεῖν, φύντα
παρομαρτοῦντα ¹¹(1) συμβιοτεύων, ἀλλά γε κατὰ τὴν κυκλοφορι-
κὴν ἐτῶν ἀνέλιξιν ¹² ὁμέστιος ¹³ ὢν καὶ συνέριθος ¹⁴ · συνείπετο ¹⁵
γὰρ αὐτοῖς κατὰ τὸ τῆς ἀρετῆς εἶδος, εἰ καί τις ἄλλος ¹⁶. Οὐδὲ
20 γὰρ χρόνων ἕλοιτό τις καὶ τόπων τὴν ζήτησιν, ἀλλὰ τρόπων χρη-
στῶν καὶ ἀγαθῶν ¹⁷ θαυμάσαι τὸ μέγεθος.

5. Καιρὸς δ᾽ ἂν εἴη λοιπὸν τὸ χρέος ἀποτίσαι καὶ διαδεῖξαι ὄνομα τούτῳ (2) καὶ τύχην, ἀξίαν τε καὶ πατρίδα καὶ γένος καὶ ὅσα
καὶ οἷα ¹ τὴν ἀρίστην πολιτείαν ² τἀνδρὶ παριστάνει ³, εὐγένειάν
τε καὶ σέβας εἰπεῖν καὶ τὸ περὶ τὴν πίστιν εὐσταθές τε καὶ πά-
5 γιον. Τοίνυν ἀφέμενοι μακρηγορεῖν ἀκίχητα ⁴ φειδοῖ τῶν ἀψι-
κόρων εἴτουν νωθροκαρδίων, φέρε προὔργου ⁵ εἰς τὴν ἀρχῆθεν
ἐπαναζεύξαιμεν ⁶ βραχέα διαλαβόντες ἀναγωγὴν τοῦ ἀνδρός, τίς
τε ὢν καὶ ὅθεν καὶ ἐκ τίνων προελθὼν ἔφυ γονέων καὶ προηγου-
μένως μέντοι ποίου ⁷ γένους ὑπῆρχεν ἔκπαλαι περίβλεπτου, ἔν
10 τε ἀξιώμασιν διαφόροις σχεδὸν πάντων καὶ πλούτῳ οὐ μετρίῳ
κομώντων, οὐκ ἀσήμου δέ, ἀλλὰ τῆς προὔπτου καὶ πανευδαίμο-
νος Κωνσταντινουπόλεως αὐτόχθων πολίτης, γονέων δὲ εὐσεβῶν
καὶ φιλοχρίστων καὶ αὐτῶν ὡσαύτως ἐν περιουσίᾳ βριθόντων,

---

⁶ ita MP ; an leg. ὀργάνων ἠχῇ καὶ σειρηνίῳ κελαδίᾳ ὀργώσης? — ⁷ φόβος
sch. M — ⁸ ita MP ; an leg. διαδηλῶν? — ⁹ an leg. καὶ διαζωγραφῶν τῷ?
— ¹⁰ λόγος sch. M — ¹¹ παρομαρτοῦν ante corr. M ; παρακολουθοῦντα sch.
M — ¹² ἀνελίξεσιν MP — ¹³ ὁμεσίων P — ¹⁴ συνέριθος P ; συνεργὸς sch. M
— ¹⁵ συνηκολούθει sch. M — ¹⁶ ὡς οὐδεὶς ἄλλος sch. M — ¹⁷ ἀγωγὸν M.
5. — ¹ οἷον M, οἷαν P — ² om. M — ³ παριστάνειν M — ⁴ μὴ καταλαμβανό-
μενα sch. M — ⁵ προὔργον M, ποὔργον P — ⁶ ἐπαζεύξαιμεν P — ⁷ om. M.

(1) Sans doute une locution proverbiale.
(2) Le datif pour le génitif, comme τἀνδρὶ pour τἀνδρὸς, à la ligne suivante.

ὧν τὰ ὀνόματα Ἀνδρέας καὶ Φωτοῦ ⁸, ἥτις ὕστερον Θεοδώρα
15 μετεκλήθη (1), οἳ ἐκέκτηντο υἱοὺς τρεῖς ἄρρενας · ὄνομα τῷ
πρώτῳ Θεόδωρος ⁹, δεύτερος δὲ ὁ ἀοίδιμος καὶ σεβάσμιος πατὴρ
ἡμῶν Νικηφόρος, ὁ νῦν ὁσίως πρὸς ἡμῶν μνημονευόμενος, ὁ δέ
γε ὕστατος ¹⁰ Γρηγόριος (εἰ δέοι τὴν ἀναγωγήν, οὐ μὴν δὲ δισχέ-
τλιον μυθεύρημα ἐπεισάγειν ἀκροαταῖς) · οὕσπερ καταλείψας τῇ
20 μητρὶ ὁ πατὴρ κομιδῇ νέους τὸν ἀνθρώπινον ὑπέξεισι βίον. Ἡ
δὲ φιλόπαις οὖσα, πλείω δὲ φιλόθεος, ἀνῆγεν αὐτοὺς ἐν παιδείᾳ
καὶ νουθεσίᾳ καὶ φόβῳ κυρίου, ἐκτρέφουσα χάριτι μᾶλλον αὐτοὺς
ἢ γάλακτι καὶ μὴ ἐῶσα αὐτοὺς ἀνειμένως κίδνασθαι ¹¹ τῇδε κἀκεῖσε κοπρομόχθου (2) κανθάρου δίκην, ἀλλ᾽ ἀντὶ τερετισμάτων ¹²
25 παιδαγωγοῖς τισιν εἴτουν διδασκάλοις ἐκδέδοτο πρὸς μάθησιν τῶν
ἱερῶν γραμμάτων, δυοῖν ὑφειμένως ἀπείργουσα ¹³ τὸ τηνικάδε
ἀκμάζουσι κώμοις πελάζειν καὶ ἱπποδρομικαῖς θεωρίαις, ἔτι
μὴν θεάτροις εἰκαίων ¹⁴ καὶ ὀψιμαθῶν ¹⁵ (3) εἴτουν ἀγυρτωδῶν ¹⁶ (4), οἷς ¹⁷ ἥδονται ¹⁸ παῖδες. Ὁπόταν γὰρ ᾔσθετο τὰ τοιά-
30 δε ἡ μήτηρ, ἐπαίδευεν ἀνωτέρους παιδικῶν ἀθυρμάτων τούτους
ἔσεσθαι, οὓς ἑκάστοτε ἐκφοβοῦσα διεμαρτύρατο · «Μὴ τοῖς ἐκείνων φορυχθῆτε ¹⁹ ἀλισγήμασιν ²⁰ ἐκεῖ πορευθέντες, ἀλλ᾽ ἐν ἐκκλησίαις σχολάζετε μᾶλλον καὶ τῶν θεοπνεύστων μυεῖσθε λόγων,
δικαιοσύνην ἐπιτελοῦντες ἐν ἀκακίᾳ. Εἴθε γάρ, ὦ τέκνα ἐμοὶ
35 πεποθημένα, πανημερίους ²¹ ἂν ὑμᾶς ἐθεώμην ἐν ταῖς ἁγίαις τοῦ
θεοῦ ἐκκλησίαις σχολάζοντας, ἵνα μὴ ἐλέγχοις ἐπὶ κακῷ ὑπεύ-

---

⁸ Φωτοῦς M — ⁹ Θεοδώρῳ M — ¹⁰ ἔσχατος sch. M — ¹¹ σκορπίζεσθαι sch.
M — ¹² μελῳδιῶν sch. M — ¹³ ἀποκωλύουσα sch. M — ¹⁴ ματαίων sch. M —
¹⁵ corr. H. G. ; ἀμαθῶν P, ἀψαμαθῶν M — ¹⁶ ἀγυρτώδων MP — ¹⁷ om. M —
¹⁸ εὐφραίνονται sch. M — ¹⁹ μολυνθεῖτε sch. M — ²⁰ τραύμασιν ἢ ῥυπαρίας
sic sch. M — ²¹ δι᾽ ὅλης τῆς ἡμέρας sch. M.

(1) On changeait de nom en entrant au couvent, comme fit Photou, mère
du saint ; voir la dernière phrase de ce § 5. Sur les prénoms en -ώ et -οῦ
cf. H. GRÉGOIRE, dans *Mélanges Franz Cumont* (1936), p. 726, note 2.

(2) Le *Thesaurus*, i. v. κοπρομόχθος, renvoie à « Pisid. Opif. [éd. F. Morel,
1596], v. 1053 ». Dans Migne (*P. G.*, t. 92, col. 1514) et Hercher (*Claudii
Aeliani Varia historia...* [1866], p. 636), ce vers porte le n° 1079 ou 1067.

(3) D'après Hésychius, ἀψάμαθον équivaut à ἄψαμμον, « non sableux »,
sens exclu par le contexte. La correction de M. Grégoire est sûre.

(4) Suidas explique ce mot par συρφετώδης, « qui convient à la populace ».
Selon le *Thesaurus*, ἀγυρτώδης (dérivé d᾽ ἀγύρτης, « charlatan de foire ») se
rencontre fréquemment dans Épiphane.

VI

θυνοι γένησθε (1) καὶ αἰσχυνθείητε. Γέγραπται γάρ · Σχολάσατε
καὶ γνῶτε ὅτι ἐγώ εἰμι ὁ θεός (2). Ἀκούσατε γὰρ τί φησιν ἡ σοφὴ
παροιμία πρὸς τὸ δεῖν ἐμφρόνως καὶ οὐκ ἀγενῶς δικαιοσύνης
40 ἔχεσθαι · Ὅσον ἂν χρόνον ἄκακοι, λέγουσα, ἔχωνται δικαιοσύνης, οὐκ αἰσχυνθήσονται · οἱ δὲ ἄφρονες²², τῆς ὕβρεως ὄντες ἐπι-
θυμηταί, ἀσεβεῖς γενάμενοι, ἐμίσησαν αἴσθησιν καὶ ὑπεύθυνοι ἐγένοντο ἐλέγχοις (3).» — Ἐφ' οἷς μορμολυττούμενοι²³ οἱ ἱερώτατοι
παῖδες ἐν μικρῷ καιροῦ διαστήματι φέριστον²⁴ γνωμικῶς κατώρ-
45 θωσαν ἦθος. Παιδεύθητε ταῦτα, ὅσοι ἐν ὑμῖν παῖδας ἔχετε (4),
καὶ μιμήσασθε ἀρίστην βίου μέθοδον καὶ κομψῶς ἀνάξατε τὰ
ἔκγονα²⁵ ὑμῶν, εἰ ἄρα γε κατ' ἐκείνην εἰσί τινες τεκνοφιλόστοργοι.
Νοοῖτο δὲ τοῦτο πᾶς τις, εἰ οὐ θωπείᾳ ἐρεθίζουσα εὐζώους
καὶ φιληδόνους ὥσπερ οὐδ' εἴθιστο, φιλοθέους δὲ καὶ φιλοσυμ-
50 παθεῖς μάλα ἐκ πρώτης ἀπέφηνεν ἡλικίας, οὐ πρόσκαιρον αὐτοῖς
τιμὴν περιβάλλουσα, ἧς τὸ κάλλος ἀσχημοσύνη καὶ τὸ περιφανὲς
ἀχρηστία, ἀλλ' ἐπισπέρχουσα οὐχ ἥκιστα ἁγνοὺς καὶ σώφρονας
ὀφθῆναι τῶν πώποτε κατ' ἀρετὴν βεβιωκότων. † Δυοῖν τούτων, οἶμαι (5), ἦν²⁶† διὰ τοῦ σώφρονος λογισμοῦ τὸν ἐπιλογισμὸν²⁷ κτη-
55 σάμενοι²⁸ εἰλικρινῶς²⁹ ἐπιγνώσονται, ὡς ἅτε καὶ φοβηθῶσιν τὸν
κύριον, ἐπεὶ καὶ σοφία τοῦτο λέγοιτο ἄν. Μίαν γὰρ ταύτην ἴσμεν
πάντες σοφίαν, ἀρχὴν καὶ τέλος καὶ μεσότητα, φοβεῖσθαι τὸν
κύριον · ἀρχὴ γὰρ σοφίας φόβος κυρίου (6) καὶ τέλος λόγου τὸ
πᾶν ἄκουε · τὸν θεὸν φοβοῦ (7). Ὡς δ' οὗτοι λοιπὸν εἰς ἄνδρας
60 ἐτέλουν τῇ τε ἡλικίᾳ καὶ συνέσει προβάντες, ἄλλος μὲν ἄλλο τι
διεπέραινον πρὸς ὅ τις αὐτῶν καταθυμίως ἤγετο · πλείσταις τε
μεθόδοις βιωτικαῖς³⁰ ἐμπορευσάμενοι καὶ σεμνοπρεπῶς βιώ-
σαντες Θεόδωρος καὶ Γρηγόριος τελευταῖον τὸν μονήρη³¹ ἀσπασάμενοι σὺν τῇ μητρὶ βίον ἐν κυρίῳ τελειοῦνται.

²² εὔφρονες ante corr. M — ²³ sic MP; ἐκφοβούμενοι sch. M — ²⁴ φέ-
ρεστον P — ²⁵ ἔγγονα P — ²⁶ ἦν P; suppl. εἰ H. G. — ²⁷ λογισμὸν P —
²⁸ κτησόμενοι M — ²⁹ καθαρῶς sch. M — ³⁰ πλείστοις τε μεθόδοις βιωτικοῖς MP — ³¹ μοναχόν sic sch. M.

(1) Ou γένοισθε, à l'optatif comme le verbe qui suit.
(2) Ps. 45 (46), 10 (11).　　　　(3) Prov. 1, 22-23.
(4) L'auditoire comprenait donc des pères et mères de famille. Il s'agit
sans doute des pèlerins réunis pour la fête du fondateur; cf. § 24, l. 11.
(5) Même groupe de mots (δυοῖν τούτων οἶμαι) à la fin du § 8, l. 38. Ici
comme là, on serait tenté de suppléer ἕνεκεν.
(6) Ps. 110 (111), 10.　　　　(7) Eccle. 12, 13.

6. Νικηφόρος δέ, δι' ὃν τὸ παρὸν ἤρτηται πόνημα, ἔργῳ δεδη-
λωκὼς ἀφιλενδείκτως πᾶν ὅ τι κάλλιστόν γε τοῖς πρὶν πατράσιν ἡμιλλήθη, ἐζηλωκὼς πατροπαράδοτα, φιλεχρι¹ δ' ἐντεῦθεν
ἐκτρεπόμενος εὐγνώστως, ὡς ἐνεχώρει, τὰ ἐπίμοχθα αἰσχροφρο-
5 σύνης καὶ δολουργοὺς ἐχεμυθίας, καθελὼν πᾶν λογισμῶν ὕψωμα
κατὰ Χριστοῦ ἐπαιρόμενον²(1), ἐν οἷς συνωθοῦνται βροχιζόμενοι
ὁλικῶς οἱ τῷ³ κάρῳ τῆς ῥαθυμοτόκου βιωτικῆς ἐνεχόμενοι μερίμνης ὡς εἰς φρέατα ἀσφάλτου, ταῦτ' οὖν δρῶν οἷς ἥδεται θεός,
θείᾳ ἠλλοιωμένος ἐκστάσει καὶ αὐτίκα παρεὶς τὴν τῶν ὁρωμέ-
10 νων συγκλύδαν ἐξῄει μονάσαι τοῦ ἄστεος. Τῷ ἐν Βιθυνίᾳ δὲ
μοναστηρίῳ(2) Ἡρακλείῳ(3) καταλαβὼν ἀσμένως παρὰ τῷ ἐκεῖσε εἰσδέδεκτο προέδρῳ. Χρονοτριβήσας δ' αὐτόθι καὶ ἐκμαθὼν
πᾶσαν αὐτῶν τὴν ἀγωγὴν καὶ πολιτείαν, ἅτε προπεπαιδευμένος⁴
ὢν(4) εἰς ἄκρον, προγνώσεως δὲ χάρισμα ἔχων ὁ ὅσιος Ἰωσήφ
15 ὁ ἐκεῖσε ἡγούμενος αὐτοῦ(5) καὶ γνοὺς αὐτὸν ὡς πολλῶν ψυχῶν
προστατεύσων⁵ θεῷ προσαγάγοι⁶, ἀποθρίξας δὲ καὶ εὐξάμενος
ἀπέλυσεν αὐτὸν ἐν τῷ κατὰ δυσμὰς τοῦ καταβόλου ἐφ' ἑνὶ τῶν
γονικῶν αὐτοῦ προαστείων, ῥίνης δίκην τὰ φιλαμαρτήμονα προ-
αποξέσας ἄγη. Καὶ εἶθ' οὕτως ὡς ἐν ὕλῃ πῦρ καταβληθὲν αὖθις
20 ἐξεκάθηρεν ἀγχινοίᾳ εὐεκτῶν τὸ ἔκπαλαι ἐκεῖσε πολυάνδριον · καὶ

6. — ¹ ita MP; an φιλεχώρει <μέν, πάντα>? H. G. — ² ἐπαιρούμενον M —
³ om. P — ⁴ προπαιδευμένος MP — ⁵ προστήσεται P — ⁶ προσάγει P.

(1) Cf. 2 *Cor.* 10, 5.
(2) Le datif après καταλαμβάνω n'est pas inouï chez les Byzantins. Voir,
par exemple, la Vie anonyme de Théophane le Confesseur *BHG³* 1789 (éd. DE
BOOR, p. 9, l. 1) et les passages du *Theophanes continuatus* cités par Sophocles.
(3) On connaissait déjà deux monastères bithyniens portant ce nom, l'un à
Kios (cf. THÉOPHANE, éd. DE BOOR, p. 479, l. 27), l'autre à Érikli Yaïla sur
l'Olympe (cf. B. MENTHON, *L'Olympe de Bithynie* [Paris, 1935], p. 156). Mais
il s'agit ici d'un troisième Héraclion, dont la localisation est indiquée au § 10 :
il se trouvait à 7 ½ stades de Médikion, vers l'intérieur des terres. L'anonyme
que, dans une lettre à son frère Joseph (*P.G.*, t. 99, col. 1140в), S. Théodore Studite appelle ὁ Ἡρακλειώτης devait gouverner ce monastère d'Héraclion, vu
que l'higoumène mentionné immédiatement après lui (ὁ Μηδικιώτης) était
son proche voisin.
(4) Triple nominatif absolu se rapportant à Nicéphore, tandis que le participe suivant a un autre sujet.
(5) Ce Joseph, higoumène d'Héraclion vers 780, est apparemment le même
dont la signature se lit aux Actes du 2ᵉ concile de Nicée, en 787 (MANSI, t. 13,
col. 152A). L'higoumène Macaire qui accueillit S. Antoine le jeune en 843
(*Anal. Boll.*, t. 62, 1944, p. 212) fut sans doute un des successeurs de Joseph.

ἱερὸν τέμενος τῆς πανάγνου καὶ θεόπαιδος (1) Μαρίας ἵδρυσε, καὶ
ἁγιαστίᾳ⁷ ὡς θεῖος ἐπιβατήριος ὕμνων⁸ εἰσδέδεκτο (2), ἐν ᾧ
θέμις καρπὸν χειλέων ὁμολογούντων (3) τὴν χάριν προσφέρειν
θεῷ ἐν πνεύματι ταπεινώσεως καθαρᾷ τῇ καρδίᾳ, οἷα θυσίαν ζῶ-
25 σαν ἁγίαν εὐάρεστον τὴν λογικὴν λατρείαν ἡμῶν (4). Ἐπιλογισά-
μενος διὰ τῆς ἐνούσης αὐτῷ θείας χάριτος μοναστήριον δομουρ-
γεῖ (5) · οὐδὲ γὰρ ἦν κατ' ἐκεῖνο καιροῦ μοναστήρια⁹ ὅσα νῦν.
7. Τότε γὰρ καὶ αὐτὸς ἠλόγησε τὴν παροδικὴν σύμπασαν ῥευ-
στὴν βίου ματαιότητα, οὐ δείσας¹ τὸν ἐκ κακίας ἀνθρώπων² θάνατον · εἵλατο γὰρ συγκακουχεῖσθαι τῷ λαῷ τοῦ θεοῦ ὁ γεννάδας, αἱρετώτερον κρίνας ὑπὲρ ἀρετῆς τεθνάναι, εἰ δέοι, ἢ πρόσ-
5 καιρον ἁμαρτίας ἀπόλαυσιν ἔχειν, ὡς ἐν τῷ προφήτῃ Μωσῇ δεδή-
λωται (6). Ὀψὲ γοῦν²* · ἄρτι γὰρ τότε (7) κατεπορφύρετο (8) γῇ
τοῖς τῶν ἁγίων αἵμασιν καὶ ἦσαν εὐαρίθμητοι τῶν μοναστῶν³
πολυτρόπως θανατούμενοι, αὐτανδρί τε πόλεις καὶ κῶμαι ἀδίκῳ
μιαιφονίᾳ τοῖς³* κατ' ἐκεῖνο καιροῦ ἄναξιν (9), οἳ ἐξηρεύξαντο
10 ἐπ' ὀλέθρῳ ἑαυτοῖς καὶ ὑπείκουσιν⁴ αὐθεντίᾳ ἐξοιστρήσαντες δύσ-
φημον ὡς ἐκ τῶν ἐγκάτων⁵ ἀνοσιούργημα (οὗ τί γένοιτ' ἂν ἐπαλ-
γέστερον;), μὴ δεῖν προσκυνεῖσθαι τὰς ἁγίας καὶ σεπτὰς ληρω-

---

⁷ corr. H. G. ; ἁγιαστίαν M, ἁγιαστίον P — ⁸ corr. H. G. ; ὕμνον MP —
⁹ (κατ' ἐ. κ. μον.) μον. κατ' ἐ. κ. P.
7. — ¹ φοβηθείς sch. M — ² ἀνθρώπινον MP — ²* excidisse aliquid videtur
— ³ supple οἱ — ³* τοι P — ⁴ ὑπήκοσιν P — ⁵ κάτων P.

(1) Θεόπαις, au sens de θεοτόκος, n'est pas courant. Voir, par ex., NONNUS,
Paraphrasis in Ioannem, 19, 138 ; NICÉTAS PAPHL., P. G., t. 105, col. 25D.
(2) Au passif, comme 10 lignes plus haut (H. G.). Remarquer l'emploi
d'ἐπιβατήριος comme substantif.
(3) Hebr. 13, 15. (4) Rom. 12, 1.
(5) Cette première fondation monastique de Nicéphore, établie non loin
d'Héraclion, n'est pas désignée par un nom de lieu. Elle doit avoir été assez éphé-
mère (voir le début du § 9) et disparut quand le saint fonda Médikion (§ 10).
(6) A quel passage du Pentateuque l'auteur fait-il allusion? Cf. Dan. 13, 23.
(7) Précision chronologique assez illusoire. La fondation du monastère de
Médikion ne peut guère être antérieure à la mort de Léon IV (775-780). Or
la violente persécution que décrivent les lignes suivantes est manifestement
celle de Constantin V (741-775), non celle de son fils.
(8) Dans le même sens d' « empourprer », Théodore Studite emploie κα-
ταπορφυρόω, non καταπορφύρω (P. G., t. 99, col. 801B).
(9) Pluriel d'imprécation — à moins qu'il ne désigne les trois persécuteurs
qui se succédèrent sur le trône : Léon III, Constantin V et Léon IV.

δοῦντες εἰκόνας τῆς ἐνσάρκου οἰκονομίας Χριστοῦ, τῶν μεθηλι-
κιώσεων τῆς ἀειπαρθένου τε καὶ θεόπαιδος Μαρίας καὶ πάντων
15 τῶν ἁγίων, ὧν ἡ τιμὴ καὶ τὸ σέβας, ὡς τῷ ἁγίῳ δοκεῖ Βασιλείῳ,
ἐπὶ τὸ πρωτότυπον διαβαίνει (1). Μὴ συνιῶντες (2) γὰρ οἱ τρι-
τάλανες τὰ παρὰ τῇ θείᾳ γραφῇ ἐντεταλμένα τοῖς τῷ Χριστοῦ
ἐπικεκλημένοις ὀνόματι, ἰνδάλμασι κιβδήλοις⁶ ἡμῖν ἐκθειάζειν
ἐπεφήμιζον, ὡς ἂν θελομένοις⁷ ἀναμφιλέκτως τὰ χείρω, οὐχ ἥκι-
20 στα τοῖς ἕλλησι (3) τοῖς ξοάνων ἀφιδρύμασιν⁸ ἀπεχθεστάτων⁹
κωφοῖς καὶ ἀλάλοις θρησκεύουσι (4), παραπλησίως ἐκείνοις αὐτοὶ
δρῶντες καὶ χαίροντες κνίσσαις καὶ αἵμασιν, ᾄσμασί τε δαιμο-
νίων καὶ ἐπῳδαῖς οἱ τῆς ζωῆς μεμακρυσμένοι, ἀποδεχόμενοι καὶ
πᾶν ἁπλῶς ἀπηγορευμένον¹⁰. Θέουσι¹¹ δ᾽ οὗτοι λοιπὸν ἀντ᾽ ἄλ-
25 λου σεσοβημένως πολέμου κατὰ θεοσεβῶν καὶ ἐκπορθοῦσιν ἀναι-
τίους οἱ δείλαιοι· κἂν τούτοις βρέμοντες¹² ἀτάκτως εἰρωνείᾳ
δαιμονιώδει προσπταίσαντες ὄλλυνται. Ποίαν γὰρ ἀθείας μέθ-
οδον¹³ ὡς ἀκαιρομέμπται οὐκ ἔδρασαν οὗτοι μωμοσκοποῦντες
φιλοψόγως οἱ ἀγριογνώμονες τοῖς ὀρθῶς βεβιωκόσιν ὀρθοδόξοις;
30 Ἀλλὰ παραδράμοιμεν τὰ οἰκτρότερα τούτων· τούτοις δ᾽ ἐπιμαι-
νόμενοι (5), ἡ δίκη ζῆν ἀδίκους ἐπὶ μήκιστον οὐκ εἴα. Ἥκω γάρ
(ἐπωφελὲς ὑμῖν, ὡς οἶμαι) τῷ λόγῳ οὐ βατταρίζων¹⁴ ἀπαίσιον
δόγμα ὡς τὸ ἐπιβρῖσαι τάς τινων ἀκοάς· ἐποφείλω γάρ, κἂν
ἰσχνόφωνός εἰμι καὶ βραδύγλωσσος (6), μὴ καθυφεῖναί τι τοῦθ᾽ οὔ-
35 περ ἀσόφως ἐγκεχείρισμαι, ἀλλ᾽ ἀπόχρη¹⁵ τέως πρὸς τὰ τοιάδε
ἡ φράσις δῆλα ποιῆσαι οἷα τὰ τότε. Οὐδὲ γὰρ ὄνησίν τινα φέρει

---

⁶ lege ἰνδάλματα κίβδηλα — ⁷ θελομένους MP — ⁸ ἀφιδρύσμασιν M —
⁹ ἀπεχθεσμάτων MP — ¹⁰ ἀπηγορευόμενον M — ¹¹ τρέχουσι sch. M — ¹² ἀπει-
λοῦντες sch. M — ¹³ μέθον P — ¹⁴ φλοιαρῶν sch. M — ¹⁵ ἀρκεῖ sch. M.

(1) P. G., t. 32, col. 149c. Les écrivains iconodules ne se lassent pas de
citer ce texte de S. Basile. Voir, entre autres, la Vie de S. Nicéphore de Sébazé, § 6, dans Byzantion, t. 23 (1953), p. 25, avec la note 1.

(2) Confusion entre les verbes en -έω et en -άω (à côté de συνίημι on
trouve συνίω et συνιέω, qui donneraient respectivement συνιέντες, συνίοντες
et συνιοῦντες). Ou simple faute d'accent pour συνίοντες?

(3) On attendrait plutôt οὐχ ἧττον τῶν ἑλλήνων.

(4) Ce datif du participe se rapporte, comme déjà θελομένοις, au pronom
ἡμῖν qui précède. A son tour, θρησκεύουσι régit le datif (τοῖς ἀφιδρύμασιν...
κωφοῖς καὶ ἀλάλοις) au lieu de l'accusatif ; on trouve la même construction
dans les Oracula Sibyllina, VIII, 49 (éd. GEFFCKEN, p. 144).

(5) Nominatif absolu.   (6) Ex. 4, 10.

τούτων ὁ ἔρανος¹⁶ τἀνδρὶ τῷ πρὸς ὃν ἡμῖν ὁ λόγος, ὃς ἐγνωσμένος
ὢν κατὰ πάντα τῷ τὰ πάντα εἰδότι θεῷ πρὶν γενέσεως αὐτῶν¹⁷ (1)
καὶ ὡς θείων¹⁸ ἀνάπλεως ἐννοιῶν ἐπὶ πέτραν τῆς ἀρραγοῦς ἐρέρι-
40 στο¹⁹ πίστεως οὐδενὸς ἀντισπῶντος κλονούμενος. Πρὸς γὰρ
τοὺς χριστομάχους χριστιανοκατηγόρους (2) εὐτολμίᾳ φραξάμενος
ἐτετόνωτο, οὐράνιον εὐθυπορείαν ἐν γῇ μεταδιώξας.
8. Τῇ γὰρ εὐθύμῳ¹ καὶ ἀρίστῃ πρὸς Χριστὸν αὐτοῦ πεποι-
θήσει οὔποτε ἀποκναίετο² λήξας τὰ κατὰ θεὸν ἐξατενίζων²* διαβήματα τοῦ ἐνθένδε οἶμαι ἀγῶνος, ὡς ἡ σοφὴ μέλιττα οἷον σίμ-
βλῳ τινὶ ἐπιμελῶς ἐργαζόμενος μέλι τὸ ἡδύ τε καὶ ἀνήροτον τῆς
5 ἀρετῆς, τῷ παμβασιλεῖ τοῦτο προσφέρων θεῷ, εἰς ἕξιν ὥσπερ
εὐκρινῇ³ προβὰς διακρίνειν τὸ κρεῖττον ἀπὸ τοῦ χείρονος, θείῳ
ζήλῳ πυρωθεὶς Χριστοῦ ἀΰλῳ ἔρωτι. Ἐν δίψῃ γὰρ γεγονὼς τοῦ
θείου νέκταρος⁴ τά τε χαμαίζηλα ἄρδην⁵ ὑπερπτὰς καὶ πρὸς
ὑψηλὴν θεωρίαν ἀρθεὶς τὴν ἀμείνονά τε καὶ ὀθνείαν⁶, πρὸς τὰ
10 ἄρρητα ἀγαθά, ἃ μήτε ὀφθαλμὸς εἶδεν καὶ οὓς οὐκ ἤκουσε καὶ
ἐπὶ καρδίαν οὐκ ἀνέβη γηγενῶν, ἃ ἡτοίμασεν ὁ θεὸς τοῖς ἀγαπῶσιν αὐτόν (3), εἰς ἃ ἐπιθυμοῦσιν ἄγγελοι παρακύψαι (4), δι' ἃ
καὶ ἔκδημος τῶν ἐν χερσὶν ἀρχῆθεν καὶ τῶν γεηρῶν μετανάστης
διὰ βίου γέγονεν. Ἐπτέρωτο γὰρ ὢν (5) ἕνεκεν ὥσπερ ἔνθους
15 ὑφ' ἡδονῆς γεγονώς · δι' ἅ τοι καὶ προσαποδύεται ὁ θεῖος οὗτος
ἀνὴρ πρὸς τὸ σκάμμα τοῦ κοινοῦ τῆς φύσεως ἡμῶν ἐχθροῦ καὶ⁷
πολεμίου, τοῦ εὑρετοῦ πάσης ἀνοσίου ῥᾳδιουργίας, ἐμπόρῳ ἐοι-
κὼς ζητοῦντι καλοὺς μαργαρίτας κατὰ τὴν θείαν τοῦ σωτῆρος
παραβολήν (6) · καὶ οὐ διήμαρτε τοῦ ἀρίστου σκοποῦ. Εὑρὼν
20 γὰρ ἕνα πολύτιμον, ἀπελθὼν ἐπώλησε πάντα τὰ αὐτῷ διαφέ-
ροντα (7), μᾶλλον δὲ ἐσκόρπισεν, ἔδωκεν θεῷ διὰ τῶν πενήτων,

¹⁶ ἔπαινος M — ¹⁷ αὐτοῦ P, corr. ex αὐτῶν M — ¹⁸ θεῖος MP — ¹⁹ ita MP
pro ἐρήρειστο ; cf. § 12, l. 7, et § 17, l. 13.
8. — ¹ ἐκθύμῳ P — ² ita MP — ²* corr. H. G. ; ἐξαπενίζων MP —
³ εὐκρινῆν MP — ⁴ πόματος sch. M — ⁵ ὁμοῦ sch. M — ⁶ ξένην sch. M — ⁷ τοῦ M.

(1) Cf. Dan. 13, 35.
(2) « Accusateurs des chrétiens » : ce surnom injurieux, qui revient aux
§ 10 et 17, est appliqué aux iconoclastes dans la Vita Ignatii et dans plusieurs autres documents du VIIIᵉ et du IXᵉ siècle. Cf. P. G., t. 94, col. 773, avec
la note.
(3) Cf. 1 Cor. 2, 9. (4) 1 Petr. 1, 12.
(5) Le relatif pour le démonstratif τούτων?
(6) Matth. 13, 45. (7) Cf. Matth. 13, 46.

τὰ ἄνω ζητῶν (1), σὺν τοῖς ἄνω θείοις νοερῶς συμπεριπολεύων
λειτουργοῖς καὶ θεῷ τῷ πάντων γενεσιουργῷ πλησιάζων καὶ παρ-
εστὼς τῇ θεωρίᾳ, ᾧ καὶ ἔζη καὶ ἐπολιτεύετο καὶ ἀντὶ πάντων καὶ
25 πάσης ὑπεροχῆς τε καὶ ὑφέσεως σῶμα καὶ ψυχήν, νοῦν καὶ λόγον
προσανέθετο · ἔνθα εἶχεν⁸ ἀεὶ κατὰ τὸν θεορήτορα (2) Παῦλον τὸ
πολίτευμα (3), ὅπου οὔτε σὴς⁹ οὔτε βρῶσις ἀφανίζουσιν, οὔτε
κλέπται διορύττουσιν (4) ἀποσυλῆσαί τι τῶν ἐνόντων τῆς ἐλπί-
δος · ἔνθα καὶ ἐν ᾧ ἐτεθησαύριστο αὐτῷ ἡ ἀμοιβὴ τῶν ἱδρώτων
30 εἰς ἀεὶ διαμένουσα, ἔξω σαρκὸς καὶ κόσμου καὶ πάσης προσύλου
καὶ ἐμπαθοῦς διῳκισμένη¹⁰ θέσεως¹¹ τε καὶ σχέσεως, καὶ τάχα
γε κρεῖττον ἢ ὡς αὐτοὶ μετρίως νῦν διεξήλθομεν. Καί μοι¹² τῶν
παρόντων ἐπισκωπτέτω μηδεὶς τὰ ἐκείνου διεξιόντι ἀνδραγαθήματα. Ἀπρεπὲς γὰρ ἀσεβῶν μὲν βίους ἀνακηρύττεσθαι τῶν
35 ἐμφιλοκόμπων πολυκτημοσύνῃ καὶ μέγα ἐν γαυριάματι καὶ τῇ
λοιπῇ ἀθεμιτουργῷ φαυλότητι κεκαρωμένων, τηλικαύτην δὲ ἀνδρὸς ἐνθέου παροφθῆναι ἀρετὴν καὶ λήθης βυθῷ ἀμαυρωθῆναι,
δυοῖν τούτων οἶμαι¹³, δι᾽ ὄκνον ἢ ἔριδος ὑπουλίαν καὶ ζῆλον οὐκ
εὐαγῆ, ἅτινά εἰσιν ἀβελτηρίας¹⁴ τεκμήρια¹⁵.

9. Ὀλίγου τοιγαροῦν, ὡς ἀνωτέρω προέφαμεν¹, διϊππεύσαντος
χρόνου, ἐμελέτα κατὰ τὸ εἰωθὸς ἐν νόμῳ κυρίου ἡμερονύκτιον (5)
καταμόνας ἀσκούμενος · ἐπιποθῶν δὲ στόμα γενέσθαι θεοῦ κατὰ
τὸ φάσκον λόγιον τὸ « Ἐὰν ἐξαγάγῃς τίμιον ἐξ ἀναξίου, ὡς στόμα
5 μου ἔσῃ »(6), δι᾽ ἡσυχίας δ᾽ ὅμως ἔφεσιν ἀπρὶξ² εἴργετο λογικῶν
προστῆναι προβάτων · ἐννοῶν ἅμα καὶ ἐξιστάμενος τὴν ἐξ ἀμφοῖν
ἀνάμεστον καὶ οὕτω πλήρη οὖσαν δέους καὶ χαρᾶς ἐντολὴν τοῦ
σωτῆρος τὴν λέγουσαν · « Ὅς ἂν οὖν λύσῃ μίαν τῶν ἐντολῶν
τούτων τῶν ἐλαχίστων καὶ διδάξῃ οὕτως τοὺς ἀνθρώπους, ἐλά-
10 χιστος κληθήσεται ἐν τῇ βασιλείᾳ τῶν οὐρανῶν · ὃς δ᾽ ἂν ποιήσῃ
καὶ διδάξῃ, οὗτος μέγας κληθήσεται ἐν τῇ βασιλείᾳ τῶν οὐρα-

---

⁸ εἰ ἀεὶ P — ⁹ σκώληξ ἢ σῆψις sch. M — ¹⁰ διῳκισμένως MP — ¹¹ θεώσεως M — ¹² με MP — ¹³ cf. § 5, l. 53 ; an suppl. ἔνεκεν? — ¹⁴ sic MP ;
ἀνοίας sch. M — ¹⁵ σημεῖα ἢ στοχασμοὶ sch. M.
9. — ¹ ἔφαμεν M — ² βίᾳ sch. M.

(1) Cf. *Col.* 3, 1.
(2) Eustathe de Thessalonique qualifie les apôtres de θεορρήτορες (*P. G.*,
t. 136, col. 572A).
(3) Cf. *Phil.* 3, 20.   (4) Cf. *Matth.* 6, 19-20.
(5) Cf. *Ps.* 1, 2.   (6) *Ier.* 15, 19.

VI (top right)

νῶν (1) », ταύτης οὐ καταπεφρόνηκεν μελλήσας ³ ἐντολῆς, ἀργῶς
ἢ φορτικῶς διδάξας δ ⁴ μὴ πρότερον αὐτὸς κατώρθωσεν. Πλὴν
οὐδ' οὕτως ἐπεδεδόκει τολμηρῶς ἢ ἀκρίτως ἑαυτῷ ἡγήσασθαί
15 τινος, ἀνάξιον ἑαυτὸν ἀποφηνάμενος ταπεινοφρόνῳ ⁵ ἤθει, εἰ μή
τινες αὐτὸν λογάδαι ⁶ τῶν πατέρων εἰς τοῦτο διήγειραν κατακρί-
σεσιν, ὡς εἰ μὴ τοῦτο δράσειεν προθυμότατα. Ἔκτοτε γοῦν
ὁδηγὸν ἐπιστήσας ἀραρότως ⁷ τὸν εὐσεβῆ λογισμὸν (2) καὶ προ-
ηγουμένως τὸν τοῦ θεοῦ φόβον, φρουρῷ τε σωφροσύνης τῷ ⁸ ἐξ
20 ἔθους καὶ πάροιθεν ⁹ καθωπλισμένος, ὡς παρὰ θεοῦ βεβαιωθείς,
πάντα τὸν παραγενόμενον καὶ ἀποτασσόμενον ¹⁰ σύμπασαν βίου
ματαιότητα ὑπτίαις χερσὶ ψυχῆς πρωτουργὸς ὢν σὺν θεῷ τοῖς
ἐκεῖσε καὶ προσυνίστωρ εἰρηναίως ὑπεδέχετο · ἱερόλεκτόν τε συνάγυρμα φιλαρέτων ἀνδρῶν τοῖς ἀμφὶ τῷ αὐτοῦ διαδόχῳ Νικήτᾳ
25 περιεποιήσατο, αὐτόθι συναγηοχὼς τῷ ἀριθμῷ δισέξ ¹¹. Οὗτινος
Νικήτα τὴν ἐξαστράπτουσαν πολιτείαν οὐκ ἐν ἐπιτόμῳ διέξειμι ¹²
λόγῳ · τετάσθω δέ, εἴπερ τῷ θεῷ φίλον, ἐν ἰδίᾳ χώρᾳ φιλευφή-
μοις (3).

10. Καθ' ἑκάστην δὲ συνεργίᾳ θεοῦ ἐπαυξουσῶν τῇ ἐπιδόσει τῶν
[τε ¹] ἀδελφῶν καὶ προσόδων, ἐπεδεδέητο μειζοτέρας ἐκκλησίας,
τῆς συνοδίας ἤδη πληθυνθείσης. Ἐκ τοῦ δὴν ¹* καὶ ἕτερον κάλλι-
στον ἀνεδείματο παιδευτήριον εἴτουν ἀσκητήριον ἐν μεσογαίῳ
5 τινὶ οὐ παρὰ πολὺ διειργόμενον τῆς θαλάσσης καὶ τῆς πρώτης
μονῆς (4), ὡσεὶ ἑπτά γε ἥμισυ σταδίους ² ἑκατέρωθεν διῳκισμέ-
νον, Μεδίκην ³ δ' ὀνομαζόμενον (5) · ᾧτινι χωρίον τὸ τηνικάδε
παρὰ τοῖς ἐκεῖσε ὠνεῖται γεωργοῖς κοινῶς ἔκπαλαι τοῦτο κεκτη-

---

³ βραδύνας sch. M — ⁴ sup. lin. P — ⁵ sic MP pro ταπεινόφρονι — ⁶ ita
MP ; cf. γεννάδας — ⁷ ἁρμοζόντως sch. M — ⁸ τὸν MP — ⁹ ἔμπροσθεν sch.
M — ¹⁰ ἀπατασσόμενον P — ¹¹ ιβ' sch. M — ¹² διεξίειμι MP.
10. — ¹ ita MP ; expunxit H. G. — ¹* cf. § 4, ann. ³ — ² ἰστέον ὅτι τὰ
ἑπτὰ ἥμισυ στάδια ἀποτελοῦσι μήλιον ἕν sch. M — ³ sic MP ; an pro Μηδίκιν
seu Μηδίκιον?

(1) Matth. 5, 19.   (2) Cf. 4 Macc. 1, 1 cet.
(3) La Vie de S. Nicétas n'avait donc pas encore été écrite par Théostéricte
(BHG³ 1341) et notre hagiographe projetait de combler cette lacune.
(4) Voir la dernière phrase du § 6.
(5) L'emplacement des ruines de Médikion, tout près de Triglia, n'est
en effet guère distant de la mer de Marmara. Voir A. Hergès, dans Bessa-
rione, t. 5 (1899), p. 9 ; F. W. Hasluck, dans Annual of the British School at
Athens, t. 13 (1907), p. 293 ; Menthon, op. c., p. 31.

μένοις ⁴, διότι ναὸς μέγιστος ἦν ἐκεῖσε τοῦ ἁγίου ἀρχαγγέλου Μι-
10 χαὴλ ἠμελημένος καὶ διερρωγώς. Τοῦτον δὴ τὸν σεβάσμιον ναὸν
ὁ θεὸς ὁ πάντα πληρῶν καὶ ἐν μηδενὶ λειπόμενος διὰ τοῦ ἰδίου
εὐκλεοῦς καὶ πιστοῦ θεράποντος Νικηφόρου ἐλευθερίως καὶ καινο-
πρεπῶς πεπαγίωκεν ⁵, καὶ τὰ πρὸς ἐδωδὴν καὶ ἑτέρας χρείας ⁶
δαψιλῶς παρέσχετο, τοὺς δημοβόρους ⁷ εἴτουν ταμειοτρώκτας, χρι-
15 στιανοκατηγόρους ⁸ (1) φημί, καὶ τὴν τούτων βδελυρὰν κατὰ τῶν
ἱερῶν εἰκόνων δυσφημίαν ἐκποδὼν ποιησάμενος (2). Καὶ γὰρ
ἐπυργοῦτο μᾶλλον ἔκτοτε τῇ εὐσεβείᾳ γεγανυμένη ἡ τοῦ θεοῦ
ἐκκλησία, ἥτις τύπον φέρει τοῦ νοητοῦ παραδείσου, ἀφ' οὗ τῶν
πιστῶν ἡ ἀκένωτος ἐξεβλύσθη ἀμβροσία ⁹ καὶ ζωηρὰ θυμηδία,
20 ὁ δεύτερος Ἀδὰμ Χριστὸς τὴν ἀπολωλυῖαν ¹⁰ δραγμὴν (3) πρὸς
παλίνζωον (4) ἀνασώσας λῆξιν, ἐφ' ἣν τὸ τῆς ἐντολῆς ἀνέκαθεν
ἐνεσημάνθη ¹¹ προχάραγμα, ἥντινα τὸ πρὶν ζοφωθεῖσαν μορφω-
τικὸν στίλψας κατ' εἰκόνα ἐξωργάνωσε τοῦ ἀρχετύπου καὶ ὁμοίωσιν (5).
    11. Ὡς δ' οὖν εἶδεν λοιπὸν ὁ θεῖος πρεσβύτης τὴν ἀπανταχοῦ
γῆς σεμνὸν ἐναγλαϊζομένην καὶ ἐπαυχοῦσαν παναλκεστάτῳ ῥώμῃ ¹ τῶν ἀθυρογλώττων (6) [τὴν] τοῦ θεοῦ ἐκκλησίαν τοῖς ἱεροῖς
κατεστεμμένην χαρακτῆρσι (7) καὶ τὴν αὐτοῦ εὐθηνοῦσαν ποίμνην,

---

⁴ κεκτημένοι MP — ⁵ πεπαγίωχεν MP — ⁶ ἑτέραις χρείαις MP — ⁷ τοῖς δημοβόροις MP — ⁸ ταμειοτρώκταις χριστιανοκατηγόροις MP — ⁹ ἀθανασία
sch. M — ¹⁰ ἀπολῦαν P — ¹¹ ἀνεσημάνθη P.
    11. — ¹ παναλκεστάτῃ νωμῃ P, παντοδυνάμῳ δυνάμει sch. M.

(1) Noter que les deux manuscrits ont ici une série de datifs au lieu d'accusatifs. Comparer les notes ⁹ et ¹⁷ du § 11 et l'*Index graecitatis* au bout de cet
article. Nombreux cas parallèles groupés par Mᵐᵉ P. KARLIN-HAYTER, *Use
of Dative and Accusative*, dans *Byzantion*, t. 25/27 (1957), p. 154-161.
    (2) La persécution prit fin à la mort de Léon IV en 780.
    (3) Cf. *Luc*. 15, 8-9. Même orthographe au § 12, 1. 67 à 72.
    (4) L'adjectif παλίνζωος n'a été relevé que dans les glossaires et dans la
paraphrase du quatrième évangile par Nonnus de Panopolis, 2, 105.
    (5) Cf. *Gen*. 1, 26.
    (6) Ἀθυρόγλωσσος, « qui parle sans frein », est habituellement péjoratif
au sens de « bavard ». Le contexte suggère ici une interprétation élogieuse :
« à qui on ne ferme pas la bouche par des menaces ». La phrase signifierait
donc à peu près ceci : « Quand il vit que l'Église de Dieu, illustrée par la cou-
rageuse résistance des confesseurs de la foi... ».
    (7) Ces « marques sacrées » sont-elles des traces visibles des tourments infli-
gés aux « confesseurs » ? Il s'agit plutôt des saintes images rétablies à l'avènement de Constantin VI et d'Irène en 780.

VI

5　εὐθυμότερον τάδε ἔφη · « Ἀδελφοί, προσῆκον[2] ἔμοιγε[3] τοῦτο ·
ὡς τέκνοις λοιπὸν τὸν νόμον ὑμῖν διαγγέλλειν δεῖ τοῦ θεοῦ τὸν
ὦνπερ ἥδεται[4] καὶ ἐφ' οἷς ἀπαρέσκεται, οὗ πλήρεις ὑμεῖς καὶ
διακορεῖς ἐστε. Ἀλλὰ τί πάθω καὶ τίς γένωμαι, εἰς τόπον διδασκάλου λαχών; Εἰ γὰρ ἄλλοις οὐκ εἰμί, ἀλλά γε ὑμῖν εἰμι. Καὶ
10　νῦν πῶς διδάξω τὸν ἕτερον χριστενσόφοις χειραγωγήσων νοήμασιν ὁ μὴ πρότερον φιλοπόνως μεμαθηκὼς[5] καὶ τὰ νικητήρια τοῖς
ἐπάθλοις ἀνενεγκάμενος; Πῶς ὁ μὴ τροπωσάμενος τὸν νοητὸν
Ἀμαλήκ (1), σταυρωθεὶς τῷ κόσμῳ καὶ κόσμος ἐμοί (2), δι' ὧν
ὑφέλκεταί τις ἀπλανῶς πρὸς μίμησιν τοὺς ἐφομένους, διδάξω τὰς
15　χεῖρας ὑμῶν εἰς παράταξιν καὶ τοὺς δακτύλους εἰς πόλεμον (3),
ὅπλον ἀήττητον τὴν τοῦ ἁγίου πνεύματος παντευχίαν αὐτόχειρες[6]
εἰληφότας (4), οὐ μὴν ὅπλον σαρκόσαθρον πρὸς ἄμυναν[7] τὴν οἱανοῦν,
ἀλλ' εὐσθενὲς τῷ θεῷ πρὸς καθαίρεσιν ὀχυρωμάτων τοῦ ἐχθροῦ
τυρευθέν[8]; Οὐδ' ὡς Ἰουδὶθ (5) συνεσκιασμένως τῇ ὥρᾳ καταπαί-
20　ξασα τὸν Ὁλοφέρνην καὶ σωτηρίαν πρυτανεύσασα πολιορκου-
μένῃ πόλει καὶ ἀχείρωτον ταύτην τηρήσασα προνομῆς, καταφρά-
κτων πολεμίων, ἄρδην λεηλατουμένης τῆς περιοικίδος γαίης,
εὐχῇ τὸ πλῆθος[9] τροπωσαμένη. Τοίνυν πῶς[10] ἐθίσω ὑμᾶς ἀεὶ
τὰ ἄνω φρονεῖν καὶ ζητεῖν (6), ἐν ᾧ τὰ ἐράσμια, καὶ τοῖς ἄνω, τῆς
25　κάτω σχέσεως ἀφέμενοι[10*], ἁμιλλᾶσθαι, οὐκ ἔχων ὅποι ἐρείσω
βελτιώτερον ἐνάρθρῳ λόγῳ τὸν νοῦν, ἀλλ' ἢ[11] κατὰ τὸ δοκοῦν
γνῶναι καὶ ἰδεῖν θεὸν[12] ὡς ἀνθρώπῳ δυνατόν, διὰ τὸ τὰ[13] παρ'
αὐτοῦ ἡμῖν ἐντεταλμένα[14] ἀπό τε προφητῶν καὶ ἀποστόλων τηρεῖν καὶ μὴ ἀφ' ἑτέρας φρενολήπτως πρὸς ἃ μὴ δεῖ μετακλί-
30　νεσθαι γνώμης; Ἴσμεν[15] τοῦ ἀποστόλου λέγοντος · Ὁ ἀγωνιζό-
μενος πάντα ἐγκρατεύεται (7). Εὖ εἰδὼς[16] ὡς ἀλλήλοις ἀντί-
κεινται ἥ τε σὰρξ καὶ τὸ πνεῦμα (8), διὸ ὑφέλωμεν τὴν ῥᾳστώνην[17]

---

[2] πρέπον sch. M — [3] ἐμοί γε MP — [4] εὐφραίνεται sch. M — [5] δ μὴ πρ.
φ. μεμάθηκα MP — [6] ita MP pro αὐτόχειρας — [7] βοήθειαν sch. M — [8] κα-
τασκευασθέν sch. M — [9] τῷ πλήθει MP — [10] om. P — [10*] sic MP pro ἀφεμέ-
νους — [11] ἄλλην MP — [12] θεῷ M — [13] (τὸ τὰ) τοῖς MP — [14] ἐντεταλμένοις P
— [15] γινώσκομεν sch. M — [16] an leg. εἰδότες? — [17] τῇ ῥᾳστώνῃ MP.

(1) Cf. Exod. 17, 13.
(3) Cf. Ps. 143 (144), 1.
(2) Cf. Gal. 6, 14.
(4) Cf. Eph. 6, 11-13.
(5) Cf. Iudith 13, 8 cet. La phrase est mal construite ; on peut suppléer
εἰμι ou ἐνίκησα avant ὡς et ἢ après Ἰουδίθ.
(6) Cf. Col. 3, 1-2.　　(7) 1 Cor. 9, 25.　　(8) Cf. Gal. 5, 17.

καὶ τὴν τῆς σαρκὸς εὐπάθειαν. Παλινδρομήσωμεν οὖν διὰ μετα-
νοίας καὶ θερμῶν δακρύων οἱ προσκεκρουκότες θεῷ ἐκ δουλοπα-
35 θείας νεκρῶν ἔργων (1) εἰς τὸ θεοειδὲς ἀναμορφούμενοι τῆς ψυχῆς κάλλος, ὅπερ ἠμφίεστο πρὸ τῆς ἐκπτώσεως ὁ Ἀδάμ, μηδε-
μιᾷ [18] δήπουθεν ἐπιβούλῳ καὶ σφαλερᾷ γνώμῃ δεδουλωμένοι, ὅθεν
φθονηθεὶς ὑπὸ τοῦ ἀρχεκάκου ὄφεως (2) ἐν παραβάσει τῷ δεινῷ
προσερπύσας τῇ τῆς θεώσεως ἀπάτῃ ἥπερ ἐλπίδι παρενεχθεὶς (3)
40 γέγονεν (4), οὐχ ὡς δεδρασμένον τι παρὰ θεοῦ κακὸν κατὰ φύσιν,
μὴ γένοιτο! διότι ὁ θεὸς θάνατον οὐκ ἐποίησεν, οὔτε τέρπεται ἐπ'
ἀπωλείᾳ ζώντων (5). Ἐξυπνώθητε, ὦ οὗτοι, πρὸς γρήγορσιν τῶν
ἐντεταλμένων θεόθεν ὑμῖν, οἱ τῷ κάρῳ πιεζόμενοι τῆς ῥαθυμοτόκου βιωτικῆς μερίμνης. Ἢν μὴ δίκην τίσοιτε πονηρᾶς λόγον
45 ὑφέξοντες ζηλοτυπίας, τί φύρδην ματαιοβουλίας τῇδε κἀκεῖσε
δόνακι [19] ἐοικότες [20] στροβούμεθα;
12. « Λάβωμεν κατὰ νοῦν τοῦ δικαίου κριτοῦ (6) τὴν ἔλευσιν,
καὶ περὶ τῆς τότε ἄρτι φροντίσωμεν ἀπολογίας. Ἐκτριψώμεθα
τὴν παλαιοπρεπῆ τῆς ἡμῶν καχεξίας [1] δυσπρέπειαν. Ἐκκαθά-
5 ρωμεν ἐκ παντὸς ὑλώδους μολυσμοῦ τὰς αἰσθήσεις, καὶ τὴν τῆς
σαρκὸς στυγηρὰν [2] ἔφεσιν [3] πρόνοιαν μὴ ποιούμεθα (7). Ἀπο-
διορίσωμεν τὸ ἐργῶδες τῆς ἀνακεχυμένης ἀμορφίας, τὴν εὐπερί-
στατόν φημι καὶ τριβακὴν ἁμαρτίαν (8). Στῆτε ἀκλόνητον [4] ἐρε-
ρεισμένοι(9), φίλτρῳ [5] τῆς ἀσκήσεως καλῶς τρέχοντες(10). Πάντοτε
χαίρετε (11), ἀδιαλείπτως προσεύχεσθε, ἐν παντὶ εὐχαριστεῖτε (12),
10 τῇ θεωρίᾳ εὐσυνειδότως γρηγορεῖτε· οὐ γὰρ πρὸς αἷμα καὶ σάρκα
τὴν πάλην ἔχομεν, ἀλλὰ πρὸς τὰς [6] ἀρχὰς καὶ τὰς ἐξουσίας καὶ

---

[18] μηδεμιᾶς MP — [19] καλάμη sch. M — [20] ὁμοιούμενοι sch. M.
12. — [1] κατεχίας P — [2] ita MP (cf. Hesych.) ; μισητὴν sch. M — [3] ἐπιθυμίαν sch. M — [4] ἀκλόνητοι P — [5] φίλτρου M — [6] prius om. P.

(1) Cf. Hebr. 6, 1.
(2) Le diable est appelé de même ὁ ἀρχέκακος ὄφις dans la lettre du pseudo-
Ignace aux chrétiens de Tralles, 10, 8.
(3) Cf. Gen. 3, 5.
(4) Cf. 1 Tim. 2, 14 : ἡ δὲ γυνὴ ἐξαπατηθεῖσα ἐ ν π α ρ α β ά σ ε ι γ έ γ ο ν ε ν.
(5) Sap. 1, 13.　　　　　　　　　　　(6) Cf. 2 Tim. 4, 8.
(7) Cf. Rom. 13, 14 : καὶ τῆς σαρκὸς πρόνοιαν μὴ ποιεῖσθε εἰς ἐπιθυμίας.
(8) Cf. Hebr. 12, 1.
(9) Cf. § 7, note [19]. Ici et au § 17, l. 13, l'adjectif neutre est employé adverbiale-
ment, comme σεμνόν pour σεμνῶς, § 11, l. 2. Autres exemples, p. 430, dernier §.
(10) Cf. Gal. 5, 7.　　　(11) Cf. Phil. 4, 4.　　　(12) 1 Thess. 5, 17-18.

τοὺς κοσμοκράτορας τοῦ σκότους τοῦ αἰῶνος⁷ τούτου, πρὸς τὰ
πνευματικὰ τῆς πονηρίας (1), τοὺς ἀφανεῖς τοῦ ἀέρος διώκτας καὶ
πικροὺς φορολόγους (2). Ἐγκομβωσώμεθα (2*) τὰς ἀρετάς, λάβω-
15 μεν πανοπλίαν (3) νοητὴν καὶ τρέψωμεν τὰς ἐναντίας δολουργοὺς
δυνάμεις καὶ κακοσχόλους φάλαγγας τοῦ ἐχθροῦ, καὶ εὑρήσομεν
ἀνάπαυσιν ταῖς ψυχαῖς ἡμῶν (3*) καὶ ἴασιν ταῖς σαρξὶν ἡμῶν,
πίστει βεβαιούμενοι (4), ἐλπίδι κραταιούμενοι, εἰλικρινεῖ ἀγάπῃ
ἀλλήλοις φιλοφρόνως συνδεόμενοι. Καὶ μὴ λυγρῶς⁸ στροφᾶσθε⁹
20 ὀρινόμενοι¹⁰ θολερὰν ἀνατροπὴν ἀλλήλοις συγκεραννύντες ὡς τέκνα μωμητὰ ἀπαυθαδιάζοντες εἰς τῷ ἑνί, ἐφ᾽ οἷς οὐκ ἀρέσκεται ὁ
θεὸς ὁ παναίτιος τελεσιουργός. Οὐκ ἴστε σαφῶς, ὦ οὗτοι¹¹, τὰς
τῶν ἡμετέρων μεθοδείας ἀντιπάλων ποικιλοτρόπως καὶ ἐπιτε-
ταμένως διενοχλεῖν ἡμῖν; Ἐπεισίασιν οὐκ ἀποκναιόμενοι · ἀν-
25 τίστητε αὐτοῖς ἐμφρόνως ἤθει ταπεινῷ καὶ μνήμῃ θανάτου καὶ
ἀνταποδόσεως¹² τῶν βεβιωμένων, ὡς καθ᾽ ἡμέραν ἀποθνήσκον-
τες καὶ ἰδοὺ ζῶμεν (5), ἀεὶ τὸν ἀεὶ ὄντα κύριον ἐκ δεξιῶν ἑστῶτα
προορώμενοι (6) · καὶ φεύξονται ἀφ᾽ ὑμῶν. Ὑπολήξαιεν εὖ οἶδ᾽
ὅτι τὰ θράση τοῦ παντεπάρτου καὶ τὰ μηχανουργήματα, εἰ ἐξ
30 ὁλοκλήρου¹³ τὸν θεὸν ἀγαπήσαιμεν καὶ τὸν πλησίον ὡς ἑαυτόν (7).
Τότε γὰρ εἰκότως μαθηταὶ χρηματίσαιμεν · εἶπεν γὰρ ὁ κύριος
ὅτι · Ἐν τούτῳ γνώσονται πάντες ὅτι ἐμοὶ μαθηταί ἐστε, ἐὰν
ἀγάπην ἔχητε μετ᾽ ἀλλήλων (8) · καὶ ὁ τὸν λόγον μου ἀκούων καὶ

---

⁷ τ. αἰ. om. P — ⁸ χαλεπῶς sch. M — ⁹ ἀντιλογεῖσθε sch. M — ¹⁰ ταραττό-
μενοι sch. M — ¹¹ hic desinit M, deperditis foliis non paucis — ¹² ἀνταποδόσει
P — ¹³ ἔξο κλήρου P, forsitan recte.

(1) Cf. Eph. 6, 12.
(2) L'air était censé rempli de mauvais esprits (cf. Eph. 2, 2). Les âmes
des défunts, dans leur ascension vers le ciel, se voyaient arrêter à chaque
degré de l'échelle par un τελώνιον, sorte de douane, gardée par des démons
appelés aussi τελώνια ou τελωνάρχαι ou encore φορολόγοι. Ces croyances
populaires sont mises en scène dans plusieurs récits « utiles à l'âme », notamment dans l'histoire du soldat ressuscité (BHG³ 1318-1318c) et dans un
λόγος ou διήγησις qui court sous le nom de S. Macaire l'Égyptien (BHG³ 999r)
et dont le professeur Stilpon Kyriakidis vient de republier le texte (cf. Anal.
Boll., t. 76, 1958, p. 466). Voir aussi l'homélie sur la mort attribuée à S. Cyrille
d'Alexandrie, P. G., t. 77, col. 1072-1089 (surtout 1073-1076).

(2*) Cf. 1 Petr. 5, 5.   (3) Cf. Eph. 6, 13.
(3*) Cf. Matth. 11, 29.   (4) Cf. Col. 2, 7.
(5) Cf. 2 Cor. 6, 9.   (6) Cf. Act. 7, 55-56.
(7) Cf. Luc. 10, 27 cet.   (8) Ioh. 13, 35.

418   VIE DE SAINT NICÉPHORE

τηρῶν αὐτὸν ἐκεῖνός ἐστιν ὁ ἀγαπῶν με (1). Εἰ μὴ γὰρ τοῦτο
35 δράσειέν τις, ἡ ἀνομία τῆς πτέρνης αὐτοῦ κυκλώσει αὐτόν (2),
ἡ ἐξαπίνης μοχθηρία τῶν παθῶν · † οἷον δὲ καὶ ἐπὶ τέλους (3) εὐ-
ημεροῦσι καὶ δυσπαθοῦσιν. Οὐκοῦν ἀποτιναξώμεθα τὴν τῶν ὁρωμένων προσπάθειαν. Τί πεφορτισμένοι ἀχθοφοροῦμεν κεχηνότες
τὰ τοῦ πολυστενάκτου βίου ἄλγεα; Φύγωμεν τοὺς ἀπαίσια καὶ
40 μηδὲν ὑγιὲς λαλοῦντας · ἀνένθετα γὰρ φρονοῦσιν καὶ παρεκτικὰ
σκανδάλων. Φθείρουσι γὰρ ἤθη χρηστά, ὡς οἷον κηφῆνες τὸ
μέλι, ὁμιλίαι κακαί (3*). Τὰς μερικὰς ἀφέμενοι φιλίας καὶ τὸ
ἀλληλοφθόρον, τὴν ταπεινοφροσύνην ἐγκομβώσασθε (4), ὡς καλὴ
καὶ ἐπέραστος καὶ ὑψοποιὸς ἡ ταπείνωσις (5). Δυσπαθοῦντες μὴ
45 ὀργίζεσθε, εὐπαθοῦντες μὴ ἐπαίρεσθε, ἵνα μὴ λυπήσητε τὸ πνεῦμα τὸ ἅγιον τοῦ θεοῦ, ἐν ᾧ ἐσφραγίσθητε εἰς ἡμέραν ἀπολυτρώ-
σεως (6). Ναί, παρακαλῶ καὶ δέομαι ὑμῶν, ὦ φίλτατον γεώργιον
τοῦ Χριστοῦ, ἑαυτοὺς ἡγνικότες (7) ἐν καινότητι ζωῆς (8), ὡς
τέκνα φωτὸς περιπατήσατε (9), καὶ μὴ συσχηματίζεσθε τῷ αἰῶνι
50 τούτῳ (10) · τὴν φιλοξενίαν διώξατε (11) καὶ τῇ φιλαδελφίᾳ ἀλλήλοις εὐνοήσατε συμφρονοῦντες τὸ ἀγαθόν (12), ἵνα μὴ κάμητε δει-
νοβουλίᾳ ταῖς ψυχαῖς ὑμῶν ἐκλυόμενοι, παράφροσιν ἐοικότες, τὰς
παραφόρους ὁδούς. Τὰς τῶν ἡμετέρων ἀτρύτων ἀγαθῶν λικμη-
τρίας (13) ἐκκλίνατε, πόνων ἐκλαθόμενοι, τὴν ἀναιδῆ παρρησίαν
55 καὶ φίλαυτον κενοδοξίαν. Τὸν θεὸν φοβήθητε (14), τὴν πίστιν τη-
ρήσατε ἄθραυστον, τοὺς εὐλαβεῖς ἐν καλῷ ζηλώσατε (15), τοὺς
θρασεῖς καὶ ἀφελεῖς διορθώσασθε, τοὺς ἐν χλιαρότητι ῥαθύμους
τῇ ὑμῶν ὀτρύνατε προθυμίᾳ, ἀλλήλων τὰ βάρη βαστάξατε, καὶ
οὕτως ἀναπληρώσατε τὸν νόμον τοῦ θεοῦ (16). Τούτοις τοῖς θείοις
60 ὅπλοις ἀντιτάξασθε οὓς πρὸ βραχέος δεδηλώκαμεν ὑμῖν ἀντι-
πάλους καὶ καταδιώξατε καὶ καταλάβετε αὐτοὺς καὶ ἀθῴοις κτεί-
νατε χερσίν. Ταῦτα ὡς ἐν ἀσύλῳ καὶ καθαρωτάτῳ τῆς καρδίας

---

(1) Cf. Ioh. 14, 21.   (2) Cf. Ps. 48 (49), 5 (6).
(3) Lire οἷον δέ ἐστι τέλος? H. G.
(3*) 1 Cor. 15, 33.   (4) 1 Petr. 5, 5.
(5) Cf. Matth. 23, 12 ; Luc. 14, 11, et 18, 14 ; Iac. 4, 10.
(6) Eph. 4, 30.   (7) Cf. 1 Ioh. 3, 3.
(8) Rom. 6, 4.   (9) Eph. 5, 8.
(10) Rom. 12, 2.   (11) Rom. 12, 13.   (12) Cf. Rom. 12, 10 et 16.
(13) Féminin de λικμητήρ ou λικμήτωρ, « vanneur », employé au sens figuré. Cf. Prov. 20, 20 (26). Ces « vanneuses » sont désignées nommément à la
ligne suivante : l'impudente confiance en soi et l'égoïste vanité.
(14) Apoc. 14, 7.   (15) Cf. 2 Tim. 4, 7 ; Gal. 4, 18.   (16) Gal. 6, 2.

κρύψατε ταμιείῳ · καὶ γένεσθε (τοῖς γε νοῦν ἔχουσί φημι) ἀκριβεῖς ἑαυτῶν ἐπιστήμονες, ἀρετὴν τιμῶντες τῇ ἐπιδόσει τῶν
65 ἀμεινόνων¹⁴. Ἀνάψατέ τοι τὸν τῆς συνειδήσεως ὑμῶν λύχνον
τῇ στάθμῃ τοῦ σώφρονος λογισμοῦ, καὶ πάντως εὑρήσητε¹⁵ ῥαδίως τὴν κεκρυμμένην, μᾶλλον δ' ἀπολωλυῖαν, δραγμὴν ἐν τῷ τῆς
ἀμελείας συγκεχωσμένην κάρῳ · καὶ συγκαλέσασθε φιλοφρόνως
τὰς γείτονας αἰσθητικὰς τῆς ψυχῆς δυνάμεις ἐπὶ τῇ τῆς δραγμῆς
70 εὑρέσει (1) καὶ κοινὴν (σύνθημα εὐταξίας) ὡς ἡ ἀπολελωκῶσα¹⁶
κατ' ἔλλειψιν τοῦ ἀγαθοῦ χήρα κροτήσατε εὐφροσύνην. Χήραν
δέ μοι νόει τὴν ψυχήν, τὴν δραγμὴν τὸ κατ' εἰκόνα θεοῦ, ἥντινα
ἐζόφωσεν ἐφεδρεύσασα κακία τῇ ἐπικρατείᾳ τῶν ἡδονῶν, ἀποκαθ-
ίστησιν δὲ ταύτην εὔδηλα ἐπιμέλεια βίου. »
13. Ταύτας οὖν καὶ πλείους τούτων ψυχαγωγίας¹ ὁ θεῖος
πρεσβύτης ὀτρύνας οὐ δέος ἐνέπειρεν² ἡμῶν ταῖς φρεσὶ κατὰ τοὺς
μεμηνότας · τὸν δὲ τῶν ὅλων θρησκεύειν μᾶλλον ἐπιρρώννυσι δη-
μιουργόν · νῦν μὲν τοὺς ἔτι γάλακτος ἐπιδεομένους διὰ τὸ νη-
5 πιῶδες τῶν φρενῶν μαλθακωτέροις τισὶν ἐπιδίδωσι λόγοις, νῦν
δὲ στερεὰν τροφὴν ἐπισιτούμενος λόγων τοῖς διὰ τὴν ἕξιν τὰ
αἰσθητήρια γεγυμνασμένα ἔχουσιν (2) · ἄλλως τοὺς ἀμελεῖς²* καὶ
ἑτέρως τοὺς ἐπὶ προτερήμασιν ἢ κομψοεπείᾳ ἐμπαροινούντων
ἀφηνιάζοντας³, τοὺς⁴ τὰ ἔωλα (3) τοῦ μεγαλαύχου ἐν μικρῷ Φα-
10 ρισαίου (4) ἀμφ' αὐτῷ ἀπομματουμένους ἠλεά⁵, σχετλιάσαντας⁶
ἀφρόνως, ἢ τῷ χρηστῷ ζυγῷ καὶ φορτίῳ ἐλαφρῷ (5) τῆς Χριστοῦ ταπεινώσεως τὸν ἑαυτῶν μὴ ὑποθέντας⁷ αὐχένα. Ὧν μὲν
γὰρ ἀπραγοτέρῳ βίῳ καὶ ἀγωγῇ συνθλῶν πανσόφως τὸ οἴημα,
φησὶν ὁ ὅσιος · «Πειθαρχεῖν δεῖ θεῷ μᾶλλον (6) τελωνικῶς (7)
15 ἐν ἠνεκὲς⁸ καταβεβλημένῳ φρονήματι, ἐν παρέδρῳ πείνῃ καὶ
δίψῃ αὐτομεμψίας, τῆς τῶν ἀρετῶν κορωνίδος, ἢ πέρα τοῦ δέοντος
ὑπὲρ ὃ δὴ καί ἐσμεν ἀνακωχὴν ἐνταῦθα ἐπιζητεῖν⁹ τὴν οἱανοῦν. »
Τούτοις οὖν σπουδὴν ἐτίθει πᾶσαν ἕκαστον¹⁰ ἐθίζειν εὐμαρῶς τὰς

---

¹⁴ ἀμείνων P — ¹⁵ lege εὑρήσετε. — ¹⁶ sic pro ἀπολωλεκυῖα.
13. —¹ Ταύταις... ψυχαγωγίαις P —² ita P —²* supple ἔτρεφε vel ἐνουθέτει
— ³ ἀφηνιάζουσι P — ⁴ τοῖς P — ⁵ ἀπομματούμενοι ὕλαια P — ⁶ σχετλιάσασιν P — ⁷ ὑποθέντες P — ⁸ ἠνεκεῖ P — ⁹ ἐπιζητοίη P — ¹⁰ ἑκάστῳ P.

---

(1) Cf. Luc. 15, 8-9. Comparer ORIGÈNE, in Gen., hom. 13, 4 (trad. de Rufin).
(2) Cf. Hebr. 5, 12-14.   (3) L'accusatif pour le datif?
(4) Cf. Luc. 18, 11-12.   (5) Cf. Matth. 11, 30.   (6) Act. 5, 29.
(7) Comme le publicain (τελώνης) de l'évangile ; cf. Luc. 18, 13.

δυσμενεῖς λαβὰς ὑπεράλλεσθαι τοῦ σκολιοῦ καὶ πολυμόρφου
20 ὄφεως, ἰδιωτικῶς μὲν τὸν ἰδιώτην¹¹, ἀπεξεσμένῳ δὲ καὶ σοφω-
τάτῳ λόγῳ τοὺς λόγων πεῖραν ἠσκημένους · ὡς ἔμπειρος πωλο-
δάμνης τὸ ἐργῶδες τούτων ἀπείργων, οὐκ ἀνέτας ἡνιόχει τὰς
ἡνίας, καὶ τὰ περιδέραια ἀσφαλῶς τοῖς παροιστρῶσιν ἄγχων, μὴ
ἐκτροχίζειν δολουργῶς ἀνοδίᾳ τῆς εὐθείας.
14. Ἐῶ δ' ἐγὼ τὰ πλεῖστα τὸ ἔκταμα φεύγων τοῦ λόγου · κἀπὶ
τούτοις ἀνδραγαθήμασί τισιν(1) ἐπιμνησθέντες αὐτοῦ καταπαύσο-
μεν τὸν λόγον. Καὶ τί ἐστιν θαυμαστότερον τοῦ ἄνδρα ἰδέσθαι
ἄκακον καὶ εὐθῆ τοίαις ¹ λελαμπρυσμένον ἀγλαΐαις, τοῖς μακα-
5 ρισμοῖς ἀναμφιλέκτως προσαρμόζοντα, πτωχὸν τῷ πνεύματι,
πενθήρη, πρᾶον, πεινῶντα καὶ διψῶντα τὴν δικαιοσύνην, ἐλεή-
μονα, καθαρὸν τῇ καρδίᾳ, εἰρηνοποιόν(2), οὐ μόνον δέ, ἀλλ' ἢ καὶ
ἄλλων ἀταραξίαν ἐνείροντα ² ψυχαῖς; Εἴ τις ³ δὰν πρὸς αὐτὸν
ἀφίκοιτ' ἄν, εὐθέως ῥῶσιν ἀπήει φέρων ψυχῆς · οἷα ³* γὰρ δήποτ'
10 οὖν συνείχετό τις νόσῳ(3), διεσκεδάννυντο τὰ ἄλγη τῇ τούτου
ἐνηχηθέντα ⁴ παραινέσει. Οὐδὲν γὰρ βελτιώτερον τοῦ ψυχὰς ἰᾶσθαι [ἤπερ σωμάτων ῥωννύειν νοσήματα(4)] καὶ λόγον θεοῦ πεινώ-
νώσας πιμπλᾶν · ταῦτα πάντων σημείων ἐξοχώτατα. Καὶ ταῦτά
φημι οὐχ ἵν' ἐκείνῳ ἐπικλυτῷ ὄντι ⁵ προσχαρίσωμαι τῷ οἰκείοις
15 ἱδρῶσι δρεψαμένῳ τὰ γέρα, ἀλλ' ἵνα ὑμῖν καὶ σημείων τοῦτον
πάροχον ⁶ φήνω αὐτουργόν. Ἀποψύχοντες τῇ ἀπογνώσει παρῆ-
σαν τῷ γέροντι · καὶ γὰρ πλείω τῶν ἄλλων παθῶν τοῦτο δάπτει
ψυχήν, ὡς ἰὸς σίδηρον · ἐπὶ χεῖρα ⁷ δὲ φέρων ἀντιδοτικὴν ἐλέους
θεοῦ εὐφροσύνην ἐμπίπλησιν ὅσδε μάκαρ. Καί τις ἀπήντα ἐκεί-
20 νῳ ⁸ τῇ μωμοσκόπῳ τειρόμενος ⁹ λέπρᾳ(5) · συνέρρει κωφεύ-
ων ¹⁰ ἄλλος ἔνθεν τῇ ἀνηκοΐᾳ τῶν κρειττόνων, καὶ νῦν μὲν δαιμο-
νῶν πάντοσε τοῖς ἀτοπήμασιν, καί τις ὑδεριῶν ἁρπάγην τῷ ὄγκῳ
τῆς φιλαρχίας δ' ἕτερος, δολοπλοκίας τε ἔκτοθι πάλιν ἄλλος, ἔνιοι

---

¹¹ supple διδάσκων.
14. — ¹ τοίοις P — ² ἐνείρων P — ³ (εἴ τις) τίς P — ³* οἵας P — ⁴ ἐνηχη-
θέντες P forsan recte — ⁵ ἐπὶ κλυτόντι P — ⁶ τούτων παρόχων P — ⁷ ἐπι-
χείραν P — ⁸ ἐκεῖνος P — ⁹ τηρώμενος P — ¹⁰ συνέρει κωφεύγων P.

(1) Encore un datif pour le génitif ou l'accusatif.
(2) Cf. Matth. 5, 3-9.   (3) Cf. Ioh. 5, 4.
(4) Ces mots sont de trop ici ; ils proviennent de la fin du chapitre, où ils
s'accordent mieux au contexte.
(5) Lèpre spirituelle qui consiste à scruter les défauts d'autrui.

δὲ συμπεπεδημένοι καὶ ἐξηραμένοι τῇ φειδωλίᾳ τὰς χεῖρας · φοι-
25 τῶσι δὲ καὶ χωλεύοντες ἀμφοτέραις ταῖς ἰγνύαις τούτῳ πελάσαντες, οὔτ' εἰς ἀγαθὸν προβῆναι [11] ἑλόμενοι, λελιθωμένοι καρδίαις πονηραῖς [12] τε καὶ ἀλάλοις · εἶτα παρεισβέβληντο καὶ μογ-
γιλάλοι [13] · πάντων ὡσαύτως ἐφ' ὁμοίοις τῶν πρόσθεν κακοῖς ἦν [14]
ἐλαττουμένων ἅπαν ἄχθος ἰώμενος. Τοῖον γὰρ σκεῦος ἦν εὔ-
30 χρηστον ἡγιασμένον εἰς τιμὴν τοῦ δεσπότου (1), οὗ ἐντελέστερον
ἐν μεγάλοις εἰπεῖν οὐκ ἔχω καλοῖς, ὃ ἐπεπλήρωτο εὐωδίας [15] ἀρετῶν. Καὶ τοιοῖσδε σημείοις ἀεὶ τερατουργῶν ὁ τρισόλβιος οὐκ
ἤχθετο γεννάδας · καὶ γὰρ οὐδὲν θυμηρέστερον τοῦ ψυχὰς ἰᾶσθαι,
μᾶλλον ἤπερ σωμάτων ῥωννύειν νοσήματα. Εἰ δὲ οἷα τὰ νῦν, ἆρ'
35 οὐκ εἰσὶ ταῦτα πάντων σημείων ἐχέφροσι τιμαλφέστερα ; Πάνυ γε.

15. Ὃ δέ με νῦν ὑπῆλθε, μικροῦ λήθῃ παρεαθέν, οὐκ ἄκαιρον
ᾠήθην τῇ προσπεσούσῃ ἐντάξαι χώρᾳ, οἶμαι τοῦ ἰδίου παρῳχηκότος ἤδη ῥυθμοῦ. Οὗτος γὰρ ὁ πανάγαστος, προσφιλὴς ὢν τοῖς
τότε βασιλεῦσι (2) καὶ τοῖς τούτων ἐπιχωριάζων ταμιείοις, ἔνθα
5 λίθοι καὶ μαργαρῖται καὶ χρυσὸς ἐτεθησαύρηντο, ὥς μοί [1] τις
τῶν εὐλαβεστάτων παρ' αὐτοῦ ὡς δῆθεν ἄλλου δράσαντος ὠφελείας εἵνεκα ἀκηκοὼς διηγήσατο, ταῦτ' οὖν θεασάμενος, ἵνα μὴ
θελχθείη νεκρᾶς ὕλης τῇ τέρψει ἅλματι τοῖς ἐκεῖσε ἀπῴχετο (3)
διὰ τὴν ἡδίστην καὶ διαιωνίζουσαν τῆς ἄνω δόξης ἔφεσιν.

16. Νόσῳ δὲ πιεζόμενος ὁ μακάριος οὗτος, ὃ φασιν [1] ἐκτῆκον [2],
ἀπρὶξ ἐκακοῦτο · καὶ διὰ τὴν τοῦ ἀέρος εὐκρασίαν τοῖς πατράσιν (4) ἐν πορθμείῳ περινοστῶν, ἀνήνεμα πέλοντος, ἐκ σκαιοῦ
δαίμονος ναυαγίῳ περιπεπτώκει θαλαττίῳ. Ἀλλ' ἡ τοῦ θεοῦ
5 παντέφορος προμηθεία, τοῦ ἰδίου κηδομένη θεράποντος, τοῦ θα-
νατηφόρου ἀνήγαγεν κινδύνου, ὀκτὼ ἤδη ψυχῶν ἀπαιωρισμένων (5)

[11] προβὴν P — [12] πονηροῖς P — [13] sic P — [14] κακοῖσιν P — [15] εὐωδίαν P.
15. — [1] με P.
16. — [1] ὃ φῶσιν P — [2] ἐκτήκον P ; an leg. ἐκτικόν?

(1) Cf. 2 Tim. 2, 21.
(2) L'auteur pensait-il à Constantin VI et à Irène ou à leurs successeurs?
Il ne le laisse pas deviner. La situation du palais où Nicéphore aurait visité
le trésor impérial n'est pas davantage précisée.
(3) Pourquoi le datif? Avec ἀποίχομαι on attendrait le génitif.
(4) Encore un datif surprenant : περινοστέω, « visiter, inspecter », est
transitif.
(5) Théophylacte Simocattès emploie ἀπαιωρίζω au sens de « soulever en
l'air » (VI, 11, 14 ; passage cité par B. MANDILARAS, Λόγιαι ἀθησαύριστοι λέ-

τῇ νηὶ κεχωσμένη ³ ὕδατι · θᾶττον γοῦν πέπομφεν αὐτοῖς προσ-
ευχομένου ⁴ μικρὸν σκάφος ⁵ <σὺν> τῷ πτωχῷ κυρίῳ αὐτοῦ, ὅπως
κἀκείνους σώσειν ⁶ κατ' αὐτὸν οἰκονομήσῃ ἄν. Ἐκ τοῦδε δὴν
10 ἐπλήμυρεν ἡ νόσος τῷ σώματι τοῦ μεγάλου καὶ εἰς ἀνορεξίαν
ἐδωδῆς μετεχώρησεν.

17. Ὁ οὖν ὅσιος πρεσβύτερος ἡμῶν Νικήτας πλείστας συμ-
παθῶς δεήσεις προσαγαγὼν αὐτῷ μόγις ἔπεισεν ἄκοντα πρὸς
ἰητροὺς αὐτὸν ἐν Βυζαντίῳ ἀπᾶραι, εἴ πως ῥάων ἔσηται τοῦ ἄλ-
γους λωφήσαντος. Δέδοκτο δ' ὅμως αὐτῷ, παρακοῆς πόρρω τε-
5 λῶν<τι> · καὶ δὴ ἀθροίσας ἡμᾶς · « Δεῦρό μοι στῆτε, ὦ πατέρες
καὶ ἀδελφοί, ὁ μέγας οὗτος πρὸς ἡμᾶς ἔφησεν, ὑπακούσατε τῆς
τελευταίας πρὸς ὑμᾶς νυνί μου ἀπολογίας. Τοῦ λοιποῦ αὐτὰρ
ἔμοιγε ὁ βίος ¹. Οὐκοῦν στῆτε κατέχοντες ὁπλοφόροι τὴν ἀδί-
στακτον πίστιν ἐν μηδενὶ σκαιῷ πτυρόμενοι παρεισβεβλημένῳ
10 ἐπηρείᾳ τοῦ μισοκάλου ἐχθροῦ. Ἀναστήσονται γὰρ ἄνδρες ἐξώ-
λεις, λύκοι βαρεῖς, ἅρπαγες, λαλοῦντες διεστραμμένα, μὴ φειδό-
μενοι (1) σκανδαλίζειν μικροὺς καὶ μεγάλους, ὧν τὸ κρῖμα ἡ κυ-
ριόλεκτος ἔφησε ῥῆσις (2). Στῆτε ἀκλόνητον ² ἐρερεισμένοι, καλῶς
τρέχοντες (3). Τὰς παραδόσεις οἴδατε, ἃς παρέδοσαν ἡμῖν ἀπό-
15 στολοι, προφῆται καὶ σοφοὶ διδάσκαλοι, οἱ γενναῖοι τῆς πίστεως
πρόμαχοι, οἱ ἀηττήτως ἀντιταχθέντες τῶν χριστιανοκατηγόρων
αἱρετικῶν τὰ ληρήματα ³ · ὧν μὴ χραίνεσθε τοῖς ἀλισγήμασιν ·
οἱ γὰρ τούτοις συγκαταβαίνοντες ὄλλυνται. Μὴ ποθήσατε τὰ
παρευθὺ φθειρόμενα · πάντα παροδεύει τὰ τῇδε τερπνὰ καὶ ἄλ-
20 λως ἔχοντα, πάντα οἴχεται · πλοῦτος, ὡραιότης καὶ τὰ δρώμενα
πάντα · οὐδὲν ἐνταῦθα μόνιμον. Πάντα τὰ φθοροποιὰ διὰ μετα-
νοίας καὶ θερμῶν δακρύων καὶ ταπεινοήθους ὑπακοῆς ἐκτρί-
ψασθε · σπίλη, ὡς καιρὸν ἔχετε, πάντα τινάξασθε καὶ τῷ πανσόφῳ
θεῷ πᾶσαν ἰδέαν ἐπιδείξασθε ἀρετῆς. Ἀκούσατέ μου καὶ φά-

---

³ κεχωσμένην P — ⁴ supple αὐτοῦ (vel ἐκείνου) — ⁵ μικρῷ σκάφει P —
⁶ σώσειεν P.

17. — ¹ excidisse aliquid videtur ; cf. tamen infra, l. 37-38 — ² ἀκλόνητοι
P (cf. § 12, l. 7) — ³ an leg. τοῖς ληρήμασι?

ξεις ἐκ βυζαντινῶν κειμένων, dans Ἀθηνᾶ, t. 62, 1958, p. 353). Mais ici le
contexte suggère un sens figuré : « alors que huit personnes avaient déjà été
emportées (par la mort) ».
(1) Cf. Act. 20, 29-30 ; Matth. 7, 15.
(2) Cf. Marc. 9, 42 cet.   (3) Cf. Gal. 5, 7.

25 γεσθε ἀγαθά, φησὶν Ἡσαΐας ὁ προφήτης, καὶ τρυφήσει ἐν ἀγαθοῖς ἡ ψυχὴ ὑμῶν · προσέχετε τοῖς ὠσὶν ὑμῶν (1), ὦ οὗτοι, παύ-
σασθε ἀπὸ τῶν πονηριῶν ὑμῶν, μεταμάθετε καλὸν ποιεῖν (2), δότε
τόπον τῇ ὀργῇ (3) · ἵν' ἐκκλίνῃ ἀφ' ὑμῶν, συγκλίνεσθε αὐτοὶ δε-
διότες τὰ ἄχθη. Τὸ λοιπόν, ἀδελφοί, ὅσα ἐστὶν ἀληθῆ, ὅσα σεμνά,
30 ὅσα δίκαια, ὅσα ἁγνά, ὅσα προσφιλῆ, ὅσα εὔφημα, εἴ τις ἀρετὴ
καὶ εἴ τις ἔπαινος, ἃ καὶ ἐμάθετε καὶ παρελάβετε καὶ ἠκούσατε
καὶ εἴδετε ἐν ἐμοί, φησὶν Παῦλος ὁ ἀπόστολος, ταῦτα πράσσετε,
ταῦτα λογίζεσθε, ἐν τούτοις διημερεύετε, καὶ ὁ θεὸς τῆς εἰρήνης
ἔσται μεθ' ὑμῶν (4) ἐν τῷ νῦν καὶ ἐν τῷ μέλλοντι. Ἔχετε διά-
35 δοχόν μου καὶ πατέρα ὑμῶν τὸν πρεσβύτερον τὸν κῦριν Νικήταν.
Ἐν πολλοῖς γὰρ δεδοκίμακα αὐτὸν (5) καὶ χάριτι Χριστοῦ οὐ κατ-
ῃσχύνθην. Ἤδη γάρ μοι πρὸς πέρας τὴν ζωὴν ἐξημμένην ⁴ ὁρῶ
καὶ τοῦ λοιποῦ με ἐν τοῖς ζῶσιν ἐκεῖ πορευθέντα οὐκ ὄψεσθε, εἰ
μὴ ἐν γλωσσοκόμῳ τεθαμμένον πάντως. » Καὶ τέλος εὐξάμενος
40 πάντας ἠσπάσατο · καὶ παραθέμενος τῷ κυρίῳ ἐνέβη εἰς τὸ πλοῖον
καὶ ἤχθη ἐν τῇ πόλει.

18. Πελάσαντες δὲ τούτῳ οἱ ἰητροὶ ἐκεῖσε φοιτήσαντι, διϊσχυ-
ρίζετο ἕκαστος περιοδεύειν εὔεικτα. Αὐτὸς δ' ἐκ θείας αἰσθόμενος
ἀποκαλύψεως τὴν ἀπὸ γῆς αὐτοῦ εἰς οὐρανὸν ἐκδημίαν κἀπὸ
κόσμου πρὸς θεὸν ἐνδημίαν (6) · « Ἄπειμι τοῖς ἐκεῖ πατράσιν
5 συνταξόμενος ¹, ἐφ' οἷς με θεὸς καλεῖ ², τὴν ὁδὸν τῶν πατέρων
μου, τοῖς συνοῦσι φήσας ³. Σπεύσωμεν ἐν τῷ μοναστηρίῳ, τέκνα,
εἰ ἄρα γε προσχαρισθῇ μοι θεόθεν ζῶντα τοῖς ἀδελφοῖς ἀποδο-
θῆναι. Πλὴν οὐχ ὡς ἐγὼ θέλω, ἔλεγεν, ἀλλ' ὡς σύ (7), κύριε. »
Καὶ ἐξῄει σπέρχων τοῦ ἄστεος. Καταλαβόντες δὲ τὴν Χάλκι-
10 δον (8) νῆσον, πλείω ἀνωμαλίσας τῇ νόσῳ καὶ εἰδὼς τὴν ἑαυτοῦ
προθεσμίαν ἐγγίσασαν, ᾐτήσατο μεταλαβεῖν τῶν θείων καὶ ἀχράντων μυστηρίων τοῦ θεοῦ καὶ σωτῆρος ἡμῶν Ἰησοῦ Χριστοῦ,
καὶ προσειπὼν τὸ ἀμὴν καὶ μεταλαβών, μακαρίῳ καὶ ζηλωτῷ

---

⁴ ἐξημένῳ P.
18. — ¹ συνταξάμενος P — ² καλοῖτο P — ³ sic pro ἔφη vel φησίν.

(1) *Is.* 55, 2-3. (2) *Is.* 1, 16-17.
(3) *Rom.* 12, 19. (4) *Phil.* 4, 8-9.
(5) Cf. 2 *Cor.* 8, 22. (6) Cf. 2 *Cor.* 5, 8. (7) *Matth.* 26, 39.
(8) L'île de Halki, dans l'archipel des îles des Princes, au sud de Constantinople. Cf. R. JANIN, dans les *Échos d'Orient*, t. 23 (1924), p. 323-338. Noter la
forme Χάλκιδος, gén. Χαλκίδου (infra, l. 19), au lieu de Χαλκίτης ou de Χάλκη.

τέλει ἐν γήρει καλῷ (1) μεταλλάττει τὸν βίον, μηνὶ μαΐῳ τετάρτῃ,
15 ὥρᾳ ἕκτῃ, ἰνδικτιῶνι ἕκτῃ, ὢν ἐτῶν πεντήκοντα καὶ ὀκτώ, περαι-
ώσας ἐν τῷ μονήρει βίῳ χρόνους τριάκοντα τρεῖς, ἔτους ἀπὸ
κτίσεως κόσμου ἑξακισχιλιοστοῦ τριακοσιοστοῦ <εἰκοστοῦ (2)>
πρώτου. Ἐξαυτῆς δὲ γλωσσόκομον τεύξαντες ἐν σανίσι χρησί-
μοις, ἃς ἔδωκεν Ἰωάννης ὁ τῆς Χαλκίδου ἡγούμενος (3), ἐνέβαλον
20 τὸ τίμιον αὐτοῦ ἐκεῖσε λείψανον. Ἀνέμου δὲ βιαίου νότου πνεύ-
σαντος ἐν ἄλλαις τέσσαρσιν ἡμέραις μόγις κατήχθησαν, ἐνέγ-
καντες αὐτὸν ἐν τῷ αἰγιαλῷ. Φημισθείσης δὲ ταῖς πέριξ κώμαις
τῆς ἁγίας κοιμήσεως τοῦ ὁσίου πατρὸς ἡμῶν Νικηφόρου καὶ ὅτι
ἤχθη ἐν τῷ αἰγιαλῷ τὸ τίμιον αὐτοῦ λείψανον, συνέρρει σὺν κλαυ-
25 θμῷ παμπληθεῖ ὁ λαὸς τῇ ταχύτητι⁴ ἀσθμαίνοντες· καὶ εἶθ' οὕτως ἀνεκομίσθη μεθ' ὑμνῳδίας ἱερᾶς καὶ κηρῶν καὶ θυμιαμάτων·
καὶ ἀπετέθη ἐν τῷ σηκῷ τοῦ ἀρχαγγέλου (4) ἐν τῷ νάρθηκι τῷ
λαιῷ μέρει, ἣν αὐτὸς ἔτι ζῶν διετάξατο θήκην (5).

19. Ἠβουλήθη δὲ ὁ ὅσιος πατὴρ ἡμῶν Νικήτας σὺν τῷ γλωσσοκόμῳ κατατεθῆναι αὐτόν. Κατ' οἰκονομίαν δὲ τοῦ παντάνακτος
Χριστοῦ τοῦ ἀληθινοῦ θεοῦ ἡμῶν, ἵνα καὶ ἐν τούτῳ δοξασθῇ τὸ
πανάγιον ὄνομα αὐτοῦ ἐπὶ¹ τοῦ ὁσίου παναγάστῳ μεγαλοφυεῖ
5 κηδείᾳ, μεῖζον ηὕρηται τῆς θήκης τὸ γλωσσόκομον· τοῦ² γὰρ

---

⁴ sic P, non ταχυτῆτι.
19. — ¹ supple τῇ — ² cf. § 4, annot. ³.

(1) 1 *Par.* 29, 28.
(2) Voir ci-dessus, p. 400, la discussion de cette date.
(3) Ce Jean, higoumène de Halki, est nommé avec éloge par S. Théodore
Studite dans une lettre où il annonce sa mort en même temps que celle du
métropolite de Synnada (S. Michel le confesseur) et de S. Athanase, abbé du
Paulopetrion (*P. G.*, t. 99, col. 1629c). C'est apparemment au même personnage,
exilé pour la foi, que Théodore avait adressé une lettre où il vantait le beau
monastère fondé par lui au milieu d'un groupe d'îles (éd. I. Cozza Luzi, dans
A. Mai, *Nova Patrum bibliotheca*, t. 8, 1871, p. 6). Il n'est pas sûr que le « ca-
thigoumène de Halki » dont Théodore raconte les derniers instants dans une
de ses catéchèses (éd. E. Auvray, p. 46) doive être identifié avec notre higoumène Jean. Cf. Athénagoras, dans Ὁ Νέος Ποιμήν, t. 2 (1920), p. 353-
357 ; Janin, t. c., p. 325.
(4) L'église Saint-Michel de Médikion nommée ci-dessus, § 10, l. 9.
(5) Cette précision correspond exactement à ce qu'on lit dans la biographie
de S. Nicétas, successeur de S. Nicéphore, § 49 : κατεθήκαμεν αὐτὸν ἐν τῷ
μνημείῳ τοῦ κοινοῦ πατρὸς ἡμῶν Νικηφόρου, ὃ ἐποίησεν ἑαυτῷ ἔτι ζῶν ἐξ
εὐωνύμων τοῦ νάρθηκος (*Act. SS.*, April. t. 1, p. xxxii d).

χάριν καὶ ἦναγ κάσθημεν ἐκεῖθεν ἐκβάλαι αὐτόν, <ἵνα> καὶ εἶθ' οὕτως κατατεθείη. Ἐξενεχθέντος δὲ αὐτοῦ, ὅλος ὁ χορὸς εὐωδίας ἐπλήσθη, ὡς δοκεῖν ἡμᾶς ὅτι μύρον κεκενώκει τις ἡμῶν περιεστώτων κύκλωθεν, ὡς ὁραθῆναι οὐ μυδῶντα, οὐκ ὠχρόν, οὐ
10 κροκίζοντα³ οὐδ' ὑπ' ἄλλης σημασίας νεκρότητος, ὑπερύθρους ἔχοντα⁴ τὰς παρειάς, εὐλύγους (1) δὲ τοὺς δακτύλους. Καὶ μή τις εἴπῃ νεκρότητι πεπανθέν⁵· τὶς γὰρ τῶν ἀδελφῶν ὀνόματι Μάρκος, εὐλογίας εἰς ἐφόδιον εἴνεκα, πίστει ἁψάμενος τοῦ ἱεροῦ πώγωνος αὐτοῦ, ὡς ἵνα τρίχας ἀποτίλλῃ, τὸ μὲν θεῖον στόμα αὐτῷ⁶ μεμυ-
15 κότι ἀνεῴγνυτο, θρὶξ δὲ οὐκ ἀπερριζώθη. Δοξάσας γὰρ παντὸς διὰ βίου τὸν ἑαυτοῦ δεσπότην, ἀξίως τὰ ἐντάλματα αὐτοῦ δράσας⁷ ἀφθαρσίᾳ δεδόξασται ὑπ' αὐτοῦ, καὶ ἐν τῷ σεπτῷ αὐτοῦ κατετέθη ναῷ, πάντων δοξαζόντων τὸν δοξάσαντα θεὸν τοὺς αὐτὸν εἰλικρινῶς δοξάζοντας (2)· ᾧ πρέπει πᾶσα δόξα καὶ κράτος νῦν καὶ
20 ἀεὶ καὶ εἰς τοὺς αἰῶνας τῶν αἰώνων, ἀμήν.

Καὶ παρευθὺ ἐγκώμιον ἐν ἐπιτόμῳ.

20. Τέτευχε (3) σημεῖα διὰ σοῦ ὁ θεός,
τὰ ἃ παρέδραμον μῆκος φυγὼν λόγου (4),
γέρας ὅθεν εἶλες νίκην φέρων (5), πάτερ,
σημεῖα πλεῖστα θεοπάροχα, ὧν μέρος
5 φιληκόοις ἀκροαταῖς ἐνήσομαι.
Πέφηνας γὰρ ἡμῖν, [ὦ] σεβάσμιε πάτερ
Νικηφόρε, ἀστὴρ οἷα φαεινός, λόγον
ζωῆς ἐπέχων τοῖς σοι προσπελάζουσι,
θυμηδίας ἀρίστης¹ ἐμπιμπλῶν.

³ κροκίζον P — ⁴ ἔχων P — ⁵ lege πεπανθέντα vel supple τὸ σῶμα —
⁶ αὐτοῦ P — ⁷ δράσαντος P.
20. — ¹ supple πάντας ; cf. § 24, l. 9.

(1) Comparer εὐλύγιστος, « flexible ».
(2) Cf. 1 Reg. 2, 30.
(3) Ces quelques vers, si pauvres d'inspiration et de facture si déficiente, servent d'introduction aux trois Miracles qu'on va lire. Noter qu'il ne s'agit pas de miracles posthumes.
(4) Même idée ci-dessus, § 14, l. 1.
(5) Jeu de mots sur le nom de Nicéphore.

*Περὶ τοῦ τεθνάναι μέλλοντος ἀδελφοῦ
καὶ ὅπως ἀθρόα μεταβολὴ ζωῆς αὐτῷ
θεόθεν ἐδεδώρητο.*

21. Θᾶττον γὰρ ἐπιστὰς ἐκεῖσε (1) ὁ ὅσιος ἤρετο πυθόμενος
εἰ ἤδη ἐδίδαξεν τὸν μαθητὴν αὐτοῦ. Λέγει αὐτῷ ὁ ὅσιος Νικήτας
ὁ πρεσβύτερος ἡμῶν · «Οὐχί, δέσποτα.» Ἔφη δὲ τῷ ψυχορρα-
γοῦντι · «Πίστει πεποιθὼς ἐν κυρίῳ (2) λέγω σοι · ἰδοὺ κεχάρισταί
5 σοι ὁ ζήδωρ (3) Χριστὸς ὁ ἀληθινὸς θεὸς ἡμῶν τριετῆ χρόνον
ζωήν [1], ἕως διδάξῃς τὸν μαθητήν σου τὴν χαλκευτικήν.» Οὕτως
καὶ ἐγένετο, καὶ αὖθις ῥωσθεὶς ἀνέσφηλεν.

Περὶ τοῦ λείψαντος σίτου τῇ μονῇ.

22. Δὶς τῆς ἑβδομάδος ἀρτοποιούντων ἡμῶν, ἑκάστης ζυμω-
τῆς εἰκοσιτεσσάρων μοδίων, τοῦ μάγκιπος ἀναγγείλαντος τῷ
μεγάλῳ ὅτι ἄλευρον ἔλειψεν τῇ ἀλευροθήκῃ, ἐπέτρεψεν ὁ ὅσιος
τὸ καταλειφθὲν ἀριθμηθῆναι. Ὁ δὲ ἀριθμήσας ἕως μόνης ζυ-
5 μωτῆς ἔφασε [1] καταλελεῖφθαι. Ὁ δὲ κλεινὸς τοῦ θεοῦ θεράπων
ἔφη τῷ ἀπαγγείλαντι · «Εἴη τὸ ὄνομα κυρίου εὐλογημένον (4)
ἀπὸ τοῦ νῦν καὶ ἕως τοῦ αἰῶνος.» Οὕτως γὰρ ἦν ἔθος αὐτῷ λέγειν. Καὶ πορευθεὶς ἐν τῷ κελλίῳ αὐτοῦ ἔστη δυσωπῶν τὸν
παντὸς ἀγαθοῦ δοτῆρα θεόν · «Κύριε σαβαώθ (5), ὁ ἐν τριάδι θεὸς
10 τῶν πατέρων ἡμῶν (6), ἀκτιστοσυμπλαστουργοσύνθρονε (7) καὶ
θεαρχίφωτε, ἑνιζομένη τριὰς ὁμοούσιε, ἡ ἐλπὶς ἡμῶν, δώρησαι
τοῖς δούλοις σου τῇ ἀγαθοπρεποφιλανθρώπῳ εὐσπλαγχνίᾳ σου
τὰ πρὸς ἐδωδὴν ἐπιτήδεια.» Ἐκ θείας δὲ βεβαιωθεὶς ἐλλάμψεως

21. — [1] sic, non ζωῆς.
22. — [1] sic pro ἔφησε vel ἔφασκε.

(1) Le récit développé dont nous n'avons ici qu'un résumé devait dire où
se trouvait le moine moribond et qu'il s'agissait du forgeron du monastère,
à qui on avait confié un apprenti à former.
(2) Cf. § 23, l. 7.
(3) Comparer ζείδωρος, dont il y a plusieurs exemples dans la paraphrase
poétique de saint Jean par Nonnus et qu'Hésychius explique par βιόδωρος.
(4) *Iob* 1, 21.   (5) *Is.* 37, 16.   (6) *Act.* 5, 30 cet.
(7) Cet invraisemblable composé, que le *Thesaurus* qualifie de *monstrum*,
provient du poème acrostiche de S. Jean Damascène sur la Pentecôte (*P. G.*,
t. 96, col. 837, avant-dernier vers).

ὡς ἤδη τὸ αἴτημα ληψόμενος ἔφη τῷ μάγκιπι · «˝Απιθι, τέκνον,
15 ἔχου τῆς διακονίας σου μηδὲν διστάζων · τῷ θεῷ μελήσει περὶ
ἡμῶν (1).» ˝Ατινα δι' εὐπροσδέκτων εὐχῶν αὐτοῦ ἐπήρκεσε καὶ
ἡμῖν καὶ πλείοσιν ἄλλοις ὁλοκλήρῳ καιρῷ ἤγουν τριμηναίῳ, ἕως
ὅτου ὁ ἀμητὸς ἤγγικεν.

Περὶ τοῦ ὕδατος.

23. ˝Υδωρ ποτὲ ζητούντων ἐν τοῖς ἀνύδροις τόποις ἡμῶν μετὰ
καὶ ὑδροσκόπου(2), εἶτα πλεῖστα φρέατα ἀνορύττοντες ἑπόμενοι τῷ
ὑδροσκόπῳ, οὐχ εὕρομεν περινοστοῦντες καὶ ἐν τῷ τῆς ἐκκλησίας
προαύλῳ ἐκχοΐσαντες φρέαρ βαθύ, ὥστε ἐν τῷ πυθμένι αὐτοῦ
5 ψαμμὸν πλατεῖαν καὶ ὄστρακον ηὕρηνται¹, ὕδωρ δὲ οὐδαμῶς.
῾Ως δ' οὖν εἶδεν λοιπὸν ὁ ὅσιος πατὴρ ἡμῶν Νικηφόρος τὴν ἀποτυ-
χίαν τοῦ ζητουμένου · «Πίστει πεποιθὼς ἐν κυρίῳ (3)», χαριεντῶς
ἔφη, τῇ βακτηρίᾳ διαχαράξας ἐγγύθεν² τοῦ κελλίου αὐτοῦ σημάνας τῷ τόπῳ (4) · ᾧτινι ἐκχοΐσαντες εὗρον δι' εὐχῶν αὐτοῦ ὕδωρ
10 διειδέστατον, ὃ μέχρι τοῦ νῦν περίεστιν εἰς πολλὴν ἀνάπαυσιν
τῶν ἀδελφῶν καὶ εἰς μαρτύριον τοῦ σημειοφόρου πατρὸς ἡμῶν
Νικηφόρου.

24. 'Αλλ' ὦ ἱερὰ καὶ πεποθημένη ἀκρωρείας ἐμοὶ κεφαλή (5)
— πάλιν γὰρ πρὸς σὲ τὸν ἀνολέθρως ζῶντα¹ σχετικῶς τὴν ἔν-
τευξιν ποιοῦμαι —, ἄνωθεν ἡμᾶς πρὸς τῆς ἀκηράτου τριάδος
ἐποπτεύων μέμνησο ἱερεῖς, βασιλεῖς, τοὺς ἐν ὑπεροχῇ καὶ πάντα
5 τὸν λαόν², καὶ δέχοιο κἀμοῦ τὸ μικροπρεπὲς τοῦ λόγου δῶρον

23. — ¹ lege ηὑρῆσθαι — ² ἔγγυθεν P.
24. — ¹ τῷ ἀν. ζῶντι P — ² παντὶ τῷ λαῷ P.

(1) Cf. 1 Petr. 5, 7.
(2) Le mot ὑδροσκόπος, « sourcier », est attesté par les glossaires. On le trouve
aussi dans une lettre de Théodoret, P.G., t. 83, col. 1216A.
(3) Même formule au § 21.
(4) Datif étrange, mais garanti par le pronom qui suit. Voir encore, au
chapitre 24, apparat critique, notes ¹ et ², des datifs incorrects.
(5) Formule d'invocation qu'on retrouve à la fin de plusieurs Vies de saints ;
voir, par exemple, la Vie de S. Nicéphore de Sébazé, dans Byzantion, t. 23
(1953), p. 30, dernier paragraphe : 'Αλλ' ὦ θεία καὶ ἱερὰ κεφαλή. D'après
M. Grégoire, ἀκρωρείας κεφαλή doit être une périphrase pour κορυφή, employé au figuré comme κορυφαῖος.

τὸ παρ' ἀξίαν σοι ῥηθησόμενον τοῦ ἐπιδεοῦς σου τῶν πρεσβειῶν,
ἀντιβολῶ. Μαθητὴς γάρ, οὐ μιμητής εἰμί σου τῶν τρόπων, χρι-
στένσοφε ³ μελουργέ, νομεῦ πανάγαστε, ἐξοχολιγυρὲ πρεσβῦτα,
ὁ ἐν πᾶσι πάντας ἐμπιμπλῶν, ἄριστε σιτοδότα · ὄλβον ἐρικύδαιον ⁴
10 διαμπὰξ τὸν ἐπέραστον θεϊκῆς θυμηδίας ⁵ τοῖς τὴν ἐτήσιόν σου
γεραίρουσι (1) μνήμην (2), ἵν' ἤρεμον καὶ ἡσύχιον ἀστασιάστως
ζοίημ' ἂν ⁶ βίον (3). Οὐκ ἔχω γάρ σοι, ὦ πανβόητε πρόμε, ὃ πρὸς
ἀξίαν προσάξαι ἐπάξιον · εὐτελεῖς ἐπαίνους ἀντὶ μειζόνων σοι
συγκεκρότηκα, καί μοι ⁷ τὸ πλεῖστον ἀποροῦντι σύγγνωθι · οὐκ
15 ἐφίκνημαι ⁸ γὰρ τοὺς σοὺς εἰς ἅπαν φράζειν ἐπαίνους. Αὐτὸς
ἑαυτῷ μογεροῖς ἱδρῶσιν ἐπλέξω τὸ ἐγκώμιον καὶ τοὺς στεφάνους
τῶν πολυτλήτων ἀσκητικῶν σου ἄθλων ἐρανίσω ⁹ τὰ γέρα τῆς
ἄνω κληρουχίας ἀπροσκόπῳ ποδηγίᾳ τοῦ πατρὸς καὶ τοῦ υἱοῦ
καὶ τοῦ ἁγίου πνεύματος.

INDEX NOMINUM

³ χριστενσόφου P — ⁴ sic — ⁵ an suppl. δὸς vel δοίης? — ⁶ an leg. ζοίημεν
(pro ζῶμεν) ἄν? — ⁷ με P — ⁸ sic (pro ἐφῖγμαι?) — ⁹ ἐρανισαμένῳ P.

(1) On serait tenté de rapprocher le génitif θεϊκῆς θυμηδίας du verbe ἐμπιμπλῶν (cf. § 20, l. 9) et de corriger τοῖς... γεραίρουσι en τοὺς γεραίροντας.
Mais que faire alors de ὄλβον... ἐπέραστον?

(2) La célébration de l'anniversaire est, comme on sait, la première et principale manifestation d'un culte régulier. Cf. H. DELEHAYE, Origines du culte
des martyrs, 2ᵉ éd. (Bruxelles, 1933), p. 31-36 ; ID., Sanctus. Essai sur le culte
des saints dans l'antiquité (ibid., 1927), chap. 3 ; ID., Cinq leçons sur la méthode hagiographique (ibid., 1934), chap. 1 : « Les coordonnées hagiographiques ».
Le culte de S. Nicéphore semble être resté fort local et n'avoir jamais joui
d'une vraie popularité. On n'en trouve pas de trace en dehors de sa Vie, de
celle de son successeur S. Nicétas et de quelques synaxaires.

(3) Cf. 1 Tim. 2, 2.

Μάρκος monachus Mediciensis 19¹²
Μηδίκιον (Μειδίκιον, Μεδίκην) lem-
ma, 10⁷
Μιχαήλ archangelus : eius templum
Medicii 10⁹, 18²⁷

Νικήτας presbyter, Nicephori suc-
cessor 9²⁴, ²⁶, 17¹, 19¹, 21²
Ὁλοφέρνης 11²⁰
Φωτοῦ mater Nicephori 5¹⁴⁻⁶⁴
Χάλκιδος (gen. Χαλκίδου) 18⁹, ¹⁹.

INDEX GRAECITATIS

ἀβελτηρία = ἀβελτερία 8³⁹
*ἀγαθοπρεποφιλάνθρωπος 22¹²
ἁγιαστία 6²²
*ἀγριογνώμων 7²⁹
ἀγνυρτώδης 5²⁸
*ἀθανάσιμος 1¹⁹
ἀθυρόγλωττος 11³
*ἀκαιρομέμπτης 7²⁸
ἀκλόνητον 12⁷, 17¹³
*ἀκμαιόφρων 3²⁵
ἀκτιστοσυμπλαστουργοσύνθρονος 22¹⁰
ἄλγεα = ἄλγη 12³⁹
ἀμβλωθρίδιον 2¹³
ἀνελίξεσις = ἀνέλιξις 4¹⁸
*ἀνένθετος 12⁴⁰
ἀνεῴγνοιμι 4⁴
ἀνήνεμα πέλοντος 16³
ἀνθορίζω 1¹⁴
ἀνολέθρως 24²
ἀντιτάσσομαί τι 17¹⁶
ἀπαιωρίζομαι (pass.) 16⁶
ἀπανθαδιάζω 12²¹
ἀποίχομαί τινι 15⁸
ἀπολελωκῶσα = ἀπολωλεκυῖα 12⁷⁰
ἀπομματόω 13¹⁰
ἀποτάσσομαί τι 9²¹
αὐτάρ 17⁷
*ἀψαμαθής (an *ἀψιμαθής?) 5²⁸
γαῖα 11²²
γραώδης = γραῦς 3²
διαρθροῖν = διαρθροῦν 2⁶
διομαλίζομαι (pass.) 2⁷
δισέξ 9²⁵
*δισχέτλιος 5¹⁸
*δομουργέω (an δωμ-?) 6²⁶
δραγμή = δραχμή 10²⁰, 12⁶⁷, ⁶⁹, ⁷²
εἰσοῖσαι = εἰσενεγκεῖν 2¹¹
*ἐκτροχίζω 13²⁵

*ἐμφιλόκομπος 8⁸⁵
*ἐξαπενίζω 8²
ἐξοργανόω 10²³
*ἐξοχολιγυρός 24⁸
ἐπιβατήριος 6²²
ἐπιδοκέω 9¹⁴
ἐπιμορφάζω τινί 3⁴⁶
ἐπισιτέομαι 13⁶
ἐπισκώπτω τινί 8³³
ἐρέρισμαι = ἐρήρεισμαι 7³⁹, 12⁷, 17¹³
*ἐρικύδαιος 24⁹
ἔσηται = ἔσται 17³
εὔδηλα = εὐδήλως 12⁷⁵
*εὔλυγος = εὐλύγιστος 19¹¹
εὐσυνειδότως 12¹⁰
ἔφασε 22⁵
ἐφίκνημαι = ἐφῖγμαι 24¹⁵
*ζήδωρ = ζείδωρος 21⁵
*ζυμωτή 22¹, ⁴
ἠλεά (neutr. plur.) = insipienter 13¹⁰
*θεαρχίφωτος 22¹¹
θεόπαις = θεοτόκος 6²¹, 7¹⁴
θεορρήτωρ 8²⁶
θρησκεύω τινί 7²¹
ἰδιογνωμόρρυθμος 1²⁵
*ἱερόλεκτος 9²³
ἰητρός = ἰατρός 17³, 18¹
καταλαμβάνω τινί 6¹¹
*καταπορφύρω 7⁶
*κελαδία 4⁶
*κομπομυνθορρήμων 3³
*κομποστολέω 1²
κοπρομόχθος 5²⁴
*λικμητρία 12⁵³
*λογάδας (-ον) = λογάς (-άδος) 9¹⁶
μεθηλικίωσις 7¹³
μέθοδος masc. 5⁶²
μνάομαί τινι 1²³
*μογγιλάλος = μογιλάλος 14²⁷

μορμολυττέω vel -ττω 1⁶, 5⁴³
μορφωτικόν = μορφωτικῶς 10²²
νεόω = νεάω 3²⁷
ὅσδε = ὅδε 14¹⁹
παλίνζωος 10²¹
*παντεπάρτης 12²⁹
παντεχνήμων 1¹³
*παρέμποδον 2¹⁴
πεπαγίωχε = πεπαγίωκε 10¹³
περινοστέω τινί 16³
προσεπί 3²¹
πρόσυλος 8³⁰
*προσυνίστωρ 9²³
*ῥαθυμοτόκος 6⁷, 11⁴³
*σαβακόφρων 3⁸
*σαρκόσαθρος 11¹⁷
σεμνόν = σεμνῶς 11²
*σπίλη (τὰ) = οἱ σπίλοι 17²³
στίλβω ἐμφέρειαν 1²⁰
στροφάω 12¹⁹
στυγηρός = στυγερός 12⁵
*συγκλύδα (ἡ) 6¹⁰
*συγκυβίζω (an *συγκυβιστάω?) 3²²
συμπεριπολεύω 8²²
συνιῶντες 7¹⁶
σχετικῶς 24²
*ταμειοτρώκτης 10¹⁴
*ταπεινοήθης 17²²
ταπεινόφρονος = ταπεινόφρων 9¹⁵
*τελωνικῶς 13¹⁴
τέτρουρος = τέτρωρος 4⁴
ὑδροσκόπος 23⁸
*ὑπεραπειροπλάσιος 1¹³
*ὑπερκερδέστερος 1¹¹
ὑπουλία = ὑπουλότης 8³⁸
φάος = φῶς 3¹¹
φημί. Vid. ἔφασε, φῶσιν.
*φιλεύφημος 9²⁷
φιλεχρι 6³
φορολόγοι (δαίμονες) 12¹⁴
φύντα παρομαρτοῦντα prov. 4¹⁶
φῶσι = φασί 16¹
χαριεντῶς 23⁷
*χριστένσοφος 1⁸, 11¹⁰, 24⁷
χριστιανοκατήγορος 7⁴¹, 10¹⁵, 17¹⁶
*ὡραιανθής 1²⁸.

Accentus 5²⁹ ἀγυρτώδων pro ἀγυρτωδῶν (cf. Anal. Boll. 1959, p. 107, cum annot. 1 ; 1960, p. 45, cum annot. 2), 11⁵ ἐμοίγε, 18¹¹ ταχύτητι, 23⁸ ἔγγυθεν.

Genus masculinum pro feminino 3⁴ τὰς μεγάλους ἀνδραγαθίας, 3¹⁹⁻²⁰ τοῖς κεκομψευμένοις γλωσσαλγίαις, 5⁶¹⁻⁶² πλείστοις μεθόδοις βιωτικοῖς, 11² παναλκεστάτῳ ῥώμῃ, 14⁴ τοίοις ἀγλαΐαις, 14²⁷ καρδίαις πονηροῖς.

Accusativus pro dativo 9²¹ ἀποτάσσομαι ματαιότητα, 15¹ με διηγήσατο, 17¹⁷ ἀντιτάσσομαι τὰ ληρήματα.

Dativus pro genetivo 1²³ τῇ θεώσει μνώμενοι, 1²⁷ τὴν τούτοις ἀκοσμίαν, 5² διαδεῖξαι ὄνομα τούτῳ, 5³ τὴν πολιτείαν τἀνδρί, 10⁸ παρὰ τοῖς γεωργοῖς ὠνεῖται (cf. 6¹¹), 15⁸ τοῖς ἐκεῖσε ἀπῴχετο.

Dativus pro accusativo 2⁴ μοι... ὑφέλκει, 3²³⁻²⁴ τούτοις ἕλξαντες, 3⁴² δρεπάνῃ θήξαντες, 3⁴⁷ ἐπιμορφάζων τοῖς προκόψασιν, 6¹⁰⁻¹¹ τῷ μοναστηρίῳ καταλαβών, 7¹⁸ ἰνδάλμασι ἐκθειάζειν, 7²⁰⁻²¹ θρησκεύειν τοῖς κωφοῖς, 10¹³ πρὸς ἐδωδὴν καὶ ἑτέραις χρείαις, 10¹⁴ τοῖς δημοβόροις... ἐκποδὼν ποιησάμενος, 11²³ τῷ πλήθει τροπωσαμένη, 11²⁷ ἰδεῖν θεῷ, 11²⁷⁻²⁸ τηρεῖν τοῖς ἐντεταλμένοις, 11³² ὑφέλωμεν τῇ ῥαστώνῃ καὶ τὴν εὐπάθειαν, 13¹ ταύταις καὶ πλείους ψυχαγωγίαις, 13⁸⁻¹⁰ τοὺς ἀμελεῖς καὶ τοὺς ἀφηνιάζουσι... τοὺς σχετλιάσασιν, 13¹⁸ ἑκάστῳ ἐθίζειν, 16²⁻³ τοῖς πατράσι περινοστῶν, 16⁸ πέπομφεν μικρῷ σκάφει, 23⁹ σημάνας τῷ τόπῳ, 24² πρὸς σὲ τῷ ζῶντι, 24⁴⁻⁵ μέμνησο ἱερεῖς καὶ παντὶ τῷ λαῷ.

Neutrum sing. vel plur. pro adverbio 3²⁰ ἀκλεᾶ, 10²² μορφωτικόν, 11² σεμνόν, 12⁷ et 17¹³ ἀκλόνητον, 12⁷⁵ εὔδηλα, 13¹⁰ ἠλεά, 13¹⁵ ἠνεκές.

VII

SAINT NICÉPHORE DE MÉDIKION
D'APRÈS UN SYNAXAIRE DU MONT SINAI

Quand le bollandiste Henschenius rédigea pour les *Acta Sanctorum* [1] une notice de S. Nicéphore de Médikion († 4 mai 813), il ne disposait que de deux sources : la Vie de S. Nicétas, successeur de Nicéphore [2], et quelques synaxaires comme ceux de Sirmond [3] et de Chifflet [4] et celui qu'on appelle à tort le ménologe de Basile [5].

La Vie de Nicétas († 824) évoque Nicéphore comme le fondateur du monastère de Médikion ; elle rapporte qu'il mourut le 4 mai et que son successeur Nicétas fit célébrer sa fête chaque année à cette date. Les synaxaires, de leur côté, ne mentionnent même pas la fondation de Médikion, mais ils s'étendent sur les avanies que le saint abbé aurait eu à subir sous Léon l'Arménien (813-820) : expulsé de sa communauté, il aurait été exilé et jeté en prison pour sa fidélité au culte des images [6]. On le voit : les deux sources ne concordent pas et Henschenius, ne parvenant pas à les concilier, ne put que souhaiter de voir un jour la Vie développée de S. Nicéphore sortir des oubliettes et nous aider à résoudre les difficultés.

---

[1] *Act. SS.*, Maii t. 1 (1680), p. 500-501.

[2] *BHG* 1341 : *Act. SS.*, April. t. 1 (1675), p. XXII-XXXII.

[3] Du collège de Clermont, à Paris, il est passé finalement à Berlin, où il porte la cote Phillipp. 1622. Cf. *Synax. Eccl. CP.*, col. V-X.

[4] Anciennement à Dijon, maintenant à Troyes, n° 1204. Cf. *Anal. Boll.*, t. 65 (1947), p. 61-106 ; t. 66 (1948), p. 5-32 ; *Mélanges H. Grégoire*, t. 2 (1950), p. 307-328.

[5] Du synaxaire illustré qu'on appelle ainsi, il ne subsiste que le premier semestre dans le *Vaticanus* grec 1613. Le ms. de Grottaferrata qu'on prenait pour le deuxième semestre du « ménologe de Basile » a disparu. Cf. *Synax. Eccl. CP.*, col. XXIII-XXVI, sous B et Bc.

[6] *Act. SS.*, Maii t. 1, p. 721 ; *P.G.* 117, 437. La persécution de Léon l'Arménien ne commença pas dès son accession au trône, le 11 juillet 813, mais seulement vers la Noël de l'année 814.

14   NICÉPHORE DE MÉDIKION

Publiée enfin il y a dix ans [1], la Vie du fondateur de Médikion, écrite par un contemporain, a donné raison au biographe de S. Nicétas et permis de rejeter comme fantaisistes les assertions des synaxaires connus jusqu'alors.

Mais il se fait qu'un vieux synaxaire du Sinaï, récemment photographié, présente une autre notice de S. Nicéphore, où le persécuteur des images Léon l'Arménien n'est pas nommé, tandis que l'accent est mis d'abord sur les vertus du moine et de l'abbé, ensuite sur la « double couronne » de confesseur [2] et d'ascète qu'il mérita de recevoir.

Le *Sinaiticus* grec 549, d'où provient la notice qu'on va lire, remonte au xiie siècle [3]. Le P. Jacques Noret, à qui j'en dois la connaissance, compte l'étudier un jour, en même temps qu'une série de recueils du même genre.

Un second témoin de la notice se trouve au fol. 67 du *Parisinus* 1617, copié en 1071 et analysé par le P. Delehaye sous le sigle N [4]. Les variantes, notées au bas du texte ci-dessous, montrent que le scribe était plus soucieux de concision que son émule du Sinaï. En un passage au moins, il a conservé la bonne leçon θεομάχων (variante 13), déformée en εἰδώλων par un copiste irréfléchi.

Neuve par certains endroits, la rédaction que je reproduis ici ne diffère pas entièrement de celle que le P. Delehaye a tirée du synaxaire de Sirmond et du Coislin 223 [5]. Les correspondances verbales sont signalées par l'impression en caractères espacés.

---

[1] *Anal. Boll.*, t. 78 (1960), p. 401-428. Cf. *BHG* [a] 2297-98.

[2] Le « confesseur », pour les Grecs, c'est le chrétien qui a été torturé par les ennemis de la foi, mais n'est pas mort dans les tourments.

[3] V. GARDTHAUSEN, *Catalogus codicum graecorum Sinaiticorum* (Oxford, 1886), p. 133 ; K. W. CLARK, *Checklist of Manuscripts in St. Catherine's Monastery, Mount Sinai, microfilmed for the Library of Congress, 1950* (Washington, 1952), p. 8. La notice de S. Nicéphore est au fol. 127.

[4] *Synax. Eccl. CP.*, col. xxxvi-xxxvii ; F. HALKIN, *Mss grecs Paris* (1968), p. 227.

[5] *Synax. Eccl. CP.*, col. 659-660, au 5 mai. Dans le ms. Mc (Coislin 223), la notice de S. Nicéphore se lit au 4 mai, anniversaire de sa mort.

Μνήμη τοῦ ὁσίου πατρὸς ἡμῶν Νικηφόρου
πρεσβυτέρου καὶ ἡγουμένου μονῆς τοῦ Μηδικίου

e codice Sinaitico gr. 549, fol. 127,
collato Parisino gr. 1617, fol. 67.

Οὗτος π ο θ ή σ α ς τὴν ἐγκράτειαν καὶ παρθενίαν ηὐλίσθη ἐ ν
ὄ ρ ε σ ι πάσης ἀρετῆς καὶ ἐτράφη ἐν πόλεσι[1] τῆς ἡ σ υ χ ί α ς ·
καὶ ὑψωθεὶς[2] ἀμφοτέρωθεν ἔφθασε τὴν οὐράνιον κατοικίαν[3].
Λόγῳ τε[4] θείῳ κυβερνώμενος θεῖος οἰκονόμος ἐδείχθη καὶ πιστὸς
μυσταγωγός · διὸ καὶ ὡς[5] ἱερεὺς ἱεροῦ ποιμνίου π ρ ο έ σ τ η[6].
Ἐ ξ ω σ θ ε ὶ ς δὲ τ ῆ ς π ο ί μ ν η ς παρὰ τῶν εἰκονομάχων
ὡ ς π ρ ο σ κ υ ν η τ ὴ ς τ ῶ ν θείων ε ἰ κ ό ν ω ν[7] καὶ τοῖς
πατρικοῖς ὅροις ἑ π ό μ ε ν ο ς[8], ἐ ξ ο ρ ί α ι ς π ι κ ρ α ῖ ς καὶ
σ κ ο τ ε ι ν ο τ ά τ ο ι ς χωρίοις ὑπὸ τοῦ σκοτεινοτάτου τυράν-
νου κατα κ λ ε ί εται[9]. Ὁ δὲ ἀ θ λ η τ ὴ ς[10] ἀνένδοτος τῇ
πίστει γενόμενος[11] καὶ πάντα ὡς σκύβαλα ἡγησάμενος ὡ ς
σ τ ε ρ ρ ὸ ς ὁπλίτης[12] ἅπασαν ψ υ χ ώ λ ε θ ρ ο ν ἀ π ά τ η ν
τ ῶ ν εἰδώλων[13] διέπτυσε[14] καὶ κατέβαλεν[15]. Ὅθεν καὶ διπλᾶς
τὰς λαμπάδας ἀνάψας τῆς ὁμολογίας καὶ ἀσκήσεως, διπλοῦς καὶ
τοὺς στεφάνους ἐκ χειρὸς κυρίου ἐδέξατο[16].

___

[1] πόλει. — [2] ὑψώθη. — [3] (ἔφθ. - κατ.) om. — [4] δὲ. — [5] (μυστ. - ὡς) om. —
[6] ἱεροῦ π. πρ. om. — [7] τῶν θ. εἰ. πρ. ~. — [8] καὶ τοῖς π. ὅ. ἑ. om. — [9] (καὶ
σκοτ. - κατακλ.) ὑποβάλλεται. — [10] (ὁ δὲ ἀ.) ὅς. — [11] (τῇ π. γ.) τὴν πίστιν
ὑπάρχων. — [12] (καὶ πάντα - ὁπλ.) om. — [13] θεομάχων. — [14] κατέπτυσε. —
[15] καὶ κατ. om. — [16] ἐδ. ἐκ χ. κ. ~, πρὸς αὐτὸν μεταστάς add.

Inconciliable, lui aussi, avec les données les plus sûres de la
Vie de S. Nicéphore, le nouveau synaxaire doit évidemment être
rejeté par l'historien. Mais comment est-il possible que, sur un
saint dont il existait une biographie complète, on ait dès le XIe
siècle raconté des choses si étrangères à la réalité?

L'explication est facile à trouver. Il suffit de lire, dans les ménées de Venise, à la même date du 4 mai, la notice de S. Nicétas
de Médikion : c'est exactement le texte qui nous occupe[1]. Et si
nous remontons un mois en arrière, nous trouvons encore le même

___

[1] A part les variantes et retouches habituelles dans cette sorte de littérature vivante.

texte à la vraie date de S. Nicétas, le 3 avril [1]. Que s'est-il donc passé?

Du 3 avril, où elle était parfaitement à sa place, ou plutôt du 4, où elle est parfois marquée [2], la notice de S. Nicétas aura été transférée au 4 mai par une simple erreur matérielle, comme on en rencontre bien des exemples dans les synaxaires [3]. Ensuite, la date du 4 mai étant celle de S. Nicéphore, on aura cru qu'il y avait erreur de nom et remplacé *Νικήτα* par *Νικηφόρου*.

A moins que la simple mention de Nicéphore le Médikiote inscrite sans notice dans certaines synaxaires [4] n'ait été pourvue par distraction de la notice d'un quasi-homonyme également Médikiote. Plus tard, un lecteur attentif et compétent aura reconnu que la notice appartenait à Nicétas et corrigé l'en-tête. C'est ainsi que la notice figurerait au 4 mai tantôt sous le nom de Nicéphore et tantôt sous celui de Nicétas [5].

Une explication analogue vaut apparemment pour l'autre synaxaire, celui qui était connu de Henschenius et qui a fait donner à S. Nicéphore le titre de confesseur, alors que ce n'est pas lui, mais son successeur Nicétas, qui a souffert pour la foi sous les iconoclastes.

---

[1] A défaut des grands ménées que tout le monde n'a pas sous la main, on trouvera cette notice de S. Nicétas dans le *Synax. Eccl. CP.*, col. 581, au 3 avril.

[2] *Synax. Eccl. CP.*, col. 586, ligne 33, cod. Bb.

[3] Le P. Delehaye en a relevé un bon nombre, *Synax. Eccl. CP.*, col. LXII-LXIII.

[4] Notamment dans les mss H (cf. J. MATEOS, *Le Typicon... Sainte-Croix n° 40*, t. 1, p. 280) et D (Paris grec 1587, fol. 59).

[5] Cette seconde hypothèse m'a été suggérée par J. Noret.

VIII

SAINT ANTOINE LE JEUNE

ET PÉTRONAS LE VAINQUEUR DES ARABES EN 863

(d'après un texte inédit).

I. Les textes déjà publiés.

Lorsque parut, en 1907, la Vie de S. Antoine le Jeune [1], tirée d'un manuscrit grec de Vienne [2], le meilleur connaisseur n'hésita pas à porter sur elle un jugement des plus favorables : « Cette pièce, entièrement inconnue, assurait le P. Delehaye, est vraiment intéressante [3]. » Et un autre critique, lui faisant écho, écrivait dans la *Byzantinische Zeitschrift* qu'elle méritait de retenir l'attention, parce qu'elle est « parsemée d'anecdotes curieuses et riche en renseignements de valeur [4] ». Le lecteur qui n'a pas le loisir ou le moyen de lire le texte dans l'original pourra du moins, grâce au résumé qui suit, se faire une idée de la marche générale du récit et du genre d'intérêt qu'il présente.

Antoine est né en Palestine, dans la ville de Phossaton [5], située

---

[1] *BHG.* 142. Édition d'A. Papadopoulos-Kerameus, Συλλογὴ παλαιστίνης καὶ συριακῆς ἁγιολογίας, Saint-Pétersbourg, 1907 (= *Pravoslavnyj palestinskij sbornik*, fasc. 57 ou t. XIX, 3), p. 186-216. Traduction russe de B. Latyšev dans la seconde partie du même fascicule, p. 209-243.

[2] Hist. gr. 31, du Xᵉ siècle, fol. 1-17. Cf. *Catal. Graec. Germ.*, p. 51 ; A. Ehrhard, *Ueberlieferung und Bestand der hagiographischen Literatur der griechischen Kirche*, t. I (1937), p. 394-396. Une copie du ms. de Vienne se trouve dans les *Collectanea Bollandiana* de décembre : Bruxelles, Bibliothèque royale, ms. 8163-69, fol. 2-16ᵛ ; cf. *Catal. Graec. Germ.*, p. 201.

[3] *Anal. Boll.*, t. XXVII (1908), p. 423.

[4] P. Van den Ven, dans *Byz. Zeitschrift*, t. XIX (1910), pp. 307, 309. Le même auteur a confronté d'un bout à l'autre l'édition et le manuscrit ; le résultat de cette collation, publié ibid., p. 310-313, permet de corriger les très nombreuses fautes de l'édition. Quand nous aurons à citer le texte de Papadopoulos-Kerameus, nous ne manquerons pas de tenir compte des « emendationes » de M. Van den Ven.

[5] Cette « ville » de Phossaton ne devait être qu'une obscure bourgade. Son

à 19 milles de Jérusalem. Ses parents s'appelaient Photin et Irène (§ 2) et lui avaient donné le nom de Jean[1]. Un ancien chef de brigands, nommé Jean lui aussi, devient moine à Saint-Sabas, puis se retire dans la montagne près de Phossaton et y mène la vie des anachorètes (§§ 3-8). L'enfant prédestiné est attaché au service de l'ermite. Celui-ci lui prédit qu'il quittera la Syrie, sera mis à la tête de plusieurs villes en Romanie et finira par être moine durant quarante années (§ 9). A la mort de sa mère, le futur saint, encore adolescent, va s'établir avec son frère et sa sœur Théodoulè sur la côte méridionale de l'Asie Mineure, à Attalia (§ 10). Il est remarqué par le patrice de la flotte et fait ses preuves sous les ordres du triérarque, jusqu'au jour où l'empereur Michel II (820-829) l'établit gouverneur ἐκ προσώπου[2] du thème des Cibyrrhéotes (§ 11). Après avoir réprimé sévèrement les partisans de l'usurpateur Thomas[3] (§ 12), il se rend auprès du souverain et passe dix mois à Constantinople (§§ 13-14). Rentré au chef-lieu de son gouvernement, il réussit à en écarter une bande de pirates arabes (§§ 15-18). Il songe à se marier, mais l'ermite de Phossaton lui envoie un messager pour lui rappeler ses prédictions (§§ 19-21). Décidé maintenant à dire adieu au monde, Jean organise un grand banquet, enivre tous ses invités et s'enfuit à leur insu en pleine nuit avec son serviteur Théodore. Tonsurés l'un et l'autre par le stylite prêtre Eustrate[4], ils revêtent l'habit monastique et prennent les noms d'Antoine et de Sabas (§ 22). Le frère et les amis du fugitif

---

nom ne figure même pas dans les index du grand ouvrage de N. A. Mědnikov, *Palestina ot zavoevanija eja arabami do krestovyh pohodov po arabskim istočnikam*, en 4 volumes, Saint-Pétersbourg, 1897-1903 (= *Pravoslavnyj palestinskij sbornik*, fasc. 50 ou t. XVII, 2-3).

[1] Ce prénom apparaît aux §§ 9-22, 24, 31.

[2] Cf. M. MITARD, *Note sur la fonction d'ἐκ προσώπου τῶν θεμάτων*, dans *Byz. Zeitschrift*, t. XII (1903), p. 592-594 ; J. B. BURY, *The Imperial Administrative System in the Ninth Century* (Londres, 1911), p. 46 s. ; V. BENEŠEVIĆ, *Die byzantinischen Ranglisten... revidiert*, dans *Byz.-neugriechische Jahrbücher*, t. V (1926), p. 126 s., dernier nº de chaque colonne.

[3] Cf. J. B. BURY, *A History of the Eastern Roman Empire, A. D. 802-867* (Londres, 1912), pp. 84-110, 462-465 ; A. A. VASILIEV, *Byzance et les Arabes*, t. I : *La dynastie d'Amorium*, éd. H. GRÉGOIRE et M. CANARD (Bruxelles, 1935), p. 22-49 : « La révolte de Thomas » ; sur le rôle de notre saint dans cette guerre civile qui est « l'événement central du règne de Michel II » (p. 22), voir la note 5 de la p. 47.

[4] Cf. H. DELEHAYE, *Les saints stylites* (Bruxelles, 1923), p. CXXIX.

veulent renverser la colonne du stylite (§ 23), et l'empereur lui-même charge le patrice de la flotte d'aller châtier le gouverneur coupable de désertion ; mais un triple avertissement céleste sauve celui-ci de la potence (§ 24). Avec la bénédiction d'Eustrate, Antoine et son compagnon entreprennent un long voyage à travers l'Anatolie : par Amorium ils gagnent Nicée, où ils vivent en reclus pendant neuf mois. Ayant congédié Sabas, notre moine errant se met en route pour le mont Olympe de Bithynie [1]. Il se fait une cellule d'anachorète à cinq stades environ du monastère des Eunuques et se met sous la direction du saint ermite Jacques, ancien évêque d'Anchialos (§§ 25-30). Accusé d'avoir injustement dépouillé de leurs biens les révoltés de la faction de Thomas, il est obligé de se justifier devant l'empereur Théophile, qui le remet aux mains de Stéphane, son ministre ἐπὶ τῶν δεήσεων [2]. Ce fonctionnaire cupide le retient cinq mois dans un curieux régime de captivité mitigée, puis le maltraite d'une manière inhumaine [3] (§§ 31-33). Enfin relâché, le saint ressuscite la fille d'un haut personnage et retourne à sa cellule du Pandémos (§§ 34-35). Son maître Jacques meurt à l'âge de cent vingt ans. La pieuse impératrice Procopia [4] envoie son curateur pour enlever les reliques du vénérable vieillard, mais Antoine obtient que le corps reste enterré au monastère des Eunuques (§§ 36-38). Changeant une nouvelle fois de résidence, notre homme va s'installer au Brilès [5], près d'une chapelle de Saint-Pantéléémon. Son disciple Sabas l'y rejoint après plusieurs années de séparation (§§ 39-40). L'évêque Paul de Plousias [6], qui avait

---

[1] Sur cette célèbre « Montagne des moines », voir la notice du P. Van den Gheyn dans *Act. SS.*, Nov. t. II, 1 (1894), p. 322-325, et le petit volume du P. B. Menthon, missionnaire assomptionniste : *L'Olympe de Bithynie. Ses saints, ses couvents, ses sites* (Paris, 1935).

[2] Cf. BURY, *The Imperial Administrative System*, p. 77 s.

[3] Cet épisode a été résumé, non sans quelques inexactitudes, par M. L. Bréhier dans *Byzantion*, t. I (1924), p. 187 ; cf. VASILIEV-GRÉGOIRE, l. c.

[4] Veuve de Michel Rhangabé et mère du patriarche S. Ignace. Cf. *Vita Ignatii* (BHG. 817) : P. G., t. CV, col. 489, 500.

[5] C'est ainsi qu'il faut lire : εἰς τὸν Βρίλην, comme l'a justement remarqué M. Van den Ven, t. c., p. 313. Papadopoulos-Kerameus avait imprimé Κρίλην, que M. Bréhier a traduit « Krilia » (*Journal des Savants*, 1916, p. 463), et le P. Menthon « Crile » (*L'Olympe de Bithynie*, p. 154, etc.).

[6] *Prusias ad Hypium*, dans l'Honoriade, jadis appelée Kieros, auj. Üskübi (cf. V. SCHULTZE, *Altchristliche Städte und Landschaften*, t. II, 1, Gütersloh, 1922, p. 233-236), est également désignée sous le nom de Plousias dans la Vie de

souffert la persécution sous les iconoclastes et s'était retiré sur l'Olympe, les invite chaque jour à partager son repas. Un laïc, venu de Sylaion[1] et reçu à la table du prélat démissionnaire, reconnaît dans le pauvre ermite Antoine l'ancien gouverneur des Cibyrrhéotes (§§ 41-43).

On voudrait savoir la suite, mais l'épisode commencé au folio 16ᵛ reste inachevé. L'important passage qui se lit au folio 17 ne se rattache pas à ce qui précède, mais constitue la conclusion ou l'épilogue de la Vie d'Antoine. « Au début de ma vie religieuse, écrit le biographe, j'ai eu le bonheur d'accompagner mon père spirituel en visite chez Antoine au couvent de Tous-les-Saints. Il mourut le même jour que son fils en Dieu Pétronas, le 3 des ides de novembre, ayant quitté le monde à l'âge de quarante ans et vécu quarante ans sous le froc, dont vingt-trois en province et dix-sept dans la capitale » (fin du § 43 et § 44).

Où était situé cet ἐναύλισμα τῶν Ἁγίων Πάντων? Qui était

St⸳ Marie la Jeune, § 27 (Act. SS., Nov. t. IV, 1925, p. 703), et dans le Synaxaire de Constantinople. Il ne faut pas la confondre, comme l'a fait M. Van den Ven (t. c., p. 308, note 1), avec « Prousa ou Prousias au pied de l'Olympe », c'est-à-dire Brousse, ni non plus avec Kios (voir ci-dessous, p. 191, note 2), qui a porté quelque temps le nom de Prusias ad mare. S. Paul de Prousias est honoré le 7 mars ou un des trois jours suivants (Act. SS., Mart. t. I, pp. 789, 866 ; Synax. Eccl. CP., col. 518, 521, 524 ; Comm. martyr. rom., 1940, p. 88, n° 5).

[1] Il s'agit certainement de Sillyon, ville de Pamphylie, au nord-est d'Attalia, appelée Σύλ(λ)αιον dans le Synecdemos d'Hiéroclès, 679, 3 (éd. E. HONIGMANN, Bruxelles, 1939, p. 29), et dans les textes byzantins. Cf. RUGE, dans Real-Encyclopädie der classischen Altertumswissenschaft, 2ᵉ série, t. III, 1 (1927), col. 100 s. Deux passages de la Vie d'Antoine (§§ 24 et 43) semblent indiquer que la résidence du stratège des Cibyrrhéotes était fixée, non à Attalia, mais à Sylaion. Ceci paraîtra moins étonnant, si l'on se rappelle que Sylaion remplaçait dès cette époque l'ancienne capitale Pergé comme métropole de la Pamphylie Seconde. Cf. G. PARTHEY, Hieroclis Synecdemus et Notitiae graecae episcopatuum (Berlin, 1866), pp. 57, 71, 96, 116, 233 ; P. G., t. CXIII, col. 1130 s. ; H. GELZER, Ungedruckte und ungenügend veröffentlichte Texte der Notitiae episcopatuum (Munich, 1901), p. 550 ; cf. pp. 541, 570, 598 ; H. ROTT, Kleinasiatische Denkmäler aus Pisidien, Pamphylien, Kappadokien und Lykien, Leipzig, 1908 (= Studien über christliche Denkmäler, N. F., 5-6), p. 54-56. A lire les §§ 17 et 18, on croirait que la petite ville (μικρὰ πολίχνη) était située au bord de la mer ; ce qui ne correspond guère à la place que les archéologues lui assignent à l'intérieur des terres. Mais Théophane le Chronographe semble aussi faire de Sylaion un port de mer, puisqu'il rapporte qu'une flotte arabe fut brisée par la tempête ἐπὶ τὰ μέρη τοῦ Συλλαίου (éd. C. DE BOOR, p. 354).

Pétronas et comment Antoine était-il entré en relations avec lui ?
En quelles circonstances l'ermite avait-il abandonné l'Olympe
pour venir résider à Constantinople et comment avait-il employé
les dix-sept années qu'il passa dans la ville ? Autant de questions
qui se posent inéluctablement à l'esprit du lecteur et que la Vie,
telle qu'elle nous est parvenue dans le manuscrit de Vienne, laisse
sans réponse. Il faut donc admettre, entre les folios 16 et 17, une
lacune considérable. Seul un éditeur aussi pressé que Papadopoulos-
Kerameus a pu ne pas s'en apercevoir.

Pour réduire un peu l'étendue de cette regrettable lacune, on ne
disposait jusqu'à présent que d'un extrait de quelques pages inséré au xıe siècle par le moine Paul Évergétinos au livre Ier de son
grand recueil ascétique Συναγωγὴ τῶν θεοφθόγγων ῥημάτων καὶ
διδασκαλιῶν τῶν θεοφόρων καὶ ἁγίων πατέρων [1]. On y voit S. Antoine renoncer après de longues années de lutte ascétique à l'indépendance de la vie d'anachorète pour s'astreindre à l'obéissance
dans un κοινόβιον de Kios en Bithynie [2]. L'abbé Ignace, qui
avait fondé lui-même le monastère, soumet le nouveau venu à de
rudes « expériments » : il l'exerce aux emplois les plus fatigants et
les plus rebutants sans lui accorder aucun des soulagements les
plus indispensables ; enfin il ne l'admet au régime commun qu'après
avoir exigé de lui la preuve de son absolue et persévérante docilité.

Ces quelques paragraphes que Paul Évergétinos a copiés ἐν τῷ
βίῳ τοῦ ἁγίου Ἀντωνίου τοῦ νέου τοῦ ἐπὶ τῶν εἰκονομάχων se
rapportent incontestablement à notre S. Antoine [3]. La phrase d'introduction rappelle en termes exprès la carrière de gouverneur

[1] Aux deux éditions de Venise, 1783, et d'Athènes, 1900, signalées dans la
BHG., p. 202, i. v. Patrum Vitae, no 12, il faut ajouter celles de Constantinople,
1861, et d'Athènes, 1901. Cf. J. Pargoire, dans les Échos d'Orient, t. X (1907),
p. 260. L'extrait de la Vie de S. Antoine le Jeune fait partie du chapitre ou
ὑπόθεσις 33 (« Sur l'obéissance due au supérieur, même quand ses ordres sont
durs et pénibles »). Il est divisé en 8 paragraphes (éd. de 1900, p. 124-126).

[2] Kios, en latin Cius, auj. Gemlik ou Ghemlek, au fond du golfe de Muda-
nia, était située à l'embouchure du Kianos dans la Propontide. Elle servait de
port à toute la région de Nicée (cf. V. Schultze, Altchristliche Städte und
Landschaften, t. II, 1, p. 327-329).

[3] Papadopoulos-Kerameus l'avait déjà reconnu (t. c., p. viii). Dans une
étude sur Les Vies de saints byzantines des VIIIe et IXe siècles (en russe), Chr.
Loparev examine le cas plus à loisir et conclut que l'identité des deux Antoine
est vraisemblable au plus haut chef (Vizantijskij Vremennik, t. XVIII, 1913,
p. 109). Cf. L. Bréhier, Journal des Savants, l. c.

192   SAINT ANTOINE LE JEUNE

qu'il avait parcourue avant d'embrasser la vie monastique : *ἐξ ἀρ-*
χοντικῆς ἀξίας τῇ μοναδικῇ προσελθὼν πολιτείᾳ. Plus loin, il
est question des longues années qu'il avait passées « dans le désert »
(§ 6), c'est-à-dire comme ermite au mont Olympe. Une allusion
encore plus caractéristique est faite à l'évêque Paul (assurément
celui de Plousias), qui l'avait engagé à porter des sandales (§ 5).

Pourtant, les Pères Delehaye[1] et Grumel[2] ont cru devoir dis-
tinguer deux Antoine le Jeune, qui auraient vécu tous deux au
ixe siècle [3], mais dont l'un (celui de Papadopoulos-Kerameus)
serait fêté le 11 novembre[4] et l'autre (celui d'Évergétinos), le 1er
décembre [5]. En réalité, il s'agit d'un seul et même personnage,

---

[1] *BHG.* 142 et 143. La Vie de S. Antoine mentionnée sous ce dernier numéro
comme publiée en appendice dans l'Acolouthie de S. Christodule (Venise, 1755)
ne diffère de l'extrait d'Évergétinos que par un bref épilogue, d'allure récente
et dépourvu d'intérêt. Même épilogue dans le ms. 18 du Séminaire théologique
d'Athènes (xviiie siècle ; cf. *᾽Ανάπλασις*, 1935, p. 347). D'autres mss. récents
(par ex. Dionysiou 259, Lavra K 125 et Vatopédi 617) contiennent aussi l'extrait d'Évergétinos, mais sans l'épilogue.

[2] *Lexikon für Theologie und Kirche*, t. I (1930), col. 516.

[3] Le second serait mort vers 840.

[4] Deux ouvrages seulement, à notre connaissance, marquent la fête au 11
novembre : 1° L'*Annus ecclesiasticus graeco-slavicus* de J. Martinov (Bruxelles,
1863), p. 275 : *Antonii Iunioris et Iacobi eremitarum.* Mais cette notice provient,
comme l'indique la note, de la description de notre ms. V de la Vie d'Antoine
dans les catalogues de Lambecius-Kollar. 2° Les *Polnyj měsjačeslov vostoka* de
l'archimandrite Serge, t. II (Moscou, 1876), p. 301, qui semblent dépendre en ce
point de Martinov. Nous y reviendrons dans le prochain volume des *Acta SS.*

[5] La date du 1er décembre ne se trouve pas dans Évergétinos. Elle provient
des livres liturgiques grecs, tels que les mss. grec II 115 de San Marco à Venise,
du xie-xiie s. (cf. Ehrhard, op. c., t. I, p. 395, note 1), et 390 de la Bibliothèque synodale de Moscou, écrit en 1295 (Vladimir, n° 354, p. 528 ; cf. Serge,
t. c., p. 318). Elle devait se lire aussi dans le Ménée (non identifié) qui a servi
de source au « ménologe de Sirlet », où S. Antoine est annoncé le 1er décembre
après les SS. Nahum, Philarète et Ananie d'Arbèle : *Eodem die commemoratio*
SS. Antonii Iunioris et Onesimi archiepiscopi Ephesi (H. Canisius-J. Basnage,
Thesaurus monumentorum ecclesiasticorum et historicorum, t. III, p. 493).
Notre saint ne figure pas dans le Synaxaire de Constantinople ni dans les ménées imprimés à Venise à la fin du xvie siècle. Par contre, sa fête est indiquée
au 1er décembre dans le *Συναξαριστὴς* de Nicodème l'Hagiorite et dans le
Μέγας συναξαριστὴς de C. Doukakis, avec un éloge en deux vers iambiques,
mais sans synaxaire ; en note, on peut lire un résumé en grec vulgaire des
passages de la Vie d'Antoine cités par Évergétinos. Dans le *Μηναῖον τοῦ Δε-*
κεμβρίου, édité par G. S. Géglé à Athènes en 1904, on lit simplement : *Τῇ αὐ-*

mort à la première de ces dates et fêté à la seconde. Il suffit pour
s'en assurer d'examiner attentivement le manuscrit de Vienne :
le décès du saint y est marqué au 11 novembre, mais sa Vie est
placée tout juste avant celle de Ste Barbe, qui porte la rubrique
μηνὶ τῷ αὐτῷ δ' (4 décembre); elle était donc assignée à l'un
des trois premiers jours de décembre [1]. La distance de vingt jours
qui sépare l'anniversaire de la commémoraison liturgique pose un
problème auquel nous ne voyons pas de solution satisfaisante [2]. Mais
elle ne suffit pas à justifier le dédoublement de S. Antoine le Jeune.

II. LE TEXTE INÉDIT.

Dorénavant le maigre appoint fourni par Évergétinos ne sera
plus le seul qui permette de suppléer aux feuillets disparus du manuscrit de Vienne, considéré jusqu'ici comme l'unique témoin de
la Vie de S. Antoine [3]. En effet, nous avons eu la bonne fortune
de découvrir un second témoin, indépendant du premier, dans le
codex Suppl. 534 de la Bibliothèque nationale d'Athènes, enlevé
par les Bulgares au monastère du Prodrome, à Serrès, en Macédoine,
et restitué à la Grèce par le traité de Neuilly [4].

Ce nouveau manuscrit, copié au XIIe siècle, n'est pas complet
non plus, il s'en faut de beaucoup. Il n'a conservé que les neuf

---

τῇ ἡμέρᾳ (1er décembre) μνήμη τοῦ ἁγίου Ἀντωνίου τοῦ νέου (p. 4). Nous
n'avons rencontré S. Antoine le Jeune dans le calendrier d'aucun des typica
édités ou analysés par A. DMITRIEVSKIJ, Opisanie liturgičeskih rukopisej, t. I
et III, 1 (Kiev, 1895 et 1917).

[1] La remarque est d'Ehrhard, t. c., p. 395, note 1. Elle avait déjà été faite
par l'ancien bollandiste qui mit une courte préface à la copie du ms. de Vienne
(Bruxelles, Bibl. royale, ms. 8163-69, fol. 1).

[2] Voir cependant ci-dessous, p. 204 s.

[3] Le Βίος τοῦ ἐπὶ τῶν εἰκονομάχων ἀσκήσαντος Ἀντωνίου τοῦ νέου qui
remplit les fol. 61-70 du ms. 307 de Jérusalem, écrit en 1799 (A. PAPADOPOU-
LOS-KERAMEUS, Ἱεροσολυμιτικὴ βιβλιοθήκη, t. II, p. 431), n'est apparemment qu'une copie des chapitres de la Vie conservés par Paul Évergétinos.

[4] Classé sous le n° 36 parmi les mss. sur parchemin de première grandeur de
la bibliothèque monastique de Serrès, il a été décrit par le hiérodidascalos
Christophore dans un catalogue qui fut publié, en 1921, par Mgr Germain, métropolite de Séleucie (Νέος Ποιμήν, t. III, p. 333 s.). Cf. EHRHARD, op. c.,
t. II (1938), p. 481 s. Il s'agit d'un ms. du ménologe métaphrastique de décembre, mais entrelardé d'un bon nombre de textes étrangers au recueil original.

derniers feuillets d'un texte qui en couvrait probablement quarante-et-un[1]. Mais, à part la conclusion, qui est identique à celle du manuscrit de Vienne, tous les chapitres qui s'y trouvent encore et que nous publions ci-après sont rigoureusement inédits. A cet intérêt d'ordre littéraire s'ajoute un intérêt historique beaucoup plus important. Le codex d'Athènes vient, comme à point nommé, résoudre les énigmes qui avaient surgi tantôt devant notre esprit. De plus, il nous met en mesure de corriger et de préciser la chronologie d'une existence des plus mouvementées. Enfin, il nous apprend pas mal de choses entièrement neuves sur la conversion et la mort de l'illustre général byzantin qui vainquit les Arabes en 863. Mais avant d'étudier en détail les questions de date et l'épisode capital où intervient Pétronas, il nous faut présenter au lecteur un sommaire du nouveau document.

§ 1. « Notre saint père Ignace » quitte son monastère (sans doute celui de Kios en Bithynie qu'Évergétinos nous a fait connaître). Il va se cacher près du fleuve Blanc et y meurt.

§ 2. Antoine retourne au Pandémos et y reprend sa vie d'anachorète jusqu'à la mort de l'empereur Théophile (842).

§ 3. L'Orthodoxie est rétablie et les confesseurs de la foi peuvent enfin rentrer dans leurs couvents. Mais une tourmente plus redoutable est annoncée à Antoine pour un avenir prochain.

§ 4. Antoine va faire ses adieux aux « frères » du monastère des Eunuques. Il est reçu dans la communauté de l'higoumène Macaire εἰς τὸ Ἡράκλιν.

§ 5. Il veut retourner « au désert », mais est envoyé par son supérieur au métochion de Tous-les-Saints, à Constantinople.

§ 6. Il y trouve le calme et la solitude qu'il rêvait et continue à suivre les conseils de son ancien maître, le grand Jacques (l'ancien évêque d'Anchialos).

§ 7. Après sept ans de réclusion absolue, il consent à recevoir des visites ; parfois même il se rend chez d'autres solitaires.

§ 8. Il réconforte le moine Éphrem, qui était dangereusement tenté.

§ 9. Il libère un enfant possédé du démon.

---

[1] Voir ci-dessous, p. 209 s. Nous disons « probablement », parce qu'il n'est pas tout à fait certain que la Vie d'Antoine était le premier texte du volume et remplissait à elle seule les quatre cahiers perdus.

§ 10. Le patrice Pétronas, frère de l'impératrice Théodora, atteint d'une maladie très grave, se fait soigner à la « clinique » des Saints-Cosme-et-Damien. Le moine Éphrem lui amène Antoine, qui lui rend le sommeil.

§ 11. Pétronas découvre à Antoine les secrets de son âme et lui demande la tonsure monastique. Le saint lui recommande de servir Dieu dans le monde et lui obtient la guérison.

§ 12. Il lui annonce que son fils malade sera bientôt rétabli.

§ 13. Il supplie la Vierge de lui accorder l'âme de ¹étronas. Un mouvement de l'icone lui fait connaître que sa prière est exaucée.

§ 14. Deux armées arabes étant entrées en territoire byzantin, l'empereur Michel III ordonne à Pétronas, stratège du thème des Thracésiens, d'en repousser prudemment les avant-gardes, mais d'éviter le combat. Antoine part pour Éphèse et rejoint son fils spirituel, qui le conduit au fort de Plateia Pétra.

§ 15. Sur le conseil d'Antoine, qui lui prédit une victoire éclatante, Pétronas engage la bataille et inflige à ses ennemis une défaite mémorable. Leur chef Ambros lui-même est tué dans la mêlée. Le vainqueur est reçu en triomphe dans la capitale.

§ 16. Ne voulant plus se séparer de l'homme de Dieu, Pétronas lui donne l'hospitalité dans sa propre maison.

§ 17. Agé de quatre-vingts ans, Antoine tombe malade et se retire au monastère du diacre Léon. Pétronas ne veut pas lui survivre.

§ 18. Obligé à son tour de s'aliter, il meurt le même jour et à la même heure que son « père en Dieu ».

§ 19. L'auteur indique sa source principale : le témoignage du moine Jacques, qu'Antoine avait reçu encore enfant au métochion de Tous-les-Saints et dont il avait surveillé de très près la formation religieuse.

§ 20. Conclusion (voir ci-dessus le résumé du dernier chapitre du manuscrit de Vienne).

III. CHRONOLOGIE.

Pour établir la chronologie de la vie de S. Antoine, il faut évidemment partir des dates fournies par le synchronisme d'événements bien connus dans l'histoire de Byzance. Telles sont : 1º la promotion de Jean — le futur saint s'appelait encore de ce nom — à l'office de gouverneur ἐκ προσώπου du thème des Cibyrrhéotes, au début du règne de Michel II, donc en 821 ou 822 ; 2º la campagne contre le prétendant Thomas en 821-823 ; 3º la captivité d'Antoine à Constantinople peu après l'avènement de Théophile, soit en 829 ou 830 ; 4º son admission au monastère d'Héraclion, au lendemain du rétablissement de l'Orthodoxie, en 843 ; enfin, 5º la victoire de Pétronas sur les Arabes, le 3 septembre 863.

Grâce à l'épilogue de la Vie, nous savons qu'Antoine mourut le 11 novembre, en même temps que Pétronas et à l'âge de 80 ans, après 40 ans de vie religieuse, dont 17 passés à Constantinople. Rien, évidemment, ne garantit la rigoureuse exactitude de ces chiffres, mais rien non plus ne nous force à douter de leur vérité au moins approximative [1]. Il suffirait donc de fixer l'année de la mort d'Antoine (ou de celle de Pétronas, ce qui revient au même), pour être en mesure de dater les principales étapes de la carrière du saint.

Or il semble bien que Pétronas ne survécut pas longtemps à sa victoire de Poson (3 septembre 863). Cédrénus et Zonaras l'affirment nettement : μετὰ μικρὸν δὲ καὶ ἀπεβίω, écrit le premier [2] ; μετὰ βραχὺ... ἀπέτισε τὸ χρεών, lisons-nous dans le second [3]. Il est vrai que ces deux expressions sont assez imprécises. Mais elles ne peuvent s'entendre d'une période de plus de deux ou trois ans. En effet, dès le 21 avril 866, quand le césar Bardas périt assassiné, son frère Pétronas ne devait plus être de ce monde, puisque aucun des chroniqueurs ne le mentionne à cette occasion [4]. Pétronas serait donc mort en 863, 864 ou 865.

---

[1] Deux données seulement pourraient sembler suspectes : 1º La simultanéité de la mort des deux héros. Mais s'ils sont morts le même jour, ce qui n'est pas invraisemblable, notamment en temps d'épidémie, le reste n'est qu'exagération de style. D'ailleurs ce détail du décès simultané de Pétronas et de son père spirituel avait apparemment frappé l'imagination des contemporains, puisqu'il nous a été rapporté également par le Continuateur de Théophane (voir ci-après, p. 201). 2º La division de la vie d'Antoine en deux tranches de même longueur : quarante années passées dans le siècle et quarante dans la vie religieuse. Mais on remarquera que la seconde tranche est subdivisée en deux périodes inégales de vingt-trois et de dix-sept ans. Si l'auteur en avait pris à son aise avec les chiffres, n'aurait-il pas cédé à la tentation d'équilibrer ces deux périodes en les faisant durer l'une et l'autre exactement vingt ans ?

[2] Éd. I. BEKKER, t. II, p. 165.

[3] XVI, III, 29 ; éd. Th. BUETTNER-WOBST, t. III, p. 397.

[4] Le patrice Pétronas qui assista aux séances du concile de Constantinople en 869-870 (MANSI, t. XVI, col. 309 ; cf. col. 18, 37, etc.) doit être un homonyme

Mais les deux premières de ces dates doivent être écartées, parce qu'elles nous obligeraient à placer la conversion et la tonsure
d'Antoine soit en 823 soit en 824. Or, il n'a pu partir pour
Constantinople qu'après le retour de Michel II dans sa capitale
(fin de février ou début de mars 824) [1], et il y resta dix mois en-
tiers [2]. A peine rentré chez lui, il eut quarante jours pour se préparer à la descente des pirates sarrasins [3]. Ce qui nous mène certainement au début et peut-être à la fin de l'automne de 824, trop
tard sans doute pour laisser au gouverneur le temps de reprendre
en main l'administration de son thème, d'hésiter entre le célibat et
le mariage, de se choisir une fiancée et de tout arranger en vue de
ses noces avant la fin de cette même année 824.

Pour tenir compte de tous les éléments chronologiques fournis
par le biographe, il semble donc nécessaire d'admettre qu'Antoine
a quitté le monde en 825 et qu'il est mort en 865. D'où il suit que
sa naissance doit avoir eu lieu en 785 et qu'il fut envoyé par l'higoumène Macaire au métochion de Tous-les-Saints, à Constantinople [4], en 848. Tous ces résultats s'accordent parfaitement et nous
permettent de dresser un sommaire assez précis de la vie et des
déplacements du saint homme.

785. Antoine naît à Phossaton en Palestine.

Vers 800 [5]. Il va s'établir à Attalia en Pamphylie.

821 ou 822. Il est nommé par Michel II gouverneur ἐκ προσώπου du thème des Cibyrrhéotes.

822-823. Il sévit contre les partisans de Thomas († oct. 823).

823-824. Il passe dix mois dans la capitale.

824. Il rentre dans son thème et se débarrasse des corsaires arabes.

825. A la veille de se marier, il quitte le monde et s'initie à la vie ascétique sous la direction du stylite Eustrate.

... Après un certain temps ($\chi\varrho\acute{o}\nu o\nu$ $\acute{i}\varkappa a\nu\acute{o}\nu$), il se rend à Nicée et y reste neuf mois enfermé dans une cellule de reclus. Il s'installe au mont Olympe, à proximité du monastère des Eunuques.

829 ou 830. Au début du règne de Théophile, Antoine, accusé auprès de l'empereur, reste cinq mois prisonnier à Constantinople. Il revient ensuite à son ermitage du Pandémos sur l'Olympe.

... Après la mort de son maître l'ancien évêque d'Anchialos, il se transporte au Brilès, près d'un sanctuaire de S. Pantéléémon. L'évêque Paul de Plousias, retiré non loin de là, l'invite régulièrement à sa table.

[*Lacune entre* V *et* E.]

... Antoine devient cénobite au monastère de Kios en Bithynie.

[*Lacune entre* E *et* A.]

... L'abbé Ignace étant mort, Antoine retourne au Pandémos.

843. Après le rétablissement de l'Orthodoxie, il descend à Héraclion, où il est reçu dans le $\varkappa o\iota\nu\acute{o}\beta\iota o\nu$ de l'higoumène Macaire.

848. Il passe de là au métochion de Tous-les-Saints, à Constantinople.

855. Il sort de son rigoureux isolement.

... Il convertit Pétronas.

863. Il l'engage à attaquer les Arabes et lui prédit la grande victoire de Poson (3 septembre).

864. Il va résider dans la demeure de Pétronas.

865. Il se retire au monastère du diacre Léon et y meurt le 11 novembre à la même heure que Pétronas.

Ainsi donc, grâce au nouveau texte que nous versons au dossier de S. Antoine le Jeune, il n'est désormais plus permis de dire, avec Papadopoulos-Kerameus, que notre anachorète « fleurit » au premier quart du IXe siècle [1], ni, avec M. Van den Ven, qu'il vécut sous

---

Arabes durant l'anarchie qui suivit la mort d'Hārūn al-Rašīd (THÉOPHANE, éd. DE BOOR, p. 499 ; cf. S. VAILHÉ, dans la *Revue de l'Orient chrétien*, t. VI, 1901, pp. 325 s., 330 s.).

[1] T. c., p. VIII.

Michel II et Théophile [1], ni enfin, avec le P. Delehaye, qu'il mourut vers 840 [2], puisque sa vieillesse s'est prolongée jusqu'aux dernières années du règne de Michel III [3].

IV. LE STRATÈGE PÉTRONAS.

On aura remarqué l'importance du rôle attribué à Pétronas dans la dernière partie de la Vie de S. Antoine. A partir du § 10, ce personnage occupe le premier plan du récit, et le biographe ne nous parle pour ainsi dire plus de son héros qu'en fonction du patrice devenu son fils spirituel. Les épithètes laudatives qu'il lui décerne montrent en quelle estime il le tient : il l'appelle μακάριος, πανεύφημος, ἀείμνηστος, φιλόχριστος, πανευκλεέστατος, χριστόφρων, μεγαλοπρεπέστατος, τρισμακάριος, enfin πανευδαίμων καὶ θεόσωστος. Il n'ignore pourtant pas les désordres de sa vie antérieure ; il y fait même une allusion fort nette, bien que conçue en termes généraux : « Jusque là (Pétronas) n'avait pas marché en toute pureté au milieu des succès de la vie ; comme un esclave il s'était courbé sous la tyrannie du plaisir. » Mais dès qu'il entre en contact avec notre saint, le frère de l'impératrice Théodora et du césar Bardas est transformé en un autre homme ; il devient un chrétien exemplaire, désireux même de renoncer au siècle et de consacrer le reste de ses jours au service de Dieu. Pareil revirement n'était sans doute pas aussi inouï à Byzance qu'on serait tenté de le croire [4]. N'empêche que, sur ce point de la conversion subite et totale de Pétronas, on serait heureux de voir quelque autre document confirmer le témoignage de l'hagiographe. D'autant plus

---

[1] T. c., p. 307. [2] BHG., p. 21.

[3] Les arguments invoqués par Loparev (t. c., p. 120-123) pour fixer la date de la mort d'Antoine au 11 novembre 866 n'ont qu'une valeur approximative. Partant de ce fait qu'Antoine quitta le monde entre la fin de la révolte de Thomas (823) et l'avènement de Théophile (829), Loparev place en 826, c'est-à-dire à égale distance des deux termes indiqués, la retraite du gouverneur converti. Cette date ainsi acquise, il en déduit deux autres, celle de la naissance et celle de la mort d'Antoine par la simple soustraction ou addition de 40 années.

[4] Comparer, par exemple, la guérison du patrice Manuel par S. Nicolas Studite (P. G., t. CV, col. 916 CD). Le malade se croit sur le point de mourir et demande au saint l'habit monastique. Nicolas lui refuse cette faveur, parce qu'il va guérir et reprendre ses hautes fonctions ; mais plus tard, à la veille de sa mort, Manuel recevra la tonsure. Cf. Anal. Boll., t. LII, p. 146 s.

que les garants qu'il invoque ici sont désignés par une formule extrêmement vague : *οἱ εἰδότες*, « les gens bien au courant » (§ 10), et qu'il sent le besoin d'insister sur leur accord unanime : *συμφώνως καὶ ὁμαλῶς ἐξηγήσαντο* [1]. Mais toutes les sources encore accessibles sont muettes à ce sujet.

Tout au plus pourrait-on rapprocher du passage qui nous intéresse les quelques lignes où le biographe des SS. David, Syméon et Georges de Mytilène [2] raconte l'entretien que Pétronas aurait eu avec l'évêque Georges, récemment consacré par le patriarche S. Méthode. Le propre frère de l'impératrice Théodora aurait invité chez lui le nouveau prélat pour lui témoigner sa bienveillance. Après lui avoir fait l'aveu de ses fautes, il lui aurait offert en expiation huit livres d'or et d'autres présents. Le bienheureux aurait demandé à Dieu de lui accorder le pardon et lui aurait prédit la victoire qu'il devait remporter (vingt ans plus tard !) sur l'Assyrien Ammor [3]. Quoi qu'il en soit de l'authenticité de cet épisode [4], on voit combien il diffère du récit que nous publions. Il n'y est pas question d'une conversion définitive, mais d'un mouvement de repentir dont rien ne prouve qu'il eut un lendemain ; et la scène se passe en 843, tandis que dans la Vie de S. Antoine la maladie de Pétronas et son retour à Dieu sont datés de beaucoup plus tard (entre 855 et 863). Les deux textes ne sont donc pas nécessairement contradictoires, puisqu'ils peuvent se rapporter à deux événements distincts. Mais on ne peut non plus tirer de l'un une confirmation de l'autre.

Un cas plus embarrassant est celui de l'intervention d'Antoine le Jeune avant la bataille de Poson. S'il faut en croire sa Vie [5], c'est lui qui aurait décidé le général à engager le combat en dépit des

---

[1] Un de ces informateurs compétents pourrait bien être le moine Éphrem, qui nous est présenté comme un vieil ami de Pétronas (§ 10 : p. 216, l. 2), réconcilié avec sa vocation par Antoine (§ 8) ; il amena le saint au chevet du patrice (§ 10) et fit avec lui une veillée de prière pour le moribond (§ 11).

[2] *BHG.* 494.

[3] *Anal. Boll.*, t. XVIII (1899), p. 252. Cf. H. Grégoire, dans *Byzantion*, t. VIII (1933), p. 517. Sur l'identité d'Ammor, voir ci-après, p. 219, note 2.

[4] La Vie des SS. David, Syméon et Georges pourrait bien avoir emprunté à celle d'Antoine le Jeune la prédiction de la victoire de Pétronas, tout comme elle semble avoir pris aux Vies de S. Joannice (voir ci-dessous, p. 212, avant la note 1) la désignation prophétique du futur patriarche S. Méthode pour en faire honneur à S. Syméon (§ 29, p. 249).

[5] A, §§ 14-16 ; ci-dessous, p. 218-220.

ordres formels de l'empereur et c'est à lui plus qu'à Pétronas même
que reviendrait le mérite de cette victoire sans précédent, qui
écarta pour longtemps le péril arabe et laissa dans la mémoire des
« Romains » un souvenir ineffaçable.

Or, trois historiens de Byzance : le continuateur de Théophane [1],
Cédrénus [2] et Zonaras [3], attribuent un rôle analogue, bien que plus
discret, à un saint moine du Latros que les deux premiers nomment
Jean, tandis que Zonaras n'en indique pas le nom. Les trois récits
ne différant guère que par leur plus ou moins grande concision,
il suffira de résumer celui qui offre le plus de détails circonstan-
ciés. C'est d'ailleurs le plus ancien et la source directe ou indirecte
des deux autres.

D'après le Continuateur, l'empereur Michel III, consterné de
l'avance rapide des armées d'Amer, enjoint à son oncle Pétronas
de partir en hâte avec toutes les forces disponibles pour arrêter
l'ennemi. Hésitant et troublé, le stratège se rend à la sainte montagne voisine d'Éphèse. On lui annonce l'arrivée du fameux ermite
Jean du Latros. Il part à sa rencontre, et l'homme de Dieu, l'ex-
hortant à obéir aux ordres du souverain, lui promet que le Seigneur le protégera et le précédera, pourvu qu'il fasse peindre sur
le bouclier de ses soldats l'image de l'apôtre S. Jean. Après avoir
triomphé d'Amer, Pétronas vénère le moine comme un prophète,
lui confie le soin de son âme et le ramène à Constantinople, où il lui
rend un solennel hommage en présence de l'empereur et du césar
Bardas. Le saint homme, averti surnaturellement, annonce à Pétronas sa mort prochaine. « Mon pasteur et ami, repartit le vainqueur de Poson, où veux-tu laisser ta petite brebis ? Si tu pars,
je crains de retomber dans mes anciens égarements. » Jean l'invite
à le suivre dans l'au-delà ; il accepte « avec plaisir », tombe malade
et meurt après quelques jours, au même moment que le moine [4].

Toute cette histoire rappelle étrangement le récit de notre hagiographe. Les ressemblances sautent aux yeux. Mais les divergences
ne sont pas moins notables. Ce n'est pas seulement le nom du héros

---

[1] L. IV, c. 25 ; éd. I. BEKKER, pp. 180 s., 183. Cf. ci-après, p. 218, note 2.

[2] T. c., pp. 163, 165. Cf. H. DELEHAYE, dans Anal. Boll., t. XI (1892),
p. 15 ; Th. WIEGAND, Milet, t. III, 1 : Der Latmos (Berlin, 1913), p. 179.

[3] XVI, III, 22 ; t. c., p. 396.

[4] Cédrénus et Zonaras omettent notamment le passage relatif à la mort du
moine.

qui est changé (Jean au lieu d'Antoine) ; l'action qu'on lui prête est un peu moins invraisemblable : il ne contredit pas les consignes impériales, il presse au contraire Pétronas de les suivre sans hésiter. Au dire de nos chroniqueurs, le général ne fit la connaisssance du moine qu'à la veille de la bataille, tandis que, d'après la biographie d'Antoine, il était déjà son fils spirituel depuis un certain temps, lorsqu'il fut chargé de l'expédition contre les Arabes.

A qui nous fier ? A l'hagiographe ou au continuateur de Théophane ? Celui-ci, comme chacun sait, a rédigé sa chronographie sous le règne du Porphyrogénète (913-959) et plutôt vers la fin du règne qu'au début. A cette époque, la Vie de S. Antoine le Jeune n'avait plus l'intérêt de la nouveauté. Composée, si nos déductions sont exactes, dès avant la fin du ixe siècle [1], certaines de ses anecdotes les plus frappantes avaient eu tout le temps de s'imprimer dans la mémoire populaire, non sans y subir (cela va de soi) de plus ou moins profondes déformations. Il n'est donc pas nécessaire, à notre avis, de supposer que le Continuateur a lu et démarqué notre texte, ni de recourir à l'hypothèse d'une source commune, aujourd'hui perdue [2]. Il nous paraît bien plus probable que l'histoire merveilleuse du moine qui prédit et provoqua la grande victoire de Poson [3] dut connaître, dès le lendemain de l'événement, et surtout après la mort simultanée du saint et du général, une vogue extraordinaire. Racontée partout et par tous, elle finit par être attribuée, non plus à notre S. Antoine, dont la renommée ne s'étendit jamais bien loin [4], mais à un moine du Latros, qu'on baptisa Jean, sans doute par une réminiscence du nom que notre héros avait porté jusqu'à l'âge de quarante ans [5].

---

[1] Voir plus loin, p. 208.

[2] Dès 1876, F. Hirsch avait fait remarquer (*Byzantinische Studien*, p. 221) que tout l'épisode de Jean de Latros a été inséré par le Continuateur dans le récit de Génésius et que l'histoire de la mort simultanée de Pétronas et du moine se termine par un λέγεται. A l'en croire, ce mot indiquerait que le chroniqueur n'avait ici d'autre source que des racontars qu'il tenait pour légendaires.

[3] Par la victoire de Pétronas en 863, « Michel III avait pour deux siècles conjuré le péril musulman. L'extermination de la « grande armée de Mélitène », avec 'Omar al-Aqta' à sa tête, fut, jusqu'aux croisades, la plus grande déroute de l'Islam ». VASILIEV-GRÉGOIRE, t. c., p. 21.

[4] Voir ci-dessus, p. 192, note 5.

[5] Peut-être aussi en souvenir de S. Jean d'Éphèse. Cf. p. 218, l. 19,

V. Valeur de la Vie. Son auteur.

Si nous donnons pour l'épisode de la bataille de Poson la préférence à la Vie d'Antoine par rapport à la chronique du Continuateur, est-ce à dire que nous la considérons comme un document historique tout à fait sûr ? Ce serait nous méprendre sur les lois du genre hagiographique à toutes les époques et nommément au IXe siècle byzantin. Il ne faut pas oublier, comme l'a justement écrit M. L. Bréhier, que « la vie des saints presque contemporains paraît avoir été alors l'objet d'un véritable engouement. Dans chaque monastère des moines travaillent avec ardeur à recueillir des témoignages sur des personnages éminents qui ont illustré leur maison. L'éloge funèbre, le panégyrique deviennent des exercices littéraires... Si profane que soit la comparaison, on peut dire que les vies des saints ont tenu dans la société byzantine du IXe siècle une place analogue à celle de nos romans contemporains. Elles en ont toute la variété et elles sont composées souvent d'après des procédés analogues. A côté des dissertations morales et théologiques, on y trouve les tableaux de mœurs,... les récits historiques, le reflet des luttes politiques et des polémiques religieuses, les détails pittoresques et même... les récits d'imagination [1]. »

L'élément romanesque est particulièrement développé dans la Vie de notre saint, la remarque est encore de M. Bréhier [2]. Le merveilleux surnaturel : miracles, prophéties, révélations, y tient aussi une place de choix. Mais le souci de la précision historique n'y est pas moins apparent. Les noms propres de personnes et de lieux abondent pour ainsi dire à chaque page, les dates sont fréquemment indiquées avec soin, enfin le principal garant de l'authenticité des récits est désigné par ses nom et qualités [3]. Nous n'avons manifestement pas affaire à un tableau idéal des vertus du moine par-

---

[1] *Journal des Savants*, 1917, p. 24 s.

[2] Ibid., 1916, p. 463.

[3] A, § 19 ; ci-dessous, p. 222. L'auteur mentionne également une source écrite, non pas un texte narratif, mais une composition poétique à chanter durant l'office en l'honneur du saint : τινὲς τῶν ἡμετέρων πατέρων τὸν ἀγγελικὸν αὐτοῦ ὑπερθαυμάσαντες βίον... ᾀσματικοῖς ἄνθεσι τὴν αὐτοῦ πανεύφημον κατεστέψαντο κεφαλήν, ἀλήστου μνήμης αὐτοῦ ἐμπύρευμα... ἀποθησαυρίσαντες (V, § 1). S'agissait-il d'une acolouthie complète ? En tout cas, le texte n'en a pas été imprimé.

fait, mais aux expériences vécues — j'allais dire : aux aventures — d'un personnage en chair et en os, que beaucoup de gens avaient connu et ne pouvaient oublier.

La Vie d'Antoine n'est pas davantage un de ces récits intéressés de propagande et de « publicité » quasi commerciale, destinés à attirer le plus possible de pèlerins au sanctuaire d'un thaumaturge. La sépulture du héros n'est pas même mentionnée, et si le lecteur est invité à imiter ses vertus, on ne lui recommande en aucune façon de l'honorer d'un culte spécial [1].

L'auteur n'appartenait d'ailleurs pas au métochion de Tous-les-Saints, qui aurait pu revendiquer la gloire d'avoir possédé Antoine durant une quinzaine d'années (848-863). Il raconte, en effet, qu'il accompagna un jour son supérieur en visite chez le saint dans ce couvent : σὺν τῷ ἐμῷ πνευματικῷ πατρὶ κατ' ἀρχὰς τῆς ἐμῆς ἀποταγῆς πρὸς αὐτὸν (᾿Αντώνιον) ἐληλυθὼς εἰς τὸ τῶν ῾Αγίων Πάντων ἐναύλισμα (A, § 19, fin).

De quelle communauté faisait-il partie ? Rien ne l'indique avec netteté. On pourrait songer [2] soit au monastère du diacre Léon, où S. Antoine se retira pour mourir [3], soit plutôt au koinobion d'Héraclion, dont dépendait le métochion de Tous-les-Saints [4]. A moins qu'il ne faille identifier à Clément, qui fut abbé des Studites à partir de 868 [5], le Clément auquel le biographe a dédié son œuvre et qu'il appelle « le meilleur des pères et la vivante image de la charité selon le Christ [6] ». Cette hypothèse aurait l'avantage de fournir une explication de l'anomalie que nous avons signalée plus haut [7], à savoir que la commémoraison du saint était fixée au 1er décembre et non à l'anniversaire de sa mort, 11 novembre : cette date, en

---

[1] A, § 20.

[2] Loparev (t. c., p. 109) et après lui M. Bréhier (t. c., p. 463) attribuent la Vie à un moine de « Krilia », c'est-à-dire du Brilès (voir ci-dessus, p. 189, note 5). Mais ce toponyme, qui n'apparaît qu'une fois dans le texte (§ 39), semble désigner une région du mont Olympe plutôt qu'un monastère. Antoine y vécut en anachorète, d'abord tout seul, puis en compagnie de son disciple Sabas (§ 40).

[3] A, § 17 ; ci-dessous, p. 220.   [4] A, §§ 4-6, p. 212 s.

[5] Clément succéda comme higoumène du monastère à S. Nicolas Studite († 4 février 868) : P. G., t. CV, col. 821. Cf. Vie de S. Évariste, § 18 : Anal. Boll., t. XLI (1923), p. 310.

[6] V, § 1. Loparev et M. Bréhier font de ce Clément un higoumène de Krilia. Voir ci-dessus, note 2.

[7] P. 192 s.

effet, coïncidait avec la fête du plus illustre des Studites, S. Théodore. Mais, si séduisante que soit l'explication, on ne peut s'y arrêter, tant il paraît invraisemblable qu'un moine du monastère de Stoudios ait pu écrire que S. Antoine mourut τῇ πρὸ τριῶν εἰδῶν νοεμβρίων [1], sans rappeler d'un mot que ce jour-là était précisément consacré au souvenir du glorieux confesseur de la foi.

Il y a cependant un autre indice à relever en faveur de l'origine studite de la Vie de S. Antoine. Le § 3 du nouveau texte, où est relaté le rétablissement de l'Orthodoxie, ne fait pas la moindre allusion aux deux principaux auteurs de cette restauration religieuse : l'impératrice Théodora et le patriarche S. Méthode [2]. Or, nous savons que les Studites se brouillèrent bientôt avec le chef de l'Église de Constantinople, et la querelle s'envenima au point que les moines furent frappés d'anathème et de catathème par une solennelle sentence synodale, confirmée encore en juin 847 dans le testament de S. Méthode [3]. Ne serait-ce pas en raison du « schisme studite » que notre hagiographe a passé sous silence les mérites et jusqu'au nom du prélat avec lequel ses confrères avaient été en guerre ouverte ?

Ici encore on serait tenté d'accepter l'explication comme très plausible, si un autre passage de la Vie ne décernait (incidemment, d'ailleurs) au patriarche Taraise l'épithète d'ἁγιώτατος [4]. Or c'est précisément à propos d'écrits de S. Théodore contre S. Taraise et S. Nicéphore que les Studites avaient résisté jusqu'à la rébellion à l'autorité archiépiscopale de S. Méthode [5]. Il est donc peu probable que le biographe d'Antoine ait appartenu au monastère de Stoudios : il n'eût pas introduit sans nécessité dans son récit le nom du « très saint patriarche Taraise ». Mais cette présomption

---

[1] A, § 20 ; ci-dessous, p. 223.

[2] Il ignore également le rôle qu'aurait joué le magistre S. Serge le Nicétiate εἰς τὸ τὴν ὀρθοδοξίαν γενέσθαι τῶν ἁγίων καὶ σεπτῶν εἰκόνων (Synax. Eccl. CP., 28 juin, col. 778 ; cf. H. Grégoire, Études sur le neuvième siècle, dans Byzantion, t. VIII, 1933, p. 519-524).

[3] V. Grumel, Regestes des actes du patriarcat de Constantinople, t. I, fasc. 2 (Kadiköy, 1936), nᵒˢ 434 et 436, pp. 58, 60-62 ; E. von Dobschütz, Methodios und die Studiten, dans Byz. Zeitschrift, t. XVIII (1909), p. 41-104, surtout p. 42-51.

[4] V, § 28 : Ἰάκωβον τὸν γεγονότα ἐπίσκοπον τῆς Ἀγχιάλου ἐπὶ τῶν ἡμερῶν τοῦ ἁγιωτάτου πατριάρχου Κωνσταντινουπόλεως Ταρασίου.

[5] Grumel, l. c., nᵒˢ 429 et 431, pp. 55, 57.

n'est à son tour pas concluante, puisque l'auteur de la première
Vie de Théodore, le Studite Michel, contemporain de notre hagiographe, désigne constamment S. Taraise par des qualificatifs tels
que θεόληπτος, ἁγιώτατος, θεσπέσιος, ἀοίδιμος καὶ μέγας [1].

Ce qui serait sans doute moins facile à concilier avec la psycho-
logie studite, férue d'organisation et de discipline conventuelle [2],
c'est la largeur d'esprit dont notre écrivain fait preuve à l'égard
des différentes formes de la vie monastique. Le passage qu'il emprunte à S. Jean Climaque [3] montre évidemment de quel côté
vont ses préférences : il n'hésite pas à mettre l'exercice de l'obéissance dans le « stade cénobitique » à cent coudées au-dessus des
prouesses de l'anachorèse individuelle [4]. Mais il n'en professe pas
moins une sympathique admiration pour les héros de la vie solitaire : Antoine en tout premier lieu, puis le brigand converti qui
abandonna la laure de Saint-Sabas pour vivre en ermite près de
Phossaton [5], le stylite-prêtre Eustrate qui donna la tonsure à Antoine et fut son premier supérieur [6], l'ancien évêque d'Anchialos
sous la direction duquel il resta longtemps et qui est couramment
appelé ὁ μέγας Ἰάκωβος [7], etc.

S'il n'était pas Studite, notre auteur n'en faisait incontestablement pas moins partie de cette immense armée des moines iconophiles et rigoristes, qui restèrent fidèles au patriarche S. Ignace
contre Photius et ses successeurs et que le P. Jugie a spirituellement
qualifiés d'intégristes [8]. Son attitude à l'égard du culte des images
ressort, entre autres, du récit de l'arrivée de S. Antoine au mont
Olympe (V, § 27). Comme il était parvenu εἰς τὰ Ἀγαύρου, il ap-

---

[1] Dobschütz, t. c., p. 65 s.

[2] Cf. Théodore Studite, Parva catechesis, 38, éd. E. Auvray (Paris, 1891),
p. 139-142 ; Dobschütz, t. c., p. 103 (conclusion) ; F. Dvornik, Les légendes de
Constantin et de Méthode vues de Byzance (Prague, 1933), p. 117-119.

[3] « L'anachorète qui reconnaît sa propre faiblesse et se soumet à l'obéissance
est comme un aveugle guéri de sa cécité. » Scala Paradisi, fin du 4e échelon
(P. G., t. LXXXVIII, col. 728).

[4] E, § 1. Comparez les reproches qu'Antoine doit essuyer de la part de l'abbé
de Kios : « Tu as pratiqué l'ascèse durant tant d'années dans la solitude, et
tu n'es pas capable de supporter sans découragement les petites épreuves de la
vie commune ? » (E, § 6).

[5] V, §§ 3-9, 19-21.　　　　　　　　　　[6] V, §§ 22-23, 25.

[7] V, §§ 28-30, 34-39 ; A, § 6.

[8] M. Jugie, Le schisme byzantin (Paris, 1941), p. 105.

prend que « des émissaires de la mensongère hérésie des iconomaques parcourent la région à la recherche des orthodoxes » et qu'il vaut mieux « pour échapper à la tempête et aux pirates de la mer hérétique » se réfugier au monastère des Eunuques. Plus loin (§ 41), le vénérable Paul, ancien évêque de Plousias, nous est présenté en ces termes : « C'était, lui aussi, un compagnon de lutte et d'exil des illustres (confesseurs) persécutés pour le Seigneur par les impies iconomaques. Pour cette cause il avait quitté son évêché et vivait alors retiré dans ces parages. » Enfin, au § 13 du texte ci-dessous, nous voyons Antoine prier instamment la Vierge « en élevant chaque jour les mains vers sa toute sainte image, $πρὸς τὸν πανίερον αὐτῆς χαρακτῆρα$ » : preuve on ne peut plus claire d'ardente iconodulie.

L'appartenance de l'hagiographe au parti ignatien n'est pas aussi évidente ; elle est cependant certaine à nos yeux, pour deux raisons.

1° De tous les personnages impériaux mentionnés dans la Vie d'Antoine, deux seulement jouissent de la sympathie de l'auteur. Tandis qu'il traite Théophile de $μισόχριστος$ et de $τάλας$ [1] et qu'il nomme sans aucune qualification Michel II [2], Michel III [3] et même Théodora [4] (que tous les iconophiles appelaient à l'envi la très pieuse impératrice), il réserve toute sa bienveillance à Procopia, mère de S. Ignace [5], et à Pétronas, ami et bienfaiteur du même Ignace [6].

2° Quand la mort de Théophile (842) mit un terme à la dernière persécution des iconoclastes, une voix céleste avertit Antoine : « L'Orthodoxie va triompher, mais attends un peu, et ce sera pis encore. $Ὀρθοδοξία μὲν γενήσεται · ἀλλὰ καιρός, καὶ χεῖρον$ » (A, § 3).

---

[1] A, §§ 2-3. Ces épithètes peu flatteuses ne sont appliquées à l'empereur Théophile qu'en raison de sa politique iconoclaste dans les dernières années de sa vie. Quand il est question de lui au début de son règne (V, §§ 31-33), l'hagiographe se contente de le désigner par son nom.

[2] V, §§ 11, 13, 24, 31.   [3] A, §§ 14-15 ; ci-dessous, p. 218-220.

[4] A, § 10. L'auteur ne pardonnait sans doute pas à Théodora d'avoir tenu à l'ombre son frère Pétronas. Cf. BURY, A History of the Eastern Roman Empire, p. 155.

[5] V, § 37. Voir ci-dessus, p. 189, note 4.

[6] A, §§ 10-18, 20. La Vie de S. Ignace BHG. 817 rapporte qu'après le tremblement de terre d'août 861, Pétronas s'entremit pour assurer au patriarche exilé l'autorisation de rentrer dans son monastère (MANSI, t. XVI, p. 245 — P. G., t. CV, col. 525).

Et l'auteur d'ajouter : « Ce qu'il s'entendit alors prédire, nous en fûmes plus tard témoins avec lui. » Il s'agit donc d'une grave épreuve qui atteignit les moines avant la mort du saint (865) et dont la prévision devait assombrir la joie des orthodoxes en 843 (A, § 3), mais dont il était prudent de ne parler que par de très discrètes insinuations. Quelle a pu être cette tribulation « pire » que la persécution des iconoclastes, sinon le pénible conflit qui dressa contre Photius, durant son premier patriarcat (858-867), les moines de l'Olympe et de la capitale restés inébranlablement fidèles à la cause d'Ignace [1]? Ce nouveau schisme à l'intérieur de l'Église byzantine devait durer jusqu'à la fin du IXe siècle [2]. Si notre biographe n'ose pas y faire d'allusion plus claire, s'il ne cite même pas une fois S. Ignace, c'est qu'apparemment le parti adverse était au pouvoir. Ainsi nous pourrions dater la Vie soit du second patriarcat de Photius (877-886) soit des douze ou treize années qui s'écoulèrent entre sa dernière abdication et la réconciliation des deux partis sous Antoine Cauléas en 899 [3].

Un dernier trait qui achève de caractériser la « tendance » de notre moine-écrivain, c'est une sorte d'indépendance en face de la hiérarchie ecclésiastique. De même qu'il se garde de toute flatterie à l'adresse des empereurs, il évite avec le même soin de faire l'éloge des évêques. Mieux encore : il semble ignorer leur existence. Dans toute l'étendue de la Vie d'Antoine, telle qu'elle nous est parvenue

---

[1] Cf. E. Marin, Les moines de Constantinople (Paris, 1897), p. 205-210 ; L. Petit, Vie et office de S. Euthyme le Jeune, dans la Revue de l'Orient chrétien, t. VIII (1903), pp. 178-180 (= BHG. 655, §§ 12-14), 530 ; Vita S. Nicolai Studitae, P. G., t. CV, col. 908 ; Dvornik, op. c., p. 135-146 ; V. Grumel, Regestes, n° 468 (canons disciplinaires du concile photien de 861 ; ils sont comme la réponse du patriarche aux moines, prêtres et prélats récalcitrants) et n° 495.

[2] V. Grumel, La liquidation de la querelle photienne, dans Échos d'Orient, t. XXXIII (1934), p. 257-288, surtout les dernières pages ; id., Regestes, n° 596 (printemps ou été 899). M. H. Grégoire préfère la date de 897 : Études sur le neuvième siècle, III. « L'union des Églises en 897 », dans Byzantion, t. VIII (1933), p. 540-550.

[3] Loparev estime que la Vie d'Antoine a été écrite très peu de temps après sa mort, soit entre 870 et 880. Car, dit-il en substance (t. c., pp. 109, 123), le saint est appelé μακαρίτης (V, § 2 ; cf. A, § 2) et ὅσιος (passim) ; or, la première de ces épithètes est appliquée d'ordinaire aux personnages récemment décédés (ce qui est exact) et la seconde aux saints non encore canonisés (ceci est manifestement faux : ὅσιος est réservé aux saints non martyrs, particulièrement aux moines non pontifes ; cf. H. Delehaye, Sanctus, 1927, p. 72 s.).

c'est-à-dire à la fois dans le texte édité par Papadopoulos-Kerameus, dans le fragment conservé par Paul Évergétinos et dans les vingt chapitres publiés ci-dessous, aucun prélat ne joue le moindre rôle [1], à moins qu'il n'ait abandonné son siège pour embrasser la vie monastique. Tel est le cas de Jacques, évêque d'Anchialos [2], et de Paul de Plousias [3], devenus l'un et l'autre anachorètes sur l'Olympe. Tel aussi le cas — et ce troisième exemple clôt la liste — d'un évêque Jean, dont le siège n'est pas indiqué, mais qui devait être plus tard higoumène de Cichonion [4].

Pareille disposition à l'égard de l'autorité épiscopale ne doit pas nous étonner outre mesure de la part d'un zélote du clan ignatien. S. Ignace lui-même, entré tout jeune dans un cloître et fondateur de quatre monastères [5], n'est-il pas resté toute sa vie, aussi bien durant ses deux patriarcats qu'au temps de sa retraite forcée, plutôt moine que pontife ?

L'édition que nous présentons au lecteur est faite d'après le seul manuscrit connu : Athènes, Suppl. 534, fol. 1-9 [6]. Le folio 1 n'est pas intact ; la déchirure du coin supérieur gauche nous prive de quelques mots, et certaines lettres conservées sont difficiles à déchiffrer, du moins sur la photographie que nous devons à l'obligeance de M. C. Diobouniotis, professeur à l'université d'Athènes.

La signature ε', au bas du folio 1, permet d'établir qu'il manque quatre cahiers en tête du codex, soit 32 folios [7]. Les 43 chapitres

---

[1] Ni S. Méthode ni S. Ignace ni Photius ni aucun autre patriarche de Constantinople n'est même mentionné, à l'exception du seul Taraise, nommé incidemment au § 28 (voir ci-dessus, p. 205, note 4).

[2] V, §§ 28-30, 34-39 ; A, § 6.

[3] V, §§ 41-43 ; E, § 5.   [4] A, § 19.

[5] Cf. J. PARGOIRE, *Les monastères de S. Ignace et les cinq plus petits îlots de l'archipel des Princes*, dans *Izvěstija russkago arheol. Instituta v Konstantinopolě*, t. VII (1902), p. 56-91.

[6] Voir ci-dessus, p. 193, avec la note 4.

[7] Les cahiers étaient de 4 feuillets ou 8 folios, puisque la signature suivante (ς') se trouve au folio 9. Il est très probable qu'aucun autre texte ne précédait la Vie d'Antoine, vu que le mois de décembre du ménologe métaphrastique commence d'ordinaire par la Passion de Ste Barbe (*BHG.*, p. 284) et que celle-ci ne vient qu'en cinquième lieu dans notre ms., après deux textes pour le 1er décembre (Antoine et Nahum), un pour le 2 et un pour le 3.

publiés par Papadopoulos-Kerameus devaient en remplir près de
vingt et correspondre grosso modo à la première moitié de la Vie
complète ; à quoi s'ajoutent les quelques pages sauvées par Évergétinos. La lacune qui reste encore à combler est donc sensible-
ment de même étendue que le texte ci-dessous.

La division en paragraphes que nous avons introduite diffère
de celle qui a été marquée dans les marges en chiffres arabes, à l'é-
poque moderne.

L'orthographe du copiste est correcte [1]. Nous n'avons guère dû
corriger que deux ou trois fautes d'itacisme et quelques confusions
entre *o* et *ω*. Une erreur moins vénielle se rencontre à la fin du
§ 5 : ἀσκητικῶν pour ἀστικῶν [2]. Mais c'est encore très peu de chose.
En somme, on peut dire qu'un bon manuscrit du XIIᵉ siècle nous a
conservé une partie importante, bien que trop petite à notre gré,
d'un texte hagiographique de bon aloi.

[1] L'iota n'est jamais souscrit, mais régulièrement adscrit. Nous conformant
à l'usage, nous écrivons τῷ pour τῶι, etc.

[2] Et peut-être une seconde au § 18 : πρὸ ἡμερῶν pour πρὸ ἡμῶν. Voir p.
221, note 3.

(Βίος Ἀντωνίου τοῦ Νέου)

e codice mutilo Atheniensi Suppl. 534.

fol. 1 **1. (1)** ... δυσσεβείας ... εἰς κοινωνίαν τῆς σφετέρας κακοδοξίας
ἐλθεῖν τοὺς αὐτόθι καταναγκάζοντες. Τοῖς κέντροις οὖν τῆς προτέρας ἥττης [1] νυττόμενος ὁ ἐν ἁγίοις πατὴρ ἡμῶν Ἰγνάτιος (2),

Lemma *additum est manu recenti in marg. inf.*
1. — [1] *lectio dubia.*

(1) Les sigles A, E, V désignent respectivement le texte que nous publions
d'après le ms. d'Athènes (A), l'extrait de la Vie d'Antoine conservé dans le
recueil d'Évergétinos (E) et la Vie tirée par Papadopoulos-Kerameus du ms.
de Vienne (V).

(2) Il s'agit évidemment du même Ignace qu'au § 2 d'Évergétinos, c'est-à-
dire du fondateur et higoumène du monastère de Kios en Bithynie. Loparev
(t. c., p. 123) avait identifié ce personnage avec S. Ignace de Constantinople

καταλιπὼν τὸ μοναστήριον τὴν φυγαδείαν ἠσπάσατο · καὶ οὕτως εἰς τὸν Λευκὸν κρυπταζόμενος ποταμὸν (1) τὸν βίον ἀπέλιπεν. Οὗ τὸ τίμιον ὕστερον μετετέθη λείψανον εἰς τὸ κατ' αὐτὸν κοινόβιον, ἰάσεις βρύον παντοδαπῶν νοσημάτων τοῖς μετὰ πίστεως 5 αὐτῷ προσιοῦσι.

2. Τότε δὴ μετὰ τῶν λοιπῶν ἀδελφῶν ἐξελθὼν τῆς μονῆς (2) καὶ ὁ μακαρίτης Ἀντώνιος εἰς τὸν Πάνδημον (3) εὐθυδρόμησε, σωστικὸν εἰδὼς τὸν τόπον ἐκ τῶν ἀναφυέντων σκανδάλων (4) · καὶ ἦν ἐκεῖ ἕως τῆς τελευτῆς τοῦ μισοχρίστου μέδοντος Θεο-10 φίλου (5).

3. Χρόνου δέ τινος παριππεύσαντος καὶ τοῦ τάλανος Θεοφίλου ἐξ ἀνθρώπων ἀναρπασθέντος, γέγονεν ἡ καθ' ἡμᾶς ὀρθοδοξία (6), συνελεύσει καὶ παρουσίᾳ τῶν ἱερωτάτων καὶ θεοφόρων πατέρων ἡμῶν καὶ Χριστοῦ ὁμολογητῶν (7). Ἡσυχάζοντι οὖν τῷ

(† 877). Mais, outre qu'on connaît le nom et le site des couvents fondés par le patriarche (cf. J. PARGOIRE, article cité plus haut, p. 209, note 5), les lignes qui suivent montrent bien que nous avons affaire à un autre S. Ignace, mort en exil avant la fin de la persécution iconoclaste.

(1) Ce fleuve Blanc est sans aucun doute l'Ak-Sou, cours d'eau qui dévale des pentes du mont Olympe et arrose la petite ville d'Ak-Sou, à 30 km. à l'est de Brousse.

(2) Apparemment le monastère de Kios, où Antoine était entré pour avoir le mérite de l'obéissance dans la vie cénobitique (E, § 2). Voir ci-dessus, p. 191.

(3) Site ou région du mont Olympe, où se trouvaient les monastères des Eunuques et d'Éristès (Vita S. Ioannicii, BHG. 935, §§ 10, 13). Antoine avait déjà passé plusieurs années dans un ermitage du Pandème sous la direction de S. Jacques d'Anchialos (V, §§ 28, 31, 34, 39).

(4) Ces scandales devaient être racontés dans les pages précédentes, aujourd'hui disparues. On peut supposer que des moines s'étaient laissé entraîner à frayer avec les iconoclastes ; voir la première ligne du § 1 : εἰς κοινωνίαν τῆς σφετέρας κακοδοξίας ἐλθεῖν... On se rappellera qu'un autre monastère de l'Olympe, celui des Agaures, fut bouleversé deux fois à cette époque par l'hérésie : d'abord vers 824 (Vita S. Ioannicii, § 28, p. 357) et dans les années suivantes (cf. V, § 27), ensuite à la fin du règne de Théophile (Vita Ioannicii, § 36, p. 365 ; cf. A. HERGÈS, dans Échos d'Orient, t. II, 1898-1899, p. 236 s.).

(5) L'empereur Théophile mourut le 20 janvier 842.

(6) La restauration de l'Orthodoxie fut solennellement célébrée en mars 843. Depuis, elle est commémorée tous les ans au premier dimanche du carême. GRUMEL, Regestes, nos 416-418 et 425, pp. 44-48, 51-54.

(7) Le concours des moines, confesseurs de la foi, est souligné (cf. Vita S. Nicolai Studitae, l. c., col. 901c : συνδρομῇ τῶν θεοφόρων πατέρων γέγονεν ἡ τῆς ὀρθοδοξίας πανήγυρις), mais aucun hommage n'est rendu ni à l'im-

Ἀντωνίῳ ἐν τῷ ὄρει ἦλθε ¹ λέγουσα · « Ὀρθοδοξία μὲν γενήσεται · ἀλλὰ καιρός, καὶ χεῖρον.» Ὅπερ δὲ τηνικαῦτα ἐπακήκοεν,
ὕστερον καὶ ἡμεῖς σὺν αὐτῷ ἐθεασάμεθα (1). Ἀλλὰ ταῦτα μὲν
fol. 1ᵛ παραγραφέσθω, | πρὸς δὲ τὰ ἑξῆς ἴτω ἡμῖν ὁ λόγος.

4. Φθασάσης το...α ¹ τῆς ἀκοῆς ταύτης καὶ μέχρι τῶν μοναχῶν 5
τοῦ μοναστηρίου (2), ἀπέστειλαν πρὸς αὐτὸν μηνύοντες τὴν γεγε-
νημένην δῆθεν χαρὰν ἐν τῷ κόσμῳ. Πρὸ γοῦν τοῦ φθάσαι τὸν
ἀδελφόν, αὐτὸς ἐξελθὼν τῆς κέλλης ἤρχετο καὶ συνηρτήθη αὐτῷ
κατὰ τὸ μέσον τῆς ὁδοῦ · καὶ ἀνοίξας πρῶτος τὸ στόμα λέγει
τῷ ἀδελφῷ · «Ποῦ ἔρχῃ ; Ὀρθοδοξία μὲν γέγονεν · ἀλλὰ καιρός, 10
καὶ χεῖρον.» Ἐλθὼν δὲ εἰς τὸ μοναστήριον τῶν Εὐνούχων καὶ
συνταξάμενος τοῖς ἀδελφοῖς κατῆλθεν εἰς τὸ Ἡράκλιν (3) καὶ
ὑπεδέχθη μετὰ χαρᾶς παρά τε τοῦ προβληθέντος ἡγουμένου τοὔνομα ² Μακαρίου (4) καὶ τῶν τιμιωτάτων ἀδελφῶν.

5. Ἐπεὶ δὲ ἔβλεπεν ἑαυτὸν περισσῶς τιμώμενον ὁ Ἀντώνιος 15
οὐ μόνον παρὰ τοῦ προεστῶτος καὶ τῶν ἀδελφῶν, ἀλλὰ δὴ καὶ

3. — ¹ supple φωνή (cf. infra, § 15, p. 219, l. 17).
4. — ¹ fortasse τοτηνίκα. — ² lectio dubia.

pératrice Sᵗᵉ Théodora ni au patriarche S. Méthode. Voir ci-dessus, p. 205.
Au premier rang de ces ἱερώτατοι καὶ θεοφόροι πατέρες il faut placer
le plus illustre des ascètes de l'Olympe à cette époque, S. Joannice, dont l'intervention semble avoir été décisive dans l'élection de S. Méthode (Vie de
S. Michel le Syncelle, BHG. 1296, p. 249 s. ; Vie de S. Joannice, BHG. 936,
§ 69, p. 431 ; cf. Dvornik, op. c., p. 122 s.).

(1) Nous avons essayé plus haut, p. 207 s., de déterminer le sens de cette
allusion assez énigmatique.

(2) Sans doute le monastère des Eunuques qui sera nommé tout de suite
et duquel dépendait l'ermitage où S. Antoine avait longtemps vécu (V, § 28).

(3) L'identification de ce monastère n'est pas tout à fait certaine. D'une
part, la proximité des lieux et la similitude des noms fait songer au plateau
d'Erikli Yaïla, sur l'Olympe, où le P. Menthon signale qu'on a découvert
quelques vestiges d'un couvent détruit (L'Olympe de Bithynie, p. 156) ; la
différence d'altitude (1000 m. aux Eunuques, 840 m. à Erikli Yaïla) correspond au κατῆλθεν de notre texte. Mais il y avait, à cinq lieues plus au nord,
près de Kios, un monastère d'Hèraklèn ou Héracl(e)ion, qui est cité dans maints
écrits contemporains, tels que les actes du VIIᵉ concile œcuménique (Mansi,
t. XIII, col. 152), la Chronographie de Théophane (éd. de Boor, p. 479), les
lettres de S. Théodore Studite (Ep. II, 9 : P. G., t. XCIX, col. 1139) et la Vie
de S. Joannice, BHG. 935, § 43 (Act. SS., Nov. t. II, 1, p.368). C'est là sans
doute qu'Antoine fut accueilli par l'higoumène Macaire.

(4) Personnage inconnu d'ailleurs.

ET PÉTRONAS LE VAINQUEUR DES ARABES 213

τῶν μηκόθεν ¹ πρὸς αὐτὸν παραγινομένων, ὡς ἐκ τούτου ὄχλησιν
ὑπομένειν μὴ ἐπιτρέπουσαν αὐτῷ κατὰ γνώμην ἀναχωρεῖν, ἀντι-
βολεῖ τὸν προεστῶτα ἀφεθῆναι τὴν ἔρημον αὖθις οἰκῆσαι.
Ὁ δὲ
τίμιος Μακάριος τοῦτο ἀκούσας καὶ λυπηθεὶς σφόδρα λέγει αὐτῷ ·
5 «Μηδαμῶς, πάτερ, τοῦτο θελήσῃς ἰδέσθαι τοὺς ταπεινούς μου
ὀφθαλμοὺς ἢ ὅλως γενέσθαι ταύτην ἡμῖν τὴν ζημίαν ἐπὶ τῶν | ἡ-
μερῶν τῆς ἐμῆς καθηγήσεως.» Τοῦ δὲ Ἀντωνίου ἐπιμένοντος
τῇ κρίσει τοῦ λογισμοῦ καὶ μηκέτι λέγοντος τῷ πλήθει τῶν ἀδελφῶν δύνασθαι συνδιάγειν, ἔφη ὁ Μακάριος · « Ἐὰν πεισθῇς μοι,
10 πάτερ, οἶδα ὅτι ἔχεις μεγάλως ἀναπαῆναι · ἔστιν ἡμῖν ἐν τῇ πόλει
μετόχιον τὴν ἐπωνυμίαν τῶν Ἁγίων Πάντων φέρον, ὡραιότατον
καὶ μάλα τερπνὸν καὶ τῶν ἀστικῶν ² θορύβων ἱκανῶς ἀπῳκισμέ-
νον (1). Ἐκεῖ οὖν ἀπελθὼν ἡσυχάσεις καλῶς καὶ ἔσῃ μνημονεύων
ἡμῶν.»
15 6. Εἴξας τοίνυν ὁ Ἀντώνιος τῇ συμβουλίᾳ, τὴν βασιλεύουσαν
ἐφθακὼς κατεσκήνωσεν εἰς τὸ τῶν Ἁγίων Πάντων εὐκλεὲς καταγώγιον. Καὶ γέγονεν αὐτῷ τοῦ Μακαρίου τὰ ῥήματα προδηλό-
τατα πράγματα ¹. Εὗρεν γὰρ ἡσυχάσαι αὐτόθι ὡς πάλαι ἐφίετο,
ἐκτελῶν ἑαυτοῦ τὸν τὴν συνάξεως κανόνα κατὰ τὸν τύπον ὃν
20 παρείληφε πρὸς τοῦ μεγάλου Ἰακώβου (2), νηστεύων τε καὶ
ἀγρυπνῶν καὶ στιχολογῶν ἀκρότατα καὶ μηδὲν ἐλλείπων τῆς
ἐν τῇ ἐρήμῳ αὐτοῦ διαγωγῆς.

fol. 2

5. — ¹ μήκοθεν A. — ² ἀσκητικῶν A.
6. — ¹ προδηλώτατα iterum scripsit, dein expunxit A.

(1) Le synaxaire de Constantinople marque au 20 mai la dédicace d'un
sanctuaire de Tous-les-Saints ἐν τῷ ξενῶνι τῶν Εὐβούλου (Synax. Eccl.
CP., col. 698). Mais le métochion (dépendance, « procure ») du monastère
d'Héraclion ne devait pas être établi si près de Sainte-Sophie, puisque Macaire
le déclare « assez à l'écart des bruits de la ville ». On songerait plutôt, mais
sans se prononcer avec assurance, à une autre église de Tous-les-Saints, que
Constantin Porphyrogénète, Livre des Cérémonies, II, ch. 7 (éd. J. J. REISKE,
p. 535), et Antoine de Novgorod, Le Livre du Pèlerin (dans Itinéraires russes
en Orient, trad. B. DE KHITROVO, Genève, 1889, p. 104), situent du côté des
Saints-Apôtres (cf. MORDTMANN, Esquisse topographique de Constantinople, Lille,
1892, pp. 63, 72 ; J. EBERSOLT, Sanctuaires de Byzance, Paris, 1921, p. 36).
Voir ci-après, p. 216, note 1.
(2) Jacques, qui avait été « évêque d'Anchialos aux jours du très saint patriarche Taraise » (V, § 28), s'était retiré au mont Olympe. C'est lui qui
enseigna à Antoine les règles de la vie anachorétique la plus sévère : τὸν κανόνα
τῆς ἀκροτάτης ἡσυχίας τε καὶ ἀναχωρήσεως (ibid.) ; cf. infra, p. 220, l. 17 s.

fol. 2ᵛ

fol. 3

7. Ἑπταετίαν (1) οὖν συνδιάξας τῷ ἠλυσίῳ τῶν τοῦ Χριστοῦ ἁγίων μαρτύρων (2), οὔτε αὐτὸς τοῦ πυλῶνος προῆλθεν οὔτε τοὺς παραβάλλοντας ¹ εἰς συντυχίαν ὅλως ἐδέχετο, πολλῶν θελόντων αὐτῶν αὐτὸν καὶ ἰδεῖν καὶ προσκυνῆσαι | καὶ ὠφελείας τῆς παρ' αὐτοῦ μετασχεῖν. Ὡς δὲ βίαν μεγάλην μετὰ τὴν ἑπταετηρίδα ² 5 πρὸς τῶν γνωρίμων ὑπέμενεν, ὑπενδοὺς ταῖς αὐτῶν παρακλήσεσι τοὺς ἐρχομένους ἐδέχετο καὶ τὰ πρὸς σωτηρίαν τούτοις προετίθει φάρμακα, βιαστικῶς ὑπ' αὐτῶν προκαλούμενος. Ἐθάδες τοίνυν αὐτῷ καὶ, οἱ τῆς χώρας ἀδελφοὶ γεγονότες κατεφοίτων πρὸς αὐτόν, ἐνίοτε ἀγχιστεύοντες αὐτῷ τῶν ἄλλων κατὰ τὴν οἴκησιν 10 καὶ ἐδρέποντο τῆς ἀγάπης αὐτοῦ τὰς ἐπωφελεῖς συντυχίας.

8. Ἐν οἷς τις ἀδελφὸς ὑπῆρχε τῶν κατὰ κόσμον εὐγενῶν συμφυὴς χρηματίσας, Ἐφραὶμ τοὔνομα · ὃς ὑπὸ τοῦ δαίμονος τῆς ὀλιγωρίας τε καὶ πικρίας σφοδρῶς ἐνοχληθεὶς ἐβαρεῖτο οὐ μόνον εἰς αὐτὸ τὸ τοῦ ἐπαγγέλματος ἅγιον σχῆμα, ἀλλὰ γὰρ καὶ εἰς 15 αὐτὴν τὴν τοῦ μοναστηρίου διατριβήν, λέγων ἐν ἑαυτῷ · «Εἴθε συνέπεσον τὰ ὧδε · καὶ ἐλυτρούμεθα τοῦ τόπου τούτου.» Ὁ δὲ τῷ ἀδελφῷ τούτῳ ἐπιτιθέμενος παγχάλεπος δαίμων οὐ μόνον τοῖς λογισμοῖς τούτοις αὐτῷ ἐπανέβαινεν, ἀλλὰ καὶ νύκτωρ εἰς τὴν τοῦ λυποῦντος αὐτὸν μεταχρωννύμενος μορφὴν φανερῶς 20 παρίστατο ἐπαφρίζων αὐτῷ καὶ μαινόμενος. Ἐπὶ | χρόνον οὖν ἐπὶ ¹ τοῦ τοιούτου συνθλιβόμενος πειρασμοῦ ὁ Ἐφραὶμ ἐζήτει θεάσασθαι τὸν ἄνθρωπον τοῦ Θεοῦ Ἀντώνιον καὶ ἀναθέσθαι αὐτῷ τὰ τοῦ πράγματος. Καὶ ἐπειδὴ ἡ τεσσαρακοστὴ ἦν τῆς Χριστοῦ τοῦ ἀληθινοῦ Θεοῦ ἡμῶν ἐκ παρθένου γεννήσεως (3), ἐλογίζετο 25 ὅτι · «Ἐὰν ἀπέλθω πρὸς αὐτόν, οὐ μή με θεάσηται.» Ταῦτα διενθυμουμένου τοῦ ἀδελφοῦ, ἀναθρῴσκει πρὸς αὐτὸν ὁ ψυχωφελὴς ἰατρὸς ἀπροσδοκήτως · καὶ ἀνοίξας τὸ στόμα προηγουμένως λέγει αὐτῷ · «Τί ἀλήθεται ἐν τῷ μύλωνι τῆς ψυχῆς σου, Ἐφραίμ;» Ὁ δὲ πρὸς αὐτὸν ἀπεκρίνατο · «Ἄχυρα καὶ τὰ τού- 30 των ἐκβλητότατα σκύβαλα · ἀλλὰ χάρις τῷ Θεῷ τῷ ἀποκαλύψαντί

---

7. — ¹ παραβάλοντας A. — ² ἐπταεταιρίδα A.

8. — ¹ ita A, fortasse pro ὑπό.

---

(1) De 848 à 855, si notre chronologie est exacte. Ci-dessus, p. 198.

(2) Par «l'élysée des saints martyrs du Christ» l'auteur entend sans doute le métochion de Tous-les-Saints.

(3) Chez les Byzantins, la Noël est préparée par un «carême» ou jeûne de quarante jours, qui commence le 15 novembre.

σοι τὰ κατ᾽ ἐμέ.» Καὶ ἰδιάσαντες ὁμοῦ, ἐξεῖπεν αὐτῷ τὴν ἐπή-
ρειαν τοῦ δαίμονος καὶ τὸν ὑποπιεσμὸν ὅνπερ ὑφίσταται ὑπ᾽ αὐτοῦ. Εἶπεν οὖν αὐτῷ ὁ ὅσιος · «Μηκέτι ἔχε λύπην περὶ τούτου ·
ὁ γὰρ Κύριος οὐ μὴ ἐάσῃ αὐτὸν ἐπὶ πλεῖον ἐνοχλῆσαί σοι.» Ταῦτα
5 εἰπὼν καὶ ἐπευξάμενος αὐτῷ ἀπῆλθε πάλιν εἰς τὰ οἰκεῖα. Ὁ δὲ
ἀδελφὸς τῇ νυκτὶ ἐκείνῃ εἶδε πάλιν τὸν δαίμονα πρὸ τῆς κλίνης
αὐτοῦ ἱστάμενον καὶ ἀφρίζοντα · καὶ λέγει αὐτῷ ἀφοβητί · «Ἄλ-
λος σε ἐδίωξεν ἀπ᾽ ἐμοῦ, ἀκάθαρτε. Διὸ οὐκέτι | μοι φροντὶς περὶ   fol. 3ᵛ
τῆς σῆς τοῦ λοιποῦ ἀναιδείας.» Ταῦτα ἀκούσας ὁ μέλας (1) ἔφυγε ·
10 καὶ οὐκέτι ἠνώχλησε τῷ ἀδελφῷ διὰ τῆς τοῦ Κυρίου χάριτος
κατὰ τὸν λόγον Ἀντωνίου.

9. Ἄλλος τις ἀνὴρ φίλος τοῦ ὁσίου καὶ πατριώτης (2) ὑπάρχων
εἶχεν οἰκέτην παῖδα ὑπὸ δαίμονος ἐνοχλούμενον. Τοῦτον ῥίψας
εἰς τοὺς πόδας τοῦ Ἀντωνίου παραβαλόντος ἐν μιᾷ εἰς τὸν οἶκον
15 αὐτοῦ, παρεκάλει εὐχὴν ποιῆσαι αὐτῷ. Ὁ δὲ ἐπευξάμενος ἐσφρά-
γισεν αὐτόν. Καὶ διεβεβαιώσατο ὁ κύριος τοῦ παιδὸς ὅτι · «Ἐξ
ἐκείνου καὶ μέχρι τοῦ νῦν οὐκ ἐπειράσθη ὁ οἰκέτης μου τῆς τοῦ
δαίμονος ἐνεργείας χάριτι Χριστοῦ.»

10. Τὰ κατὰ τὸν μακάριον Πετρωνᾶν τὸν πατρίκιόν τε καὶ
20 ἀδελφὸν τῆς βασιλίσσης Θεοδώρας (3) συμφώνως καὶ ὁμαλῶς οἱ
εἰδότες ἐξηγήσαντο (4). Οὗτος τοίνυν ὁ μεμελετημένος Θεῷ, οὐκ
εὐαγῶς πρότερον ἐν ταῖς τοῦ βίου πορευθεὶς εὐπραγίαις, οἷόν τι
ἀνδράποδον τῇ δυναστείᾳ τῆς ἡδονῆς ὑποκύψας, ὕστερον ἀσθε-
νείᾳ συμπιεσθεὶς βαρυτάτῃ καὶ τοῦ ζῆν ἀπεγνωκὼς ἐξῆλθε τῆς
25 πόλεως καὶ ἀνεκλίθη εἰς τὸν περιώνυμον οἶκον τῶν ἁγίων καὶ θαυ-
ματουργῶν ἰατρῶν Κοσμᾶ καὶ Δαμιανοῦ τῶν εἰς τὰ Παυλίνου (5).

---

(1) Ὁ μέλας, « le noir », c'est-à-dire le diable. On trouvera au § 10 une image
identique : Αἰθίωψ τις, « un nègre », c'est-à-dire un démon ; et au § 11 un
nouvel exemple de ὁ μέλας. La métaphore se rencontre dès les débuts de la
littérature chrétienne : Epistula Barnabae, iv, 9 et xx, 1.

(2) Compatriote ou concitoyen d'Antoine, cet ami du saint était donc originaire de Phossaton ou du moins de la Palestine.

(3) Le patrice Pétronas, frère de l'impératrice Théodora et du césar Bardas, était l'oncle du souverain d'alors, Michel III. Son rôle est si important
dans les chapitres qu'on va lire que nous avons dû l'examiner avec une attention particulière. Voir plus haut, p. 199-202.

(4) Οἱ εἰδότες, « les gens bien au courant » : avec quelle discrétion le biographe nous indique ici sa source ! Que n'a-t-il cité un nom précis, comme il le
fera au § 19, par exemple. Cf. p. 200, note 1.

(5) La « célèbre maison des saints médecins thaumaturges dans le quartier de

fol. 4   Πρὸς ὃν παραγενόμενος ὁ ἀνωτέρω μνημονευθεὶς | ἡμῖν κύριος
'Εφραίμ — ἦν γὰρ ἀπὸ κόσμου φίλος αὐτοῦ γνήσιος — καὶ ἰδὼν
αὐτὸν βεβαρημένον καὶ τοὺς ὀφθαλμοὺς αὐτοῦ δίκην ἀσκοῦ πεφυ-
σημένους τῇ ἀυπνίᾳ, λέγει αὐτῷ · «Κύριέ μου, ἔστι δοῦλος τοῦ
Θεοῦ καὶ μέγας ἀγωνιστὴς οὐ μακρὰν ἡμῶν (1) ἀναχωρῶν, περὶ 5
οὗ πέπεισμαι ὅτι ἐὰν ἔλθῃ καὶ ἐπισκέψηταί σε, εὖ σοι ἔσται καὶ
ἐνταῦθα καὶ ἐν τῷ μέλλοντι.» Ταῦτα ἀκούσας ὁ ἀρρωστῶν ἔφη
πρὸς αὐτόν · «'Ορᾷς με τρεῖς ἡμέρας ἄυπνον διατελοῦντα καὶ ἐν
τοῖς ἐσχάτοις κακοῖς ἐξοκείλαντα · καὶ ὀκνηρεύῃ τοῦ ἀγαγεῖν
ἐνταῦθα τὸν ἄνθρωπον τοῦ Θεοῦ ὡς μὴ ἐλεῶν με;» 'Ο δὲ ἀδελ- 10
φὸς 'Εφραὶμ πρὸς τὸν ὅσιον γενόμενος πατέρα παρεκάλει ἐπι-
δοῦναι ἑαυτὸν εἰς ἐπίσκεψιν τοῦ πατρικίου. Ἔφη οὖν πρὸς αὐτὸν
ὁ 'Αντώνιος · «Οἱ κοσμικοὶ πιστὰ οὐ φυλάσσουσι · καὶ διὰ τοῦτο
οὐ βούλομαι ἀπελθεῖν.» Πολλὰ τοίνυν προτραπεὶς ὑπ' αὐτοῦ ὁ
'Αντώνιος ἀναστὰς ἐξῆλθε σὺν αὐτῷ πρὸς τὸν νοσοῦντα. Ἰδὼν 15
δὲ τὸν ὅσιον ὁ ἀσθενῶν λέγει ἀνιώμενος · «'Αποθνήσκω, πάτερ
ἅγιε.» Ἔφη αὐτῷ ὁ 'Αντώνιος · «Χριστιανὸς ἄνθρωπος οὐκ ἀπο-
θνῄσκει.» Πρὸς ὃν πάλιν ἀπεκρίθη · «Χριστιανὸς μὲν εἶναι ὁμο-
λογῶ · οὐδέποτε δὲ τὰ χριστιανῶν οἶδα ἐμαυτὸν ἐργασάμενον ·
fol. 4ᵛ   ὅθεν | δὴ καὶ Αἰθίωψ τις δύσερις ἰταμωτάτῳ προσώπῳ παρίστα- 20
ταί μοι νύκτωρ λέγων · 'Εμὸς εἶ σύ.» Ἔφη οὖν αὐτῷ ὁ ὅσιος ·
«'Ο Αἰθίωψ ἐκεῖνος τῇ νυκτὶ ταύτῃ διὰ τῆς τοῦ Θεοῦ χάριτος
οὐκ ἐγγιεῖ σοι · ἀλλὰ γὰρ καὶ ὑπνῶσαι ἔχεις καλῶς ἀπὸ ὀψὲ ἕως
ἡλίου ἀνατολῆς.»

11. 'Αναστὰς τοίνυν ὁ Πετρωνᾶς τῆς εὐνῆς, τῇ ῥάβδῳ ἑαυτοῦ καὶ 25
τῷ ὁσίῳ στηριζόμενος ἔρχεται μετ' αὐτοῦ εἰς μέρος τοῦ ναοῦ
τῶν 'Αγίων · καὶ ἐξαγγέλλει αὐτῷ τὰ κατὰ νοῦν ἅπαντα, παρα-
καλῶν ὁμοῦ ἀποκαρῆναι[1] ὑπ' αὐτοῦ. 'Ο δὲ 'Αντώνιος ἔφη πρὸς
αὐτόν · «Οὐκ ἔστι τοῦτο εὐπρεπές, ὥς γε νομίζω, εἰς σὲ γενέσθαι,
ἀθρόον μεταβληθέντα πρὸς τὴν τοῦ κρείττονος αἵρεσιν · οὐ γὰρ 30
πρὸς μικρὰ ἡ ἐπαγγελία καὶ εὐχερῶς κατορθωθῆναι δυνάμενα.

11. —[1] corr., prius ἀποκαρθῆναι A.

Paulin » doit être identifiée avec le sanctuaire des SS. Cosme et Damien aux
Blachernes. Cf. *Anal. Boll.*, t. LIII (1935), p. 379 s.

(1) Si cette expression doit être prise au pied de la lettre, on en peut conclure que le métochion de Tous-les-Saints où résidait Antoine était situé dans
la partie septentrionale de la ville, « non loin » des Blachernes.

Διὸ μᾶλλον σπουδασθήτω σοι ἐν τῷ κοσμικῷ ὑπάρχοντι τῶν κατὰ
δύναμιν καλῶν ἢ κατὰ ² Θεὸν ἐργασία · καὶ οὕτω ποιεῖ ὁ Κύριος
μετὰ σοῦ τὸ παρ᾽ ἑαυτοῦ ἔλεος.» Ταῦτα εἰπὼν καὶ δεξάμενος παρ᾽ αὐτοῦ κηροὺς τε καὶ ἔλαιον ³ εἰς τὸ ποιῆσαι ὑπὲρ αὐτοῦ παννύ-
5 χιον πρὸς τὸν Θεὸν δοξολογίαν σὺν τῷ ἀδελφῷ ᾿Εφραίμ, ἐάσαντες
αὐτὸν ἀνεχώρησαν. Καὶ τῇ νυκτὶ ἐκείνῃ αὐτῶν προσφερόντων τῷ
Κυρίῳ τὴν ὑπὲρ αὐτοῦ ἱκεσίαν, ἐπισκοπὴν | αὐτοῦ ὁ Σωτὴρ ἐποιή-   fol. 5
σατο · ὕπνωσσέν τε χρηστῶς κατὰ τὸν λόγον ᾿Αντωνίου, καὶ ὁ
μέλας οὐ προσήγγισεν αὐτῷ. ῎Εωθεν δὲ πρὸς αὐτὸν οἱ περὶ τὸν
10 ᾿Αντώνιον παραγενόμενοι εὗρον αὐτὸν εὐψυχοῦντα καὶ πρὸς τὸ
βέλτιον μεταποιηθέντα. Καὶ οὕτω κατὰ μικρὸν φυγαδευθείσης
τῆς νόσου πρὸς εὐνοστίαν ἐπαλινδρόμησε.
12. Τούτου τοῦ πανευφήμου Πετρωνᾶ ὁ υἱὸς (1) ἀσθενήσας ἐσχά-
τως ἀπεγνώσθη παρὰ τῶν ἰατρῶν. ᾿Ακούσας δὲ τοῦτο ὁ ὅσιος
15 ᾿Αντώνιος ἐδήλωσεν αὐτῷ λέγων · «Οὐκ ἔχει κακὸν ὁ υἱός σου ·
ἀναστήσεται γὰρ τάχιον τῆς ὀδυνηρᾶς εὐνῆς.» ῎Οπερ καὶ γέγονεν
οὐ μετὰ πολλὰς ἡμέρας. ᾿Εκ δὴ τούτου πάλιν περισσοτέρως ἡ
πίστις ἀνεφλέγετο τοῦ ἀειμνήστου Πετρωνᾶ πρὸς τὸν θεῖον
᾿Αντώνιον.
20 13. ῏Ην κατανοῶν ὁ πατὴρ καὶ βλέπων τὴν πρὸς Θεὸν προκοπὴν
αὐτοῦ καὶ ὅτι τῷ λόγῳ αὐτοῦ ἰθυνόμενος ὅλον ἑαυτὸν πρὸς εὐ-
αρέστησιν δέδωκε τοῦ Χριστοῦ. ᾿Εκράτησε καὶ αὐτὸς διηνεκῆ
παράκλησιν πρὸς 'τὸν Θεὸν καὶ τὴν πανύμνητον αὐτοῦ μητέρα,
ἐφ᾽ ἑκάστης ἐπαίρων χεῖρας ὁσίους ¹ πρὸς τὸν πανίερον αὐτῆς
25 χαρακτῆρα (2) καὶ λέγων πρὸς αὐτήν · « Δέσποινά μου εὔσπλαγχνε,
ἡ τὸν Θεὸν λόγον καὶ υἱόν σου ἐν ἀγκάλαις ταῖς μητρικαῖς φέ-
ρουσα, δέξαι μου τὴν δέησιν | καὶ ταύτην προσάγαγε τῷ σῷ   fol. 5ᵛ
υἱῷ καὶ Θεῷ · καὶ χάρισαί μοι τὴν ψυχὴν τοῦ πιστοῦ δούλου σου
Πετρωνᾶ, ἵνα καυχήσωμαι εἰς τὸ πέλαγος τῶν πλουσίων σου

² δύναμιν καλῶν iterum scripsit, dein expunxit A. — ³ ἔλεον A.
13. — ¹ ita A.

(1) S'agirait-il de Marien, qui fut préfet de la ville et chargé en cette qualité de proclamer Basile le Macédonien seul empereur, après l'assassinat de
Michel III (SYMÉON LE MAGISTRE, De Basilio Macedone, § 2 ; éd. I. BEKKER,
p. 687 ; cf. GEORGES LE MOINE, ibid., p. 839 ; THÉODOSE DE MÉLITÈNE,
Chronographia, éd. Th. L. Fr. TAFEL, p. 176)? Mais alors pourquoi l'hagiographe
ne le désigne-t-il pas par son nom?

(2) Adversaire résolu de l'hérésie iconoclaste, Antoine vénère une « image toute
sainte » de la Madone. Cf. V, § 23.

οἰκτιρμῶν.» Ταῦτα διαπαντὸς εὐχομένου τοῦ Ἀντωνίου, ἐν μιᾷ
νυκτὶ ὡς ἑστήκει πρὸ τῆς ἱερᾶς ἐκείνης εἰκόνος ἐκτεταμένας
ἔχων τὰς χεῖρας, ἐπεκλίθη ἡ τῆς θεομήτορος ἐμφέρεια καὶ ἥψατο
τῶν χειρῶν αὐτοῦ · καὶ αὖθις ἀνωρθώθη εἰς τὸ πρότερον σχῆμα.
Ἔγνω οὖν ἐκ τούτου ὁ Ἀντώνιος ὅτι προσεδέξατο ἡ Θεοτόκος τὴν   5
ὑπὲρ τοῦ Πετρωνᾶ προσφερομένην αὐτῇ λατρείαν · καὶ ἠνευθυμῶν
ὑπὲρ τῆς αὐτοῦ σωτηρίας καὶ δοξάζων ἀδιαλείπτως τὸν Κύριον.
    14. Τοιγαροῦν στρατηγοῦντος τοῦ φιλοχρίστου Πετρωνᾶ εἰς τὸ
τῶν Θρακησίων θέμα (1), συνέβη κατ' ἐκεῖνο καιροῦ δύο φοσσᾶτα ¹
τῶν ἀθέων Ἰσμαηλιτῶν καθ' ἡμῶν ἐξορμῆσαι (2). Ὅπερ εἰς 10
ἀκοὰς ἐλθὸν τοῦ ἄνακτος Μιχαὴλ τοῦ νέου (3) παρεσκεύασεν αὐτὸν
σάκραν (4) ἐκπέμψαι πρὸς τὸν στρατηγὸν τῶν Θρακησίων περιέχου-
σαν ἐπεσκεμμένως ποιῆσαι αὐτὸν τὴν πρὸς τοὺς ἐναντίους παρά-

fol. 6   ταξιν πρὸς τὸ ἀπεῖρξαι καὶ μόνον τὰ τῶν ἐθνῶν | πρόκουρσα, εἰς
τὸ μὴ τὰς χώρας λυμήνασθαι διεξοδικώτερον · ἀλλὰ μὴ φανερὰν 15
πρὸς αὐτοὺς τὴν συμβουλὴν ἀναδέξασθαι. Τοῦτο γοῦν μεμαθηκὼς
ὁ πατὴρ ἡμῶν Ἀντώνιος, δῆθεν εὐχῆς ² τῆς πρὸς τὸν ἀπόστολον
Χριστοῦ καὶ θεολόγον Ἰωάννην τὴν ἐπὶ Ἔφεσον ὁδὸν στειλάμε-
νος, συνήφθη τῷ ἐν πνεύματι υἱῷ αὐτοῦ. Ὁ δὲ τὸν ὅσιον θεασάμενος · «Τί τοῦτο, φησίν, ὦ πάτερ, πεποίηκας καὶ ἐξῆλθες τῆς 20
πόλεως κατ' αὐτὴν τοῦ ἔθνους τὴν ἐκστρατείαν ³; Ἀλλά γε δὴ

---

14. — ¹ φωσάτα Α. — ² supple ἕνεκα vel προφάσει. — ³ ἐκστρατιάν Α.

(1) Pétronas était en effet stratège des Thracésiens, avec résidence à Éphèse
(Théophane continué, l. IV, § 16 ; éd. I. Bekker, p. 167).

(2) Sur cette incursion arabe en terre byzantine et sur la grande bataille
où Pétronas tailla en pièces l'armée des envahisseurs, on lira les récits des
chroniqueurs grecs et arabes : Georges le Moine, *De Michaele et Theodora*,
§ 17 (éd. Bekker, p. 825) ; Syméon le Magistre, § 26 (ibid., p. 666) ; Génésius, l. IV (éd. C. Lachmann, p. 94-97) ; Léon le Grammairien, éd. Bekker,
p. 238 s. ; Cédrénus, éd. Bekker, t. II, p. 163-165 ; Théophane continué,
l. IV, § 25 (éd. Bekker, p. 179-184) ; Zonaras, l. XVI, c. 3, § 19-29 (éd. Th.
Buettner-Wobst, t. III, p. 396 s.) ; Tabari, *Annales*, éd. M. J. de Goeje,
t. III, p. 1509 (trad. française dans A. A. Vasiliev, *Byzance et les Arabes*,
t. I, éd. H. Grégoire et M. Canard, Bruxelles, 1935, p. 325), etc. Parmi les
travaux modernes, on consultera de préférence l'adaptation française de Vasiliev (t. c., p. 249-256 : *Campagne de 863*) et les études de J. B. Bury et de
H. Grégoire mentionnées ibid., p. 249, fin de la note 3.

(3) Michel III (842-867), neveu de Pétronas.

(4) Cf. F. Dölger, *Regesten der Kaiserurkunden des oströmischen Reiches*, I
(1924), p. 56, n° 462.

κἂν εἰς τὸ κάστρον ἀπέλθωμεν τῆς Πλατείας Πέτρας (1), καὶ
ἴσθι φρουρούμενος ἐκεῖ καὶ ὑπὲρ ἡμῶν προσευχόμενος. »
15. Γενόμενοι οὖν εἰς τὸ εἰρημένον φρούριον, δείκνυσιν αὐτοῦ¹
τὰ τοῦ βασιλέως γράμματα. Σιωπῶντος δὲ τοῦ ὁσίου, ἔφη πρὸς
5 αὐτὸν ὁ στρατηγός · « Τί κελεύεις, πάτερ, περὶ τούτου τῷ τέκνῳ
σου; » Λέγει πρὸς αὐτὸν ὁ ὅσιος · « Καὶ ἐὰν εἴπω σοι, ποιεῖς τὸ
ὑπ᾽ ἐμοῦ βουλευόμενον; » Τοῦ δὲ συνθεμένου μετὰ πάσης πληρο-
φορίας, εἶπεν ὁ Ἀντώνιος · « Ἡ νίκη τοῦ Πετρωνᾶ ἐστι τῷ ἐν-
εστῶτι χρόνῳ · ὁ Ἄμβρος (2) ἄλλο (3) Συρίαν οὐ βλέπει. Πορεύ-
10 θητι τοίνυν ἐν ὀνόματι Κυρίου Θεοῦ ἡμῶν · καὶ ψάλας τὸν κανόνα τοῦ ἁγίου Νικολάου τὸν τέταρτον · Ἔωθεν παράταξαι τοῖς ἐχ-
θροῖς σου (4), [καὶ] ἀρεῖς κατ᾽ αὐτῶν | τῆς νίκης τὸ τρόπαιον. » fol. 6ᵛ
Δεξάμενος οὖν τὴν τοῦ ὁσίου πρόσταξιν ὡς ἀπὸ στόματος Θεοῦ
ἐπορεύθη σὺν προθυμίᾳ πολλῇ καὶ ζεούσῃ πίστεως ἐλπίδι εἰς τὸ
15 ἐκσπέδετον (5) τῶν Σαρακηνῶν · καὶ ποιήσας καθὼς ἐνετείλατο
αὐτῷ ὁ ὅσιος, μετὰ τὸ ψάλαι τὸν κανόνα, περὶ τὸ διάφαυμα ἦλθεν
αὐτῷ φωνὴ ἰδιότροπος τοῦ πατρὸς αὐτοῦ λέγουσα · « Εἶπόν σοι
ὅτι ἡ νίκη σή ἐστιν ἐκ Θεοῦ δεδωρημένη · ἔξελθε οὖν ὡς τάχιστα
καὶ καταπολέμησον τοὺς βαρβάρους. » Ταύτης τῆς φωνῆς ἐπα-
20 κούσας ὁ στρατηγὸς καὶ ὥσπερ θάρσους καὶ χαρᾶς ἀνάπλεως γεγονὼς κατεδίωξεν ὀπίσω τῶν Ἀγαρηνῶν · καὶ τοὺς μὲν αὐτῶν
ἀπέκτεινεν ἐν ῥομφαίᾳ καὶ δόρατι, τοὺς δὲ δοραλώτους πεποίηκεν, ἄλλους εἰς φροῦδον χωρῆσαι παρεσκεύασε · καὶ οὕτως τὸν

(1) Plateia Pétra, place forte du thème des Thracésiens nommée par Cédrénus, t. II, p. 434, et par le Continuateur de Théophane, l. V, § 19 (p. 240) ;
l. VI, § 33 (p. 421). Cf. J. B. Bury, A History of the Eastern Roman Empire,
A. D. 802-867, p. 176, note 1.
(2) Le général arabe est appelé Amer (Ἄμερ) par les chroniqueurs byzantins
et Ἄμμορ par le biographe des SS. David, Georges et Syméon (BHG. 494,
§ 31 : Anal. Boll., t. XVIII, p. 252). Il s'agit de l'émir de Mélitène, ʿOmar ibn-
ʿAbd-Allāh al-Aqṭaʿ (Vasiliev-Grégoire, t. c., p. 250) ou Omar le Manchot
(H. Grégoire, dans la Revue des études grecques, t. XLVI, 1933, pp. 37, 44),
que certains auteurs désignent par le nom de ʿAmr (par ex. M. Canard, dans
Byzantion, t. X, 1935, p. 283 ; cf. Vasiliev-Grégoire, p. 249, note 3).
(3) D'après le contexte ἄλλο signifie « une autre fois », et οὐκ ἄλλο « ne... plus ».
(4) Nous n'avons pas trouvé ce « quatrième canon » de l'office de S. Nicolas
dans les livres liturgiques édités. Peut-être le découvrirait-on dans le ms. Theol.
148 de Vienne, signalé par G. Anrich, Hagios Nikolaos, t. II, (1917), p. 364-366.
(5) E. A. Cf. Sophocles, Greek Lexicon, i, v. ἐξπέδιτον, « army »,

ῥῆγα αὐτῶν καὶ περιβόητον Ἄμβρον ξίφει ἀνελὼν καὶ τὴν τούτου
δυσμενεστάτην ἐπαγόμενος κάραν σὺν λαφύρων πλήθεσιν ὑπέστρεψε μετὰ νίκης καὶ χαρμονῆς ὅτι πλείστης πρὸς τὴν βασιλεύουσαν. Καὶ ἀπεδέχθη ἐνδόξως ὑπό τε τοῦ βασιλέως καὶ πάσης τῆς
συγκλήτου ὑπερευφήμως μεγαλυνόμενος (1).   5

16. Τοσούτοις οὖν ἀγαθοῖς εὐτυχήσας διὰ τῆς πρὸς τὸν ἄνθρω-
πον τοῦ Θεοῦ Ἀντώνιον ὁμιλίας ὁ πανευ|κλεέστατος Πετρωνᾶς
οὐκ ἐβούλετο κἂν πρὸς μίαν ἡμέραν τῆς αὐτοῦ χωρὶς διάγειν
συνανακράσεως. Ὅθεν δὴ ξενίαν αὐτῷ ἰδικὴν ἐν τῷ ἑαυτοῦ εὐτρε-
πισάμενος οἴκῳ (2),   κατὰ τὴν Σουμανῖτιν ὡς ἄλλον ὑπηρέτει 10
Ἐλισσαιέ (3), τὰ κατὰ ψυχὴν μᾶλλον αὐτὸς αὐτόθεν οἰκονομού-
μενος.

17. Ὁ δὲ Ἀντώνιος τὸν ὀγδοηκοστὸν ἤδη ἀνύων τῆς πάσης αὐτοῦ ἡλικίας ἐνιαυτὸν καὶ τὸν τῆς ἀσκητικῆς ζωῆς αὐτοῦ μὴ παρα-
τρώσας κανόνα — τοῦτο γὰρ καὶ ηὔξατο τῷ Θεῷ, ὡς ἔλεγε, καὶ 15
εἰσηκούσθη, ἵνα ἕως τέλους ζωῆς αὐτοῦ μὴ ἐπιλίποι αὐτῷ ἡ πρὸς
τὸ ἀγαθὸν ἰσχὺς εἰς τὸ μὴ ἐγκοπήν τινα λαβεῖν τὰ πατρόθεν αὐτῷ
κανονισθέντα τῆς ἀρετῆς κατορθώματα — ὡς ᾔσθετο ἑαυτὸν μηκέτι δύνασθαι τοῦ ποιεῖν (4) κατὰ τοὺς φθάσαντας χρόνους, ἔφη
πρὸς τοὺς συνόντας · « Γνῶτε, ἀδελφοί, ὅτι ἐν ταύταις ἀφίπταμαι 20
τῆς ὑμῶν συνδιαιτήσεως καὶ πρὸς τὴν ἐκεῖθεν μεταναστεύω
ζωήν.» Ταῦτα εἰπὼν μετ' ὀλίγας ἡμέρας ἐνόσησε · καὶ ἐλθὼν εἰς
τὸ μοναστήριον τοῦ διακόνου Λέοντος (5) ἀνεκλίθη ἐκεῖ. Ἰσχνού-
σης οὖν κατ' αὐτοῦ τῆς ἀρρωστίας ὁσημέραι καὶ τὴν διάζευξιν
τῶν μερῶν προφανῶς ἀπειλούσης, ὁ χριστόφρων ἀνὴρ Πετρωνᾶς 25
τοῦτο ἀκούσας ἔρχεται πρὸς | αὐτὸν ὀδυρόμενος καὶ λέγων ·

fol. 7 *(left margin, line 7)*
fol. 7ᵛ *(left margin, bottom)*

---

(1) Pétronas reçut en guise de récompense pour sa brillante victoire la
charge de domestique des scholes et le rang de magistre. BURY, op. c., p. 284.

(2) Le quatrième canon disciplinaire du concile « premier et second », tenu
à Constantinople en 861, avait pourtant interdit aux moines, sauf permission
de l'évêque, de quitter leur monastère pour aller vivre chez des séculiers (MANSI,
t. XVI, col. 537, 540 ; cf. GRUMEL, *Regestes*, t. c., p. 78). « Mais il ne semble pas
que ces prescriptions (les dix-sept canons du concile) soient demeurées longtemps en vigueur » (A. VOGT, *Basile Iᵉʳ*, Paris, 1908, p. 288).

(3) Cf. IV *Reg.* 4, 10.

(4) Remarquez le génitif : δύνασθαι τοῦ ποιεῖν, « être capable de faire ».
Cf. C. DE BOOR, *Vita Euthymii* (Berlin, 1888), p. 223 s.

(5) Nous n'avons pu identifier ce monastère du diacre Léon. Serait-ce le
« monastère d'hommes » sur lequel il reste une pièce de dix vers iambiques
de S. Théodore Studite (*P. G.*, t. XCIX, col. 1805, nᵒ CVI)? Le fondateur est
appelé Léon, mais sans aucune indication sur ses titres et qualités.

«Οὐαί μοι, ὅτι πάλιν Πετρωνᾶς κοσμόφρων ἔσομαι, τῆς αὐτοῦ ἀποστερούμενος πατρικῆς κηδεμονίας. Αὐτὸς πάλαι κἀμὲ καὶ τὸν υἱόν μου τῶν πυλῶν τοῦ Ἅδου διὰ προσευχῆς ἐρρύσατο καὶ τῶν μυρίων ἠξίωσεν ἀγαθῶν, τῆς ἁμαρτίας ἐκσπάσας καὶ πρὸς
5 σώφρονα μεταγαγὼν πολιτείαν.» Φθάσας δὲ πρὸς τὸν Ἀντώνιον ἐβόα λέγων· «Μὴ ἐάσῃς με ὀπίσω σου, πάτερ· μὴ ἀφίσῃς ὃν ἀπὸ πλήθους ἐξείλου παραπτωμάτων. Παρακάλεσον δὴ τὸν Κύριον ἔτι ὑπὲρ ἐμοῦ, ἵνα καὶ τοῦτό μοι συμβαίνῃ [1] τὸ ἀγαθόν, ὅπως μὴ εἰς κενὸν οἱ εἰς ἐμὲ κόποι σου ἀποβήσονται, παλινδρομοῦντός
10 μου πρὸς τὸν πρότερον ἔμετον (1) τῇ σῇ ἀπουσίᾳ.» Ἔφη πρὸς αὐτὸν ὁ Ἀντώνιος· «Ὁ Θεὸς ὁ προνοήσας σου τῆς σωτηρίας διὰ τῆς ἐμῆς ταπεινώσεως αὐτός σοι πέμψει πατέρα ὑπὲρ ἐμέ, δι' οὗ σωθήσῃ κατὰ ψυχὴν αὐτόθεν φιλοφρονούμενος.» Ὁ δὲ μὴ ἀνεχόμενος τὴν τῶν τοιούτων λόγων παράκλησιν πάλιν τοῖς αὐτοῖς
15 ἐπεβόα τὸν Ἀντώνιον ῥήμασιν. Ἰδὼν οὖν αὐτοῦ τὴν [2] ἔνστασιν ὁ πατὴρ καὶ ὅτι ἀπὸ διαθέσεως μεμίσηκε τῆς ἐν σαρκὶ ζωῆς τὴν παροδικὴν καὶ εὐμάραντον τέρψιν, λέγει αὐτῷ· «Εἰρήνη σοι, ἀδελφέ· πορεύου τὴν ὁδόν σου τὰ καθ' ἑαυτὸν διατι|θέμενος, καὶ τὸ θέλημα τοῦ Κυρίου γίνεται εἰς σέ.»   fol. 8
20 **18.** Λαβὼν τοίνυν τὰς εὐχὰς τοῦ πατρὸς αὐτοῦ ὁ μεγαλοπρεπέστατος πατρίκιος ὑπέστρεψεν εἰς τὸν οἶκον αὐτοῦ· καὶ περὶ δείλην ὀψίαν ἔβαλε πυρέττειν (2)· εἶτα τῇ ἐπιούσῃ βαρηθεὶς μετὰ τὴν μίαν [1] ἀπέστειλε μαθεῖν τὸ πῶς ἔχει ὁ πατὴρ αὐτοῦ. Ὁμοίως δὲ καὶ ὁ μακάριος ἔπεμψε πρὸς αὐτὸν τοῦ αὐτοῦ ἕνεκεν σκοποῦ·
25 καὶ συνήντησαν ἀλλήλοις κατὰ τὸ μέσον τῆς ὁδοῦ οἱ ἀμφοτέρων ἄγγελοι, τῆς πρὸς ὃν ἐπέμφθησαν ἀφίξεως τὴν αἰτίαν ἀποσημαίνοντες· πάλιν τε ἀπ' ἀλλήλων διαιρεθέντες, ἦλθεν ἕκαστος αὐτῶν ὅπου προσετάγη· καὶ οὔτε ἐκεῖνος εὗρε περιόντα ἐν σαρκὶ τὸν ὅσιον οὔτε οὗτος τὸν τρισμακάριον Πετρωνᾶν· ὡς γνωσθῆναι
30 πᾶσιν ὅτι ἐν μιᾷ ὥρᾳ ἀπέλιπον ἀμφότεροι τὸν βίον καὶ πρὸς τὸν Θεὸν ἐξεδήμησαν. Ὅπερ δὴ καὶ ἄλλος τις πρὸ ἡμερῶν (3) ἰδεῖν

---

17. — [1] συμβαίη A. — [2] sequuntur in A litterae sex septemve erasae.
18. — [1] ita A; an pro μεσημβρίαν?

(1) Cf. Prov. 26, 11.
(2) Ἔβαλε πυρέττειν, « coepit febricitare ». Cet emploi de βάλλω avec l'infinitif dans le sens de « se mettre à, commencer de » appartient à la langue populaire. On en rencontre plusieurs exemples dans les Apophtegmes des Pères.
(3) Que peut signifier cette expression πρὸ ἡμερῶν? On attendrait plutôt

κατηξίωται. « Ἐθεώρουν γάρ, φησίν, καὶ ἰδοὺ ὥσπερ ἐφ' ἵππων
ὀξυτάτων ὀχούμενοι ἀνήρχοντο ἰσοταχῶς εἰς τὸ ὕψος τοῦ οὐρανοῦ
ὅ τε θεσπέσιος πατὴρ ἡμῶν Ἀντώνιος καὶ ὁ πανευδαίμων καὶ
θεόσωστος Πετρωνᾶς, ἕως ὅτου ἔδυσαν ἐξ ὀφθαλμῶν μου. »

19. Ταῦτα μὲν καὶ πρὸς ἄλλων ἡμεῖς μεμαθήκαμεν, εἰ καὶ μὴ 5
πάντα ἡμῖν ἐξύμνηται | συντομίας χάριν · ἐντελεστέρως δὲ παρὰ
τοῦ πνευματικοῦ ἀδελφοῦ Ἰακώβου (1), τοῦ καὶ μαθητοῦ χρημα-
τίσαντος τούτου τοῦ θεολήπτου πατρὸς ἡμῶν, ἐκ τοῦ ἀψευδοῦς
αὐτοῦ στόματος τὰ πλείω ἀκηκοότος · ἐθάρρει γὰρ αὐτῷ ἅτε νέῳ
ὄντι ὠφελείας εἵνεκα, ὑπ' αὐτοῦ ἐρωτώμενος ἠπιοτρόπως · ἔνια 10
δὲ καὶ αὐταῖς ὄψεσιν ἔφησεν ἑωρακέναι, συνδιαγαγὼν αὐτῷ
χρόνους ἱκανοὺς εἰς τὸ τῶν Ἁγίων Πάντων περιφανέστατον ἐν-
διαίτημα · ἔνθα δὴ καὶ κατ' ἀρχὰς ὑπ' αὐτοῦ εἰσδεχθεὶς ὁ Ἰάκωβος
ἀγένειος ὢν παῖς ἐδέξατο ἐντολήν, μήτε ἴδιον μήτε ξένον παρα-
βάλλοντα μοναχὸν τὸ καθ' ὅλου ἀσπάσασθαι · καὶ οὐ μόνον κατὰ 15
τὴν πρόφασιν ταύτην, ἀλλ' οὐδὲ εἰς αὐτὸν τὸν ἀσπασμὸν τῆς
θείας καὶ ἀναιμάκτου προσφορᾶς τοῦτο ποιῆσαι, ἕως ὅτου τὸ
ἄκρον τῆς ὑπήνης αὐτοῦ εἰς παλαιστῆς μῆκος προέλθοι · ἀλλ' οὐδὲ ταχέως εἰς ὄψιν ἐλθεῖν τῶν παρευρισκομένων μοναχῶν ἐβούλετο τὸν Ἰάκωβον, πατρικοῖς νόμοις ἐξακολουθῶν καὶ τὸν τοῦ 20
ἐχθροῦ πειρασμὸν ὑφορώμενος · οὗ δὴ χάριν οὐδὲ ὅλως αὐτὸν
ἤθελε δέξασθαι τὴν ἀρχήν, ἀλλὰ βίαν πολλὴν ὑποστὰς παρὰ τοῦ
ἐπισκόπου Ἰωάννου, τοῦ εἰς τὸ Κιχώνιον (2) γεγονότος | ὕστερον
ἡγουμένου, τὸν παῖδα μὲν προσήκατο, τηλικαύτην δὲ εἰς αὐτὸν
ἀκρίβειαν ἐδέξατο. Ἠξιώθην [1] δὲ κἀυτὸς (3) τῆς τοῦ ὁσίου τού- 25
του ὄψεως καὶ συνδιαιτήσεως καὶ εὐχῶν μετασχεῖν σὺν τῷ ἐμῷ
πνευματικῷ πατρί, κατ' ἀρχὰς τῆς ἐμῆς ἀποταγῆς πρὸς αὐτὸν
ἐληλυθὼς εἰς τὸ τῶν Ἁγίων Πάντων ἐναύλισμα.

fol. 8ᵛ (left margin, line 6)
fol. 9 (left margin, line 23)

19. — [1] ἠξιώθη A.

τῇ αὐτῇ ἡμέρᾳ ou quelque chose d'analogue. A moins qu'il ne s'agisse d'une
faute de copiste pour πρὸ ἡμῶν, « de préférence à nous ».

(1) Ce disciple Jacques, au témoignage de qui le biographe se déclare redevable d'une grande partie de ses informations, est déjà cité comme confi-
dent du saint vieillard à la fin du § 9 de la Vie (éd. Papadopoulos-Kerameus,
p. 193).

(2) Kikonion, localité sur la rive asiatique du Bosphore. Pauly-Wissowa,
Real-Encyclopädie, t. III, col. 754, n° 106 ; t. XI, col. 382.

(3) Ce qui suit correspond exactement à la dernière page (fol. 17) de la
Vie d'Antoine dans le ms. de Vienne (éd. Papadopoulos-Kerameus, p. 216).

20. Οὕτω τοιγαροῦν τῷ Θεῷ εὐαρεστήσας ὁ ἀοίδιμος οὗτος
καὶ νέος Ἀντώνιος μετετέθη σὺν τῷ ἐν πνεύματι υἱῷ αὐτοῦ
Πετρωνᾷ εἰς τὰς αἰωνίους μονὰς τῇ πρὸ τριῶν εἰδῶν ¹ νοεμβρίων (1), τεσσαράκοντα ἐτῶν ἀπομονάσας καὶ τοσούτοις ἐνι-
5 αυτοῖς ἐν τῷ σχήματι δοξάσας τὸν Κύριον, εἴκοσι μὲν καὶ τρεῖς
χρόνους ἔξω τῆς βασιλευούσης διαπρέψας καθ' ὃν εἴρηται τρόπον, ἑπτακαίδεκα δὲ ἐν τῷ ἄστει πολιτευσάμενος (2). Ὃν δὴ καὶ
ἡμεῖς ὡς οἷόν τε μιμησώμεθα, ἁγνείᾳ καὶ ταπεινώσει τὴν ψυχὴν
καὶ τὸ σῶμα κατακοσμοῦντες, καὶ προσευχαῖς καὶ νηστείαις καὶ
10 τῇ τῶν γραφῶν μελέτῃ τὸν νοῦν οὐρανοφοίτην ἀπεργαζόμενοι,
ὅπως καὶ τῆς αὐτῆς αὐτῷ μετασχόντες χάριτος τύχωμεν τῶν
αἰωνίων ἀγαθῶν ἐν Χριστῷ Ἰησοῦ τῷ κυρίῳ ἡμῶν· ᾧ ἡ δόξα
καὶ τὸ κράτος σὺν τῷ ἀνάρχῳ Πατρὶ καὶ τῷ ζωοποιῷ αὐτοῦ καὶ
ἰσουργῷ Πνεύματι νῦν καὶ ἀεὶ καὶ εἰς τοὺς αἰῶνας τῶν αἰώνων·
15 ἀμήν.

INDEX NOMINUM

20. — ¹ corr. A.

(1) S. Antoine est donc mort le 11 novembre. Sa fête se célèbre pourtant le
1ᵉʳ décembre. Voir ci-dessus, p. 192 s.
(2) Voir ci-dessus, p. 196-199, le parti qu'on peut tirer de ces précieuses
données pour établir la chronologie de la carrière de S. Antoine.

Εἰρήνη mater S. Antonii iunioris V 2 ; cf. V 9 s.

Ἐλισσαιέ propheta V 2 ; A 16.

Εὐνούχων μοναστήριον in monte Olympo V 27 s., 37 ; A 4.

Εὐστράτιος stylita V 22 ; cf. V 23, 25.

Ἔφεσος urbs in Asia A 14.

Ἐφραίμ monachus CP. A 8, 10 s.

Ἔχιμος agnomen vel cognomen S. Antonii iunioris V 15, 17.

Ἠλιοῦ propheta V 2.

Ἡράκλιν monasterium A 4.

Θεοδούλη soror S. Antonii iunioris V 10 ; cf. V 12, 19.

Θεοδώρα imperatrix A 10.

Θεόδωρος servus S. Antonii iunioris, postea monachus Σάβας nomine V 22, 25-27, 40 s.

Θεοτόκος V 13 ; cf. V 23 ; A 13.

Θεόφιλος imperator V 31-33 ; A 2 s.

Θρακησίων θέμα A 14.

Θωμᾶς ὁ ἀποστάτης V 12 s., 31.

Ἰάκωβος ex episcopo Anchiali anachoreta in monte Olympo V 28-30, 34-39 ; A 6.

Ἰάκωβος discipulus S. Antonii iunioris V 9 ; A 19.

Ἰγνάτιος conditor et hegumenus monasterii Ciensis in Bithynia E 2 ; cf. E 3-8 ; A 1.

Ἱερουσαλήμ V 2. Ἁγία Πόλις V 3, 22.

Ἰσμαηλῖται A 14.

Ἰωάννης apostolus cultus Ephesi A 14.

Ἰωάννης ἀρχιληστής ex monacho Sabaita anachoreta Phossatensis V 3-9, 19-21.

Ἰωάννης ex episcopo abbas εἰς τὸ Κιχώνιον A 19.

Ἰωάννης nomen S. Antonii iunioris antequam monachus factus est V 9-22, 24, 31.

Κιβυραιωτῶν θέμα vel ἐπαρχία V 10 s., 31.

Κίος civitas Bithyniae E 2.

Κιχώνιον monasterium A 19.

Κλήμης abbas V 1.

Κοσμᾶ καὶ Δαμιανοῦ οἶκος et ναὸς εἰς τὰ Παυλίνου CP. A 10 s.

Κωνσταντινούπολις V 13 s., 28, 31. Ἡ βασιλεύουσα V 24 ; A 6, 15, 20. Τὸ ἄστυ V 33 ; A 20. Ἡ πόλις V 34 ; A 5, 10, 14. — Ὀρφανοτροφεῖον V 34. — Vid. Ἁγίων Πάντων, Κοσμᾶ καὶ Δαμιανοῦ, Λέοντος.

Λέοντος διακόνου μοναστήριον CP. A 17.

Λευκὸς ποταμός A 1.

Μακάριος hegumenus εἰς τὸ Ἡράκλιν A 4-6.

Μιχαὴλ II imperator V 11, 13, 31 ; cf. V 18, 24.

Μιχαὴλ ὁ νέος III imperator A 14 s.

Νικαία civitas Bithyniae V 27.

Νικόλαος ἅγιος episcopus Myrae A 15.

Ὀλύμπιον ὄρος in Bithynia V 27 ; cf. V 37. Τὸ ὄρος A 3. — Vid. Βρίλης, Γεωργίου, Εὐνούχων, Πάνδημος, Παντελεήμονος, Ποταμίας. « Ὄμματα oppidum » (ita PAPADOPOULOS-KERAMEUS, p. 221). Vid. Ἑβραῖος.

Παλαιστίνη V 20.

Παλαιστῖνος V 2.

Πάνδημος tractus in monte Olympo V 28, 31, 34, 39 ; A 2.

Παντελεήμονος μάρτυρος εὐκτήριον seu καταγώγιον in monte Olympo V 39, 41.

τὰ Παυλίνου CP. A 10.

Παῦλος apostolus. Vid. Πέτρος.

Παῦλος ex episcopo Plusiadis anachoreta in monte Olympo V 41-43 ; E 5.

Πέτρος apostolus V 34. Πέτρου καὶ Παύλου festus dies V 42.

Πετρωνᾶς patricius, frater Theodorae imperatricis A 10-18, 20.

Πλατεία Πέτρα castrum in Asia A 14.

Πλουσιάς civitas episcopalis in Honoriade V 41.

Ποταμίας, ἡ κατὰ τὴν Ποταμίαν ἔρημος in monte Olympo V 42.

Προκοπία imperatrix, mater S. Ignatii patriarchae V 37.

Προυσιάς. Vid. Πλουσιάς.

Πύλαι (apud Nicaeam Bithyniae [1]?) V 26.

ʽΡωμαίων βασιλεύς V 18. Τὰ ʽΡωμαίων = imperii fines V 10.

ʽΡωμανία V 9.

Σάβα (ἁγίου) λαύρα in Palaestina V 4-7.

Σάβας. Vid. Θεόδωρος.

Σαρακηνοί V 3, 17 ; A 15.

Σιών V 2.

Σουμανῖτις A 16.

Στέφανος ὁ ἐπὶ τῶν δεήσεων V 32 s.

Συλαιώτης V 43. Συλαιωτῶν πόλις V 24 ; cf. V 15 (τὸ ἄστυ) ; V 16, 22 (ἡ πόλις) ; V 18 (μικρὰ πολίχνη, εὐτελὴς πόλις).

Σύρα φωνή V 18.

Συρακουσίων τράπεζα V 22.

Συρία V 3, 9, 18 ; A 15.

Συριακὴ παραθαλασσία V 18.

Συρίαρχος V 3.

Ταβιθά V 34.

Ταράσιος patriarcha CP. V 28.

Φωσάτον civitas in Palaestina V 2, 7 ; cf. V 3.

Φωτεινός pater S. Antonii iunioris V 2 ; cf. V 9 s.

---

[1] Cf. Vitam S. Theodori Syceotae, BHG. 1748, §§ 129, 131 (ed. Th. Ioannu, p. 478 s.) et eiusdem sancti Laudationem a. Nicephoro, BHG. 1749, § 32 (Anal. Boll., t. XX, p. 264).

IX

ÉLOGE INÉDIT
DE SAINT ATHANASE L'ATHONITE

A l'occasion du millénaire de la fondation, par S. Athanase, de la « grande Laure » qui porte son nom et qu'on appelle communément le monastère de Lavra sur l'Athos [1], on eût souhaité publier ici la Vie inédite de l'illustre higoumène, cachée, à ce qu'il semblait, dans un manuscrit de Dochiariou. Mais les indications de Lambros et d'Ehrhard concernant ce codex et son premier texte, mutilé du début, ne répondaient pas à la réalité : il ne s'agit, dans les quelque 50 feuillets en question, ni d'une Vie nouvelle de S. Athanase, ni même d'un nouveau témoin de ses Vies déjà éditées, mais tout simplement d'une copie acéphale de la Vie de S. Paul du mont Latros [2].

A défaut d'une biographie du fondateur de Lavra, voici du moins un témoignage inédit de la haute estime en laquelle sa mémoire était tenue. C'est un éloge ancien, où se lit, suivant la promesse du titre, un résumé de sa vie et de quelques-uns de ses miracles [3]. Il ne nous est connu que par un seul manuscrit, le n° 423 du monastère athonite de Vatopédi, dont il couvre les folios 68ʳ-78ᵛ. L'écriture, datée du xvᵉ siècle par le Catalogue de 1924 [4] et par A. Ehrhard [5], me paraît remonter au xivᵉ, voire au xiiiᵉ. Mais je n'ai pas eu le codex entre les mains ; j'en dois juger d'après les photographies rapportées de Grèce en 1938 par le regretté Stéphane Binon [6].

---

[1] La célébration de ce millénaire aura lieu en 1963.

[2] Voir F. HALKIN, *Une Vie prétendue de S. Athanase l'Athonite*, à paraître dans la revue Μακεδονικά de Thessalonique.

[3] Il a été indexé dans la récente refonte de la *BHG.* (1957) sous le n° 189b.

[4] S. EUSTRATIADES et ARCADIOS, *Catalogue of the Greek Manuscripts... of Vatopedi on Mount Athos*, p. 82.

[5] *Überlieferung und Bestand...*, t. 3, ii (= *Texte und Untersuchungen*, t. 52, ii, 1952), p. 936.

[6] Voir la notice de ce jeune savant belge (1908-1940) en tête de son ouvrage

Le panégyriste s'adresse à un auditoire qui revendique le saint comme une gloire à lui : ὑμέτερον τὸ κλέος, lui dit-il, au § 2 [1]. Mais il ajoute : κἂν καὶ ἡμέτερον, «bien qu'il soit aussi notre gloire». Apparemment les moines de Lavra avaient invité un prédicateur célèbre à venir d'un monastère voisin faire l'éloge de leur saint devant sa tombe, le jour même de sa fête.

Bien qu'il affiche, à l'égard de la rhétorique profane, le dédain traditionnel chez les écrivains ecclésiastiques [2], bien qu'il prétende même n'avoir pas été initié aux secrets de cet art [3], l'orateur ne s'en conforme pas moins aux lois du genre épidictique codifiées par les rhéteurs de l'antiquité finissante : il pratique et l' αὔξησις ou amplification de son sujet, et la σύγκρισις ou comparaison du héros avec d'autres personnages fameux ; il évite habituellement les noms propres et leur préfère les généralités vagues mais ronflantes [4]. Ce n'est qu'après avoir consacré près de la moitié de son discours à ce déploiement d'éloquence qu'il en vient au récit, d'ailleurs fort abrégé, de la vie de S. Athanase.

Il n'apporte évidemment rien de neuf sur l'histoire du saint, se borne à en rappeler quelques épisodes et renvoie pour plus de détail au livre de ses Miracles [5]. On peut se demander s'il a utilisé la première biographie du fondateur, la Διήγησις rédigée par son arrière-disciple, le moine Athanase, et publiée par Pomjalovskij [6], ou la Vie anonyme [7] éditée par Louis Petit [8] dans nos *Analecta* [9].

---

posthume : *Les origines légendaires et l'histoire de Xéropotamou et de Saint-Paul de l'Athos* (= *Bibliothèque du Muséon*, t. 13, Louvain, 1942), p. VI et XII.

[1] Ci-dessous, p. 30, l. 19.

[2] Dès la première phrase de son exorde, il déclare que « suivre les règles des *encomia* est bon pour les païens ». On relèverait des formules analogues dans les œuvres oratoires des Pères cappadociens, entre autres. Voir, dans *Les Passions des martyrs et les genres littéraires* du P. H. DELEHAYE (Bruxelles, 1921), tout le chapitre 2 : *Les Panégyriques* (p. 183-235).

[3] παντελῶς ἀμυήτων τῶν θύραθεν, § 2, l. 11-12, ci-dessous, p. 30.

[4] Voir l'article *Enkomion* de Th. PAYR dans un fascicule récent du *Reallexikon für Antike und Christentum*, t. 5 (1960), p. 332-343, avec bibliographie.

[5] ἐπὶ τὴν ἱερὰν πτυκτὴν τῶν αὐτοῦ θαυματουργημάτων, § 10, l. 4-5, ci-dessous, p. 37. Cette expression peut désigner indifféremment les deux Vies du saint, vu qu'elles se terminent l'une et l'autre par une série de Miracles.

[6] *BHG³* 187.   [7] *BHG³* 188.

[8] L'Assomptionniste, futur archevêque latin d'Athènes, dont la *Bibliographie des acolouthies grecques* (Bruxelles, 1926) a pris rang dans la collection bollandienne des *Subsidia hagiographica*.   [9] T. 25 (1906), p. 5-89.

28 ÉLOGE INÉDIT

Plusieurs indices semblent montrer qu'il s'est plutôt servi de la seconde ¹, laquelle — on l'a justement remarqué ² — rencontra plus de faveur auprès des moines de la sainte montagne.

Un autre panégyrique de S. Athanase de l'Athos, déjà signalé par Nicodème l'hagiorite, est resté inédit jusqu'à nos jours. Le moine Pantéléimon de Lavra en imprima le texte une première fois en 1937 dans la revue athénienne Θεολογία ³ et une seconde fois dans une brochure éditée chez Schoinas, à Volo, en 1948. Si cet encomion où triomphe la rhétorique illustre bien le goût du public grec, médiéval et moderne, pour le beau langage mis au service des saints, l'éloge qu'on va lire partage sans aucun doute ce mérite et il y ajoute celui de faire voir, par un exemple topique, le peu de chose qui reste d'un document bourré de renseignements historiques et de faits précis quand il tombe aux mains d'un abréviateur éloquent.

¹ Au § 4, l. 8, il mentionne le prénom d'Abraham, donné au futur saint, dans le même contexte que la *Vita altera*, éd. PETIT, p. 13, l. 16. A la fin du même § 4, il rapporte la mort de sa mère adoptive (cf. PETIT, p. 14, l. 19-20), dont il n'est pas question dans la Διήγησις du moine Athanase. Dans la dernière phrase du § 5, le πηγιμαῖον πόμα correspond au νηφάλιον ὕδωρ de la 2ᵉ Vie (p. 16, l. 17-18) et l'expression τὴν ἀνάγκην παραμυθεῖσθαι τῆς φύσεως s'inspire des mots παραμυθήσασθαι τὸ πόμα (ibid., l. 16). Enfin, au § 9, quand le saint moine reproche durement à Nicéphore Phocas d'avoir violé les promesses faites à Dieu, la formule ὡς ἀθετητὴν τῶν ἑαυτοῦ πρὸς θεὸν συνθηκῶν fait écho aux aveux de l'empereur dans PETIT, p. 46, l. 24 : τὰς πρὸς αὐτὸν (θεὸν) συνθήκας ἀθετήσας.
² PETIT, t. c., p. 8, vers la fin.   ³ Cf. BHG² 189.

fol. 68   Λόγος μετ' ἐγκωμίου καὶ κατ' ἐπιτομὴν εἰς τὸν βίον καὶ μερικὴν θαυμάτων διήγησιν τοῦ ὁσίου καὶ ἐν θαύμασι περιβοήτου πατρὸς ἡμῶν Ἀθανασίου τοῦ ἐν τῷ Ἄθῳ ¹

e codice Athonensi Batopedino 423, saeculi XIII-XIV.

1. Ἐγκωμίων μὲν νόμοις ἕπεσθαι, φίλοι πατέρες καὶ ἀδελφοί, ἕλλησι φίλον καὶ πάτριον, οἷς καὶ σωματοειδῶς ὁ λόγος εἰς κεφαλὴν καὶ χεῖρας καὶ πόδας καὶ τὰ λοιπὰ μέρη καὶ μέλη τοῦ λόγου

Lemma. — ¹ πάτερ εὐλόγησον add. cod.

καταμερίζεται, προοιμίῳ δηλαδή, διηγήσει καὶ ἀγῶσι καὶ ἀντι-
θέσει καὶ παλαίσμασι, γένει τε καὶ ἀγωγῇ, πράξεσί τε καὶ ἐπι-   5
τηδεύμασι, καὶ ἐπιλόγοις (1) τὸ ὕστατον · καὶ εἰκότως · πνευματι-
κῶν γὰρ καὶ ὑπερφυῶν ἀμοιροῦντες αὐχημάτων καταγεραίρειν τὸν
εὐφημούμενον, ἐκ τῶν κάτωθεν συνερανίζονται τὸν ἔπαινον. Ὧν
δὲ γένος ὁ θεός¹, πόρρω μὲν κατὰ τὰ ἀποφατικὰ² αὐτοῦ τῆς δη-
68ᵛ μιουρ|γίας καὶ ὑπὲρ φύσιν καὶ νοῦν θεῖα πλεονεκτήματα, προσ-   10
εχῶς δὲ κατά τε τὸ[ν] νοερὸν αὐτοῦ ἐν ἡμῖν καὶ αὐτεξούσιον — ὃ
δὴ θείαν οἶδεν ὁ λόγος εἰκόνα καὶ τοῦ πρωτοτύπου ἀμυδρὰν
(ἵν᾽ οὕτως εἴπω) ἐμφέρειαν, ἐπεὶ καὶ ὑπὲρ νοῦν καὶ λόγον τὸ ἀεὶ
ὂν καὶ ἐν ὡσαύτως καὶ ὑπεράπειρον · ἀλλά γε καὶ τὸ ὡς ἐνὸν ἡμῶν
αὐτοῦ κατ᾽ ἀρετὴν λέγω καὶ καθ᾽ ὁμοίωσιν ²* — πατρὶς δὲ ἡ ἄνω   15
Ἰερουσαλὴμ καὶ ἐλευθέρα³ · ὧν οὖν ἡ ἀναγωγὴ ὑπερφυὴς ἐν κόσμῳ καὶ ἰσάγγελος, ἐπιτήδευμα δὲ καὶ πολιτεία οὐράνιος⁴ καὶ
πράξεις σημείων καὶ τεράτων ὑπὲρ ἔννοιαν, πῶς ἄν τις ἐκ τῶν
χαμερπῶν τε καὶ χαμαιζήλων τὸν τῶν ἐγκωμίων πλέξειε τούτοις
στέφανον; « Ἃ γάρ, φησὶ<ν> ὁ μέγας Παῦλος, ὀφθαλμὸς οὐκ   20
εἶδε καὶ οὖς οὐκ ἤκουσε καὶ ἐπὶ καρδίαν ἀνθρώπου οὐκ ἀνέβη,
ταῦτα ἡτοίμασεν ὁ θεὸς τοῖς ἀγαπῶσιν αὐτόν⁵.» Πῶς δ᾽ αὖ
69 οὗτοι τοῦτον ἀντηγάπησαν, αὐτὸς πάλιν ἡ μεγάλη | σάλπιγξ⁶
διαρρήδην ἀνακέκραγε · « Τίς ἡμᾶς χωρίσει, λέγων, ἀπὸ τῆς ἀγάπης τοῦ Χριστοῦ, θλῖψις ἢ στενοχωρία ἢ διωγμὸς ἢ λιμὸς ἢ   25
γυμνότης ἢ κίνδυνος ἢ μάχαιρα; Καθὼς γέγραπται ὅτι ἕνεκα
σοῦ θανατούμεθα ὅλην τὴν ἡμέραν, ἐλογίσθημεν ὡς πρόβατα σφα-
γῆς, ἀλλ᾽ ἐν τούτοις πᾶσιν ὑπερνικῶμεν διὰ τοῦ ἀγαπήσαντος
ἡμᾶς. Πέπεισμαι γὰρ ὅτι οὔτε θάνατος οὔτε ζωή, οὔτε ἄγγελοι
οὔτε ἀρχαί, οὔτε ἐξουσίαι οὔτε δυνάμεις, οὔτε ἐνεστῶτα οὔτε   30
μέλλοντα, οὔτε ὕψωμα οὔτε βάθος, οὔτε τις κτίσις δυνήσεται ἡμᾶς
χωρίσαι ἀπὸ τῆς ἀγάπης τοῦ θεοῦ τῆς ἐν Χριστῷ Ἰησοῦ τῷ κυρίῳ ἡμῶν⁷.» Καὶ οὐ μόνον λέγοντες τοῦτο, πολλοῦ γε καὶ δεῖ,
ἀλλὰ καὶ πράττοντες διὰ ποικίλων πόνων καὶ βασάνων καὶ θανά-
των πολυειδῶν (2). Καὶ τίς ἂν ψάμμον θαλασσῶν καὶ ἀστέρας   35

1. — ¹ cf. Act. 17, 28-29. — ² nonne legendum ἀποφαντικά? — ²* cf. Gen. 1,
26 ; Iac. 3, 9. — ³ cf. Gal. 4, 26. — ⁴ cf. Phil. 3, 20. — ⁵ cf. 1 Cor. 2, 9.
— ⁶ σάλπιξ cod. — ⁷ Rom. 8, 35-39.

(1) Notez le datif employé dix fois de suite pour l'accusatif.
(2) Sous-entendez ἀντηγάπησαν θεόν, qu'on a lu, l. 23, tout juste avant
cette longue citation de S. Paul.

30   ÉLOGE INÉDIT

οὐρανῶν προεπηγγειλμένα⁸ μὲν τῷ ἑνὶ σπέρματι τοῦ πατριάρχου
69ᵛ Ἀβραὰμ μόνῳ Χριστῷ τῷ θεῷ ἡμῶν⁹, ἐν | δὲ τοῖς δήμοις τῶν
ὑπὲρ αὐτοῦ ἠθληκότων καὶ ἱδρῶσι πολλοῖς καὶ πόνοις ἀσκητικοῖς
τὸν δρόμον τελεσάντων ἐναργῶς ἀποφανθέντα ἐξαριθμήσειεν;
    2. Μεθ' ὧν καὶ ὁ νῦν ἡμῖν εἰς εὐφημίαν προκείμενος μέγιστος
πατὴρ ἡμῶν Ἀθανάσιος πάντας μὲν μιμήσει ἁμιλλησάμενος προφήτας, ὁσίους καὶ μάρτυρας (1), τινὰς δὲ μικροῦ καὶ παραδραμὼν
τῷ μεγαλείῳ καὶ ὑπερφυεῖ τῆς προαιρέσεως · οὗ καὶ μικρὸν ἀπο-
μνημονεύσαντες διὰ τὸ ἀνέφικτον τῶν κατ' αὐτὸν καὶ ἀνεπιχεί-   5
ρητον καὶ οἷόν τε πέλαγος (2) εἰπεῖν τολμηρῶς ἄπειρον καὶ ἀπερι-
όριστον τοῖς ἱστοροῦσι τὰ κατ' αὐτὸν εἰδικῶς καταλείψομεν · ἐκ
μέρους δὲ καὶ γενικῷ λόγῳ τοῖς φιλοτίμοις ὑμῖν καὶ φιλεόρτοις
τοῦ κατ' αὐτὸν πολυανθοῦς βίου καὶ παραδείσου (3) προσυπομνή-
σομεν. Ἀξιῶ μοι δὲ τοὺς εὐγνώμονας τῶν ἀκροατῶν μὴ εὐρυ-   10
70 θμίαν τινὰ λόγου κρότων ἐπιζητεῖν παρ' ἡμῶν, | ὡς καὶ παν-
τελῶς ἀμνήτων τῶν θύραθεν (4) καὶ ὧν προὐπεθέμεθα ὡς βάσιν
τὴν παραίτησιν · κριτὰς δὲ μᾶλλον ἀψευδεῖς τοῦ τῶν ἁγίων εἶναι
συγκρίματος (5) · οἷς οὗτος ὁ πάμμεγας πατὴρ ἡμῶν διαφερόντως
ὡς ἔφαμεν ἁμιλληθεὶς οὐδενὸς ἥττω τὴν δόξαν ἠνέγκατο, εἰ μὴ   15
καὶ μᾶλλον · ἀλλὰ πιπτέτω φθόνος¹ · πολλῶν καὶ ὑπερέσχε (6)
τοῖς θαύμασιν, ὡς αὐτὰ ἀριδήλως βοῶσι τὰ πράγματα¹*. Καί μοι
σύγγνωθι, φίλον καὶ εὐμενὲς ἀκροατήριον, ἀγῶνα καλὸν τοῦ ὑμε-
τέρου καλοῦ ἀγωνιζομένῳ² · ὑμέτερον γὰρ τοῦτο τὸ κλέος, κἂν
καὶ ἡμέτερον · οὐ γὰρ κατηγορίαν ὁ λόγος τῶν συγκρινομένων   20

⁸ ita cod. — ⁹ cf. Gen. 22, 17; Gal. 3, 16.
2. — ¹ Cf. Gregorii theol. orationem in Novam dominicam (BHG³ 1021), §
ult., P. G., t. 36, col. 620c : πιπτέτω φθόνος. — ¹* cf. Aristophan., Vesp. 921.
— ² cf. 1 Tim. 6, 12 ; 2 Tim. 4, 7.

(1) L'accusatif avec ἁμιλλάομαι est d'autant plus surprenant qu'on trouve,
dix lignes plus bas, l'habituel datif : οἷς... ἁμιλληθείς (l. 14-15).
(2) Les comparaisons avec la mer étaient recommandées par les rhéteurs
(cf. Delehaye, op. c., p. 197). On retrouvera πέλαγος un peu plus loin (l. 33),
puis deux fois au § 12, tandis que le sable des mers et les galets de la plage
sont évoqués aux § 1 et 11. Cf. Const. Manasses, Breviar. metr., épilogue.
(3) Noter l'hendiadys.
(4) L'expression τὰ θύραθεν désigne la rhétorique profane. Cf. p. 27.
(5) Synonyme de σύγκρισις, « comparaison ».
(6) Comparer l'éloge de S. Athanase d'Alexandrie par S. Grégoire de Nazianze, § 4 : τοῖς μὲν ἡμιλλήθη..., ἔστι δὲ οὓς καὶ ὑπερέσχεν (P. G., t. 35,
col. 1085в).

DE S. ATHANASE L'ATHONITE 31

παραστήσειεν — οὐδεὶς γάρ, φησί, φθόνος, ὁ ἐμός, οἴδατε, Γρηγόριος (1), παρὰ μαρτύρων μάρτυσι —, συνηγορίαν δὲ μᾶλλον
καὶ τῆς ὑμῶν ἀρετῆς καὶ τοῦ κατὰ θεὸν βίου ἐγκώμιον μέγιστον.
70ᵛ Τίς γὰρ τῶν πολυθρυλήτων ἐκείνων λαυρῶν (2) σκιὰ καὶ | τύπος
καὶ λείψανον, ἃς κἂν μὴ λέγω ταῖς ἀκοαῖς παρειλήφατε³ ; Τίς 25
οὕτως ὡς ὁ περιβόητος οὗτος ἡμῶν πατὴρ ἐν γῇ τε καὶ θαλάσσῃ
τεθαυμάστωται ; Ποῖα γένη γλωσσῶν οὐ συγκαλεῖται, κἂν τηνάλ-
λως ἄττα τὸ σέβας πεφώραται (3), πρὸς τέρψιν ἅμα καὶ θαῦμα καὶ
θαυμάστωσιν καὶ διήγησιν ; Ἀλλὰ τὸ τοῦ βίου ἔνθεον καὶ ὑπερ-
φυὲς καὶ ἀσύγκριτον, ἀλλὰ τὸ ὑπέρμεγα τῆς διακρίσεως καὶ πρώ- 30
τιστον καὶ πνευματικὸν ἐν τοῖς θείοις χαρίσματι χάρισμα (4), τὸ
δὲ τῆς προφητείας θεόπνουν καὶ ὡς οὐκ ἄν τις ἐν ἄλλοις εἰκάσαιτο,
τὸ δὲ τῶν θαυμάτων καὶ μετὰ πότμον πέλαγος ἀνεξάντλητον ·
ἀλλὰ γὰρ ταῦτα μὲν οὕτω καὶ λίαν διαφερόντως ὑπέρλαμπρα
καὶ παμφαῆ · τὸ δὲ τοῦ ἐλέους καὶ τὸ τῆς φιλοξενίας φιλάνθρω- 35
πόν τε καὶ κοινωνικὸν μῶν ἔστι συγκρῖναί τινας ἔν τισι τῶν τού-
71 του παραλληλιζόμενον⁴ ; Τοῦτο μὲν οὖν | ὡς καὶ τυφλοῖς ὅ φασι
φανερὸν ἑκὼν παραλήψομαι · τὰ δὲ καὶ ἐν ἡμῖν αὐτοῖς τὴν ἐκείνου χάριν καὶ ἐπισκοπὴν καὶ συντήρησιν θεομιμήτως δρώμενά
τε καὶ οὔποτε (θαρρῶ λέγειν) παυσόμενα, ἃ δὲ καὶ ἐν αὐτοῖς τοῖς 40
ἐχθροῖς ἡμῶν [καὶ πειραταῖς] καὶ διὰ βίου ἡμῶν πειρασταῖς σημεῖα μεγάλα καὶ τέρατα ἐνεδείξατο, ποίαν ὑπερβολὴν θαύματος
καὶ θεοῦ ἀπορροὴν ἀγαθότητος καταλείψειεν ; Ἀποστολικῶς γὰρ
βιοὺς καὶ προφητικὴν τὴν χάριν πεπλουτηκὼς καὶ μαρτυρικὸν
τέλος ὡς ὁ πάντων δεσπότης ὑπὲρ τῆς ποίμνης αὐτοῦ ἀπενεγκά- 45

³ παραλήψατε cod. — ⁴ παραλληλιτόμενον cod.

(1) Sans doute Grégoire de Nazianze, appelé ὁ ἐμὸς θεολόγος dans le Digé-
nis Akritas de Grottaferrata, éd. Ém. LEGRAND (1892), v. 1090-92 : citation
identifiée par le prof. H. Grégoire (P. G., t. 36, col. 360B).

(2) Les fameuses « laures », ou groupements d'habitations monastiques, dont
il est si souvent question dans les Vies des saints moines de Palestine, Euthyme,
Sabas et autres. Voir les passages réunis et classés par Ed. SCHWARTZ dans le
quatrième index à la fin de son édition : Kyrillos von Skythopolis (= Texte
und Untersuchungen, t. 49, fasc. 2, 1939), p. 289-296.

(3) M. Grégoire a réussi à interpréter cette phrase difficile : « Quels genres
de mots rares (quelles ressources du vocabulaire) ne sont pas appelés à l'aide,
même si ces formules (recherchées) n'attrapent guère l'expression du respect. »

(4) Sur l'importance qu'on attachait traditionnellement à ce don de « dis-
cernement » voir I. HAUSHERR, Direction spirituelle en Orient autrefois (= Orientalia Christiana Analecta, 144, 1955), p. 82-89.

32 ÉLOGE INÉDIT

μενος[5] καὶ τὴν ἀγγέλων κληρουχίαν ἀπειληφὼς εἰκότως καὶ
πάντων τὰς ἐνεργείας πεπίστευται καὶ ἀϊδίως τοῖς ἀϊδίοις συνὼν
καὶ τῷ θεῷ ἀμέσως ἐνούμενος ἀδιαλείπτως αὐτοῦ καὶ τὴν χάριν
71ᵛ τοῖς ἐπικαλουμένοις αὐτὸν ἀδιστάκτως ἀεί ποτε παρέχεται. Εἰ
γοῦν καὶ ὑπὲρ ψυχροῦ ποτηρίου μισθὸς πολὺς παρὰ θεοῦ | δίδο- 50
ται[6] καὶ δύο ὀβολοὶ ἔτι νῦν (τὸ φιλότιμον τοῦ θαύματος) εὐαγγε-
λίζονται[7] καὶ διὰ μόνην πρόθεσιν ἀγαθὴν στέφανοι μεγάλοι πρὸς
τοῦ μεγαλοδώρου θεοῦ ἡμῶν προμνηστεύονται καὶ ἴχνη ἀνδρῶν
ὁσίων παρὰ ἁγίων ἀγγέλων ἰχνομετροῦνται εἰς ἀντάμειψιν, πό-
σοις οὐκ ἂν στεφάνοις καὶ δωρεαῖς τοὺς φιλεόρτους ὁ δεσπότης 55
διὰ τὸν πιστὸν αὐτοῦ θεράποντα ταινιώσειε; Μόνον μηδεὶς ἔστω
σκάζων τὴν γνώμην διὰ τὸ τῆς θείας ἐντολῆς[8] ἐνεργὲς καὶ εἰς
τοὺς ἐχθροὺς αὐτοὺς φιλανθρώπως ἐπιτελούμενον.

3. Ἀλλ' ἐπαναληπτέον τὸν λόγον εἰς δύναμιν· καὶ τὴν γῆν
ἀφέντες[1] καὶ τοὺς ἐν αὐτῇ ὡς ἡ ὑπόσχεσις, ἐκ τῶν ὄντως οὐρανο-
πολιτῶν τὸν ἡμέτερον τῆς ἀθανασίας γνωρίσωμεν ἐπώνυμον (1).
Ὅσοις μὲν οὖν ὁ σωτὴρ καὶ θεὸς ἡμῶν μακαρισμοῖς τοὺς αὐτό-
72 πτας αὐτοῦ καὶ μαθητὰς ἐμακάρισε[2] καὶ ὅσαις θείαις αὐτοῦ ἐν- 5
τολαῖς κατεκόσμησε καὶ ὡς παντευχίαις | καθώπλισε πεφραγ-
μένους εἰς πόλεμον τῶν ἀοράτων ἐχθρῶν, ὅσοις δὲ καὶ σημείοις
καὶ τέρασιν ἐθαυμάστωσέ τε καὶ ἐμεγάλυνεν, ἴδωμεν εἰ κατά
τι τούτων ἐλλιπὴς ὁ νῦν εὐφημούμενος. Ἀλλὰ γὰρ τοῖς πολλοῖς
ταῦτα ὄντα ἔκδηλά τε καὶ τηλεφανῆ καὶ τῷ βίῳ καὶ τοῖς θαύμασι 10
πιστούμενα παρήσειν μοι δοκῶ τὸ τοῦ λόγου μῆκος ὑφορώμενος·
εἰ δέ τῳ[3] καὶ τοῖς μετ' αὐτοὺς ἰδικώτατον καὶ συμβεβηκὸς ἀρετῆς ἢ πολιτείας γνώρισμα, οἷον ἐν μάρτυσί φημι καὶ ὁσίοις καὶ
προφήταις[4], διέγνωσται, εἰ μὴ καὶ μᾶλλον μεθ' ὑπερβολῆς ὤφθη
πλουτῶν ἐποψόμεθα. Ἀλλὰ τὸ μὲν τῷ περὶ τὸ ἕτερον ἔχοντι 15
καὶ θατέρου ἐλλιμπάνεσθαι, τὸ ἐν ἑκατέροις οὗτος ὑπερέσχε τε
καὶ ὑπερευδοκίμησε· τῷ δὲ ἐξ ἀμφοῖν πλουτεῖν τὸ τέλειον, ἐν
72ᵛ λόγῳ καὶ πράξει λέγω καὶ θεωρίᾳ καὶ ἀναβάσεσι καὶ σημείων
δυνάμεσι καὶ τέρασι καὶ προοράσεσιν, ἐν πᾶσι | κατὰ πάντων τὸ

---

[5] cf. Ioh. 10, 11. — [6] cf. Marc. 9, 41 ; Matth. 10, 42. — [7] cf. Marc. 12, 42-44 ;
Luc. 21, 2-4. — [8] cf. Matth. 5, 44 ; Luc. 6, 27, 35.

3. — [1] ἀφέντας cod. — [2] cf. Matth. 13, 16-17 ; Luc. 10, 23-24. — [3] scil.
τῶν Χριστοῦ μαθητῶν. — [4] προφηταῖς cod.

(1) Dans les ménées, au 5 juillet, le « canon » en l'honneur de S. Athanase
l'Athonite commence précisément par la même interprétation de son nom :
Ἀθανασίας γεγονὼς ἐπώνυμος...

κράτος ἠνέγκατο. Τίνα οὖν καλέσαι χρεὼν τὸν διὰ πάντων ἡμῶν⁵ 20
ἀριστέα φανέντα καὶ πένταθλον; 'Απόστολον; καὶ γὰρ ἀποστολι-
κοῖς ἐμπρέπων ὁρᾶται χαρίσμασι. Προφήτην; ναὶ λέγω ὑμῖν⁶ μετὰ
τῶν ἄλλως ὑπ' αὐτοῦ προφητικῶς ζωοποιηθέντων καὶ τὸ τοῦ
ἰδίου τέλους θεοπρόπιον (1), οὗ καὶ τὸ τοῦ μαρτυρίου κλέος ὡσαύτως διαπρύσιον καὶ ψυχοσωτήριον · τὰ γὰρ τῶν ἀσκητικῶν 25
ἱδρώτων παλαίσματα καὶ τὰ κατὰ δαιμόνων τρόπαια καὶ νικητήρια ἡ πρὶν ἀοίκητος καὶ νῦν ἐς τόδε πεπολισμένη αὕτη ὀρεινὴ
καὶ μᾶλλον ἐξ αὐτοῦ λαβοῦσα τὸ ἁγιώνυμον (2) μάρτυς ἀψευδὴς
καὶ τοῖς μεθ' ἡμᾶς παραγγελοῦσα⁷ τὰ ἐπίσημα · μενοῦνγε καὶ κατὰ τὸν θεῖον λόγον ἔστιν ὄντως ἐπειπεῖν ὅτι καὶ οἷς οὐκ ἀνηγγέλη 30
περὶ αὐτοῦ ἐνώπιά τε καὶ ἔνδηλα καὶ οἳ οὐκ ἀκηκόασιν⁸ οἶμαι
73 ὡς οὔποτε νῦν γεγέ<ν>|νηνται καὶ τεθέανται · εἰ δέ τινες εἶεν
ἀγνῶτες τοῦ κατ' αὐτὸν βίου, χρεὼν αὐτοῖς ἐν ἐπιτόμῳ διεξελ-
θεῖν τοῦ τρισαριστέως τὰ ἀγωνίσματα (3).

4. Ὁ μέγας οὗτος ἡμῶν πατὴρ καὶ ἐν ὁσιομάρτυσιν ὑπέρλαμπρος φωστὴρ 'Αθανάσιος πατρίδα μὲν τὴν Κολχικὴν ἔσχεν, ἢ καὶ
Τραπεζοῦς ὠνόμασται, γεννήτορας δὲ τῶν εὖ γεγονότων καὶ περιουσίᾳ διαπρεπῶν · ὦν ἡ μὲν γειναμένη συμπατριώτης ἦν τῷ παιδί,
ὁ δέ γε τεκὼν ἐκ τῆς κατὰ Συρίαν 'Αντιοχείας εἷλκε τὰς τῆς γε- 5
νέσεως ἀφορμάς, θανάτου δυσμὴν προώριος ὑποδὺς πρὶν ἢ τὸ
τέκνον ἐκ τῶν μητρικῶν ὠδίνων τὸν ἥλιον προσειπεῖν · ὃν ἐκφύντα
καὶ πρὸς ὀλίγον γαλουχηθέντα τὴν 'Αβραμίου τε προσηγορίαν
ἀπειληφότα καὶ ἡ μήτηρ ἐπιλελοίπει [τὴν ζωήν] (4) · ἀλλ' ὁ παῖς
τὴν κατὰ φύσιν ὠδινήσασαν ἀποβεβληκὸς ἑτέρᾳ κατὰ θέσιν εἰσ- 10
73ᵛ εποιήθη κατὰ λόγον ἡλικιούμενος καὶ παιδοκομού|μενος. Ὃς ἐκ
πρώτης γραμμῆς τὴν ἐν ὑστέροις χρόνοις γενησομένην χάριν ὑπο-
τυποῖ καὶ προκέντημα δίδωσιν ἔντρανον ὁποῖος ἔσται παρὰ θεῷ

---

⁵ ita cod. ; an legendum ἡμῖν? — ⁶ Luc. 7, 26. — ⁷ παραγγέλουσα cod. — ⁸ cf.
Is. 52, 15 ; Rom. 15, 21.

(1) Voir dans PETIT, t. c., p. 76, la dernière catéchèse du saint à ses moines
avec l'annonce de sa mort prochaine.
(2) Ἅγιον ὄρος, « la sainte montagne » par excellence, c'est l'Athos.
(3) L'épithète de τρισαριστεύς, « trois fois vainqueur », reprend sans doute
et résume l'éloge décerné plus haut à S. Athanase, qui a été mis à deux reprises
sur le même pied que les apôtres, les prophètes et les martyrs : § 2, l. 43-45,
et § 3, l. 21-25. Comparer la dernière phrase du § 9.
(4) Si on tient ces deux mots pour authentiques, il faut considérer les accusatifs qui précèdent (ὃν... ἀπειληφότα) comme des accusatifs absolus.

τελεωτέρας κείρας (1) ἁψάμενος · ἀθύρματα γὰρ ὡς ἥδιστα τούτῳ
πανάπαλον φύσιν ἄγοντι φροντιστήρια νηπιωδῶς συνιστῶντο καὶ　15
σχέδιοι μοναχοὶ κατηρτίζοντο τῶν ἡλίκων οἱ συλλεγόμενοι καὶ
συμπαίστορες · προβέβλητο δὲ δῆθεν αὐτὸς ὑπ' ἐκείνων ἐς ἀφη-
γούμενον. Ἀλλ' ἡ μὲν ἐκ δευτέρου μήτηρ τῆς προσκαίρου βιοτῆς
ἀπανίσταται.

5. Ὁ δὲ γραμμάτων ἤδη γεγευμένος τῶν ἁπλουστέρων καὶ βα-
θυτέρας ἦρα παιδεύσεως τῇ φυσισόφῳ εὐμαθίᾳ καὶ σπουδὴν
προστιθέμενος · ἐντεῦθεν τῇ μεγαλοπόλει Βυζαντίδι [1] ἐπιφοιτᾷ καὶ
Ἀθανασίῳ τινὶ διατριβῆς προϊσταμένῳ γραμματικῆς προσφοιτᾷ ·
ὀξύτητι δὲ φρενῶν καὶ μελέτῃ συντόνῳ χρώμενος ἐς ἄκρον ἀφι-　5
74 |κνεῖται τῆς παιδεύσεως · μέντοι γε καὶ μυσταγωγὸς ἀντὶ μύστου
γίνεται κελεύσει βασιλικῇ καὶ δοκιμασίᾳ συμπαιδευτῶν τὴν προ-
εδρίαν ἀπειληφώς, καὶ πολλῷ πρότερον ἐπιπνοίᾳ θεϊκῇ κατὰ μικρὸν ἀναγόμενος ὅποι τὴν διάνοιαν διὰ παντὸς ἐναπήρειδε, δάκρυσι
δὲ καὶ προσευχαῖς τὸ θεῖον ἐξιλεούμενος καὶ τὸν χοῦν λεπτύνων　10
τηκεδόσιν ἀσκητικαῖς · εἴθιστο δ' ἄρτῳ πιτυρίᾳ (2) καὶ πηγι-
μαίῳ πόματι, βραχεῖ τε ὕπνῳ χαμαιριφεῖ τὴν ἀνάγκην παραμυθεῖσθαι τῆς φύσεως, ἀλουτίας οὐδ' ὁπωσοῦν ἐπιστρεφόμενος [2] καὶ
τῆς λοιπῆς περὶ τὸ σῶμα κακοπαθείας.

6. Τοιαύταις οὖν εὐθύτησι (3) καλλυνόμενος, τῆς διδασκαλικῆς
ὀφρύος καὶ τῶν πολιτικῶν θορύβων ἀπαναστὰς ἐπὶ τὸ τῆς ἡσυχίας καὶ ταπεινώσεως στάδιον ἀποδύεται · καὶ πρὸς τὸν Κυμινᾶν
καρδίας ζέσει μεταχωρεῖ · ὄρος οὗτος ἐπὶ τῆς Ἀσίας ὑψιτενές (4),
74ᵛ ἐν ᾧ Μιχαήλ τις | ἐπίκλην Μαλεῖνος [1] τὸν τῆς ἀσκήσεως δίαυλον　5
αὐτός τε μετῄει καὶ τοὺς ὑπ' αὐτὸν ἐξεγύμναζεν (5). Ἔνθα τὴν

5. — [1] βυζάντιδι cod. — [2] ἐπιστρεφομένῳ cod.　6. — [1] ita cod.

(1) D'après Hésychius, κεῖρα = ἡλικία.
(2) Les deux Vies parlaient ici de pain d'orge. Notre rhéteur le remplace
par du pain de son.　(3) Terme biblique. Cf. Ps. 16 (17), 2 cet.
(4) Le mont Cyminas, dans la partie méridionale de l'Hellespont, près de la
ville d'Achyraous. Cf. GEORGII ACROPOLITAE Opera, éd. HEISENBERG, t. 1,
p. 27 ; N. A. BEES, dans l' Ἐγκυκλοπαιδικὸν Λεξικόν d'Élefthéroudakis, t. 8
(1930), p. 298.
(5) Michel Maléïnos († 961) était l'oncle de l'empereur Nicéphore Phocas.
Sa Vie par le moine Théophane et l'office de sa fête (12 juillet) ont été publiés
par Louis Petit dans la Revue de l'Orient chrétien, en 1902, puis au t. 4 de la
Bibliothèque hagiographique orientale, en 1903. Cf. BHG³ 1295. On notera que
S. Michel Maléïnos n'est commémoré ni dans le synaxaire ni dans les ménées
de Venise et que Μαλεῖνος est parfois écrit Μαλέινος ou Μαλεινός.

κόμην ἀποθριξάμενος ὁ μακάριος καὶ τὸ τῆς σαρκὸς ἀποσεισά-
μενος φρόνημα² τὴν ἀγγελικὴν μετήρχετο πολιτείαν καὶ πρὸς
τὸν ἀγωνοθέτην ἀφεώρα Χριστόν³, Ἀθανάσιος ἀντὶ τῆς προτέρας κλήσεως μετωνυμισθείς (1). Τοῦτον οὖν τὸν τρόπον τῷ παν- 10
οσίῳ βιοῦντι ὁ τῶν ἑῴων βασιλικῶν στρατευμάτων καθηγεμών (2),
Νικηφόρος δήπουθεν ὁ Φωκᾶς, ὁ πρὸς γένος ἀγχιστεύων τῷ Μα-
λεΐνῳ καὶ βασιλικαῖς ἐμπρέψας καλλοναῖς, γνώριμος γίνεται καὶ
συνανακίρναται τούτῳ κατὰ ψυχὴν σχετικῶς · καὶ πνευματικοὺς
ἐν ἀλλήλοις ὠδίνουσιν ἔρωτας. Εἶχεν οὕτω τὸν μέγαν τὸ ἐν τῷ 15
Κυμινᾷ φροντιστήριον ἔστ' ἂν ὁ Μιχαὴλ τοῖς ζῶσι συγκατη-
λέγετο⁴.

7. Ἀφ' οὗ δὲ πρὸς τὴν ἀγήρω μετέστη ζωήν, ἀφίησι μὲν τῆς
75 προστασίας διάδοχον τὸν Ἀθανάσιον. | Ὁ δ' ἀλλ' ἀποδρὰς — τὸ
φιλόκομπον καὶ γὰρ ἐμυσάττετο — μακρὰν ᾤχετο · καὶ τὸ Μακε-
δονικὸν ὄρος τοῦτο λεληθότως εἰσαναβὰς Ἄθων οὕτω λεγόμενον,
ἐς μῆκος μὲν ἐκτεταμένον συχνόν, ὑπόστενον δὲ καὶ τῇ θαλάσσῃ 5
περιζωννύμενον ἑκατέρωθεν, ἐκεῖ καθιδρύεται · σεμνείῳ τέ τινι
φέρων δίδωσιν ἑαυτόν, ἀγνὼς κομιδῇ καὶ πενέστατος καὶ ἀγροι-
κίᾳ βαναύσῳ προσεοικώς. Ἔνθεν τοι καὶ στοιχειώδη γράμματα
πάλιν ἐκπονεῖσθαι καθυπεκρίνετο · καὶ δυσμαθὴς καὶ ἀφυΐας κάτ-
οχος τοῖς πολλοῖς εἶναι δοκεῖν ἐφαντάζετο. Ἀλλ' οὐκ ἦν ὑπὸ τὸν 10
μόδιον τὸν τηλεφανῆ πυρσὸν ἄχρι πολλοῦ ἀποκρύπτεσθαι¹ · τοι-
γάρτοι καὶ σὺν οὐ φορητῷ καμάτῳ μεταστειλάμενος ὁ διειλημ-
μένος ἤδη Νικηφόρος αὐτὸν κατεδυσώπει λαύραν ἐπ' Ἄθων συ-
στήσασθαι, ἐπαγγειλάμενος μετ' οὐ πολὺ καὶ ἑαυτὸν ἐμπαρέξειν
75ᵛ | μελενδυτήσαντα², τῇ τοῦ Ἀθανασίου ζεύγλῃ καθυποκλίνεσθαι. 15
Τούτων λεγομένων, οὐκ εἶχε τὸν μέγαν ἐξ ἑτοίμου καταπειθῆ,
πολυοχλίαν ἅμα καὶ τὸ φιλόπρωτον ἀποφεύγοντα · ὁ δ' οὐκ
ἔληγε λιπαρῶν, ἕως συνθέσθαι πρὸς τὴν ἐγχείρησιν πέπεικε.

8. Περινοστησάμενος οὖν ὁ μακάριος πᾶσαν τὴν ὀρεινὴν καὶ
πρὸς τοῖς ἐσχάτοις γενόμενος — Μέλανα κλῆσις τῷ χώρῳ διὰ τὸ
τῆς ἀκρωρείας ὑπερνεφὲς καὶ κατάσκιον ἐξηκανθωμένῳ λίαν καὶ

---

² cf. *Rom.* 8, 6-7. — ³ cf. *Hebr.* 12, 1. — ⁴ ita cod.
7. — ¹ cf. *Luc.* 11, 33 cet. — ² sic.

(1) Abraham, en devenant moine, prend le nom d'Athanase, qui commence
par la même initiale, suivant l'usage. Cf. *Anal. Boll.*, t. 54 (1936), p. 69, note 2.
(2) D'après les deux Vies d'Athanase, le futur empereur était alors stratège des Anatoliques. Voir POMJALOVSKIJ, p. 9, l. 13 ; PETIT, p. 18, l. 27. Cf.
THEOPHAN. CONTIN., p. 459, l. 16-17.

λόχμαις ὄντι συνηρεφεῖ · μνηστεύεταί τέ οἱ καὶ θάλασσα, τὸ παν-
έρημον ὑγραῖς ἀγκάλαις πάντοθεν μικροῦ περιρρέουσα — ἐνταῦθα   5
πήγνυσι νεὼν τῇ θεομήτορι περικαλλῆ καὶ τετράσφαιρον (1) καὶ
τῷ τῆς φιλοτεχνήσεως ὡραΐσματι οὐρανῷ παρισούμενον ἀστε-
ρόεντι¹ · συνίστησι περὶ τὸν θεῖον σηκὸν καὶ δωμάτια πλεῖστα
τοῖς τὸν μοναστὴν ὑπερχομένοις βίον ἐς καταγωγὴν ἐπιτήδεια ·
76 μεγίστους | τε οὐκ ὀλίγους οἴκους ἐξ αὐτῶν κρηπίδων ἐδείματο   10
ταῖς κατὰ μέρος χρείαις τῶν ἀδελφῶν προσαρμόζοντας. Πολλοῖς
οὖν ἱδρῶσι καὶ φιλοτίμοις πόνοις μονὴν πολυανδροῦσαν οἰκίζει
Λαύραν ταύτην ὠνομακώς, τὴν νέαν ἀτεχνῶς Σηλώμ², τὴν ἀνει-
μένην πρώην ἑρπετοῖς καὶ θηρίοις, νῦν δὲ μετεσκευασμένην εἰς
παράδεισον τρυφῆς³, εἰς πόλιν ὄντως θεοῦ⁴, ἣν μυρίοι τῶν ἀπο-   15
ταττομένων τῷ κόσμῳ ἑκάστοτε περιπέτανται, οἷά τις πολυ-
πληθὴς μελισσὼν τὸ μέλι τῶν ἀρετῶν φιλοπόνως σιμβλοποιού-
μενοι.

   9. Συνήρατο βραχύ τι πρὸς τοὔργον ἐς ἀναλωμάτων καταβολὴν
ὁ προμνημονευθεὶς Νικηφόρος καὶ ἀοίδιμος · ὃν βεβασιλευκέναι
καταμαθὼν εἰς Κωνσταντινούπολιν ἄνεισι καὶ βάλλει σκώμμασι
δακνηροῖς ὡς ἀθετητὴν τῶν ἑαυτοῦ πρὸς θεὸν συνθηκῶν · ἀλλ' ἐκεῖνος κέντρῳ μεταμέλου πληγεὶς ἀνθελέσθαι πάλιν καθυπισχνεῖται   5
76ᵛ τὴν ἀναχώρησιν, | εἰ καὶ τῷ βουλεύματι πέρας οὐκ ἠδυνήθη βα-
λεῖν, οἴκοι τῷ φθόνῳ ἀναιρεθείς (2), φιλοθεώτατος εἴπερ τις ἀνδρῶν ἀναφανεὶς καὶ φιλάρετος.

   Ἐπανελθὼν οὖν εἰς τὴν Λαύραν ὁ ὅσιος καί τινα παραλαύρια
κύκλωσε τεκτηνάμενος πρόσφορα τοῖς τὴν ἡσύχιον καὶ μόναυλον   10
αἱρετιζομένοις διαγωγήν, οὐκ ἠνείχετο μὴ μεταθέσθαι τὴν ὀρο-

---

8. — ¹ ἀστερίεντι cod. — ² cf. *Ps.* 77 (78), 60 cet. — ³ cf. *Ioel* 2, 3. — ⁴ cf.
Apoc. 3, 12.

(1) Cette épithète, inconnue aux dictionnaires, doit désigner les quatre
coupoles de l'église principale de Lavra, dédiée primitivement à Notre-Dame.
Elles ne sont mentionnées ni dans la première Vie de S. Athanase (POMJA-
LOVSKIJ, p. 30-31), ni dans la seconde (PETIT, p. 33), ni dans aucun autre document, à ma connaissance. Le professeur A. Xyngopoulos me fait d'ailleurs
remarquer qu'en architecture byzantine il n'y a pas d'église à quatre, mais
bien à cinq coupoles. Il suppose donc que τετράσφαιρος signifie « à quatre voû-
tes » , l'église étant construite en forme de croix dont les quatre bras voûtés
et peints imitaient le ciel étoilé.

(2) Nicéphore Phocas fut assassiné après 6 ans et quelques mois de règne
(963-969). On lui fit une *acolouthie* ; cf. *Anal. Boll.*, t. 24 (1905), p. 388.

φὴν ἐς τὸ ἄμεινον τοῦ κατὰ τὸν μέγιστον ἀδύτου σηκόν (1) · ἀμέλει
τοι καὶ τῆς κλίμακος ἐπιβὰς ὁ μεγαλεπήβολος ¹ καὶ σὺν ἄλλοις
ἐξ κατέσπα τὰς ἀψίδας ² ὅλῃ χειρί · τοῦ δὲ δομήματος ἀθρόον
καταβληθέντος, ὁ γεννάδας μετὰ τῶν σὺν αὐτῷ καταχώννυται ·   15
καὶ προστίθεται τοῖς δεδικαιωμένοις ὁ τελεώτατος εἰς δικαίω-
σιν, τοῖς ἱερεῦσιν ὁ φίλαγνος ἱερεὺς καὶ τοῖς ἀθλονίκοις ὁ πρωτα-
γωνιστὴς καὶ τρισαριστεύς (2).

10. Ἀλλ' ἐπιλείψει με διηγούμενον ὁ χρόνος συντετμημένα γρά-
77 φοντα καὶ εὐόριστα τὴν τῶν ἐκείνου τεραστίων πληθὺν | μετὰ
θάνατον καὶ πρὸ τελευτῆς λόγον ὑπερφωνούντων καὶ γνῶσιν ἀν-
θρωπικήν. Δυοῖν δὲ μόνον ἁψάμενος ἢ τριῶν, ἐπὶ τὴν ἱερὰν πτυκτὴν τῶν αὐτοῦ θαυματουργημάτων τοὺς φιλακροάμονας παρα-   5
πέμψομαι (3).

Λεπριῶν τις προσῆλθεν ἔτι ζῶντι τῷ μακαρίῳ καὶ λελωβη-
μένος καθάπαξ τὴν ὁλομέλειαν · ἀλλ' ἠρκέσθη πρὸς ἀπαλλαγὴν
καθαρὰν εὐχῇ καὶ τῶν αὐτοῦ χειρῶν ἐπαφῇ (4). Ἄλλοτε πλέοντι
σύν τισιν ἀδελφοῖς λαῖλαψ ἐπιβάλλει ῥαγδαίως, ἥτις καὶ τὴν ναῦν   10
ἀνατραπῆναι πεποίηκεν, ὥστε τὴν μὲν τρόπιν ἀνώτερον ἐξυπτιά-
σασαν ὑπερφαίνεσθαι, τὰς δὲ ζευκτηρίας τῶν ἐρετῶν ὑποβρυχίους
εἶναι τῷ κλύδωνι · ἀλλ' ὑπερέσχον τοῦ ναυαγίου ἅμα τῷ φόρτῳ
καὶ τῇ νηΐ καὶ τῷ ἁγίῳ οἱ σύμπλοοι (5).

11. Ἐγένετο κατὰ τὴν βιαίαν ἐκείνου τελευτὴν θατέρου τῶν
πανωραίων ποδῶν ¹ αἱματοσταγῆ ἐκρεῦσαι κρουνόν, ὃν ἀπομαξά-

---

9. — ¹ sic cod., ut apud « Suidam ». — ² ita cod., non ἀψίδας.
11. — ¹ cf. *Is.* 52, 7 ; *Rom.* 10, 15.

(1) Athanase survécut environ 35 ans à son impérial bienfaiteur et ne mourut que vers 1004. L'accident qui lui coûta la vie, en même temps qu'à six de
ses moines, est raconté par les deux biographes ; voir Pomjalovskij, p. 102 ;
Petit, p. 76-77.

(2) L'épithète de τρισαριστεύς a déjà été appliquée au saint à la fin du
§ 3 (voir p. 33, note 3). Ici Athanase rejoint dans l'au-delà les justes (de l'Ancien Testament), les prêtres (sans doute les apôtres et les pontifes) et les martyrs. Au début de la prière finale (§ 12), il sera de nouveau associé aux différentes catégories de saints et même déclaré l'égal des anges, ἀγγέλων ἰσοστά-
σιος.

(3) Un « livre des Miracles » de S. Athanase aurait-il circulé isolément ? Il
s'agit plutôt d'une de ses deux biographies anciennes. Voir ci-dessus, p. 27,
note 5.

(4) Cf. Petit, p. 54, l. 1-5.

(5) Cf. Pomjalovskij, p. 63 ; Petit, p. 67.

38 ÉLOGE INÉDIT

77ᵛ μενός τις χειρομάκτρῳ | τῶν ἀδελφῶν (1) ἐγκόλπιον περιέφερε ·
καὶ δή ποτε περιτυχών τινι ὑπὸ κυνάγχης ἀπεγνωσμένῳ καὶ ²
τὰ λοίσθια πνέοντι, ἅμα τε τὴν ἡμαγμένην ὀθόνην ἐπιβεβλήκει 5
καὶ ἅμα τὴν ὑγίειαν ἀπεχαρίσατο. Ἀλλὰ γὰρ θᾶττον ἄν τις ἄμ-
μου ψηφῖδας, ᾗ λέλεκται (2), καταριθμήσειεν ἢ παλαιστῇ κατα-
μετρήσοι τὴν ἀστρογείτονα, ἢ τὰς ὑπερφυεῖς ἐκείνου πράξεις
γραφῇ περιλήψεται δαιμονῶντας ἰωμένου, τυφλοῖς καὶ χωλοῖς
τοῖς μὲν τὴν ὅρασιν, τοῖς δὲ τὴν εὐδρομίαν χαριζομένου ³, παν- 10
τοίαν κάκωσιν ἔκτοτε καὶ νῦν ἐκδιώκοντος, προβλεπτικώτατά τε
τῶν μελλόντων καὶ τῶν ἀδήλων τὴν ἀφάνειαν ἐκκαλύπτοντος καὶ
πρό γε τούτων ψυχὰς ἀμετρήτων ἀνθρώπων ἐκθεραπεύοντος ⁴. Οἱ
τῆς εὐρυχώρου καὶ εἰς ἀπώλειαν φερούσης ⁵ ἀπανιστάμενοι ταῖς
ἐκείνου πανιέροις περιστείνονται καλιαῖς καὶ τὴν πεπολισμένην 15
78 αὐτῷ ἐρη|μίαν ἀσπάζονται. Ἀλλὰ τούτων ⁶ μὲν ἄλαλοι ⁷ μάρτυ-
ρες αὐτὰ τὰ πράγματα, καὶ μᾶλλον ἂν ὁ λόγος ἐλαττώσειε τῶν
πραγμάτων τὴν δύναμιν · πρὸς αὐτὸν οὖν τρεπτέον τὸν τοῦ λόγου
δρόμον δι᾽ εὐχῆς καὶ ἐπίλογον ⁸.

12. Ἀλλ᾽ ὦ πατέρων καλλονὴ καὶ μαρτύρων καὶ ἀποστόλων
σύναθλε καὶ συνόμιλε, προφητῶν τε καὶ δικαίων ὁμότιμε καὶ
ἀγγέλων ἰσοστάσιε, μέμνησο καὶ ἡμῶν τῶν εὐφημούντων σε νῦν
τὸν φιλότεκνον πατέρα καὶ συμπαθέστατον · καὶ συμπρεσβευτάς
σου ἔχων πάντας οὓς ἐμιμήσω ἁγίους, δὸς τοῖς πᾶσι πάντα τὰ 5
αἰτήματα ὅσα ψυχῆς ὅσα σώματος · κἀμοὶ δὲ τῷ προπετευσα-
μένῳ ὑπὲρ δύναμιν ἀκροθιγῶς τοῦ σοῦ ἐπαίνου καὶ πελάγους (3)
μόνη πρὸς τῇ ἠόνι χωρῆσαι διὰ τὸ ἄναλκι τοῦ λόγου καὶ ἀμαθὲς
εἰς τοιάνδε ἐπίνηξιν, ἢ μόνην τὴν ὁρμὴν τῆς προαιρέσεως ἐνδεί-
ξασθαι σύγγνωθι · οἶδας γάρ μου τὸ κατ᾽ ἀμφοῖν ἀσθενές · καὶ 10
78ᵛ ἐπιμέτρησον τῇ χριστομιμήτῳ σου ἀγαθότητι τὰ | τῆς ἀσθενείας
μου · ἔχω γὰρ θαρρεῖν οὐ μόνον ὅτι τὴν ψυχὴν ὑπὲρ ἡμῶν ὡς ὁ
δεσπότης τέθεικας ¹ καὶ ἀσκήσει καὶ προαιρέσει καὶ αἵματι, ἀλλά
γε καὶ τῷ πελάγει (4) σου τῷδε ᾧ ἐπεμνήσθην τῆς εἰς τοὺς ἐχθραί-

---

² bis in cod. — ³ cf. *Matth.* 11, 5 cet. — ⁴ ἐκθεραπεύοντον cod. — ⁵ cf.
Matth. 7, 13. — ⁶ ταῦτα cod. — ⁷ ἄλοι cod. — ⁸ an legendum ἐπιλόγου?
12. — ¹ cf. *Ioh.* 10, 11.

(1) Dans les deux Vies d'Athanase, ce moine est appelé Syméon. Pomjalovskij, p. 107-108 ; Petit, p. 79.
(2) Proverbe, ou citation ? Cf. *Gen.* 14, 16 cet.
(3) Encore un hendiadys.　　　　　　　(4) Cf. p. 30, note 2

νοντας χριστομιμήτου χρηστότητος καὶ συμπαθείας σου. *Παντὶ* 15
δὲ τῷ ποιμνίῳ σου καὶ τῷ ἐγκαυχωμένῳ σε² ἁγιωνύμῳ πληρώ-
ματι (1) *εἰρήνην πρυτανεύοις ἐκ θεοῦ καὶ τὴν προσδοκωμένην ἐχ-*
θρῶν παντοίων ἀπολύτρωσιν ὁρατῶν τε ὁμοῦ καὶ ἀοράτων καὶ
πάσης κακώσεώς τε καὶ κακύνσεως ἀποσόβησιν, βίου τε εὐμά-
ρειαν καὶ τὴν μετὰ σοῦ, κἂν μέγα τὸ αἰτούμενον³, ἐν τῷ μέλλοντι 20
ὁμόσκηνον τῆς ἀϊδίου ζωῆς καὶ ἀπέραντον συμβιωτὴν εὐχαῖς σου
ταῖς πρὸς τὸν κύριον · ᾧ ἡ δόξα σὺν τῷ πατρὶ καὶ τῷ ἁγίῳ πνεύ-
ματι νῦν καὶ ἀεὶ καὶ εἰς τοὺς αἰῶνας τῶν αἰώνων · ἀμήν.

² sic. — ³ cf. GREG. THEOL. encomium Athanasii, § ult. (*P. G.*, t. 35, col.
1128); *Anal. Boll.*, 1960, p. 144, cum annot. 3.

(1) L'*ἁγιώνυμον πλήρωμα*, c'est l'ensemble des moines de l'*Ἅγιον ὄρος*.

INDEX GRAECITATIS

ἀθετητής 9⁴
ἀθλόνικος 9¹⁷
ἀλουτία 5¹³
*ἀστερίεις 8⁷
ἀστρογείτων (ἡ) 11⁸
ἀψίς 9¹⁴
*ἐπίνηξις 12⁹
*ἠλικιόω 4¹¹
*ἰχνομετρέω 2⁵⁴
κεῖρα = ἡλικία (Hesych.) 4¹⁴
*λεπριός 10⁷
μεγαλεπήβολος (cf. Suid.) 9¹³

μελενδυτέω 7¹⁵
*μετωνυμίζω 6¹⁰
μοναστὴς βίος 8⁹
ὅσα... ὅσα 12⁶
σάλπιξ = σάλπιγξ 1²³ (cf. BLASS-
DEBRUNNER, *Gramm. neutest. Grie-
chisch*⁹ [1954], p. 33, § 46⁴).
σιμβλοποιέομαι 8¹⁷
*συμβιωτή 12²¹
*τετράσφαιρος 8⁶
φιλοτέχνησις 8⁷
*φυσίσοφος 5²

INDEX NOMINUM

Ἀβραάμ patriarcha 1³⁷
Ἀβράμιος nomen Athanasii 4⁸
(Ἅγιον ὄρος), ἁγιώνυμος 3²⁸, 12¹⁶. Vid.
Ἄθως.
Ἀθανάσιος tit., 2², 4², 6⁹, 7², ¹⁵
Ἀθανάσιος ludi magister 5⁴
Ἄθως tit., 7⁴, ¹³. Vid. Ἅγιον ὄρος.
Ἀντιόχεια 4⁵
Ἀσία 6⁴
Βυζαντίς 5³
Γρηγόριος (quis?) 2²¹
Θεομήτωρ 8⁶
Ἱερουσαλήμ (ἡ ἄνω) 1¹⁶
Κολχική (γῆ) 4²

Κυμινᾶς mons 6², ¹⁶
Κωνσταντινούπολις 9⁸
Λαύρα 8¹³, 9⁹; cf. 7¹³.
Μακεδονικός 7³
Μαλεῖνος. Vid. Μιχαήλ.
Μέλανα in monte Atho 8²
Μιχαὴλ Μαλεῖνος 6⁵, ¹², ¹⁶
Νικηφόρος Φωκᾶς 6¹², 7¹³, 9²
Παῦλος apostolus 1²⁰; ἡ μεγάλη
σάλπιξ 1²³.
Σηλώμ 8¹³
Συρία 4⁵
Τραπεζοῦς 4³
Φωκᾶς. Vid. Νικηφόρος.

X

S. BARTHÉLEMY DE GROTTAFERRATA

NOTES CRITIQUES

En préparant pour le prochain volume des *Acta Sanctorum* l'édition et le commentaire des Actes de S. Barthélemy, disciple de S. Nil († 1004) et quatrième abbé de Grottaferrata [1], nous avons été amené à regarder d'un peu près les notices consacrées naguère à notre saint par trois byzantinistes de marque et un hagiographe sérieux, à savoir : en 1930, par M. Silvio G. Mercati dans l'*Enciclopedia italiana* [2] ; en 1931, par feu A. Ehrhard dans le *Lexikon für Theologie und Kirche* [3] ; en 1932, par M. L. Bréhier dans le *Dictionnaire d'histoire et de géographie ecclésiastiques* [4], et, en 1938, par M. D. Attwater dans la nouvelle édition des *Lives of the Saints* d'Alban Butler, entièrement refaite sous la direction du P. H. Thurston [5]. Nous y avons relevé un certain nombre d'affirmations discutables ou erronées, qui ont chance hélas ! d'être répétées indéfiniment à cause de l'autorité qui s'attache en tout pays, et à juste titre, aux excellents répertoires où on les trouve consignées. Nous en indiquerons ici trois ou quatre [6], et nous le ferons brièvement, puisque nous espérons y revenir dans les *Acta* [7].

---

[1] Fêté le 11 novembre.

[2] T. VI, p. 254.

[3] T. II, col. 4.

[4] T. VI, col. 1006-1007.

[5] Vol. XI : *November*, p. 132-33.

[6] Nous réservons pour plus tard, entre autres questions délicates, celle des autographes de S. Barthélemy qui seraient parvenus jusqu'à nous et celle du rôle joué par l'abbé de Grottaferrata dans l'abdication et la prétendue conversion du pape Benoît IX. Sur cette dernière question, voir, en attendant, notre notice de S. Barthélemy dans le récent commentaire du martyrologe romain (*Acta SS. Decembris*, Propylaeum, 1940, p. 512).

[7] Nous ne mentionnerons qu'en passant le *S. Bartolomeo, IV abate di Grottaferrata (980-1065)*, publié par Dom L. TARDO (Grottaferrata, 1931, 68 pp.) comme numéro I de la collection *Santi orientali, cenni biografici*. C'est un opuscule de vulgarisation et de piété,

1. BARTHÉLEMY « DE ROSSANO »

Les quatre notices que nous venons de citer s'accordent à faire naître notre saint dans la ville de Rossano en Calabre ; la notice anglaise est même intitulée : « St Bartholomew of Rossano ». Cette appellation présente un double inconvénient. D'abord, elle prête à confusion. C'est en effet tout près de Rossano qu'un autre S. Barthélemy, italo-grec comme le premier, mais plus jeune d'un siècle environ († 1130), fonda le célèbre monastère de Sainte-Marie Hodegetria du Patir[1], avant de passer en Sicile et d'y établir la non moins célèbre abbaye du Saint-Sauveur de Messine[2]. Quand ils parlent de « S. Barthélemy de Rossano », la plupart des auteurs[3] ont en vue ce réorganisateur de la vie monastique dans la Grande Grèce au lendemain de la conquête normande.

Ensuite, rien ne prouve, à notre avis, que le futur higoumène de Grottaferrata soit né à Rossano. Il est vrai que le long panégy-rique inédit, copié et peut-être rédigé par Jean de Rossano en 1229-1230[4], répète avec une insistance marquée que S. Barthélemy était le concitoyen de son maître, S. Nil de Rossano[5] ; mais de cette insistance même il est permis de conclure que la chose n'était pas certaine et   dmise de tous.   Pourquoi l'auteur aurait-il éprouvé

[1] Ce nom de Patir fut donné au monastère en souvenir de son fondateur, communément surnommé Πατήρ.

[2] Sur ce second S. Barthélemy, qu'on appelle parfois « de Simeri », du nom de son lieu d'origine, ou « de Trigona », du nom de sa première fondation, et dont la fête se célèbre le 29 août, voir *Act. SS.*, Sept. t. VIII, p. 792-826 ; *BHG.* 235-236 ; D. G. LANCIA DI BROLO, *Storia della Chiesa in Sicilia*, t. II (Palermo, 1884), p. 493-99 ; P. BATIFFOL, *L'abbaye de Rossano* (Paris, 1891), p. 1-10 ; L. BRÉHIER, dans *Dictionnaire d'hist. et de géogr. eccl.*, t. c., col. 968-70 ; S. G. MERCATI, dans *Archivio storico per la Calabria e la Lucania*, t. VIII (1938), p. 197-223 ; ci-dessous, p. 208-210.

[3] Par exemple : P. BATIFFOL, op. c., p. 9 ; G. MERCATI, dans *Studi e testi*, t. 68 (1935), pp. 297, 358.

[4] Manuscrit *B. β.* 3 de Grottaferrata, fol. 87-137ᵛ. *Inc.* Θαυμαστός, φησὶν ὁ ἐν προφήταις θεοπάτωρ καὶ βασιλεύς. Cf. A. ROCCHI, *Codices Cryptenses* (Tusculani, 1883), p. 140-43.

[5] § 2 : Βαρθολομαῖον τὸν ἁγιώτατον, τὸν μαθητὴν μὲν χρηματίσαντα Νεί-λωνος τοῦ περιδόξου ἐν ἀσκηταῖς... οὗ καὶ σύμπολις ὑπῆν, ὡς ἀψευδῶς ἔστι καὶ εἰπεῖν, οὗ τὸν βίον ἄριστα ἐμιμήσατο (fol. 91) ; § 4 : πατρίδος δὲ τῆς αὐτῆς τοῦ παμμάκαρος Νείλωνος, Ῥουσιανῶν φημι τῆς πόλεως (fol. 94ᵛ) ; § 26 : χαιρέτω καὶ ἡ τῶν πρωτοτόκων ἐν ἀγλαΐαις φωστήρων μή-τηρ, Ῥουσίων μητρόπολις (fol. 134-134ᵛ).

le besoin d'écarter de soi le soupçon de mensonge en ajoutant ὡς ἀψευδῶς ἔστι καὶ εἰπεῖν, s'il n'avait eu conscience d'avancer une assertion contestable, voire controuvée? D'ailleurs, son zèle à magnifier sans mesure la ville de Rossano s'explique apparemment par le fait qu'il en était lui-même originaire.

Quant à la brève « légende » ou συναξάριον, contenue dans le même codex *B. β.* 3 de Grottaferrata [1] et dont Martène et Durand ont publié la traduction latine de Sirlet [2], ce n'est qu'un abrégé du grand panégyrique mentionné ci-dessus. Son témoignage n'a pas de valeur propre, et nous pouvons le négliger.

Au contraire, la Vie ancienne [3], écrite par un disciple immédiat du saint ou du moins à une époque où vivaient encore des moines qui l'avaient bien connu, la Vie ancienne désigne la Calabre comme patrie de Barthélemy, mais sans préciser la ville qui pourrait se glorifier de lui avoir donné le jour : Οὗτος ἔφυ μὲν τῆς Καλαβρῶν γῆς [4]. Si le premier biographe avait su que son héros était natif de la même cité que S. Nil, le glorieux fondateur de son monastère de Grottaferrata, est-il vraisemblable qu'il eût passé ce détail sous silence? Et si le renseignement est exact, admettra-t-on qu'il ait pu l'ignorer?

2. S. Barthélemy biographe de S. Nil?

D'après M. Attwater, l'œuvre la mieux connue de S. Barthélemy est la Vie de son maître, S. Nil [5]. Sans être aussi catégoriques, MM. Bréhier et Mercati et feu Mgr Ehrhard déclarent que ce joyau de l'hagiographie grecque d'Italie est attribué à notre saint avec vraisemblance ou même avec beaucoup de probabilité. Mais ils n'apportent aucun argument en faveur de cette attribution. Ils s'en remettent sans doute à l'autorité des plus récents traducteurs de la Vie de S. Nil, le chanoine G. Minasi [6] et le P. A. Rocchi [7]. Examinons donc les raisons mises en avant par ces derniers.

---

[1] Fol. 138-141.

[2] *Veterum scriptorum et monumentorum... amplissima collectio*, t. VI (1729), col. 969-70 ; cf. col. 887-90.

[3] *BHG.* 233.   [4] § 4 (*P.G.*, t. CXXVII, col. 480).   [5] *BHG.* 1370.

[6] G. Minasi, *S. Nilo di Calabria*, Napoli, 1892 ; cf. *Anal Boll.*, t. XII, p. 85-86.

[7] A. Rocchi, *Vita di S. Nilo abate*, Roma, 1904 ; cf. *Anal. Boll.*, t. XXVII, pp. 449, 451.

Minasi invoque la tradition immémoriale des moines de Grottaferrata, tradition « tellement certaine » qu'elle a été enregistrée
avec assurance (« con sicurezza ») dans le martyrologe romain [1].
Or S. Barthélemy et S. Nil n'étaient même pas nommés dans la
première édition du martyrologe, parue en 1583. Et quand il les
inséra dans la seconde, en 1586, Baronius n'hésita pas à avouer
qu'il en parlait sur la foi d'autrui, sans connaissance directe des
sources : « Huius (Bartholomaei) vitae vetera monumenta in eodem
monasterio (Cryptaeferratae) asservari dicuntur : nondum vidimus [2] » ; « huius (Nili) res gestas in eodem monasterio asservari ac-
cepimus, quas nondum legimus [3] ». Ces notes de Baronius lui-même
réduisent à néant, ou peu s'en faut, l'importance qu'on voudrait
attacher à l'annonce inscrite par lui au martyrologe à la date du 11
novembre : *In monasterio Cryptae Ferratae in agro Tusculano, sancti
Bartholomaei abbatis, socii beati Nili, cuius vitam ipse conscripsit.*

Les autres considérations développées par Minasi[4] tendent à
montrer que la Vie de S. Nil a été rédigée par un disciple qui était
en même temps un saint ; or Barthélemy était l'enfant de prédi-
lection du vieil abbé et son fidèle imitateur... La conclusion dé-
passe évidemment les prémisses.

Le P. A. Rocchi, prieur de Grottaferrata, en appelle également
à la « perenne tradizione vigente nella nostra Badia [5] », tradition
qu'il fait remonter aussi haut que possible, puisqu'il en voit une
attestation dans le portrait de S. Barthélemy qui précède la Vie
de S. Nil au début du manuscrit *B. β. 2,* écrit au xiie siècle ou même à la fin du xie. Mais tout d'abord est-il bien sûr que cette « ima-
gine a penna » soit contemporaine du vénérable codex dont elle
couvre un feuillet ? Et l'inscription qui se trouve en regard du vi-
sage et qui désigne « ὁ ἅγιος Βαρθολομαῖος ὁ νέος » n'est-elle
pas postérieure au portrait ? De plus, il faut remarquer que le recueil comprend aussi des hymnes composées par S. Barthélemy,
et c'est peut-être à ce titre qu'il y a été représenté par un de ses
dévots [6].

En tout cas, la Vie de S. Nil ne porte pas de nom d'auteur [7], soit

---

[1] MINASI, p. 6.   [2] Annotation à la notice du 11 novembre.
[3] Annotation à la notice du 26 septembre.   [4] P. 6-8.
[5] *Vita di S. Nilo,* p. vi.
[6] Cf. A. ROCCHI, *Codices Cryptenses,* p. 138-39.
[7] Elle est intitulée *Βίος καὶ πολιτεία τοῦ ὁσίου Νείλου τοῦ νέου,* sans
plus.

que le copiste ait ignoré ce nom, soit qu'il ait préféré le taire. Et la Vie de S. Barthélemy, qui mentionne expressément ses compositions liturgiques en l'honneur de la Mère du Verbe et d'autres saints [1], ne dit rien du tout de la biographie qu'il aurait écrite à la gloire de son maître. Cette double « omission » justifiait pleinement la réserve de Caryophilus [2] et du bollandiste Jean Clé [3], qui concluaient la discussion, l'un en 1624, l'autre en 1760, par un prudent *non liquet*.

Mais l'argument *ex silentio* nous paraît singulièrement renforcé depuis que nous avons étudié le long panégyrique inédit qui fut copié ou rédigé en 1229-1230 par Jean de Rossano. Comme nous l'avons dit plus haut [4], ce morceau de rhétorique souligne avec complaisance tout ce qui rapproche S. Barthélemy de S. Nil de Rossano. Or, s'il y est question d'écrits du disciple concernant son modèle, c'est uniquement d'hymnes qu'il s'agit : νέος Ἰωσὴφ ὑμνογράφος ἀναδέδεικται, κάλλιστα καὶ ὑμνογραφήσας Θεὸν καὶ ἐγκωμιάσας τὴν πανεύσπλαγχνον θεομήτορα, τὸν αὐτοῦ τε μυσταγωγὸν καὶ τῶν ἁγίων πολλούς [5].

Quant à la notice du συναξάριον [6], si Martène et Durand ont cru y découvrir une allusion à la Vie de S. Nil, c'est qu'ils se fiaient à la traduction latine de Sirlet, où l'activité littéraire de S. Barthélemy est présentée en ces termes : *hymnorum elucubrator ac nimium sapienter res gestas sui praeceptoris ac multorum sanctorum litteris describens*. Le texte original ne parle manifestement pas d'une biographie, mais d'une hymne ou d'une série d'hymnes : ὑμνογραφήσας πανσόφως τὰ κατὰ τὸν αὐτοῦ διδάσκαλον καὶ πολλοὺς τῶν ἁγίων [7].

---

[1] § 7 (*P. G.*, t. c., col. 481).

[2] *Vita S. P. Nili iunioris* ... interprete Io. M. CARYOPHILO (Romae, 1624), préface : *Monachi vitam monachus scribit, magistri discipulus. Quis tamen ille fuerit non plane constat. Bartholomaeum suspicantur multi, quidam etiam asserunt...*

[3] *Act. SS.*, Sept. t. VII, p. 280-81.

[4] P. 203.

[5] § 3, fol. 92v-93.

[6] Ci-dessus, p. 204, avec les notes 1 et 2.

[7] Fol. 141.

3. ANNÉE DE LA MORT : 1065 OU VERS 1050 ?

MM. Bréhier, Mercati et Attwater sont d'accord pour fixer la mort de S. Barthélemy en 1065 ou vers cette année. Mais tandis que les deux derniers se contentent apparemment de reproduire la date admise par Sciommari sur la foi de témoignages trop récents pour mériter créance [1], M. Bréhier présente des considérations inattendues, dont voici quelques lignes : « On voudrait savoir quelle fut son attitude (celle de Barthélemy) sous Léon IX, au moment du schisme de 1054. On a du moins la certitude qu'il resta attaché à la papauté, et son biographe fait allusion à la grande autorité qu'il avait à la fin de sa vie dans les conseils du pape régnant, vraisemblablement Alexandre II (1061-1073). Il est impossible qu'il n'ait pas été en contact avec Hildebrand, qui devait méditer dès cette époque de mettre fin au schisme [2] ».

Le distingué professeur de Clermont-Ferrand n'affirme plus, comme en 1899 [3], que Barthélemy fut un des conseillers les plus écoutés de S. Grégoire VII (1073-1085) ; mais il maintient que les deux hommes d'Église ont dû être en contact. C'est là une conjecture qui ne repose sur rien. Le passage de la Vie (§ 3) auquel il se réfère et qu'il rapporte maintenant à Alexandre II concerne certainement et uniquement Benoît IX, comme le prouve la formule qui termine ce paragraphe et qui renvoie le lecteur au récit de l'abdication : ἀλλὰ ταῦτα μὲν ἐν ἰδίῳ καιρῷ λεκτέον [4].

D'ailleurs, la date de 1065 est incontestablement trop tardive, puisque l'abbé de Grottaferrata qui reçoit une donation le 14 février 1060 [5] n'est déjà plus Barthélemy, mais Luc, son troisième successeur [6]. Et comme, d'autre part, l'activité du saint est encore

---

[1] G. SCIOMMARI, *Note ed osservazioni istoriche spettanti all' insigne badia di Grotta-Ferrata ed alla Vita... di S. Bartolomeo* (Roma, 1728), p. 184.

[2] *Dictionnaire d'histoire et de géographie ecclésiastiques*, l. c.

[3] *Le schisme oriental du XIᵉ siècle*, p. 28.

[4] *P.G.*, t. c., col. 480. L'abdication de Benoît IX est racontée au § 10, col. 484.

[5] Acte publié par P. Fedele dans *Archivio della R. Società Romana di storia patria*, t. XXVII (1904), p. 57-60.

[6] D'après les chroniques de l'abbaye, les deux premiers successeurs de S. Barthélemy furent Léonce et Arsène. Mais nous n'avons aucune indication précise sur la durée de leur gouvernement. Cf. A. ROCCHI, *De coenobio Cryptoferratensi* (Tusculi, 1893), p. 19-20.

attestée en 1044 [1] et en 1045 ou 1046 [2], il y a lieu de fixer sa mort aux environs de l'année 1050. Ainsi fit, dès 1893, le P. A. Rocchi [3], suivi naguère par G. et F. Tomassetti [4] et A. Ehrhard [5].

4. UN « ÉLOGE » DE S. BARTHÉLEMY DE ROSSANO ET NON DE S. BARTHÉLEMY DE GROTTAFERRATA

A la suite de la Vie de S. Barthélemy de Grottaferrata, le cardinal Mai a publié un Ἐγκώμιον εἰς τὸν ὅσιον πατέρα ἡμῶν Βαρθολομαῖον [6], qui a été reproduit par Migne au tome CXXVII de sa Patrologie grecque [7]. Persuadé que le manuscrit Vatican 1989, d'où il tirait ce texte, provenait de Grottaferrata [8], l'éminentissime éditeur crut avoir affaire à un Éloge du second fondateur de cette abbaye. Sans juger nécessaire de s'assurer que leur guide avait vu juste, de savants auteurs comme le P. Delehaye [9], M. L. Bréhier [10], le P. Thurston [11] et Albert Ehrhard [12] emboîtèrent le pas au cardinal Mai.

---

[1] Il est nommé parmi les ecclésiastiques qui prirent part au synode romain d'avril 1044. *P. L.*, t. CXLI, col. 1365 ; cf. JAFFÉ, *Regesta pontificum romanorum*[2], 4114.

[2] D'après Léon d'Ostie, *Chronica Casin.*, II, 74 (*M.G.*, Scr. t. VII, p. 680), il semble bien que ce soit en 1045 que le duc Adenulf de Gaète fut fait prisonnier par Guaimar, prince de Salerne ; cf. P. FEDELE, dans *Archivio storico per le province napoletane*, t. XXIX (1904), p. 69-71. M. Schipa préfère la date de 1046 (*Il mezzogiorno d'Italia anteriormente alla monarchia* [Bari, 1923], p. 159). La Vie de S. Barthélemy rapporte qu'il intervint pour faire libérer le captif (§ 11-12 ; *P.G.*, t. c., col. 485-88).

[3] *De coenobio Cryptoferratensi*, p. 18.

[4] *La Campagna Romana*, t. IV : *Via Latina* (Roma, 1926), p. 299.

[5] L. c.

[6] *Nova Patrum Bibliotheca*, t. VI, 2 (Romae, 1853), p. 530-33.

[7] Col. 500-512.

[8] « In alio vat. codice 1989... olim Cryptoferratae », écrit-il dans le *Monitum* préliminaire, t. c., p. 513.

[9] *Bibliotheca hagiographica graeca* [1] (1895), p. 18 ; [2] (1909), n° 234.

[10] T. c., col. 1007, dans la bibliographie.

[11] T. c., p. 133, au début des notes en petit texte.

[12] Dans la *Geschichte der byzantinischen Literatur* de Krumbacher, [2] (1897), p. 198, et dans le *Lexikon für Theologie und Kirche*, l. c. : « Ihm wurden von Mitbrüdern 4 biographische Darstellungen gewidmet, von denen 2 ediert sind. » Ces deux textes édités ne peuvent être que la Vie *BHG.* 233 et l'encomion *BHG.* 234 dont nous nous occupons ici.

Celui-ci s'était fourvoyé en confondant deux saints Barthélemy, et son erreur avait été corrigée dès 1904 par Dom Cozza-Luzi, abbé de Grottaferrata [1], et par un moine érudit de la même abbaye, le P. Sofronio Gassisi [2]. Voici les arguments de Dom Gassisi. 1) Le codex qui nous a conservé l'encomion a été écrit en Calabre et appartenait à un monastère de cette région. 2) Le titre ne distingue pas le saint de ses homonymes par l'appellation de νέος, comme c'est toujours le cas dans les textes qui concernent le disciple de S. Nil. 3) Le contenu de l'Éloge ne convient qu'à S. Barthélemy du Patir [3], dont il évoque notamment le surnom de πατήρ : ὃν ἡ τοῦ πατρὸς προσηγορία τοῖς πᾶσιν ἐγνώρισε (§ 3).

Nous remarquerons d'abord que le Vaticanus 1989 n'est pas seulement d'origine calabraise ; il semble bien provenir de Rossano et être identique, du moins pour la partie qui nous occupe, à un des manuscrits hagiographiques du Patir, dont la liste fut dressée, au XVIᵉ siècle, à la demande du cardinal Sirlet [4]. Et cette seule constatation suffirait à trancher le débat. Car il est bien sûr qu'à Rossano, l'expression « notre saint père Barthélemy » ne pouvait désigner que le fondateur du Patir.

Par contre, l'épithète de νέος manque aussi dans le titre du long panégyrique inédit que nous avons déjà cité plus d'une fois : Λόγος σμικρότατος εἰς Βαρθολομαῖον τὸν μέγαν ἐν ἀσκηταῖς [5]. Il n'y a donc rien à tirer de son absence en tête de l'encomion.

Reste l'argument de critique interne, ébauché par Gassisi et qui se prête à un certain développement, bien que le morceau relève de la rhétorique beaucoup plus que de l'histoire et puisse, quelques passages mis à part, s'appliquer indifféremment à beaucoup de saints. L'appellation de « Père », caractéristique de S. Barthélemy du Patir, est manifestement visée dans la phrase transcrite ci-dessus et dans cette autre qui lui fait suite : ὃς τὴν τοῦ πατρὸς προσηγορίαν ἐκ τῶν ἐνθέων ἔργων ἀξίως ἐκτήσατο, καὶ προσφο-

---

[1] *Nova Patrum Bibliotheca*, t. X, 2, p. 253.

[2] Dans la revue *Oriens christianus*, t. IV (1904), p. 338, note 1, et dans l'opuscule qui en a été tiré à part : *I manoscritti autografi di San Nilo iuniore* (Roma, 1905), p. 35, note 1.

[3] Voir ci-dessus, p. 203, et la note 2.

[4] G. MERCATI, *Per la storia dei manoscritti greci... di varie badie basiliane d'Italia* (= *Studi e testi*, t. 68, 1935), p. 297 ; cf. pp. 101-102, 292.

[5] Ms. B. β. 3 de Grottaferrata, fol. 87. Voir ci-dessus, pp. 203, 206.

ρώτατον εὖρε τῇ πράξει τὸ ὄνομα (§ 3). Tout le § 2 souligne le caractère de la fête qui commémore non seulement un père et un père spirituel, mais « le père des pères, le pasteur des pasteurs et le guide des guides », c'est-à-dire le fondateur et le chef de plusieurs monastères groupés en une sorte de congrégation, le « supérieur majeur » de qui découlait toute l'autorité juridique et morale des supérieurs locaux. Plus loin, le fondateur est encore désigné par cette comparaison très claire : τοῦτον τὸν θεῖον παράδεισον ἐκεῖνος μὲν σὺν Θεῷ κόποις ἰδίοις ἐφύτευσε (§ 5). Enfin les termes employés par l'orateur pour interpeller le prélat qui présidait la cérémonie conviennent parfaitement à l'abbé Luc, disciple préféré de S. Barthélemy du Patir, choisi par celui-ci d'abord pour organiser la nouvelle fondation de Sicile et ensuite pour lui succéder à Rossano, appelé peu après par le roi Roger II à Messine et nommé archimandrite du Saint-Sauveur et de tous les monastères qui en dépendaient [1] : πάτερ πατέρων κοινὲ καὶ ἡμέτερε... (§ 3) ; σοὶ τῷ ἐκείνου μὲν ἐκλεκτῷ καὶ πρωτοτόκῳ παιδί, ἐν ᾧ καὶ ηὐδόκησεν, ἡμετέρῳ δὲ πατρὶ καὶ καθηγητῇ... (ibid.) ; ἡμεῖς δὲ καὶ παῖδες καὶ μαθηταὶ ἱκετεύομεν, τὸν σὸν πρωτότοκον παῖδα καὶ ζηλωτὴν καὶ πατέρα ἡμέτερον εἰς μεσιτείαν σοι προβαλλόμενοι... (§ 11).

La cause est donc entendue : le texte *BHG.* 234 doit être retiré du dossier de S. Barthélemy de Grottaferrata et versé au dossier de S. Barthélemy de Rossano [2].

---

[1] Cf. *Act. SS.*, Sept. t. VIII, pp. 805, 809-810, 825 ; Salv. ROSSI, dans *Atti della R. Accademia Peloritana*, t. XVII (Messina, 1903), p. 71-84 ; E. CASPAR, *Roger II (1101-1154) und die Gründung der normannisch-sicilischen Monarchie* (Innsbruck, 1904), pp. 510-11, 522-24, 544, 549, 555-58, 567, 571, 574 ; Ios. COZZA-LUZI, dans *Nova Patrum Bibliotheca*, t. X, 2 (1904-1905), p. 117-37 ; S. G. MERCATI, dans *Archivio storico per la Calabria e la Lucania*, t. c., p. 209-211. L'identité de Luc higoumène de Rossano avec Luc archimandrite de Messine n'est pas tout à fait certaine.

[2] Nous sommes heureux de rendre hommage, en terminant, à la clairvoyance de M. S. G. Mercati, qui a aussi reconnu l'erreur (*Enciclopedia italiana*, l. c.), mais ne mentionne pas les indices qui la lui ont fait dépister.

XI

DEUX VIES DE S. MAXIME LE KAUSOKALYBE
ERMITE AU MONT ATHOS (XIVᵉ S.)

Parmi les ascètes qui illustrèrent la Sainte Montagne à l'époque de l'hésychasme[1], un des plus intéressants à étudier est sans doute S. Maxime le Kausokalybe. C'est une curieuse figure que celle de ce moine, épris de vie solitaire et contemplative, au point de brûler sa pauvre cabane[2] et de s'enfuir au loin, chaque fois que visiteurs et disciples commencent à affluer. Sa renommée pourtant ne cessait de croître, entretenue surtout par les manifestations fréquentes d'un étonnant charisme prophétique : le saint ermite semblait lire dans l'avenir et pénétrer dans le secret des cœurs. De hauts personnages, comme le patriarche Calliste et les empereurs Jean Cantacuzène et Jean Paléologue, ne dédaignèrent pas de s'adresser à lui et de venir se recommander à ses prières. Le fameux apôtre de l'« oraison spirituelle » et des méthodes hésychastes, Grégoire le Sinaïte, lui témoigna beaucoup de respect et lui portait envie pour ses rares dons mystiques. Enfin, il ne se trouva pas moins de quatre hagiographes pour rédiger sa Vie : deux à la fin du XIVᵉ siècle, S. Niphon et Théophane de Vatopédi ; deux au début du XVᵉ, Joannice Kochylas et Macaire le hiéromoine. De ces quatre Vies la première ne nous est connue que par un seul manuscrit : Lavra Θ 58 (ancien nº 1473), du

---

[1] Ce mouvement mystique, d'allure quiétiste, atteignit son apogée au XIVᵉ siècle. Par ses lointaines origines, il se rattache à la spiritualité sinaïte. Mais ce sont l'influence et les œuvres de S. Syméon le Nouveau Théologien († 1022) qui en propagèrent surtout les doctrines. Cf. I. Hausherr, *La méthode d'oraison hésychaste*, dans *Orientalia christiana*, t. IX (1927), p. 101-210 ; ID., *Vie de Syméon le N. Th. par Nicétas Stéthatos* (= *Orientalia christ.*, t. XII, 1928), introduction, p. x-lxxx.

[2] Καλύβη. D'où son surnom de Καυσοκαλύβης.

xvie-xviie s., fol. 32^v-66^{v 1}. Elle a le grand mérite d'avoir été composée — si l'on peut parler ici de « composition » — par un émule du saint, l'ermite Niphon, qui fut quelque temps son disciple et son compagnon et qui hérita de sa dernière « kalybe ² ». Mais la langue est si barbare et le plan si déconcertant — seul l'élément merveilleux retient l'attention du biographe et la mort du héros n'est même pas rapportée ³ — que les Vies postérieures n'ont eu aucune peine à éclipser ce premier et informe essai ⁴.

La deuxième Vie (*BHG*. 1237) est due à Théophane, higoumène de Vatopédi, puis métropolite de Périthéorion en Thrace ⁵. Elle nous a été conservée dàns le n° 552 du monastère de S. Pantélimon, à l'Athos, manuscrit du xvie siècle ⁶, fol. 145-166. L'auteur n'est pas seulement un contemporain de son héros ; il l'a connu personnellement. Son style laisse encore beaucoup à désirer. Du moins les différentes parties de sa narration sont-elles agencées de manière à faire un tout, ordonné et présentable. Plus encore que Niphon, Théophane aime à citer les témoins et les garants de ses récits. Les noms propres abondent sous sa plume et

---

¹ SPYRIDON et S. EUSTRATIADÈS, *Catalogue of the Greek Mss. of the Laura* (1925), p. 140, n° 920. Cf. S. EUSTRATIADÈS, Συμπλήρωμα ἁγιορειτικῶν καταλόγων (1930), p. 51.

² Ce Niphon est vénéré lui aussi comme un saint. Cf. *BHG*. 1371.

³ Il y est fait allusion, en passant, à la fin du ch. 3 (p. 46, l. 8).

⁴ Dans le codex 132 du monastère de Dionysiou, xviie s., fol. 167-181^v, on trouve une Vie de S. Maxime attribuée à Niphon le hiéromoine. En réalité, il s'agit d'un texte composite, dont certaines parties sont empruntées aux deux textes suivants.

⁵ S'il faut en croire l'évêque d'Amasée, Anthime ALEXOUDÈS (article du Νεολόγος de Constantinople, 18 juillet 1891, cité par Eul. KOURILAS, Ἱστορία τοῦ Ἀσκητισμοῦ, t. I, p. 129), notre Théophane était évêque de Xanthè et Périthéorion, vers 1350. On possède de lui un discours contre les Latins. *Νέος Ἑλληνομνήμων*, t. XIII (1916), p. 120. Sur le siège épiscopal de Théophane, voir ci-dessous, p. 100, n. 1. Il y avait à Périthéorion un métoque de Vatopédi. Γρηγόριος ὁ Παλαμᾶς, t. III, (1919), p. 219.

⁶ Sp. LAMBROS, *Catalogue of the Greek Mss. on Mount Athos*, t. II (1900), p. 395, n° 6059. Une copie récente (xviiie s.) nous a été signalée par Mgr Ehrhard : codex n° 7 de Korthion (île d'Andros). Une métaphrase en grec moderne se lit dans plusieurs manuscrits de l'Athos et dans le n° 70 de la bibliothèque du Sénat. à Athènes. *Νέος Ἑλληνομνήμων*, t. IV (1907), p. 105.

donnent à sa Vie de S. Maxime un intérêt qu'on ne doit pas sous-estimer [1].

En dépit de leur titre, les deux pièces suivantes sont plutôt des panégyriques que des Vies proprement dites. Le *Βίος καὶ πολιτεία τοῦ ὁσίου καὶ Θεοφόρου πατρὸς ἡμῶν Μαξίμου τοῦ Καυσοκαλύβη τοῦ ἐν τῷ Ὄρει τῷ Ἁγίῳ τοῦ Ἄθω ἀσκήσαντος, συγγραφεὶς παρὰ Ἰωαννικίου εὐτελοῦς ἱερομονάχου τοῦ Κόχυλα* [2], se lit dans les manuscrits 470 de Vatopédi (ancien n° 402), du xvᵉ siècle [3], et 25 du monastère de Xénophon, également du xvᵉ siècle [4].

Enfin l'œuvre du quatrième biographe, le moine prêtre Macaire (identique, semble-t-il, à S. Macarius Macrès [5]), nous est parvenue dans le Marcianus II. 92 (ancien Nanianus 114) de Venise, xvᵉ-xviᵉ siècle, fol. 41-55ᵛ : *Βίος καὶ πολιτεία τοῦ ὁσίου καὶ θεοφόρου πατρὸς ἡμῶν Μαξίμου τὸ ἐν τῷ Ἄθῳ, τοῦ ἐπίκλην Καυσοκαλύβη, συγγραφεὶς παρὰ τοῦ τιμιωτάτου ἐν ἱερομονάχοις κῦρ Μακαρίου* [6].

De ces quatre textes, comme aussi de la Vie de S. Niphon (*BHG.* 1371), le savant moine de Lavra, Euloge Kourilas, auteur du catalogue des manuscrits de la skite de Kauso-

---

[1] C'est d'après cette Vie que Nicodème l'hagiorite a rédigé sa traduction abrégée, insérée dans le *Νέον Ἐκλόγιον* (Venise, 1803, p. 341-54 ; Constantinople, 1863, p. 305-317) et reproduite par C. DOUKAKIS dans son *Μέγας συναξαριστής*, Janvier (1889), p. 200-217. La légende de S. Maxime, qui figure, au 13 janvier, dans le Patéricon russe de l'Athos, est tirée à son tour du *Νέον Ἐκλόγιον. Athonskij Paterik* [6], t. I (Moscou, 1897), p. 32-52.

[2] On ne sait pas grand' chose de cet auteur, dont le nom est parfois écrit *Κόχιλας* ou *Κόγχυλας*. D'après Manuel GEDEON, *Ὁ Ἄθως* (Constantinople, 1885), p. 204, qui cite le *Προσκυνητάριον τῆς ἁγίας Λαύρας* de Macaire Kydoneus TRIGONÈS (Venise, 1772, p. 59 ; décrit par LEGRAND-PETIT-PERNOT, *Bibliogr. hellénique*, XVIIIᵉ s., t. II, 1928, p. 155-58), Joannice Konchylas, hiéromoine de Lavra, vécut en ascète vers la fin du xivᵉ s. et s'acquit un renom de sainteté.

[3] S. EUSTRATIADÈS et ARCADIOS, *Catalogue of the Greek Mss. of Vatopedi* (1924), p. 94. Cf. EUSTRATIADÈS, *Συμπλήρωμα*, p. 50-51.

[4] LAMBROS, *Catalogue*, t. I (1895), p. 63, n° 727.

[5] Sur ce théologien, hagiographe et polémiste, dont il existe deux Vies (*BHG.* 1001, 1002), voir la notice de Mgr L. Petit dans le *Dictionnaire de théologie catholique*, t. IX, col. 1507-1509. Notre auteur ne doit pas être confondu, jusqu'à preuve du contraire, avec son homonyme le canoniste Macaire le hiéromoine. Cf. ibid., col. 1455-56.

[6] *Anal. Boll.*, t. XXIV (1905), p. 215.

kalybia [1], nous a envoyé des copies, accompagnées d'intro-
ductions et de notes en grec moderne. Ce dossier est trop
considérable pour qu'on puisse songer, par les temps que
nous traversons, à le publier d'un coup tout entier. Cependant, pour ne pas le laisser dormir indéfiniment dans nos
cartons, nous en tirons aujourd'hui les deux premières Vies
de S. Maxime. La Vie de S. Niphon suivra, s'il plaît à Dieu,
dans un prochain fascicule.

La transcription du R. P. Kourilas a été collationnée
sur des photographies que nous devons à l'obligeance de
M. A. Sigalas, professeur à l'Université de Salonique. L'appareil critique a été délesté de toutes les fautes d'itacisme
et d'autres vétilles purement orthographiques. Par contre
nous y avons relégué un certain nombre de corrections
proposées par le R. Père, préférant laisser dans le texte des
vulgarismes curieux qui ont toute chance de remonter aux
auteurs et qui intéresseront sans doute les historiens de la
grécité byzantine [2].

Pour le commentaire historique et topographique nous
renvoyons une fois pour toutes au tome Ier de l'Histoire de
l'Ascétisme hagioritique du R. P. Kourilas [3]. Les chapitres
VI et VII y sont consacrés à notre S. Maxime (p. 88-132).
Les renseignements fournis par les quatre biographes y
sont mis en œuvre avec beaucoup d'érudition. Les notes que
nous avons placées au bas des pages proviennent, pour une
bonne part, de ce volume ou de l'annotation manuscrite de
notre collaborateur athonite.

---

[1] *Κατάλογος τῶν κωδίκων τῆς ἱερᾶς σκήτης Καυσοκαλυβίων*, publié par
Mgr Sophrone EUSTRATIADÈS (Paris, 1930) ; cf. *Anal. Boll.*, t. XLIX, p. 442.

[2] Signalons, à titre d'exemples, la fréquence du datif au lieu de l'accusatif
(*τῷ Θεῷ ἐδόξασαν, ἀκούουσι τῷ παρόντι συγγράμματι*, dans Niphon ; *τοῖς
πᾶσιν εἷλκεν, τοῖς ἐνδεέσιν ἐσκέπαζεν, τοῖς ῥήτορσιν ἔπληττεν, μεμαθηκὼς ἱεροῖς μελῳδήμασι, προπέμπων αὐτοῖς*, etc., dans Théophane), la
désinence ν étendue à presque toutes les formes de la 3e personne du singulier
(*ἰάθην, ἠγάπαν, ὡμίλειν*), la confusion entre les différentes déclinaisons
(*ταχοῖς* pour *ταχέσι, ἁπλανῆς* pour *ἁπλανοῦς, φλόγα* pour *φλόξ, μήνη* pour
μῆνις), etc. Il est à remarquer que, dans les conversations rapportées en discours direct, la langue se rapproche beaucoup plus qu'ailleurs du grec parlé
d'aujourd'hui.

[3] *Ἱστορία τοῦ Ἀσκητισμοῦ. Ἀθωνῖται*, t. I (Salonique, 1929) ; cf. *Anal.
Boll.*, t. XLVIII, p. 451. Pour la chronologie, voir ci-dessous, p. 106, n. 2.

42   DEUX VIES DE S. MAXIME

I. VIE DE S. MAXIME PAR S. NIPHON

Βίος καὶ πολιτεία τοῦ ὁσίου πατρὸς ἡμῶν
Μαξίμου τοῦ Ἀθωνίτου καὶ Καυσοκαλύβη[1]
λεγομένου, συγγραφεὶς παρὰ τοῦ ὁσίου
πατρὸς ἡμῶν Νίφωνος[2] (1) ἱερομονάχου[3].

1. «| *Μὴ σιγήσῃς, λέγοντι τῷ προφήτῃ ἐκ πνεύματος ἁγίου* (2), 5
μηδὲ καταπραΰνῃς, ὁ Θεὸς ἡμῶν, ὁ ἐν τριάδι ἁγίᾳ προσκυνούμενος
καὶ ὑπὸ τῶν Χερουβεὶμ δοξαζόμενος καὶ ὑπὸ τῶν Σεραφεὶμ
ἀνυμνούμενος», *καὶ ὁ ἄγγελος εἶπε τῷ Τωβήτ · «Τὰ ἔργα τοῦ*
Θεοῦ ἀνακηρύττειν ἔνδοξον (3),» *καὶ πάλιν ὁ προφήτης Δαβὶδ*
καὶ θεοπάτωρ · «Οὐκ ἔκρυψα ἐν τῇ καρδίᾳ μου τὴν ἀλήθειάν σου 10
καὶ τὸ σωτήριόν σου εἶπα · οὐκ ἔκρυψα τὸ ἔλεός σου καὶ τὴν ἀλή-
θειάν σου ἀπὸ συναγωγῆς πολλῆς (4) ·» *διὰ τοῦτο οὐκ ἔστι καλὸν*
σιγῇ παραδοῦναι τὰ τοιαῦτα μυστήρια καὶ θαυμαστὰ τέρατα ὑπὸ
τῶν ἐκλεκτῶν τοῦ Θεοῦ γενόμενα καὶ οἰκείων δούλων αὐτοῦ ·
καὶ εἰς ὠφέ|λειαν τῶν ἀκουόντων γενήσονται, ὅτι καὶ οἱ ζηλοῦν- 15
τες τοὺς βίους τῶν ἁγίων πρόξενον σωτηρίας ὑπάρχει [1] (5).

Ἐξ ἀρχῆς ἐγένοντο φωστῆρες φωστήρων ἐν τῷ Ἁγίῳ Ὄρει
τούτῳ τοῦ Ἄθωνος καὶ ποιμένων ποιμένες καὶ ὁδηγοὶ ἀπλανεῖς
πλανωμένων καὶ ἀστέρες φαεινοὶ τῶν θελόντων σωθῆναι, καθὼς
ἠκούσαμεν καὶ εἴδομεν τοὺς βίους αὐτῶν καὶ πολιτείας ἐν ἰδίοις 20
καιροῖς καὶ χρόνοις γενόμενα καὶ πληρούμενα. Ἐν ὑστέροις δὲ
καιροῖς καὶ χρόνοις ἐπέλαμψεν ὡς ἥλιος ὑπέρλαμπρος ἐκ τῶν
αὐτοῦ κατορθωμάτων ἐν τῷ Ἁγίῳ Ὄρει τούτῳ ὁ ὅσιος πατὴρ ἡμῶν

Lemma. — [1] *καυσοκαλήβη* passim. — [2] *νήφωνος* ante corr. — [3] εὐλόγησον πάτερ add.

1. — [1] *πρόξενοι σωτηρίας ὑπάρχουσιν* Kourilas.

(1) Entre les deux graphies *Νήφων* et *Νίφων*, qui se rencontrent l'une comme l'autre dans les manuscrits, nous préférons la seconde, attestée par l'épi-
graphie dès le ivᵉ siècle avant Jésus-Christ. DITTENBERGER, *Sylloge* ³, t. I,
p. 398, n. 16 ; Fr. BECHTEL, *Die historischen Personennamen des Griechischen*
(Halle, 1917), p. 598. La forme *Νήφων* doit sans doute son succès à l'étymolo-
gie populaire qui en a fait un synonyme de *νηφάλιος*.

(2) Psalm. 82, 2.   (3) Tob. 12, 11.   (4) Ps. 39, 11.

(5) Les anacoluthes fourmillent dans ce texte. Il serait puéril de vouloir les
corriger ou même les signaler toutes. On aura remarqué dès la l. 5 le datif absolu *λέγοντι*, auquel est coordonné l'indicatif *εἶπε* de la l. 8. Le nominatif
ζηλοῦντες (l. 15) est probablement mis pour un datif.

Μάξιμος ὁ Καυσοκαλύβης, καθὼς | ἄνωθεν εἴρηται, φωστὴρ φω- 34
στήρων καὶ ὁδηγὸς ἀπλανὴς πλανωμένων καὶ ἀστὴρ φαεινότατος
καὶ παράκλησις τῶν μοναζόντων τοῦ Ἄθωνος, πάντων [τῶν] πρὸς
αὐτὸν μετὰ πίστεως φοιτώντων· οὐ μόνον δὲ τῶν μοναχῶν, ἀλλὰ
5 *δὴ καὶ βασιλέων καὶ ἀρχόντων στήριγμα καὶ ὁδηγὸς πρὸς ὠφέλειαν,*
καθὼς καὶ ὁ λόγος δηλῶσαι ἐπείγεται.

Ἔπρεπε γὰρ τοὺς λέγοντας καὶ γράφοντας βίους ἁγίων, ἵνα
καὶ αὐτοὶ ὦσι κεκοσμημένοι ἀρετῶν καὶ κατορθωμάτων, ὅπως
καὶ ἐκ τῶν ἀρετῶν κοσμοῦνται οἱ λόγοι αὐτῶν. Ἐγὼ δὲ ὁ εὐτελὴς
10 *Νίφων ζήλῳ θείῳ πυρούμενος ἐπιχείρησα² γράψαι τὰ ὑπὲρ τὴν*
ἐμὴν δύναμιν, | ἀλλ᾽ οὐ³ κατ᾽ ἐπίγνωσιν ἔγραψα καὶ ἐπέμνησα 34ᵛ
τοῦ ὁσίου πατρὸς ἡμῶν Μαξίμου τὸν βίον· πόθῳ γὰρ θείῳ, ὡς
εἴρηται, κινηθεὶς καὶ ἄπερ ἤκουσα ἐκ τοῦ ἁγίου αὐτοῦ στόματος
καὶ ἀπὸ εὐλαβῶν καὶ πεφωτισμένων ἁγίων πατέρων· ἤκουσα καὶ
15 *τῆς θείας φωνῆς τοῦ κρύψαντος τὸ τάλαντον τὴν κατάκρισιν* (1)·
« Φοβήθητι, ψυχή, μὴ κρύπτε λόγον Θεοῦ (2) ·» *ταῦτα κἀμὲ ἠρέ-*
θισαν πρὸς ὑπόμνησιν τοῦ θείου πατρὸς γράψαι, ἵν᾽ ὅπως ὁδηγηθῇ
τις ἐκ Θεοῦ τῶν φιλοθέων γραμματεὺς νουνεχὴς συγγράψαι βίον
καὶ λόγον αὐτοῦ εἰς ὠφέλειαν τῶν ἐντυγχανόντων· αὐτὸς μὲν τὰς
20 *εὐχὰς τούτων καὶ διπλοῦς τοὺς στεφάνους ἀπολαύσει, ἐκεῖ δὲ*
ἕξει⁴ ἐπόπτην⁵ | καὶ συνόμιλον τὸν ὅσιον πατέρα. 35

2. *Οὗτος ἦν ἐκ πόλεως Λαμψάκου* (3) · *ἐμνήθη δὲ τὴν ἄσκησιν* Maximus,
καὶ τὴν ἀκτημοσύνην ἀπὸ Θεοῦ παντοκράτορος ἐκ νεότητος. Lampsaci
Ὅτε τὰ ἱερὰ γράμματα ἐμάνθανεν, ἔφευγεν εἰς τὰς ἐρήμους καὶ natus,
25 *σπήλαια, καὶ ὅσον οἱ γονεῖς αὐτοῦ ἔπασχον¹ μένειν μετ᾽ αὐτῶν,*
τοσοῦτον αὐτὸς ἔφευγε. Καὶ ὅτε ἐνόησε τὸ κρεῖττον, ἠμφιάσθη τὸ fit
μοναχικὸν σχῆμα εἰς ὑποταγὴν πνευματικοῦ πατρός. Καὶ ποιή- monachus;
σας ἐκεῖ καιρὸν οὐκ ὀλίγον, ὡς ἤκουσε διὰ τὸ περιβόητον Ἅγιον
Ὄρος τοῦ Ἄθωνος, ἠθέλησεν εἰς θεωρίαν τούτου ἐλθεῖν. Καὶ in montem
30 *δὴ λαβὼν συγγνώμην ἐκ τοῦ πατρὸς αὐτοῦ καὶ ἐφοδιασθεὶς ὑπὸ* Athonem
τῶν εὐχῶν αὐτοῦ, ἐξῆλθε. Καὶ εὑρών τινα μοναχὸν Ἀθηναῖον primo
| συνοδίτην, Θεοῦ ὁδηγοῦντος ἔφθασαν εἰς τὸ Ὄρος. Οὐ πολὺ τὸ tendit,
ἐν μέσῳ, καὶ ὁ ἅγιος ἦλθεν εἰς τὴν σεβασμίαν Λαύραν καὶ ποιήσας 35ᵛ

---

² sic. — ³ ἀλλὰ Kourilas. — ⁴ ἕξειν. — ⁵ corr.

2. — ¹ an ἔπειθον?

(1) Cf. Matth. 25, 25-30.
(2) Avertissement tiré du Triodion, doxasticon du mardi saint.
(3) Sur Lampsaque, dans l'Hellespont, voir V. Schultze, *Altchristliche*
Städte und Landschaften, t. II : *Kleinasien*, 1 (Gütersloh, 1922), p. 374-78.

44 DEUX VIES DE S. MAXIME

inde Con-
stantino-
polim,

rursumque
in Atho-
nensia
deserta,
36

ubi degit
annos decem.

ἐκεῖ μετάνοιαν, ὡς σύνηθες ἦν τῶν θελόντων προσμεῖναι, ἔμεινε παρὰ τὴν θείαν Λαύραν ὡρολόγος (1) καιρὸν ὀλίγον. Μετὰ ταῦτα ἀνῆλθεν εἰς τὴν Κωνσταντινούπολιν εἰς προσκύνησιν τῶν ἁγίων Παθῶν (2) καὶ τῶν ἁγίων λειψάνων. Καὶ πάλιν ὑπέστρεψεν εἰς τὸ Ἅγιον Ὄρος καὶ ηὐλίζετο εἰς τὰς ἐρήμους τοῦ Ἄθωνος, ἄστεγος, 5 ἄοικος, ὡς ἄλλος Ὀνούφριος (3) καὶ Πέτρος ὁ Ἀθωνίτης (4). Καὶ ποτὲ μὲν ἐπλησίαζε πρὸς τοὺς ὁσίους πατέρας τῶν ἐν ταῖς ἐρήμοις ἐκείναις οἰκούντων καὶ ἐπαραμυθεῖτο μικρᾶς τροφῆς · | ἐ-πὶ τὸ πλεῖστον δὲ ἐν ταῖς ἐρήμοις διῆγεν ἀρκούμενος βοτάνων καὶ βαλάνων καὶ καστάνων καὶ ἄλλα τινὰ πρὸς παραμυθίαν. Εἶχε δὲ 10 αὐτὸν ἡ ἔρημος αὕτη ἐνιαυτῶν δέκα περίοδον (5).

Tuguriolum
saepius
incendit.

Καὶ οὕτω μετὰ ταῦτα ἦλθεν εἰς τὸν τόπον τῆς ἁγίας Λαύρας, πλησίον τῆς Παναγίας (6) · καὶ πήξας ἐκεῖσε μικρὸν καλύβιον ἐκαθέζετο · καὶ ἐξήρχετο μίαν τῆς ἑβδομάδος διὰ μικρὰν παρα-μυθίαν. Ὅτε δὲ γνωστὸς ὑπό τινος ἐγένετο, καύσας τὴν καλύβην 15 ἀνεχώρει ἀλλαχόθεν διὰ τὸ ἀτάραχον καὶ ἥσυχον καὶ ἀπαρρησία-στον. Καὶ ὅσον αὐτὸς ἔφευγε τὴν δόξαν καὶ ² τὸ λανθάνειν τοὺς ἀνθρώπους ποῦ καὶ πόθεν κατοικεῖ, τοσοῦτον ὁ Θεὸς κατὰ τὴν

36ᵛ

αὐτοῦ φωνήν, | τό · «Οὐ δύναται πόλις κρυβῆναι» καὶ τό · «Οὐ καίουσι λύχνον» καὶ τὰ ἑξῆς (7), ἐφανέρωνεν αὐτόν. Καὶ οἱ γινώ- 20 σκοντες τοῦτον μεγάλως ηὐχαρίστουν τὸν Θεὸν τὸν διδόντα

---

² προὐθυμεῖτο *supplendum videtur.*

---

(1) Moine chargé de donner le signal avec la cloche ou la simandre aux heures fixées. Ce rare synonyme de νεωκόρος est encore en usage au monastère d'Iviron ; ailleurs on emploie le mot ἐκκλησιαστικός.

(2) Les reliques de la Passion étaient l'objet d'un culte tout spécial à Constantinople. Cf. J. EBERSOLT, *Sanctuaires de Byzance* (Paris, 1921), p. 115-32 : *Reliquaires du Christ.*

(3) S. Onuphre l'anachorète. Cf. *BHG.* 1378-1382.

(4) S. Pierre l'Athonite, dont la Vie ancienne (*BHG.* 1505) a été publiée par K. LAKE, *The early days of monasticism on Mount Athos* (Oxford, 1909), p. 18-39. La popularité dont cet énigmatique anachorète jouit parmi les moines de la Sainte Montagne est due surtout au panégyrique enthousiaste que lui a consacré Grégoire Palamas, *BHG.* 1506.

(5) Pour toute cette première partie de la vie de S. Maxime, Théophane, ch. 2-9 (ci-dessous, p. 67-79), offre un récit fort différent et parfois difficile à concilier avec ce qu'on vient de lire.

(6) Petit sanctuaire, à deux heures du sommet de l'Athos, sur la route qui y mène de Lavra. Cf. G. SMYRNAKIS, *Τὸ Ἅγιον Ὄρος* (Athènes, 1903), p.408.

(7) Matth. 5, 14-15.

τοῖς δούλοις αὐτοῦ τοσαύτην ὑπομονὴν ἔν τε σκληραγωγίαις καὶ μονώσεσι καὶ τὸ ἀπέριττον καὶ τὸ ὑπομένειν τὸν καύσωνα τῆς ἡσυχίας καὶ τὸν παγετὸν τῆς κακοπαθείας, ἐν ὑλικῷ σώματι ἄυλον πολιτείαν ὁρῶντες τοῦ ὁσίου πατρὸς τὸν βίον. Οἱ δὲ ἀνόητοι καὶ
5 ἀσύνετοι οἱ μὴ γινώσκοντες αὐτὸν ἔλεγον ὅτι ἐξέστη καὶ ἐπλανήθη, καὶ εἰς πρόσωπον ὠνείδιζον αὐτόν. Αὐτὸς δὲ ὡς μαθητὴς τοῦ Χριστοῦ καὶ μιμητὴς γενναίως πάντα ὑπέμενε διὰ τὸν λέγοντα ·
« Ὁ ὑπο|μείνας εἰς τέλος οὗτος σωθήσεται » καὶ « Μακάριοί ἐστε,   37
ὅταν ὀνειδίσωσιν ὑμᾶς οἱ ἄνθρωποι » καὶ τὰ ἑξῆς (1).

10 3. Τῆς φήμης δὲ αὐτοῦ πανταχοῦ διαθεούσης καὶ τὸ ὄνομα   Undique
αὐτοῦ ἐν ταῖς τῶν ἁπάντων γλώσσαις ᾀδόμενον, οὐ μόνον ἐν τῷ   ad sanctum
Ὄρει τοῦ Ἄθωνος, ἀλλὰ καὶ εἰς πᾶσαν τὴν γῆν (προφητικῶς   concurritur,
εἰπεῖν) ἐξῆλθεν ὁ φθόγγος αὐτοῦ (2). Συνέτρεχον οὖν πρὸς αὐτὸν
οἱ ἐν τοῖς μοναστηρίοις κατοικοῦντες, ἀναρίθμητον πλῆθος, καὶ
15 οἱ ἐν ταῖς σκήταις. Καὶ μετ' ὀλίγον συνέρρεον καὶ πλῆθος ἐκ τοῦ
κόσμου, βασιλεῖς καὶ ἄρχοντες καὶ ὄχλος πολὺς ἀπὸ τῶν πόλεων,
καὶ μεγάλως ὠφελοῦντο · ἕκαστος κατὰ τὴν πίστιν αὐτοῦ καὶ
εὐλάβειαν | καὶ κατὰ τὸν σκοπὸν ὃν εἶχεν, ὠφελεῖτο. Ἦν δὲ   37ᵛ
πεφωτισμένος ὁ πατήρ · ὁμιλοῦντος γὰρ αὐτοῦ αἰσθητῶς, ἑτέρα
20 τις φωνὴ ἠκούετο ἐκ τοῦ λογιστικοῦ αὐτοῦ · καὶ οἱ ἀκούοντες   prophetico
μεγάλως ηὐφραίνοντο. Καὶ οὐ μόνον ἔλαβεν ἀπὸ τῆς ἄνωθεν σοφίας   spiritu
καὶ χάριτος τὸ προορᾶν τοῖς ἐγγύς, ἀλλὰ καὶ τοῖς μακράν (3). Καὶ   donatum.
ὅσα ἔλεγε τοῖς ἀνθρώποις, ἄλλα μὲν διὰ συντόμως ἐπληροῦντο, ἄλλα
δὲ μετὰ καιρόν.

25 Ἦν δὲ σπήλαιον μικρὸν ἐπάνωθεν τῆς καλύβης αὐτοῦ (4). Ἐν   In spelunca
μιᾷ γοῦν τῶν ἡμερῶν εἰσῆλθεν εἰς τὸ σπήλαιον καὶ ἀφύπνωσε ·
καὶ ἀναστὰς ἐκάθισε, καὶ θεωρεῖ γύναιον κεκοσμημένον ἔμπροσθεν
τοῦ σπηλαίου · καὶ γνοὺς τὴν ἐπίνοιαν | τοῦ παμπονήρου δαίμονος   38
καὶ ποιήσας ἐκ τρίτου τὸ σημεῖον τοῦ ζωοποιοῦ σταυροῦ, ἄφαντος
30 ἐγένετο. Καὶ ὀλίγων ἡμερῶν παρελθουσῶν, ἔλεγεν ὁ μέγας ὅτι ·
« Μοναχός τις ἦλθεν ἡμέρᾳ δευτέρᾳ καὶ ἐκάθητο ἔμπροσθεν τοῦ
σπηλαίου, ὃν οὐκ εἰδά ποτε · ἦν δὲ κατάξηρος ἀπὸ τῆς πολλῆς
ἐγκρατείας. Καὶ τῇ τρίτῃ ἡμέρᾳ πρωῒ ἦλθε πρός με καὶ ὠμιλήσα-
μεν ἀλλήλοις · καὶ μὴ ἔχοντες ἄρτον τοῦ φαγεῖν ἀμφότεροι ἢ ἄλλο

---

(1) Matth. 10, 22 et 5, 11-12.   (2) Ps. 18, 5.

(3) Entendez τὰ ἐγγύς et τὰ μακράν : Maxime prévoyait l'avenir proche et éloigné.

(4) Il s'agit sans doute de la cabane que le saint construisit à trois milles de τὰ κῦρ Ἡσαΐου, quand, sur les instances de Grégoire le Sinaïte, il eut renoncé à sa vie de « Kausokalybe ». Ci-dessous, p. 89, l. 6.

annos 14 vivit; τι τοῦ συνεσθιαθῆναι, ἐξῆλθε καὶ ἐκάθητο ἄνωθεν ἕως τῇ πέμπτῃ [1] πρωΐ, καὶ πάλιν ἦλθε καὶ ὡμιλήσαμεν · καὶ πάλιν ἀνέβη ἐκ τρίτου καὶ ἐκάθητο ἕως τῷ σαββάτῳ πρωΐ. Τότε ἐξῆλθον κἀγὼ διὰ σω-

38ᵛ ματικὴν | παράκλησιν καὶ ἔκτοτε οὐκ εἶδον αὐτόν.» Ἐτῶν οὖν δεκατεσσάρων διανύσας ἐν τῷ προειρημένῳ σπηλαίῳ πλησίον τῆς 5

tandem apud Lauram in tugurio habitat. Παναγίας διάστημα, ἐξῆλθεν ἐκεῖθεν καὶ ἐλθὼν κατῴκησε πλησίον τῆς ἁγίας Λαύρας, ὅσον καὶ τὰ πνευματικὰ ὄργανα (1) ἠκού-οντο · καὶ πήξας πάλιν καλύβιον ἐκάθητο, ἐν ᾧ καὶ ἐτελειώθη. Ἐκείνη δὲ τῇ καλύβῃ [2] παρεχώρησεν ἐμοί.

Ab impera-toribus invisitur. 4. Ἡμερῶν δὲ οὐκ ὀλίγων παρελθουσῶν, ἠβουλήθησαν οἱ βασι- 10 λεῖς, ὁ Καντακουζηνὸς καὶ Ἰωάννης ὁ Παλαιολόγος, ἐλθεῖν εἰς ἐπίσκεψιν τοῦ ἁγίου · καὶ πρὸ τοῦ ἀκουσθῆναι ἢ λεχθῆναι ἢ παρ-ουσία τούτων, φησὶν ὁ πατήρ · «Γινώσκετε, ὦ πατέρες, ὅτι οἱ βασιλεῖς Καντακουζηνὸς καὶ Παλαιολόγος ἀφικνοῦνται ἐνταῦ-

39 θα | εἰς ἐπίσκεψιν ἡμῶν.» Καὶ καθὼς προεῖπεν, οὕτω καὶ ἐγένετο · 15 ἦλθον ἀμφότεροι οἱ βασιλεῖς εἰς τὴν ἁγίαν Λαύραν καὶ προσεκύ-νησαν (2). Εἶτα μετὰ πολλῆς τῆς εὐλαβείας καὶ ταπεινότητος ἦλθον καὶ εἰς τὸν ὅσιον πατέρα · καὶ ἰδόντες αὐτὸν προσέπεσον τοῖς ποσὶν αὐτοῦ, δεόμενοι ἀκοῦσαι λόγον παρ' αὐτοῦ καὶ διδα-χθῆναι τὰ πρὸς σωτηρίαν ὠφέλιμα ῥήματα. Καὶ ἀνοίξας τὸ ἅγιον 20 αὐτοῦ στόμα καὶ πολλὰ πρὸς σωτηρίαν λέξας αὐτούς, καὶ ἀκού-σαντες μετὰ πολλῆς τῆς εὐλαβείας ηὐφράνθησαν ἐκ τῆς γλυκύ-τητος τῆς ἐκπορευομένης ἐκ τοῦ στόματος αὐτοῦ, καὶ μάλιστα ὅτε διελέγετο πρὸς αὐτοὺς ταῦτα · «Ἀπέχεσθαι δεῖ ἀπὸ ἀδικίας καὶ πλεονεξίας καὶ τοὺς πταίοντας συγχωρεῖν καὶ τοὺς πένητας ἐλε- 25

39ᵛ εῖν | καὶ τοῖς μοναχοῖς ἐπαρκεῖν τὰ πρὸς τὴν χρείαν τοῦ σώματος, ὅπως καὶ αὐτοὶ θερμοτέρως ὑπὲρ αὐτῶν ὑπερεύχωνται.» Καὶ ἄλλα πολλὰ εἰπὼν πρὸς αὐτοὺς οἴκαδε ἀπέπεμψε. Αὐτοὶ δὲ εὐχαριστή-σαντες ἀνεχώρησαν (3).

---

3. — [1] πέπτη. — [2] *sic pro* ἐκείνην τὴν καλύβην.

(1) Les cloches du monastère. Cf. THÉOPHANE, ch. 31 (ci-dessous, p. 102, l. 29).

(2) Cette visite impériale n'a laissé aucune trace dans l'histoire. Si elle a réelle-ment eu lieu, il faut la dater de l'époque où les deux empereurs n'étaient pas en guerre, soit entre 1347 et 1352. Sur une autre visite de Jean Cantacuzène à l'Athos, antérieure à la mort d'Andronic III (1341), nous avons le témoignage de l'ex-empereur lui-même : *Hist.*, IV, 24 (éd. de Bonn, t. III, pp. 173, 176).

(3) D'après Théophane de Périthéorion, ch. 21 (ci-dessous, p. 93), le saint fit aux deux empereurs des prophéties qui se réalisèrent de point en point. Cf. NIPHON, ch. 20 (p. 57-58).

5. Ἀλλ᾽ ὦ φιλόθεοι καὶ φιλήκοοι ἀκροαταί, ἀκούσατε καὶ θαυμάσατε καὶ δοξάσατε τὸν Θεὸν τὸν δοξάζοντα τοὺς αὐτὸν γνησίως δοξάζοντας (1), καὶ διορατικοὺς καὶ θαυματουργοὺς αὐτοὺς ἀναδείκνυσι, καθὼς ὁ θεοπάτωρ καὶ προφήτης Δαβὶδ λέγει· «Ἐγὼ
5 εἶπα· θεοί ἐστε καὶ υἱοὶ ὑψίστου πάντες (2).» Παρέβαλόν ποτε μοναχοὶ ἐκ τῆς ἁγίας Λαύρας πρὸς αὐτὸν τοῦ ποιῆσαι αὐτὸν παράκλησιν· καὶ καθημένων αὐτῶν | ἐπὶ τοῦ ἀρίστου, ἦλθον δύο   40 κοσμικοί, ὁ εἷς ἔχων δαιμόνιον καὶ δεόμενος τοῦ ὁσίου, ὅπως   Laicum ἰαθῇ. Καὶ εὐθέως ἀνέστη καὶ εἶπε τὸν μοναχὸν Μερκούριον τὸν   a daemone
10 παρατυχόντα τότε ἐν τῇ τραπέζῃ· «Εὐλόγησον αὐτόν, ἵνα ἰαθῇ.»   per mona-
Καὶ εὐλόγησεν αὐτὸν ὁ Μερκούριος, καὶ εἶπεν αὐτόν· «Πορεύου   chum liberat,
ἐν εἰρήνῃ· καὶ γυναικὸς μὴ ἅψῃ καὶ κρέα μὴ φάγῃς.» Καὶ ἰάθη ἀπὸ τῆς ὥρας ἐκείνης ὁ ἄνθρωπος.

Ἕτερος μοναχὸς νεώτερος εἶχε δαιμόνιον, καὶ ἀπεστάλη πρός   monachum
15 τινα γέροντα ἰάσασθαι αὐτόν. Ἐρχομένου δέ, καὶ μὴ θέλων συν-   oratione ήντησε τὸν μέγαν· καὶ ἐρωτηθεὶς παρ᾽ αὐτοῦ ποῦ πορεύεται καὶ   sanat. ἀποκριθεὶς ὅτι εἰς τὸν δεῖνα γέροντα, εἶπε δὲ αὐτῷ ὁ ὅσιος· «Μὴ ἀπέλθῃς ἐκεῖ | πειράσαι θέλων τὸν γέροντα, ὅτι καὶ ὁ τόπος ἐστὶ   40ᵛ κρημνώδης καὶ κινδυνεῦσαι ἔχεις· ἀλλ᾽ ὑπόστρεψαι εἰς τὸν γέροντά
20 σου καὶ ἔχε ὑπακοὴν καὶ ταπείνωσιν, καὶ τυρὸν μὴ ἐσθίῃς.» Καὶ ποιήσας αὐτὸν εὐχήν, ἀπέλυσεν αὐτὸν καὶ εἶπε· «Πορεύου ἐν εἰρήνῃ.» Καὶ ἰάθη ἀπὸ τῆς ὥρας ἐκείνης. Τινὲς δὲ φθόνῳ τηκόμενοι ἐλοιδόρουν τὸν ἅγιον· ἡ ἀρετὴ γάρ, καθὼς γέγραπται, δῆλον αὐτὸν ἐποίει πανταχόθεν, καθάπερ λαμπὰς τὸν φέροντα, κἂν πολὺ
25 τὸ τοῦ φθόνου περιθέῃ σκότος (3).

6. Παρέβαλόν ποτε μοναχοί τινες μετὰ κοσμικοῦ τινος· καὶ   Acindyni πρὸ τοῦ πλησιάσαι τοῦ ὁσίου, ἔτι πόρρω αὐτοὶ ὄντες, ἐλάλησεν ὁ   discipulos γέρων πρὸς τὸν κοσμικὸν | λέγων· «Ἀκίνδυνατος εἶ (4), καὶ   41 στῆθι μακράν, ὅτι οὐχ ὑποφέρω τὸν πλησιασμόν σου καὶ τῆς σῆς
30 ὁμιλίας τὴν δυσωδίαν.» Καὶ πάλιν ἦλθον ἕτεροι μοναχοί, καὶ   agnoscit γνοὺς τὸν ἕνα ἐλάλησεν ἀπὸ μακρόθεν· «Ἀκινδυνᾶτος εἶ καὶ σύ,   atque στῆθι ἀπὸ μακρόθεν, μὴ πλησιάσῃς ἐνταῦθα.» Καὶ οὕτως ἐγί-   devitat. νωσκε τὸν καθ᾽ ἕνα καὶ ἕκαστον τί ἐστι καὶ τί διαλογίζεται. Καὶ

---

(1) Cf. I Reg. 2, 30.   (2) Ps. 81, 6.
(3) Citation non identifiée.
(4) Surnom donné aux partisans de Grégoire Acindynus, le plus fameux des antipalamites, après Barlaam le Calabrais. Cf. M. Jugie, art. Palamite (Controverse), § 5, dans le Dictionnaire de théologie catholique, t. XI, col. 1802-1804.

τί πλέον ἔχω ¹ λέγειν περὶ τοῦ ὁσίου; Ἐπιλείψει γάρ με διηγούμενον ὁ χρόνος ὑπὲρ τὸ καθ' ἓν ἐξετάζειν · ἀλλ' ὅμως ὡς ἀμαθὴς
καὶ ἀμελὴς καὶ πένης τῶν ἀρετῶν, ἀπὸ τῶν πολλῶν καὶ μεγάλων
κατορθωμάτων καὶ ἀρετῶν τοῦ ὁσίου πατρὸς οὐκ ἀμελήσω λέ-

41ᵛ γειν καὶ γράφειν | ὅσα ἐπίσταμαι.   5

Callisto
patriarchae
mortem
praenuntiat.

7. Ἦλθέ ποτε ὁ οἰκουμενικὸς πατριάρχης Κωνσταντινουπόλεως
Κάλλιστος μετὰ τοῦ κλήρου αὐτοῦ πρὸς αὐτόν · καὶ μετὰ τῆς
συνομιλίας καὶ τοῦ ἀρίστου, ἐν τῷ ἐξελθεῖν αὐτούς, διὰ λόγου βραχέος ἐσήμανεν αὐτοὺς τὸν ἐπὶ τῶν Σερρῶν ἄδικον θάνατον. Καὶ
διὰ δηλητηρίου ἐτελειώθησαν (1).   10

Lumine
circumdatus
cernitur.

8. Καὶ πάλιν τούτου μείζων ἡ ῥύμη τοῦ λόγου συνέβαλεν. Ἦλθέ τις Μεθόδιος μοναχὸς εἰς θεωρίαν τοῦ γέροντος, καὶ εἶδεν αὐτὸν
ἔσωθεν τῆς καλύβης · καὶ λέγει πρὸς αὐτὸν ὁ πατήρ · « Δεῦρο
πλησίον. » Αὐτὸς δὲ ἀπὸ τὴν λαμπρότητα ἣν εἶδεν, οὐκ ἠδύνατο

42 πλησιάσαι. Καὶ μικρᾶς ὥρας διάστημα, ἀλλοιωθέντος | τοῦ φωτὸς 15
ἐκείνου, ἐπλησίασε καὶ συνωμίλουν ἕως τὸν καιρὸν τοῦ ἀρίστου.

Καὶ πάλιν ἄλλοτε ἦλθεν Ἀρσένιός τις μοναχὸς πρὸς αὐτόν ·
καὶ εἶδεν αὐτόν, ὡς φλόγα πυρὸς ἐξερχομένη ἀπ' αὐτοῦ καὶ
ἀνέβαινεν ἕως τὴν κορυφὴν τῆς καλύβης αὐτοῦ, ὡς νομίζειν ὅτι
ἐπυρπολήθη ἡ καλύβη · καὶ ἐξέστη ἐπὶ τούτου ¹. Γενομένης δὲ 20
ἀλλοιώσεως τοῦ πυρὸς ἐκείνου, ἠρώτησεν αὐτόν · «Τί ἐστι τοῦτο,
πάτερ ;» Ἀποκριθεὶς εἶπεν · «Οὐκ οἶδα τί λέγεις. »

Καὶ πάλιν ὁ αὐτὸς Ἀρσένιος εἶπε · « Φόβον ἤκουσα ἀπὸ τῶν
Ἰσμαηλιτῶν καὶ ἐλθὼν ἀνήγγειλα τῷ γέροντι, καὶ λέγω αὐτῷ ·
Ποίησον εὐχὴν περὶ τούτου. Καὶ λέγει μοι · Ὕπαγε ² ἐν εἰρήνῃ. 25

42ᵛ Ἐγὼ δὲ ὡς πονηρὸς | ἔδειξα ὅτι ὑπάγω. Καὶ ἱσταμένου μου κρυ-
φίως, ὁρῶ αὐτὸν ἱστάμενον καὶ τὰς χεῖρας αὐτοῦ ἐκτείναντα εἰς
ὕψος ἐπὶ πολλὴν ὥραν. Καὶ ἐγένετο νεφέλη κύκλῳ αὐτοῦ, καὶ
ὑψώθη τοῦ πυρὸς ἡ φλὸξ ἐπάνω τῆς κεφαλῆς αὐτοῦ καὶ ἕως τῶν
κλάδων τῶν δένδρων, ὡς νομίζειν με κατακαίεσθαι ³ τοὺς κλά- 30

6. — ¹ ἔχων.
8. — ¹ corr., prius τούτω. — ² ὕπαγεν. — ³ sic.

(1) Calliste Iᵉʳ, patriarche de 1350 à 1354 et de 1355 à 1363, est vénéré comme un saint dans l'Église orthodoxe. DOUKAKIS, Μέγας συναξαριστής, 20
juin. Envoyé en ambassade auprès d'Élisabeth de Serbie, il mourut de
maladie à Sérès de Macédoine. La légende de son empoisonnement est déjà rapportée et combattue par Jean Cantacuzène, Hist., IV, 50 (éd. de Bonn, t. III,
p. 360-62). Comparez le récit plus circonstancié de Théophane, ch. 22 (ci-dessous, p. 94).

δους · καὶ φοβηθεὶς ἔφυγον εἰς τὸ κελλίον μου ἐξιστάμενος καὶ
θαυμάζων. Καὶ τῷ πρωῒ ἦλθον καὶ ἠρώτησα αὐτόν · Τί ποιεῖς,
πάτερ; Καὶ ἀποκριθεὶς εἶπεν · Ὡς με εἴρηκας, διὰ τοὺς Ἰσμαη-
λίτας ἐφοβήθην πολλὰ τῇ νυκτὶ ταύτῃ. »

5   **9.** Ἀναγκαῖόν ἐστι καὶ τοῦτο εἰς μέσον ἀγαγεῖν. Πρὸ ἐτῶν οὐκ
ὀλίγων ἠκούετο περὶ τοῦ ἁγίου πατρὸς | ὅτι ἄρτον οὐράνιον δέ-   43
χεται · καὶ τοῦτο πολλοὶ οὐκ ἐπίστευον. Ὁ νοσοκόμος δὲ τῆς   Caelesti
ἁγίας Λαύρας Γρηγόριος ἦλθεν ἐν καιρῷ χειμῶνος μετὰ καὶ   pane
ἑτέρου μοναχοῦ. Δεξάμενος οὖν ὁ πατὴρ αὐτοὺς εἶπεν · « Ἐγὼ   reficitur.

10 ἄρτον ἔχω ζέοντα καὶ ὕδωρ. » Καὶ ἔδωκεν αὐτοῖς ἐξ αὐτοῦ καὶ
ἔφαγον, καὶ εἶπε · « Δέομαι ὑμῶν, μὴ εἴπητε τοῦτο πρὸ τοῦ
τέλους μου. » Ἐξέστημεν δὲ ἐπὶ τὸ δρώμενον καὶ ἐθαυμάσαμεν.
Μετὰ δὲ τὴν κοίμησιν αὐτοῦ ἦσαν ἀναβαίνοντες εἰς τὴν ἁγίαν
κορυφὴν τοῦ Ἄθωνος εἰς προσκύνησιν τοῦ σωτῆρος Χριστοῦ (1),

15 καὶ ἔλεγον περὶ τούτου καὶ εἶπον ὅτι · « Ἐπὶ τοῦ¹ χιόνος² οὔτε
μαλαγὴν εὕρομεν ἄλλου τινός, οὔτε πῦρ ἐν τῇ καλύβῃ, | ἀλλὰ ἄρτον   43ᵛ
εὔοσμον ζέοντα, ὃν καὶ ἡμᾶς ὁ ὅσιος ἔδωκεν εἰπών · Φάγετε καὶ
ὑμεῖς, ὡς ἔτυχεν. » Ἀλλὰ καὶ τοῦτο γνωστὸν πολλοῖς ἐγένετο ὅτι
καὶ ὕδωρ θαλάσσιον εἰς γλυκύτητα μετέβαλεν, ἐξ αὐτοῦ δὲ ἔπιε.

20   **10.** Καὶ πάλιν ὁ καθηγητὴς τοῦ ἐνδόξου Προδρόμου τοῦ Μικρο-   Tacite
αθωνίτου (2), λαβὼν τὰ πρὸς τροφὴν ἐπιτήδεια, εἶπεν ἐν ἑαυτῷ ·   loquentem
« Καρτέρει με, Καυσοκαλύβη, νὰ φάγωμεν. » Ἐλθόντος οὖν ἐκεί-   audit.
νου, πρὸ τοῦ ἰδεῖν αὐτὸν ὁ μέγας ἐλάλησε πρὸς αὐτόν · « Δεῦρο,
παπᾶ, καρτερῶ σε. »

25 Ἄλλος πάλιν ἀπὸ τὴν λαύραν τῶν Καρεῶν (3) ἦλθεν, ἀλγῶν   Abscondita
τὴν χεῖρα αὐτοῦ · ἐβούλετο δὲ ἀπελθεῖν εἰς τὴν Πόλιν. Καὶ πρὸ   novit.
τοῦ εἰπεῖν | αὐτὸν τὸν λογισμὸν αὐτοῦ καὶ τὸ ἄλγος τῆς χειρός,   44
λέγει ὁ ὅσιος · « Εἰς τὴν Πόλιν βούλεσαι ἀπελθεῖν · καὶ πρόσεχου,
μὴ ἀπέλθῃς, ὅτι οὔτε ἡ χείρ σου ἰαθήσεται, οὔτε ἄλλον¹ τι ἀγαθὸν

---

9. — ¹ sic. — ² χίονος; cf. p. 95, l. 17.   **10.** — ¹ sic.

---

(1) Au sommet de l'Athos se trouve une chapelle de la Transfiguration.
(2) Il s'agit sans doute de l'higoumène S. Denys, qui fonda, vers 1374, au
pied du Petit-Athos, le monastère de Saint-Jean-Baptiste, aujourd'hui appelé
Dionysiou. Cf. J. DRAESEKE, *Vom Dionysioskloster auf dem Athos*, dans *Byzant.
Zeitschrift*, t. II (1893), p. 79-95. La fête de S. Denys l'Athonite se célèbre le
25 juin. Voir sa Vie (*BHG*. 559) dans le Μέγας συναξαριστής de Doukakis.
(3) Karyès, centre et pour ainsi dire capitale de la péninsule athonite. Cf.
L. PETIT, dans *Anal. Boll.*, t. XXV, p. 26, n. 2 ; SMYRNAKIS, p. 690.

50 DEUX VIES DE S. MAXIME

συναντήσεταί σοι · ἐδόθη σοι γὰρ σκόλοψ τῇ σαρκί, κατὰ τὸν
ἀπόστολον (1), καὶ ὑπόμεινον. Ἔχεις καὶ ἀργύρια ὑπέρπυρα τέσσαρα, καὶ διάδος πτωχοῖς καὶ κτῆσαι φίλον τὸν Κύριον · τὰ μὲν
ἀνάλωσαι διὰ τὴν σὴν χρείαν, τὰ δὲ ὡς εἴρηται δὸς τοῖς πτωχοῖς,   5
ἵνα εὖ σοι γένηται.» Ταῦτα ἀκούσας ἐκεῖνος ἐθαύμασε · καὶ προσκυνήσας τὸν ἅγιον ὑπέσχετο, ἵνα οὕτως ποιήσῃ. Καὶ ἀναχωρήσας
οἴκαδε, εὐχαρίστει τὸν Κύριον καὶ τὸν θεράποντα αὐτοῦ Μάξιμον.

44ᵛ   Καὶ ἄλλος τις | ἦλθεν ἐκ πόλεως Σερρῶν, ὃν οὐδέποτε εἶδε, καὶ
λέγει πρὸς αὐτόν · «Ὁ πατέρας σου δέεται διορθώσεως · καὶ θᾶτ- 10
τον ποίησον² αὐτόν, ἵνα διορθωθῇ.» Παρέβαλέ ποτε ὁ ὅσιος πρός
τινα μοναχόν, ὀνόματι Μάρκον, καὶ εὗρεν ἐκεῖ ἕτερον μοναχόν · καὶ
ἰδὼν αὐτὸν ἀπὸ μακρόθεν ἐλάλησε · «Τί ποιεῖ ἐνταῦθα ὁ ἀσε-
βὴς οὗτος; (Αὐτὸς γὰρ ἦν αἱρετικὸς Μασ<σ>αλιανός.) Καὶ οὐχ
ὑποφέρω τοῦ ἰδεῖν αὐτόν (2).» Καὶ ἐτράπη ὁ μέγας εἰς φυγήν. 15
Καὶ ταῦτα ἰδὼν ὁ Μάρκος ἐδίωξε τὸν ἀσεβῆ · καὶ τότε ὑπέστρεψεν
ὁ πατὴρ πρὸς τὸν Μάρκον. Ἄλλοτε πάλιν ὁ αὐτὸς Μάρκος καὶ
45   ἕτερος μοναχὸς παρέβαλον πρὸς | αὐτόν, καὶ εἶπεν ὁ μοναχός ·
«Τριάντα δουκᾶτα ἔχω.» — «Ναί, ἔχεις καὶ ἄλλα τριάντα καὶ ἄλλα
τριάντα.» Καὶ ὁ Μάρκος εἶπεν · «Ἀλλ' ἐγὼ οὐδὲν ἔχω.» Καὶ 20
ὁ γέρων εἶπε · «Λέγεις · οὐκ ἔχω. Δώδεκα ὑπέρπυρα ἔχεις, καὶ
συντόμως διαβήσονται.» Καὶ ἐγένετο οὕτως · ἐποίησε μετάνοιαν εἰς τὸ μοναστήριον καὶ ἔδωκεν αὐτά.

11. Καὶ πάλιν παρέβαλεν ὁ γέρων πρός τινα μοναχόν, Δαμιανὸν
ὄνομα, καὶ λέγει αὐτῷ ὁ Δαμιανός · «Ἔχομεν εἰς τὸ μοναστή- 25
ριον μοναχὸν ὑπερβαίνοντά σου τὴν ἀρετήν, τὸν ὁδεῖνα.» Ὁ δὲ
γέρων λέγει · «Καλὸς ἔνι, ἀλλὰ ἔχει ξ' ὑπέρπυρα.» Τοῦ Δαμιανοῦ
δὲ τοῦτο μὴ πειθομένου, δι' ὀλίγων ἡμερῶν ἐκοιμήθη ὁ μοναχός,
45ᵛ   καὶ εὑρέθησαν καθὼς εἶπεν ὁ ἅγιος. | Καὶ ἀκούσας ὁ Δαμιανὸς
ἐλθὼν ἔβαλε μετάνοιαν λέγων · «Συγχώρησόν μοι, τίμιε πάτερ, 30
ὅτι ὡς εἴρηκας οὕτως εὑρέθησαν τὰ ἀργύρια τοῦ ἀδελφοῦ.»

Παρέβαλε Θεόδουλός τις μοναχὸς πρὸς τὸν ὅσιον · καὶ τὸν οἶνον,
ὃν ἐβάσταζεν, ἔκρυψεν αὐτὸν ἔξωθεν. Καὶ λέγει ὁ γέρων · «Φέρε καὶ

---

² an πεῖσον?

(1) II Cor. 12, 7.
(2) La vieille hérésie des Massaliens ou Messaliens, dénoncée par S. Épiphane dès le ive siècle, eut un regain de vitalité au moyen âge dans la secte
des Bogomiles, condamnée encore en 1316 et 1325 par deux synodes de Constantinople. G. Ficker, *Die Phundagiagiten* (Leipzig, 1908). Elle sévit aussi
au Mont Athos. Miklosisch et Müller, *Acta et diplomata*, t. I, p. 296.

τὸ περσικάριον (1), ἐὰν ἔφερες, καὶ ἄρτον.» Καὶ εἶπεν · «Οὐκ
ἔφερον ἄρτον, διὰ τὸ εἶναι αὐτὸν ξηρόν.» Καὶ εἶπεν ὁ πατήρ ·
«Τρεῖς ἡμέρας ἔχω οὕτως.» Καὶ ἐξελθὼν ἔφερε τὸ περσικάριον.
Καὶ μετ᾽ ὀλίγον ἦλθον ἄλλοι τινὲς κομίζοντες τροφὰς καὶ ποτούς ·
5 καὶ φαγόντες ηὐφράνθημεν (2), ὥστε καὶ ἐπερίσσευσεν ἐκ πάντων, ὧν ἔφερον.

Ἕτερος δὲ Καλλίνικος μοναχὸς ἡλίευσεν | ἰχθύας · καὶ χωρίσας   46
τοὺς ἐλάττονας, ποιήσας ἔδεσμα ἦλθεν εἰς τὸν ὅσιον. Καὶ λέγει
αὐτῷ ὁ πατήρ · «Τοὺς μείζονας ἔκρυψας καὶ τοὺς ἐλάττονας ἔφε-
10 ρες.» Καὶ ἀναστὰς ἔβαλε μετάνοιαν λέγων · «Συγχώρησόν μοι,
πάτερ, ὅτι οὕτως ἐποίησα.» Ἄλλος τις Κασσιανὸς ¹ μοναχὸς
ποιήσας πίτα, εἰπών ² · «Δεῦρο, Καυσοκαλύβη, ἵνα φάγῃς πίτα»
— ἦν γὰρ τὸ μῆκος τῆς ὁδοῦ ὡσεὶ μίλιον ἓν καὶ πλέον — καὶ δι᾽
ὀλίγην ὥραν ἔφθασεν εἰπών · «Ἐλάλησάς μοι³ καὶ ἦλθον. Φέρε
15 καὶ οἶνον τοῦ πιεῖν ἡμᾶς.» Τοῦ δὲ Κασσιανοῦ μὴ βουλομένου
δεῖξαι τὸν οἶνον, λέγει αὐτῷ ὁ ἅγιος · «Λέγεις · οὐκ ἔχω. Ἀναστὰς ἀκολούθει μοι.» Καὶ ἐπορεύθησαν ἐν τῷ τόπῳ, οὗ ἦσαν ξύλα,
| καὶ λέγει αὐτὸν ὁ πατήρ · «Ἄνοιξον ἐνταῦθα καὶ φέρε οἶνον,   46ᵛ
ὅπως πίωμεν · καὶ μὴ λέγε ψεῦδος, ὅτι οἱ ἀγαπῶντες τὸ ψεῦδος
20 ἀπολοῦνται (3).» Ταῦτα ἰδὼν ὁ Κασσιανὸς ἔντρομος ἐγένετο ὅλος
ἐξιστάμενος, καὶ βαλὼν ⁴ μετάνοιαν λέγων · «Συγχώρησόν μοι,
ἅγιε, τὸν ψεύστην ⁵.»

12. Βαρλαάμ τις μοναχός, πορευόμενος εἴς τινα χρείαν καὶ   *Varia*
ὑποταγὴν Ἰωαννικίου τοῦ Ἐξυπολύτου ¹ (4), εἶδεν αὐτὸν ὁ ἅγιος   *praedicit.*
25 καὶ λέγει πρὸς αὐτόν · «Ἴσθι, ἀδελφέ, ὅτι αὐτόθι, οὗ βούλεσαι
ἀπελθεῖν, ἔχεις τελειωθῆναι ὑπὸ ² κρημνοῦ.» Καὶ ἐγένετο οὕτως.
Καὶ ἄλλον ³ Ἀθανάσιον τὸν Κροκᾶν, εἶπεν αὐτῷ · «Ὦ πάτερ
Ἀθανάσιε, ὑπὸ Ἰσμαηλιτῶν μέλλεις τελειωθῆναι.» Καὶ ἐγένετο
οὕτως. | Νικόδημος δέ τις μοναχὸς ἦλθε πρὸς αὐτόν · καὶ ἰδὼν   47
30 αὐτὸν λέγει · «Νικόδημε, διὰ συντόμως μέλλω ἐξελθεῖν τοῦ κό-

---

11. — ¹ κασιανός. — ² εἶπε Kourilas ; malim καὶ εἰπών (nomin. absol.)
— ³ an ἐκάλεσάς με? — ⁴ an ἔβαλε? — ⁵ sic.
12. — ¹ ἐξιπολίτου. — ² sic. — ³ supple ἰδών.

(1) Mot nouveau. Semble désigner la besace ou peut-être la fiasque de vin.
(2) Niphon était là, d'où la 1ère personne, ici comme plus haut, p. 49, l. 12.
(3) Cf. Ps. 5, 7.
(4) Ἐξυπόλυτος est l'équivalent de ἀνυπόδετος, déchaux. Le κελλύδριον
τοῦ Ἐξυπολύτου fut rattaché, en 1324, au monastère de Caracallou. Cf.
Porphyre USPENSKIJ, L'Athos monastique (Saint-Pétersbourg, 1892), p. 925 ;
SMYRNAKIS, p. 576.

Septem post mortem annis,

σμου τούτου.» Εἶπε δὲ καὶ <τὰ ὀνόματα> τῶν παρατυχόντων πατέρων εἰς τὴν κηδείαν αὐτοῦ.

13. Καὶ πληρουμένων ἐτῶν ἑπτὰ καὶ μηνῶν ε΄ μετὰ τὴν κοί- μησιν τοῦ ὁσίου, ἐσυνεβουλεύσαντο δύο μοναχοί, Νίφων (1) καὶ Γεράσιμος, τοῦ ἀνοῖξαι τὸν τάφον καὶ ἀπὸ τῶν ἁγίων αὐτοῦ ἁγια- 5 σθῆναι λειψάνων. (Ἦν δὲ προετοιμασμένος¹ ὁ τάφος ἀπὸ Θεοῦ ἐπάνω πέτρας · καὶ καθαρίσας αὐτὸν ἐκεῖνος, ἵστατο ἕτοιμος · καὶ ὅταν ἐκοιμήθη, ἔθηκαν αὐτὸν ἐκεῖ). Ἐλθόντες οὖν οἱ ῥηθέντες μο-

corpus 47ᵛ

ναχοὶ ἐν μιᾷ ἑσπέρᾳ ὤρυξαν · καὶ οὐδὲν εὗρον ἐκ τῶν ἁγίων λειψά- νων αὐτοῦ, | μόνον ὠσφράνθησαν ἀπὸ τῆς κόνεως, ὡς ὀσμὴν ²10

reperitur, odore fragrans.

μύρου εὐωδεστάτου. Καὶ τῷ πρωῒ ἐλθόντες καὶ ἐξορύξαντες εὗρον τὸ τίμιον αὐτοῦ λείψανον καὶ ἐπλήσθησαν εὐωδίας, ὥσπερ ἀρω- μάτων πολλῶν τε καὶ θυμιαμάτων. Καὶ λαβόντες μερίδα ἀπὸ τοῦ ἁγίου αὐτοῦ λειψάνου, ἐποίησαν ἀπομύρισμα (2) καὶ ἡγιάσθησαν καὶ ἔπιον ἐξ αὐτοῦ. Αὖθις δὲ ἔθηκαν τὴν μερίδα τοῦ ἁγίου λειψά- 15 νου ἐν τῷ τόπῳ, ἔνθα ἔλαβον αὐτήν³ · καὶ τὸν τάφον κατασφαλί- σαντες⁴ ἀνεχώρησαν.

Ad tumu- lum sancti

Ὁ Διονύσιος, οὗ τὸ ἐπίκλην⁵ Κοντοστέφανος, εἶχε κεφαλαλγίαν

48

μακροχρόνιον · καὶ πολλὰ καταναλώσας τοῖς ἰατροῖς, οὐδὲν ἤνυ-

sanatur capite laborans.

σεν. Τέλος δὲ | ἦλθε καὶ ἐν τῇ σορῷ τοῦ ἁγίου καὶ προσπεσὼν μετὰ 20 πολλῶν δακρύων καὶ στεναγμῶν ἐκλιπαρῶν τὸν ἅγιον καὶ λέγων · « Ἅγιε τοῦ Θεοῦ, μὴ παρίδῃς δάκρυα οἰκέτου σου, μὴ ἀπώσῃ δέησιν ἀναξίου δούλου σου.» Καὶ ἀφυπνώσας μικρὸν ἐπάνω τοῦ τάφου, ὑγιὴς ἐγένετο, ὡς οὐδέποτε ἀλγήσας μηδὲ αἰσθανόμενος ὅτι ἤλ- γησέ ποτε. Ἐξελθὼν οὖν ἐκεῖθεν ἀνεχώρησεν εὐχαριστῶν τὸν Θεὸν 25 καὶ τὸν αὐτοῦ θεράποντα.

Diem pro nocte

14. Παρέβαλεν ὁ ἀββᾶς Δανιὴλ ἀπὸ τῆς ἁγίας Λαύρας πρὸς τὸν μέγαν ποτέ. Εὑρὼν αὐτὸν ἔξωθεν τῆς καλύβης · « Τίς εἶ ὁ ἐλθών, ἀπεκρίνατο ὁ ἅγιος πρὸς αὐτὸν ἅμα τοῦ ἰδεῖν αὐτόν, καὶ οὐκ εἰσ-

---

13. — ¹ sic post corr. — ² ὀσμὴ ante corr. — ³ αὐτόν. — ⁴ κατησφαλή- σαντες. — ⁵ ἐπίκλη.

(1) Ce Niphon, simple moine, doit être distingué du hiéromoine Niphon de Lavra, ancien « canonarque » de Dorothéou (ch. 15), ainsi que de S. Niphon, l'auteur de cette biographie, qui était lui aussi prêtre et moine.

(2) Voir dans Théophane, ch. 35 (ci-dessous, p. 109), l'interprétation de ce mot, ou plutôt la description de ce curieux procédé qui permettait d'appli- quer aux différentes parties du corps la vertu bienfaisante des reliques. Cf. J. PARGOIRE, art. *Apomyrisma*, dans le *Dictionnaire d'archéol. chrét. et de lit.*

ἦλθες πρωΐ, ἀλλὰ πρὸς ἑσπέραν; »| Ἦν γὰρ πρωΐ τότε ἀνατείλαντος   48ᵛ
τοῦ ἡλίου. Ἀποκριθεὶς ὁ ἀββᾶς Δανιὴλ εἶπεν · «Πρωΐ ἐστι, πάτερ,   habet
νῦν ἀνέτειλεν ὁ ἥλιος. » Ἀπὸ τούτου ἐγνώρισαν οἱ πατέρες, ὅτι καὶ   Maximus.
τὰς νύκτας ὡς ἡμέρας διεβίβαζε, καθὼς γέγραπται · Φῶς δικαίοις
5 διὰ παντός (1) · οἱ γὰρ ἅγιοι ἐν σοὶ φωτισθέντες καταλάμπουσιν
ὡς φωστῆρες.

    15. Διηγήσατο ἡμῖν Νίφων ὁ ἱερομόναχος ἐκ τῆς ἁγίας Λαύ-   Procel-
ρας, ὅτι · «Ἤμην κανονάρχης εἰς τοῦ Δωροθέου (2) · καὶ ἔλαχόν   lam prae-
τινες μοναχοὶ τότε εἰς τὸν ὅσιον πατέρα. Ἦν δὲ καιρὸς τοῦ τρυγη-   nuntiat.
10 τοῦ καὶ γαλήνη μεγάλη καὶ ἥλιος ὑπέρλαμπρος καὶ διαυγής. Καὶ
λαβὼν ὁ ἅγιος εἰς τὰς χεῖρας αὐτοῦ ἓν παξιμᾶν ¹ ἐπέδωκεν ἑνὸς
| τῶν εὑρεθέντων ἀδελφῶν εἰπών · «Λαβὲ ² τοῦτο τὸ ψωμίον καὶ   49
δὸς αὐτὸ τοῦ ἱερέως εἰς τοῦ Δωροθέου εἰς τὰς χεῖρας αὐτοῦ. Καὶ
προσέχεσθε, μὴ ἐξέλθετε ἐκεῖσε, ὅπως μὴ κινδυνεύσετε · μέλλει
15 γὰρ γενέσθαι χειμὼν βαρύτατος. » Ἐλθόντες οὖν τότε ἐκεῖ,
καὶ μετὰ τὸ λαβεῖν ὁ ἱερεὺς τὸν παξαμᾶν εἰς χεῖρας αὐτοῦ, εὐθέως
ἐγένοντο ἀστραπαὶ καὶ βρονταὶ καὶ <νε>φέλαι καὶ γνόφος καὶ
χάλαζαι, ὥστε ἐξαπορηθῆναι οἱ ἀδελφοὶ καὶ γενέσθαι ἔντρομοι
καὶ θαυμάσαι τοῦ ἁγίου τὴν προφητείαν. Καὶ ὡς εἶδον ταῦτα,
20 ἀνήγγειλαν τῶν πατέρων περὶ τοῦ ὁσίου ὅτι · «Οὕτως εἶπε · καὶ
ἐγενήθησαν, ὡς ὁρᾶτε. » | Καὶ ἀκούσαντες οἱ πατέρες ἐξέστησαν.   49ᵛ
Καὶ τὰς ἀμπέλους τοὺς εὑρεθέντας ³ τότε ἀτρύγους πάντας ³ ἠφάνισεν ὁ χειμών · καὶ μιᾷ φωνῇ ἅπαντες ἔλεγον τὸ Κύριε ἐλέησον.
Καὶ ἀπὸ τὴν βίαν τοῦ χειμῶνος ἐκείνου εἰσήλθομεν εἰς τὸν ναὸν
25 καὶ ἀπεκλείσθημεν · καὶ ποιήσαντες ἐκεῖσε ἱκαναῖς ἡμέραις ³,
ἕως οὗ παρῆλθεν ἡ ὀργὴ τοῦ Θεοῦ, ἐξήλθομεν ἐκεῖθεν εὐχαριστοῦντες τὸν Θεὸν καὶ τὸν αὐτοῦ δοῦλον. »

    Πάλιν ὁ αὐτὸς εἶπεν · «Ἐλθόντος μου μιᾷ πρὸς τὸν ὅσιον καὶ   Futura
ὁμιλήσας μετ' αὐτοῦ, εἶπον ἵνα φάγωμεν. Αὐτὸς δὲ εἴρηκε πρός με ·   praevidet
30 Κερατᾶδες (3) ἔρχονται · καὶ ὅταν ἐξέλθωσι, τότε θέλομεν φάγειν ³.

---

15. — ¹ sic; cf. l. 16 : τὸν παξαμᾶν et pp. 92, 94, 97 : ἀπαξαμᾶν. — ² λάβε.
— ³ sic.

    (1) Prov. 13, 9. Les mots qui suivent rappellent Dan. 12, 3.
    (2) Un des monastères disparus de l'Athos. Cf. M. GEDEON, Ὁ Ἄθως (Con-
stantinople, 1885), p. 129-30 ; SMYRNAKIS, p. 62. Ci-dessous, p. 97, l. 4, εἰς
τὴν μονὴν Δωροθέου ; p. 81, l. 25, ἐν Δωροθέοις.
    (3) Κερατᾶς, « cornu », désigne, dans l'usage populaire néo-grec, le mari
trompé. Comparez l'expression française « porter des cornes ».

54 DEUX VIES DE S. MAXIME

50 Καὶ ἔτι μιᾶς στιγμῆς οὔπω παρελθούσης, | ἦλθον κοσμικοί
τινες τρεῖς καὶ λέγουσιν ὅτι · Ὑπὸ τῶν γυναικῶν ἡμῶν ἠδικήθη-
μεν, ὦ πάτερ, ὅτι ὁδὸν ἐβάδισαν κακήν · καὶ εἴ τι ἡμᾶς κρίνεις,
οὕτω καὶ ποιήσομεν. Καὶ λέγει πρός με ὁ ἅγιος · Ἐπίδος αὐτοῖς
ἄρτον καὶ ἀπὸ ἑνὸς ποτηρίου οἶνον. Καὶ μετὰ τὸ φαγεῖν αὐτούς, 5
ἐλάλησε πρὸς αὐτοὺς ῥήματα ψυχωφελῆ καὶ ἀπέλυσεν ἐν εἰρήνῃ. »

et occulta   Πάλιν ὁ αὐτὸς εἶπεν ὅτι · « Ποιήσαντός μου ἐδέσματα πρὸς τὸ
novit.   φαγεῖν, ἀπῆλθον εἰς τὸν ἀββᾶ Χαρίτωνα. Καὶ λέγει ὁ μέγας · Ὥρα
ἦλθε τοῦ φαγεῖν ἡμᾶς · καὶ δεῦτε, καθίσαντες εὐφρανθῶμεν.
Καὶ μετὰ τοῦ ἀρίστου λέγει · Φέρετε βότρυας. Ὁ δὲ ἀββᾶς 10
50ᵛ   Χαρίτων ἔλεγεν · Οὐκ ἔχομεν. Καὶ πάλιν λέγει · | Φέρετε, ἵνα
φάγωμεν, ὅτι ἔρχονται ἄλλα καὶ ἄλλα⁴. Καὶ παρευθὺς ἦλθέ τις
μοναχὸς φέρων βότρυας κοφίνιον⁵ πλῆρες⁶. Ἰδὼν δὲ τὴν διπλῆν
ἐξήγησιν τοῦ ἁγίου ὁ Χαρίτων ἐξέστη ἐπὶ τούτῳ καὶ ἀναστὰς
ἔβαλε μετάνοιαν. » 15

Παρέβαλεν ἐν μιᾷ Θεόδουλος μοναχὸς Βεροιώτης⁷ πρὸς τὸν
ὅσιον (1) · εὗρε δὲ καὶ ἕτερον μοναχὸν ἐκ τῆς Λαύρας ἐσθίοντα
μετ' αὐτοῦ. Λαβὼν ὁ πατὴρ ποτήριον οἴνου ἐν τῇ χειρὶ αὐτοῦ
εἶπε · « Ῥάπτης εἶμαι ἀπὸ⁸ τὸ Προσφόριν (2) · καὶ κρατῶ χύτραν
ἰχθύας, καὶ βρεμένος ἕως τὴν μέσην. » Καὶ μιᾶς στιγμῆς 20
παρελθούσης, ἔφθασέ τις κοσμικός, καὶ ἐρωτηθεὶς παρ' αὐτοῦ
51   εἶπε · « Ῥάπτης ὢν ἀπὸ τὸ Προσφόριν καὶ κρατῶ χύτραν | ἰχθύας ·
καὶ ἐξελθόντος μου ἐκ τοῦ σκάφους, ὅλος ἐβράχην παρ' ὀλίγον · καὶ
Θεοῦ εὐδοκοῦντος, μόνον ὡς τὴν μέσην ἐβράχηκα. » Τοῦτον ἰδόντες οἱ πατέρες καὶ ἀκούσαντες τὸ ταχὺ τῆς προοράσεως ἐξέστη- 25
σαν, καὶ σύντρομοι γεγονότες τὰς ὄψεις ἠλλοιώθησαν, καὶ παρ' ὀλίγον εἰς ἔκστασιν φρενῶν ἤγγισαν · καὶ ἐπὶ πολὺ τὸ Κύριε ἐλέησον
ἐν ἑαυτοῖς ἔλεγον δοξάζοντες τὸν Θεὸν καὶ τὸν αὐτοῦ θεράποντα.

---

⁴ ἂν ἄλλοι καὶ ἄλλοι? — ⁵ κοφίνη ante corr. — ⁶ πλήρους. — ⁷ βεριότης.
— ⁸ corr.

(1) Le moine Nicéphore, higoumène τοῦ Βερροιώτου, mit sa signature au
bas du typicon de Constantin Monomaque, en 1045. Ph. Meyer, *Die Haupturkunden für die Geschichte der Athosklöster* (1894), p. 162. Ce monastère fut
rattaché à Vatopédi en 1312. *Acta praesertim graeca Rossici in Monte Atho
monasterii* (Kiev, 1873), p. 89. Notre Théodule appartenait-il à ce couvent ou
était-il simplement originaire de Berrhée en Macédoine ?

(2) Localité située près de Hiérissos, dans l'isthme qui relie la péninsule au
continent. Prosphorion dépendait de Vatopédi en qualité de métoque et s'appelait aussi Πύργος Βατοπεδινός. G. Smyrnakis, *Τὸ Ἅγιον Ὄρος* (Athènes,
1903), p. 431.

16. Ὁ ἀββᾶς Καλλίνικος εἶπε τῷ ἀδελφῷ αὐτοῦ Μελετίῳ ·
« Ποίησον, ἀδελφέ, ἔδεσμα, ἵνα ἀπέλθωμεν εἰς τὸν Καυσοκαλύβην,
ὅτι πολλὰς ἡμέρας ἔχει τοῦ φαγεῖν. » Ἦν δὲ καιρὸς τοῦ τρύγους.
Καὶ πάλιν εἶπε · « Τρυγήσαντες πρότερον καὶ φάγωμεν | ὕστερον
5 ἀπελθόντες πληρώσομεν τὸ καταθύμιον πρὸς τὸν ὅσιον. » Καὶ
τοῦτο τοῦ μεγάλου μὴ ἐπιλανθανομένου, ἐλθὼν εὗρεν αὐτοὺς συλ-
λέγοντας τοὺς βότρυας, καὶ ἔδωκαν αὐτῷ φαγεῖν. Ὁ δὲ λέγει πρὸς
αὐτούς · « Εἶπον ἵνα ἔλθωσιν οἱ πατέρες · καὶ διὰ τοῦ τρύγους ἠμ-
ποδίσθησαν. » Καὶ ὅσα ἐλάλησαν καὶ ὅσα εἶπον ἐν ἑαυτοῖς, πάντα
10 ἀνήγγειλεν αὐτοῖς. Ἐκράτει δὲ ὁ πατὴρ κεράμιον, ὅπως ἄρῃ
ὕδωρ · καὶ λαβὼν αὐτὸ ὁ Μελέτιος ἀπῆλθε τοῦ κομίσασθαι τὸ ὕ-
δωρ. Ἀπερχόμενος δὲ ἐλογίζετο ἐν ἑαυτῷ, ἵνα ἐκ τῆς ἄνωθεν
πηγῆς ἀντλήσῃ. Γνοὺς δὲ ὁ πατὴρ τοὺς διαλογισμοὺς αὐτοῦ εἶπε ·
« Μὴ ἐκ τῆς ἄνωθεν, ἀλλ' ἐκ τῆς κάτω|θεν γεμίσας τὸ κεράμιον
15 φέρε. » Ἰδόντες δὲ ταῦτα οἱ πατέρες ἐθαύμασαν, ὅτι οὐδὲν ἔλαθεν
αὐτῷ [1] · δοξάζοντες ἦσαν τῷ Θεῷ τῷ ποιοῦντι θαυμαστὰ τέρατα
ἐν τοῖς δούλοις αὐτοῦ.

17. Ἦλθέ ποτε ἀπὸ τὰς νήσους πλοῖον ἐν τῷ λιμένι τῆς Λαύρας. Ἦν δὲ ἐν τῷ πλοίῳ ἄνθρωπος ἔχων δαιμόνιον ἀπληστίας ·
20 ἐὰν ἤσθιεν ἡμέρας τε καὶ νυκτός, οὐκ ἐκορέννυτο. Ἀναστὰς οὖν
τῷ πρωῒ ὁ ναύκληρος ἔλαβε μετ' αὐτοῦ τὸν ἄνθρωπον καὶ ἄλλους
ἀπὸ τοῦ πλοίου καὶ ἤρχοντο εἰς τὸν μέγαν. Καὶ ὁ ἄνθρωπος μὴ
δυνάμενος περιπατεῖν, ὅτι οὐκ ἔδωκαν αὐτὸν φαγεῖν, ὅπως νῆστις
ἀπέλθῃ εἰς τὸν ἅγιον, ὑπέμεινεν ἐν τῇ ὁδῷ. Καὶ ἰδὼν αὐτοὺς ὁ
25 πατὴρ | ἐρχομένους, φησὶ πρὸς αὐτούς · « Καὶ ὁ ἄλλος ποῦ; Εἰ μὴ
φέρετε κἀκεῖνον, οὐδὲ ὑμᾶς δέξομαι. » Στραφέντες δὲ ὀπίσω,
ἤγαγον αὐτὸν μετὰ βίας. Καὶ ποιήσας εὐχὴν ὁ ἅγιος, ἐκάθισαν ἐπὶ
τοῦ ἀρίστου · καὶ λαβὼν ὁ πατὴρ ἄρτον [1] δέδωκε τῷ ἀπληστίας
<δαίμονα[2]> ἔχοντι, καὶ εἶπεν αὐτόν · « Τόσον ἄρτον ἔσθιε [3] καὶ
30 χορτάζου, καὶ εἰρήνευε ἐν Κυρίῳ. » Καὶ ἰδὼν ὁ ἄνθρωπος ὅτι ἐν-
επλήσθη ἀπὸ τοῦ ἄρτου διὰ τῆς εὐχῆς τοῦ ὁσίου, ἀναστὰς ἔπεσεν
ἔμπροσθεν αὐτοῦ μετὰ δακρύων λέγων · « Ἐνταῦθα οὐκ ἐξέρχομαι [4] ·
ἀλλὰ καὶ ὁδήγησόν με, δοῦλε τοῦ Θεοῦ, πῶς σωθῶ. » Δεξάμενος
οὖν αὐτὸν ὁ πατὴρ ὡδήγησεν αὐτὸν εἰς | τὸν μονήρη [5] βίον. Καὶ
35 τοὺς συνοδοιπόρους αὐτοῦ εἶπεν · « Πορεύεσθε ἐν εἰρήνῃ · καὶ τὸ
γύναιον αὐτοῦ μηδὲν ἀδικήσετε[6] ἀπὸ τὴν μερίδα αὐτοῦ τὸ τυχόν. ৲
Καὶ ποιήσας εὐχὴν ἀπέλυσεν αὐτοὺς μετ' εἰρήνης.

Marginal notes (right side):
51ᵛ
52
52ᵛ
53
Bulimo
vexatum
sanat.

16. — [1] supple καί.
17. — [1] ἄρτον. — [2] supplevit Kourilas. — [3] ἤσθιε. — [4] corr., prius
ἔρχομαι. — [5] corr. — [6] sic.

Esurientis
atque
defatigati
senis

18. Διηγήσατο ὁ ἡγούμενος τοῦ ἐνδόξου Προδρόμου τοῦ Μικροαθωνίτου (1) ὅτι · « Παρέβαλε πρός με γέρων πάνυ ἀσκητικώτατος ·
ἐπεθύμει δὲ τοῦ προσκυνῆσαι εἰς τὴν ἁγίαν κορυφὴν τοῦ Ἄθωνος(2)
καὶ ἀπολαῦσαι καὶ τὸν ἅγιον · ἐγὼ δὲ σπλαγχνισθεὶς αὐτὸν συν-
ώδευσα μετ' αὐτοῦ. Ἠθέλησα οὖν λαβεῖν καὶ ἄρτον εἰς παραμυ- 5
θίαν, αὐτὸς δὲ οὐκ ἔασε ¹, ἀλλ' ἐπορεύθημεν ἄνευ τινὸς βρωτοῦ

53ᵛ καὶ ποτοῦ. Πορευθέντες δὲ | ἀμφότεροι ἤλθομεν εἰς τὴν Παναγίαν,
μέσον τοῦ Ἄθωνος (3) · ἠσθένησε γὰρ ὁ γέρων ἐκ τῆς ὁδοιπορίας
πάνυ · καὶ εὕρομεν ἐκεῖ παξαμάτας ² καὶ ὕδωρ · γευσάμενος οὖν ὁ
γέρων ἐδυναμώθη. Καὶ τῇ νυκτὶ ἀνεκλίθημεν · καὶ τῷ πρωῒ ἤθελον 10
πάλιν λαβεῖν ἄρτους, καὶ ὁ γέρων οὐκ εἴασεν. Ἐλθόντες ³ δὲ ἀνέβημεν μετὰ πολλοῦ κόπου · ὁ γέρων γὰρ ἐν τῇ ὁδῷ ἐλιγοθύμησε ⁴.
Καὶ πάλιν ὅταν ἀνέβημεν εἰς τὴν ἁγίαν κορυφὴν καὶ προσεκυνή-
σαμεν, τοσοῦτον ἐλιγοθύμησεν, ὥστε πεσεῖν ἐπὶ τῆς γῆς καὶ μὴ
δυνάμενος ἀναστῆναι, ὥστε λέγειν ἐγὼ ὅτι ἀπέθανεν. Λυπούμενος 15
δὲ πάλιν ἐγὼ ἕως θανάτου καὶ μὴ ἔχοντός μου τί ποιῆσαι ἢ τί

54 διαπράξασθαι | καὶ ἐν πολλῇ ἀδημονίᾳ ὄντος μου, ἐξῆλθον ὄπισθεν
τοῦ βήματος · καὶ θεωρῶ ἐπάνω τῆς δεξαμενῆς τοῦ ὕδατος μῆλα
τέσσαρα μεγάλα, εὔοσμα καὶ τῷ εἴδει ὡραῖα. Καὶ ταῦτα ἰδών,
φοβούμενος τὴν ἀπάτην τοῦ πολεμήτορος, ἐποίησα εὐχὴν καὶ τὸ 20
σημεῖον τοῦ σταυροῦ ἐκ τρίτου, καὶ εἶδα ὅτι τὰ μῆλα οὐκ ἐξέ-
λιπον. Λαβὼν αὐτὰ ὡς ἐκ τοῦ Θεοῦ, τὸν παράδεισον εἰσῆλθον
πρὸς τὸν γέροντα καὶ εὗρον αὐτὸν ἔτι ἐμπνέοντα · καὶ συγκόψας
ἀπὸ τὰ μῆλα ἔδωκα τῷ γέροντι, καὶ φαγὼν ἐνεδυναμώθη · καὶ
πάλιν ἔφαγε καὶ ἐκραταιώθη, καὶ ἀναστὰς ἐκάθισε · καὶ πάλιν 25
φαγὼν ἐστάθη εἰς τοὺς πόδας αὐτοῦ καὶ ἐπεριεπάτει. Καὶ περι-

54ᵛ πατοῦντες | ἀμφότεροι, εἰπεν ὁ γέρων · Καυσοκαλύβη, ἑτοί-
μασον ἡμῖν πολύποδας καὶ ἄρτον καὶ οἶνον · ὅταν ἔλθωμεν, παρα-

eminus
vocem audit.
θήσῃς ἡμῖν τράπεζαν. Καὶ οὕτως οἰκονόμησεν ⁴ ὁ Θεὸς ἀμφοτέρων
τῶν ἁγίων τὴν αἴτησιν. Ἀκούσας τὴν φωνὴν ἐκεῖνος τοῦ γέρον- 30
τος ἀοράτως καὶ νοερῶς, ἐποίησεν εὐχὴν περὶ τούτου, καθὼς
αὐτὸς ἡμῖν ὕστερον ἔλεγεν · Ἦλθε μοναχός τις, ὃν ἡμεῖς οὐκ οἴ-
δαμεν, βαστάζων ἄρτους καὶ οἶνον καὶ πολύποδας χύτρα<ν>
μίαν μεστήν. Ἦλθον ἐγὼ μετὰ τοῦ γέροντος, καὶ πρὸ τοῦ ἰδεῖν

---

18. — ¹ sic. — ² cf. p. 53, l. 11. — ³ ἐλθόντες. — ⁴ sic.

(1) Voir ci-dessus, p. 49, note 2.   (2) Ibid., note 1.
(3) Ci-dessous, p. 44, note 6.

ἡμᾶς ἐλάλησε λέγων · Δεῦτε πατέρες, ὅτι ὑπὲρ ὑμῶν ἑτοίμασα⁵
τράπεζαν καὶ ἀναμένω προσδεχόμενος ὑμᾶς. Καὶ ποιήσαντες
εὐχὴν | καὶ μετάνοιαν, ἀπολαύσαμεν⁵ τῆς θεωρίας καὶ ὁμιλίας 55
τοῦ γέροντος · καὶ ηὐφράνθημεν καὶ σώματι καὶ πνεύματι. Καὶ
5 καθήμενοι ἐπὶ τοῦ ἀρίστου, εἶπεν ὁ γέρων · Ἐσθίετε, πατέρες,
ὅτι ἠγγαρεύσατέ⁶ με. Ἀνηγγείλαμεν δὲ αὐτῷ καὶ τὰ συμβάντα
ἐν τῇ ὁδῷ, ᾗ ἐποιήσαμεν, καὶ πῶς τὰ μῆλα, εἰ μὴ ἦν ἐκ Θεοῦ,
οὐκ ἂν ὁ γέρων ἀνέστη. Ταῦτα ἀκούσας ὁ μέγας μεγάλως τῷ
Θεῷ ηὐχαρίστησε · καὶ ἡμεῖς ἰδόντες τὴν ἑτοιμασίαν τοῦ ἀρίστου,
10 ὅπως διὰ τὴν ἡμετέραν ἀσθένειαν οἰκονομεῖ ὁ Θεὸς ταῦτα πάντα,
μεγάλως τῷ Θεῷ ἐδοξάσαμεν. »

19. Διηγήσατο ἡμῖν ὁ ἀββᾶς Γεράσιμος ἀπὸ τὴν ἁγίαν Λαύραν, Varia
ὅτι παρέβαλέ ποτε ὁ ἐκκλησιάρχης | αὐτῆς πρὸς τὸν ὅσιον πατέρα 55ᵛ
ἡμῶν μετὰ καὶ ἑτέρων μοναχῶν. Καὶ ὁμιλούντων αὐτῶν μετ᾽ praedicit.
15 αὐτοῦ, εἶπε πρὸς αὐτούς · « Καὶ ὁ Κανάκης¹ ποῦ (1); » Καὶ οἱ
πατέρες εἶπον · « Εἶπεν ὅτι · ἔρχομαι. » Καὶ ὁ πατὴρ εἶπε · « Καὶ
νὰ φάγη ὁ Κανάκης ἰχθύας. » Καθίσαντες δὲ ἐπὶ τοῦ ἀρίστου, πάλιν
εἶπε τὸν αὐτὸν λόγον · καὶ ἰδοὺ ἔφθασεν ὁ Κανάκης, καὶ καθίσας
ἤσθιε. Καὶ δι᾽ ὀλίγην ὥραν ἤκουσαν ὁμιλίαις² ἀνθρώπων · καὶ πρὸ
20 τοῦ ἰδεῖν αὐτοὺς ὁ πατὴρ εἶπε · « Ῥάπτης εἶμαι ἀπὸ τὸ Λουπάδι (2),
καὶ πηδῶ καὶ ἐμπρὸς καὶ ὀπίσω. » Καὶ ἰδοὺ ἔφθασαν δύο κοσμικοὶ
βαστάζοντες ἰχθύας πολλούς · καὶ ἠρώτησεν αὐτούς, καὶ εἶπεν
ὁ εἷς · « Ῥάπτης εἶμαι ἀπὸ τὸ Λουπάδι,| μᾶλλον δὲ καὶ καλὸς ῥά- 56
πτης. » Καὶ ἀκούσας ταῦτα ὁ ἐκκλησιάρχης καὶ οἱ παρατυχόντες
25 μοναχοί, ὅτι προεῖπε καὶ τῶν ἰχθύων τὴν ἐπέλευσιν καὶ τὸν ῥάπτην
καὶ τὸ Λουπάδι, ἐξέστησαν ἐπὶ τὰ λεγόμενα καὶ γενόμενα παρὰ
τοῦ ὁσίου πατρός · καὶ τῷ Θεῷ μεγάλως ἐδόξαζον τῷ ποιοῦντι
θαυμάσια μεγάλα μόνῳ.

20. Ὁ αὐτὸς εἶπεν ὅτι παρέβαλέ τις μοναχὸς πρὸς τὸν ὅσιον Cantacu-
30 πατέρα καὶ λέγει αὐτόν · « Συγχώρησόν με ¹, ὅτι βούλομαι ἀπελ- zenum

---

⁵ sic. — ⁶ ἠγκαρεύσετε.   19. — ¹ κανάκις. — ² sic.
20. — ¹ corr., prius μοι.

(1) Vers cette époque, en 1338, un Manuel Κανάκης est mentionné dans les
Actes de Xénophon, publiés par L. Petit (Saint-Pétersbourg, 1903), p. 78,
l. 294.
(2) Sans doute la même localité, aux environs de Stélaria (ou Στυλάριον),
en Thrace, qui est appelée τὸ Λοπάδιον dans un document de 1287. Actes
de Philothée, publiés par Regel, Kurtz et Korablev (Saint-Pétersbourg,
1913), p. 11, l. 64.

58   DEUX VIES DE S. MAXIME

monachum
fore
56ᵛ
symbolo
docet.

θεῖν εἰς τὴν Πόλιν.» Καὶ εἶπεν αὐτῷ ὁ πατήρ· « Ἐὰν ὑπάγῃς, πάλιν διὰ συντόμως ὑπόστρεψον. Ὕπαγε δὲ εἰς τὸν Καντακουζηνὸν τὸν βασιλέα καὶ ἐπίδος | αὐτῷ ταῦτα, παξαμᾶν καὶ σκόροδον καὶ κρόμμυον.» Ἀπελθὼνδὲ ὁ μοναχὸς εἰς τὸν βασιλέα, καὶ δεξάμενος αὐτὰ ὁ βασιλεὺς μετὰ πολλῆς τῆς εὐλαβείας ὡς ἀπὸ χειρὸς τοῦ 5 ἁγίου, μεγάλως ἐδόξασε τὸν Θεόν. Ἐπυνθάνετο οὖν μετὰ τῆς δεσποίνης, τί ἂν εἴη τοῦτο. Τὸ δὲ σημεῖον προσφόρως τὰ ὑπὸ τοῦ ὁσίου πέρας ἔλαβον γενόμενα καὶ λεγόμενα περὶ τῆς μοναδικῆς πολιτείας (1).

Niphonem
scriptorem

57

21. Ἐγὼ δὲ ὁ εὐτελὴς Νίφων, εἰς τὴν μνήμην τῶν ἁγίων ἀ- 10 ποστόλων, ἐν ἡμέρᾳ ἕκτῃ, ὥρᾳ δ' τῆς ἡμέρας, ὅταν ἔβαλα ἀρχὴν γράφειν τὸ προειρημένον κεφάλαιον, πῶς ἐθαύμαζεν ὁ βασιλεὺς διὰ τὰ σταλέντα ὑπὸ τοῦ ὁσίου,| ὑπέθηκα τὴν[1] χάρτην, ἵνα μικρὸν ἀναπαύσωμαι ἀπὸ τῆς ἀσθενείας μου. Καὶ ὑπνώσαντός μου μικρόν, καὶ ἰδοὺ ἐφάνη μοι ὡς τὸν ὅσιον πατέρα καὶ τῇ χειρὶ αὐτοῦ τῇ 15

excitat
atque
roborat.

δεξιᾷ πλήττοντά μου τὴν πλευρὰν καὶ λέγοντα· « Ἀνάστα. Αἴ, αἴ, ὅλον ὑπνοῖς ;» Ἀναστὰς οὖν ἐγὼ ὁ ἀνάξιος, καὶ ἀπὸ τοῦ λόγου αὐτοῦ ηὐφράνθη μου τὸ πνεῦμα καὶ ἡ ψυχή, καὶ τὸ σῶμα ὑγιὲς ἐγένετο καὶ ἐρρωμένον[2], ὥστε μὴ αἰσθάνεσθαι, ὅτι εἶχά ποτε ἀσθένειαν. Καὶ οὕτω λοιπὸν σὺν Θεῷ ἐτελείωσα τὸ λοιπὸν τοῦ 20 κεφαλαίου εἰς δόξαν Πατρὸς καὶ Υἱοῦ καὶ ἁγίου Πνεύματος, καὶ διὰ πρεσβειῶν τοῦ ὁσίου πατρὸς ἡμῶν.

57ᵛ
Doctum
quendam
Vitis
sanctorum
diffidentem

22. Πάλιν ἦλθέ ποτε ἀπὸ τὴν Κωνσταντινούπολιν | εἰς τὴν ἁγίαν Λαύραν γραμματεὺς λόγιος καὶ νουνεχής. Εἶχε γοῦν ἀμφιβολίαν πολλὴν ἐν τῷ νοΐ αὐτοῦ τοιαύτην, ὅτι οἱ ἅγιοι κατὰ καιρὸν 25 ὅπου[1] ἐγένοντο ὀλίγα τίποτε ἐποίησαν, οἱ δὲ συγγράψαντες ταῦτα ἐποίησαν προσθήκην εἰς ταῦτα, εἰς τοὺς βίους καὶ εἰς τὰ μαρτύρια αὐτῶν. Ἀναστὰς οὖν μιᾷ τῶν ἡμερῶν ἦλθε πρὸς τὸν ὅσιον πατέρα· καὶ ἰδὼν αὐτὸν[2] ἀνήγγειλεν αὐτῷ ὅσα ἐκεῖνος διελογίζετο περὶ τῶν ἁγίων τὰ συγγράμματα. Ἀκούσας δὲ ταῦτα ἐκεῖνος ἐξέστη 30

redarguit.

58

θαυμάζων καὶ ἐκπληττόμενος ἐπὶ τοῖς λόγοις τοῖς ἐκπορευομένοις ἐκ τοῦ στόματος αὐτοῦ, ηὐφράνθη δὲ τῷ πνεύματι ἐπὶ τοῖς θεοπνεύστοις | λόγοις αὐτοῦ. Καὶ πάλιν ὅταν ἐξῆλθεν, εἶπεν αὐτῷ

---

21. — [1] sic. — [2] τῷ σώματι ὑγιῆ ἐγένετο καὶ ἐρωμένῳ.
22. — [1] sic. — [2] αὐτῷ.

---

(1) Jean VI Cantacuzène, forcé d'abdiquer, devint moine sous le nom de Joasaph (1355). La δέσποινα (l. 7) était l'impératrice Irène.

ἄλλα μειζότερα, ἅπερ ἐκεῖνος οὐδέπω ἤκουσεν. Ὑπέστρεψε δὲ εἰς τὴν ἁγίαν Λαύραν καὶ ἀνήγγειλε τὰ περὶ τοῦ ὁσίου τῷ ἀββᾷ Ἰγνατίῳ τῷ ἡσυχαστῇ, μαρτυρῶν αὐτὸν ἐπίγειον ἄγγελον καὶ οὐράνιον ἄνθρωπον, δοξάζων τὸν Θεόν, ὑμνολογῶν καὶ τὸν ὅσιον
5 ἐν τοῖς θαυμαστοῖς αὐτοῦ λόγοις καὶ διδάγμασιν (1).

23. Ἀρσένιός τις μοναχὸς ἀπὸ τὴν ἁγίαν Λαύραν ἠβουλήθη   *Futura et*
ἀπελθεῖν εἰς τὴν Πόλιν· καὶ εἶπεν αὐτῷ ὁ πατήρ·«Μὴ ἀπέλθῃς,   *abscondita*
ὅτι τὸ πλοῖον αὐτὸ ἔχει κινδυνεῦσαι.» Καὶ ἐγένετο οὕτως· μετὰ   *revelat.*
τρίτην ἡμέραν, ἠκούσθη[1], τὸ Θεσσαλονικαῖον πλοῖον ἐπνίγη.

10 Καὶ πάλιν ἕτερος μοναχὸς Ἰάκωβος ἀπὸ τὴν ἁγίαν Λαύραν
|ἦλθε μετὰ τοῦ ἀδελφοῦ αὐτοῦ, καὶ εἶπεν ὁ ἀδελφὸς αὐτοῦ πρὸς τὸν   58ᵛ
ὅσιον· «Ἐγώ, πατήρ[2] μου, εἶμαι αἰχμάλωτος, καὶ ἦλθα νά με
γράψῃς χαρτίν,νὰ διακονιστῶ (2),νὰ ξαγοραστῶ[3].» Καὶ ταῦτα ἀκούσας ὁ ἅγιος ἐσιώπησε μικρόν· καὶ ἀποκριθεὶς μετὰ πολλῆς τῆς
15 αὐστηρότητος λέγει[4]· «Ἐσὺ ἔχεις ξ' ὑπέρπυρα εἰς τὸν πύργον
εἰς τὸ τεῖχος, καὶ ἦλθες νά σε γράψω; Ὕπαγε καὶ ἐξαγοράσου
μὲ τὰ ἄσπρα σου.» Καὶ ἀναστάντες ἔβαλον μετάνοιαν καὶ ἐξῆλθον. Πορευομένων δὲ αὐτῶν ἐν τῇ ὁδῷ, ἐρώτησεν[5] ὁ Ἰάκωβος
τὸν ἀδελφὸν αὐτοῦ, εἰ ἀληθῶς εἶπεν ὁ γέρων. Καὶ εἶπε· «Ναί,
20 ἀληθῶς εἶπε.» Καὶ ἐξέστησαν ἐπὶ τοῦτο καὶ τῷ Θεῷ μεγάλως
ἐδόξασαν.

24. | Ἀπὸ τὴν εὐαγεστάτην μονὴν τοῦ Ἀλυπίου (3) ἦλθέ τις   59
μοναχός, ὄνομα Ἰωσήφ, πρὸς τὸν ὅσιον· καὶ ὁμιλούντων αὐτῶν
εἶπε πρὸς αὐτὸν ὁ πατήρ· «Εἰς τὸ μοναστήριόν σου τοῦ Ἀλυπίου
25 ἐν ταύτῃ τῇ ὥρᾳ ψάλλουσι τὸ Μακάριοι οἱ ἄμωμοι (4).» Καὶ

---

23. — [1] ὅτι supplet *Kourilas*. — [2] sic. — [3] corr., prius ξαροστῶ. —
[4] λέγων. — [5] sic.

(1) Niphon ne dit malheureusement pas comment le saint répondit aux griefs que le savant homme de la capitale faisait valoir contre la littérature hagiographique. Les développements que Théophane a donnés à cet épisode (ch. 27, ci-dessous, p. 98) ne sont vraiment pas satisfaisants.

(2) « Afin que je sois aidé par des aumônes ».

(3) Le monastère d'Alypios, aujourd'hui disparu, était situé en dessous de Koutloumousiou. Il reçut en 1322 un chrysobulle d'Andronic II et en 1350 les droits de σταυροπηγία. V. LANGLOIS, *Le Mont Athos et ses monastères* (Paris, 1867), p. 65-66. Il est nommé à trois reprises dans le typicon de 1394. MEYER, *Haupturkunden*, p. 195-203. Cf. SMYRNAKIS, p. 521.

(4) Le psaume 118, dont le premier verset commence par ces mots et qu'on appelle pour abréger l'ἄμωμος, fait partie de l'office pour la sépulture d'un moine. Comme il est très long, on en divise la récitation en trois στάσεις.

μετὰ τὸ πληρῶσαι τὴν πρώτην στάσιν τοῦ Ἀμώμου πάλιν εἶπεν ·
«Εἰς τὸ μοναστήριόν σου ψάλλουσιν.» Ἐσημειώσατο οὖν τὴν
ὥραν ὁ Ἰωσήφ · καὶ ἐπιστρέψας εἰς τὸ μοναστήριον ἐπυνθάνετο
διὰ τὴν ὥραν ἐκείνην, καὶ εὗρεν ὅτι ἐκοιμήθη Ἰωσὴφ γραμματεὺς
ἐν ἐκείνῃ τῇ ὥρᾳ. Καὶ ἀνήγγειλε τοῖς πατράσι τὰ προειρημένα 5
ὑπὸ τοῦ μεγάλου πατρός · καὶ ἀκούσαντες οἱ πατέρες, ὅτι οὐ

59ᵛ

μόνον τοῖς ἐγγὺς προορᾷ, | ἀλλὰ καὶ τοῖς μακράν, τῷ Θεῷ μεγά-
λως ἐδόξαζον τῷ ποιοῦντι θαυμάσια τοῖς φοβουμένοις αὐτῷ.

25. Ἦλθέ τις μοναχὸς Ματθαῖος ἀπὸ τὴν Πόλιν καὶ εἶπεν ἡμῖν
ὅτι · « Ἦλθά ποτε μὲ κοσμικοὺς ἀνθρώπους, καὶ¹ μὴ εἰδὼς ἡμᾶς 10
εἶπεν · Ἐδῶ καὶ οἱ Πολῖται, οἱ Ἁγιορωμανῖται (1). Καὶ εἶπε
καὶ τὰ ὀνόματα ἡμῶν. Καὶ πάλιν εἶπε · Καὶ σύ, κῦρι Μοδινέ,
ἀπὸ πολλῶν ἡμερῶν ἐβούλεσο² νὰ ἔλθῃς νά με εἰδῇς³, καὶ ἰδοὺ
ἐπλήρωσας τὸ σὸν καταθύμιον. Καὶ ὁ Μοδινὸς εἶπεν · Ἀληθῶς,
ναί, πατήρ⁴ μου, ἀληθῶς εἶπεν ἡ σὴ ἁγιωσύνη.» Ἦλθέ ποτε 15
κοσμικός τις πρὸς τὸν ὅσιον, καὶ ἰδὼν αὐτὸν εἶπεν · « Ἰωάννη,

60

μέλλεις γενέσθαι ἱερεὺς καὶ ἡγούμενος · ἀγωνίσου δὲ | νὰ γένῃς⁵
καὶ καλόγερος.» Καὶ καιροῦ προϊόντος ἐγένετο μοναχός, καὶ ἐλθὼν ἔν τινι τῶν μονῶν τοῦ Ἁγίου Ὄρους⁶ ἐγένετο καὶ ἱερεὺς
καὶ ἡγούμενος. 20

De miracu-
lis Gregorii
Palamae

26. Μηνᾶς ἱερεὺς καὶ ἡγούμενος τοῦ Ἀλυπίου εἶπεν ὅτι · « Παρ-
εβάλομέν ποτε ἐγὼ καὶ ὁ μαθητὴς τοῦ ἐν ἁγίοις Γρηγορίου τοῦ
Παλαμᾶ (2), ὁ ἱερομόναχος Γρηγόριος, πρὸς τὸν ὅσιον Καυσοκαλύβην. Εὕρομεν δὲ ἐκεῖ καὶ δύο ἄρχοντας κοσμικούς. Καὶ εἶπε
πρός με ὁ ὅσιος · Εἰπὲ ἡμῖν ἀπὸ τῶν θαυμάτων τοῦ Θεσσαλονίκης. 25

invitum
interrogat.

Ἐμοῦ δὲ ἀντιλέγοντος μὴ εἰδέναι, καὶ πάλιν εἶπεν · Λέγε, εἰπέ.
Ἐγὼ δὲ ἀντέλεγα · Οὐ γινώσκω. Ἦν δὲ ἐν τῷ κόλπῳ μου τόμος

60ᵛ

γεγραμμένος περὶ τῶν θαυμάτων | τοῦ Θεσσαλονίκης (3). Καὶ τότε

---

25. — ¹ ἦλθα μὲ κοσμ. ἀνθρ. καί ποτε. — ² ἐβούλουσου. — ³ an ἴδῃς ?
— ⁴ sic. — ⁵ sic. — ⁶ ἁγίορους.

(1) Sur l'église Saint-Romain, voir Du Cange, *Constantinopolis christiana,*
lib. IV, c. VI, § 87 (éd. de Paris, p. 135).

(2) Grégoire Palamas, archevêque de Salonique, le fougueux théologien de
l'hésychasme, mort le 14 novembre 1359, fut canonisé solennellement dès
1368. Sur la vie et les doctrines de Palamas on consultera l'étude fort bien do-
cumentée du P. M. Jugie dans le *Dictionnaire de théologie catholique,* t. XI
(1932), col. 1735-1776. Sur la controverse palamite, on lira l'exposé du même
auteur, ibid., col. 1777-1818.

(3) Peut-être ce recueil de Miracles n'était-il qu'un extrait du **panégyrique**

μόλις ἔδειξα αὐτὸν λέγων · Ἐδῶ πού εἰσι γεγραμμένα. Καὶ
εἶπεν ὁ ὅσιος · Ταῦτά σοι λέγω νὰ λέγῃς, καὶ σὺ ἀντιλέγεις.
Ἡμεῖς δὲ οἱ παρατυχόντες ἐξέστημεν θαυμάζοντες τὴν προόρασιν
τοῦ ἁγίου καὶ τῷ Θεῷ μεγάλως ἐδοξάσαμεν. »

5   27. Ὁ ἀρχιερεὺς Τραϊανουπόλεως (1) ἐρχόμενος πρὸς τὸν ὅσιον   *Fraudem*
μετὰ τοῦ μαθητοῦ αὐτοῦ, ἦλθον ἔν τινι λάκκῳ. Καὶ ὁ μὲν ἀρχιε-   *agnoscit.*
ρεὺς ἦν ὀλιγογένης[1], ὁ δὲ μαθητὴς αὐτοῦ ἐπλούτει ἐν ταύτῃ[2].
Συμβούλιον δὲ λαβόντες, ἐγένετο ὁ ἀρχιερεὺς ὡς μαθητὴς καὶ
ἐνέδυσεν αὐτὸν τὸν μανδύαν μὲ τὰ πόματα (2) · καὶ αὐτὸς ἔβαλε
10 τοῦ μαθητοῦ τὸν μανδύαν καὶ ἦλθεν εἰς τὸν ὅσιον πρὸς | ὑπόμνησιν.   61
Ὁ δὲ ὅσιος προγνοὺς τὸ δρώμενον ἀπὸ τῆς χάριτος ἐξῆλθεν εἰς
ἀπάντησιν αὐτοῦ. Καὶ βαλόντες μετάνοιαν ἀμφότεροι, εἶπεν ὁ
ἀρχιερεὺς πρὸς τὸν ὅσιον · « Ὁ δεσπότης μου ἀρχιερεὺς Τραϊανουπόλεως ἦλθε · καὶ ἂν κελεύῃς, νὰ ἔλθῃ νά σε ἴδῃ. » Καὶ εἶπεν ὁ
15 ὅσιος · « Σὺ εἶ ὁ ἀρχιερεύς · καὶ εὐλόγησόν με. » Ὁ δὲ εἶπεν ·
« Οὐκ εἰμὶ ἐγώ, ἀλλ᾽ ὁ ἀρχιερεὺς ὀπίσω ἵσταται · ἂν κελεύῃς,
νὰ ἔλθῃ. » Καὶ πάλιν ὁ ὅσιος εἶπε · « Σὺ εἶ ὁ ἀρχιερεύς · καὶ
εὐλόγησόν με, καὶ μὴ ὑποκρίνῃ ὡς κλέπτης · ἐπεὶ ἐκεῖ ἤμην ἐγὼ
ἐπάνωθεν τοῦ λάκκου, ὅταν ἐβουλεύσασθε καὶ ἠλλάξατε τοὺς
20 μανδύας. Καὶ εὐλόγησόν με. » Καὶ ἰδὼν καὶ ἀκούσας ταῦτα | ὁ   61ᵛ
ἀρχιερεὺς εὐλόγησεν αὐτόν, καὶ ἀσπασμὸς ἐγένετο ἐν ἁγίῳ πνεύματι. Ηὐφράνθησαν δὲ καὶ ὁ ἀρχιερεὺς καὶ ὁ μαθητὴς αὐτοῦ ἀπὸ
τῆς ὁμιλίας τοῦ ὁσίου πατρὸς καὶ ἠγαλλιάσαντο καὶ σώματι καὶ
πνεύματι · καὶ ἐδόξασαν τὸν Θεόν, ὑμνοῦντες καὶ θαυμάζοντες
25 καὶ τὸν αὐτοῦ θεράποντα.

---

27. — [1] ὀλιγένης. — [2] τῇ γενειάδι supplet *Kourilas.*

de Palamas (*BHG.* 718), où le patriarche Philothée rapporte quatorze prodiges opérés par son héros (cf. Jugie, t. c., col. 1741). Cependant la répugnance
que Ménas témoigne à montrer son τόμος semble indiquer qu'il craignait la
contradiction. Sans doute Philothée n'avait-il pas encore procédé à la glorifi-
cation solennelle de son ancien maître. Ou bien les deux laïques influents qui
assistaient à l'entretien étaient-ils suspects de scepticisme à l'égard des nouveaux Miracles ?

(1) Métropole de l'éparchie de Rhodope en Thrace. L'évêque presque im-
berbe dont il est question dans ce chapitre est sans doute le Γερμανός qui
signa, en 1351, le troisième tome synodique contre les Barlaamites. *P. G.*, t.
CLI, col. 762.

(2) D'après le contexte ce mot doit désigner les insignes épiscopaux. M.
Charitonidès, professeur de philologie à Salonique, propose de lire κομβώματα,
autre mot rare que Suidas interprète καλλωπίσματα.

Per aera ferri videtur.

28. Ἦλθόν ποτε δύο μοναχοὶ (1) ἀπὸ τὴν εὐαγεστάτην μονὴν τοῦ Βατοπαιδίου πρὸς τὸν ὅσιον. Καὶ ἦν ἔξω τῆς καλύβης · καὶ ἤρχετο ὡς ὑπόπτερος ἐπάνω τῶν κλάδων τοῦ ἄλσους πρὸς τὴν καλύβην. Καὶ ἰδόντες τοῦτον ἐξέστησαν, καὶ φόβος μέγας ἔλαβεν αὐτούς, καὶ σύντρομοι ἐγένοντο ἀπὸ τοῦ φόβου. Καὶ μεθ᾽ ὥραν ἐπορεύ-5 θησαν πρὸς τὸν ὅσιον καὶ ποιήσαντες | μετάνοιαν ἐκάθισαν, λαβόντες παρ᾽ αὐτοῦ εὐχήν. Καὶ ἠρώτησεν αὐτούς · « Πόθεν ἐστέ ; » Καὶ ἀπεκρίθησαν · « Ἀπὸ τὸ Βατοπαίδι · καὶ ἤλθομεν ἵνα εὐλογηθῶμεν καὶ λάβωμεν εὐχὴν παρὰ τῆς σῆς ἁγιότητος · καὶ εὐχαριστοῦμεν τὸν Θεόν, ὅτι σε εἴδαμεν.» Πάλιν ἠρώτησεν αὐτούς · « Μὴ 10 νὰ εἴδατέ [1] τί ποτε ; » Καὶ εἶπον · « Οὐκ εἴδαμεν. » Τότε ὡμίλησαν μετὰ τοῦ ὁσίου, καὶ ἐδίδαξεν αὐτοὺς τὰ πρὸς σωτηρίαν αὐτῶν. Καὶ ποιήσαντες μετάνοιαν, ἀπέλυσεν αὐτοὺς μετ᾽ εἰρήνης. Καὶ αὐτοὶ ἐδιηγοῦντο ἐν τῇ ὁδῷ, ἃ εἶδον οἰκείοις ὀφθαλμοῖς, θαυμάζοντες τοῦ ἁγίου τὴν παρρησίαν, ἣν ἔχει πρὸς τὸν Θεόν. 15

29. Εἶπε δὲ καὶ ὁ ἱερομόναχος Μακάριος | ἀπὸ τὴν ἁγίαν Λαύραν, οὗ τὸ ἐπίκλην Χαμνός (2), ὅτι ἐν καιρῷ χειμῶνος ἠβουλήθη ἀπελθεῖν πρὸς τὸν ὅσιον · «Καὶ ποιήσαντός μου, φησίν, ἔδεσμα καὶ λαβὼν μετ᾽ ἐμοῦ καὶ ἕτερον ἀδελφὸν ἐπορεύθημεν · καὶ κρούσαντες τὴν θύραν, οὐκ ἀπεκρίθη. Ἦν γὰρ ἀπὸ τὴν ψύχραν [1], καὶ λαβὼν 20 πλοκοτήν, ἣν εἶχε κατασκευασμένην [1] ἀπὸ καλάμων, ἐσκεπάσθη [1] καὶ ὕπνωσε. Ὡς οὖν εἶδα ὅτι οὐκ ἀποκρίνεται [2], ὑπέλαβα ὅτι ἀπὸ τῆς ψυχρότητος ἐξάρωσε καὶ κοιμᾶται. Καὶ εἰσῆλθα καὶ ὁρῶ τὸν ὅσιον, ὅτι ὑπνοῖ κεκαλυμμένος μετὰ χρυσοῦ ὑπαπλώματος [3] · καὶ ἔλαμπεν ἡ καλύβη, ὡς ἐνόμισα, ἀπὸ τοῦ ὑπαπλώματος [3]. | Καὶ 25 τοῦτο ἰδὼν ἐθαύμασα · καὶ ἐξῆλθα καὶ ἀνήγγειλα τῷ ἀδελφῷ τῷ ὄντι μετ᾽ ἐμοῦ · κἀκεῖνος πλησιάσας εἶδε καὶ αὐτὸς οὕτως. Καὶ εἴπομεν ἀμφότεροι, ὅτι τινὰς [4] ἐκ τῶν ἀρχόντων τῶν μεγιστάνων ἀπέστειλεν αὐτόν. Καὶ πάλιν κρούσαντες, ἠγέρθη καὶ ἐλά-

Aureo tegumento coopertus

cernitur.

62

62

62ᵛ

63

---

28. — [1] corr., prius ἴδετε.

29. — [1] sic.— [2] ἀπεκρίνεται.— [3] ὑφαπλώματος corr. man. rec.— [4] i.e. τις.

---

(1) L'un de ces deux moines était Théophane, l'auteur de la seconde Vie de S. Maxime. Ci-dessous, p. 99, ch. 28.

(2) Ce Macaire Chamnos, moine-prêtre de Lavra, ne doit sans doute pas être confondu avec son homonyme Macaire, l'higoumène de Lavra, qui fut archevêque de Salonique et mourut en 1346. Cf. L. PETIT, dans *Échos d'Orient*, t. V (1901-1902), p. 92.

λησε · καὶ εἰσήλθαμεν καὶ βαλόντες μετάνοιαν ἐκαθίσαμεν καὶ
ὁμιλήσαντες ἀριστήσαμεν. Καὶ μετὰ τοῦ ἀρίστου ἠρώτησα τὸν
ὅσιον · Τίς σε ἀπέστειλε, πάτερ, τοιοῦτον ὑφάπλωμα; Καὶ ὁ
γέρων ἀπεκρίθη · Οὐκ οἶδα τί λέγεις. Κἀγὼ εἶπα · Ὑφάπλωμα
5 εἴδαμεν χρυσοῦν καὶ ὑπέρλαμπρον, ὑπνοῦντά σε ὄντα, καὶ σκέ-
ποντά σε ὅλον · καὶ ἐκ τῆς λαμπρότητος αὐτοῦ ἔλαμπεν ὅλον σου
τὸ κελλίον | ἀπ' αὐτῆς. Καὶ ὁ γέρων μειδιάσας πρός με λέγει ·   63ᵛ
Συνεχόμενος ἀπὸ τῆς ψυχρότητος ἐσκεπάστην τὴν πλοκοτὴν τῶν
καλάμων, καὶ συνέσφιξε τὰ ῥάκιά μου καὶ ἐθερμάνθη · καὶ ἀφύ-
10 πνωσα, ὅτι τῇ νυκτὶ ταύτῃ ἀπὸ τῆς ψυχρότητος οὐκ ἐκοιμήθην.
Καὶ λαβόντες εὐχὴν ἀπὸ τοῦ ἁγίου, ὡς ἠκούσαμεν ταῦτα, ἐξήλθομεν
θαυμάζοντες καὶ δοξάσαντες τὸν Θεὸν τὸν ποιοῦντα θαυμαστὰ
μυστήρια, πῶς τοὺς αὐτὸν δουλεύοντας σκέπει καὶ διαφυλάττει
ἀπὸ ψυχρότητος καὶ παντὸς κακοῦ. »

15 **30.** Δαμιανός τις μοναχὸς ἀμπελικὸς ἐκ συνεργίας τοῦ πονηροῦ   *Providente*
εἶχεν ἀπιστίαν εἰς τὸν ἅγιον, καὶ τοσοῦτον ὡς οὐδὲ ὀρθόδοξον   *Domino*
χριστιανὸν αὐτὸν | ἐνόμιζεν εἶναι. Θέλων οὖν ὁ πάντας ἀνθρώπους   64
θέλων σωθῆναι καὶ εἰς ἐπίγνωσιν ἀληθείας ἐλθεῖν (1), ἵνα καὶ ὁ
ἀδελφὸς διορθωθῇ καὶ τὸν ἅγιον δοξάσῃ, τί ποιεῖ; Λαβὼν ὁ Δα-
20 μιανὸς τῇ κυριακῇ κατὰ τὸ σύνηθες τὴν διακονίαν τῆς ἑβδομάδος,
ἐκ τοῦ μοναστηρίου ἐξῆλθεν εἰς τὸν ἀμπελῶνα, ὃν ἐγεώργει · καὶ
διακονηθείς, τῇ αὐτῇ ἑσπέρᾳ ἀφύπνωσε. Καὶ τῷ ὄρθρῳ ἀναστὰς
πρὸς τὸ ποιῆσαι τὸν κανόνα αὐτοῦ, ἐπείνασε τοσοῦτον πολλὰ ὥστε
μὴ δύνασθαι ποιῆσαί τι · καὶ καθίσας ἐθαύμαζε, τί ἐστι τοῦτο.
25 Τότε ἀνάψας πῦρ καὶ λαβὼν κρόμμυα καὶ συγκόψας αὐτὰ καὶ
βαλὼν εἰς χύτραν μετὰ ἐλαίου καὶ ὕδατος | εἰς τὸ πῦρ, καὶ λαβὼν   64ᵛ
οὓς εἶχεν ἄρτους ξηροὺς ἔβαλεν εἰς πινάκιον μέγα · καὶ βαλὼν
ἐπάνω τὸ ἔψημα καὶ καλύψας αὐτὸ ἐπρόσμενεν, ἕως ὅτου δια-
φαύσῃ ἡ ἡμέρα. Ἀναγκασθεὶς οὖν ἀπὸ τῆς πολλῆς πείνης οὐδὲν
30 ἐκαρτέρησεν, ἀλλ' ἤρξατο ἐσθίειν · καὶ φαγὼν μίαν μετὰ πολλῆς
βίας κατέπιεν, ὅσον μόνον ὁποῦ ἐγεύσατο, σχεδὸν εἰπεῖν, καὶ
πλέον οὐκ ἠδυνήθη · καὶ καθίσας ἐθαύμαζεν ἐν ἑαυτῷ, τί ἐστι
τοῦτο. Τότε καλύψας τὸ πινάκιον εἶπε · « Σήμερον μέλλω σκάπτειν
εἰς τὸν ἀμπελῶνα, ὥστε με ποιῆσαι ὄρεξιν τοῦ φαγεῖν. » Ὡς δὲ
35 ἔφαυσεν ἡ ἡμέρα, ἔκρουσέ τις ἔξωθεν τοῦ κελλίου καὶ λέγει πρὸς
αὐτόν · « Ἐλθὲ ἔσω, εἴ τι ἂν καὶ εἴης. » | Καὶ εἰσελθών, θεωρεῖ   65
ὅτι ὁ ὅσιος ἦν · καὶ λέγει πρὸς αὐτόν · « Πολλὰ ἐτάχυνας, πάτερ. »

---

(1) Cf. I Tim. 2, 4.

Καὶ ὁ γέρων λέγει · «Φέρε τὸ ἔψημα, ἵνα φάγω, ὅτι ὀγδόη ἡμέρα[1]
ἔχω ἄσιτος, ἐπεὶ οὐδὲ εἷς ἐπαρέβαλε πρός με, ἵνα φέρῃ τι. » Εἶχε
γὰρ συνήθειαν ὅτι ποτὲ[2] εἰς τὴν καλύβην οὐκ ἐκράτει τί ποτε, οὔτε ἄρτον, οὔτε ἄλλο τι βρώσιμον, μόνον ὕδωρ ὀλίγον. Τότε κατα-

nutritur. νυγεὶς ὁ Δαμιανὸς καὶ βαλὼν μετάνοιαν εἶπε πρὸς τὸν ὅσιον · 5
«Ἀληθῶς, πάτερ ἅγιε, ὁ Θεὸς ἐμαγείρεψε διὰ σοῦ.» Καὶ βαλὼν
τράπεζαν καὶ τὸ ἔψημα καὶ ἄρτους καὶ οἶνον καὶ εἴ τι ἄλλο βρώσιμον εἶχεν εἰς τὸ κελλίον αὐτοῦ, καὶ καθίσας μετὰ τοῦ ὁσίου ἔφαγε

65ᵛ καὶ ηὐφράνθη | καὶ ἠγαλλιάσθη καὶ σώματι καὶ πνεύματι. Καὶ
μετὰ τοῦ ἀρίστου πάλιν ἔβαλε μετάνοιαν καὶ ἐξωμολογήσατο, 10
πῶς ἐλοιδόρει τὸν γέροντα καὶ ἐμέμφετο. Καὶ λαβὼν συγχώρησιν
παρ᾽ αὐτοῦ, ἀπῆλθεν ὁ ὅσιος ἐν τῇ καλύβῃ αὐτοῦ. Καὶ ἔκτοτε ἔλαβε
πληροφορίαν πίστεως εἰς τὸν ὅσιον καὶ ἐδόξαζε τὸν Θεὸν καὶ τὸν
αὐτοῦ θεράποντα. Τοῦτό μοι διηγήσατο ὁ αὐτὸς Δαμιανὸς ἔνδον
τῆς ἁγίας Λαύρας. 15

Epilogus. 31. Ἦν δὲ καὶ ἄλλα πολλὰ θαύματα καὶ προοράματα ᾀδόμενα
καὶ λεγόμενα καὶ γενόμενα παρὰ τοῦ ὁσίου πατρὸς ἡμῶν, ἅπερ
ἀκήκοα κἀγώ, καὶ καθώς μοι ἐδήλωσαν καὶ ἕτεροι ἀψευδεῖς πατέρες, ὅ τε Γρηγόριος ἀπὸ τῆς Πέτρας Σίμωνος (1) τοῦ μυροβλύτου (2)

66 | καὶ Ματθαῖος μοναχὸς καὶ ἄλλος Ματθαῖος ἱερομόναχος καὶ 20
ἕτεροι, ἅτινα ἔμελλον γράφειν καταλεπτῶς, διὰ δὲ τὴν ἰδιωτείαν
μου καὶ τὴν ἄγονόν μου ψυχὴν καὶ τὴν τοῦ νοὸς ἔλλειψιν καὶ τὴν
ἀδυναμίαν μου, καὶ διὰ τὸ μῆκος τοῦ λόγου κατέπαυσα ἕως ὧδε.
Αὐτὸς γοῦν ὁ μαθητὴς καὶ μιμητὴς τοῦ Χριστοῦ τοιαύτην ὁδὸν
ἐβάδισε στενὴν καὶ τεθλιμμένην (3), ὅπως τὸ κατ᾽ εἰκόνα τηρήσῃ 25
ἀλώβητον, καὶ οὕτως ἔφθασεν εἰς τὸ καθ᾽ ὁμοίωσιν (4). Ἐγὼ δὲ ὁ
πανάθλιος, ὁ πάσης ἀνομίας ἐργάτης, τί ποιήσω; τί πράξω; τίς
γένωμαι; πῶς φύγω τὰς κολάσεις; πῶς τύχω σωτηρίας; Τίς
δώσῃ τῇ κεφαλῇ μου ὕδωρ καὶ τοῖς ὀφθαλμοῖς μου πηγὴν δα-

66ᵛ κρύων (5), ὅπως | θρηνήσω καὶ ἀποκλαύσω τῶν ἀπείρων μου 30

---

30. — [1] *i. e. ὀγδόην ἡμέραν.* — [2] *abundare videtur.*

(1) Simon le Myroblyte, fondateur du monastère de Simonopétra au xivᵉ s.,
est honoré comme un saint. Cf. Doukakis, *Μέγας συναξαριστής*, 28 déc.

(2) Sur les saints myroblytes, voir Du Cange, *Glossarium med. et inf. graec.*,
à la fin de l'article *μύρον; ID., Glossarium latin.*, i.v. *manna.*

(3) Cf. Matth. 7, 14.

(4) Interprétation mystique du verset 26 de la Genèse : « Faisons l'homme
à notre image et à notre ressemblance. »

(5) Ierem. 9, 1.

πράξεων τὰ δεινὰ ἀνομήματα καὶ παραπτώματα; Ὅμως διὰ
τῶν ἁγίων εὐχῶν τοῦ ὁσίου πατρὸς δώῃ ὑμῖν ὁ Θεὸς σωτηρίαν
τοῖς ἀκούουσι τῷ παρόντι ἰδιωτικῷ συγγράμματι, κἀμοὶ [1] τῷ
ἁμαρτωλῷ καὶ ἀναξίῳ ἐλεήσῃ καὶ σώσῃ εἰς τὴν βασιλείαν αὐτοῦ
5 ὡς ἀγαθὸς καὶ φιλάνθρωπος [2].

31. — [1] κἀμέ. — [2] ἀμήν add. man. rec.

II. VIE DE S. MAXIME PAR THÉOPHANE

Βίος καὶ πολιτεία καὶ ἄσκησις καὶ φαιδροὶ ἀγῶνες καὶ θαύματα τοῦ ὁσίου καὶ
θεοφόρου πατρὸς ἡμῶν Μαξίμου τοῦ τὴν
καλύβην πυρπολοῦντος ἐν τῷ [1] Ἁγίῳ Ὄρει
10 τῷ Ἄθωνι. Ποίημα καὶ πόνημα Θεοφάνους
τοῦ Περιθεωρίου καὶ προηγουμένου τοῦ
Βατοπεδίου.

Codex
Rossici
monasterii
552,
fol. 145

1. Οἱ τὴν ἤπειρον κατ' ἐπιστήμην καὶ θάλατταν διερχόμενοι   *Prologus.*
ἄνθρωποι, οἱ μὲν τὰς νάπας καὶ τοὺς ζυγούς, ὄρη καὶ πεδιάδας,
15 οἰκουμένην τε καὶ ἀοίκητον, καὶ τὰς ὁδοὺς αὐτῶν καὶ τὰς θέσεις
καὶ τὰς διαφορὰς πάσας διαμετροῦσιν, ὅσον ἡ γνῶσις ἀπὸ πείρας
λάβοιεν [1], ἵν' ἐξηγήσαιντο · οἱ δὲ πελάγη διάφορα διαδραμόντες
καὶ πορθμοὺς καὶ λιμένας, ἀκτὰς καὶ αἰγιαλοὺς καθιστορήσαντες
ἀκριβῶς καὶ τῶν κύκλῳ [2] ἀνέμων τὰς κινήσεις ἐν γνώσει κατα-
20 λαβόντες, διηγοῦνται τοῖς πᾶσιν ἐγγράφως [3] τε καὶ ἀγράφως εἰς
ὠφέλειαν τῶν ἀκουόντων ἅμα καὶ μνήμην ἀγαθὴν τοῦ μηνύοντος.
Ταὐτὸ δὴ καὶ ὁ ἀρετὴν ἐξηγούμενος τἀνδρὸς ἀγαθοῦ, πρῶτον μὲν
εὐφροσύνην ἐντίθησι ταῖς ἀκοαῖς τῶν πιστῶν, εἶτα δὲ καὶ σκιρ-
τᾶν ἐμποιεῖ τὰς [4] καρδίας αὐτῶν, ὥς φησι Σολομών · « Ἐγκωμια-
25 ζομένου δικαίου εὐφρανθήσονται λαοί (1). » Ἀλλ' ὁ εἰδὼς ἐκεῖνος
τὰ τοῦ δικαίου, ὡς ἐκεῖνοι κατ' ἐπιστήμην θάλατταν τε καὶ ἤπειρον, οὗτος καὶ εἰκότως ἂν δίκαιον [5] τὰ τοῦ δικαίου ἐγκώμια [6] πλέ-
ξασθαι, καὶ μάλιστα ὁ τὸν λόγον ἔχων ἐκ τοῦ Λόγου τὸ λέγειν,

Lemma. — [1] ἐν τῶς corr., prius ὄντως.
1. — [1] λάβοι *Kourilas.* — [2] κύκλων. — [3] ἐγγάφως. — [4] ταῖς. — [5] *supple*
ἡγήσαιτο. — [6] ἐγγόμια.

(1) Cf. Prov. 29, 2.

τοιούτους δὲ καὶ ὀφείλει λογογραφεῖν καὶ ἐγκωμιάζειν δικαίους.
Ἀλλ' ὁ λόγος πᾶσι μὲν τοῖς λογικοῖς πρῶτον μὲν ὡς ἐνδιάθετος
κατὰ νοῦν βρεφουργεῖται καὶ τὴν διάνοιαν, εἶτα γίνεται καὶ εὐ-
διάχυτος διὰ χειλέων καὶ πνεύματος, εἶθ' οὕτως ἔναρθρος καὶ
πρόσφατος, εἰς ἓν τοῖς τοῦ λόγου μέρεσιν ὡς ἀνὴρ † ἑδραζόμενος, 5
τὸ ῥῆμα τῆς διαλέξεως. Καὶ εἰ μὲν κατ' ἐπιστήμην μαθημάτων ὁ
145ᵛ   νοῦς τὸν λόγον κινήσει | μόνον, θαυμάζεται μὲν τοῖς λογίοις καὶ
μόνοις, ἀλλ' οὐκ ἐπανατέλλει καὶ οὕτως ἐπὶ πᾶσιν τὴν χάριν καὶ
τὴν εὐφροσύνην τοῦ πνεύματος · εἰ δ' ἐκ τοῦ πνεύματος ὁ νοῦς τὸν
λόγον κινήσειεν, οὐ μόνον ἐν τῇ ἀκοῇ τῶν λογίων θαυμάζεται, ἀλλὰ 10
καὶ τοῖς μὴ εἰδόσι τὸν λόγον, καὶ πάντων εὐκρινεῖ καὶ εὐφραίνει
καρδίας πλουσίως ἐν χάριτι. Ὧν ἐπ' ἀμφοτέροις αὐτὸς πάνυ ὡς
ἀδαὴς χωλανῶ καὶ ὡς ἀμύητος · ὅθεν τὴν ἀβελτηρίαν ὁρῶν τοῦ
νοὸς καὶ τοῦ ἐμοῦ λόγου τὸ ἀκαλλές—ξένος γάρ εἰμι ἐκ τῶν ὧν
μέμνημαι δύο, τῆς τε μαθήσεως καὶ τῆς χάριτος — λέγειν οὐ 15
βούλομαι · καὶ ναρκῶ μὲν τῇ χειρί, πεπέδημαι δὲ τῇ γλώττῃ λα-
λεῖν καὶ γράφειν τὰ ὑπὲρ δύναμιν. Ὅμως θαρρήσας τῇ εὐχῇ τοῦ
δικαίου, κατὰ τὸ δυνατὸν ἡμῖν οὕτως αὐτὸν καταλέξομεν ἐγκω-
μίοις καὶ στέψομεν, ὃν ἡ ἁγία Τριὰς ἐστεφάνωσεν φῶς ἅγιον ἄνωθεν καὶ χάριν, ἣν ἐκέκτητο ἀνεκλάλητον κατά τε διάκρισιν, διό- 20
ρασιν καὶ προόρασιν.
   Ὡς γὰρ προφήτης ὑπέρτατος πάντα τοῖς πᾶσιν ἐπροὔλεγε καὶ
τὰ μακρὰν ὡς ἔγγιστα ⁷ ἐσαφήνιζεν ἐν τῷ πνεύματι · Πνεῦμα
γὰρ ἅγιον ἐπὶ τὸν δίκαιον κατεσκήνωσεν καὶ τὸ ὀπτικὸν τῆς ψυχῆς αὐτοῦ ἀπεκάθηρεν καὶ τὸν φωτισμὸν τῆς χάριτος αὐτοῦ αὐτῷ 25
πλουσίως ἐξέχεεν. Διὰ τοῦτο καὶ οὐχὶ ὑπὸ ⁸ τὸν μόδιον, ἀλλ' ἐπὶ
τὴν λυχνίαν τὴν ὑψηλὴν ἐτέθη τοῦ πνεύματος, καὶ ἔλαμψεν τὸ φῶς
αὐτοῦ τοῖς πᾶσιν, ὥς φησι τὸ ἀληθινὸν φῶς, ὁ Χριστός (1). Καὶ
ἦν ἀεὶ φῶς ὁ δίκαιος οὗτος ἡμῖν ἐν τῷ Ὄρει τῷ κεκλημένῳ Ἁγίῳ
διαλάμπων καὶ καταλάμπων (2) καὶ εὐφραίνων καὶ ψυχαγωγῶν, 30
ὡς ὁ φαιδρότατος ἥλιος ἀνατέλλων φαιδρύνει τοὺς ἐν ὄρει καθεύ-

---

⁷ ἔγκιστα. — ⁸ ἐπί.

(1) Cf. Matth. 5, 15 ; Ioh. 1, 9.
(2) Cette idée de lumière semble obséder notre auteur. Il compare son héros
à un soleil qui éclaire toute chose autour de lui, il le dit rempli de la lumière
intérieure de l'Esprit et le montre entouré d'une lumière miraculeuse. Il est
bien dans la ligne des auteurs hésychastes, notamment de Syméon le Nouveau Théologien. Cf. Jugie, Dict. de théol. cath., t. XI, col. 1751. Déjà Niphon

δοντας καὶ τὰ ὕψη ἐκτρέχοντας, ὥς φησι τοῦτο καὶ Σολομών ·
« Φῶς δικαίοις διὰ παντός (1) » καὶ « Ἐν τῷ φωτί σου ὀψόμεθα
φῶς (2).» Οὐκ ἐν ῥητορικῇ γλώττῃ καὶ πιθανότητι, οὐ σοφιστι-
κοῖς[9] νοήσεσιν καὶ συλλογισμοῖς καὶ ἀριθμητικοῖς καὶ πυθαγορι-
5 κοῖς μυθεύμασι καὶ | μαντεύμασι τοὺς πάντας[10] εἶλκεν ἐκ μακρό-   146
θεν οὕτω πρὸς ἑαυτὸν τοῦ κατατρέχειν κόπῳ πολλῷ τοῦ ἀκούειν
καὶ λέγειν καινότερα, ὡς [11] κατὰ τὸν Ἄρειον πάγον ποτέ (3) ·
ἀλλ' ἐν ἁπλοῖς καὶ ἀπεριέργοις ἤθεσί τε καὶ λόγοις, καὶ ἁγίοις
ἄνθεσιν ἀρετῆς, ἧς κεκόσμητο, ἀειθαλέσιν ἐν πνεύματι, καὶ ἐξ-
10 αισίοις καρποῖς χαρισμάτων ἐν θεωρίαις ἁγίαις, οἷς ἐχορηγεῖτο
πλουσίως καὶ ἐχορήγει αὖθις τοῖς πᾶσι πλουσίως. Τούτου γε
χάριν κεκμηκότες[12] ἅπαντες, εἴτε ἡμεῖς οἱ κατοικοῦντες ἐν Ὄρει,
εἴτε ἐξ ἀνατολῶν καὶ δύσεων καὶ τῆς παραλίου Ἑλλάδος καὶ νη-
σαέων[13] Κυκλάδων καὶ αὐτῶν τῶν βαρβάρων Τριβάλλων[14] (4)
15 ἄπειρα πλήθη ἀεὶ πρὸς τὸν δίκαιον ἑκατέρχον, καθώσπερ καὶ τῶν
μελιττῶν[15] τὰ γένη τοῦτο ποιοῦσιν, ὅταν ἔν τισι τόποις τὴν γλυκύτητα τοῦ μέλιτος αἰσθανθῶσιν, ἐν ὄρεσι καὶ σπηλαίοις καὶ ταῖς
ὀπαῖς τῆς γῆς (5). Ἀλλ' ἀρκτέον ἡμῖν ἄνωθεν τὰ τοῦ δικαίου, μᾶλλον δὲ τὰ τοῦ ὁσίου πατρὸς διηγήσασθαι ἀπὸ μέρους, ὅσα ἡ χάρις
20 τὸ μνημονευτικὸν ἡμῶν χαρίσει τῇ εὐχῇ ἐκείνου καὶ ὁδηγήσειεν ·
οὐ γὰρ δυνησόμεθα τὰ πάντα ἐκείνου θεῖα πλεονεκτήματα καταλαβεῖν καὶ εἰπεῖν, ὡς οὐδὲ τοῦ ἡλίου τὸ φέγγος τις ὅλον[16] καταλαβεῖν δυνήσοιτο ἂν καὶ εἰπεῖν · ἀλλ' ὡς[17] ὁ τοῦ ἡλίου τὸ φῶς
κατιδὼν τοσοῦτον καὶ δύναται μόνον εἰπεῖν, οὕτω καὶ ἡμεῖς ὅσον
25 καὶ μόνον ἐθεασάμεθα φῶς τοῦ δικαίου τούτου καὶ ὁσίου πατρὸς
ἡμῶν Μαξίμου, τοῦτο καὶ φιλαλήθως ὑμῖν διηγησόμεθα. Πρὸς
δὲ τὸ πᾶν οὐχ ὁρμῶ, ἐπειδὴ ἄβυσσός ἐστιν ἡ τἀνδρὸς ἀρετὴ καὶ
πέλαγος ἄπειρον, ἀνεξάντλητον.

2. Οὗτος ὁ ὅσιος πατὴρ ἡμῶν Μάξιμος ὡς ἥλιος φαιδρὸς ἐξ ἑῴας   Lampsaci
30 ἀνατείλας τὸ πρῶτον — ἐκεῖθεν γὰρ ὥρμητο, ἐκ Λαμψάκου τῆς

---

[9] sic. — [10] τοῖς πᾶσιν. — [11] καί. — [12] corr. — [13] sic pro νησαίων. —
[14] τρυβάλων. — [15] μελλείτων. — [16] corr. prius ὅλος, i. e. ὅλως. — [17] ὅσον.

avait appelé S. Maxime φωστὴρ φωστήρων, ἀστὴρ φαεινότατος, ἥλιος
ὑπέρλαμπρος, etc. (p. 43, l. 1-2 ; p. 42, l. 22).
(1) Prov. 13, 9.   (2) Ps. 35, 10.   (3) Cf. Act. 17, 21.
(4) Nom d'une ancienne peuplade thrace, employé par synecdoque pour désigner les Serbes. Cf. C. Jireček, Geschichte der Serben, t. I (Gotha, 1911), p. 115.
(5) Cf. Hebr. 11, 38.

nascitur
Manuel.

μητροπόλεως τὴν πατρίδα ἔχων τῷ γένει — γεννήτορας μὲν
ἔσχεν οὐκ ἀγενεῖς, ἀλλ᾽ ἐπισήμους καὶ ἀγαθοὺς κατά τε ἀρετὴν
καὶ εὐσέβειαν · καὶ τοῦτο δῆλον ἡμῖν ἐκ τοῦ τοιούτου βλαστοῦ, οὗ
ἐκεῖνοι ἐβλάστησαν κατ᾽ ἀξίαν τῆς πρὸς Θεὸν ἐκείνων πιστῆς καὶ
ὀρθῆς προσευχῆς. Καὶ γὰρ καθώσπερ ἡ Ἄννα τὸν Σαμουήλ (1),   5

146ᵛ

| οὕτω καὶ ἡ μήτηρ τοῦ ὁσίου σὺν τῷ συνεύνῳ τῇ προσευχῇ μετὰ
δακρύων ἐσχόλαζον τέκνον ἄρρεν ζητοῦντες τὸν Κύριον ἢ μᾶλλον
θῆλυ † ὡς ἐπεπόθησαν · καὶ οἶμαι τοῦτο, ἐν ταῖς καρδίαις ἐκείνων
ἢ τοῦ τοιούτου μέλλοντος γενέσθαι ὑψηλοτάτου ἐν ἀρεταῖς τὴν
τοιαύτην προσευχὴν καὶ ἔφεσιν ἐνέθηκεν [ἐν ταῖς καρδίαις] ἡ χά- 10
ρις τοῦ Πνεύματος. Καὶ πρὸ τοῦ γεννηθῆναι ἔσχον τὴν ἀγάπην
αὐτοῦ · καὶ τοσούτως τοῖς γονεῦσιν μετὰ τὸ τεχθῆναι γέγονεν πο-
θητός, ὅτι καὶ τῷ Θεῷ φέρον<τες> ἀνέθηκαν · καὶ μετὰ τὸ βαπτί-
σαι, καὶ ἱερὰ μαθεῖν γράμματα μετὰ πόθου δεδώκασιν ἔτι μειρά-
κιον ὄν. Κἀκ τούτου καὶ τὸν νέον Σαμουὴλ ὁ λεγόμενος Μανουὴλ 15
ἐνδεικνύμενος ἦν ὅλως, προκόπτων ἡλικίᾳ καὶ χάριτι (2). Καὶ ἦν
μακάριος καὶ ποθητὸς οὗτος τοῖς πᾶσιν, ὅτι οὐκ ἐπορεύετο ἐν βου-
λαῖς τῶν ἀφρόνων (3) ὡς νέος, ἀλλ᾽ ὡς τέλειος ὢν τῷ φρονήματι
ἀκμὴν παῖς ὑπάρχων ταῖς διδαχαῖς ἐσχόλαζε τῶν γερόντων.

Ἔτυχεν γὰρ ἐκεῖσε πλησίον ἀνδράσιν οὖσιν ὁσίοις ἐν ἀγωνί- 20
σμασιν ¹ ἡσυχαστηρίοις, καὶ ἀεὶ ποδηγούμενος πνεύματι ἐκείνοις
καὶ συνωμίλει ² καὶ ὑπηρέτειν, ὅσον ὁ καιρὸς ἐκάλει πρὸς ὥραν διὰ
τὴν ὑποταγὴν ἀκμὴν τῶν γονέων. Οὕτως καὶ τοῖς γονεῦσιν ὑπή-
κοος ἦν κατὰ πάντα, καὶ τῷ ναῷ προσήδρευεν τῆς Παναγίου (4),
καὶ αὐτὴν ἀεὶ ποτνιώμενος ἔψαλλεν μετὰ ἡδυφωνίας καὶ πόθου 25
θείου καὶ ἔρωτος. Ἀλλ᾽ ὁ πόθος ἐνίκα ἐξελθεῖν ἐκ τοῦ κόσμου καὶ
πρὸς ἡσυχίαν ὁδεῦσαι διὰ τοῦ σχήματος. Διὰ τοῦτο καὶ τὰ ἱμά-
τια αὐτοῦ ἀπεκδύετο καὶ τοῖς ἐνδεέσιν ἐσκέπαζεν, αὐτὸς δὲ τῷ
κρύει πηγνύμενος ἔτρεμεν. Ταὐτὸ καὶ ἄρτους τοῖς πεινῶσιν ἐχο-
ρήγειν κρύφα πλουσίως · καὶ ὡς ἔξηχος ὑπεκρίνετο τοῖς γονεῦσιν 30
εἶναι καὶ πᾶσιν · ἀλλ᾽ οὐκ ἔλαθεν αὐτοῖς ³ ἡ ἀρετὴ τούτου τἀνδρός.
Καὶ οἱ μὲν γονεῖς αὐτοῦ ἔσπευδον τάχα εἰς ἑτοιμασίαν τοῦ γάμου,

147

ὡς ἔθος τοῦτο τοῖς ἐν κόσμῳ | ποιεῖν, ἵν᾽ αὐτὸν παγιδεύσουσι καὶ

2. — ¹ ἀγωνιστικοῖς Kourilas. — ² συναμήλει. — ³ sic.

(1) Cf. I Reg. 1, 10-11, 20.   (2) Cf. Luc. 2, 52.   (3) Cf. Ps. 1, 1.
(4) La Sainte Vierge n'est pas nommée une fois dans la première Vie de S.
Maxime. Théophane, au contraire, lui attribue non seulement une grande place
dans la dévotion du saint, mais un rôle capital dans l'orientation de sa vie. Voir
ci-dessous, pp. 70, 72, 75, 77-79, 85 et 90.

XI

συνδήσουσιν ἐν τῷ κόσμῳ καὶ τὸν ποθούμενον ἔχουσιν ἐπὶ χεῖρας
καὶ καθορῶσιν ἀεί · ἀλλ' οὐκ ἔτυχον τοῦ σκοποῦ τούτου καὶ τὴν
πρᾶξιν ποιῆσαι, ἐπειδὴ ἄνωθεν ἡ πρόνοια ταύτην τὴν βουλὴν
παρηκόντισεν.

5 3. Καὶ οὔπω τὸν ἴουλον φθάσας, ἑπτακαίδεκα ἐτῶν ὢν οὗτος
δρασμὸν ποιεῖ θεῖον, καὶ ἀπὸ Λαμψάκου διαπεράσας εἰς τὸ ὄρος
τὸ καλούμενον Γάνου(1), ἐκεῖ τὸ σχῆμα τῆς μοναδικῆς πολιτείας
ἐνδύεται · καὶ ὑπὸ γέροντα τέτακτο δόκιμον, τὴν μοναδικὴν ἐν
ὑποταγῇ μαθεῖν πολιτείαν · ἀλλ' οὗτος καὶ πρὸ τούτου πεπαιδευ-
10 μένος ἦν τῆς μοναδικῆς ἀρετῆς τὰ μαθήματα · καὶ δόκιμος ἐν
τούτῳ τοῖς γέρουσιν ἀναφανεὶς ἐπί τε νηστείαν, ἀγρυπνίαν, προσευχήν, χαμευνίαν, κακουχίαν καὶ πάντων ὑπεροψίαν ματαίων καὶ
αὐτοῦ τοῦ ἰδίου σώματος, ἠγαπᾶτο μὲν παρὰ πάντων, ἐσκώπτετο
δὲ ὑπὸ τοῦ ἰδίου γέροντος διὰ τὸ τραχὺ τῆς ὁδοῦ καὶ ἀνένδοτον.
15 Μικρὸν δὲ χρόνον ἐκεῖσε ποιήσας, ὁ μὲν ὅσιος τούτου γέρων τε καὶ
διδάσκαλος ἀπῆρεν ἀπὸ γῆς πρὸς τὰς αἰωνίους μονάς · καὶ θάπτε-
ται χερσὶ τοῦ νέου Μαξίμου (2) ὁ Μάρκος ὁ ἅγιος · τοῦτο γὰρ ἦν τὸ
ὄνομα τοῦ ὁσίου ἐκείνου τοῦ διαλάμψαντος ἐν ὅλῃ Μακεδονίᾳ,
ὡς ἀστὴρ φαεινότατος.

20 4. Κἀκ τούτου δὲ οὗτος ὁ κλεινὸς Μάξιμος ἀπάρας ἐκ Γάνου τὴν
Μακεδονίαν διέρχεται καὶ τὰ πλησιόχωρα ὄρη κατερευνᾷ, εἴ που
καὶ τύχοιεν θησαυροῦ, οὗ ἐκέκτητο, τοιούτου γέροντος κατιδεῖν ·
καὶ ταύτην τὴν ἔφεσιν ἐκπληροῖ, ὡς ἐσπούδαζεν, ὁ Θεός. Γενόμενος γὰρ πρὸς τὸ Παπίκιον ὄρος (3) εὗρεν ἐκεῖσε ἄνδρας ἁγίους [1]

In Gano monte monasticam vestem induit.

In monte Papicio

4. — [1] ἀνδράσιν ἁγίοις.

(1) Sur le mont Ganos, en Thrace, voir H. DELEHAYE, dans *Mélanges d'archéologie et d'histoire*, t. XVII (Paris-Rome, 1897), p. 55, n. 2 ; M. GEDEON,
Μνήμη Γανοχώρων (Θρᾳκικαὶ ἱστορίαι, [Constantinople, 1913], opuscule
III), p. 25-62. La Passion légendaire de S. Nicon de Taormina (*BHG.* 1369),
§ 7, rapporte que le futur martyr séjourna au mont Ganos ; cf. *Act. SS.*, Mart.
t. III, p. 441.

(2) Remarquer qu'en se faisant moine, le jeune homme prit un nom de reli-
gion : Maxime, qui commençait par la même lettre que son nom de baptême :
Manuel (ci-dessus, p. 68, l. 15). Cf. H. DELEHAYE, t. c., p. 49, n. 1 ; *Anal. Boll.*,
t. XIV, p. 153, n. 4.

(3) Dans la revue Ἀθηνᾶ, t. XXXV (1923), p. 219-25, M. St. Kyriakidès
a montré que cette montagne, fameuse par ses monastères, ne peut être identifiée (comme le voulait Miliarakis) avec Rila, près de Sofia. Aux textes qu'il
cite, ajouter le témoignage de Philothée dans son panégyrique de Grégoire

70   DEUX VIES DE S. MAXIME

ἴσα τοῖς μεγάλοις πατράσιν ἐκείνοις, Ἀντώνιον λέγω καὶ τὸν
Εὐθύμιον, Ἀρσένιον καὶ Παχώμιον, ἀοίκους, ἀπροΐτους, πελαζο-
μένους ἐν ὄρεσιν ὑψηλοῖς καὶ σπηλαίοις ἡσύχοις καὶ ἀβάτοις τόποις, ἀπαρακλήτους ², ἔχοντας μεθ' ἑαυτῶν οὐδέν, εἰ μὴ μόνον τὰ
ῥάκη, ἃ περιβέβληντο οἱ γενναῖοι. Καὶ τούτους ὁμιλήσας κατὰ 5

147ᵛ   πολύ, ὡς καθαρώτατος σπόγγος τὰς ἀρετὰς ἐκείνων εἰς ἅπαν | ἀ-
aliquamdiu ναϰραθεὶς ³,   ἢ μᾶλλον ὡς κηρὸς τὸν χαρακτῆρα ἐκείνων τῆς
degit.   ὑπὲρ ἄνθρωπον ἀρετῆς ὡς ἐκμαγεῖον εἰς ἑαυτὸν ὅλως ἀναλαβών,
καὶ γενόμενος ὑπερόπτης ἔτι πλεῖον τῶν πάντων, ἀπάρας ἐκ
Παπικίου   πρὸς τὴν μεγαλόπολιν τὴν Κωνσταντίνου ἀπῄει.   10

Constanti-   Καὶ τὰ κάλλη τῶν νεὼν καθιστορήσας καὶ τὰ ἐν ἐκείνοις τεθη-
nopoli   σαυρισμένα ἅγια προσκυνήσας, πρὸς τὴν κυρίαν ἡμῶν τὴν πάναγνον
Deiparam   Θεοτόκον τὴν Ὁδηγήτριαν(1) τρέχει, τὰ μέγιστα θαύματα κατιδεῖν ·
colit.   ἃ καὶ ἰδὼν καὶ προσκυνήσας ἐξεπλάγη τῷ θαύματι. Καὶ ὅλως σύν-
νους γενόμενος ἐκεῖσε τὴν Πάναγνον εἰς οὐρανοὺς κατενόει, ὁποίαν 15
δόξαν κέκτηται ἐπὶ θρόνου θεότητος, καὶ θρόνον αὐτὴν τῆς Τριάδος ὁ νοῦς τοῦ γέροντος ἀπλανῶς ἐπεσφράγιζεν. Ἐν τούτῳ καὶ
νυκτερεύων ἐφαίνετο ἐν ταῖς ἡμέραις τοῦ θαύματος ὅλως ἐκπλητ-
τόμενος τῆς Θεοτόκου τὰ θαύματα, ἀνυπόδετος, ἀσκεπής, μόνον
τρίχινον ἓν διεζωσμένος ἱμάτιον καὶ αὐτὸ διερρηγμένον τὰ πλεῖστα. 20

Stultitiam   Ἀπὸ δὲ τῆς ἐκστατικῆς αὐτοῦ θεωρίας τοῖς πᾶσιν ἐδόκειν ὡς ἔξη-
simulat.   χος, αὐτὸς καὶ τοῦτο ὑποκρινόμενος τάχα μωρολογίαν προσέπλατ-
τεν, ὡς ὁ διὰ Χριστὸν ⁴ Ἀνδρέας ἐκεῖνος ὁ μέγιστος (2) · ὅθεν καὶ

---

² ἀπαρακλήτοις. — ³ ἀνακραθέν. — ⁴ supple σαλός.

Palamas (P. G., t. CLI, col. 562). Le mont Papikion se trouvait aux confins
de la Thrace et de la Macédoine, au-dessus de Mosynopolis.

(1) L'image de la Vierge Conductrice était l'une des plus célèbres de la
capitale. Cf. BHG. 1388, IV ; J. EBERSOLT, Sanctuaires de Byzance, p. 69-70,
avec la bibliographie citée dans les notes. Les « jours du miracle », dont il est
question plus bas (l. 18), sont peut-être les mardis. D'après l'ambassadeur du
roi Henri III de Castille, Ruy Gonzalez de Clavijo, qui visita Constantinople
dans les premières années du xvᵉ siècle, l'icone de la Dessetria (Ὁδηγήτρια)
était, chaque mardi, portée solennellement hors de l'église et rapportée miraculeusement par un seul homme. Historia del gran Tamorlan... y relacion de
la embajada... (Madrid, 1782), p. 66-67.

(2) S. André « Salos », c'est-à-dire « le fou », est le plus fameux des saints qui
simulèrent la folie. Sa Vie (BHG. 116, 117) a été publiée à Jérusalem, en 1912,
par le moine Augustin Jordanitès ; cf. L. PETIT, Bibliographie des acolouthies
grecques (Bruxelles, 1926), p. 8. Sur cette forme étrange de l'ascétisme oriental,

πάντες ὡς ἐκεῖνον ὑπετόπαζον εἶναι καὶ Μάξιμον μωρίαν ὑπο-
κρινόμενον διὰ Κύριον· καὶ διὰ θαύματος μᾶλλον εἶχον αὐτὸν καὶ
ἑώρων ἢ σαλὸν καὶ μωρὸν λογιζόμενοι. Τούτου δὲ ἡ τοιαύτη
πολιτεία ἀκουστὴ γέγονεν τοῖς κρατοῦσιν τότε ἐν θαύματι.

5   5. Ἀνδρόνικος ἦν ἐκεῖνος ὁ μέγας ἐν βασιλεῦσιν ὁ Παλαιολόγος,   Andronicum
ὁ καὶ μετονομασθεὶς ¹ Ἀντώνιος (1)· καὶ πατριάρχης, ὁ ἐν ἁγίοις   imperatorem
Ἀθανάσιος ὁ οἰκουμενικὸς καὶ θαυμάσιος (2). Ὅθεν καὶ προσ-
καλεσάμενος εἰς τὰ βασίλεια τοῦτον ὁ βασιλεὺς ἤρξατο ὁμιλεῖν
τὸν ὅσιον μέσον πολλῶν. Αὐτὸς δ᾽ ὡς ἔθος εἶχεν, ἐκ τοῦ Θεολόγου(3)   rogatus
10 πρὸς τὸν λόγον τοῦ ἄνακτος λόγους φέρων ἀνταπεκρίνετο· καὶ   adit.
τοῖς ῥήτορσιν ἔπληττεν, πῶς ἀπὸ στήθους τὰ τοῦ Θεολόγου ἀνα-
φωνεῖ καὶ πᾶσαν θείαν γραφήν. Ἐπεὶ δὲ γραμματικὴν οὐ με|μά-   148
θηκεν οὗτος ὁ ὅσιος, ἐν τοῖς ῥήμασιν ἀδαὴς ἐνοεῖτο· διὰ τοῦτο καὶ
παρὰ τοῦ μεγάλου Λογοθέτου ἐκείνου ἀκούσας τοῦ κανικλείου (4)
15 τό· « Ἡ μὲν φωνὴ φωνὴ Ἰακώβ, αἱ δὲ χεῖρες χεῖρες Ἠσαύ (5), »
ἀπελθὼν ᾤχετο, ματαιόφρονας καλέσας ἐκείνους καὶ ἄφρονας·
καὶ πλεῖον εἰς τὰ βασίλεια οὐκ ἐγένετο.

---

5. — ¹ sic.

voir l'intéressante étude de dom Hilpisch, analysée dans *Anal. Boll.*, t. XLIX,
p. 442, ainsi que les aperçus plus anciens mentionnés dans ce compte rendu.

(1) Andronic II Paléologue († 1332) fut, dans ses vieux jours, contraint par
ses ennemis de prendre l'habit monastique ; il reçut alors le nom d'Antoine.
Nicéphore Grégoras, *Hist. byz.*, l. IX, c. 10 (éd. de Bonn, t. I, p. 442).

(2) Le moine Athanase devint patriarche de Constantinople en 1289. Forcé
d'abdiquer en 1293, il remonta sur le trône dix ans après et démissionna une
seconde fois en 1310 ou 1311. Deux hagiographes anonymes se sont trouvés
pour rédiger à sa gloire une longue Vie (*BHG*. 194) et un Ἐγκώμιον encore inédit (cf. *Anal. Boll.*, t. XIX, p. 110, n° 28). Une autre Vie, composée par un
contemporain, le moine palamite Joseph Calothétos, a été signalée par M. N.
Bees, *Byzant. Zeitschrift*, t. XVII (1908), p. 90, et par Mgr L. Petit, *Dictionnaire de théologie catholique*, t. VIII (1925), col. 1522. Une étude sur la Cor-
respondance inédite d'Athanase a été publiée par M. R. Guilland dans les *Mélanges Ch. Diehl*, t. I (Paris, 1930), p. 121-40. La fête de ce saint orthodoxe
est fixée au 28 octobre.

(3) Le théologien par excellence, S. Jean l'évangéliste.

(4) Théodore Métochite († 1332), polygraphe de mérite, grand logothète sous
Andronic II. La fonction de « préfet de l'encrier impérial », ὁ χαρτουλάριος
τοῦ κανικλείου, ὁ ἐπὶ τοῦ κ., ὁ κανίκλειος, offre quelque analogie avec
celles d'un chancelier et d'un secrétaire particulier. Krumbacher, *Geschichte
der byz. Lit.* ², p. 478, n. 3 ; J. B. Bury, *The Imperial Administrative System
in the Ninth Century* (London, 1911), p. 117.

(5) Gen. 27, 22.

72   DEUX VIES DE S. MAXIME

Athanasium   Πρὸς δὲ τὸν πατριάρχην τὸν ἅγιον συνήθης γενόμενος ἀεὶ
patriarcham εἰσελήλυθεν, καὶ αὐτοῦ τοῖς γλυκυτάτοις λόγοις κατετρύφαν² καὶ
saepius ἐπευφραίνετο, νέον Χρυσόστομον λέγων εἶναι αὐτόν. Πολλὰ δ᾽ ὁ
alloquitur. πατριάρχης κατηγωνίσατο εἰσάξαι αὐτὸν ἐν τοῖς κοινοβίοις, οἷς
     ἀνήγειρεν καὶ ἐκτήσατο ἐν τῇ Κωνσταντινουπόλει μονύδρια (1) ·   5
     ἀλλ᾽ οὐ κατένευσεν οὗτος ὁ ὅσιος, τὴν καταμονὴν ἔχων ἐν ταῖς
     πύλαις τῆς παναχράντου κυρίας καὶ Θεοτόκου Βλαχέρνης (2),
     ὡς πένης ἄοικος προσεδρεύων ἐν πείνῃ καὶ δίψῃ, ἐν ἀγρυπνίᾳ
     καὶ στάσει καὶ προσευχῇ, ἐν κλαυθμῷ καὶ δακρύων πλῆθος ῥοῇ
     καὶ στεναγμοῖς ἀνενδότοις ταῖς ὅλαις νυξί. Ταῖς δὲ ἡμέραις ἐλο- 10
     γίζετο τοῖς ἄφροσιν ἄφρων, ὑποκρινόμενος τοῦτο κατὰ σοφίαν
     τοῦ πνεύματος, ἵνα μὴ τὸν καρπὸν αὐτοῦ ἐκτινάξῃ ἡ κάκιστος³
     ἀνθρωπαρεσκία³, ἡ ὑπερήφανος.

S. Deme-   **6.** Κἀκ τούτου πάλιν ἀπάρας ἐκ Πόλεως πρὸς τὴν Θεσσαλονίκην
trium ἐγένετο, ἵν᾽ ὅπως κατίδῃ καὶ προσκυνήσῃ τὸν μυροβλύτην (3) καὶ 15
Thessalonicae θαυματουργὸν τὸν ἐν μάρτυσι μέγαν¹ Δημήτριον (4). Καὶ ταύτην
veneratus, τὴν ἔφεσιν ἐκπληρώσας δρομαίως εἰσέδυν ἐν Ὄρει Ἁγίῳ· καὶ
     ἅμα τὰς ἱερὰς θείας μονὰς ὅλας μετὰ πόθου δραμὼν καὶ ἰδὼν καὶ
in Laura προσκυνήσας καὶ εὐξάμενος τῷ Θεῷ ἐν αὐταῖς, πρὸς τὴν Λαύραν
Athonensi γέγονεν τοῦ ἁγίου Ἀθανασίου· κἀκεῖ προσευξάμενος τῷ Θεῷ 20

---

² *sic; cf. p. 41, n. 2.* — ³ *sic.*   **6.** — ¹ μέγα.

(1) Sans doute les monastères que la Vie d'Athanase (*BHG.* 194) appelle à
plusieurs reprises τὰ εὐαγῆ αὐτοῦ σεμνεῖα καὶ μοναστήρια. H. DELEHAYE,
dans *Mélanges d'archéol. et d'hist.*, t. XVII, pp. 62, 65, 71.

(2) Sainte-Marie des Blachernes était célèbre par le μαφόριον ou manteau
de la Vierge qu'on y conservait précieusement. Cf. *BHG.* 1058 ; *Anal. Boll.*,
t. LI, p. 365-69 ; EBERSOLT, *Sanctuaires de Byzance*, p. 44-53 ; J. B. PAPADO-
POULOS, *Les palais et les églises des Blachernes* (Athènes, 1928), 1ère partie. On
y vénérait aussi une icone, fameuse par le miracle du voile (πέπλος) qui s'ouvrait et se refermait de lui-même en certaines occasions. Sur ce σύνηθες
θαῦμα, voir le curieux texte de Michel Psellos édité par M. J. Bidez, au t. VI
(1928) du *Catalogue des manuscrits alchimiques grecs*, p. 187-210, et par X. Si-
déridès, dans la revue du Phanar, Ὀρθοδοξία, t. II (1927-28), pp. 511-19, 539-
547. D'après le P. V. GRUMEL, *Le « miracle habituel » de N.-D. des Blachernes*,
dans *Échos d'Orient*, t. XXX (1931), p. 129-46, le prodige cessa en 1204.

(3) Voir ci-dessus, p. 64, n. 2.

(4) La basilique de S. Démétrius, à Salonique, a été depuis le vᵉ siècle un
grand centre d'attraction pour les pèlerins. Cf. H. DELEHAYE, *Les légendes
grecques des saints militaires* (Paris, 1909), p. 103-109 ; ID., *Les origines du
culte des martyrs*¹ (1933), p. 228-29.

τὸν βίον τοῦ ἁγίου ἀνέγνω καὶ τὰ παλαίσματα (1), ὁμοίως καὶ Πέτρου τοῦ ἁγίου ἐκείνου τοῦ Ἀθωνίτου καὶ μάκαρος (2) · καὶ τοῦ
μὲν τὸ ἥσυχον ἐπαινῶν καὶ θαυμάζων, τοῦ δὲ τὸ κοινωνικὸν καὶ
σπουδαῖον ἐν ταῖς ἐντολαῖς τοῦ Χριστοῦ καὶ Θεοῦ ἡμῶν, κατανο-
5 ῶν ἀμφοτέρους ², ἐγλίχετο ἐν αὐτῷ τῷ τόπῳ τοῦ Ἄθωνος καὶ αὐτὸς
| ἀμφοτέρων τοὺς βίους ἀναλαβεῖν ³ καὶ ἄρξασθαι διὰ πράξεως, ὡς
ἐκεῖνοι [οὕτως] ἐποίησαν. Ἀλλ᾿ ὡς ἔθος τοῦτο τοῖς σπουδάζουσιν,
ἐρωτᾶν πρῶτον προσήκει, εἶθ᾿ οὕτως τῆς ὁποιασοῦν ὁδοῦ ἄρξασθαι·
τοῖς τότε ἁγίοις πατράσιν ἐπερωτᾷ ὁ θεόφρων Μάξιμος, τί ἄρα
10 καὶ ποιήσειεν πρότερον · καὶ δὴ τὰ τῆς ὑποταγῆς αὐτὸν ὁδηγοῦν ⁴
καὶ τῆς μακαρίας ὑπακοῆς ὑποδεικνύουσιν τὰ παλαίσματα · « Φαιδροὶ μαργαρῖται, λέγοντες, εἶναι ⁵ οἱ διαλάμποντες μέσον ἡμῶν ἐν
τῇ σεβασμίᾳ Λαύρᾳ ταύτῃ · καὶ ταύτης τῆς ὁδοῦ καὶ σὺ ἀπάρξου
τὸ πρότερον, ἵνα θεμέλιον θήσῃς καὶ καταβάλῃς πρῶτον ἐπὶ τὴν
15 πέτραν Χριστοῦ τὴν θείαν ταπείνωσιν · διὰ γὰρ τῆς ὑποταγῆς
καὶ ὑπακοῆς ἡ ταπείνωσις κτίζεται καὶ συνίσταται, καὶ ἡ ἀρετὴ
οὕτω πρὸς ὕψος ἐπαίρεται τοῖς θεόφροσιν. Ἀπάρξου τοίνυν
τὰ τῆς ὁδοῦ καὶ αὐτὸς ἐπὶ τὴν μονὴν ἔνδοθεν πρότερον, ἵνα
διὰ πολλῶν ποδηγούμενος εὐμαρῶς ὁδεύσῃς πρὸς τὴν ταπείνωσιν,
20 ἥτις ἐστὶν ἀρχὴ καὶ ῥίζα πασῶν ἀρετῶν καὶ ἀνάπαυσις, εἶθ᾿ οὕτως
καὶ τὰ τῆς ἐρήμου ἀναδράμῃς καὶ κατίδῃς καθίσματα καὶ πρὸς
ἡσυχίαν ὁδεύσῃς, ὡς βούλεσαι ».
7. Ταῦτα καὶ τὰ τοιαῦτα ἀκούσας ὁ ὅσιος οὗτος ἀνὴρ φέρων
ἑαυτὸν δίδωσι τῷ τῆς σεβασμίας Λαύρας πατρὶ εἰς ὑποταγήν,
25 καὶ πᾶσι τοῖς ἀδελφοῖς ἐκεῖσε ἐγκατέμειξεν ἑαυτὸν εἰς ὑπακοὴν
τοῦ Χριστοῦ. Ἔνθεν τοι καὶ δοκιμάζεται πρότερον ἐν τοῖς ἐσχάτοις, οὕτω ὡς ἔθος, διακονήμασιν ¹ · εἶθ᾿ οὕτως ἀνάγεται καὶ
κατατάττεται ἐν τῷ χορῷ τῆς ἐκκλησίας, τοῦ ὑμνεῖν ἐν ἱεροῖς
μελῳδήμασιν καὶ ᾠδαῖς λογικοῖς ² τὸν ἐνυπόστατον Λόγον καὶ
30 υἱὸν τοῦ Θεοῦ, ἅμα Πατρὶ καὶ τῷ Πνεύματι, καὶ τὴν θεομήτορα,

(right margin) sanctorum
Athanasii
et Petri
Vitas legit,

148ᵛ

officiis
probatur
domesticis

---

² ἀμφοτέροις.— ³ corr. — ⁴ i.e. ὁδηγοῦσιν. — ⁵ i. e. εἰσίν.
7. — ¹ διηκονήμασιν. — ² sic.

(1) Il existe deux rédactions de la Vie de S. Athanase, fondateur de la Grande
Laure (ou Lavra), au Mont Athos (BHG. 187 et 188). De la seconde, qui a été
publiée par Mgr L. Petit dans Anal. Boll., t. XXV, p. 12-87, on trouvera une
traduction française, annotée par le P. Pierre Dumont, dans Irénikon, t. VIII
et IX (Amay, 1931-1932).
(2) Voir ci-dessus, p. 44, n. 4.

74 DEUX VIES DE S. MAXIME

τὴν παναγίαν ἡμῶν καὶ κυρίαν τὴν Δέσποιναν. Ἔτυχε γὰρ μεμαθηκὼς καὶ ἱεροῖς μελῳδήμασι νεαλὴς³ ὤν· διὰ τοῦτο καὶ τὴν λογικὴν
λατρείαν προσετάγην ποιεῖν τότε ἐν τῇ ἐκκλησίᾳ τῆς Λαύρας.
Καὶ | οὕτως ὢν τὸν μὲν στίχον εἶχεν ἐν στόματι καὶ ἐν τῇ γλώττῃ
τὸ ᾆσμα, τὸν δὲ νοῦν ὅλον εἶχεν ἐν ὑψίστοις, ἐν τῷ ἀοράτῳ καὶ 5
ἀθανάτῳ Θεῷ ἐκθαμβούμενος. Διὰ τοῦτο εἶχεν ἀεὶ τοὺς ὀφθαλμοὺς⁴
ἐν τοῖς δάκρυσιν, ὡς ἐκπλή<κ>τους⁵ ἀνεῳγμένους ἐν θαύματι.
Ταὐτὸ καὶ ἐν τοῖς ἱεροῖς ἀναγνώσμασιν ὅλος ἔκθαμβος ἦν ἐπὶ τὸν
νοῦν τῆς γραφῆς καὶ ἐξεπλήττετο πρὸς τὴν φιλανθρωπίαν Χριστοῦ, τὴν δωρησαμένην ἡμῖν τοιαῦτα κατανοεῖν ἐν τῷ σώματι διὰ 10
πνεύματος. Εἶχεν δὲ τὴν καρδίαν οὗτος ὁ ἅγιος ὅλην αὐτοῦ ἐξά-
πτουσαν διὰ πυρὸς θείου ἀύλου ἄνθρακος, ὡς ὁ προφήτης ποτέ (1),
καὶ τὰ σπλάγχνα ἐφλέγετο ὑπὸ τῆς ἐνοικούσης ἐν αὐτῷ θείας χάριτος. Διὰ τοῦτο καὶ τὴν εὐχὴν εἶχεν ἀσχόλαστον ἀεὶ κινουμένην
καὶ λέγουσαν τῷ στόματι τῆς καρδίας ἅμα σὺν τῷ νοΐ, τὴν ἐξαί- 15
ρετον· ὅ ἐστι σπάνιον καὶ δυσεύρετον, ταύτην οὕτως κατέχειν
ἀνεμποδίστως μέσῳ πολλῶν. Ἀλλ' οὗτος οὕτως πλουσίως εὐ-
μοίρειν τῆς προσευχῆς ἐκ παιδόθεν, ὡς ἄλλος εἴ τις ἔχων ἐν ἐρή-
μοις τόποις καὶ ἡσυχίοις αὐτήν· ἐκεῖ γὰρ ὅπου ἐπιδημήσῃ τὸ
Πνεῦμα τὸ ἅγιον, τοιαῦτα ὑπερφυῆ νοεῖ καὶ λέγει ὁ λαμπρυν- 20
θεὶς ἐκ τοῦ Πνεύματος, ὥς φησι τοῦτο ὁ υἱὸς τῆς βροντῆς (2),
ὁ ἠγαπημένος Χριστῷ Ἰωάννης ὁ θεολόγος, ὅτι οὐδεὶς λέγει
κύριον Ἰησοῦν, εἰ μὴ ἐν Πνεύματι ἁγίῳ (3). Καὶ ταῦθ' οὕτως ἔχων
ὁ ὅσιος πάλιν ἐν κακουχίᾳ διῆγεν, ὡς πρότερον ἐν Βλαχέρναις, καὶ
οὔτε κέλλαν ἔνδοθεν τῆς Λαύρας ὑπεκτήσατό τε, οὔτε τὰ⁶ τῆς 25
κέλλης ὑλώδη ἐπαγωνίσματα καὶ χρειώδη, ἀλλ' ὡς ἄσαρκος ὑπῆρχεν οὕτω ἐν τῇ μονῇ. Τὰ πρὸς τροφὴν ἐκ τῆς τραπέζης μόνης (4) ἐ-
λάμβανεν ἐγκρατῶς εἰς τὸ ζῆν. Ἐπὶ τοῖς σκάμνοις δὲ τῆς ἐκκλησίας τὴν πᾶσαν εἶχεν καταμονὴν ἐν τῷ νάρθηκι, μᾶλλον δὲ ἐν τῇ
παννύχῳ στάσει καὶ ἀγρυπνίᾳ ἦν ἐπαγωνιζόμενος ἀεί, ὡς ἔθος 30
αὐτῷ ἄνωθεν.

8. Ἀλλ' ὡς τὸν Μωυσῆν τὸ Σίναιον ὄρος καὶ τὸν Ἡλίαν ὁ Κάρ-

---

³ νέαλις.— ⁴ τοῖς ὀφθαλμοῖς.— ⁵ ita Kourilas; malim ἐκπλύτους. — ⁶ τῶ.

(1) Cf. Is. 6, 6-7.　　　　(2) Cf. Marc. 3, 17.
(3) Ce texte n'est pas de S. Jean, mais de S. Paul : I Cor. 12, 3.
(4) La vie cénobitique n'avait donc pas encore cédé la place à l'idiorrythmie,
ce système étrange dans lequel les moines groupés en « familles » gèrent chacun
pour soi leur fortune privée. C'est précisément à partir du XIVᵉ s. que le régime
idiorrythme s'implanta peu à peu dans les couvents de l'Athos. Ph. MEYER,

Athonis
laudes.

149ᵛ

μῆλος καὶ τὸν Ἰεζεκιὴλ ἐκάλει τὸ ὄρος Χωρὴβ (1) καὶ τὸν Ἰωάννην ἡ ἔρημος, οὑτωῒ καὶ τὸν ὅσιον Μάξιμον ἀνακαλεῖται ὁ Ἄθων,
τὸ ἄνθος τῶν | ὀρέων, ἵν᾿ ἀνθήσῃ ὁ δίκαιος ἐν αὐτῷ καὶ καρπὸν
φέρῃ πλουσίως τὸν ὥριμον τοῦ πνεύματος ἐν τριάκοντα καὶ ἐν
5 ἑξήκοντα καὶ ἐν ἑκατόν (2). Ὡς γὰρ ἄμπελος Κυρίου σαβαὼθ (3)
ὑπάρχει οὗτος ὁ ἐκλεκτὸς Ἄθων, Κυρίῳ καὶ τῇ Θεομήτορι πανάγνῳ καὶ δεσποίνῃ τῇ κυρίᾳ ἡμῶν ἄνωθεν ἀνατεθειμένος εἰς
κατοικίαν τῶν θελόντων σωθῆναι καὶ ὁμιλῆσαι Θεῷ διὰ καθαρό-
τητος · καθὼς τοῦτο σαφῶς παρὰ τῇ Θεοτόκῳ ¹ ἐχρηματίσθη ὁ
10 ἁγιώτατος Πέτρος ἐκεῖνος (4), ὁ καλούμενος Ἀθωνίτης διὰ τὴν
ἐν αὐτῷ καταμονὴν καὶ τὴν ὑπὲρ ἄνθρωπον ἄσκησιν, καὶ ὁ ἐν
ἀσκηταῖς πατράσιν ἁγιώτατος καὶ μέγιστος πατὴρ ἡμῶν Ἀθανάσιος, ὁ τῆς ἀθανασίας ὄντως ἐπώνυμος, παρὰ τῆς Θεοτόκου
καὶ οὕτω χρηματισθεὶς καὶ ὅτι εὐκληματίσει αὕτη ἡ ἄμπελος
15 ἕως θαλάσσης τὰς παραφυάδας αὐτῆς καὶ ἐξανθήσει ὡς κρίνον (5)
καὶ ἀνατείλῃ ὡς ῥόδον καὶ καρπὸν δώσει ὥριμόν τε καὶ εὔσταχυν
τῷ δημιουργῷ τῶν ἁπάντων Χριστῷ τῷ Θεῷ ἡμῶν (6). Καὶ ὡς
ἂν εἴποι τις, διὰ τοῦτ᾿ ἔφη Δαβίδ · « Τὸ ὄρος, ὃ εὐδόκησεν ὁ
Θεὸς κατοικεῖν ἐν αὐτῷ, ὄρος πῖον, ὄρος τετυρωμένον, ὄρος
20 θεῖον (7).» Διὰ τοῦτο καὶ Ἅγιον μόνον τοῦτο προσηγορεύκασιν
οἱ πατέρες ἡμῶν ὑπὲρ πάντα τὰ ὄρη τῆς κτίσεως τὸ τοῦ Ἄθωνος,
ὃ ἐσαεὶ βρύει τῶν μοναχῶν τὰς ἀγέλας, ὡς πόλις ἄλλη ζῶντος
Θεοῦ παντοκράτορος. Καὶ ὡσπερεὶ τὸ ἅρμα τοῦ Θεοῦ μυριοπλά-
σιον γέγονεν ἐν τῷ Σιναίῳ ὄρει ποτέ (8), μάλιστα δὲ καθώσπερ στρα-

---

8. — ¹ τῆς θεοτόκου Kourilas ; sed cf. p. 77, l. 7, 8.

Die Haupturkunden für die Geschichte der Athosklöster, p. 57-64 ; C. KOROLEVS-
KIJ, dans le Dictionnaire d'histoire et de géogr. ecclésiastiques, t. V (1931), art.
Athos, col. 76, 103-106.

(1) Le mont Horeb n'intervient pas dans l'histoire d'Ézéchiel. Peut-être
faut-il corriger comme suit : ὡς Μωυσῆν τὸ Σίναιον καὶ Ἠλίαν τὸ
Χωρὴβ καὶ Ἐλισσαῖον ὁ Κάρμηλος.

(2) Cf. Marc. 4, 20.   (3) Cf. Is. 5, 7.

(4) Cette révélation de la Vierge à S. Pierre l'Athonite est rapportée au long
par son biographe Nicolas, ch. III, § 3 (LAKE, p. 25) et par Grégoire Palamas,
ch. 11 (P. G., t. CL, col. 1005).

(5) Cf. Ps. 79, 12 ; Is. 35, 1.

(6) D'où Théophane a-t-il tiré ces promesses de bénédictions faites par la
Vierge à S. Athanase? Les textes connus (BHG. 187, 188, 190, 191) ne semblent rien contenir de pareil.

(7) Ps. 67, 17, 16.   (8) Cf. Ps. 67, 18.

τιαὶ² ἐν οὐρανοῖς κατὰ τάξιν, αἱ τάξεις τῶν ἀγγέλων καὶ ἀσωμάτων θείων δυνάμεων τῷ Θεῷ παρίστανται καὶ λειτουργοῦσιν ἐν
ὕμνοις ἀκαταπαύστοις ἀεὶ ὡς κτίστην καὶ δημιουργὸν αὐτὸν τοῦ
παντός, οὕτωΐ κατίδοις³ καὶ τὸ Ἅγιον Ὄρος τὸ ἐν τῷ Ἄθωνι ·
κύκλωθεν μὲν τὰ πρόποδα τούτου βρύει τοῖς ἡσυχάζουσιν 5
καὶ ἀσκοῦσιν ἐν πνεύματι · καθώσπερ Ἡλίας καὶ Ἰωάννης ποτέ,
πάντες ἀγωνισταί, πάντες θεόπται καὶ θεοφόροι ὑπάρχοντες,
πάντες παννύχιον στάσιν καὶ ἀγρυπνίαν | ποιούμενοι, οἱ μὲν συ-
στάδην διὰ ψαλτῆρος καὶ ἀναγνώσεως πρακτικῶς, οἱ δὲ κατὰ μό-
νας ἐν προσευχῇ νοερᾷ καὶ ἡσυχίᾳ καρδιακῇ, οἱ δὲ ἐν θεωρίαις 10
καὶ μόναις τοῦ πνεύματος σχολάζοντες, μετάρσιοι οὕτω ἐν τῷ
πνεύματι κατὰ νοῦν γίνονται καὶ θείων ἀποκαλύπτονται μυστηρίων, ὥς φησι · « Σχολάσατε καὶ γνῶτε, ὅτι ἐγώ εἰμι Θεός (1). »
Ἄτεροι δὲ τοῖς τοιούτοις γέρουσιν καὶ ἁγίοις ὑποτασσόμενοι
τῷ πόθῳ Χριστοῦ τετρωμένοι εἶν⁴ ἐσαεὶ καὶ τὰς ἐντολὰς αὐτοῦ 15
ἀθλίπτως ποιοῦσιν κατὰ τὴν δύναμιν ἕκαστος, μηδὲν τὰ ὡραῖα
τοῦ κόσμου ποθοῦντες ἰδεῖν, ἀλλὰ τὰ κάλλη τοῦ νοητοῦ παραδείσου
σπουδάζοντες εὐμοιρῆσαι καὶ κατιδεῖν, ὥς φησι τοῦτο σοφός, ὅτι
τοῖς ἐρημικοῖς ἄπαυστος ὁ θεῖος πόθος ἐγγίνεται⁵, κόσμου⁶ οὖσι
τοῦ ματαίου ἐκτός (2). Διὰ τοῦτο καὶ ἐν ὑπομονῇ πολλῇ τὸν σκλη- 20
ρὸν τόπον τοῦτον καὶ δύσβατον ἐκ τοῦ κόσμου παντὸς συναχθέντες οὗτοι οἱ μάκαρες κατοικοῦσιν ἐπὶ τῷ Ἄθωνι κύκλωθεν ὡς
ἐν λειμῶνι ἀειθαλεῖ ὄντες καὶ ἐπευφραίνονται ἐν τῷ πνεύματι. Καὶ
οὐ μόνον τὰ κύκλωθεν τούτου τοῦ ὑψηλοτάτου Ἄθωνος οὕτω
ἀειλαμποῖς φωστῆρσιν κεκόσμητο, ἀλλὰ καὶ πάντα τὰ ἐν τῷ Ἁγίῳ 25
Ὄρει τούτῳ⁷ φαιδρότατα καὶ ἱερὰ μοναστήρια, ἀνδρῶν ἁγίων
καὶ ἱερῶν πλήθη ἄπειρα, τοιούτους ἐν ἀρεταῖς θείαις ὄντας⁸ πλουσιοπαρόχως κεκόσμητο Χριστοῦ χάριτι καὶ ἀντιλήψει τῆς Θεομήτορος. Καὶ ἦν τὸ Ἅγιον Ὄρος, ὡς ἔφημεν, ἄλλος οὐρανὸς ἐπί-
γειος, τάγμασι⁹ καὶ πλήθει τῶν μοναζόντων ἀντὶ ταγμάτων τῶν 30
ἐπουρανίων πλουτῶν, κατὰ τάξιν τῶν ἄνω ὑμνούντων ἀεννάως¹⁰

----

² bis scriptum. — ³ corr., prius κατίδες. — ⁴ i. e. εἰσίν. — ⁵ ἐγκίνεται.
— ⁶ κόσμω. — ⁷ τούτου. — ⁸ πλήθει ἀπείρω τοιούτοις... οὖσι Kourilas.
— ⁹ τάγματα. — ¹⁰ ἀνεννάως.

(1) Ps. 45, 11.
(2) Citation non identifiée ; cf. *P. G.*, t. LXXIX, col. 589, 592 : début de la
première narration de Nil sur le massacre des moines du Sinaï, *BHG.* 1301.

τῆς δόξης τὸν Κύριον καὶ τῇ πανάγνῳ Θεομήτορι εὐφημίζοντες. Ἀλλὰ τί πάθω; Καὶ γὰρ νικᾷ με ὁ πόθος τοῦ ἁγίου Μαξίμου καταλιπεῖν τὴν διήγησιν ταύτην τῶν φαιδρῶν μαργαρίτων [11] τῶν κατοικούντων ἐν Ὄρει Ἁγίῳ καὶ αὐτοῦ πάλιν ἄρξασθαι τὰ ὑπὲρ 5 ἄνθρωπον θεῖα παλαίσματα.

9. Οὗτος ὁ ἅγιος πειθόμενος τοῖς ἁγίοις ἐκείνοις πατράσιν ἐμποδίζετο μὲν τὴν πρὸς | ἐρημίαν ὁδεῦσαι ὁδὸν παρ' αὐτοῖς, ἐσπουδάζετο δὲ παρὰ τῇ θείᾳ ῥοπῇ. Καὶ διὰ τοῦτο ἡ Θεοτόκος καθ' ὕπνους φησί, ἐν ἀγκάλαις ἔχουσα [1] τὸν Κύριον · « Δεῦρο δή, 10 ἀκολούθει μοι, πιστότατε Μάξιμε, τὰ πρὸς ἀνάβασιν τούτου τοῦ Ἄθωνος, ἵν' ὅπως κατὰ τὸ σὸν ἐφετὸν λάβῃς καὶ τὰ πυξία τῆς χάριτος.» Καὶ δὶς καὶ τρὶς τοῦτο παθών — καθ' ὕπαρ μᾶλλον ἢ κατ' ὄναρ τοῦτο αὐτῷ ἐγεγόνει, ἐπεὶ ἄυπνος ἦν τῷ παντί — τί γίνεται; Καταλιπὼν τὴν μεγάλην καὶ θαυμαστὴν Λαύραν, τὴν 15 ἄνοδον πρῶτον ταχοῖς δρόμοις ἐπιζητεῖ τὴν τοῦ Ἄθωνος, ὅπου καὶ τὰ πυξία τῆς χάριτος παρὰ τῆς Θεοτόκου εὐηγγελίσατο · καὶ νῆστις οὕτω καταλαμβάνει ἐν τῇ ἑβδόμῃ · πρώτη γὰρ ἦν ἡ ἡμέρα ἐκείνη τῆς Ἀναλήψεως, ἡ λεγομένη Κυριακὴ τῶν ἁγίων Πατέρων (1). Κἀκεῖ γενόμενος ἐν τῇ κορυφῇ καὶ προσκυνήσας καὶ εὐ-20 ξάμενος τῷ Θεῷ, πάννυχον, ὡς ἔθος αὐτῷ ἦν, τὴν πᾶσαν νύκταν διετέλεσεν ἄγρυπνος μετὰ καὶ μοναζόντων τινῶν. Ἀλλ' ἐπειδὴ οἱ μοναχοὶ τῷ πρωῒ ἀπεδήμησαν ἅπαντες καὶ ἀπελείφθην οὐδείς, αὐτὸς ἐκεῖσε προσεκαρτέρησεν μόνος ἐν νυχθημέροις τρισὶν πάλιν ἀνέσθιος καὶ μονόχιτος, προσεδρεύων Θεῷ · καὶ τὴν Θεομήτορα [2] 25 ἐν τῇ γλώττῃ, νοΐ καὶ καρδίᾳ διὰ προσευχῆς εἶχεν νοερᾶς ἀεννάως ἐν πνεύματι.

Ἀλλὰ τίς διηγήσεται τὰ τοῦ ἐχθροῦ ἐκεῖσε μηχανουργεύματα; Ἔδοξεν γὰρ βροντὰς ποιῆσαι καὶ ἀστραπὰς καὶ συσσεῖσαι τὸ ὄρος [3] τὸ μέγα τοῦ Ἄθωνος, καὶ σπάσματα πετρῶν καὶ βουνῶν 30 γεγονέναι οὕτω ψευδῶς. Καὶ ταῦτα μὲν τῇ νυκτί · τῇ δὲ ἡμέρᾳ φωνὰς ἀγρίας πολλῶν ἐφάνταζεν εἶναι ὄχλων πλησίον αὐτοῦ καὶ ταραχάς [4], καὶ πολλοὺς ἐδείκνυεν κύκλωθεν ἀειδεῖς τὴν κορυφὴν

Margin notes:
150ᵛ

A Virgine
Deipara
in solitu-
dinem
vocatus

montis
cacumen
conscendit
Maximus.

---

[11] sic.
9. — [1] ἔχων. — [2] τῇ θεομήτορι. — [3] ὄρει. — [4] ταραχῶν.

(1) Dans l'année liturgique byzantine, le septième dimanche du temps de Pâques, c'est-à-dire le premier après l'Ascension, est consacré à la mémoire des 318 Pères de Nicée. On l'appelle pour cela le dimanche des saints Pères.

τοῦ Ἄθωνος ἀναβαίνοντας καὶ πρὸς αὐτὸν καθορμῶντας τὸν
ἅγιον μετὰ σφενδονῶν καὶ κοντῶν καὶ λογχῶν [5]. Οὐ γὰρ ἔφερον
οἱ κατάρατοι τὴν τοῦ ἁγίου ἐκεῖσε καταμονὴν καθορᾶν · ὅθεν καὶ
τοιαύτοις [6] προσέβαλλον τοῖς παλαίσμασιν, ἵνα τάχα ἐκ τῆς κορυφῆς αὐτὸν καταγάγωσιν. Καὶ ταῦτα μὲν οἱ κατάρατοι δαί- 5
|μονες, οἳ τοῖς ἁγίοις τοιαῦτα προσάπτουσιν πανουργεύματα.
Ὁ δὲ ἅγιος, ὡς ἔχων τὴν χάριν τοῦ ἁγίου Πνεύματος ἔνδοθεν,
τὰ ἔξωθεν γενόμενα τοιαῦτα ἀθύρματα οὐκ ἐφρόντισεν, μόνον δὲ
ἦν μόνος τῇ προσευχῇ ἀεννάως προσεδρεύων Θεῷ καὶ τῇ Θεομήτορι, τῇ ἀναδόχῳ αὐτοῦ καὶ προστάτιδι. Καὶ δῆτα καθ' ὕπαρ ἡ 10
Θεοτόκος φαίνεται τῷ ἁγίῳ ὡς δέσποινα κυκλουμένη ὑπὸ ἀρχόντων νέων πολλῶν, φέρουσα [7] ἐν χερσὶν αὖθις καὶ τὸν Υἱὸν τὸν
δημιουργὸν πάσης τῆς κτίσεως. Καὶ τοῦτο κατανοήσας ὁ ἅγιος
ἐκ τοῦ ἀστέκτου καὶ ἀδύτου θείου φωτὸς τοῦ ἐν τῇ Θεοτόκῳ ὄντος
καὶ διαλάμποντος κύκλωθεν ἐκεῖνα τὰ πέρατα, ὅτι οὐκ ἦν πλάνη, 15
ἀλλὰ ἀλήθεια, τὸ « Χαῖρε κεχαριτωμένη, ὁ Κύριος μετὰ σοῦ (1), »
καὶ τὸ «Ἄξιόν ἐστιν ὡς ἀληθῶς (2) » μετ' εὐφροσύνης καὶ χαρᾶς
ἀνεκφράστου τῇ Θεοτόκῳ πρῶτον ἀνύμνησεν · εἶθ' οὕτως καὶ
πεσὼν προσεκύνησεν τῷ Κυρίῳ ἅμα τῇ Θεομήτορι, καὶ τὴν
εὐλογίαν παρὰ Κυρίου ἐδέξατο καὶ τὸν λόγον παρὰ τῆς Δεσποίνης 20
οὑτωῒ προεκροάσατο [8] · « Δέξου τὴν χάριν κατὰ δαιμόνων, ὁ
σεπτὸς ἀθλοφόρος, καὶ κατοίκησον ἐπὶ τὰ πρόποδα τῆς κορυφῆς
τοῦ Ἄθωνος [9] · τοῦτο γὰρ βουλητὸν τῷ υἱῷ μου γεγόνει, ἵνα σύ, ὡς
ἔφην, ἀναδράμῃς πρὸς ὕψος ἀρετῆς τῆς ἐρήμου καὶ γένῃς [8] ὁδηγὸς
καὶ διδάσκαλος ἐν ἐρήμῳ τοῖς πᾶσιν, τὸν νέον Ἰσραὴλ ὁδηγῶν 25
εἰς τὰ [10] εὐσεβῆ θεῖα τοῦ υἱοῦ μου ἐντάλματα, ὅπως καὶ διασώ-
σῃς αὐτούς, ὥς ποτε Μωυσῆς καὶ Ἠλίας τὸν παλαιὸν ἐκεῖνον
Ἰσραὴλ τὸν φυγάδα. » Ἐν τούτῳ καὶ ἄρτος οὐράνιος ἐδόθη αὐτῷ
εἰς τροφὴν καὶ ἀνάψυξιν φύσεως. Καὶ ἅμα τοῦ ἄρτου λαβὼν καὶ
τοῖς ὀδοῦσι βαλών, φῶς θεῖον περιεκύκλωσεν αὐτὸν ἄνωθεν καὶ 30

151

*Caelesti viso
recreatur.*

---

[5] κόντων καὶ λοχαγῶν. — [6] sic. — [7] φέρων. — [8] sic. — [9] ἄθου corr., prius
ἄθων. — [10] τόν.

---

(1) Luc. 1, 28.

(2) Premiers mots de l'« hymne archangélique », enseigné, dit-on, par l'archange Gabriel dans une apparition fameuse. Voir le récit de cette révélation
dans le synaxaire des offices de l'Ἄξιόν ἐστιν (11 juin), décrits par Mgr L.
Petit, *Bibliographie des acolouthies grecques*, p. 151-52. Cf. Smyrnakis, p. 537.

ὕμνος γέγονεν ἀγγελικός · καὶ οὕτω ἡ Θεοτόκος ἀπῆρεν ἐξ ὀφθαλμῶν τοῦ ἁγίου πρὸς τὰ οὐράνια, τὸν ὕμνον ἐπάδοντες οἱ ἀσώματοι ἐπὶ τὴν ἀνάβασιν τῆς Δεσποίνης ἐκείνην τὴν θαυμαστήν. Ἔλεγεν γὰρ ὁ ἅγιος, ὅτι μετὰ τὴν τοιαύτης ἀνάβασιν τὴν ἔνδοξον καὶ φαι-
5 δρὰν τοσαύτη ἦν ἔλλαμψις καὶ εὐωδία ἐν τῇ κορυφῇ τότε τοῦ Ἄθωνος, ὡς | ἔκθαμβον γεγονέναι ἐν τούτῳ τὸν ἅγιον καὶ κατοι- 151ᵛ
κεῖν οὕτω βουληθῆναι ¹¹ ἐν αὐτῷ μᾶλλον ἀεὶ ἢ κατελθεῖν καὶ ὑστε-
ρηθῆναι τῆς εὐοδμίας ἐκείνης καὶ τῆς ἐλλάμψεως. Ὅθεν καὶ τρεῖς
ἡμέρας ποιήσας ἐν αὐτῷ τῷ τόπῳ τῆς εὐωδίας ¹², κατέρχεται οὕτω
10 κατὰ τὴν κέλευσιν τῆς δεσποίνης ἡμῶν Θεοτόκου μέχρι τὸν ναὸν
αὐτῆς τὸν λεγόμενον Παναγίαν (1). Κἀκεῖ οὖν ἡμέρας τινὰς δια-
τρίψας, πάλιν ἐπὶ τὴν κορυφὴν ἀνῆλθεν τοῦ Ἄθωνος καὶ τὸν
τόπον ἐκεῖνον ἠσπάζετο, ἐν ᾧ ἡ Θεοτόκος ἐδόκει σταθῆναι μετὰ
τῆς δόξης · καὶ μετὰ δακρύων ἐζήτει πάλιν τὸ ὁραθέν, ἀλλ' οὐκ
15 ἔτυχεν · φῶς γὰρ μόνον καὶ εὐωδία θεία ἀκόρεστος ταῖς αἰσθή-
σεσιν τοῦ ἁγίου ἐνέπιπτεν ἀοράτως, ὡς πρότερον, καὶ τοῦτον
εὐφροσύνην ἐπλήρουν ¹³ καὶ χαρᾶς ἀνεκφράστου. Καὶ τοῦτο ¹⁴ δὶς
καὶ τρὶς ἐκ τῆς Παναγίας ἀνελθὼν καὶ λαχών, ἔκτοτε κατελθὼν
<καὶ> εἰς τὸ Καρμήλιον (2) γεγονὼς κἀκεῖσε εὑρών τινα μονά-
20 ζοντα γέροντα, προσεῖπεν τὸ ὁραθέν.
    10. Ὁδ' ὁ γέρων ταῦτα ἀκούσας ἔδοξεν πλάνην εἶναι τὸ ὁραθέν · Pro stulto
διὰ τοῦτο καὶ προσῆψεν αὐτῷ τῆς πλάνης τὸ ὄνομα, τὸν φωστῆρα habetur.
πλανημένον ἀποκαλῶν ὁ ἀνόητος. Ἀπὸ τούτου καὶ παντὶ τὸν αὐτὸν λόγον προσῆπτον αὐτῷ καὶ κατεδίωκον μὴ προσεγγίσαι τινί,
25 ἀποσειόμενοι αὐτὸν ὡς πλανημένον καὶ βδελυττόμενοι. Ἀλλ' ὁ
ἀπλανὴς οὗτος φωστήρ, καὶ ¹ τοῦτο ἐγκολπωσάμενος, τὸ καλεῖ-
σθαι πεπλανημένος ἢ μάλιστα ἅγιος, εὐφραίνετο ἐν τούτῳ καὶ
πλεῖστα ἔχαιρεν · καὶ ὑπεκρίνετο οὕτως ὡς πλανημένος ἀείποτε,
ὅταν ὡμίλει τισίν, καὶ ἐμώραινεν, ἵνα τὴν ὑπερήφανον ἀνθρω-
30 παρέσκειαν καὶ οἴησιν ἐξ αὐτοῦ ἀφανίσῃ καὶ ἀνθήσῃ τὴν ταπεινοφροσύνην τὴν φυλάττουσαν τὴν χάριν τοῦ πνεύματος. Τούτου γε
χάριν καὶ οὐκ ἐν ἑνὶ κατῴκησεν τόπῳ τοῦ Ἄθωνος, ὡς οἱ πλείο-

---

¹¹ βουληθὲν. — ¹² ἐβωδίας. — ¹³ sic. — ¹⁴ οὕτω Kourilas.
10. — ¹ κἀν.

(1) Ci-dessus, p. 44, n. 6.
(2) Colline admirablement située, à l'extrémité de la péninsule hagioritique, au-dessus du cap Saint-Georges.

Cellam
iterum atque
iterum

152

incendio
comburit.

νες ἐν ἡσυχίοις κελλίοις τοῦτο ποιοῦσιν, ἀλλ' ὡς πλανώμενος ἀπὸ τόπον εἰς τόπον πλησίον μετέβαινεν · καὶ κέλλας τάχα ἐπήγετο, καὶ αὖθις ταύτας κατέκαπτεν² διὰ πυρός · τὸ ξένον τοῦτο τοῖς μονάζουσιν, μᾶλλον δὲ τοῖς ἀνθρώποις ἐγχείρημα. Μὴ | δίκελλαν, μὴ σκαλίδαν, μὴ πήραν, μὴ σκάμνον, μὴ τράπεζαν, ἢ χύτραν, ἢ 5 ἄλευρον³, ἢ ἔλαιον, ἢ οἶνον, ἢ ἄλλο τι τῶν ἀναγκαίων ὑλῶν, ἢ ἄρτον ὑπεκτήσατο πώποτε ὁ μακάριος, ἀλλ' ἐν ἀύλοις τόποις ὡς ἄυλος ὤν, οὕτως μόνον ἐν ὑποκρίσει⁴ μικρὸν κελλίον, ὅσον ἐχώρει καὶ μόνον τὸ πολύαθλον αὐτοῦ σωμάτιον · καὶ ταύτην⁵ ἐκ χόρτου συστησάμενος, συντόμως κατέκαπτεν² ἐν πυρί. Διὰ τοῦτο καὶ 10 ἀπλανὴς ὢν πλανημένος ἐλέγετο, καὶ σὺν αὐτῷ καὶ Καψοκαλύβης λέγεσθαι προσετέθη αὐτῷ παρὰ τοῖς γεώφροσιν, μὴ ὁρῶντες⁶ τὴν ἐν αὐτῷ θείαν χάριν τοῦ πνεύματος τὴν φωταυγῆ, τὴν σκέπουσαν ὡς σκηνὴν αὐτῷ⁷ θείαν οὐράνιον καὶ γλυκαίνουσαν, καὶ τὴν δρο- σίζουσαν αὐτὸν ἐλπίδα καὶ προσευχὴν τὴν ἀένναον πάντοτε.   15

Asperrimum
vitae genus.

11. Ἀλλὰ τίς διηγήσεται τὰ θεῖα παλαίσματα, μᾶλλον δὲ ἀγω- νίσματα τοῦ τοιούτου ἁγίου ἀνδρός, ἐν οἷς ἀνδρικῶς κατεπάλαιεν, πείνῃ καὶ δίψῃ καὶ τῇ γυμνότητι(1), παγετοῖς καὶ τῷ καύσωνι¹, ἐν χειμῶνι καὶ θέρει, αἴθριος, μονόχιτος, ἀνυπόδετος ; Παρὰ δὲ μηδέτινος ἐπισκεπτόμενος τὰ πρὸς χρείαν, εἰ μήτι ἂν αὐτὸς ἐπαρέ- 20 βαλεν πώποτε πρός τινι · καὶ τότε παράκλησιν ἐποίει τῷ σώματι, ἄρτῳ καὶ οἴνῳ² καὶ ἅλατι καὶ πλέον οὐδέν. Οὗτός ἐστιν, ὃν ἔφη Χριστός · « Ἐμβλέψατε εἰς τὰ πετεινὰ τοῦ οὐρανοῦ, ὅτι οὐ σπείρουσιν οὐδὲ θερίζουσιν οὐδὲ συνάγουσιν εἰς ἀποθήκας, καὶ ὁ πατὴρ ὑμῶν³ ὁ οὐράνιος τρέφει αὐτά(2).» Ὡς γὰρ πετεινὸν οὐρά- 25 νιον οὗτος ὁ ἅγιος, μᾶλλον δ' ὡς ἄγγελος τὴν ἔρημον ταύτην κατῴκησεν. Καὶ τὸ περισσότερον, ὅτι καὶ τὰς καλιὰς αὐτοῦ ἑκα- τέφλεγεν. Οὗτός ἐστιν, ὃν ἔφησεν Παῦλος (3) · « Περιῆλθεν ἐν μηλωταῖς, ἐν αἰγείοις δέρμασιν, ὑστερούμενος, θλιβόμενος, κακο- χούμενος⁴, κολαφιζόμενος, ὑβριζόμενος · οὗ οὐκ ἦν ἄξιος ὁ κό- 30 σμος. » Ὄντως οὗτος τὴν σάρκα ἐσταύρωσεν σὺν τοῖς παθήμασι καὶ ταῖς ἐπιθυμίαις (4), καὶ τὸν σταυρὸν ἦρεν, ὡς ἔδει, ἐπ' ὤμων

---

² i.e. κατέκαιεν.— ³ ἄλεβρον. — ⁴ sic ; cf. p. 89, l. 8-9. — ⁵ scil. τὴν κέλ- λαν. — ⁶ ὁρῶσι Kourilas. — ⁷ i. e. αὐτόν.

11. —¹ παγετοὺς καὶ τὸν καύσωνα. — ² ἄρτον καὶ οἶνον. — ³ ἡμῶν. — ⁴ sic.

(1) Cf. Deut. 28, 48 ; II Cor. 11, 27.   (2) Matth. 6, 26.
(3) Cf. Hebr. 11, 37.   (4) Cf. Gal. 5, 24.

καὶ τῷ Χριστῷ πιστῶς ἠκολούθησεν ἀόκνως. Τίς οὐ θαυμάσειεν
τὴν τοιαύτην αὐτοῦ οὐράνιον | διαγωγήν; Τίς οὐκ ἐκπλαγῇ 152ᵛ
ἀκούων τὰ ὑπὲρ ἄνθρωπον ὑπερφυῆ αὐτοῦ θεῖα ἐπαγωνίσματα,
τὴν αὐτοῦ μεγάλην ὑπομονήν, τὴν νηστείαν τὴν ὑπεράμετρον⁵,
5 τὴν δίψαν, τὴν ἀγρυπνίαν, τὴν προσευχὴν καὶ τὸ δάκρυον, τὴν
στάσιν καὶ τὴν μετάνοιαν, τὴν τύψιν τῆς κεφαλῆς ἐπὶ τὸ πετρῶδες
ἔδαφος, τὸ ἥσυχον καὶ πρᾷον καὶ ταπεινὸν τῆς ἀπλανῆς⁶ ἐκείνης φωταυγοῦς θείας χάριτος, ἧς κατετρύφα ἀεί; Καὶ ἀπὸ θεω-
ρίαν⁵ εἰς θεωρίαν οὕτω μετάρσιος καθ᾽ ἑκάστην ἐγένετο ἐν τῷ
10 πνεύματι, καὶ ἁρπαγὴν νοὸς ὑφίστατο πρὸς τὰ ἄδυτα, καὶ θείων
μυστηρίων κατηξίωτο, ὡς Παῦλός (1) ποτε καὶ Ἀντώνιος, οἱ
μεγάλοι φωστῆρες τῆς οἰκουμένης καὶ τῆς ἐρήμου οἰκήτορες·
μᾶλλον δ᾽ ὡς ὁ Πέτρος ὁ Ἀθωνίτης καὶ ὁ μέγιστος Ἀθανάσιος,
οἱ τοῦ Ἁγίου Ὄρους καὶ τῆς Δύσεως ἁπάσης ὡς ἀειλαμπεῖς ἥλιοι
15 ἀνατέλλοντες, οὕτω καὶ οὗτος κατὰ μικρὸν ἀναβὰς εἰς τὰ ὕψη
ἐκείνων κατ᾽ ἀρετήν, πρᾶξιν λέγω καὶ θεωρίαν (2), ἐξανέτειλεν μέσον ἡμῶν ἐν ἐρήμῳ, καὶ τὴν κτίσιν ἐφαίδρυνεν καὶ ἡμᾶς πάντας
ἐψυχαγώγησεν, ὡς φαιδρότατος ἥλιος.

12. Οὗτος δὲ ὁ ἅγιος γέγονε συνήθης μεγάλοις τισὶ γέρουσιν,   Ascetae
20 τοῖς ἐν χαράδραις¹ τὴν κατοίκησιν ἔχουσι², λέγω δὴ τὸν ἐν τοῖς   multi
Βουλευτηρίοις Γερόντιον (3) καὶ τὸν ἐν τοῖς μέρεσιν τοῦ ἁγίου
Μάμαντος (4) Κορνήλιον καὶ Αὐξέντιον καὶ Ἡσαΐαν καὶ ἐπὶ τὸν
ἅγιον Χριστοφόρον (5) τὸν θαυμάσιον Μακάριον τὸν ἱερόν, ἀλλὰ
δὴ καὶ τὸν ἐν τῇ Στραβῇ Λαγκάδᾳ λογιώτατον τὸν καὶ ἄρτον οὐρά-
25 νιον ὑπ᾽ ἀγγέλου τραφέντα Γρηγόριον (6), καὶ τὸν ἐν Δωροθέοις

---

⁵ sic. — ⁶ i. e. ἀπλανοῦς.   12. — ¹ ταῖς ἐν χαράδαις. — ² ἔχωντας.

(1) S. Paul de Thèbes, plutôt que Paul le Simple, disciple de S. Antoine.
(2) Antithèse familière aux mystiques, notamment à Grégoire le Sinaïte
(p. ex. P. G., t. CL, col. 1313) et à son biographe le patriarche Calliste (éd. Pom-
JALOVSKIJ, p. 31, l. 17, et passim).
(3) Le monastère de Βουλευτήρια n'existe plus. Il était situé près de la côte occidentale, au pied de la skite Sainte-Anne. SMYRNAKIS, pp. 410, 413-15.
L'higoumène Gérontios est honoré comme un saint. Ἀκολουθία... τῶν ἐν τῇ
σκήτῃ Ἁγίας Ἄννης ὁσίων ... (Athènes, 1929), p. 46-47.
(4) Le kellion de Saint-Mamas a également disparu. Il devait se trouver aux
environs de Kausokalybia, près de Saint-Nil.
(5) Ilot en face de Kausokalybia.
(6) Dans son Ἀκολουθία... τῶν ὁσίων... πατέρων... τοῦ Ἄθω (éd. 1847,
p. 79; éd. DOUKAKIS, 1897, p. 38), Nicodème l'hagiorite identifie ce Grégoire

82   DEUX VIES DE S. MAXIME

καθήμενον καὶ ἐν ταῖς Λεύκαις (1), λέγω δὴ καὶ τοὺς ³ ἐπὶ τὸν
λεγόμενον Μελανέαν (2) ἁγίους γέροντας ὄντας καὶ ἡσυχάζοντας ⁴,
τὸν Ἁγιομαμίτην ἐκεῖνον καὶ τὸν Γερόντιον, Θεόδουλον, Ἰάκωβον τὸν ἐπικεκλημένον Μαρούλην, Τραπεζούντιον ἕτερον Ἰάκωβον, τὸν ἱερὸν Κλήμην ἐκεῖνον καὶ Γαλακτίωνα τοὺς ἡσυχά- 5
ζοντας ⁵, Μάρκον ἐκεῖνον τὸν Ἁπλοῦν καὶ θαυμάσιον, καὶ ἄλλους

153 πλείονας γέροντας ⁶, ὧν τὰ ὀνόματα διὰ τὸ μῆκος | τοῦ λόγου
παραιτητέον · καὶ ὅτι τούτων ἁπάντων ἐγράφησαν ἐν τοῖς οὐρανοῖς (3), διὰ τοῦτο οὐκ ἀναγκαῖον ἡμῖν ἐνθάδε γραφῆναι. Οὗτοι
πάντες, τὸν ἅγιον Μάξιμον διὰ θαύματος ἔχοντες, πῶς τὰς κέλ- 10
λας αὐτοῦ ἐκτρίβει διὰ πυρός, αὐτὸς δὲ ἀφερέοικος καὶ ἀπρονόη-

virtutes τος οὕτως διῆγεν ἐπὶ παντί, ἀλλὰ δὴ καὶ διὰ τῆς αὐτοῦ ὁμιλίας
eius καταλαβόντες καὶ τὴν ἐνοικοῦσαν ἐν αὐτῷ θείαν χάριν, οὐκέτι
agnoscunt. πεπλανημένον ἔκτοτε αὐτὸν ἔλεγον, ἀλλὰ Καψοκαλύβην καὶ τίμιον Μάξιμον καὶ φωστῆρα ὑπέρλαμπρον. 15

Gregorius **13.** Ἐλθὼν δὲ καὶ ὁ ἡσυχαστικώτατος ἐκεῖνος ἐξ Ἱερουσαλὴμ
Sinaita ὁ κύριος Γρηγόριος ὁ Σιναΐτης (4), ὁ καὶ θαυματουργὸς καὶ ἅγιος
γενόμενος ὕστερον ἐν τοῖς τῆς Μακεδονίας μέρεσιν καὶ πολλοὺς
φωτίσας κἀκεῖ ἐν λόγοις καὶ ἔργοις πρὸς ἡσυχίαν καὶ μοναδικὴν
πολιτείαν, καθίσας καὶ οὗτος ἐπὶ τοῖς μέρεσιν τούτου τοῦ Ἄθωνος 20
γέγονεν τοῖς πᾶσιν ποθητὸς καὶ ἐπέραστος, τοῖς ἐν ὅλῳ τῷ ὄρει
πατράσιν οἰκοῦσιν καὶ ἀδελφοῖς, περισσοτέρως δὲ τοῖς ἡσυχά-
ζουσι γέρουσιν. Ὑπῆρχεν γὰρ οὗτος θαυμαστὸς διδάσκαλος ἐν τῇ

---

³ τοῖς. — ⁴ ἁγίοις γέρουσιν οὖσιν καὶ ἡσυχάζουσιν. — ⁵ τοῖς ἡσυχάζουσιν. — ⁶ ἄλλοις πλείωσι γέρουσιν.

Strabolancadilès avec Grégoire de Byzance, dont Philothée fait le plus grand éloge dans son panégyrique de Palamas, *P. G.*, t. CLI, col. 568. Joannice Kochylas
dit de lui : Γρηγόριον δὲ ὁ Σκαμβὸς Ῥύαξ τὸν σοφώτατον εἶχεν οἰκήτορα,
ὅν φασι καὶ οὐρανίῳ ἄρτῳ ὑπ' ἀγγέλου τραφῆναί ποτε. Vie inédite de S.
Maxime, ch. 11. Il signa le « tome hagioritique », *P. G.*, t. CL, col. 1236.

(1) Sur le monastère de Dorothée, voir plus haut, p. 53, n. 2. Λεύκα, Λεύ-
και est un lieudit près des Κρύα Νερὰ de Lavra.

(2) Pointe extrême de la presqu'île. Mentionnée plusieurs fois, sous le nom
de Μελανά, dans la Vie de S. Athanase. Cf. *Anal. Boll.*, t. XXV, p. 30, n. 1.

(3) Cf. Luc. 10, 20.

(4) S. Grégoire le Sinaïte († 1346), docteur de l'hésychasme, eut une vie
des plus mouvementées. Sur son séjour à la Sainte Montagne, consulter, outre
sa biographie par son disciple le patriarche Calliste (*BHG.* 722), l'article de
J. Bois, *Grégoire le Sinaïte et l'hésychasme à l'Athos au XIVᵉ siècle*, dans
Échos d'Orient, t. V (1901-1902), p. 65-73.

νοερᾷ καρδιακῇ ἡσυχίᾳ καὶ προσευχῇ¹ καὶ τὰς φορὰς² τῶν πνευ-
μάτων ἐνόει μάλα σαφῶς · τὸ δυσεύρετον ἐν τοῖς γέρουσί τε καὶ
σπάνιον. Διὰ τοῦτο καὶ πρὸς αὐτὸν ἀναδραμόντες οἱ ἡσυχάζοντες
κατεμάνθανον τὰ τῆς καρδιακῆς εὐχῆς, τὰ μυστήρια τὰ ἀπλανῆ
5 τὰ τῆς χάριτος, καὶ ὁποῖα τὰ τῆς πλάνης σημεῖα. Καὶ ἴδοις ἄν ·
κατέρρεον ἅπαντες ἐπὶ τοῦτον, ὡς ἐπὶ τὸν Ἰησοῦν οἱ πεντακισχί-
λιοι τότε διὰ τὸ θαῦμα τῆς ἐσθιάσεως (1). Ἀλλ᾽ ὡς ἐκεῖνον οἱ
μαθηταὶ καὶ μόνοι τότε κατηκολούθησαν, οὕτω καὶ τ   κλεινὸν
Γρηγόριον ἐκλεκτοί τινες ἑπόμενοι τοῖς αὐτοῦ ἴχνεσιν ἠκολού-
10 θησαν, καὶ φωστῆρες ἀνεδείχθησαν φαεινότατοι.

14. Τούτων δὲ οὕτω ὄντων καὶ ὁμιλούντων Γρηγορίῳ τῷ διδα-
σκάλῳ, τῷ φωτὶ τῶν φωστήρων, γέγονεν καὶ λόγος περὶ τοῦ ὁσίου
τούτου καὶ θεοφόρου πατρὸς ἡμῶν τοῦ Καψοκαλύβη, λέγοντες καὶ
ἐξηγούμενοι τὴν τούτου πᾶσαν ὑπὲρ ἄνθρωπον θείαν διαγωγὴν
15 καὶ τὴν ὑποκρινομένην μωρίαν καὶ πλάνην τὴν ἀπλανῆ. | Καὶ
ταῦτα παρὰ πάντων ἀκούσας ὁ Σιναΐτης μέγας Γρηγόριος, διὰ
θαύματος εἶχεν τὸν ὅσιον καὶ ἰδεῖν ἐπεθύμει καὶ ὁμιλῆσαι συχνῶς
ὡς μέγαν τῆς ἐρήμου καὶ τοῦ ὄρους τούτου οἰκήτορα καὶ φωστῆρα
ὑπέρλαμπρον. Ὅθεν καί τινας ἐκπέμψας ἐκ τῶν αὐτοῦ φοιτητῶν
20 σὺν Μάρκῳ τῷ προμνημονευθέντι Ἁπλῷ¹ (2), ἔφη · « Σκύλθητι
πρὸς ἡμᾶς, τιμιώτατε πάτερ καὶ ἀδελφὲ Μάξιμε, ἵν᾽ ἴδωμεν τὴν
σὴν ἀγάπην καὶ ἁγιότητα καὶ δοξάσωμεν τὸν ἐν ὑψίστοις Θεόν. »
Καὶ τοῦτον ἰχνεύσαντες ἐν ταῖς λόχμαις δυσὶν ἡμέραις, οὐχ εὕ-
ρισκον, ἐπειδὴ τὴν καλύβην προέκαυσεν καὶ διῆγεν οὕτως ἐν λόχ-
25 μαις καὶ τοῖς σπηλαίοις καὶ ἐν χαράδραις. Χειμέριος γὰρ ἦν ὁ
καιρός, καὶ πολλὰ κεκμηκότες ὑπὸ τοῦ κρύους στραφέντες εἰς τὸν
Ἁγιομαμίτην κατέφυγον ἀναψύχοντες. Ἔτι δὲ ὄντων ἐκείνων
ἐκεῖσε, καταλαμβάνει καὶ ὁ ζητούμενος οὗτος ἐκεῖ Μάξιμος, ὡς
μαργαρίτης ἀναφανεὶς αὐτοῖς ὁ θαυμάσιος · καὶ εἴτε ἡ πρόνοια
30 τοῦτον καὶ ἡ εὐχὴ τοῦ γέροντος κινήσας² ἤφερεν², εἴτε αὐτὸς προ-
ορατικῷ ὄμματι κατιδὼν οὕτω γέγονεν πρὸς αὐτούς, οὐκ ἔχω
τοῦτο εἰπεῖν · τοῦτο μόνον, ὅτι προσαγορεύει τοῖς ὀνόμασι πάν-
τας³ καὶ τοῦ γέροντος τὴν βουλὴν προμηνύει · ἐβούλετο γὰρ ὁ
γέρων ἀπᾶραι ἀπ᾽ Ὄρους πρὸς τῆς Μακεδονίας τὰ ἄκρα, εἰς τὰ

153ᵛ

sanctum arcessit

---

13. — ¹ προσευχῇ καὶ ἡσυχία Kourilas. — ² βορὰς.
14. — ¹ ἁπλοῦ. — ² sic. — ³ πᾶσιν.

(1) Cf. Marc. 6, 44.   (2) Cf. P. G., t. CL, col. 1236.

Παρόρια (1). Διὰ τοῦτο καὶ τὸν ῥηθέντα Μάρκον κατέσκωπτε,
« Μὴ τολμήσῃς, λέγων αὐτῷ, ἀκολουθῆσαι τῷ γέροντι ἀπαγομένῳ
εἰς τὰ Παρόρια.» Καὶ ταῦτα μὲν ὁ θεσπέσιος Μάξιμος· οἱ δὲ
ἀδελφοὶ τὸν λόγον προσαγορεύουσιν αὐτῷ τοῦ γέροντος καὶ μη-
νύουσιν. Ὁ δὲ οὐκ ἀνεβάλετο, ἀλλ' εὐθὺς σὺν αὐτοῖς εἴχετο τῆς 5
ὁδοῦ καὶ ψάλλων ὑπέψαλλεν τό· « Ἦρα τοὺς ὀφθαλμούς μου εἰς
τὰ ὄρη, ὅθεν ἥξει ἡ βοήθειά μου παρὰ Κυρίου τοῦ ποιήσαντος τὸν
οὐρανὸν καὶ τὴν γῆν (2).» Καὶ ἄλλα τινὰ ἄναρθρα ψιθυρίζων ὑπέψαλλεν, μὴ δυναμένων τῶν συνοδευόντων καταλαβεῖν τὴν ᾠδήν.

Φθασάντων δὲ ἀμφοτέρων εἰς τὴν κέλλαν τοῦ γέροντος, λέγει 10
τούτοις ὁ Μάξιμος· « Ὁ γέρων ἤδη κοπιάσας πλεῖστα ἐκ τῆς
154 εὐχῆς ἀναπαύεται, | καὶ μείνατε μικρὸν ἡσυχάζοντες. Αὐτὸς
δὲ μικρὸν ἀναπαύσομαι μέχρις ἂν ἴδω τὸν γέροντα.» Καὶ τοῦτο
εἰπών, αὐτοὶ μὲν εἰς τὸ κελλίον ἡσύχασαν· ὁ δὲ ἅγιος πάλιν
εἰσέδυ ἐν λόχμῃ, καὶ ταῖς εὐχαῖς ⁴ ἠγωνίζετο μετὰ δακρύων καὶ 15
ἔψαλλεν· « Κατευθυνθήτω, Κύριε, τὰ διαβήματά μου ἐνώπιόν σου,
καὶ μὴ κατακυριευσάτω μου πᾶσα ἀνομία. Λύτρωσαί με ἀπὸ συ-
κοφαντίας ἀνθρώπων,» καὶ τὰ ἑξῆς (3). Τὴν δὲ ᾠδὴν ταύτην ἀπο-
πληρώσας μετὰ δακρύων ὁ ἅγιος, ἀνακαλεῖται τοῦτον ὁ Σιναΐτης
ὁ θεῖος Γρηγόριος, καὶ παραυτίκα πρὸς τῇ κελεύσει προσγίνεται, 20
καὶ ἀλλήλοις ἀσπάζονται θείῳ φιλήματι. Καὶ πάντας ἐκβαλὼν ὁ
Γρηγόριος κατέχει μόνον τὸν θεοφόρον τοῦτον Μάξιμον, καταλαβεῖν ἀκριβῶς τὰ περὶ αὐτοῦ παρ' αὐτοῦ σαφῶς βουλόμενος.

atque   15. Καὶ δὴ ἐρωτηθεὶς παρ' αὐτοῦ ἀνυποκρίτως οὕτως φησίν·
interrogat, « Συγχώρησον, πάτερ, πλανημένος εἰμί.» Καὶ ὁ γέρων· « Ἄφες 25
ἄρτι. Λέγε διὰ τὸν Κύριον τὴν σὴν ἀρετήν, ἵνα φωτίσῃς ἡμᾶς·
εἰ δ' οὖν, ἵν' οἰκοδομηθῶμεν ἀλλήλοις πρὸς ἀρετὴν Χριστοῦ χά-
ριτι· οὐ γὰρ τοιοῦτοί ἐσμεν, ὥς τινες ἐν λόγῳ παγιδεύουσιν τὸν ¹
πλησίον (4), ἀλλὰ φιλοῦντες τὸν ¹ πλησίον ὡς ἑαυτούς. Καὶ λέγε
διὰ τὸν Κύριον.» 30

Τότε ὁ ἅγιος τὰ ἐκ νεότητος πάντα εἰπὼν αὐτῷ, τὸν
ζῆλον τὸν ἔνθεον, τὸν δρασμόν, τὴν ὑποταγήν, τὴν ὑποκρινο-

---

⁴ τῆς εὐχῆς.   15. — ¹ τῷ.

(1) Le « profond désert » de Paroria est décrit, dans la Vie de S. Grégoire
le Sinaïte (BHG. 722), comme proche de Sozopolis et très propice à la con-
templation. Pomjalovskij, p. 35. Cf. ci-dessous, p. 90, l. 18.

(2) Ps. 120, 1-2.   (3) Ps. 118, 133-34.   (4) Cf. Matth. 22, 15.

μένην μωρίαν καὶ σαλότηταν, τὰ ἆθλα, τὰ σκάμματα, τὴν ὀπτασίαν
τῆς Θεοτόκου ἐκείνην τὴν φοβεράν, τὸ φῶς τὸ περικυκλῶσαν αὐτὸν
καὶ περικυκλοῦν, τῶν δαιμόνων τοὺς πειρασμοὺς καὶ τὰ ἔνεδρα, *praesertim*
περικόψας ὁ γέρων αὐτόν · « Λέγε μοι, ἀξιῶ, κρατεῖς τὴν νοερὰν *de spiri-*
5 προσευχὴν (1), τιμιώτατε ; » Καὶ μειδιάσας φησίν · « Ἐκ νεότητος *tuali*
ταύτης λαχὼν οὐκ ἀποκρύψω τὸ θαῦμα ². Ἐγώ, τίμιε πάτερ, *oratione.*
πίστιν καὶ ἀγάπην ἔχων ὅτι πολλὴν εἰς τὴν πάναγνον κυρίαν τὴν
Θεοτόκον, μετὰ δακρύων ἐζήτουν τὴν χάριν τῆς προσευχῆς
λαβεῖν παρ' αὐτῆς. Καὶ δῆτα γενόμενος ἐν μιᾷ, ὡς ἔθος εἶχον,
10 ἐν τῷ ναῷ τῆς Πανάγνου, μετὰ δακρύων ὑπὲρ τούτου πάλιν τῇ
Θεοτόκῳ ἱκέτευον · καὶ ἀσπασάμενος μετὰ πόθου τὴν ἄχραντον
εἰκόνα αὐτῆς, εὐθὺς ἐγένετό μοι θέρμη ἐν τῷ στήθει καὶ τῇ καρδίᾳ ὅτι πολλή, οὐ καταφλέγουσα, ἀλλὰ δροσίζουσα καὶ γλυκαί-
νουσα καὶ κατάνυξιν | ἐμποιοῦσά με ³ πολλήν. Ἔκτοτε, πάτερ, 154ᵛ
15 ἤρξατό μου ἡ καρδία λέγειν τὴν προσευχὴν ἔνδοθεν · ὁμοίως καὶ
τὸ λογιστικὸν ἄμφω σὺν τῷ νοΐ τὴν μνήμην ἔχει τοῦ Ἰησοῦ (2)
καὶ τῆς Θεοτόκου μου, καὶ οὐδέποτέ μου ἀπέστην, συγχώρησον. »
Καὶ ὁ Σιναΐτης · « Καὶ λεγομένης τῆς εὐχῆς, ἅγιε, ἐγένετό σοι
ἀλλοίωσις ἢ ἔκστασις ἢ ἄλλο τι τῆς προσευχῆς ἄνθος καὶ καρπὸς
20 πνεύματος ; » Καὶ ὁ ἅγιος · « Διὰ τοῦτο, πάτερ, τὴν ἔρημον ἔτρε-
χον καὶ τὴν ἡσυχίαν ἐπόθουν ἀεί, ἵνα τὸν καρπὸν τῆς προσευχῆς
εὕρω πλουσίως, ὅς ἐστιν ἔρως θεῖος καὶ ἁρπαγὴ νοὸς πρὸς τὸν
Κύριον. » — « Καὶ ἔχεις ταῦτα, παρακαλῶ ; » φησὶν ὁ Γρηγόριος.
Καὶ μειδιάσας μικρόν · « Δός μοι φαγεῖν, καὶ μὴ ἐρεύνα τὴν πλά-
25 νην. » Καὶ ὁ Γρηγόριος · « Εἴθ' ἐπλανήθην κἀγὼ ὡς σύ, ἅγιε.

---

² τῷ θαύματι. — ³ μοι *Kourilas.*

---

(1) La *νοερὰ προσευχή*, prière spirituelle ou mentale, était le point capital de l'enseignement mystique de Grégoire le Sinaïte. J. Bois, t. c., p. 66.
Les développements qu'on va lire dans ce long dialogue avec Grégoire le Sinaïte, comme aussi les enseignements que le saint aurait donnés aux laïques
et aux moines (ch. 32, 33), représentent peut-être beaucoup plus les idées du
biographe que celles de son héros. Quoi qu'il en soit, ils expriment sûrement
la doctrine mystique de certains milieux de l'Athos vers la fin du xivᵉ siècle.
A ce titre ils méritent bien, croyons-nous, de retenir l'attention des historiens
de l'hésychasme.

(2) Le souvenir de Jésus, l'invocation de Jésus était un élément essentiel
de la méthode d'oraison hésychaste. Cf. Hausherr, *Orientalia christiana*, t.
IX, p. 139.

Ἀλλὰ δέομαί σου, ἐν τῇ ἁρπαγῇ τότε σου τοῦ νοός, τί καθορᾷ
τοῖς νοεροῖς ὀφθαλμοῖς τότε ὁ νοῦς ; καὶ ἦ ἄρα τότε δύναται σὺν
τῇ καρδίᾳ ἀνάγειν τὴν προσευχήν ; »

Καὶ ὁ ἅγιος · «Οὐμενοῦν. Ὅταν ἐπιδημήσῃ, πάτερ, τὸ Πνεῦμα τὸ
ἅγιον ἐν τῷ ἀνθρώπῳ τῆς προσευχῆς, σχολάζει τότε ἡ προσευχή,   5
διότι καταποθεῖται ὁ νοῦς ὑπὸ τῆς παρουσίας τοῦ ἁγίου Πνεύματος, καὶ οὐ δύναται τὰς δυνάμεις αὐτοῦ ἐφαπλοῖν, ἀλλ' ὅλως
ὑποτάσσεται, ὅπου ἄν τὸ Πνεῦμα⁴ βουληθῇ ἆραι αὐτόν, ἢ εἰς
ἀέραν ἄν³ον ἀμηχάνου θείου φωτός, ἢ εἰς ἄλλην ἔκθαμβον θεωρίαν
οὕτω ἀς ᾳφήν, ἢ εἰς θείαν ὁμιλίαν τὴν ὑπερβάλλουσαν · καὶ καθὼς 10
βούλεται, οὕτω καὶ χορηγεῖ κατ' ἀξίαν ὁ Παράκλητος ἐπὶ τοῖς δούλοις αὐτοῦ τὴν παράκλησιν. Τοῦτο δὲ μέμνημαι, πάτερ ἅγιε, τῶν
προφητῶν ἐκείνας τὰς θεωρίας, μάλιστα δὲ τῶν ἀποστόλων ἐπὶ⁵
τὴν τοῦ Πνεύματος χάριν τὴν φωταυγῆ, πῶς ἐλογίζετο παρὰ τοῖς
ἄλλοις πλάνη καὶ μέθη (1) καὶ εἰς οὐδέν, καὶ ταῦτα λεγόντων · Εἶ- 15
δον τὸν Κύριον ἐπὶ θρόνου ὑψηλοῦ καὶ ἐπηρμένου (2), καθὼς καὶ
Παῦλος σὺν τῷ πρωτομάρτυρι Στεφάνῳ · Εἶδον, φάσκοντες, τὸν
Ἰησοῦν καθήμενον ἐπὶ θρόνον θεότητος ἐν ὑψίστοις ἐν δεξιᾷ τοῦ
Πατρός (3). Καὶ θαυμάζω πῶς καὶ νῦν ἀπιστοῦνται τὰ ὁραθέντα
155 τισί, ὅπου ἡ χάρις τοῦ Πνεύματος ἐξήνθη|σεν ἐν τοῖς πιστοῖς, 20
ὥς φησιν τοῦτο καὶ Ἰωὴλ ὅτι · Ἐκχεῶ ἀπὸ τοῦ πνεύματός μου
ἐπὶ πᾶσαν σάρκα (4). Καὶ νῦν τὸ παράκλητον Πνεῦμα δέδωκεν
ἡμῖν ὁ Χριστός · διὰ τοῦτο λαμβάνει τὸ Πνεῦμα τὸν νοῦν, οὐχ
ἵνα πάλιν τὰ κατὰ συνήθειαν αὐτῷ νοούμενα διδάξῃ, οἷον τὰ ὄντα,
ἀλλ' ἐκεῖνα διδάσκῃ αὐτὸν τὰ ὑπὲρ ὄντα⁶ καὶ ὑπερκόσμια · οἷον 25
τὰ περὶ τῆς θεότητος ὄντα καὶ τὸ ὄν, αὐτὸν τὸν Θεόν, ἃ ὀφθαλμὸς σωματικὸς οὐ τεθέαται οὐδὲ καρδία γεώφρονος ἀνεβίβασεν
πώποτε (5). Λάβε⁷ δέ μοι τοιαύτην διάνοιαν · ὥσπερ ὁ κηρὸς
κηρός ἐστιν μόνος χωρὶς πυρός, ἐπὰν δὲ ὁμιλήσῃ τὸ πῦρ, συναί-
ρεται καὶ διαλύεται καὶ συμφλογίζεται ἅμα τῷ πυρὶ καὶ οὐ δύναται 30
ἀντισχεῖν, ἀλλ' ἐξάπτει σὺν τῷ πυρὶ φῶς ὅλον, ἕως οὗ ὑπάρχει τῇ
φύσει καὶ φῶς ὅλον γίνεται, εἰ καὶ κηρός · οὕτω μοι νόει τὴν τοῦ
νοὸς δύναμιν εἶναι ὡσεὶ κηρόν · καὶ ἕως οὗ ἵσταται κατὰ φύσιν,
νοεῖ μόνον τὰ κατὰ τὴν αὐτοῦ φύσιν καὶ δύναμιν, ὅταν δὲ τὸ πῦρ

---

⁴ τῷ πνεύματι. — ⁵ an ὑπό? — ⁶ an ὑπερούσια? — ⁷ sic.

(1) Cf. Act. 2, 13.   (2) Is. 6, 1.   (3) Cf. Act. 7, 55-56.
(4) Ioel 3, 1.   (5) Cf. I Cor. 2, 9.

τῆς θεότητος, αὐτὸ τὸ Πνεῦμα τὸ ἅγιον πλησιάσῃ αὐτόν, τότε συν-
αίρεται τῇ δυνάμει τοῦ Πνεύματος καὶ συμφλογίζεται τῷ πυρὶ
τῆς θεότητος καὶ διαλύεται ταῖς νοήσεσι, καὶ καταποθεῖται ὑπὸ
τοῦ θείου φωτὸς καὶ ὅλως φῶς γίνεται θεῖον ὑπέρλαμπρον. »
5 Ἐν τούτῳ ὑπολαβὼν ὁ θεῖος Γρηγόριος ἔφησε τῷ ἁγίῳ · « Καψοκαλύβη μου, ἀλλ᾽ ἔστιν καὶ ἕτερον τοιοῦτον [8] τῆς πλάνης λεγόμενον. » Καὶ ὁ ἅγιος · « Ἄλλα τὰ τῆς πλάνης σημεῖα, καὶ ἄλλα εἰσὶν
τὰ τῆς χάριτος καὶ τῆς ἀληθείας τοῦ πνεύματος. Ἐκεῖνα γὰρ τῆς
πλάνης εἰσίν · ὅταν πλησιάσῃ τὸ πονηρόν, συγχέει τὸν νοῦν καὶ
10 ἀγριωπὸν αὐτὸν καθιστᾷ, ποιεῖ τὴν καρδίαν σκληράν, ἀλλὰ καὶ
δειλίαν ἐντίθησι καὶ ἀπόνοιαν καὶ σκότος ἐν ταῖς φρεσὶ καὶ ἀγρι-
αίνει τοῖς ὀφθαλμοῖς [8], τὸν δ᾽ ἐγκέφαλον συνταράττει καὶ φρίκην
ποιεῖ τὸ σωμάτιον [9] · φαντάζει δὲ τοῖς ὀφθαλμοῖς καὶ φῶς [10] πυρῶ-
δες τῆς πλάνης καὶ οὐχ ὑπέρλαμπρον · ἐξιστᾷ δὲ τὸν νοῦν καὶ
15 δαιμονιώδην ποιεῖ ἔκτοτε · καὶ φθέγγεται διὰ γλώττης οὗτος
ῥήματα ἀπρεπῆ καὶ βλάσφημα, θυμοῦται, ὀργίζεται ὡς τὰ πολλά.
Οὐκ ἔστιν ταπείνωσις ἐν αὐτῷ οὐδὲ προσευχὴ οὐδὲ δάκρυον ἀλη-
θινόν, ἀλλὰ καυχᾶται | ἀεὶ ἐν τοῖς αὐτοῦ κατορθώμασιν καὶ δοξά-
ζεται καὶ πάντα πάντοτε τοῖς πονηροῖς πάθεσιν κοινωνεῖ ἀδεῶς.
20 Καὶ ἕως οὗ ποιήσῃ αὐτὸν ἔξηχον καὶ παραδώσῃ αὐτὸν εἰς ἀπώλειαν, οὐκέτι μεθίσταται ἀπ᾽ αὐτοῦ. Ἧς πλάνης, ἅγιε, ῥύσοιτο
ἡμᾶς Κύριος ἐκ τοῦ πονηροῦ. Σημεῖα δὲ πάλιν τῆς χάριτος τοιαῦτά
εἰσιν · ὅταν πλησιάσῃ τὸ ἅγιον, τὸν νοῦν συνάγει καὶ ποιεῖ αὐτὸν
σύννουν καὶ ταπεινὸν καὶ μέτριον · τὴν μνήμην τοῦ θανάτου καὶ
25 τῆς κρίσεως καὶ τῶν πταισμάτων, ἀλλὰ δὴ καὶ τῆς κολάσεως τοῦ
πυρὸς ἐντίθησι τῇ ψυχῇ · καὶ ποιεῖ τὴν καρδίαν εὐκατάνυκτον,
πενθοῦσαν καὶ κλαίουσαν · τοὺς ὀφθαλμοὺς πραεῖς καὶ δακρυρ-
ρόους ποιεῖ. Καὶ ὅσον πλησιάζει, ἡμεροῖ καὶ παρακαλεῖ τὴν ψυχὴν
διὰ τῶν τιμίων παθῶν τοῦ Χριστοῦ καὶ τὴν ἄπειρον φιλανθρωπίαν
30 αὐτοῦ. Ἐντίθησι τῷ νοῒ θεωρίας ὑψηλοτάτας, τὰς ἀπλανεῖς ·
πρώτην τὴν ἀκατάληπτον δύναμιν τὴν ποιητικήν, τὴν τὸ πᾶν
συστησαμένην ἐκ μὴ ὄντος ὑπ᾽ οὐδενός, τὴν συνεκτικὴν καὶ τὴν
προνοοῦσαν οὕτω τὸ πᾶν, τῆς τρισυποστάτου θεότητος τὸ ἀκατα-
νόητον καὶ ἀπερίγραπτον, τὸ ἀκατάληπτον καὶ ἀνεξιχνίαστον
35 πέλαγος, τὸ ὑπὲρ πάντα τὰ ὄντα ὄν · καὶ οὕτω φωτίζει αὐτὸν
φωτισμὸν γνώσεως θεϊκῆς. Καὶ ἐκ τοῦ ἀδύτου θείου φωτὸς ἁρ-
παγεὶς ὁ νοῦς ἐν τῷ πνεύματι φωτίζεται ἐν τῷ φωτὶ τούτῳ τῷ θείῳ
καὶ ὑπερλάμπρῳ [11]. Καὶ γαληνόμορφον ἐκτελεῖ τὴν καρδίαν · καὶ

155ᵛ

---

[8] sic. — [9] i.e. τῷ σωματίῳ. — [10] φωτί. — [11] τὸ θεῖον καὶ ὑπέρλαμπρον.

χαρίζει[12] τὸν τοιαῦτα λαχόντα κατὰ νοῦν καὶ λόγον καὶ πνεῦμα
ἄρρητον εὐφροσύνην καὶ ἀγαλλίασιν (1). » Καὶ ὅλως ἦν οὗτος ἀεὶ
μετάρσιος τῷ πνεύματι, τὸν καρπὸν ἔχων τοῦ πνεύματος, ὥς φησι
Παῦλος ὁ μέγιστος ὅτι · « Ὁ καρπὸς τοῦ πνεύματός ἐστιν χαρά,
εἰρήνη, μακροθυμία, χρηστότης, ἀγαθωσύνη, ἀγάπη, συμπάθεια 5
καὶ ταπείνωσις (2). »

Hortante
Sinaita,

16. Ταῦτα ἀκούσας ὁ τῆς ἡσυχίας διδάσκαλος καὶ τῆς προσευχῆς,
ὁ Σιναΐτης θεῖος Γρηγόριος ἔκθαμβος γέγονεν καὶ ὅλως ἐξέστην
ταῖς τοῦ ἁγίου ταύταις προσρήσεσιν, καὶ διὰ θαύματος εἶχεν μεγάλου τὸν ἅγιον. Ἔκτοτε τοίνυν καὶ ἄγγελον ἐπίγειον ἐκάλει 10

156

αὐτὸν καὶ οὐκ ἄνθρωπον · ὅθεν καὶ ἀξιοῖ τὰ πλεῖστα | αὐτόν, λέ-
γων · « Παῦσαι ἀπὸ τοῦ νῦν, παρακαλῶ, τοῦ μὴ κατακαίειν τὴν
κέλλαν, ἀλλ᾽ ὥς φησιν ὁ σοφὸς Ἰσαὰκ ὁ Σύρος τῷ γένει (3), σύν-
αξον ἑαυτὸν ἐν ἑνὶ τόπῳ καὶ κάθισον, ἵνα καὶ καρπὸν πλείονα
φέρῃς (4) · καὶ πολλοὺς ὠφελήσεις ὡς δοκιμώτατος. Καὶ γὰρ καὶ τὸ 15
γῆρας ἰδοὺ κατατρέχει, καὶ ὁ σπόρος πληθύνεσθαι βούλει[1], ὁ δὲ
θάνατος ἄωρος. Διὰ τοῦτο μετάδος τὸ τάλαντον καὶ τὸν θεῖον
σπόρον διὰ καθίσματος τὸν λαὸν τοῦ Θεοῦ, πρὶν ἢ τὸ τέλος προ-
φθάσῃ, ἵν᾽ ἔξῃς ἐν οὐρανοῖς τὸν μισθὸν πλείονα, ἁγιώτατε · καὶ
γὰρ τοῖς ἀποστόλοις ἁγιάσας ὁ Κύριος οὐκ εἰς τὰ ὄρη αὐτοὺς ἐξ- 20
απέστειλεν τοῦ διάγειν ἀεί, ἀλλὰ μᾶλλον πρὸς τοὺς ἀνθρώπους,
ἵνα διὰ τῆς κοινωνίας τῆς ἁγιότητος καὶ οἱ ἐναγεῖς ἅγιοι γίνωνται
καὶ σωθῶσιν δι᾽ ἁγιότητος. Διὰ τοῦτο ἔφη αὐτοῖς · Λαμψάτω
τὸ φῶς ὑμῶν ἔμπροσθεν τῶν ἀνθρώπων (5), καὶ οὐκ[2] ἔμπροσθεν
τῶν πετρῶν. Λαμψάτω τοίνυν καὶ τὸ σὸν φῶς ἔμπροσθεν τῶν 25
ἀνθρώπων, ὅπως ἴδωσι τὰ σὰ καλὰ ἔργα καὶ δοξάσουσι τὸν πατέρα
ἡμῶν τὸν ἐν τοῖς οὐρανοῖς (6), καὶ ἄφες τοῦ μωραίνειν καὶ σαλλίαν
ἀπὸ τοῦ νῦν ὑποκρίνεσθαι · ὅτι σκάνδαλον γίνεται τοῖς μὴ εἰδόσι
τὰ σά. Τοίνυν ὅρα τὴν συμβουλὴν καὶ θείαν ὑπακοήν, καὶ ποίησον

---

[12] sic.   **16.** — [1] an βούλεται? — [2] οὐχ.

(1) Tout ce dialogue sur la prière spirituelle, traduit en grec moderne, a été
inséré par le moine Nicodème dans son fameux recueil ascétique, la Φιλοκα-
λία τῶν ἱερῶν νηπτικῶν (Venise, 1782), p. 1198-1201.

(2) Gal. 5, 22.

(3) Le λόγος ἀσκητικὸς 26 (alias 46 ou 47-48) d'Isaac de Ninive est intitulé : Περὶ τῆς ἀδιαλείπτου νηστείας καὶ τοῦ συνάξαι ἑαυτὸν
ἐν ἑνὶ τόπῳ (Τοῦ ὁσίου πατρὸς ἡμῶν Ἰσαὰκ τοῦ Σύρου τὰ εὑρε-
θέντα ἀσκητικά, éd. Joakim SPETSIERIS [Athènes, 1895], p. 109). Plusieurs
passages du chapitre précédent sont inspirés de la doctrine du même auteur.

(4) Cf. Ioh. 15, 2.   (5) Matth. 5, 16.   (6) Ibid.

ἅ σοι ἐντέλλομαι, ὡς φίλος σοι ἄριστος καὶ ἀδελφός. Γέγραπται *cellam*
γάρ · Ἀδελφὸς ὑπὸ ἀδελφοῦ βοηθούμενος ὡς πόλις ὀχυρά (1). » *non amplius*
Ταῦτα μαθόντες καὶ οἱ τῶν καθισμάτων ἕτεροι μέγιστοι γέροντες, *comburen-*
οὓς καὶ προμεμνήμεθα, καὶ συναινέσαντες τοῖς λόγοις τοῦ Σιναΐτου *dam*
5 καταπειθῆ τὸν ἅγιον τοῦ καθίσαι οὕτω πεποίηκαν. Καὶ ἰδοὺ *exstruit*
πλησίον τοῦ Ἡσαΐου (2) ὡσεὶ μίλια τρία, ποιεῖ θριγκίον³ μιᾶς *Maximus.*
ὀργυίας⁴ τὸ πλάτος καὶ μῆκος, οὐκ ἐκ ξύλων τετραγώνων ἢ
καρφίων, περονίων ἢ πετρῶν καὶ σανιδίων · ἀλλ' ὡς ἔθος αὐτῷ
ἦν, ἄλση λαβὼν καὶ μικρὸν χόρτον, ἔδοξεν κέλλαν ποιεῖν · ἐν ᾗ
10 καὶ ἔκτοτε καθίσας καὶ μὴ κατακαύσας αὐτήν, τὸν τῆς ζωῆς αὐτοῦ
χρόνον ἐν ἐκείνῃ διεβίβασεν ἅπαντα, μὴ κτησάμενός τι τὸ οἱονοῦν
ἐκ τῶν τῆς χρείας, ὡς οἱ πολλοί · ἀλλ' ἄυλον εἶχεν τὴν κέλλαν
παντί, τοσοῦτον ὅτι οὐδὲ ῥαφίδαν οὐδὲ σκα|λίδαν οὐδὲ δύο χιτῶνας, *156ᵛ*
οὐκ ἄρτον, οὐ πήραν, οὐδ' ὀβολὸν ὑπεκτήσατο πώποτε, τὴν ὑπὲρ
15 ἄνθρωπον ἄσκησιν πάλιν τηρῶν ἐν αὐτῇ τῇ κέλλῃ ὡς ἄσαρκος.
Ὅθεν καὶ ὀρύσσει⁵ μνῆμα ἴδιον πλησίον αὐτῆς καὶ καθ' ἑκάστην
ἐθρήνει ὁ Καψοκαλύβης τὸν Μάξιμον, ὀρθρίζων ἐκεῖ καὶ ᾠδάρια
πενθικὰ νεκρώσιμα οἴκοθεν ἔλεγεν πρὸς τό · « Ἐν οὐρανῷ τοῖς
ἄστροις κατακοσμήσας ὡς Θεός (3). »
20 **17.** Ἀλλ' ὁ μὲν Σιναΐτης ἐκεῖνος ὁ καὶ θεῖος Γρηγόριος κατὰ *Visio*
τὴν τοῦ ἁγίου Μαξίμου πρόρρησιν ἀπεδήμησεν ἐκεῖσε εἰς τὰ *Marci.*
Παρόρια. Ἐξερχομένου δὲ καὶ τοῦ προρρηθέντος Μάρκου καὶ
γενομένων ἐν τῇ Κομητίσσῃ ¹ (4), φωνὴν ἀκούει ὁ Μάρκος τοῦ
ἁγίου, στραφῆναι εἰς τὰ ὀπίσω. Καὶ ἅμα σὺν τῇ φωνῇ στραφεὶς
25 τῷ βλέμματι ὄπιθεν, ὁρᾷ ξένα παράδοξα, ἅ μοι καὶ διηγήσατο.
Ὁρᾷ κύκλωθεν ὅλῳ τῷ ὄρει ὑπὸ κοκκίνων πύργων ὡς κάστρον
κτισμένον ἐν ὕψει ἐπαιρόμενον² · πρὸς δὲ τὴν λεγομένην Μεγάλην

---

³ θρυγγίον. — ⁴ οὐργίας. — ⁵ ὁρίζει Kourilas.
17. — ¹ κομητήσει. — ² ἐπαίοντα.

(1) Prov. 18, 19.
(2) Le lieudit τὸ ou τὰ κῦρ Ἡσαΐου est situé à une heure de Lavra, vers le sud. On y trouve un vignoble, des κελλία et une chapelle de la Sainte Trinité. S. Maxime s'établit à trois milles de là, vers l'ouest, près de la Παναγία. Cf. Niphon, ch. 2 et 3 (ci-dessus, p. 44, l. 13 et p. 45, l. 25) ; Théophane, ch. 31 (ci-dessous, p. 102, l. 27-30).
(3) Mots tirés de l'office des défunts, ἐξαποστειλάριον du samedi. Παρακλητική (Venise, 1837), p. 432.
(4) Aujourd'hui Koumitsa, métoque du monastère de Chilandar, à l'entrée de la Sainte Montagne.

Βίγλαν ³ (1) παλάτια χρύσεα πάντερπνα, βασίλισσαν φέροντα ⁴
τὴν Θεοτόκον σὺν ἀσωμάτοις ἀπείροις καὶ ἀρχαγγέλοις, καὶ τὰ
πλήθη κύκλωθεν τῶν μοναζόντων τῇ Θεοτόκῳ ὑμνούντων καὶ
προσκυνούντων. Καὶ τοῦτο ἰδὼν καὶ μνησθεὶς τὴν πρόρρησιν
Μαξίμου τοῦ ἁγίου, βαλὼν ⁵ μετάνοιαν τῷ καθηγητῇ αὐτοῦ Γρη- 5
γορίῳ τῷ Σιναΐτῃ, στραφεὶς εἰς τὴν Λαύραν κατώκησεν ἡσυχάζων · καὶ ἐγένετο ἀνὴρ διακριτικώτατος.

Gregorii
gesta
in finibus
Bulgarorum.

18. Ὁ δὲ Σιναΐτης κύριος Γρηγόριος γενόμενος ἐκεῖσε εἰς τὰ
Παρόρια, ὡς ἥλιος φαιδρὸς τοῖς ἐσκοτισμένοις ἐκεῖσε ἀνέτειλεν,
καὶ χορτάζει ἄρτον ζωῆς τοῖς πεινῶσι πᾶσι τὸν σωτήριον ἐκεῖ. Οὐκ 10
ἔχω πῶς διηγήσασθαι κἀκείνου τοῦ ἀνδρὸς τὰ σεπτὰ ἀριστεύματα ·
γίνεται πηγὴ ἀνεξάντλητος τῷ λόγῳ, τῇ πράξει καὶ θεωρίᾳ (2).
Μανθάνει τοῦτο ἡ Μεγαλόπολις καὶ ὅλη ἡ Θρᾴκη καὶ ἡ Μακεδο-
νία, ἀλλὰ καὶ ἡ πᾶσα τῶν Βουλγάρων κατοίκησις καὶ τὰ πέρα
Ἴστρου καὶ τῆς Σερβίας · καὶ τρέχουσιν ἄπειρα πλήθη τῶν ἐκλε- 15
κτῶν πρὸς αὐτόν, ζητοῦν¹ χορτασθῆναι ἐκ τῆς πηγῆς τῶν διδαγμά-
των αὐτοῦ τῶν ἀειζώων, καὶ δὴ | καὶ χορτάζονται · καὶ ποιεῖ τὰ

157

πρώην ἄοικα ὄρη καὶ τὰ Παρόρια ἔνοικα, ὥστε πλεονάζειν ταῖς
ἀγέλαις τῶν μοναχῶν, οὓς ἰδίαις χερσὶν ἐπεσφράγιζεν. Καὶ τοὺς
βασιλεῖς τῆς γῆς, Ἀνδρόνικον λέγω καὶ τὸν Ἀλέξανδρον ², Στέ- 20
πανον ³ καὶ Ἀλέξανδρον (3), ἐπιθυμητὰς αὐτοῦ πεποίηκεν ⁴ δι᾽ ἐπι-
στολῶν διδακτικῶν θαυμασίων. Ἔνθεν τοι καὶ πληθύνεται τὸ
σχῆμα τῶν μοναζόντων ἐν τοῖς τόποις ἐκείνων καὶ πόλεσι τῇ
ἀρετῇ καὶ τῇ διδαχῇ τοῦ ὁσίου πατρὸς Γρηγορίου τοῦ Σιναΐτου.
Ἀνήγειρεν δὲ καὶ μονύδρια ἐν ἐκείνοις τοῖς Παρορίοις · καὶ ἴδοις 25
ἂν ὡς Ὄρος ἄλλον Ἅγιον εὑρίζοντα τὸ σωτήριον ἀγαλλίαμα (4).
Καὶ γέγονε τῶν Βουλγάρων ἡ οἴκησις πόλις τῶν μοναχῶν ἐν τῇ

---

³ βύγλαν. — ⁴ φέρουσαν. — ⁵ λαβών.

18. — ¹ i. e. ζητοῦσιν. — ² καὶ τὸν ἀλέξ. delenda censet Kourilas. —
³ sic. — ⁴ πέποικεν.

(1) On appelle Μεγάλη Βίγλα la chaîne de collines qui marque la frontière
de l'Athos, infranchissable aux femmes et aux animaux femelles.
(2) Cf. p. 81, n. 2.
(3) Andronic III (1325-1341), Étienne Douchan de Serbie (1321-1355) et
Jean Alexandre de Bulgarie (1331-1365). On ne voit pas qui peut être le second Alexandre nommé ici. A moins qu'il ne s'agisse d'Alexandre Iᵉʳ, hospo-
dar de Valachie (1338-1364), beau-frère d'Alexandre de Bulgarie.
(4) Du Ps. 47, 2-3 : μέγας Κύριος ἐν... ὄρει ἁγίῳ αὐτοῦ, εὐρίζῳ ἀγαλ-
λιάματι, l'auteur a tiré un verbe εὐρίζειν qui n'a pas de sens.

ζωῇ ἐκείνου τοῦ διδασκάλου καὶ μάκαρος. Ἐκ δὲ τῶν μαθητῶν
ἐκείνου πολλοὶ ἐξανέτειλαν ὡς φαιδροὶ ἀστέρες μετὰ τὴν ἐκείνου
κοίμησιν καὶ τὴν πρὸς Θεὸν ἄνοδον καὶ τὰ πέρατα κατεκόσμησαν.
Καὶ ταῦτα μὲν τοῦ μακαρίτου Γρηγορίου ἐκείνου τοῦ Σιναΐτου
5 ἀπὸ μέρους διὰ τὸ μῆκος τοῦ λόγου ἐμνημονεύσαμεν.
    19. Ἀλλ' ἔλθωμεν πάλιν ἐπὶ τὰ τοῦ ἁγίου Καψοκαλύβη ἀνδρα-   *S. Maximi*
γαθήματα, ὅσα καὶ οὗτος ἐν Ὄρει πάλιν ὡς γίγας ἠνδραγαθήσατο.
Καθίσας οὗτος ἐν τῷ κελλίῳ, ὡς ἔφημεν, οἱ μὲν δαίμονες συναχθέντες πόλεμον μετὰ τοῦ ἁγίου καθ' ἑκάστην ἐποιοῦντο, καὶ
10 ἔσπευδον ἐκ τοῦ τόπου ἐκείνου ἐξῶσαι τὸν ἅγιον. Ἀλλ' εἰς μάτην
ἐλιθοβόλιζον οἱ κατάρατοι· ἀντεβάλλοντο γὰρ ταῖς βολαῖς τῆς
νοερᾶς αὐτοῦ προσευχῆς καὶ ὡς καπνὸς διελύοντο. Ἐν τούτῳ   *lumina,*
καὶ δύναμις θεία ἀκαταμάχητος αὐτὸν ἔκτοτε περιεκάλυπτεν, ὡς
ἐν εἴδει πυρός, καθὼς ὡράθη τισὶν ἀξίοις, καταφλέγουσα τοὺς
15 ὑπεναντίους. Καὶ φῶς ἰαματικὸν ἄνωθεν κατηύγαζεν ἐν τοῖς
λόγοις αὐτοῦ· καὶ λόγῳ μόνῳ πολλοὺς δαιμονιώδεις ἰάσατο, ὡς   *miracula*
ἔγνωμεν ἀληθέστατα, καὶ ἀπέλυ<εν> ἐν εἰρήνῃ ἐν τοῖς τόποις αὐτῶν, παραγγέλλων αὐτοῖς ἀπέχεσθαι μήνης[1], πορνείας καὶ ἀδι-   *et monita.*
κίας, μέθης καὶ ἐπιορκίας, καὶ διὰ νηστείας κρεῶν καὶ ἐλεημο-
20 σύνης τὸ κατὰ δύναμιν καὶ καθάρσεως ἀξίους ποιεῖν ἑαυτοὺς ἐν
ἐπισήμοις ἑορταῖς τῶν ἁγιασμάτων καὶ ἀχράντων θείων μυστη-
ρίων Χριστοῦ, ἵν' ὅπως | ὑγιαίνωσι πάντοτε.   *157ᵛ*
    20. Καί τινα Μερκούριον μοναχόν, ἐν μιᾷ προὔτρεψα[1] αὐτὸν   *Energume-*
διὰ λόγου (1), καὶ αὐτὸς ἐν τῷ ὀνόματι Ἰησοῦ Χριστοῦ ἔμπροσθεν   *nos*
25 τοῦ ὁσίου δαιμονιώδην ἰάσατο, τὸ καινότατον. Καὶ ἄλλον ὑπουργὸν   *liberat,*
γέροντος ὑπὸ δαίμονος δεινῶς πάσχοντα ἐν ὁδῷ ἀπαντήσας, ἐνετείλατο αὐτῷ λέγων· «Ὕπαγε, ὑποτάγηθι τῷ πνευματικῷ σου
πατρὶ ὁλοκλήρως καὶ νήστευσον τυροῦ καὶ οἴνου καὶ μιασμοῦ·
καὶ ὑγιανεῖς[2] ἐν τῷ ὀνόματι τοῦ Χριστοῦ·» καθὼς καὶ ἰάθην ἀπὸ
30 τῆς ἡμέρας ἐκείνης. Πάλιν μιᾷ τῶν ἡμερῶν μοναχοὶ ἐκ τῆς Λαύ-   *occulta*
ρας παραγενόμενοι πρὸς αὐτὸν ὠφελείας χάριν, παρεγένετο σὺν   *manifestat.*
αὐτοῖς καὶ ἕτερος κοσμικός. Καὶ ὡς εἶδεν αὐτὸν ὁ ὅσιος, ἀπεδίω-
ξεν μακρόθεν αὐτόν, Ἀκινδυνᾶτον (2) λέγων εἶναι καὶ ἄπιστον, μὴ
γινωσκόμενον παρ' ἄλλων τινῶν μέχρι τῆς ὥρας ἐκείνης. Πολλὰ

---

19. — [1] sic pro μήνιδος, ni fallor.   **20.** — [1] sic. — [2] ὑγιάνῃς.

(1) Dans ce ch. 20 on trouve réunis une série d'épisodes qui sont dispersés,
dans la première Vie, aux ch. 5, 6, 23, 17 et 12.
(2) Ci-dessus, p. 47, n. 4.

γὰρ κατὰ τοῦ ᾽Ακινδύνου ἐφέρετο οὗτος ὁ ἅγιος, καὶ κακοκίνδυνον αὐτὸν ἐπωνόμαζε καὶ δαιμονιώδη καὶ κοινωνὸν πάσης αἱρέσεως καὶ ὑπουργὸν ᾽Αντιχρίστου · διὰ τοῦτο τοὺς τοιούτους μακρὰ ἀπεβάλλετο καὶ ἀναθεμάτιζεν παρρησίᾳ.   Πάλιν δέ τινες μονά-ζοντες παραγενόμενοι πρὸς αὐτόν, ὡς εἶδεν αὐτούς, μεγάλῃ τῇ 5 φωνῇ ἀνεβόησεν · « Διώξατε τὸν Μασσαλιανὸν ³ (1) ὄπιθεν, καὶ οὕτως ἔλθετε πρός με. » Καὶ τὸ ὄνομα προσηγόρευσεν · ὅπερ ἀκού-σαντες ἔντρομοι καὶ ἔμφοβοι γεγόνασιν οἱ συνοδεύοντες καὶ τὸν ἀσεβῆ κατεδίωξαν τῆς ὁμιλίας αὐτῶν.

ventura praedicit, ᾽Άλλον δέ τινα μοναχόν, βουλόμενον μετὰ πλοίου Θεσσαλονικαίου 10 πρὸς τὴν Κωνσταντινούπολιν πλεῦσαι διά τινα χρείαν, κατέσκωψεν, τοῦ πλοίου τὸν κίνδυνον προειπών. Παρελθουσῶν γὰρ τριῶν ἡμε-ρῶν καὶ τὸ πλοῖον αὔτανδρον γέγονε, μέσον θαλάττης πλέοντα καὶ καταχθέντα εἰς ἄβυσσον. Πάλιν ἄλλον πλοῖον ἀπὸ νήσου ἐλθὸν ἐν τῷ λιμένι τῆς Λαύρας, οἱ τοῦ πλοίου πρὸς τὸν ἅγιον παρεγέ- 15 perpetuo esurientem sanat. νοντο ἔχοντες μεθ᾽ ἑαυτῶν καί τινα δαιμόνιον ἔχοντα τῆς ἀπλη-στίας — ἤσθιεν γὰρ ὡσεὶ πέντε ἀνδρῶν τροφὴν καθ᾽ ἑκάστην καὶ οὐκ ἐχορτάζετο — καὶ τοῦτον ἐπὶ τοὺς πόδας τοῦ ἁγίου κλίναντες ἱκέτευον σὺν αὐτῷ τυχεῖν παρ᾽ αὐτοῦ τῆς ἰάσεως · καὶ δῆτα λαβὼν 158 ἀπαξαμᾶν ⁴ τῷ πάσχοντι | δέδωκεν, λέξας αὐτῷ · «Τοσοῦτον ἔσθιε ⁵ 20 καὶ χορτάζου ἐν τῷ ὀνόματι τοῦ Κυρίου ἡμῶν ᾽Ιησοῦ Χριστοῦ, καὶ εἰρήνευε. » ῞Εκτοτε οὖν ὁ τοιοῦτος τὸν τῆς ἀχορτασίας δαί-μονα ἠλευθέρωτο καὶ πλεῖον τοῦ ἀπαξαμάτου ⁴ τὸ μῆκος οὐκ ἤσθιεν. Διὰ τοῦτο καταλιπὼν πάντα, γυναῖκα καὶ τέκνα καὶ βίον καὶ πλοῖον καὶ συνοδίαν, γέγονεν δοκιμώτατος μοναχός, 25 πλησίον τοῦ ἁγίου καθίσας καὶ παρ᾽ αὐτοῦ πρὸς Θεὸν ποδηγούμε-νος καὶ προκόπτων ἐν χάριτι.   Καὶ Βαρλαάμ τις μοναχὸς ὑπο-τασσόμενος γέροντι, ἐλθὼν εἰς τὸν ἅγιον κατεσκώπτετο παρ᾽ αὐ-τοῦ διὰ τὸ σκληροτράχηλον (2) αὐτοῦ καὶ παρήκοον, λέγων αὐτῷ · « Τούτου γε χάριν μέλλεις τελειωθῆναι ὑπὸ κρημνοῦ · » ὃ καὶ 30 γέγονεν.   Καὶ ἄλλον ᾽Αθανάσιον τὸν Κροκᾶν, τὸ τέλος αὐτῷ προ-εῖπεν, ὅτι · «Παρὰ τῶν ᾽Ισμαηλιτῶν μέλλεις τελειωθῆναι. » Καὶ γέγονεν οὕτως. Εἶχεν γὰρ τὴν χάριν πλουσίαν ἐκ πνεύματος θείου τοῦ προορᾶν, ὡς προέφημεν, ὁ γεννάδας, καὶ τὰ πόρρω ὡς ἐγγὺς καθηρμήνευσε ⁶ καὶ τὰ ἄδηλα καὶ μέλλοντα ἑκάστῳ προῦλε- 35

---

³ μασαλιανὸν. — ⁴ sic ; cf. p. 53, l. 11 et p. 56, l. 9. — ⁵ ἤσθειε. — ⁶ καθ᾽ ὁρμήνευσε.

(1) Voir p. 50, n. 2.   (2) Cf. Act. 7, 51.

γεν δι' αἰνίγματος σοφωτάτου καὶ κατεμήνυεν. Ἔνθεν τοι καὶ
τὴν συνέλευσιν τὴν πρὸς τὸν ἄγιον γενομένην τῶν βασιλέων τοῖς
πᾶσι προὐμήνυσεν λέγων · «Οἱ βασιλεῖς τῶν Ῥωμαίων παρα-
γενέσθαι μέλλουσιν πρὸς ἡμᾶς προφητείας χάριν ἢ μᾶλλον ψυχι-
5 κῆς ὠφελείας.»

21. Καιροῦ δὲ παρῳχηκότος ὀλίγου, καὶ οἱ βασιλεῖς τῶν Ῥω- *Imperatores*
μαίων πρὸς αὐτὸν παρεγένοντο, Καντακουζηνὸς ἐκεῖνος καὶ
Ἰωάννης (1) οἱ τότε βασιλεύοντες¹. Καὶ τὰ μέλλοντα συμβαί- *futuri*
νειν αὐτοῖς² ὡς προφήτης κατήγγειλεν · τὴν ἀποστασίαν, τὰ σκάν- *providus*
10 δαλα, τοὺς φόνους, τοὺς ἐμφυλίους πολέμους, τὰ ἔνεδρα, τῶν
ἐθνῶν τὴν δυναστείαν, τὴν ἐπιδρομὴν καὶ τὴν κάκωσιν (2), καὶ
πάλιν τὴν ἐπανάκλησιν τῶν πιστῶν καὶ τὴν ἀγαλλίασιν τὴν
μέλλουσαν ἐν καιρῷ γενέσθαι τῷ ὁρισθέντι διὰ σημείων, ὥς φησι
Κύριος (3). Καὶ ταῦτα εἰπών, πρὸς διδασκαλίαν ἐτράπην λέγων *adhortatur.*
15 αὐτοῖς · « Ὀφείλετε ὑμεῖς, εἰ καὶ βασιλεῖς εἶτε τῆς γῆς, ἵν' ἀείποτε ὁρᾶτε πρὸς τὸν βασιλέα τὸν ἐπουράνιον, καὶ τὸν νόμον αὐτοῦ
κατέχειν ὡς σκῆπτρον οὐράνιον καὶ ποιεῖν πρῶτον ὑμεῖς αὐτοῦ
τὰ θεῖα ἐντάλματα, καὶ μιμεῖσθαι αὐτοῦ κατὰ | τὸ δυνατὸν ἐπὶ   158ᵛ
πάντα, ὡς γέγραπται · Παιδεύθητε πάντες οἱ κρίνοντες τὴν γῆν,
20 δουλεύσατε τῷ Κυρίῳ ἐν φόβῳ, καὶ ἀγαλλιᾶσθε αὐτῷ ἐν τρόμῳ ·
δράξασθε παιδείας, μήποτε ὀργισθῇ Κύριος, καὶ ἀπολεῖσθε
ἐξ ὁδοῦ δικαίας, ὅταν ἐκκαυθῇ ἐν τάχει ὁ θυμὸς αὐτοῦ (4) · εἶθ'
οὕτως διδάσκειν ὑμᾶς καὶ τὸ ὑπήκοον ἅπαν ὑμῶν πίστιν, δικαιοσύνην, ἀλήθειαν, ἀγάπην, εἰρήνην καὶ ἁγιότηταν · τὸ κάλλος δὲ
25 καὶ τὸ κράτος τῆς καθολικῆς ἐκκλησίας κρατεῖν καὶ τηρεῖν τὴν
τιμὴν διὰ τὸν Χριστὸν κατὰ τὸ τεταγμένον καὶ ὀφειλόμενον
ἄνωθεν αὐτῇ. Συμπαθεῖτε τοὺς πταίοντας, μακροθυμεῖτε πρὸς
πάντας (5), ἐλεεῖτε τοὺς πένητας, τοὺς ἀσθενεῖς ἐπισκέπτεσθε, τοὺς
μοναχοὺς ἀγαπᾶτε καὶ ἀναδέχεσθε ὡς στρατιώτας καὶ φίλους τοῦ
30 παμβασιλέως Χριστοῦ, καὶ ἐπαρκεῖτε τὰ πρὸς χρείαν κατὰ τὴν
αἴτησιν αὐτῶν. Ὁρᾶτε, μὴ θροεῖσθε (6) πρὸς τὰ ἐπερχόμενα λυ-

---

21. — ¹ -εύοντες in ras. (erasae quindecim circiter litterae). — ² αὐτούς.

(1) Jean VI Cantacuzène et Jean V Paléologue. Cf. p. 46, n. 2.
(2) Durant la longue guerre civile qui mit aux prises les deux empereurs,
les Turcs d'Omarbeg, allié de Cantacuzène, ravagèrent sans merci les malheu-
reuses provinces qui faisaient encore partie de l'empire byzantin.
(3) Cf. Luc. 21, 28.   (4) Ps. 2, 10-12.
(5) I Thess. 5, 14.   (6) Matth. 24, 6.

πηρά · ἀλλ' ὑπομένετε, ἵνα τὸν στέφανον τῆς βασιλείας καὶ ἐν
οὐρανοῖς ἕξετε παρὰ Χριστοῦ τοῦ Θεοῦ ἡμῶν. » Καὶ προπέμπων
αὐτοῖς, πρὸς τὸν Καντακουζηνὸν οὕτως ἔφη · « Ἔδε ἡγούμενος
εἰς μοναστῆριν · » πρὸς δὲ τὸν Παλαιολόγον · « Κράτει, ἀκράτητε,
καὶ μὴ πλανῶ · τὸ γὰρ σὸν κράτος μακρὸν καὶ ἀχαμνόν (1), καὶ 5
χειμῶνα πολὺν φέρει ἐν σοί. Χαίρετε καὶ ὑπάγετε ἐν εἰρήνῃ. »

Μετὰ δέ τινα καιρὸν ἀπαξαμᾶν ³ ἕνα καὶ κρόμμυον καὶ σκόροδον
ἐξαπέστειλεν τὸν Καντακουζηνὸν ἐν τῇ Πόλει, προμηνύων ἐν τούτῳ
τῆς μοναχικῆς πολιτείας τὰ σήμαντρα · ἐν ᾧ καὶ δι' ὀλίγου ἄκων
ἀποκαρεὶς παρὰ τοῦ Ἰωάννου γέγονε μοναχός (2). Τὸν παξαμᾶν 10
τότε λαβὼν καὶ φαγὼν καὶ μνησθεὶς τοῦ ἁγίου τὴν πρόρρησιν, διὰ
θαύματος εἶχεν αὐτόν · ταὐτὸ καὶ Παλαιολόγος ὁ κράτιστος Ἰωάννης.

Callisto   **22.** Ὁ δὲ ἁγιώτατος πατριάρχης ὁ Κάλλιστος (3) πρὸς τὴν Σερ-
patriarchae βίαν ἀπαίρων μετὰ τοῦ κλήρου αὐτοῦ διὰ τὴν τῆς ἐκκλησίας ἕνω- 15
σιν καὶ εἰρήνην, γενόμενος ἐν Ὄρει τοῦτον τὸν ἅγιον ἰδεῖν ἐπεζή-
τησεν. Καὶ δὴ γενόμενος ἐν τῷ κελλίῳ τοῦ γέροντος μετὰ τοῦ
κλήρου αὐτοῦ, προϋπήντησεν τὸν πατριάρχην ὁ γέρων καὶ ηὐλό-
γητο παρ' αὐτοῦ. Καὶ χαριεντιζόμενος μετὰ τὸν ἀσπασμὸν οὕτως
ἔφη · « Οὗτος ὁ γέρων τὴν γραῖάν του ἔχασεν ¹. Ἔλα, ὠργισμένε, 20
159 εἰς τὸ χωρίον, | ἔλα, ἄτυχε, εἰς τὸ ὁσπῖτιν. » Καὶ μετὰ τῆς ὁμιλίας
imminentem προπέμπων αὐτὸν ἔψαλλεν τὸ « Μακάριοι οἱ ἄμωμοι ἐν ὁδῷ, οἱ
obitum πορευόμενοι ἐν νόμῳ Κυρίου,» τὰ πρὸς ταφὴν αὐτοῖς προμηνύων (4)·
vaticinatur. καθώσπερ τοῦτο τότε καὶ γέγονεν. Γενόμενος γὰρ ἐν τῇ Σερβίᾳ
ὁ πατριάρχης μετὰ τοῦ κλήρου, ἔθνηξεν σὺν αὐτοῖς δι' ὀλίγου μετὰ 25
τοῦ φάρμακος οὕτω παγιδευθείς, ὡς οἱ πλείονες ἔφησαν τοῦτο ·
καὶ τέθαπτο ἐν τῇ ἐκκλησίᾳ Σερρῶν. Καὶ ταῦτα ² μὲν περὶ τῶν
βασιλέων καὶ τοῦ πατριάρχου ἡ πρόρρησις τοῦ ἁγίου εἰς πέρας
πρόδηλος τοῖς πᾶσιν ἐγένετο.

Miro   **23.** Ὁ δὲ Μεθόδιος, ἀνὴρ ἀσκητὴς καὶ αὐτὸς ὤν, ἐλθὼν ἐν μιᾷ 30

---

³ sic; cf. mox παξαμᾶν.   **22.** — ¹ ἔχασεν. — ² i. e. οὕτω.

(1) Jean V ne devait mourir qu'en 1391, après un règne aussi long que peu
glorieux.

(2) Ci-dessus, p. 58, n. 1.

(3) Comparez le ch. 7 de la Vie de S. Maxime par Niphon. Ci-dessus, p. 48,
avec la note 1. Le but du voyage de Calliste était la réunion au patriarcat byzantin de la métropole de Sérès, rattachée par Étienne Douchan à l'Église de
Serbie, dont il avait récemment proclamé l'autocéphalie. Cf. C. JIREČEK, dans
Byzant. Zeitschrift, t. XIII (1904), p. 196-97.

(4) Voir plus haut, p. 59, n. 4.

ἵνα ἴδῃ τὸν ὅσιον, φῶς θεῖον κατεῖδε περιαστράπτον ἐπὶ τὸν ὅσιον   *lumine*
κύκλωθεν· καὶ οὐκ ἐτόλμα πλησιάσαι, ἕως οὗ κελεύσας τοῦτον   *circum-*
ὁ ὅσιος, ἐπλησίασεν. Καὶ ἄλλος ἐλθὼν μοναχός, Ἀρσένιος ὀνόματι,   *funditur.*
πρὸς τὸν ἅγιον, πῦρ ἐδόκει ὁρᾶν τὴν κέλλαν αὐτοῦ καταλαβοῦσαν
5 καὶ μὴ φλέγουσαν [1]. Ὁμοίως καὶ τὰ πέριξ τῶν ἀλσέων φλόγα
ὡρᾶτο δροσίζουσα, τὸ καινότατον. Καὶ πάλιν ὁ αὐτὸς Ἀρσένιος
ἐλθὼν καὶ μηνύσας αὐτὸν τὴν ἔφοδον τῶν Ἰσμαηλιτῶν (1), καὶ
τὰς χεῖρας ὁ ἅγιος ἐκτείνας πρὸς οὐρανόν, πῦρ πάλιν ἐδόκει ἐκ
τοῦ στόματος αὐτοῦ ἐξερχόμενον καὶ ἀνιπτάμενον καὶ κυκλοῦν-
10 τα τὸν ἅγιον καὶ δροσίζοντα· ὃ καὶ ἰδὼν σύντρομος καὶ ἔμφοβος
γέγονεν ὁ Ἀρσένιος καὶ τοῖς πᾶσιν ἐκήρυξεν τὸ θεώρημα διὰ
θαύματος.

24. Καὶ τοῦτο ἐλέγετο παρὰ πᾶσιν, ὅτι ἄρτον οὐράνιον ἐδέχετο,   *Caelesti*
τὸ ἐξαίρετον. Μιᾷ γὰρ τῶν ἡμερῶν ἐν καιρῷ χειμερίῳ παραγενό-   *pane*
15 μενος ὁ νοσοκόμος τῆς Λαύρας, Γρηγόριος τοὔνομα, μετὰ καὶ   *fovetur.*
ἄλλου ἀδελφοῦ εἰς ἐπίσκεψιν τοῦ ἁγίου, οὐχ εὗρον κύκλωθεν μα-
λαγήν τινα τοῦ κελλίου αὐτοῦ διὰ τὸ πολὺν χιόνα [1] πεσεῖν [2] ἐκεῖσε·
καὶ κοπὴν οὗτοι καινὴν ποιησάμενοι, εἰσήλθοσαν εἰς τὸν ἅγιον ἔχοντες μεθ᾽ ἑαυτῶν ἄρτον ξηρὸν καὶ οἶνον καὶ ἄλλα τινὰ τὰ πρὸς
20 παράκλησιν ἐπιτήδεια. Ὡς δὲ εἶδον ἐν τῇ κέλλῃ τοῦ ἁγίου ἄρτον
ζέοντα καθαρώτατον, εὐωδίαν ἀποπληροῦντα τῇ κέλλῃ καινὴν
καὶ θαυμάσιον, κύκλωθεν περιεργασάμενοι, εἰ πυρὸς σημεῖον φα-
νεῖεν, καὶ μὴ εὑρόντες, ἔκθαμβοι καὶ οὗτοι γεγόνασιν τὸν | οὐρά-   159ᵛ
νιον ἄρτον θαυμάζοντες. Καὶ δὴ πεσόντες ἐπὶ τοὺς πόδας τοῦ
25 ἁγίου ᾐτοῦντο λαβεῖν ἐκ τοῦ ἄρτου μερίδα· καὶ σπλαγχνισθεὶς
κλάσας δέδωκεν αὐτοῖς τοῦ ἄρτου τὸ ἥμισυ, φήσας αὐτοῖς· «Λά-
βετε, φάγετε· καὶ τοῦτό τιναν μὴ ἐξείπητε, ἕως οἰκῶ ἐν τῷ σώματι.» Ἀλλὰ καὶ ὕδωρ πότιμον καὶ γλυκύτατον εἰς πόσιν δέδωκεν τούτοις, ὡς ἐπὶ Θεῷ ἐμαρτύρησαν ὕστερον ἡμῖν τοῦτο μετὰ
30 τὴν κοίμησιν τοῦ ἁγίου. Ἀλλὰ καὶ ὕδωρ θαλάττιον εἰς ἡμερότητα
καὶ γλυκύτητα μετεβάλετο, καὶ πιὼν δέδωκεν καὶ ἄλλοις, ὡς
ἐμαρτύρησαν.

25. Ὁ δὲ ἡγούμενος τοῦ Προδρόμου τοῦ Μικροαθωνίτου (2)   *Remota*

---

23. — [1] an καταλαβὸν καὶ μὴ φλέγον?
24. — [1] sic; cf. p. 49, l. 15. — [2] πεσώντα.

(1) Au xive siècle, les incursions des Turcs au Mont Athos furent si fréquentes qu'il serait vain d'essayer de dater celle qu'Arsène annonce à S. Maxime.
(2) Apparemment S. Denys, le fondateur de Dionysiou. Voir ci-dessus, le ch.
10 de Niphon, p. 49, avec la note 2.

non ignorat. ἡτοιμάσατό ποτε τὰ πρὸς ἐσθίασιν, ἵν' ἐλθὼν ὁμιλήσῃ τὸν ἅγιον.
Καὶ πρὸ τοῦ ἐλθεῖν εἰς τὸν ἅγιον, ἀπὸ τοῦ κελλίου αὐτοῦ ἔφησεν
οὕτως · « Καρτέρει με, Καψοκαλύβη, νὰ φάγωμεν ». Ὅταν δὲ
προσήγγισεν τῇ κέλλῃ τοῦ ἁγίου, ὁ ἅγιος τῷ ἱερεῖ τοῦτο ἐφώνησεν ·
« Ἔλα, παπᾶ, καρτερῶ σε ». Ὅπερ ἀκούσας ἐθαύμασεν, πῶς τοσοῦ- 5
τον διάστημα οὐκ ἔλαθεν τοῦτο τὸν ἅγιον, ὅσον ἀστείως ἐλάλησεν
ὁ ἡγούμενος.

Secreta   **26.** Ἄλλος δὲ μοναχὸς ἐκ τῶν Καρεῶν γενόμενος πρὸς τὸν ἅγιον
detegit. ἐζήτει θεραπευθῆναι τὴν χεῖρα, ἣν κακῶς ἔπασχεν ὑπὸ ῥεύματος.
Καὶ λέγει αὐτῷ · « Παῦσαι τοῦ λογισμοῦ τῆς Πόλεως, ὅτι οὐ 10
δύνασαι θεραπευθῆναι ἐκεῖσε · καὶ γύρου γύρου, καὶ μέσα καρτέρει · καὶ ὑπομένων ὑπόμενε, ὅτι ἐδόθη σκόλοψ τῇ σαρκί, κατὰ τὸν
ἅγιον Παῦλον, ἵνα μὴ ὑπεραίρεσαι (1) καὶ σωθήσῃ. Ἔχεις καὶ
ἀργύρια · καὶ διάνεμε ταῦτα τοῖς πένησι, καὶ μὴ κατόρυττε, ἵνα
μὴ κολασθῇς ἐν τῷ τέλει.» Ἐλθὼν δὲ καὶ μοναχὸς Μάρκος ὀνό- 15
ματι καὶ ἕτερος μετ' αὐτοῦ εἰς τὸν ἅγιον, λέγει τῷ ἑνί · « Ὑπέρπυρα ἔχεις δώδεκα, καὶ ὕπαγε, δὸς αὐτὰ τοῖς πτωχοῖς. » Καὶ ὁ
Μάρκος φησίν · « Ἐγὼ τριάκοντα δουκᾶτα κέκτημαι μόνα. »
Καὶ προλαβὼν ὁ ἅγιος εἶπε · « Ψεύδεσαι, διότι ἑξήκοντα κέκτησαι. » Καὶ ταῦτα ἀμφότεροι ὡμολόγησαν, ὡς προέγνω ὁ ἅγιος. 20
Καὶ Δαμιανός τις μοναχὸς ἐλθὼν πρὸς τὸν ἅγιον ἔφη αὐτῷ ·
« Ἀββᾶ, ἔχομεν εἰς τὸ μοναστήριν μοναχὸν τὸν ὁδεῖνα καλλίονά
160 σου. » Καὶ ἀποκριθεὶς λέγει αὐτῷ · « Αὐτὸς ἑξή|κοντα ἔχει ὑπέρ-
πυρα · καὶ δι' ὀλίγου μέλλει καὶ τελευτῆσαι. » Ὁ καὶ γέγονεν ·
δι' ὀλίγου γὰρ τελευτήσας, ηὑρέθησαν εἰς ἐκεῖνον καὶ τὰ ἑξήντα 25
ὑπέρπυρα · καὶ τοῦτο πάντες ἐθαύμασαν. Ἄλλος δέ τις Κασσιανὸς [1] μακρόθεν ὡσεὶ μίλια δύο καθεύδων ἀπὸ τὸν ἅγιον, πίταν
ποιήσας καὶ εἰπών · « Ἔλα, Καυσοκαλύβη, νὰ φάγωμεν », δι' ὀλίγου
ἐλθὼν [2] ἔφη · « Ἐλάλησάς [3] με καὶ ἦλθα. Θὲς τὴν πίταν νὰ φάγωμεν · ἔχεις καὶ οἶνον, καὶ φέρε. » Τοῦ δὲ Κασσιανοῦ λέγοντος · 30
« Οὐκ ἔχω οἶνον, » λαβὼν τὴν χεῖραν αὐτοῦ ὁ ἅγιος λέγει αὐτῷ ·
« Ἀκολούθει μοι, ἵνα σοι δείξω τὸν οἶνον. » Καὶ ἐξελθὼν ἐνεφά-
νισεν τὸν κεκρυμμένον οἶνον. Καὶ πολλὰ θαυμάσας ὁ Κασσιανὸς
τὴν πρόγνωσιν τοῦ ἁγίου τοῖς πᾶσιν ἐκήρυττε (2).

---

26. — [1] κασιανὸς. — [2] *supple* ὁ ἅγιος. — [3] *an* ἐκάλεσας ?

(1) Cf. II Cor. 12, 7.
(2) Pour les quatre épisodes qu'on vient de lire, comparer Niphon, ch. 10
et 11, p. 49-51.

*Ἄλλοτε δὲ ἐν καιρῷ τρυγητοῦ, καθαροῦ τοῦ ἀέρος ὄντος καὶ τοῦ ἡλίου αὐγάζοντος, μοναχοὶ δύο παρεγένοντο εἰς τὸν ἅγιον. Καὶ μετὰ τὴν ὁμιλίαν αὐτῶν λαβὼν ἀπαξαμᾶν δέδωκεν αὐτοῖς εἰπών· «Πορεύεσθε συντόμως εἰς τὴν μονὴν Δωροθέου (1), ἵνα
5 μὴ κινδυνεύσετε ἐκ τοῦ χειμῶνος.» Καὶ θαυμάζοντες πῶς χειμῶνα λελάληκεν γενέσθαι εὐδίας οὔσης μεγάλης, ἐξελθόντες μέχρι πρὸ τοῦ Δωροθέου γενέσθαι αὐτοὺς ὡσεὶ μίλια τέσσαρα, τροπὴ γέγονεν φοβερὰ ἐν ἀνέμῳ εὔρῳ βιαίῳ καὶ πλῆθος ἀστραπῶν καὶ βροντῶν καὶ χάλαζα ῥαγδαία μεθ' ὕδωρ πολύ, ὥστε τὸν τρυγητὸν
10 παῦσαι τὸ σύνολον· τὰς γὰρ ἀτρύγους ἀμπέλους ὡς τρυγημένας ἀνέδειξεν καὶ τελείως ἠφάνισεν. Ταῦτα ἰδόντες οἱ μοναχοὶ τὸ «Κύριε ἐλέησον» ἀνεβόησαν καὶ τοῖς παρατυχοῦσιν ἐν Δωροθέοις τὴν πρόρρησιν τοῦ ἁγίου διὰ θαύματος ἀνεκήρυξαν· καὶ πάντες ἐξέστησαν ἐν τῷ θαύματι τῆς προγνώσεως. Ἐν ἄλλοτε πάλιν οὗτοι
15 οἱ μοναχοὶ προσωμίλουν τὸν ἅγιον· καὶ λέγει πρὸς αὐτούς· «Κερατᾶδες (2) ἔρχονται πρὸς ἡμᾶς καὶ λυποῦνται πολλά.» Παρελθούσης δὲ μιᾶς ὥρας, ἦλθασιν τρεῖς κοσμικοὶ βάλλοντες μετάνοιαν ἐπ' ἐδάφου⁴ τὸν ἅγιον, καὶ μετὰ λύπης σφοδρᾶς ἠγκαλοῦσαν⁵ τὰ γύναια καὶ τὴν ὕβριν αὐτῶν ἀπεκλαίοντο. Καὶ μικρὸν ἀναψύξας
20 τοῖς λόγοις ὁ ἅγιος ἀπέλυσεν| αὐτοὺς ἐν εἰρήνῃ. Ὁ δὲ ἀββᾶς Χαρίτων μικρὰν ἐσθίαν⁶ ποιήσας καὶ ἐλθὼν εἰς τὸν ἅγιον, μετὰ τὴν εὐχὴν ἤσθιον(3). Καὶ λέγει ὁ ἅγιος·«Φέρε καὶ τοὺς βότρυας,» ἐπιλαθομένου τοῦ Χαρίτωνος ταύτας⁷. Καὶ λέγει πρὸς τὸν ἅγιον· «Οὐκ ἔχομεν βότρυας.» Καὶ ὁ ἅγιος·«Ἔχετε, καὶ φέρετε, ὅτι ἔρ-
25 χονται καὶ ἄλλαι πλεῖσται⁷, καὶ χορτασθήσεσθε.» Τότε μνησθεὶς ὁ Χαρίτων τοὺς βότρυας δέδωκεν. Καὶ μετ' ὀλίγα ἐλθὼν ἄλλος ἤφερεν⁷ κοφῖνιν βότρυας· καὶ ὁ Χαρίτων σὺν τοῖς ἄλλοις τὸ διπλοῦν τῆς προοράσεως τοῦ ἁγίου ἰδόντες ἐξέστησαν. Ἐν ἄλλοτε πάλιν πολλοὶ μοναχοὶ παραγενόμενοι πρὸς αὐτὸν ὠφελείας χάριν,
30 καὶ ἐσθιόντων, λαβὼν ποτήριον ἀστείως οὕτως ἔφη· «Ῥάπτης εἶμαι ἐκ τὸ Προσφόριν(4)· καὶ βαστῶ χύτραν ἰχθύας καὶ βρεμένος ἕως τὴν μέσην.» Καὶ ἐν ὀλίγῃ ὥρᾳ ἐλθὼν κοσμικὸς ἐκ τὸ Προσφόριν μὲ χύτραν ἰχθύας, τῷ μεγάλῳ μετάνοιαν ἔβαλεν, φή-

Inexspecta-
tam
procellam
denuntiat.

Alia
praedicit.

160ᵛ

---

⁴ sic. — ⁵ ἠγγαλοῦσαν; intellege ἐνεκάλουν.— ⁶ ἐσθίασιν Kourilas.— ⁷ sic.

(1) Monastère disparu ; cf. ci-dessus, p. 53, n. 2.   (2) Ibid., n. 3.
(3) D'après Niphon, p. 54, l. 6-14, la scène se passe chez l'abbé Chariton. Le petit dialogue qui suit ne peut guère se comprendre que là.
(4) Sur cette localité, voir p. 54, n. 2.

σας αὐτῷ · « Ῥάπτης εἶμαι ἐκ τὸ Πορσφόριν · καὶ ἐβράχην ἕως
τὴν μέσην ἐκ τοῦ πλοίου θαλασσώσας ·» ἐν ᾧ καὶ πάντες οἱ παρατυχόντες μεγάλως ἐθαύμαζον εἰς τοῦ ἁγίου τὴν πρόγνωσιν.

Πάλιν (1) ὁ ἐκκλησιάρχης τῆς Λαύρας παραγενόμενος ἐν μιᾷ πρὸς
τὸν ἅγιον, καὶ ὁμιλοῦντες ἀμφότεροι μετὰ καὶ ἄλλων πολλῶν μονα- 5
χῶν, ἔφη ὁ ἅγιος · « Καὶ ὁ Κανάκης ποῦ ; Ἰχθύας μέλλει φαγεῖν. »
Καὶ μετ᾽ ὀλίγον ἐλθὼν ὁ Κανάκης, λέγει ὁ ἅγιος · « Ῥάπτης εἶμαι ἐκ τὸ Λουπάδιν, καὶ βαστῶ ἰχθύας πλήρεις. » Καὶ ἰδοὺ καὶ ὁ
ῥάπτης διὰ μιᾶς στιγμῆς παρεγένετο βαστάζων ἰχθύας ὀπτάς ·
καὶ βαλὼν μετάνοιαν πρὸς τὸν ἅγιον ἔφη · « Ῥάπτης εἶμαι ἐκ τὸ 10
Λουπάδιν. » Καὶ τοῦτο ἰδόντες οἱ παρατυχόντες μετὰ τοῦ ἐκκλη-
σιάρχου μεγάλως ἐθαύμαζον πῶς καὶ τὸν Κανάκην ἀπὸ μακρόθεν
προέγνω καὶ τοῦ ῥάπτη τὴν προσηγορίαν καὶ τὸ Λουπάδιν καὶ
τοὺς ἰχθύας προεῖπεν.

Hagiogra-
phorum
detractorem
161
increpat
et corrigit.

27. Πάλιν δὲ ἐλθών τις γραμματεὺς (2) νουνεχὴς λόγιος εἰς τὸν 15
ἅγιον, ἀπὸ τὴν Μεγαλόπολιν ὤν, οὗτος [1] ὡς εἶδεν αὐτόν, τοὺς λογισμοὺς αὐτοῦ κακοὺς εἶναι καὶ πονηροὺς ἔλεγεν, καὶ κατέσκωπτεν
αὐτὸν καὶ ὠνείδιζεν λέγων · | « Ποῦ ἔγνως ἐσὺ τῶν ἁγίων τοὺς
πόνους καὶ τὰ παλαίσματα ὁπόσοι εἰσίν, καὶ πάλιν τὴν τοῦ Θεοῦ
χάριν τὴν δοθεῖσαν αὐτοῖς ; Καὶ βλασφημεῖς πρὸς αὐτοὺς λέγων · 20
Ὀλίγα οἱ ἅγιοι ἐκοπίασαν, ἀμὴ οἱ γράφοντες τοὺς βίους αὐτῶν
πλεῖστα χαρίζοντες κενῶς προσέθηκαν. Καὶ τὴν χάριν τῶν θαυμάτων ψευδῆν εἶναι λογίζεσαι. Παῦσαι τοῦ τοιούτου νοήματος,
ὅ ἐστιν ἐκ τοῦ πονηροῦ, ἵνα μὴ τύχῃς σκηπτοῦ ἐκ Θεοῦ τῆς ὀργῆς ·
οἱ γὰρ ἅγιοι ὁλοκλήρως τῷ Θεῷ ἑαυτοὺς ἀναθέμενοι, πάντα τὰ 25
νοούμενα καὶ πραττόμενα ὑπ᾽ αὐτῶν διὰ Θεὸν καὶ Θεοῦ εὐαρέστη-
σιν ἐσπουδάζοντο ἐν ὅλῃ τῇ ζωῇ τῶν ἁγίων [2]. Τίς οὖν, εἰπέ μοι, δύναται διαγράψαι πᾶσαν τὴν βιοτήν, ὡς ἦν ἑκάστου κατὰ διπλοῦν ;
Ἀλλὰ σημειά τινα σχεδιάζουσιν, ἐκ τῶν ἀπείρων ὀλίγα, εἰς μαρτύριον τῶν ἁγίων. Ταὐτὸ καὶ τὴν χάριν νόμισον [3] εἶναι πλουσίαν 30
ἐν τοῖς ἁγίοις διὰ τοῦ ἁγίου Πνεύματος, οὐχ ὅσην ὁρῶμεν, ἀλλὰ
πλουσίαν καὶ ἀκατάληπτον καὶ ἀχώρητον, ὑπερβαίνουσαν πάντα
νοῦν καὶ διάνοιαν τῶν ἀνθρώπων. Εἰ σοφὸς ἀληθὴς βούλεσαι εἶναι,

---

27. — [1] scil. ὁ ἅγιος. — [2] τῶν ἁγ. non hic, sed paulo infra, post βιοτήν
scribenda erant. — [3] νόμιζον.

(1) Comparer Niphon, ch. 19. Ci-dessus, p. 57, avec les notes 1 et 2.
(2) Cf. Niphon, ch. 22.

τὴν τῶν Ἑλλήνων μωρολογίαν κατάπτυσον, καὶ σχόλασον κατὰ
τὸν Δαβίδ, ἵνα νοήσῃς Θεόν (1), ἵν᾽ ὅπως διὰ γνώσεως καὶ προσ-
εδρίας πνευματικῆς οἰκειωθῇς τῷ Θεῷ κατὰ τὸ σὸν ἐφετὸν καὶ
ἐφικτόν. Καὶ τότε γνώσει τὴν χάριν τοῦ πνεύματος καὶ Θεοῦ
5 θεῖα θαυμάσια ἀκατάληπτα, καὶ θαυμάσειας τότε. Καὶ σεαυτὸν
καταγνῶς νοήσας τὸ σκότος, ὅσον ἐστὶν ἐν σοί· χωρὶς γὰρ τοῦ
φωτὸς τὰς αὐγάς, τὸ σκότος οὐκ ἀπελέγχεται. Τοίνυν γενοῦ ἐν
φωτὶ ἡσυχίας καὶ προσευχῆς, καὶ φεύξεταί σου τὸ σκότος πρῶτον
μακρά· καὶ τότε ὄψει τῶν ἁγίων τὴν χάριν καὶ δύναμιν, καὶ πο-
10 θήσεις τυχεῖν καὶ αὐτός.» Ταῦτα ἀκούσας ὁ γραμματεὺς σύντρομος καὶ ἔμφοβος γέγονεν, ὅτι τοὺς κεκρυμμένους λογισμοὺς
αὐτοῦ δήλους ἐκεῖσε πεποίηκεν καὶ ὠνείδισεν· ἐν τούτῳ καὶ
πλεῖστα ὠφεληθεὶς διωρθώσατο τὸ βλάσφημον νόημα, καὶ ἄλλους
ἔκτοτε οὗτος διωρθοῦτο τοὺς ἄφρονας ἐν τῇ σοφίᾳ τοῦ σοφοῦ
15 διδασκάλου καὶ μάκαρος.

28. Καὶ αὐτὸς ἐπὶ Θεῷ μάρτυρι οὐκ ἀποκρύψω, ὃ ἑώ|ρακα εἰς
τὸν ἅγιον. Συνήθης γὰρ καὶ αὐτὸς τῆς ὁμιλίας τούτου γενόμενος,
ἐν μιᾷ τῶν ἡμερῶν ἐκ τῆς μονῆς τοῦ Βατοπεδίου μετὰ καὶ ἄλλου
ἐλθὼν οὐχ εὗρον τὸν ἅγιον εἰς τὸ κελλίον αὐτοῦ. Καὶ κύκλωθεν
20 τῆς κέλλης κατασκοπήσας οὐχ εὗρον πάλιν αὐτόν· καὶ ἀσχάλλων
τῷ πνεύματι ἐζήτουν ἰδεῖν τὸν ποθούμενον. Καὶ μικρὸν ὄπιθεν
ἀνελθὼν ἑώρων πρὸς τὴν ὁδὸν τοῦ κυρίου¹ Ἡσαΐου (2) καὶ μετὰ
προσοχῆς κατεσκόπευον ἰδεῖν τὸ ² ζητούμενον. Καὶ ἰδοὺ εἶδον
αὐτὸν εἰς τὴν γούρναν τοῦ ἀγελαρίου (3) τὴν κατ<αβ>ιβάζουσαν
25 ὕδωρ ἐκεῖσε, ὡσεὶ μίλια δύο τὸ διάστημα ὄν, ἐξ οὗ ἱστάμην καὶ
ἔβλεπον· ἔστι δὲ τὸ μέσον τούτου δύσβατον καὶ πετρῶδες, οὐ κατ᾽
εὐθεῖαν τὸν δρόμον ἔχον, ἀλλὰ στραγγαλιὸν καὶ ἐπίβαθον. Καὶ
τοῦτον ἑώρων, ὡς ἐπὶ Θεῷ μάρτυρι, ἀναχθέντα καὶ ὡς ὑπόπτερος
ἀετὸς ² ἄνω ἐπὶ τοῦ ἄλσους καὶ τῶν μεγίστων λίθων πετόμενον
30 καὶ πρός με ἐρχόμενον. Καὶ ὡς εἶδον αὐτὸν οὕτως, σύντρομος γέ-
γονα ὅλως καὶ ἐξέστην τῷ θαύματι καὶ τὸ «Μέγας εἶ, Κύριε (4)»
ἀνεβόησα· καὶ μικρὸν ὄπιθεν ἑαυτὸν ἐκ τοῦ φόβου συστείλας,

(right margin)
161ᵛ
*Per aera
ferri
conspicitur.*

---

28. — ¹ κῦρ Kourilas. — ² sic.

---

(1) Allusion au Ps. 45, 11 ?
(2) Cf. ci-dessus, p. 89, n. 2.
(3) Cet abreuvoir est encore en usage. KOURILAS, Ἱστορία, p. 129, n. 1.
(4) Ainsi commence une prière solennelle dans l'office de l'Épiphanie, vers la
fin de la bénédiction de l'eau. Μηναῖον τοῦ ἰανουαρίου (Athènes, 1896), p. 82.

ὡς ἐν ῥιπῇ καὶ ὁ ἅγιος εἰς τὸν τόπον ὅπου ἱστάμην ἐγένετο, ψάλλων
ἃ οὐ κατέλαβον ἐκ τοῦ θαύματος. Καὶ πεσὼν ἐπὶ τοὺς πόδας
αὐτοῦ, ὁ ἅγιος συχνῶς κατηρώτα με · «Πόσην ὥραν ἔχεις ἐν τῷ
τόπῳ ἐτούτῳ;» Εἶτα λαβών με ἐκ τῆς χειρὸς εἰς τὴν κέλλαν εἰσ-
ήγαγεν, καὶ πολλὰ διδάξας καὶ νουθετήσας ἔφησε πρός με · 5
«Ὅρα μὴ ἐξείπῃς τινί, ὅπερ ἑώρακας, ἕως ὑπάρχω ἐν σώματι.
Σὺ δὲ ἡγούμενος ἔχεις γενέσθαι καὶ μητροπολίτης Μοραχριδῶν (1) · καὶ πολλὰ μέλλεις παθεῖν, καὶ ὑπόμεινον μιμούμενος τὸν
ἐπὶ ξύλου τανυθέντα Χριστόν · αὐτὸς γάρ σου γενήσεται βοηθὸς
ἐν τοῖς πειρασμοῖς καὶ στέφανος ἐν τῇ δόξῃ αὐτοῦ. Καὶ χαῖρε, 10
ὅταν πλέῃς ἐν πειρασμοῖς, ὅτι εἰς μαρτύριόν σου γενήσονται τῆς
ἀθλήσεως (2)». Ἅτινα καὶ ἀπετελέσθησαν, ὡς προεῖπεν ὁ ἅγιος.

Absentis **29.** Πάλιν δὲ ἔτεροι μοναχοὶ ἀπὸ τῆς μονῆς τοῦ Ἀλυπίου (3)
mortem, ἐλθόντες, λέγει αὐτοῖς ὁ ἅγιος · «Σήμερον ἐν τῇ ὥρᾳ ταύτῃ ψάλ-
162 λουσιν ἅπαντες εἰς τὸ μονα|στῆρί σας τὸ Μακάριοιοὶ ἄμωμοι · 15
καὶ ψάλλετε καὶ ὑμεῖς.» Καὶ σταθεὶς σὺν αὐτοῖς, τοὺς τρεῖς ψαλ-
μοὺς ἀπεπλήρωσαν · [οἳ] καὶ οἱ μοναχοὶ σημειώσαντες τὴν ὥραν
καὶ στραφέντες εἰς τοῦ Ἀλυπίου, εὗρον ὅτι ἐν αὐτῇ τῇ ὥρᾳ ἔψαλ-
λον τὸ λείψανον τοῦ κοιμηθέντος κυρίου Ἰωσὴφ τοῦ γραμματι-
κοῦ καὶ λογίου καὶ ἐναρέτου. Καὶ τοῦτο οὐ σιωπήσω, ὃ εἶδον. 20

(1) On cherche en vain ce siège de Morachrida dans les listes d'évêchés byzantins au xive-xve siècle, par ex. dans H. GELZER, *Ungedruckte und ungenügend
veröffentlichte Texte der Notitiae episcopatuum* (München, 1901). Serait-ce le
nom du village où Théophane, devenu évêque de Périthéorion, fixa sa résidence? NICODÈME l'hagiorite, *Νέον Ἐκλόγιον* (éd. 1803, p. 352), et DOUKAKIS,
Μέγας συναξαριστής, Janvier, p. 214, n'hésitent pas à remplacer Μοραχριδῶν
par Ἀχριδῶν. Solution simpliste et qui n'a aucune chance d'être la vraie.
Ni H. GELZER, *Der Patriarchat von Achrida* (Leipzig, 1902), ni le P. S. VAIL-
HÉ, dans le *Dictionnaire d'hist. et de géogr. eccl.*, t. I (1912), ni I. SNĔGAROV,
Histoire de l'archevêché-patriarcat d'Ochrid (en bulgare, 2 vol., Sofia, 1924, 1932)
ne connaissent ce « métropolite » Théophane. Il ne faut pas non plus corriger
Morachrida en Mokra-Gkora ou Kora-Mokra : ce diocèse suffragant d'Achrida
est de création plus récente et n'a jamais été élevé au rang de métropole.
D'ailleurs la leçon Μοραχριδῶν ou Μωραχριδῶν est suffisamment attestée
pour qu'on la maintienne. En dehors du texte édité ci-dessus, on la rencontre
dans les deux manuscrits de la Vie de S. Maxime par Joannice Kochylas et
dans le titre de la métaphrase néo-grecque de Théophane, contenue dans un codex de Kausokalybia (KOURILAS, *Κατάλογος*, p. 129, n° 11).
(2) Dans le récit parallèle de Niphon, ch. 28, p. 62, il n'est pas question de
cette prophétie. Les témoins du « vol » de S. Maxime sont, comme ici, deux
moines de Vatopédi, mais Théophane n'est pas nommé.
(3) Comparer Niphon, ch. 24.

Μοναχός τις Λαυριώτης Ἰάκωβος τοὔνομα ἐλθὼν ἐπαρεκάλει τὸν   *praesentis*
ἅγιον, ἵνα ποιήσῃ γράμμαν¹ αὐτῷ τῆς ζητήσεως διὰ τὴν αἰχμα-   *mendacium,*
λωσίαν τοῦ αὐταδέλφου αὐτοῦ (1). Καὶ μικρὸν προσσχὼν αὐτῷ
μετὰ αὐστηρότητος λέγει · «Ὕπαγε, ἔνγαλε² τὰ ἑξήκοντά σου
5 ὑπέρπυρα ἐκ τοῦ τείχους τοῦ πύργου, καὶ δὸς εἰς τὴν σὴν ἀγοράν ·
καὶ μὴ ἔσο πλεονέκτης καὶ ψεύστης, ἵνα μὴ πάλιν τὴν αἰχμαλωσίαν
δουλεύσῃς. » Καὶ τοῦτο ἀκούσαντες ὡμολόγησαν καὶ συγχώρησιν
τοῦ τολμήματος ἔλαβον. Πάλιν (2) κοσμικός τις ἐλθὼν πρὸς τὸν
ἅγιον μετὰ κλαυθμοῦ λέγει αὐτῷ · «Βοήθησόν με, ἅγιε τοῦ Θεοῦ,
10 ὅτι ἱερεύς με ἠφόρισεν καὶ ἀπέθανεν · καὶ οὐκ ἔχω τί πράξειν ὁ
ἄθλιος. » Καὶ ταῦτα ἀκούσας ὁ ἅγιος, σπλαγχνισθεὶς λέγει πρὸς
αὐτόν · «Πορεύου εἰς τὸν ἅγιον τὸν μητροπολίτην Βεροίας κύριον
Διονύσιον (3), ὅστις καὶ τὸν ἱερέαν ἐκράτει, ἵνα συγχωρήσῃ σοι
κατὰ νόμους. » Ὃ καὶ γέγονεν, καὶ παρ᾽ ἐκείνου τὴν συγχώρησιν
15 ἔλαβεν. Ἐκεῖσε καὶ ἕτερος μοναχὸς τῇ ὥρᾳ ταύτῃ εἰς τὸν ἅγιον
ὤν, καὶ πρὸς αὐτὸν ὁ ἅγιος ἔφησεν · «Πορεύου καὶ σὺ πρὸς τὸν
παπᾶν Ἰωάννην, ἵνα σε συγχωρήσῃ πρὸ τοῦ ἀποθανεῖν, ὅτι ἀφω-   *monachi*
ρισμένον σε ἔχει, ἐξ ὅτου δέδωκας αὐτὸν μετὰ ὕβρεως παλαμαίαν. »   *peccatum*
Καὶ τοῦτο θαυμάσας ὁ μοναχός, πῶς ἐξεῖπεν αὐτοῦ τὸ κεκρυμμέ-   *secretum*
20 νον μυστήριον, ἐπορεύθη καὶ αὐτὸς εἰς τὴν Βέροιαν, ἀσθενὴς ὤν,   *cognoscit.*
σὺν τῷ προλεχθέντι κοσμικῷ καὶ τὴν συγχώρησιν ἔλαβεν. Καὶ
νεαλής³ πάλιν ἐλθὼν πρὸς αὐτὸν κοσμικός, λέγει ὁ ἅγιος πρὸς
αὐτόν · «Ἰωάννη, μοναχὸς μέλλεις γενέσθαι καὶ ἱερεὺς καὶ ἡγούμενος. » Ὅπερ καὶ γέγονεν.

25 **30.** Καὶ ὁ ἀρχιερεὺς Τραϊανουπόλεως (4) ἐρχόμενος μετὰ τοῦ   *Episcopi*
μαθητοῦ αὐτοῦ εἰς τὸν ἅγιον, ἐν μέσῳ τῆς ὁδοῦ λαβὼν τὸ μανδύον
τοῦ μαθητοῦ | ἀνεβάλετο , καὶ τὸ τῆς ἀρχιερωσύνης πάλιν τὸν   *162ᵛ*
μαθητήν, βουληθεὶς δοκιμάσαι τὸν ἅγιον. Καὶ δῆτα ἐλθὼν πρὸς

---

29. — ¹ sic. — ² i. e. ἔκβαλλε. — ³ νέαλις.

(1) Niphon, ch. 23, § 2.
(2) Cette anecdote, où nous voyons un laïc et un moine absous de l'excom-
munication, est un des rares « Miracles » qui ne se lisent pas déjà dans la première Vie.
(3) Denys, métropolite de Berrhée (auj. Verria), en Macédoine, prit part à
une réunion du saint synode en avril 1330. MIKLOSICH et MÜLLER, *Acta et diplomata graeca medii aevi*, t. I (1860), p. 157. Il signa la condamnation de Barlaam et d'Acindynos au synode de 1351. MANSI, *Concil.*, t. XXVI, col. 195.
(4) Niphon, ch. 27.

simulatio-
nem
perspicit.

αὐτὸν ὁ ἀρχιερεὺς πρῶτον ὡς μαθητὴς λέγει τὸν ἅγιον · « Ἔρχεται ὁ ἀρχιερεὺς νά σε ἴδῃ καὶ ποιῇ σε[1] μετάνοιαν · ἐγὼ δέ εἰμι μαθητὴς ἐκείνου, καὶ εὐλόγησόν μοι. » Ὁ δὲ ἅγιος λέγει πρὸς αὐτόν · « Σὺ εἶ ὁ ἀρχιερεύς, καὶ εὐλόγησόν με. » Καὶ πάλιν ὁ ἀρχιερεύς · « Εἰπόν σοι, ὅτι ὁ ἀρχιερεὺς ἔξω ἵσταται, ὅστις καὶ τῆς 5 ἀρχιερωσύνης τὰ σήμανδρα[2] περιβέβληται · καὶ ἂν ὁρίσῃς, νὰ ἔλθῃ. » Τότε λέγει ὁ ἅγιος πρὸς αὐτόν · « Σὺ εἶ ὁ ἀρχιερεύς, καὶ εὐλόγησόν με. Καὶ μηδέν με λέγῃς τὰς κλεψίας σου · ἐκεῖ γὰρ ἤμην ἐπάν,.θεν τοῦ λάκκου, ὅταν ἐποιήσατε τὴν κλεψίαν. » Καὶ τοῦτο εἰπ΄ ν, βαλὼν[3] μετάνοιαν ὁ ἀρχιερεὺς εὐλόγησεν τὸν ἅγιον 10 καὶ ἠσπάσατο, καὶ διὰ θαύματος μεγάλου εἶχεν αὐτόν.

Speluncam
incolit,

31. Ἔλεγεν δὲ ὁ ἅγιος καὶ τοῦτο τὸν ὅσιον καὶ θεοφόρον Νίφωνα (1) τὸν Ἀθωνίτην[1], ὅτι ἐπάνωθεν [δὲ] τῆς καλύβης αὐτοῦ ἦν σπήλαιον μικρόν · καὶ μιᾷ τῶν ἡμερῶν εἰσῆλθεν εἰς τὸ σπήλαιον καὶ ἀφύπνωσε. Καὶ ἀναστὰς ἐκάθισεν · καὶ θεωρεῖ γύναιον ἐστο- 15 λισμένον ἔμπροσθεν τοῦ σπηλαίου. Γνοὺς οὖν τὴν ἐπίνοιαν τοῦ παμπονήρου[2] δαίμονος, καὶ ποιήσας ἐκ τρίτου σταυροῦ τὸ σημεῖον, ἄφαντος ἐγένετο. Καὶ ὀλίγων ἡμερῶν παρελθόντων[2], ἔλεγεν ὁ μέγας ὅτι · « Μοναχός τις ἦλθεν ἡμέρᾳ δευτέρᾳ καὶ ἐκάθι<σεν> ἔμπροσθεν τοῦ σπηλαίου, ὃν οὐκ εἰδά ποτε. Ἦν δὲ κατάξηρος 20 ἀπὸ τῆς πολλῆς ἐγκρατείας. Καὶ τῇ τρίτῃ πρωΐ ἦλθε πρός με καὶ ὡμιλήσαμεν · καὶ μὴ ἔχων ἄρτον τοῦ φαγεῖν ἀμφότεροι ἢ ἄλλο τι τοῦ συνεσθιαθῆναι, ἐξῆλθεν καὶ ἐκάθητο ἄνωθεν ἕως τῇ πέμπτῃ[2] πρωΐ. Καὶ πάλιν ἦλθεν καὶ ὡμιλήσαμεν, καὶ πάλιν ἀνέβη καὶ ἐκάθητο ἕως τῷ σαββάτῳ πρωΐ. Τότε ἐξῆλθον καὶ ἐγὼ διὰ 25 σωματικὴν παράκλησιν καὶ ἔκτοτε οὐκ εἶδον αὐτόν. »

deinde
tuguriolum.

Ἐτῶν οὖν διάστημα τεσσαρεσκαίδεκα[3] ἐν τῷ προειρημένῳ σπηλαίῳ πλησίον τῆς Παναγίας διανύσας, ἐξῆλθεν ἀπ᾽ ἐκεῖ καὶ ἦλθεν πλησίον, ὅσον ἀκούονται τὰ πνευματικὰ ὄργανα τῆς ἱερᾶς

163
Alia multa
praevidet

Λαύρας[4] · πήξας|μικρὸν καλύβιον ἐκάθητο, ἐν ᾧ καὶ ἐτελειώθη (2). 30 Εἰσὶ δὲ ἄλλα πολλά, προοράσεις καὶ ἀληθεῖς θαυματουργίαι ᾀδόμεναί τε καὶ λεγόμεναι καὶ γενόμεναι παρὰ τοῦ ὁσίου πατρός,

---

30. — [1] ποιῆσαι Kourilas. — [2] sic. — [3] λαβών.
31. — [1] ἀθωνίτι. — [2] sic. — [3] τέσσαρες καὶ δέκατον. — [4] λάβρας; supple καὶ.

(1) Niphon lui-même rapporte cet épisode au ch. ?, § 2.
(2) Voir plus haut, p. 89, n. 2. Ce paragraphe reproduit à la lettre, peut-en dire, la fin du ch. 3 de Niphon, p. 46, l. 4-9.

ἅπερ ἀκήκοα κἀγώ, καὶ καθώς μοι ἐδήλωσαν καὶ ἄλλοι πατέρες·
ὅ τε Γρηγόριος ἀπὸ τῆς Πέτρας Σίμωνος τοῦ μυροβλύτου καὶ
Ματθαῖος μοναχὸς καὶ ἄλλος Ματθαῖος ἱερομόναχος καὶ ἕτεροι (1).
Ἀλλὰ τίς διηγήσηται τῆς προοράσεως αὐτοῦ τὰ χαρίσματα,
5 ἅτινα ὡς ψάμμος θαλάττιος ἐπληθύνθησαν ἐφ᾽ ὅλην τὴν ὑφήλιον
τῶν πιστῶν; Εἰ γὰρ βουληθείημεν πάντα συγγράψαι, ὅπερ ἀδύ-
νατον, ἐπιλείψει ἡμῖν διηγούμενον⁵ ὁ χρόνος. Ἀλλὰ κοτύλην μίαν
ἐκ τοῦ πελάγους τῶν θαυμάτων αὐτοῦ προλαβόντες διὰ τὸ μῆκος
τοῦ λόγου εἰς μαρτύριον συνεγράψαμεν τοῦ ἁγίου, ἵνα ἴδωμεν οἱ
10 πιστοὶ πῶς καὶ νῦν δοξάζει ὁ Κύριος τοὺς δοξάζοντας αὐτὸν ἐν
αὐτοῖς ὁλοκλήρως.

32. Ὅθεν καὶ ἐκ μέρους τὴν διδασκαλίαν αὐτοῦ σημειώσωμεν,
ἐν ᾗ πάντας διδάσκων ἐφώτιζεν ἐν τῷ πνεύματι, καὶ οὕτω πρὸς
τὴν κηδείαν αὐτοῦ καταδράμωμεν καὶ τὸν λόγον αὐτοῦ τελειώ-
15 σωμεν. Τοίνυν συντείνατέ μοι τὸν νοῦν, ἀκοὴν καὶ διάνοιαν, ὅσα
πρὸς φωτισμὸν οὐράνιον καὶ οὗτος τοῖς πᾶσιν ᾠδήγει καὶ πρὸς
γνῶσιν ἀπλανῆ τὴν τοῦ πνεύματος ἀνεβίβαζεν. Παρῄνει γὰρ λέγων
ὅτι · «Πᾶς ἄνθρωπος ὀφείλει τηρεῖν τὸ κατ᾽ εἰκόνα (2) ἑαυτοῦ ¹
ἀλώβητον ἐκ τῶν σκανδάλων τοῦ πολεμήτορος, ἅτινά εἰσιν · ἀλα-
20 ζονεία καὶ ἔπαρσις, ὑπερηφάνεια καὶ οἴησις, πλάνη καὶ πονηρία,
ἀπανθρωπία καὶ ἀθεΐα, ἀσέλγεια καὶ ἀσέβεια, μῖσος καὶ ἀφοβία,
ψεῦδος καὶ βλασφημία, καὶ πάντων τῶν κακῶν δεσμός, ἡ ἀντι-
κείμενος δύναμις, ἥτις ἀρχὴν λαβοῦσα ἐκ τῆς πτώσεως τοῦ πρώτου
Ἀδὰμ εἰσέρχεσθαι πειρᾶται εἰς τὴν φύσιν ἡμῶν τοῦ μιαίνειν αὐτήν,
25 καὶ πάντας πολεμεῖ καθ᾽ ἑκάστην, ἵν᾽ ἀχρειώσῃ εἰς πάντας τὸ
κατ᾽ εἰκόνα Θεοῦ τὸ ἐξαίρετον. Δι᾽ οὗ καὶ ὁ Χριστὸς ἐλθὼν καὶ
ἀναπλάσας αὐτὸ διὰ θείου βαπτίσματος νόμον δέδωκεν τὸν σω-
τήριον τοῦ ἀπέχεσθαι ἐκ πάντων ἡμᾶς τῶν πονηρῶν | ἔργων τοῦ
διαβόλου, καὶ ποιεῖν ὅσα ἐντέλλεται ἡμῖν τὰ σωτήρια, ἅτινά εἰσιν ·
30 ἀγάπη, πίστις καὶ πόθος πρὸς τὸν Θεόν, καὶ ἁγιασμὸς ὁ τοῦ σώματος, ἀγάπη πρὸς τὸν πλησίον ἀνυπόκριτος, ταπείνωσις καὶ
ἀλήθεια, εἰρήνη, μακροθυμία καὶ ἀγαθότης, συμπάθεια καὶ τὸ

atque
miracula
operatur.

Laicos
docet

163ᵛ

---

⁵ sic; an ἡμῶν διηγουμένων?
32. — ¹ scil. τὸ κατ᾽ εἰκόνα θεοῦ ἐν ἑαυτῷ; cf. l. 26

(1) Ces quelques lignes, avec les noms des trois garants, sont empruntées presque mot pour mot à l'épilogue de Niphon, ci-dessus, p. 64, l. 16-21. Ce n'est
pas la seule fois, le lecteur l'aura peut-être remarqué, que Théophane a copié
littéralement son devancier.
(2) Ci-dessus, p. 64, n. 4.

ἔλεος, ὑπεροψία πάντων ματαίων καὶ πονηρῶν καὶ ἄρνησις παθῶν
ψυχοφθόρων, ἀλήθειαν καὶ δικαιοσύνην ἀσκεῖν καὶ φόβον ἔχειν
Θεοῦ, καὶ ὑπομένειν τὰ ἐπερχόμενα θλιβερὰ διὰ τὴν βασιλείαν
τῶν οὐρανῶν. Ὀφείλει πᾶσι τοίνυν ἡμῖν τοῖς πιστοῖς τοῦ μιμνῇσθαι²
τὰς ὑποσχέσεις ἀεί, ἃς ἐποιήσαμεν ἐν τῷ ἁγίῳ βαπτίσματι, καὶ 5
ἐν τίνι βεβαπτίσμεθα καὶ πιστεύομεν · καὶ βιοτεύειν ὡς υἱοὶ Θεοῦ
παντοκράτορος ἀκολουθοῦντες Χριστῷ, τὸν δὲ πονηρὸν καταπτύ-
ειν καὶ πᾶσι τοῖς ἔργοις αὐτοῦ καὶ πάσῃ τῇ πομπῇ³ αὐτοῦ (1),
ἵνα ἐλθὼν ὁ Κύριος ἐνοικήσῃ ἐν ἡμῖν καὶ ἐμπεριπατήσῃ καὶ σὺν
τῷ κατ᾽ εἰκόνα καὶ θεοὺς κατὰ μέθεξιν ἀπεργάσεται. Ὁρᾶτε πρὸς 10
τὸν βασιλέα τῶν οὐρανῶν, ὁρᾶτε πρὸς τὰ ἀποκείμενα ἡμῖν αἰώνια
ἀγαθὰ ἐν τοῖς οὐρανοῖς · σπουδάσατε λαβεῖν τὴν βασιλείαν τῶν
οὐρανῶν, ὡς οἱ ἅγιοι ἅπαντες, ἵνα σὺν ἐκείνοις αἰωνίως ἀγάλλεσθε.
Τίς ὑμῖν ὠφέλεια ἐπὶ τῶν ματαίων καὶ πονηρῶν, ἅτινα καὶ πρὸ
τοῦ τέλους ἀφανίζονται καὶ ὑμᾶς ἀφανίζουσι καὶ κολάζουσιν; 15
Ὁρᾶτε πρὸς τοὺς τάφους τῶν ἀνθρώπων, οἱ ἄνθρωποι · νοήσατε
τοῦ κόσμου τὸ μάταιον, τοῦ πλούτου καὶ τῆς δόξης τὸ ἄστατον καὶ
ἀκλήρωτον. Ποῦ δόξα ἢ εὐγένεια ἢ πλοῦτος ἐν τοῖς τάφοις; εἰ
μὴ μόνον ὀστέα γυμνὰ καὶ ταῦτα κεχωσμένα ἐν κόνει ὀζώδει.
Μέμνησθε, παρακαλῶ, τὰς αἰωνίους κολάσεις, ἐν αἷς ⁴ κοιτάζον- 20
ται οἱ ἁμαρτωλοὶ καὶ κολάζονται ἕκαστος κατὰ τὴν ἁμαρτίαν αὐτοῦ, ὡς προγέγραπται. Μέμνησθε τὸν ἐρχόμενον κριτὴν καὶ Θεὸν
ἡμῶν, τὸν μέλλοντα κρῖναι πάντας βροτούς, ὅστις καὶ ἀποδώσει
ἑκάστῳ κατὰ τὴν πρᾶξιν αὐτοῦ (2). Θρηνήσατε πρὸ τοῦ θρήνου ἐκείνου τῆς ἀποφάσεως, κλαύσατε πρὸ τοῦ κλαυθμῶνος τοῦ ἀπαρα- 25
κλήτου ἐκείνου. Σπουδάσατε, ἕως καιρὸν ἔχετε, μήπως | προφθάσῃ
τὸ τέλος ἐν ἀνομίαις ὑμᾶς καὶ πορευθῶμεν εἰς γέενναν τοῦ αἰω-
νίου πυρός. Σπεύσατε ἐν μετανοίᾳ λαβεῖν, οἱ ἁμαρτωλοί, τὴν συγχώρησιν πρὸ τοῦ τέλους ὑμῶν, ἵνα ἐλέους τύχητε Θεοῦ καὶ φιλαν-
θρωπίας, ὡς εὔχομαι, καὶ βασιλείας τῶν οὐρανῶν · ἀμήν, γένοιτο, 30
πρεσβείαις τῆς Θεομήτορος. »

---

² ὀφείλομεν πάντες ἡμεῖς οἱ πιστοὶ μεμνῇσθαι Kourilas. — ³ πάντα τὰ
ἔργα καὶ πᾶσαν τὴν πομπήν Kourilas ; malim supplere ἀποτάξασθαι. — ⁴ οἷς.

(1) Allusion aux promesses du baptême et particulièrement à la renoncia-
tion « à Satan, à ses pompes et à ses œuvres ». Cf. H. RAHNER, Pompa diaboli, dans Zeitschrift für katholische Theologie, t. LV (1931), p. 239-73.
(2) Matth. 16, 27.

33. Καὶ ταῦτα μὲν τοῖς κοσμικοῖς διδάσκων ἐφθέγγετο, τοῖς δὲ *atque*
μονάζουσιν τὰ τῆς ὑπομονῆς καὶ ἀσκήσεως καὶ ὑπακοῆς καὶ ἡσυ- *monachos*
χίας παλαίσματα καὶ χαρίσματα τὰ οὐράνια, λέγων · « Σπουδάζετε,
τρέχετε πρὸς οὐράνια, οἱ στρατιῶται Χριστοῦ. Βάλετε τὰ βέλη
5 τῆς πίστεως κατ' ἐχθροῦ, ὅπως αὐτὸν ἐκνικήσητε, ἅτινά εἰσιν ·
νηστεῖαι, ἀγρυπνίαι, προσευχαί, δάκρυα, μετάνοια καὶ ταπείνωσις,
ἐξαγόρευσις τῶν λογισμῶν καὶ καρτερία ἐν πειρασμοῖς, ὑπακοὴ
καὶ ὑποταγὴ καὶ ὑπομονὴ ἐπὶ πάντα, ὡς ἄλλον ἅλας οὐράνιον. Χαίρετε οἱ μονάζοντες, οἱ παρθενίαν ἀσκοῦντες, ὅτι ὁ μισθὸς ὑμῶν
10 πολὺς ἐν τῷ οὐρανῷ ὑπάρχει (1). » Διὰ τοῦτο καὶ ἐπαγαλλό-
μενος ἔχαιρεν, ὅταν ὡμίλειν τοῖς μοναχοῖς, καὶ ἐσκίρταν τῷ
πνεύματι.

Ταὐτὸ καὶ τοῖς ἡσυχάζουσιν τὰ τῆς καρδιακῆς προσευχῆς καὶ θεω- *et hesy-*
ρίας τῆς νοερᾶς τὰ σημεῖα καὶ τὰς ἀπλανεῖς ἐν αὐτῶν[1] ἐνεργείας *chastas.*
15 σοφῶς καθηρμήνευεν[2] καὶ ἐφώτιζεν λέγων · « Ὅταν ἐν ἡσυχίᾳ
ἀρεμβάστῳ καὶ εἰρηνικῇ καταστάσει ὁ νοῦς τῶν πάντων ἀπορραγῇ
πραγμάτων καὶ νοημάτων καὶ μόνος γένηται ἐν τῇ μνήμῃ Χριστοῦ
καὶ σὺν τῇ καρδίᾳ τὴν προσευχὴν ἀεννάως ἱερουργῇ ἐν αὐτῇ,
τότε μετὰ ταπεινώσεως ὀφείλει ὡς σκῆπτρον κατέχειν τὴν προσευ-
20 χήν, ἵνα μὴ κλαπῇ ἐξ οἰήσεως. Ὅταν δ' ἐπιμόνως τὴν εὐχὴν ὁ νοῦς
ἐν τῇ καρδίᾳ σὺν τῇ μνήμῃ κατέχῃ τοῦ Ἰησοῦ, εἰ μὲν ἀπλανῶς,
πρῶτον μὲν φωτίζεται τῷ νοῒ καὶ κατανύσσεται τῇ καρδίᾳ, εἶθ'
οὕτως καὶ πρὸς θεῖα ὑπερφυῆ νοήματα καταυγάζεται ἐξ ἀύλου
θείου φωτὸς ἐν τῷ πνεύματι καὶ πρὸς θεωρίας ἀνάγεται λαμπρο-
25 τέρας, τὸν Χριστὸν ἔχων ἔνδον ἐν τῇ καρδίᾳ ἐνθρόνιον, ἵν'[3] εἴπω
μεμορφωμένον, τὴν ταπείνωσιν, τὴν ἀγάπην καὶ τὴν εἰρήνην σὺν
|δάκρυσι σημειούμενον[4] ἔξωθεν. Εἰ δὲ ἐξ οἰήσεως κατέχει τάχα *164ᵛ*
τὴν προσευχήν, πρῶτον μὲν σκοτίζεται τῷ νοῒ, εἶθ' οὕτως σκληρύ-
νεται καὶ καρδίαν ὁ ἄθλιος καὶ γίνεται πνεῦμα πλάνης ὑπόπτερος[5],
30 καὶ θυμοῦται, ὀργίζεται, δοξομανεῖ βλοσυρῷ τῷ ὄμματι καὶ
ἀδακρυτί · σκοτεινὰ νοήματα καὶ πονηρά, καὶ ἐργασίαι οὐκ[6] ἁρ-
μόζουσαι. » Ταῦτα διδάσκων ἐφώνει τοῖς ἡσυχάζουσιν · « Ὁρᾶτε,
προσέχετε ἑαυτούς, μήπως ἀντὶ προβάτου λύκον προσάξετε. Ὁ
δοκῶν ἑστάναι βλεπέτω μὴ πέσῃ (2). »

---

33. — [1] sic. — [2] καθ' ὁρμήνευεν. — [3] ἵνα μὴ Kourilas. — [4] σημειουμέ-
νην Kourilas. — [5] an πνεύματι πλάνης ὑπόπτωτος ? — [6] sic.

(1) Cf. Luc. 6, 23.   (2) I Cor. 10, 12.

Obitum
suum
denuntiat,

Καὶ ταῦτα λέγων, ἐν μιᾷ τῶν ἡμερῶν ἐλθὼν Νικόδημος μοναχός, λέγει αὐτῷ · « Ἀδελφὲ Νικόδημε, συντόμως ἔχω τελειωθῆναι. » Καὶ τὴν ἡμέραν δήλην ἐποίησεν τῆς κοιμήσεως · καὶ τοὺς μέλλοντας τυχεῖν εἰς τὴν κηδείαν αὐτοῦ, τὰς ἐπωνυμίας προεῖπεν.

moritur,

34. Καὶ οὕτως ἐκοιμήθην ὁ ἅγιος Μάξιμος ὁ Καυσοκαλύβης τῇ 5 τρισκαιδεκάτῃ τοῦ ἰανουαρίου μηνός (1), ἐτῶν γενόμενος πέντε

sepelitur,

καὶ ἐνενήκοντα (2) · καὶ ἐτάφη ἐν τῷ μνημείῳ τῷ λαξευθέν<τι> ὑπ' αὐτοῦ πλησίον τοῦ κελλίου αὐτοῦ, κηδεύσαντες αὐτὸν καὶ μόνοι οὓς προεῖπεν ὁ ἅγιος. Οὐ γὰρ ἐβούλετο μετὰ παρρησίας καὶ πλήθους λαοῦ γενέσθαι τὴν κοίμησιν αὐτοῦ · διὰ τοῦτο κατὰ 10 τὴν κέλευσιν αὐτοῦ καὶ οὕτως ἐγένετο · νόμον δοὺς τοῖς κηδεύσασιν τὸ ἅγιον αὐτοῦ λείψανον, ἵνα μὴ γένηταί ποτε τούτου μετάθεσις ἐν ἄλλῳ τόπῳ διὰ τὴν δόξαν, μηδ' ἐκ τοῦ ἁγίου λειψάνου μερίδαν τις ἄρῃ ποτέ, ἀλλὰ μένειν σῶον οὕτως ἐν ἀδοξίᾳ, ἐν ᾧ τόπῳ ἡσύχασεν.   15

Ὡς δὲ δήλη ἡ μετάστασις τοῦ ἁγίου τοῖς πᾶσιν ἐγένετο,

---

(1) Le 13 janvier est encore la date de la fête annuelle de S. Maxime, tant à Lavra que dans la skite de Kausokalybia. Kourilas, Ἱστορία, p. 132, n. 3.

(2) Il est malaisé de jalonner de quelques dates précises la vie de S. Maxime. D'après Théophane, ch. 3, il avait 17 ans quand il quitta Lampsaque. Après un bref séjour au mont Ganos et un séjour plus long au mont Papikion, il arrive à Constantinople (ch. 4). Il y reste assez longtemps pour être remarqué de l'empereur et entrer dans la familiarité du patriarche (ch. 5). Comme Athanase gouverna l'Église byzantine de 1289 à 1293 et de 1303 à 1310, il faut placer la naissance de Maxime aux environs de 1270 ou de 1285. Puisqu'il atteignit l'âge de 95 ans, on mettra sa mort vers 1365 ou 1380. La première date semble préférable. En effet. le passage de Grégoire le Sinaïte à l'Athos est antérieur à 1340 —Andronic III, qui lui rendit visite plus tard (ch. 18), étant décédé en 1341. Or c'est Grégoire qui décida l'ermite errant à fixer sa résidence à trois milles du lieudit τὰ κῦρ Ἡσαΐου (ch. 16). Le saint resta ensuite 14 ans dans une grotte près de la Panagia (ch. 31) ; enfin il établit plus près de Lavra la hutte où il mourut. Si l'on prenait 1380 comme date de sa mort, il faudrait admettre qu'il avait renoncé depuis plus de quarante ans au genre de vie qui lui valut son surnom de « Kausokalybe » et qu'il n'avait adopté qu'après quelque temps de vie commune à Lavra et dix années de solitude loin de tout abri (Niphon, ch. 2 ; Théophane, ch. 6-7). La date de 1365, qui a nos préférences, s'accorde suffisamment avec les autres données chronologiques des textes publiés ci-dessus : visite des deux empereurs à l'Athos, vers 1350 (Niphon, ch. 4 ; Théophane, ch. 21) ; passage du patriarche Calliste, en route pour Sérès, vers 1362 (Niphon, ch. 7 ; Théophane, ch. 22) ; enfin, lecture des Miracles de Grégoire Palamas († 1359), que leur possesseur, le hiéromoine Ménas, voulait tenir cachés (Niphon, ch. 26).

ἡ μὲν μεγίστη Λαύρα ὡς ἄλλην ὀρφανίαν τοῦτ' ἐλογίσαντο ¹,   *lugetur,*
ὥσπερ ἐν τῇ μεταστάσει τοῦ ἁγίου Ἀθανασίου, καὶ μετὰ
πένθους καὶ δακρύων πολλῶν συναχθέντες ἔνδον τῆς Λαύρας
τὰς ᾠδὰς ἀνεπλήρωσαν τῆς αὐτοῦ κοιμήσεως μετὰ λαμπάδων καὶ
5 θυμιαμάτων πολλῶν. Βουληθέντες δὲ μετακομίσαι καὶ τὸ ἅγιον
αὐτοῦ λείψανον ἐν τῇ θαυμαστῇ Λαύρᾳ καὶ κηδεῦσαι ἐντίμως ὡς
πρέπει | ἁγίοις, οὐκ ἐτόλμησαν τοῦτο ποιῆσαι διὰ τὸν νόμον, ὃν   165
ἔθετο, τοῦ ἀμετάθετον μεῖναι τὸ ἅγιον αὐτοῦ λείψανον ἐν τῷ
κελλίῳ αὐτοῦ, ὡς ἔφην ὁ ἅγιος. Καὶ οὕτως μὲν οἱ ἐν τῇ Λαύρᾳ.
10 Οἱ δ' ἔξωθεν ἅπαντες, οἱ καθήμενοι ἐν τῷ Ἄθωνι κύκλωθεν ἡσυχάζοντες καὶ ἀσκοῦντες, μονασταὶ καὶ μιγάδες, νέοι καὶ γέροντες,
κατασυστάδην γενόμενοι πρῶτον μὲν τὴν ὀρφανίαν καὶ οὗτοι μεγάλως ἐπένθησαν · ὡς γὰρ πατέρα καὶ φωστῆρα ὑπέρλαμπρον εἶχον
ἐν μέσῳ αὐτῶν ² καὶ διδάσκαλον τἀληθῆ ἡσυχίας καὶ μοναδικῆς
15 πολιτείας. Εἶθ' οὕτως καὶ τὰ τῆς ταφῆς καὶ μνήμης μνημόσυνα τοῦ
ἁγίου ἐποίησαν καὶ ποιοῦσιν κατ' ἔτος · καὶ πρὸς τὸν τάφον αὐτοῦ   *quotannis*
παραγίνονται (1) πόθον ἀποπληροῦντες, ὃν εἶχον ἅπαντες οὗτοι εἰς   *colitur.*
τὸν ἅγιον Μάξιμον. Τὰ δὲ κύκλωθεν τοῦ Ἁγίου Ὄρους βασιλι-
κὰ σεβάσμια μοναστήρια, τούτου μαθόντες τὴν κοίμησιν, οὐκ ἔχ'
20 ὅπως διηγήσασθαι τὴν λύπην, ἣν ἔσχον οἱ μονάζοντες ἐν αὐτοῖς
μοναχοὶ καὶ σεβάσμιοι γέροντες, μετὰ δακρύων καὶ οὗτοι ἀπο-
κλαιόμενοι τοῦ ἁγίου τὴν στέρησιν, λέγοντες · «Οἴμοι, τί πεπόνθα-
μεν, ζημιωθέντες τῆς ὁμιλίας τοῦ ἁγίου πατρός, τοῦ διδασκάλου,
τοῦ φωστῆρος, τοῦ ἀπλανοῦς ὁδηγοῦ, τοῦ προγνώστου καὶ προ-
25 φήτου καὶ βοηθοῦ πάντων ἡμῶν ἐν ταῖς θλίψεσι ; Τίς ἄλλος ἡμῖν
τοιοῦτος γένηται ὁδηγὸς ἀγαθὸς καὶ παρήγορος ὡς οὗτος ὁ ἅγιος ; »
Ἐν τούτῳ καὶ οὗτοι τὰ μνημόσυνα ἀπετέλεσαν καὶ ἀποπληροῦσιν
ἀείποτε · καὶ τὰ τοῦ ἁγίου ἀνδραγαθήματα καὶ θεῖα χαρίσματα
εἰσαείποτε διηγούμενοι τοῖς πᾶσιν ἀνακηρύττουσιν. Καὶ οὕτω
30 μὲν ἐν Ὄρει Ἁγίῳ τὸν ἅγιον δοξάζουσι καὶ ἀνυμνοῦσιν ὡς ἅγιον.
Ἄνω δὲ ἐν οὐρανοῖς ἡ τριάς, Πατήρ, Υἱὸς καὶ ἅγιον Πνεῦμα,
τὸ καθαρώτατον καὶ ἡγιασμένον αὐτοῦ πνεῦμα ὑποδεξαμένη ἐν
σκηναῖς ἁγίων κατέταξεν καὶ ἐδόξασεν ὡς θεράποντα μέγιστον·

---

34. — ¹ *sic.* — ² αὐτοῖς.

(1) Cette coutume du pèlerinage annuel au tombeau de S. Maxime était depuis longtemps abandonnée, quand S. Acace († 1730) fonda la skite de Kausokalybia.

108   DEUX VIES DE S. MAXIME

165ᵛ

τῆς τρισηλίου αὐτῆς μιᾶς καὶ ἀδιαιρέτου θεότητος. Καὶ φωτίζεται
ἐξ αὐτῶν τῶν τριῶν φῶς ἄστεκτον, ἀδιαίρετον, ἀνε|κλάλητον, ἐν ᾧ
φωτίζονται πάντων τῶν ἀσωμάτων θείων δυνάμεων αἱ τάξεις
καὶ τῶν ἁγίων πᾶσα πανήγυρις. Καὶ γὰρ διὰ φωτὸς βιοτεύσας
ἁγίου, ὥς φησι · «Φῶς δικαίοις διὰ παντός (1),» ἀπ' ἐντεῦθεν 5
πρὸς φῶς ἀνέσπερον τῆς θεότητος διὰ φωτὸς ἁγίου ἐκεῖσε ἐγένετο καὶ παρίσταται τῷ Χριστῷ ³, ὃν ἐπόθησεν ἐκ νεότητος, καὶ
πρεσβεύει ὑπὲρ ἡμῶν καὶ ἀγάλλεται σὺν ἁγίοις καὶ ἀσωμάτοις
θείαις δυνάμεσι.

Cur in morte
miracula
non patra-
verit.

Θαυμαστὸν δὲ οὐδέν, εἰ καὶ οὐ γεγόνασιν θαύματα ἐν τῇ κοι- 10
μήσει αὐτοῦ. Ἐπειδὴ τὸ ἄδοξον καὶ πενιχρὸν καὶ ἄκομπον ἐν
ὅλῃ τῇ ζωῇ αὐτοῦ ἠγάπαν ὁ ἅγιος, διὰ τοῦτο καὶ ἐν τῇ κέλλῃ
αὐτοῦ εἰς τόπον ἥσυχον κατετέθη καὶ οὐχὶ εἰς τὴν μεγάλην Λαύραν τὴν θαυμαστήν. Εἰ γὰρ καὶ τοῦτο ἐπόθειν, ἵνα καὶ μετὰ τὴν
κοίμησιν αὐτοῦ ἀποτελῇ οὕτω θαυμάσια καθὼς ἐν τῇ ζωῇ αὐτοῦ, 15
πλουσιοπαρόχως ἂν ἀπετέλει, ὡς ἔχων τὴν χάριν πλουσίαν ἀείποτε. Ἀλλ' ὥς φησιν ὁ Σωτήρ · «Μὴ χαίρετε, ὅτι τὰ δαιμόνια
ὑμῶν ⁴ ὑποτάσσεται, ἀλλὰ χαίρετε, ὅτι τὰ ὀνόματα ὑμῶν ἐγράφη
ἐν τοῖς οὐρανοῖς (2).» Ἀλλ' οὐδὲ χρεία θαυμάτων ἐν ἐρήμῳ διὰ τὸ
ἥσυχον · εἰ γὰρ ἐγένοντο θαύματα καὶ ἐν Ὄρει, ὁ κόσμος ἂν εἰσήρ- 20
χετο καὶ τὸ ἥσυχον τοῦ Ὄρους ἐσκανδαλίζετο, καὶ ἐγεγόνει ἂν
ἀντ' ὠφελείας βλάβη τοῖς ἡσυχάζουσιν ἵνα δὲ μὴ σκανδαλίσῃ
ἐν τούτῳ τοὺς πλείονας, οἶμαι, ἀκμὴν τῶν θαυμάτων κατέπαυσεν
τὴν ἐνέργειαν.

Sanationes
duae.

35. Ὅμως ἐν τῷ τάφῳ αὐτοῦ μοναχός τις προσελθών, ὀνόματι 25
Διονύσιος ὁ Κοντοστέφανος, τὴν κεφαλὴν αὐτοῦ κακῶς πάσχων
ἐν ἡμέραις πολλαῖς (3), ὡς τῷ τάφῳ τοῦ ἁγίου μετὰ πίστεως καὶ
πλῆθος δακρύων προσήγγισεν, καὶ μικρὸν ἀφυπνώσας, ἔξυπνος
ἅμα καὶ ὑγιὴς γέγονεν · καὶ τὸν ἅγιον τὰ μέγιστα ηὐχαρίστησεν ·
καὶ ἐκ τοῦ χοὸς τοῦ τάφου τοῦ ἁγίου ἔμπροσθεν μικρὰν κόνιν 30
λαβών, ὡς μύρον ἀνεφάνη θαυμάσιον, εὐωδίαν ἀποπληρῶν ¹ τὰς
αἰσθήσεις ἀκόρεστον, τῶν εἰδότων τὴν κόνιν καὶ μαρτυρούντων
τῷ θαύματι.

166

Καὶ αὐτὸς ἐγὼ ² ἐκ τῆς ἱερᾶς μονῆς ὢν τοῦ Βατοπεδίου, | ὁ

---

³ τὸν χριστόν. — ⁴ ὑμῖν Kourilas.
35. — ¹ sic. — ² add. sup. lin.

(1) Prov. 13, 9.   (2) Cf. Luc. 10, 20.
(3) Comparer Niphon, ch. 13, § 2.

καὶ ἰδὼν τὸν ἅγιον ἀνιπτάμενον τῆς γῆς ὕπερθεν, πολλὰ ἀσθενήσας καὶ πρὸς θάνατον καταντήσας καὶ τὰ ὀλίσθια πνέοντα ³,
μετὰ δακρύων τὸν ἅγιον ἐπεκαλεσάμην· καὶ ὡς δι' ὀνείρου
φανεὶς ἀνεκτήσατό μοι, καὶ ἔζησα, καὶ τὸν Θεὸν οὕτως καὶ τὸν
5 ἅγιον ηὐχαρίστησα καὶ ἐδόξαζον τὸ θαῦμα τῆς ἀναστάσεως.

Καὶ ἄλλος ἱερομόναχος, Νίφων (1) ὀνόματι, ἅγιος, ἡσυχάζων,
μετὰ καὶ ἄλλου ἀσκητοῦ (2), βουλόμενοι ἀποπειράσαι τοῦ ἁγίου
τὸν τάφον, θείῳ ζήλῳ ὑπερβάντες τοῦ ἁγίου τὸν ὅρον, τολμηρῶς
προσῆλθον τοῦ ἁγίου τὸν τάφον· καὶ σκαλίδας λαβόντες μόχθῳ
10 πολλῷ ἀπὸ τῆς δεξιᾶς μερίδος τοῦ τάφου κατώρυξαν· καὶ ἐκ
τοῦ ἁγίου λειψάνου μικρὰν μερίδα προσέλαβον· καὶ τοσαύτη,
ἔλεγον, εὐωδία ἐκ τοῦ ἁγίου τὸν τάφον πλείστη ⁴ ἐξῆλθεν, ὅσην
οὐκ ἠδύναντο φέρειν ὑπερεύοσμον ⁵. Τὸ δὲ ἅγιον λείψανον ἦν
ὥσπερ βρύον τὰ μύρα. Ἐν τούτῳ καὶ τὴν ἁγίαν μερίδα, ἣν ἀνελά-
15 βοντο, ἀπομάξαντες μετὰ σπόγγου ἐν ὕδατι μετέλαβον, καὶ τὰς
αἰσθήσεις αὐτῶν καὶ τὰ πρόσωπα πιστῶς κατερράντισαν. Εἶτα
συνέστειλαν πάλιν τὴν μερίδα ἐν τῷ ἁγίῳ λειψάνῳ ὡς πρότερον,
ἵν' ὅπως ὑπάρχῃ σῶον, ὡς ἐδίδαξεν αὐτοῖς τοῦτο ὁ ἅγιος· καὶ
χοῦν λαβόντες τὸν τάφον πάλιν κατησφαλίσαντο, ὡς τὸ πρότερον,
20 εὐχαριστήσαντες καὶ δοξάσαντες τὸν Θεὸν τὸν οὕτω δοξάζοντα
τοὺς ἁγίους αὐτοῦ. Καὶ πολλὰ εὐφραινόμενοι καθ' ἑκάστην πρὸς
τὸν τάφον ἐγένοντο τοῦ ἁγίου καὶ τῆς εὐωδίας ἀπέλαυον ⁶. Ταὐτὸ
καὶ πάντες οἱ πλησίον καθήμενοι.

Ὅθεν καὶ ἡμεῖς οἱ τὰ θαύματα καὶ τὸν βίον τοῦ ὁσίου τούτου
25 καὶ θεοφόρου πατρὸς ἡμῶν Μαξίμου τοῦ Καυσοκαλύβη ἀκούοντες, πιστῶς προσδεξώμεθα· καὶ εὐχαριστήσωμεν καὶ δοξάσωμεν τὸν ἐν τριάδι Θεόν, τὸν δοξάζοντα οὕτω τοὺς ἁγίους αὐτοῦ.
Ὧ πρέπει πᾶσα δόξα, τιμὴ καὶ προσκύνησις τῷ Πατρὶ καὶ τῷ
Υἱῷ καὶ τῷ ἁγίῳ Πνεύματι νῦν καὶ ἀεὶ καὶ εἰς τοὺς αἰῶνας τῶν
30 αἰώνων. Ἀμήν.

Corporis fragrantia.

---

³ τὰ λοίσθια πνέων *Kourilas*. — ⁴ πλήστη τὸν τάφον. — ⁵ ὑπέρβοσμον.
— ⁶ ἀπέλαβον.

(1) Un homonyme du premier biographe de S. Maxime. Cf. p. 52, n. 1.
(2) D'après Niphon (ch. 13, ci-dessus, p. 52, l. 5), ce compagnon s'appelait
Gérasime.

110 DEUX VIES DE S. MAXIME

INDEX NOMINUM

XII

LA VIE DE SAINT NIPHON
ERMITE AU MONT ATHOS (XIVᵉ S.)

En publiant ici même, il y a quatre ans, *Deux Vies de
S. Maxime le Kausokalybe* [1], nous annoncions le projet d'éditer « dans un prochain fascicule » la Vie de S. Niphon, compagnon et premier biographe de S. Maxime. Voici enfin ce
texte, relativement court et pratiquement inédit, puisque
Nicodème l'Hagiorite [2] et Constantin Dukakis [3] n'en ont
imprimé qu'une métaphrase en grec vulgaire, infidèle et
incomplète (*BHG*. 1371).

A la différence des Vies de S. Maxime, dont les quatre
auteurs sont nommément désignés, la Vie de son émule est
anonyme ; à moins qu'il ne faille l'attribuer à ce Jérémie
ὁ Πατητᾶς qui a composé le « canon » et peut-être toute
l'acolouthie de S. Niphon dans laquelle précisément elle
tient lieu de synaxaire [4]. Quoi qu'il en soit, s'il faut l'en
croire sur parole, notre hagiographe était contemporain de
son héros. Il ne dit nulle part qu'il l'a connu personnellement ;
mais il assure, à la fin du chapitre 13, qu'il tient de la bouche même du moine délivré miraculeusement d'une cépha-
lalgie rebelle à tous les remèdes, le récit de sa guérison : ὅρ-
κοις ἡμᾶς ἐπληροφόρησεν ὕστερον [5].

Soucieux d'édifier ses lecteurs par le tableau des vertus

---

[1] *Anal. Boll.*, t. LIV, p. 38-112.

[2] *Νέον Ἐκλόγιον* (Venise, 1803), p. 355-60 ; 2ᵉ éd. (Constantinople, 1863),
p. 317-22.

[3] *Μέγας συναξαριστής*, Juin (Athènes, 1893), p. 138-46.

[4] Spyridon et S. Eustratiadès, *Catalogue of the Greek Mss. of the Laura*
(1925), p. 141. Le même Jérémie Patétas est l'auteur du canon en l'honneur
de S. Maxime. E. Kourilas, *Κατάλογος τῶν κωδίκων τῆς ἱερᾶς σκήτης
Καυσοκαλυβίων* (Paris, 1930), p. 29.

[5] Ch. 13 ; ci-dessous, p. 22, l. 3.

6 LA VIE DE SAINT NIPHON

(ch. 1-10) et des miracles (ch. 11-20) de S. Niphon, le narra-
teur ne se préoccupe guère de certaines précisions historiques, telles que noms propres et dates, dont nous serions
particulièrement friands. A une exception près[1], l'identité
des miraculés n'est indiquée que par des formules vagues :
ἀδελφός τις, μοναχός τις. Il serait pourtant téméraire de conclure aussitôt que ces récits, apparemment incontrôlables,
ont dû être inventés de toutes pièces. Tel d'entre eux, par
exemple, se rapporte à un cas si peu banal qu'aucun Athonite de l'époque n'a sans doute hésité à reconnaître et à
désigner par son nom cet ὡρολόγος τις, ce moine sonneur
de cloches, expulsé de son monastère de Lavra, mais bientôt réadmis et promu, suivant la prophétie de S. Niphon,
au rang d'ecclésiarque, puis d'higoumène (ch. 15).

Il y a d'ailleurs, surtout dans la première partie de la Vie,
assez d'indications chronologiques pour nous permettre de
retracer, du moins dans ses lignes principales, le *curriculum
vitae* de notre saint ermite.

Né dans le despotat d'Épire, au village de Loukovi, où
son père était prêtre, le petit Niphon fut confié, dès l'âge
de dix ans, à son oncle paternel, un moine qui exerçait les
fonctions d'ecclésiarque au monastère Saint-Nicolas de Mesopotamon. Instruit dans les saintes lettres et introduit par
la tonsure dans l'état monastique, il fut bientôt ordonné
lecteur et peu après (μετὰ μικρόν) élevé au sacerdoce. Suivant les prescriptions canoniques, il ne pouvait recevoir la
prêtrise avant l'âge de trente ans ; mais le contexte semble
bien insinuer, sans le dire formellement, qu'on lui fit brûler les étapes (ch. 1).

Entraîné par l'exemple et les leçons d'un vieil anachorète
qui avait séjourné au Sinaï avant de venir se fixer au mont
Geromerion, le jeune prêtre s'éprend de la solitude. Initié
aux règles de l'ἡσυχία, il fait de tels progrès qu'il réussit à
réciter tout le psautier en se tenant sur un pied !

Mais la réputation de sainteté des moines de l'Athos l'at-

---

[1] Le saint homme Théodule du chapitre 11. Au chapitre 20, le prêtre Joannice, de Lavra, est désigné par son nom et son titre ; mais le moine qui parle
de lui à S. Niphon et reçoit de ce dernier une réponse prophétique demeure
anonyme : μοναχός τις.

tire irrésistiblement. Disant donc adieu à sa patrie et à sa famille, il va s'établir aux environs de Lavra et s'attache à un saint ermite nommé Théognoste. Au bout de trois ans celui-ci découvre que son disciple est prêtre ; il veut le traiter dorénavant avec les égards dus à sa dignité. Mais l'humble Niphon se récuse et le quitte. Durant quatorze ans il vit au κάθισμα de Saint-Basile et prend l'habitude de ne rompre le jeûne qu'une fois par semaine en mangeant du pain sec (ch. 2).

Une terrible épidémie ayant décimé la communauté de Lavra et emporté presque tous les prêtres, le supérieur oblige Niphon à assurer le service religieux des ermitages établis en dehors du monastère et à célébrer pour eux la sainte liturgie. Après avoir exercé durant trois ans ce ministère sacerdotal, notre homme est repris par sa passion de l'ήσυχία et se fixe au lieudit τὰ Βουλευτήρια (ch. 3).

Le genre de vie qu'il y mène, sans abri et sans autre nourriture que des herbes sauvages, provoque la jalousie d'autres moines. Dénoncé à l'higoumène de Lavra, il se voit contraint de renoncer à ses prouesses d'ascétisme et d'accepter la charge de chapelain au sanctuaire du Saint-Sauveur. Avec la permission de l'évêque d'Hiérissos, il restaure l'autel délabré. Désireux de se mettre sous sa direction, les disciples affluent. Mais le saint, alarmé de leurs témoignages de vénération, se réfugie auprès de S. Maxime le Kausokalybe et demeure en sa compagnie plusieurs années (ch. 4).

Enfin, voici la dernière étape de cette vie passablement mouvementée. Quittant la hutte (καλύβη) que S. Maxime lui avait cédée, Niphon s'installe (si l'on peut dire) dans une grotte de la falaise côtière, en face de l'îlot Saint-Christophe, et il y reste, semble-t-il, jusqu'à sa mort. Un jeune Illyrien, du nom de Marc, puis son frère Gabriel lui confient le soin de leur âme et lui offrent leurs services (ch. 5-7, 9). Favorisé des dons de prophétie et de pénétration des cœurs, l'austère vieillard se signale aussi par plusieurs guérisons miraculeuses. Parvenu à l'âge de 96 ans, il meurt, comme il l'avait prédit, au début du « jeûne des Apôtres », un dimanche 14 juin (ch. 10).

Comme chacun sait, le jeûne des Apôtres commence le lendemain de la Toussaint des Grecs, c'est-à-dire le second lundi après la Pentecôte. Le premier dimanche de ce jeûne ne peut donc coïncider avec le 14 juin que lorsque Pâques tombe le 12 avril. Or cette condition ne s'est pas réalisée une seule fois dans la seconde moitié du xive siècle. Il faut donc reporter la mort de S. Niphon au début du xve siècle [1], plus précisément à l'année 1411, et placer sa naissance en 1315.

Ces dates extrêmes semblent s'accorder sans peine avec les autres indices chronologiques disséminés dans la Vie. Après la bataille d'Andrinople, où périt le despote serbe Uglješa, le 26 septembre 1371, les Turcs menacent la Sainte Montagne. Mais Niphon rassure l'higoumène de Lavra qui s'était recommandé à ses prières (ch. 18). A cette occasion, le nom de S. Maxime n'est même pas prononcé ; Niphon lui avait sans doute fait, depuis plusieurs années déjà, cette visite d'adieu qui est racontée au chapitre 8 et qui eut lieu six mois avant le décès du Kausokalybe [2]. L'époque où les deux saints vécurent ensemble doit donc se situer aux environs de 1360.

Remontant en arrière, déduisons successivement les quelques années passées aux Bouleutèria (ch. 4), les trois années de ministère au service des καθίσματα de Lavra (ch. 3), les quatorze ans de séjour à Saint-Basile, enfin les trois premières années d'apprentissage sous la conduite de Théognoste (ch. 2), et nous arrivons à fixer l'ordination de S. Niphon aux alentours de 1335, soit une dizaine d'années avant qu'il n'eût atteint l'âge canonique. Pareille infraction aux prescriptions des conciles ne doit pas être a priori exclue comme invraisemblable : on en a relevé d'autres exemples dans plusieurs monuments de l'hagiographie byzantine, par exemple, dans les Vies de S. Joseph l'hymnographe [3],

---

[1] Si M. I. Galanos, Οἱ βίοι τῶν ἁγίων, Juin (Athènes, 1907), p. 134, fait mourir S. Niphon en 1330, c'est apparemment parce qu'il a lu trop vite la notice du Νέον Ἐκλόγιον et le titre qui précède : Βίος ... Νήφωνος τοῦ ἐν τῷ Ἄθῳ ἀσκήσαντος ἐν ἔτει ... 1330. Dans la pensée de Nicodème cette date n'était manifestement pas celle de la mort du saint. La chronologie du Νέον Ἐκλόγιον n'est d'ailleurs que très approximative : les SS. Grégoire le Sinaïte, Maxime, Niphon et Grégoire Palamas y sont assignés respectivement aux années 1310, 1320, 1330 et 1340 (voir le πίναξ κατ' ἔτος, p. ιδ' dans l'édition de 1803).

[2] La date de la mort de S. Maxime doit se placer vers 1380, ou plus probablement vers 1365. Anal. Boll., t. LIV, p. 106, n. 2.

[3] Anal. Boll., t. XXXVIII, p. 151.

de S. Théodore le Sycéote, de S. Syméon stylite le jeune,
ordonné diacre avant vingt ans, de S. Syméon de Lesbos,
de S. Luc stylite [1]. D'ailleurs, l'expression μετὰ μικρόν, dont
le biographe de S. Niphon se sert pour indiquer la rapidité
de son élévation au sacerdoce, ne peut guère signifier autre
chose qu'une dérogation aux usages reçus ; dérogation qui
s'explique sans doute par la situation très troublée de l'Épire
en ce début du XIVe siècle, alors que les Orsini de Céphall-
lénie, les Byzantins et les Serbes se disputaient le pouvoir
dans cette malheureuse province. Nous pouvons donc, jusqu'à preuve du contraire, nous en tenir à la chronologie
esquissée ci-dessus.

Les relations de S. Maxime avec des empereurs, des patriarches, des hommes aussi influents que Grégoire le Sinaïte [2], donnaient à sa Vie un relief qui fait défaut dans la
Vie de S. Niphon. Plus cachée et plus terne, l'existence de
ce dernier n'est pourtant pas dépourvue d'intérêt pour l'historien. Elle illustre par un nouvel et frappant exemple le
goût des moines grecs pour les voyages et les déplacements [3],
l'attraction qu'exerçait au loin la Sainte Montagne non seulement sur les jeunes gens qui cherchaient leur voie, mais
encore sur des prêtres comme Niphon et sur des hommes
mariés comme Gabriel et son père Dosithée (ch. 5, 7), enfin
la vogue de l'hésychasme, si caractéristique de l'Athos au
XIVe siècle [4]. Ce n'est pas deux ou trois fois, mais pour ainsi
dire à chaque page que revient, malheureusement sans commentaire développé, le terme d'ἡσυχία ou d'ἡσυχάζειν ou
encore son équivalent : μόνωσις, pour exprimer l'idéal de
l'ascèse et de la perfection [5]. Comme S. Maxime, en effet,
S. Niphon passe presque toute sa vie de moine en dehors
des monastères. Il dépend, à la vérité, du supérieur de La-

---

[1] F. DVORNIK, *Les légendes de Constantin et de Méthode vues de Byzance*
(Prague, 1933), p. 46-49.

[2] *Anal. Boll.*, t. LIV, pp. 46, 48, 57-58, 71, 72, 82-89.

[3] On trouvera d'autres spécimens de cette instabilité dans les Vies des SS.
Maxime le Kausokalybe, Grégoire le Sinaïte, Athanase de Constantinople, Nicéphore de Milet, et dans une foule d'autres Vies de saints moines.

[4] Sur les origines et les développements de ce mouvement mystique, voir
les études du P. I. HAUSHERR, dans *Orientalia christiana*, t. IX (1927) et t.
XII (1928). Cf. A. M. AMMANN, *Die Gottesschau im palamitischen Hesychas-
mus*, Würzburg, 1938.

[5] Quatre fois au chapitre 1, quatre fois au chapitre 2, et ainsi de suite.

vra : ὀφείλων καὶ πρὸς τὸν ἀρχηγὸν τῆς μονῆς τὴν ὀφειλομένην ὑποταγήν, dit expressément le biographe (ch. 3) ; mais cette dépendance ne semble se manifester que dans les grandes occasions [1]. D'ordinaire, il cherche Dieu dans une solitude à peu près complète ; ce n'est pas un cénobite, mais une sorte d'anachorète, rattaché juridiquement à un couvent cénobitique. Cette conception de la vie religieuse, si déconcertante pour notre mentalité occidentale, constitue peut-être l'intérêt principal du texte que nous publions.

On y remarquera, en outre, une série de détails et d'allusions occasionnelles qui méritent d'être relevés. Tels, par exemple, l'épisode des vaisseaux vénitiens, venant à point nommé, le lendemain de la bataille d'Andrinople, pour disperser la flotte turque qui menaçait le Mont Athos (ch. 18) ; la mention de S. Pierre l'Athonite et de son séjour près de Lavra (ch. 2) ; le recours à Marie, mère de Dieu, comme à la patronne spéciale de la Sainte Montagne, et l'invocation confiante à S. Athanase (ch. 18), dont la fête annuelle réunissait en son monastère de Lavra les ermites des environs (ch. 5) ; la perpétuelle appréhension des corsaires ottomans, appelés tantôt Achéménides (ch. 7), tantôt Ismaélites (ch. 18, 19, 20) ; enfin le souvenir du seul couvent latin de l'Athos, celui des Amalfitains, détruit dès le xiiie siècle, mais qui laissa son nom au lieudit τὸ Μολφινόν (ch. 19).

Sans parler des copies récentes ni des traductions en grec vulgaire, la Vie de S. Niphon nous a été conservée dans trois manuscrits de l'Athos :

1) Lavra Θ 58 (ancien n° 1473), fol. 81[v]-103. C'est le même codex qui nous a fourni la Vie de S. Maxime par S. Niphon. Il contient les acolouthies de S. Maxime, de S. Niphon et de S. Athanase l'Athonite [2].

2) Dionysiou 132, fol. 212-230[v]. Ce volumineux recueil de pièces hagiographiques et ascétiques date du xviie siècle [3]. Il semble bien avoir emprunté au manuscrit de Lavra le texte qui nous occupe. Mais le copiste s'est permis, notam-

---

[1] Voir les chapitres 3 et 4.

[2] SPYRIDON et EUSTRATIADÈS, *Catalogue*, p. 140-41, n° 920.

[3] Sp. LAMBROS, *Catalogue of the Greek Mss. on Mount Athos*, t. I (1895), p. 340-42, n° 3666.

ment dans le récit des miracles, un bon nombre de retouches, voire de remaniements, qui n'affectent que le style[1] et n'offrent d'ordinaire aucun intérêt.

3) Kausokalyvi 12, p. 329-356. Cet exemplaire de luxe, calligraphié au xviiie s., renferme, avec quelques opuscules ascétiques, la Vie et l'acolouthie de S. Maxime, celles de S. Pierre l'Athonite et de S. Niphon[2]. La Vie de S. Niphon s'y trouve même deux fois, d'abord en langue vulgaire mais sans les Miracles (p. 307-329), puis dans le texte ancien. Toutefois, ici encore, le copiste ne s'est pas borné à transcrire fidèlement son modèle. Il s'est ingénié à l'émonder de tout ce qui à ses oreilles de puriste semblait solécisme ou barbarisme. Le résultat de ces manipulations est une recension nouvelle où les chapitres 11-20 ont été entièrement récrits, au bénéfice de l'élégance peut-être, mais certainement sans profit pour l'historien.

Nous sommes redevable à Mgr Euloge Kourilas[3] d'une copie du manuscrit de la Grande Laure et d'une collation des deux autres témoins. De son côté, M. Ant. Sigalas, professeur à l'Université de Thessalonique, nous a procuré une photographie du codex de Lavra (L), d'après laquelle nous avons établi notre édition[4]. Nous nous sommes bien gardé de bannir du texte les vulgarismes dont il est émaillé, surtout dans les dialogues[5]. Pour éviter d'encombrer inutilement l'appareil critique, nous n'y avons retenu qu'un choix très restreint de variantes empruntées aux manuscrits de Dionysiou (D) et de Kausokalyvi (K).

---

[1] La rédaction est habituellement plus proche de la langue parlée.

[2] Kourilas, Κατάλογος, p. 28-29.

[3] De simple moine de Lavra qu'il était encore en 1936 (cf. *Anal. Boll.*, t. LIV, p. 40-41), notre distingué collaborateur fut fait évêque de Korytza en Albanie. Les événements politiques que tout le monde connaît l'ont obligé à regagner la Grèce. Nous tenons à lui renouveler ici l'expression de notre gratitude pour les nombreux services qu'il nous a rendus si obligeamment.

[4] A lui aussi nous réitérons nos sincères remerciements.

[5] A titre d'exemples, signalons la confusion entre le génitif et le datif, la substitution de l'accusatif aux autres cas obliques, l'assimilation de désinences appartenant à des déclinaisons ou à des conjugaisons différentes, etc. Cf. *Anal. Boll.*, t. LIV, p. 41, n. 2. Seules quelques formes particulièrement déroutantes ont été marquées d'un *sic* au bas de la page.

12   LA VIE DE SAINT NIPHON

Βίος καὶ πολιτεία τοῦ ὁσίου καὶ θεοφόρου πατρὸς ἡμῶν Νίφωνος (1) τοῦ ἐν τῷ
Ἄθῳ ὄρει ἀσκήσαντος.

Sacerdotis filius,

1. Οὗτος ὁ ὅσιος πατὴρ ἡμῶν ὑπῆρχεν ἀπὸ τὸ δεσποτᾶτον [1] τὸ
διακείμενον μέσον Ἀχαΐας καὶ Ἰλλυρικοῦ (2), ἐκ κώμης καλου- 5
μένης Λουκόβης (3), παντοίοις κομώσης καρποῖς · ἐν ᾗ κατῴκει
τῶν τοῦ Χριστοῦ μυστηρίων ἱερεύς, εὐλαβείᾳ τεθραμμένος καὶ ὅλος
τοῦ Πνεύματος τοῦ ἁγίου, ὃν δηλώσει ὁ ἐξ αὐτοῦ γεννηθεὶς οἷος
ἦν [2] τὴν ἀρετὴν διαβόητος, εἴπερ ἐκ τοῦ καρποῦ τὸ δένδρον γινώ-
σκεται (4). Ἐκ τούτου ὁ ὅσιος πατὴρ γεννηθεὶς εὐθὺς ἐκ πρώτης 10
τριχὸς τῆς ἀρετῆς ἦν ἐραστὴς ὁ ἀκρότατος. Τῷ γὰρ | δεκάτῳ ἔτει
τῆς ἡλικίας αὐτοῦ ὁ πρὸς πατρὸς αὐτῷ θεῖος, ἐκκλησιάρχης (5) ὢν

fol. 82

Lemma deest in codice L(avrensi), supplevi e codice K(ausokalybio).
1. — [1] τῆς παλαιᾶς Ἠπείρου ἤγουν πρὶν μὲν Ἀντιγόνου νῦν δὲ Ἀργυ-
ρόκαστρον καλούμενον add. K. — [2] supplevi ex K.

---

(1) On écrit souvent Νήφων, à tort, semble-t-il (cf. *Anal. Boll.*, t. LIV, p.
42, n. 1). Ce nom doit avoir été fort répandu au xive s. (ibid., p. 52, n. 1). Un
πνευματικὸς ἱερομόναχος Νίφων figure en bonne place dans la liste d'ad-
versaires du palamisme découverte naguère dans le ms. Vatican grec 1096
(G. Mercati, in *Studi e Testi*, t. 56, 1931, p. 223). Un autre (à moins que ce ne
soit le même) κῦρ Νίφων ὁ καλούμενος ὑποψήφιος est l'auteur d'un opuscule antipalamite conservé dans le ms. Vatican grec 1095 (ibid., p. 72-74). En
septembre 1350, un hiéromoine Niphon, ancien higoumène et protos de la
Sainte Montagne, obtient du saint-synode de Constantinople une sentence
de réhabilitation qui le venge des accusations calomnieuses portées contre
lui (Fr. Miklosisch et I. Mueller, *Acta et diplomata graeca medii aevi*, t. I,
1860, p. 296-300). Niphon, ancien higoumène de Lavra, devint patriarche de
Constantinople au début du même siècle (1311-1314). Enfin, en 1342, l'empereur Jean V Paléologue accorde à la Grande Laure un chrysobulle relatif à
des biens acquis dans la capitale par un moine Niphon de Lavra (*Byzantinische Zeitschrift*, t. III, 1894, p. 434).

(2) Sur le despotat d'Épire, son nom et son premier demi-siècle d'existence,
voir A. Miliarakis, Ἱστορία τοῦ βασιλείου τῆς Νικαίας καὶ τοῦ δεσπο-
τάτου τῆς Ἠπείρου (*1204-1261*), Athènes, 1898.

(3) Loukovon (Lukovë), sur la côte, à quatre lieues environ au nord de
Santi Quaranta, dans la partie de l'Épire qui a été attribuée à l'Albanie.

(4) Matth. 12, 33.

(5) Le titre d'ecclésiarque n'est pas attesté avant le xive siècle. Sur le rôle
de ce dignitaire ecclésiastique, voir la notice du prof. K. Rhallis dans l'Ἐγκυκλοπαιδικὸν Λεξικόν, t. V (1929), p. 135.

τῆς ἐκεῖσε τοῦ παμμάκαρος ἁγίου Νικολάου μονῆς, ἦν ὁ ἀοίδιμος
ἐκεῖνος βασιλεὺς ³ ὁ Μονομάχος (1) ἐν τῷ Μεσοποτάμῳ (2) οὕτω
καλουμένῳ ἀνήγειρε, προσλαβόμενος πρῶτα μὲν αὐτὸν τὰ ἱερὰ   Niphon fit
ἐξεπαίδευσε γράμματα, ἔπειτα κατὰ μοναχοὺς ἀποκείρει · καὶ   monachus
5 ἀναγνώστην τοῦ ἱεροῦ ἀποστόλου (3) σφραγίσας, μετὰ μικρὸν ὡς
εἶδε τῇ ἡλικίᾳ συναύξουσαν καὶ τὴν ἀρετήν, καὶ ἱερέα καθίστησι
τοῦ Χριστοῦ μυστηρίων. Ὁ δὲ φύσεως ὀξύτητι καὶ τὴν παρ' ἑαυτοῦ   et sacerdos.
σπουδὴν συνεισενεγκών, πλείστων ἐν ὀλίγοις ἔτεσι ἐπιίστωρ ἐγέ-
νετο. Ἀλλ' ἔπληττε | θεῖος ἔρως αὐτὸν καὶ ἡσυχίας (4) σπινθὴρ   82ᵛ
10 ὀλίγος καταβληθεὶς εἰς μέγα ⁴ ἀνεδίδου πυρσόν. Καὶ δὴ πλησίον
ἐκεῖσε γέροντα καταλαμβάνει τινὰ πρὸ χρόνων ἀπὸ τοῦ Σιναίου
ἀφιγμένον ὄρους, ἐν ὄρει καθήμενον οὕτω καλούμενον Γηρομέ-
ριον ⁵ (5), καὶ μόνῳ Θεῷ προσανέχοντα · παρ' οὗ κανόνας ἡσυχίας   Solitariae
καὶ τύπους ἀκριβεῖς μονώσεως πειραθεὶς οὐκέτι κατέχειν οἷός τε   vitae
15 ἦν ἑαυτόν, τῇ τῆς ἡσυχίας ἡδονῇ καταβακχευθείς. Πρὸς γὰρ   cupidus,
τοῖς ἄλλοις οἷς κατὰ Θεὸν προέκοπτε καὶ ἐπὶ μεῖζον ἐξῄρετο,
καὶ τοῦτο ἦν κατωρθωκὼς τῇ τοῦ Χριστοῦ χάριτι · εἰς γὰρ ἕνα
πόδα | ἱστάμενος ὅλον ἀπεστομάτιζε τὸ ψαλτήριον.   83
2. Ἀκηκοὼς δὲ τὸν Ἄθω πολλοὺς ἔχοντα τότε διαφανεῖς ἁγίους   montem
20 καὶ τοῦ Θεοῦ μιμητάς, καὶ πατρίδα καὶ γένος καὶ τὴν ἄλλην πᾶ-   Athonem
σαν οὐσίαν χαίρειν εἰπὼν ὅλῳ ποδὶ πρὸς τὸν Ἄθω χωρεῖ. Καὶ   petit.

³ Κωνσταντῖνος add. K. — ⁴ sic L. — ⁵ sic pro καλουμένῳ Γηρομερίῳ.

(1) Constantin IX Monomaque, empereur de 1042 à 1054. D'après Michel
Psellos, son protégé, ce souverain peu édifiant se signala par des largesses ex-
cessives envers les bâtisseurs d'églises et de monastères. Cf. G. Schlumberger,
L'épopée byzantine, t. III (Paris, 1905), p. 671-73.
(2) Mesopotamon, monastère important, situé au sud de Delvinon, dans
l'Albanie méridionale. Cf. P. Arabantinos, Χρονογραφία τῆς Ἠπείρου,
t. II (Athènes, 1857), p. 105 ; A. Petridès, dans Νεοελληνικὰ Ἀνάλεκτα,
t. I, 2 (Athènes, 1871), p. 39 ; Ch. I. Soulès, dans Μεγάλη Ἑλληνικὴ Ἐγκυκλοπαιδεία, t. XVII (1931), p. 2.
(3) On ne pouvait être ordonné lecteur avant l'âge de 18 ans, ni prêtre avant
30 ans. Voir ci-dessus, pp. 6, 8-9. Cf. Θρησκευτικὴ καὶ χριστιανικὴ Ἐγκυκλοπαιδεία, t. I (Athènes, 1936), col. 973-75, i. v. ἀναγνώστης.
(4) Ce mot ἡσυχία, qui apparaît ici pour la première fois dans notre texte,
sera répété fréquemment dans la suite. Cf. ci-dessus, p. 9.
(5) Le monastère de Γερομέριον (Γηρομέριον, Ἱερομήριον) fut fondé,
vers 1285, par S. Nil Erichiotès, à peu de distance de Philiatae (auj. en Épire
grecque, non loin de la frontière albanaise). Cf. P. Arabantinos, dans Παν-
δώρα, t. XV (Athènes, 1864-65), p. 470-74 ; Sp. Oikonomou, dans Ἐκκλησ.
Ἀλήθεια, t. XXIV (CP., 1904), p. 471-72 ; N. A. Bees, dans l'Ἐγκυκλ.
Λεξικόν, t. III (1928), p. 841.

14   LA VIE DE SAINT NIPHON

Apud Lauram
sub Theognosto

83ᵛ

annos tres
degit,

84

deinde
ad S. Basilii
annos 14.

Grassante
lue,

σκοπήσας ὅπου πλεῖστοι καὶ κάλλιστοι τῶν ἁγίων τυγχάνουσιν,
ὁδηγεῖται θεόθεν · καὶ πρὸς τὰ μέρη τῆς Λαύρας γενόμενος, εὑ-
ρίσκει τινὰ μοναχὸν καὶ ὀνόματι καὶ σχήματι καὶ ταῖς κατὰ Θεὸν
ἀναβάσεσιν ὄντως¹ Θεόγνωστον, ἔνθα πρὶν Πέτρος ὁ Ἀθωνίτης
ἀρετῆς τὸ θεμέλιον κατεβάλετο (1) · ᾧ τὰ μὲν καθ' ἑαυτὸν ἀνατί- 5
θησι καὶ τὸν ἴδιον ἀνακαλύπτει σκοπόν, | ἡσυχίας χάριν παρα-
γενέσθαι εἰπών · τὸ δὲ τῆς ἱερωσύνης οὐκ ἐξεῖπεν ἀξίωμα οὐδὲ
τῶν παρ' ἑαυτῷ ² πλεονεκτημάτων τὸ πλῆθος. Ὁ δὲ ἀσμένως τε
δέχεται καὶ δίδωσι τὰ παρ' ἑαυτοῦ καὶ λαμβάνει τὰ παρ' ἐκείνου.
Μετὰ δὲ τρίτον ἐνιαυτὸν ἐγνώστη ³ τῷ γέροντι τὰ κατὰ τὸν μέγαν, 10
ὡς εἴη μὲν ἱερεύς, ἔστι δὲ καὶ χάρισι πλείσταις ⁴ κεκοσμημένος ·
καὶ τοῦ λοιποῦ μηκέτι καθ' ὑποταγὴν αὐτῷ συνεῖναι τὸν μέγαν
ἠξίου, ἀλλ' ἀδελφικῶς ἄμφω καθῆσθαι τὸ χρυσοῦν τῆς ἀρετῆς
ζεῦγος ἐλαύνοντας (2). Ὁ δέ · «Πῶς <ἄν τις ⁵>, ἔφη, καθ' ἑαυ-
τὸν ἡσυχάσειεν, μὴ πρότερον | ὑποταγῇ τὰ μέλη κολάσας καὶ 15
τὰς αἰσθήσεις ⁶ χειραγωγῶν πρὸς τὴν ἡσυχίαν τε καὶ τὴν μόνω-
σιν; » Ὡς δ' οὐδὲν εὕρισκε καταπειθῆ τὸν Θεόγνωστον, ἐκεῖθεν
ἀναχωρεῖ, μέγιστον κέρδος ἐπιφερόμενος ὅπερ ἐκεῖσε κατώρθωσε
δάκρυον (3). Καὶ πρὸς τὸ κάθισμα τοῦ ἐν ἁγίοις πατρὸς ἡμῶν
Βασιλείου τοῦ μεγάλου (4) παραγεγονὼς τεσσαρεσκαιδέκατον 20
ἔτος ἐκεῖσε διήνυσεν, ἅπαξ τῆς ἑβδομάδος γενόμενος ἄρτου ξηροῦ.

3. Κατ' ἐκεῖνο τοίνυν καιροῦ λοιμική τις νόσος ἐνέσκηψε τῇ
ἱερᾷ Λαύρᾳ καὶ τῇ τοῦ θανάτου ὀξείᾳ ῥομφαίᾳ (5) τοὺς πάντας σχε-

2. — ¹ ita K ; οὗτος L. — ² ita K ; αὐτῶν L. — ³ sic L. — ⁴ πλείστοις L.
— ⁵ supplevi ex K. — ⁶ ἦν add. L, εἴη add. K.

(1) Sur cet énigmatique personnage et sur la valeur des sources de son histoire, on lira l'intéressante et très neuve communication de M. St. Binon au
5ᵉ Congrès international des études byzantines (Rome, 1936), publiée dans
Studi bizantini e neoellenici, t. V (1939), p. 41-53. Cf. *Anal. Boll.*, t. LIV, p.
44, n. 4. Non loin de Kausokalyvi, on vénère une grotte qui passe pour avoir
été habitée par le « premier hésychaste de l'Athos ». G. SMYRNAKIS, *Τὸ ῞Αγιον
῎Ορος* (Athènes, 1903), p. 404.
(2) Métaphore stéréotypée, sans doute, car elle reparaît plus loin, exactement dans les mêmes termes (fin du ch. 4).
(3) Le don des larmes.
(4) L'ermitage de Saint-Basile domine la côte sud-est de la péninsule hagioritique. Il n'est séparé de Kausokalyvi que par une distance de moins d'une
lieue. Cf. G. SMYRNAKIS, *Τὸ ῞Αγιον ῎Ορος*, p. 415 ; Chr. KTENAS, *῎Απαντα
τὰ ἐν Ἁγίῳ ῎Ορει ἱερὰ καθιδρύματα* (Athènes, 1935), p. 685.
(5) Cf. Apoc. 6, 8.

δὸν συνδιέφθειρεν, ὥστε καὶ τοὺς ἱερεῖς συναπολέσθαι | καὶ ὀλί-   84ᵛ
γους καταλειφθῆναί τινας. Μεταπεμψάμενος οὖν αὐτὸν ὁ τότε
τῆς ἱερᾶς καὶ διαφανοῦς προϊστάμενος Λαύρας, εἰσελθεῖν εἰς τὸ   presbyteri
μοναστήριον ἠξίου καὶ τῷ ἱερατείῳ καταλεγῆναι (1). Ὁ δὲ ἰδιω-   eremitarum
5 τείαν καὶ ἀγροικίαν προβαλλόμενος τὴν ἐπαινετήν, ἑτέραν ἐνε-   vices supplet.
χειρίσθη διακονίαν, τοῖς ἐκτὸς καθίσμασι (2) πᾶσιν ἐπιφοιτᾶν
καὶ τὴν συνήθη ἀκολουθίαν διέρχεσθαι καὶ τὴν ἱερὰν μυσταγωγίαν ἐκτελεῖν · ὅπερ μόλις μέν, κατεδέξατο δ' οὖν, ὀφείλων καὶ
πρὸς τὸν ἀρχηγὸν τῆς μονῆς τὴν ὀφειλομένην ὑποταγήν · καὶ
10 διετέλεσεν οὕτω τὴν τοιαύτην λειτουργίαν διακονῶν | χρόνοις   85
ἐπὶ τρισίν. Εἶτα ὁ τῆς ἡσυχίας αὖθις πόθος διάπυρος ἐπιστὰς
ἐτυράννει τε καὶ ἀνέφλεγε καὶ οὐκ εἴα τὸν ἅγιον ἠρεμεῖν. Διὰ   Ad Bou-
τοῦτο καὶ πάντα θέμενος οὐδέν, εἰς τὰ Βουλευτήρια παραγίνε-   leuteria
ται (3).   asperrime
15 4. Κἀκεῖσε χρόνοις συχνοῖς διετέλεσεν ἄστεγος καὶ μόναις βο-   vivit.
τάναις τρεφόμενος, ὥστε καὶ πολλοὺς εἰς φθόνον κινηθέντας πλάνην τοῦ ἁγίου καταψηφίσασθαι. Οἳ καὶ πρὸς τὸν τῆς Λαύρας
προϊστάμενον ἀπελθόντες ἀναστῆσαι κείμενον ἐν τῷ τῆς πλάνης
σκότῳ τὸν μέγαν ἠξίουν. Ὁ δ' αὖθις τοῦτον μεταπεμψάμενος ·
20 « Ἵνα τί, φησίν, ἄσαρκον καὶ ἀναίμονα βίον ἀνύεις, παρ' οὗ καὶ
οἴησις ἀναφύεται | καὶ πλάνη, καὶ οὐ τὴν ἀπλανῆ καὶ μέσην βα-   85ᵛ
δίζεις, ἥτις ἐστὶν εὐχερής τε καὶ ἀδιάπτωτος ; Εἰς γὰρ τὰς ἐρήμους
οἱ πατέρες διὰ τοῦτο βοτάναις ἐτρέφοντο (4), διὰ τὴν ἀπορίαν τῶν
ἄρτων. Ἐνταῦθα δὲ καὶ ἄρτος καὶ ἕτερα πρὸς διατροφὴν ἐπιτή-
25 δεια · κἀκείνοις ἀρκούμενον δεῖ ¹ τὴν οἴησιν ἀποπέμπεσθαι. »   Servatoris
Ὁ δὲ τὴν ἰδίαν μᾶλλον ταπείνωσιν ἐνδεικνύμενος πείθεται ταῖς   sacello
ἐκείνου ὑποθήκαις · καὶ πρὸς τὸν σεβάσμιον ναὸν τοῦ Σωτῆρος   praeest.

4. — ¹ correxit Kourilas ; ἤδη codd.

(1) Je ne sais d'où M. Tr. Évangélidès a pu tirer que la prière de S. Niphon
« fit cesser l'épidémie et sauva ainsi l'Athos de la catastrophe » (Μεγάλη Ἑλλ.
Ἐγκυκλοπαιδεία, t. XVIII, 1932, p. 266).

(2) Sur le sens du mot κάθισμα, qui n'est pas exactement synonyme d'ἐρη-
μητήριον ni de καλύβη ou de σκήτη, voir KTENAS, op. c., p. 687-88.

(3) Il y avait en ce lieudit un monastère qui est mentionné dans la seconde
Vie de S. Maxime, ch. 12. Cf. Anal. Boll., t. LIV, p. 81 et la note 3.

(4) L'Histoire Lausiaque raconte, par exemple, de S. Macaire d'Alexandrie
qu'il vécut sept ans sans autre nourriture que des herbages et des légumes
crus (BHG. 1438, ch. 18). Le roman de Barlaam et Joasaph prête à ses héros
une prouesse analogue (BHG. 224, ch. 38 ; PG., t. XCVI, col. 1221).

16 LA VIE DE SAINT NIPHON

παραγίνεται (1) · ἔνθα τὴν ἱερὰν καθαιρεθεῖσαν τράπεζαν εὑρών,
τὸν Ἱερισσοῦ ἠξίου ἐπίσκοπον (2) ὡς ἂν αὐτὸς ἐκεῖσε παραγενό-
86 μενος αὖθις αὐτὴν ἀπο|καταστήσῃ². Ὁ δὲ τοῦτον ἐπιτρέπει τοῦτο
ποιῆσαι καὶ ἀρκεῖν ἀντ' ἐκείνου φάναι³. Καὶ δὴ καὶ πεποίηκε.
Καὶ τὴν ἱερὰν ἐκεῖσε διετέλει μυσταγωγίαν. Ὡς δὲ συχνὸν ἐκεῖσε 5
πατέρων πλῆθος συνῆκτο ὑπὸ καθηγητῇ τῷ μεγάλῳ τελεῖν ἐθε-
λόντων καὶ ῥυθμίζεσθαι παρ' ἐκείνου καὶ διαπλάττεσθαι πρὸς
Cum Maximo τὰς τρίβους τῆς ἀρετῆς, ἀναχωρεῖ μὲν ἐκεῖθεν εὐθύς, πρὸς δὲ τὸν
familiariter πυρπολοῦντα τὴν καλύβην Μάξιμον παραγίνεται (3) · καὶ πολλοὺς
conversatur. ἐκεῖσε διαβιβάσας ἡλίους, οὕτω δεσμοῖς ἀγάπης συνεδέθη τῷ 10
γέροντι ὡς ὁμοψύχους εἶναι καὶ ἀλλήλους ἐν ἀλλήλοις ὁρᾶσθαι ·
86ᵛ οὕτω τὸ χρυσοῦν τῆς ἀρετῆς | ζεῦγος ἐλαύνον<τες> ἦσαν ἀμ-
φότεροι, ὅτε καὶ τῆς ἑαυτοῦ κέλλης ὁ μακάριος Μάξιμος ὑπεκστὰς
δέδωκε ταύτην τῷ γέροντι, ἑτέραν ἑαυτῷ ἀνῳκοδόμησε (4).
In spelun- 5. Ἐκεῖθεν δὲ ὁ μακάριος Νίφων ἀναχωρήσας πρός τι σπήλαιον 15
cam ἄντικρυ τοῦ ἐπ' ὀνόματι ἁγίου Χριστοφόρου (5) εἰσέδυ γνώμῃ
secedit. τοῦ μακαρίου Μαξίμου. Καὶ μετὰ μικρὸν ἐκεῖσε πλησίον ἕτερον
κελλίον οἰκοδομεῖ. Ἔνθα τις Μάρκος ἐξ Ἰλλυρίων προσελθὼν καὶ
Marco πολλὰ δεηθεὶς τῆς ἁγίας ψυχῆς ἐκείνης ὡς ἂν ἡσυχίας ὅρους ὑπ'
discipulo ἐκείνῳ διδαχθῇ καὶ ὑποταγῆς, δέχεται μέν, ἐπιτρέπει δὲ ἑτοιμάσαι 20

² ἀποκατήστησῃ L. — ³ sic L.

(1) Dans son Ἱστορία τοῦ Ἀσκητισμοῦ, t. I (Thessalonique, 1929),
p. 133-36, Mgr E. Kourilas, résumant la Vie de S. Niphon, identifie sans un
mot d'explication ce ναὸς τοῦ Σωτῆρος avec le sanctuaire de la Transfiguration situé à une demi-lieue au-dessus de Kausokalyvi. Cf. ibid., p. 107, n. 1.
(2) Le Mont Athos fait partie du diocèse de Hiérissos ; mais les monastères,
relevant directement de Constantinople, sont à peu près complètement sous-
traits à la juridiction de l'évêque. Cependant, vers l'époque qui nous occupe,
exactement de 1368 à 1392, la Sainte Montagne fut soumise, par décret du
patriarche Philothée, à l'autorité épiscopale. Ph. MEYER, Die Haupturkunden
für die Geschichte der Athosklöster (Leipzig, 1894), p. 55 ; Chr. KTENAS, op. c.,
p. 131-58.
(3) L'habitude qu'il avait de mettre le feu à son modeste ermitage pour
aller plus loin s'en construire un autre, valut à S. Maxime le surnom de Kausokalybe. Cf. Anal. Boll., t. XLVIII, p. 452 ; t. LIV, pp. 38, 44, 80.
(4) Niphon lui-même rapporte ce fait dans sa Vie de S. Maxime, à la fin
du chap. 3. Anal. Boll., t. LIV, p. 46.
(5) L'îlot de Saint-Christophe est situé tout près de la côte sud-est du Mont
Athos. On montre encore, à une demi-heure environ au sud-ouest de Kausokalyvi, la grotte où S. Niphon aurait habité. KOURILAS, t. c., p. 134, n. 1. Le chemin qui y donne accès est abrupt et raboteux ; voir ci-après, ch. 12.

κελλίον εὐρυχωρότερον · « Ὡς ἄν, φησί, καὶ ὁ σὸς μεθ᾽ ἡμῶν συν-
διάγῃ | αὐτάδελφος. » Ἔτυχε δὲ ὢν ἐκεῖνος εἰς Ἰλλυρίους, γυ-
ναικὶ συνοικῶν καὶ παῖδας γνησίους τρέφων. Διὰ τοῦτο καὶ ὁ
Μάρκος ὥσπερ πρὸς τὸν τοῦ γέροντος λόγον καταπλαγείς · «Πῶς
5 ἂν ὁ ἐμός, ἔφη, πάτερ, αὐτάδελφος, ὑπὸ γυναικὸς ὢν καὶ παίδων
καὶ πραγμάτων ἐπιμελούμενος ; » Ὁ δέ — ὦ ψυχῆς εἰς βάθος
ταπεινώσεως ἐμπεσούσης — · «Παραφρονῶν, ἀδελφέ, τοῦτο
εἴρηκα (λέγει) · σοὶ δὲ οἰκοδομηθήτω τὸ κελλίον ὡς βούλει. »
Ἠβούλετο γὰρ οἰκοδομήσειν αὐτόν¹, ὅτε τὴν τῆς προρρήσεως ἔκ-
10 βασιν τελεσθεῖσαν θεάσεται. Ἑορτῆς δὲ τότε τοῦ ὁσίου πατρὸς
ἡμῶν Ἀθανασίου τοῦ Ἀθωνίτου (1) ἐν τῇ κατ᾽ αὐτὸν ἱερᾷ τελου-
μένης | Λαύρᾳ², πέμπεται μὲν ὁ Μάρκος παρὰ τοῦ γέροντος διά
τινα χρείαν εἰς τὴν εἰρημένην μονήν. Παρακελεύεται δὲ μεθ᾽
ἑαυτοῦ λαβόντα ἐπανελθεῖν τὸν ἴδιον ἀδελφόν · «Ὡς ἄν, φησί,
15 καὶ αὐτὸν θεασώμεθα. » Ὁ δὲ καὶ πάλιν τὴν αὐτὴν ἀπόκρισιν ἐδε-
δώκει³. Ἀπελθὼν δὲ εἰς τὴν Λαύραν βλέπει ἐκτὸς τοῦ πυλῶνος
τὸν ἀδελφόν · καὶ τῷ τῆς θέας ἀπροσδοκήτῳ καταπλαγεὶς καὶ τῇ
προρρήσει τοῦ γέροντος περιεκέχυτο μὲν καὶ κατεσπάζετο⁴ τὸν
αὐτάδελφον καὶ ἀπὸ τῆς χαρᾶς οὐκ εἶχεν ὅ τι καὶ γένοιτο · ἐτι-
20 τρώσκετο δὲ τὴν ψυχήν, ὡς ἀπιστίαν νοσῶν καὶ πρὸς τὴν τοῦ
γέροντος ἀμφιβάλλων | προφητείαν. Λαβὼν οὖν τὸν ἀδελφὸν
ἀπῄει⁵ πρὸς τὸν γέροντα, συγχώρησιν αἰτῶν τοῦ προτέρου δι-
σταγμοῦ. Καὶ μετὰ μικρὸν πάρεσις λαμβάνει ὁλομελής, ὡς μηδὲν
τῶν μελῶν εὐχερῶς κινεῖν δύνασθαι, ἀπιστίας, οἶμαι, τῆς προτέρας
25 διδάσκοντα⁶. Ἱκέτης οὖν ἐλεεινὸς γίνεται καὶ συμπάθειαν μὲν
ἐξαιτεῖται παρὰ τοῦ ὁσίου · ἀποπέμπεται δὲ οἰκονομικῶς ὡς ἂν
μάθῃ ταῦτα καὶ παρακοῆς καὶ δυσπιστίας ἔργα τυγχάνοντα.
« Ταῦτα γὰρ Ἀναργύρων, ἔφη, τῶν ἁγίων (2) εἰσὶ τῶν ψυχικῶν
ἰατρῶν καὶ σωματικῶν · ἐγὼ δὲ ἀνήρ εἰμι ἁμαρτωλός, ὃν ὁ Θεὸς
30 οὐκ ἀκούει. » Ὡς δὲ καὶ τὸν αὐτάδελφον | αὐτοῦ συναχθόμενον
εἶδε καὶ δυσωποῦντα ὑπὲρ ἐκείνου, ἔλαιον ἐκ τῆς φωταγωγοῦ λαβὼν καὶ χρίσας ἅμα τὸ σῶμα, ὑγιῆ παραχρῆμα ἀποκατέστησεν ·

Marginal: 87 uxoratum fratrem / brevi monachum factum iri praedicit. / 87ᵛ / 88 Marcum, paralysi affectum, / 88ᵛ ungendo sanat.

5. — ¹ sic L. — ² λαύρας L. — ³ ἐδώκει L. — ⁴ sic L. — ⁵ ἀπῄει τὸν ἀδ. L. — ⁶ ita L ; διδάσκουσα τὰ ἐπίχειρα K.

(1) La Grande Laure porte le nom de son fondateur, S. Athanase, dont la fête se célèbre le 5 juillet. Cf. Act. SS., Iul. t. II, p. 246-47 ; BHG. 187-191.
(2) SS. Cosme et Damien.

« Ἴδε [7], ὑγιὴς γέγονας, λέγων · μηκέτι ἁμάρτανε, ἵνα μὴ χεῖρόν τί σοι γένηται (1) ».

Eundem, iterum inoboedientiae reum,
    6. Ἀλλὰ καὶ πάλιν ὁ Μάρκος παρακοῆς τιτρώσκεται δήγματι καὶ πάλιν εἰς βάθος ἐμπίπτει κακῶν καὶ πάλιν τῆς συμπαθεστάτης ἐκείνης πεῖραν λαμβάνει ψυχῆς · ἀγρεύειν γὰρ ἰχθύας δι' ἐφέσεως 5 ἔχων ὅτι πολλῆς, πολλὰ μὲν ἐδυσώπει τὸν γέροντα συγχωρῆσαί οἱ [1] πρὸς θάλασσαν ἀπελθεῖν καὶ ἰχθύας ἀγρεῦσαι « πρὸς παράκλησιν

89
ἡμετέραν », | φησίν. Ὁ δ' οὐκ ἐνεδίδου · « Λογισμοὺς ἀγρεύειν διδάσκεσθαι (λέγων) χρεών, καὶ τούτους ἀεὶ στηλιτεύειν, ἵνα μὴ ὑπ' ἐκείνων βρωθῇς · θαλάσσης δὲ καὶ ἰχθύων ἀπέχεσθαι, ἵνα μὴ 10 εἰς θάλασσαν ἐμπέσῃς κακῶν.» Ὁ δὲ μήτε τῆς τοῦ πατρὸς νουθεσίας ἐπιστραφεὶς καὶ ὅλος τοῦ ἰδίου θελήματος γεγονὼς κάτεισιν εἰς τὴν θάλασσαν ὡς δῆθεν πλῦναι τὰ ῥάκια αὐτοῦ. Καὶ παρὰ γνώμην τοῦ γέροντος ζωγρεῖ μὲν ἰχθύας ἀγκίστρῳ καὶ τῷ δελέατι · ἔμελλε δὲ αὐτὸς ἰχθύος ἄγρα μεγάλου γενέσθαι, εἰ μὴ προφθάσα- 15 σα ἡ τοῦ γέροντος εὐχὴ τοῦτον ἐρρύσατο · κύων γὰρ θαλάσσιος

89v
ἐκδραμὼν ἔμελλε τὸν Μάρκον καταπιεῖν, εἰ μὴ τὰς [2] | εὐχὰς τοῦ γέροντος ἐπικαλεσάμενος καὶ μικρὸν πρὸς τὴν ξηρὰν παρακλίνας αἰσθητοῦ καὶ νοητοῦ θηρὸς ἀπηλλάττετο. Καὶ σύντρομος ἀπῄει εὐθὺς πρὸς τὸν γέροντα, καὶ οὓς εἷλεν ἰχθύας ἐπιφερόμε- 20

increpat severe.
νος. Ὁ δὲ ἡγιασμένος ἐκεῖνος προφθάσας · « Μὴ ἀπίστει, ἔφη, παρήκοε Μάρκε · ὁ εἰς ὄφιν τὸ πρὶν μεταβαλὼν ἑαυτὸν καὶ παρακοὴν ὑποβαλὼν τοῖς προπάτορσιν (2), ἐκεῖνός σοι σήμερον θαλάσσιος κύων γενόμενος, δι' ἥν σοι παρακοὴν ὑπέθετο πρότερον, εἰς ἀπωλείας κατενεγκεῖν ἠβούλετο βάραθρον, εἰ μὴ Χριστὸς ὁ εἰς 25

90
καθαίρεσιν ἐκείνου παραγενόμενος χεῖρά σοι | ὤρεξε καὶ τοῦ κινδύνου ἐρρύσατο εἰς μετάνοιαν συμπαθῶς ἐκκαλούμενος. Ἄγραν δὲ παρακοῆς οὐκ ἄν ποτε γεύσωμαι. » Ὁ δὲ ῥίπτει μὲν οὓς ἐπεφέρετο ἰχθύας μακράν · ῥίπτει δ' ἑαυτὸν τοῖς τοῦ ἁγίου ποσὶ καὶ συγχώρησιν ἐξαιτεῖται καὶ λαμβάνει εὐθύς. Καὶ τοῦ λοιποῦ διετή- 30 ρησεν ἑαυτὸν ἐν ὑπακοῇ. Καὶ μετὰ μικρὸν ἀπῆλθε πρὸς Κύριον, τῆς ἐλπίδος ἐντεῦθεν τοὺς ἀρραβῶνας λαβών. Κατέλιπε δὲ εἰς ὑπηρεσίαν τῷ γέροντι τὸν ἑαυτοῦ ἀδελφόν [3].

Gabrielis
    7. Γαβριὴλ οὗτος τὸ ὄνομα · οὗ τὸν πατέρα Δοσίθεον ἡ τοῦ σχή-

---

[7] sic L, hic et alibi.
6. — [1] συγχώρησαιοι L. — [2] τὰς | τὰς L. — [3] ἀδελφιδοῦν K.

(1) Ioh. 5, 14.
(2) Cf. Gen. 3, 1-5.

ματος αὐτοῦ ἀξία προσηγόρευσε (1). Χρείας κατεπειγούσης ἀξιοῖ   patrem
συγχωρηθῆναι | παρὰ τοῦ γέροντος τὸν Γαβριὴλ καὶ ἀπελθεῖν   90ᵛ
εἰς τὴν τοῦ Βατοπαιδίου μονήν (2). Ὁ δὲ νεύει μὲν πρὸς τὴν αἴτησιν ·
ἀποστέλλει δ᾽ αὐτὸν ὡρισμένην ἐνστήσας ἡμέραν, καθ᾽ ἣν θέλοντος
5 τοῦ Θεοῦ ἐπαναστραφήσεται. Τῆς οὖν ὡρισμένης παρελθούσης
καὶ Ἀχαιμενιδῶν ¹ τὰ ἐκεῖσε μέρη ληϊζομένων, ἐδόκει τῷ τοῦ
Γαβριὴλ πατρὶ ὡς ἀνδράποδον ὁ υἱὸς ἐρχόμενος ἐγεγόνει · καὶ   securum
πανταχόθεν εἰς ἀπορίαν ὑπὸ τῆς ἀφορήτου λύπης ἐνέπιπτεν. Ἡ δὲ   esse iubet.
θαυμαστὴ καὶ συμπαθὴς ἐκείνη ψυχή · «Μὴ κλαῖε, γέρον, διε-
10 μηνύσατο · ἐλεύθερον γάρ φημι εἶναι τὸν ἀδελφόν, ἐπεὶ ἀπέσταλται
| παρ᾽ ἐμοῦ.» Καὶ μήπω τοῦ ἡλίου ἀπολελοιπότος τὴν γῆν, ἀκίν-   91
δυνος ἐπανῆλθεν ὁ ἀδελφός, πεῖραν μηδὲ τοῦ τυχόντος δεινοῦ ²
ἐσχηκώς.

8. Οὗ δὲ ὁ λόγος ἄνωθεν (3) ἐμνήσθην ¹ μακαριωτάτου Μαξίμου,   Morituro
15 τοῦ τὰς καλύβας πυρπολοῦντος, ἐγγὺς ὄντος περὶ τὸ τέλος (μετὰ   S. Maximo
γὰρ ἓξ μῆνας κεκοίμηται), ὁ θεῖος οὗτος ἀνὴρ ἀναστὰς ἔφη πρὸς
τοὺς περὶ αὐτόν · « Ἀπελευσώμεθα πρὸς τὸν Μάξιμον καὶ θεασώμεθα αὐτόν, ὅτι οὐκέτι αὐτὸν ἐνταῦθα κατὰ τὸν παρόντα θεα-
σόμεθα βίον.» Ἀπελθόντες οὖν καὶ ἀσπασάμενοι ἐκεῖνον · «Χαί-
20 ρετε, ἔφη, τοῦτο ὕστατον ² πρόσφθεγμα · οὐκέτι γὰρ ἀλλήλους   vale dicit.
κατὰ τὸν παρόντα | ὀψόμεθα βίον.» Καὶ γέγονε κατὰ ³ τὴν τῶν   91ᵛ
ἀμφοτέρων πρόγνωσίν τε καὶ προφητείαν.

9. Ἐτῶν οὖν παρελθόντων πολλῶν καὶ πάλιν ἐνέσκηψε λοιμός.   Gabrielem
Καὶ τοῦ εἰρημένου Γαβριὴλ τὴν ἐπιχωριάζουσαν τότε νοσήσαντος   a peste
25 νόσον, ὁ πατὴρ αὐτοῦ τὸν υἱὸν ὁρῶν οὕτω πρὸς θάνατον βλέποντα   liberat.
ἔκλαιε ὡς εἰκὸς καὶ ὠδύρετο · ὃν ὁ γέρων ἀνέχων καὶ ἀναλαμ-
βανόμενος · «Μὴ σύ γε, ἀδελφέ, θρηνῇς οὕτως ἐπὶ τῷ ἀδελφῷ ·
τεθνήξεται γὰρ οὐδαμῶς τὸ παρόν, ἐπεὶ κατὰ τὴν τοῦ Θεοῦ ἐντολήν μοι ὑπηρέτησεν · ἐγὼ δὲ ὅσον οὔπω τεθνήξομαι.» Καὶ στρα-
30 φεὶς κατὰ ἀνατολὰς εὐχὴν ὑπὲρ | ἐκεῖνον μακρὰν ὑπεψιθύρισε. Καὶ   92
ὁ κείμενος ἀναστὰς ἐδόξαζε τὸν Θεόν. Στραφεὶς δὲ ὁ γέρων λέγει πρὸς τοὺς ἐκεῖσε · « Ὁ μὲν ἀδελφὸς ἰδοὺ σὺν Θεῷ τῆς ὑγείας
ἀπήλαυσεν · ἐγὼ δὲ κατὰ τὴν ἐρχομένην νηστείαν τεθνήξομαι.»

---

7. — ¹ Ἀχαιμένιδων L. — ² δεινῆς L.
8. — ¹ sic L. — ² τοῦτον ὕστατο L. — ³ add. sup. lin. man. rec. L.

(1) «Dont le père, en devenant moine, reçut le nom de Dosithée».
(2) La distance qui sépare la grotte de S. Niphon du grand monastère de
Vatopédi (sur la côte nord de la péninsule) est d'environ 30 km.
(3) A la fin du chapitre 4. Cf. p. 8, n. 2.

20   LA VIE DE SAINT NIPHON

Suam praedicit mortem.

10. Ἐκεῖνος μὲν οὖν οὕτως ἔλεγε τὴν τῶν ἁγίων ἀποστόλων σημαίνων νηστείαν · οἱ δὲ τὴν τοῦ σωτηρίου πάθους ὑπέλαβον (1) · καὶ διεληλυθυίας ἐκείνης · « Ἀλλ᾽ ἰδού, φασί, πάτερ, ἡ νηστεία παρῆλθεν. » Ὁ δέ · « Οὐκ ἔστι παρὰ ταύτην, ἔφη, νηστεία ἑτέρα τις ; » Τῆς οὖν τῶν ἁγίων ἀποστόλων ἐνστάσης, ἀναστὰς καὶ προσ- 5 ευξάμενος καὶ τῶν φρικτῶν τοῦ Χριστοῦ κοινωνήσας μυστηρίων,

92ᵛ

λέγει | πρὸς τοὺς συνήθεις · « Ἰδού, τῆς ἐμῆς ἐν Χριστῷ ἀναλύσεως ὁ καιρὸς ἤγγικεν (2) ». Τῶν δὲ πρὸς τὸ ῥῆμα διαταραχθέντων [1] · « Ὁ μὲν ἡμέτερος, αὖθις ἔφη, πεπλήρωται καιρὸς καὶ ἀπέρχομαι πρὸς τὸν ἐμοὶ ποθεινότατον Ἰησοῦν. Ὑμῖν δὲ λυπεῖσθαι οὐκ ἔδει · 10 ἕξετε γὰρ ἡμᾶς ὑπὲρ ὑμῶν Χριστῷ ἐντυγχάνοντας, μόνον εἰ τῶν ἐντολῶν ἐκείνου τῶν σεπτῶν μὴ ὀλιγωρήσετε. » Καὶ ἀναστὰς τὸ πρωΐ · ἦν γὰρ ἡ κυρία τῶν ἡμερῶν · « Ἀριστήσατε, πρὸς ἐκείνους

93

φησί, καὶ τὸ ἡμέτερον ὑπανοίξατε μνῆμα, ὡς ἂν πρὸς ἐκείνην ἐξ ἧς ἐλήφθην (3) ἀφίξωμαι. » Οὕτως οὖν κατὰ τὸ κελευσθὲν ἤδη | ποι- 15 ήσαντες, πρὸς ἐκεῖνον ἀτενὲς ἑώρων, εἴ τι ἂν κελεύσειε τοῦ λοιποῦ. Ὁ δὲ ἀναστὰς καὶ ὄμματα καὶ χεῖρας εἰς οὐρανὸν ἀναβλέψας [2], παρέτεινε τὴν εὐχὴν ὡς οὐδέποτε ἄλλοτε. Καὶ στραφεὶς καὶ πάντας εὐλογήσας καὶ « Συγχωρήσατέ μοι τῷ ἁμαρτωλῷ » ἐπειπὼν καὶ πᾶσι συγχώρησιν ἐπευξάμενος, σχηματίζει μὲν ἑαυ- 20

Moritur,

τὸν [3] σταυροειδῶς, τὸ δὲ πνεῦμα εἰς χεῖρας παρατίθησι (4) τοῦ Θεοῦ, ἀστράψας ὑπὲρ τὸν ἥλιον καὶ πᾶσι σύμβολα διδοὺς ἀκριβῆ τῆς ἐκείνου πρὸς Θεὸν παρρησίας.

Ἐκοιμήθη μὲν οὖν ὁ ὅσιος οὗτος πατὴρ κατὰ τὴν ιδ' τοῦ ἰουννίου

93ᵛ **miraculis clarus.**

μηνός (5). Ἔζησε δὲ τὰ πάντα αὐτοῦ ἔτη ϟϛ', | θαύματα πλεῖστα 25 παρ᾽ ὅλον αὐτοῦ τὸν βίον καὶ ἀξιάκουστα ἐκτελῶν · ἀφ᾽ ὧν ὀλίγα τοῖς φιλοχρίστοις ἐκ τῶν πολλῶν παραθήσομαι.

11. Γέρων τις, πνευματικὸς ἀνὴρ καὶ ὅλος τῆς ἀρετῆς, Θεόδουλος

Theodulus,

τοὔνομα, ὠφελείας χάριν ἀνελθεῖν ἠβούλετο πρὸς τὸν γέροντα · ἦν γὰρ ἐξ ἱκανοῦ μὴ θεασάμενος αὐτόν. Ἀναστὰς οὖν εἴχετο τῆς 30

10.— [1] διαταραχθέντες L.— [2] ita codd. ; ἀνατείνας Kourilas.— [3] ἑαυτῷ L.

---

(1) Tandis que le carême, ou « jeûne de la Passion du Sauveur », a une durée fixe de six semaines, le jeûne des saints Apôtres est plus ou moins long d'après la date de Pâques : il s'étend du second lundi après la Pentecôte à la fête des SS. Pierre et Paul (29 juin) ; sa durée varie de huit jours à six semaines.

(2) Cf. II Tim. 4, 6.

(3) Cf. Gen. 3, 19.

(4) Cf. Luc. 23, 46.

(5) En l'année 1411, d'après les déductions exposées ci-dessus, p. 6-8.

ὁδοῦ · καὶ διερχόμενος τόπον κρημνώδη καὶ δύσβατον, ὠλίσθησε
μὲν ὡς δῆθεν [1] ἀποπεσεῖν · προσέκρουσε δὲ λίθῳ μεγάλῳ τὸν
ἑαυτοῦ πόδα, ὡς καὶ τὴν ἑαυτοῦ ζωὴν ἀπολέγεσθαι ἤδη · τοσοῦ-
τον γὰρ ἐξέρευσεν αἷμα ἐκ τῆς πληγῆς ὡς ὀλι|γοψυχῆσαι τὸν γέ-
5 ροντα καὶ μηδὲ φωνὴν ἀφιέναι δύνασθαι. Ἰδὼν οὖν ἑαυτὸν ἐς τοσοῦτον βάθος ἀκοντισθέν<τα> κακῶν, φωνὴν ἐκ βάθους καρδίας
μόλις ἀνενεγκών · « Κύριε Ἰησοῦ Χριστέ, υἱὲ τοῦ Θεοῦ, ἀνεβόησεν,
εἰ ὅλως ἅγιος ὁ ἱερὸς Νίφων ἐστί, καθὰ λογίζονται περὶ ἐκείνου
πολλοί, στήτω μὲν ἡ ῥύσις τοῦ αἵματος, αἱ δὲ ὀδύναι παυσάσθωσαν ·
10 καὶ ἔργον τῶν ἐκείνου εὐχῶν ἡ ἡμετέρα γενέσθω ἀνάκτησις [2],
ὡς ἂν μὴ θηρίοις ἐν ἐρημίᾳ ἀνθρώπων πολλῇ βορὰ γένωμαι. »
Εἶπε, καὶ παραυτίκα (τῶν θαυμασίων σου, Χριστὲ βασιλεῦ) ἡ μὲν
ῥύσις ἔστη τοῦ αἵματος, ὀρθὸς δ' ὁ πρὶν τραυματίας καὶ ὑγιὴς
ἔστη | δοξάζων μὲν τὸν Θεόν, ἀκριβῶς δὲ πληροφορηθεὶς ὅτι ἅγιος
15 ὄντως ὁ γέρων ἐστί. Πρὸς ὃν ἀπελθὼν καὶ εὐλογίας τυχὼν ἐπανῆλ-
θε καὶ χαίρων καὶ θαυμάζων καὶ εὐλογῶν τὸν Θεόν.

12. Ἀδελφός τις ἐκ τῆς ἱερᾶς καὶ θείας Λαύρας ἔλαιον μνήμης
μικρᾶς χάριν ἀπέστειλε πρὸς τὸν γέροντα διά τινος τῶν ἐκείνου
ὁμιλητῶν. Καὶ τῆς ὁδοῦ τραχείας οὔσης καὶ ἀποτόμου, προσκόψας
20 λίθῳ ὁ ἀδελφὸς ἀνετράπη καὶ πέπτωκε · καὶ πάντων ἃ ἐπεφέρετο
συντριβέντων, τὸ ἐλαιοδόχον ἀγκεῖον [1] διατηρηθὲν ἀβλαβὲς ἀπο-
κεκόμισται παρὰ τοῦ ἀδελφοῦ | πρὸς τὸν γέροντα. Ὁ δὲ σεμνὸν
ὑπομειδιάσας · « Ἴδε, φησί, πόσον ἡ πίστις ἐνήργησε τοῦ πέμ-
ψαντος ἡμῖν τὸ ἔλαιον ἀδελφοῦ, ὥστε καὶ σὲ τοῦ κινδύνου λυτρω-
25 θῆναι καὶ τὸ ἔλαιον σῶον διασωθῆναι, τῶν ἄλλων διαφθαρέντων
ἁπάντων. » Καὶ θαυμάσας ἐπὶ τούτῳ ὁ ἀδελφὸς πῶς καὶ πρὸ τοῦ
ἀναγγεῖλαι τοῦτον πρὸς τὸν γέροντα τὰ συμβάντα ἐν τῷ κρημνῷ
εἶπε ταῦτα, [καὶ] ἀπῄει θαυμάζων καὶ δοξάζων τὸν Θεόν.

13. Μοναχός τις κεφαλαλγίαν νοσῶν καὶ χρόνοις πλείστοις
30 ἐξεταζόμενος ὑπ' αὐτῆς καὶ ἰατροῖς προσαναλώσας πολλά, ὡς οὐδὲ
τυχούσης | παραμυθίας ἀπήλαυσεν, ἄνεισι μετὰ πίστεως πρὸς τὸν
γέροντα καὶ τοῖς ἐκείνου προσπίπτει ποσὶ καὶ τὴν ὑγείαν ἐξαιτεῖται θερμοτέροις τοῖς δάκρυσι · « Γενήσεται γάρ, ἔφη, ῥαδίως
ὅπερ αἰτήσεις Θεόν, ἁγιώτατε πάτερ, ὑπὲρ οὗ τὴν ἔρημον ταύτην
35 κατῴκησας. » Ὁ δὲ τῆς ταπεινώσεως χρησάμενος ῥήμασι · « Παρὰ
ἁμαρτωλῷ, φησίν, ἀνδρὶ τίς ἡ περὶ τούτων ὠφέλειά σοι γενήσεται ; » Ὡς δὲ ἐνέκειτο καὶ αὖθις γονυκλιτῶν ὁ νοσῶν, εἰς συμπά-

Marginal notes:

in itinere
casu
vulneratus,

94

subito
convalescit.

94v

Quae procul
cul
aguntur

95

cernit
Niphon.

Fratrem

95v
a dolore
capitis

orando
sanat.

11. — [1] corr. rec. in marg., prius ἀείθεν L ; ἐκεῖθεν D. — [2] ἀνάκλησις L.
12. — [1] sic L ; ἄγγος K.

22   LA VIE DE SAINT NIPHON

θειαν ὁ ἅγιος κινηθεὶς εὐχὴν ὑπεψιθύρισεν ἐπὶ τῇ ἀλγούσῃ κεφαλῇ.
Καὶ ἡ νοσῶν εὐθὺς ὑγιὴς <ἐγένετο¹> εὐλογῶν καὶ δοξάζων τὸν
96   Θεόν · | καὶ ὡς ὅρκοις ἡμᾶς ἐπληροφόρησεν ὕστερον · « Ἀναγι-
νώσκοντος, ἔφη, τοῦ γέροντος τὴν εὐχήν, ἦχος ἐκ τῆς ἐμῆς κεφαλῆς ἐξήρχετο ὡς ἀνέμου βιαίου. »   5
Monachum **14.** Ἕτερός τις μοναχὸς ἰδιορρυθμίᾳ (1) ἑαυτὸν κατακλείσας
cerebrosum καὶ μηδενὶ τῶν αὐτόθι πατέρων τὰ καθ᾽ ἑαυτὸν ἀνατιθέμενος ἔλαθε
σκότους ἄγγελον ἀντὶ φωτὸς (2) εἰσδεξάμενος · παρ᾽ οὗ πολλὰ τῶν
ἀτοπωτάτων ὡς οὐκ ὤφειλε μνηθείς, ἑαυτὸν ὑπὲρ ἄλλους ᾤετο¹
εἶναι καὶ πλείστοις χαρίσμασι τῶν πάντων κρατεῖν · τοιούτου γὰρ 10
διδασκάλου τοιαῦτα καὶ τὰ μαθήματα. Παραβαλὼν οὖν πρὸς τὸν
96ᵛ   ἅγιον καὶ παρ᾽ ἐκείνου ἐρωτηθεὶς δι᾽ ἣν αἰτίαν | ἀφῖκται · « Ἐλή-
λυθα, φησί, θεάσασθαί σε ὡς γέροντα. » Ὁ δέ · « Πῶς πρὸς ἡμᾶς
ὁ τοσοῦτος τοὺς ταπεινοὺς ἐλήλυθας καὶ αὐτὸς τυγχάνων ὑπὲρ
ἡμᾶς ; » — « Ἀλλὰ Θεοῦ, ἔφη, τὸ χάρισμα · Θεὸς ὁ ταύτην μοι 15
δωρησάμενος εὐεργεσίαν. » Ὁ δέ · « Θεοῦ, ἔφη, τὸ ταπεινοῦσθαι,
Θεοῦ τὸ λογίζεσθαι ἑαυτὸν πάντων ἔσχατον, Θεοῦ τὸ μεγάλοις
πλεονεκτοῦντα χαρίσμασιν ἑαυτὸν εὐτελέστερον πάντων ἡγεῖσθαι.
Ταῦτα δὲ πλάνης, ἀδελφέ, καὶ τοῦ ταύτης σπορέως τοῦ Σατανᾶ. »
Ὁ δὲ ὥσπερ πρὸς ἑαυτὸν² γεγονώς · « Εἰ ἐκ τοῦ Σατανᾶ, πάτερ, 20
ταῦτα, φησίν, εὐχῇ μοι τὴν πλάνην κατάστειλον καὶ τῶν τοιού-
97   των με λύτρωσαι | φαντασιῶν. » Ὁ δὲ εἰς οὐρανὸν ἀναβλέψας ·
« Κύριε Ἰησοῦ Χριστέ, ἔφη, ὁ τὸ πεπλανημένον πρόβατον καὶ
ἀπολωλὸς ζητήσας καὶ εὑρὼν (3) καὶ τοῖς λοιποῖς συγκαταριθμήσας
καὶ ἀπλανέσι, καὶ τὸν αὐτὸ³ διασπαράξαι λύκον (4) ζητοῦντα καθ- 25
ελών, καὶ τρίβους ἡμῖν σωτηρίας ἀπλανέσιν⁴ ὑποθέμενος, αὐτὸς

13. — ¹ supplevit Kourilas.
14. — ¹ correxi ; ὡς τὸ L. — ² αὐτὸν L. — ³ αὐτὸν L. — ⁴ ἀπλανεῖς K.

(1) On sait en quoi consiste le régime *idiorrythmique* et ce qui le distingue
de la vie cénobitique (On en trouvera une description, par exemple, dans le
Dictionnaire d'hist. et de géogr. eccl., t. V, 1931, col. 103-106, au ch. 5 de la longue et curieuse monographie consacrée à l'Athos par C. Korolevskij). C'est
précisément au xivᵉ siècle que l'idiorrythmie s'introduisit dans certains couvents hagioritiques. Mais le biographe de S. Niphon ne donne pas encore à
ce mot son sens technique ; il suffit de lire la suite de la phrase pour s'en con-
vaincre.
(2) Cf. II Cor. 11, 14.
(3) Cf. Luc. 15, 4-6.
(4) Cf. Ioh. 10, 12.

καὶ τὸν ἁπλουστέρῳ τούτῳ [5] φρονήματι ταῖς τοῦ πλάνου μεθο- a　perditione
δείαις πρὸς πλάνην κατασπασθέντα, τῶν ἐκείνου φαντασιῶν ἐλευ-　　retrahit.
θέρωσον, ὅπως σε γινώσκῃ μόνον Θεὸν ἀληθινόν (1), τὸν δι᾽ ἡμᾶς
καὶ σταυρὸν καὶ ταφὴν ὑπομείναντα, καὶ σοῦ δοξάζῃ τὸ ὄνομα τὸ
5 εὐλογημένον εἰς τοὺς αἰῶνας, ἀμήν.» Εἶπε · | καὶ παρευθὺς ὥς　97ᵛ
τι νέφος τῶν ὀφθαλμῶν διασκεδασθὲν γνῶσιν ἀκριβῆ τῷ πεπλανη-
μένῳ παρέσχεν, ὅποι κακῶν ἐμπεπτωκὼς ὁ ἄθλιος ἦν · καὶ τοῦ
λοιποῦ σωφρόνως διαβιοὺς τῶν σκοτεινῶν ἀπηλλάγη φαντασιῶν.

15. Ὡρολόγος (2) τις ἐκ τῆς ἱερᾶς Λαύρας διά τι πταίσιμον ἐκ-　Monacho
10 διωχθεὶς τοῦ πυλῶνος ἀπῆλθε πρὸς τὸν ὅσιον καὶ ἀπήγγειλεν αὐ-　fugitivo
τῷ τὸ γεγονός, ὅτι · «Ἐπειδὴ ἀδίκως ἐδιώχθην, οὐ χρῄζω πλέον
στραφῆναι ἐκεῖ · καὶ ἀξιῶ τὴν σὴν ἁγιωσύνην δεχθῆναί με, καὶ
ποιήσας κελλίον καθεστῆναι [1] πλησίον σοῦ, ὁδηγούμενος ὑπὸ τὴν
σὴν χεῖρα.» | Ὁ δὲ ἅγιος λέγει πρὸς αὐτόν · «Ἄπελθε εἰς τὸ　98
15 μοναστήριον, ὅτι οὐ δυνήσει ὑπομεῖναι ἐνταῦθα καὶ ἀδόκιμος　animum
γενήσῃ καὶ μοναστηρίου καὶ τῆς ἐρήμου (3). Ἀλλ᾽ ἐπανελθεῖν σε　addit
βούλομαι εἰς τὸ μοναστήριον, διότι μέλλεις γενέσθαι ἐκκλησιάρ-　et futura
χης (4) καὶ ἡγούμενος, εἰ μετὰ ταπεινώσεως ὑπομείνῃς εἰς τὴν　praenuntiat.
σεβασμίαν Λαύραν.» Καὶ μειδιάσας εἶπεν αὐτῷ · «Ὅταν ἡγού-
20 μενος γένῃς, τότε ἐνθυμοῦ ἵνα παραγγείλῃς τοῖς ἀδελφοῖς τοῦ
διακονεῖν ἡμᾶς.» Καὶ καθὼς εἶπεν, οὕτως ἐγένετο καὶ ἐκκλησιάρχης καὶ ἡγούμενος.

16. Μοναχοὶ τρεῖς παρέβαλον χάριν εὐλογίας πρὸς τὸν ἅγιον, καὶ
ὁ μὲν εἷς | ὑπῆρχε νέος ἀγένειος (5). Καὶ πλησίον τοῦ τόπου γενό-　98ᵛ
25 μενοι εἴασαν τὸν νέον πόρρω τῆς κέλλης, αἰδούμενοι τὸν ἅγιον.　Abscondita
Ἐλθόντες δὲ οἱ δύο καὶ ἀσπασάμενοι τὸν ἅγιον κατὰ τὸ σύνηθες　novit
ἐκαθέστησαν [1]. Λέγει πρὸς αὐτοὺς ὁ ἅγιος · «Διὰ τί οὐκ ἐάσατε [2]

---

15. — [1] sic L.
16. — [1] sic L. — [2] sic L.

(1) Cf. Ioh. 17, 3.
(2) Cf. Anal. Boll., t. LIV, p. 44, n. 1.
(3) Remarquez l'opposition entre le monastère et le désert, entre la vie
commune ou cénobitique et la vie érémitique, appelée parfois « ascétique ».
Cf. Kourilas, Ἱστορία τοῦ ἀσκητισμοῦ, t. I, p. 1 : Ὁ ἀσκητικὸς βίος ἢ
ἡ ἀναχώρησις ...
(4) Ci-dessus, p. 12, n. 5.
(5) Un même ostracisme excluait de l'Athos les femmes et les enfants im-
berbes ou impubères. Cf. Ktenas, op. c., p. 481-87 ; Kourilas, dans Θρησκευτικὴ καὶ χριστ. Ἐγκυκλοπαιδεία, t. I (1936), col. 524-25.

τὸν νέον εἰσελθεῖν πρός με ; Αὐτὸς γάρ, εἰ καὶ νέος εἶν [3], ἀλλὰ κα-
τοικητήριον τοῦ ἁγίου Πνεύματος μέλλει γενέσθαι. » Καὶ ἐθαύμασαν τοῦ ἁγίου τὴν πρόρρησιν, καὶ ἐξελθόντες ἐκάλεσαν αὐτόν · καὶ
εὐλογηθεὶς παρὰ τοῦ ὁσίου, ἐκάθισαν ἀμφότεροι. Καὶ οἱ τρεῖς
[καὶ] ὁμιλήσαντες μετὰ τοῦ ὁσίου καὶ ὠφεληθέντες ἀπῆλθον δοξά- 5
ζοντες τὸν Θεὸν | καὶ τὸν αὐτοῦ θεράποντα. Ὁ δὲ νέος ἐχρημάτισε
δόκιμος μοναχὸς κατὰ τὴν τοῦ ἁγίου πρόρρησιν.

17. Ἕτερος ἀδελφὸς παρέβαλε τῷ ὁσίῳ · ἦν γὰρ πένης (1), καὶ
ἐκόμιζε κοπτὸν κεχρὶν [1] πρὸς τὸ ἀριστῆσαι μετὰ τοῦ ὁσίου. Καὶ
αἰδεσθεὶς ὁ ἀδελφὸς διὰ τὸ εἶναι κεχρίν, κατέλιπεν τοῦτο μήκο- 10
θεν τῆς κέλλης · καὶ εὐλογηθεὶς παρὰ τοῦ μεγάλου ἐκάθισεν. Καὶ
μιλήσας μετ' αὐτὸν [2] ἕως ἔφθασεν ὁ καιρὸς τοῦ ἀρίστου, λέγει ὁ
ὅσιος πρὸς τὸν ἀδελφόν · « Καιρὸς εἶν [3] τοῦ ἀρίστου · ἐτράφημεν
ψυχικῶς, ἀνάγκη εἶν τοῦ τραφῆναι καὶ σωματικῶς. Κόμισον οὖν
ἐνταῦθα τὸ κεχρὶν ὃ κατέλιπες | ἔξω, ἵνα ἀριστήσωμεν.» Ἀριστή- 15
σας οὖν ὁ ἀδελφὸς μετὰ τοῦ ὁσίου καὶ ὠφεληθεὶς ἀπῆλθε χαίρων
καὶ ἀγαλλόμενος δοξάζων τὸν Θεόν.

18. Μετὰ τὸ ἀναιρεθῆναι τὸν δεσπότην Οὔγκλεσιν (2) ὑπὸ τῶν
Ἰσμαηλιτῶν, θρασυνθέντες οἱ τοιαῦτοι [1] Ἰσμαηλῖται συνῆξαν στό-
λον μέγαν πλοίων καὶ ἦλθον κατὰ τοῦ Ἁγίου Ὄρους καὶ κατὰ 20
πάντων τῶν χριστιανῶν μετὰ τῶν ὅπλων τῶν Σερβῶν, βαστάζοντες καὶ τειχομαχικὰ ἐργαλεῖα διὰ τὰ κάστρη τοῦ Ἁγίου Ὄρους,
Ὡς γοῦν ἦλθον, ἰδόντες αὐτοὺς ἅπαντες ἐτρόμαξαν, τοσοῦτον ὅτι
καὶ ὁ μέγας πριμικήριος [2] οὐκ ἐτόλμησε | καταπροσωπῆσαι αὐ-
τούς (3). Καὶ ἀπὸ τοῦ φόβου μὴ ἔχοντες ἄλλο τι δρᾶσαι, ἔπεσον εἰς 25

Marginal notes: 99 · atque manifestat. · 99ᵛ · Irruentium Turcarum · 100

---

[3] ita L, forma vulgari pro ἐστί.
17. — [1] vulg. pro κέγχρον. — [2] vulg. pro ὁμιλήσας μετ' αὐτοῦ. — [3] vulg.
pro ἐστί.
18. — [1] sic L. — [2] πατρίκιος L, qui tamen paulo inferius πριμικήριος recte
scripsit.

---

(1) Ce « frère », sans doute un anachorète, avait donc sa fortune personnelle,
et puisqu'on note qu'il était pauvre, c'est que d'autres étaient riches. Au
chapitre 20 nous rencontrerons un moine qui a donné une pièce d'or pour aider au rachat d'un confrère. Nous ne sommes plus loin de l'époque où s'épa-
nouira le régime idiorrythmique.

(2) Uglješa (en grec Οὔγκλεσης, Οὔγκλεσις), despote serbe de Macédoine,
périt, le 26 septembre 1371, dans la défaite qui lui fut infligée par les Turcs
non loin d'Andrinople. Cf. C. JIREČEK, Geschichte der Serben, t. I (Gotha, 1911),
p. 437.

(3) La dignité palatine de grand primicier était confiée à des chefs mili-

ἱκεσίαν πρὸς τὸν οἰκτίρμονα Θεὸν καὶ εἰς τὴν πάναγνον αὐτοῦ
μητέρα τὴν τοῦ Ἁγίου Ὄρους³ καὶ πάντων τῶν χριστιανῶν μεσί-
τριαν καὶ τροφὸν καὶ βοήθειαν (1) · καὶ οὐκ ἀπέτυχον. Ἀπέστειλεν
οὖν καὶ ὁ τότε προϊστάμενος τῆς ἱερᾶς Λαύρας πρὸς τὸν ὅσιον,
5 διαγγέλλων αὐτῷ τὴν βίαν καὶ τὴν ἀνάγκην ἥτις⁴ ἦλθεν ἐκ τῶν
ἀπροσδοκήτων, ἐκλιπαρῶν αὐτὸν τοῦ ποιῆσαι εὐχὴν πρὸς τὸν
Κύριον « ὅπως ῥυσθῶμεν ἐκ τοῦ παρόντος κινδύνου ». Καὶ ἀπε-
κρίθη ὁ μέγας · « Ὁ Κύριος ῥύσεται | ἡμᾶς ἐκ τῶν ἀοράτων Ἰσμαη-   100ᵛ
λιτῶν · περὶ δὲ τῶν ὁρωμένων, ἐλπίζω εἰς τὸν Κύριον καὶ Θεόν
10 μου Ἰησοῦν Χριστόν · καὶ διὰ πρεσβειῶν τῆς παναγίας μητρὸς
αὐτοῦ καὶ τοῦ πανοσίου καὶ θεοφόρου πατρὸς ἡμῶν Ἀθανασίου,
οὐδὲν ἡμᾶς βλάψωσιν, ἀλλὰ μᾶλλον καταλυθήσονται καὶ εἰς ἀφα-   cladem
νισμὸν γενήσονται. » Ὁ καὶ γέγονε · εὐθὺς καὶ ἀπροσδοκήτως   vaticinatur.
ἦλθον τρία μεγάλα καὶ θαυμαστὰ πλοῖα τῶν Βενετίκων⁵ ὡπλισμένα
15 εἰς τὴν Λαύραν (2) · καὶ μαθόντες περὶ τῶν Ἰσμαηλιτῶν τὴν ἔφοδον, συνήχθησαν μετὰ τοῦ πριμικηρίου καὶ συνέβαλον πόλεμον
καὶ κατὰ κράτος | κατέλυσαν⁶ αὐτοὺς κατὰ τὴν πρόρρησιν τοῦ   101
ἁγίου · καὶ λαβόντες αὐτῶν πάντα τὰ πλοῖα μετὰ τῶν ὅπλων
καὶ πάντων ὧν ἐκέκτηντο, ἠφάνισαν αὐτοὺς παντελῶς. Εὐεργέ-
20 τησαν⁷ δὲ καὶ τὴν σεβασμίαν Λαύραν πλοῖον ἓν καὶ ἕτερα ἐκ τῶν
σκευῶν αὐτῶν ἀναγκαῖα⁸, εὐχαριστοῦντες τὸν Κύριον ἡμῶν
Ἰησοῦν Χριστὸν καὶ τὴν πάναγνον αὐτοῦ μητέρα καὶ θεοτόκον
καὶ τὸν ὅσιον καὶ θεοφόρον πατέρα ἡμῶν Ἀθανάσιον.

³ ἁγιόρους. — ⁴ ἦν L. — ⁵ sic L. — ⁶ κατέ | κατέλυσαν L. — ⁷ sic L. —
⁸ ἀναγκαίαν L.

taires du plus haut rang. Cf. Du Cange, i. v. πριμικήριος. Le grand primicier
dont il est question deux fois dans ce chapitre, était sans doute ce πανευγε-
νέστατος Jean qui fonda, avec son frère Alexis, le monastère athonite du
Pantocrator. Il reçut le titre de grand primicier entre avril 1357 et août
1358 ; il le portait encore en 1386. Cf. L. Petit, Actes du Pantocrator, Saint-
Pétersbourg, 1903 (Appendice 2 au t. X du Vizantijskij Vremennik), passim.
(1) D'après les Vies de S. Pierre l'Athonite (cf. Anal. Boll., t. LIV, p. 75,
n. 4), c'est la Sainte Vierge elle-même qui aurait promis expressément de
prendre le Mont Athos sous sa protection spéciale. Comparer le curieux ouvrage
réédité naguère par le moine dentiste Païsios, Ἀνωτέρα ἐπισκίασις ἐπὶ
τοῦ Ἄθω, ἤτοι διηγήσεις περὶ τῶν... ἐν Ἄθῳ δοξασθεισῶν εἰκόνων τῆς
Θεοτόκου..., Καρυές, 1932.
(2) Sur l'alliance des Vénitiens avec les Byzantins dans la résistance à la
poussée ottomane, au début du xivᵉ siècle, cf. Sp. Théotokis, Ἡ πρώτη συμμα-
χία τῶν κυριάρχων κρατῶν τοῦ Αἰγαίου κατὰ τῆς καθόδου τῶν Τούρκων,
dans Ἐπετηρὶς Ἑταιρείας Βυζαντινῶν Σπουδῶν, t. VII (1930), p. 283-98.

26 LA VIE DE SAINT NIPHON

19. Διά τινα χρείαν ἦλθεν εἰς τὸν ὅσιον ὁ τοῦ Γαβριὴλ πατὴρ ὁ προρρηθεὶς Δοσίθεος λέγων · « Συγχώρησόν μοι, πάτερ, ἵνα ἀποστείλω τὸν Γαβριὴλ εἰς τὴν μονὴν τῶν Ἰβήρων (1). » Ἀποκριθεὶς δὲ ὁ μέγας | λέγει · « Γίνωσκε ὅτι, ἐὰν ἀπέλθῃ, κινδυνεῦσαι ἔχει ὑπὸ τῶν Ἰσμαηλιτῶν. » Ὁ δὲ Δοσίθεος ἐπέκειτο λέγων · « Ἀφο- 5 βία ἐστί, πάτερ, ὅτι ἐὰν παραγένηται ταύτῃ τῇ νυκτὶ ἕως τοῦ Μολφινοῦ ¹ (2), καὶ αὔριον ἀπελθεῖν ² εἰς τῶν Ἰβήρων, ἐλπίζω, οὐ μὴ συναντήσῃ κακόν. » Ὁ δὲ ἅγιός φησι πρὸς αὐτόν · « Εἰ κινδυνεύσει ὁ υἱός σου, ἀναίτιος ὑπάρχω ἐγώ · καὶ ποίησον ὡς βούλει. » Ἀκούσας δὲ ὁ Δοσίθεος ἐσιώπησεν, οὐδὲν πλέον εἰπών. 10 Καὶ τῇ αὐτῇ ἑσπέρᾳ ἐλθών τις ἀνήγγειλε τῷ ὁσίῳ ὅτι ἐφάνη πλοῖον καὶ ἠχμαλώτευσε τρεῖς ἀνθρώπους ἀπεδόθεν (3) τοῦ Μολφινοῦ ³, καθὼς ὁ μέγας ἦν προειπὼν ὅτι · « Ἀπεδόθεν τοῦ Μολφινοῦ | ἔχει κινδυνεῦσαι ».

20. Μοναχός τις ἐλθὼν ἀνήγγειλε τῷ ἁγίῳ ὅτι · « Ἠχμαλώτευσαν 15 οἱ Ἰσμαηλῖται τὸν πνευματικὸν κῦρ Ἰωαννίκιον μετὰ καὶ ἑτέρων μοναχῶν καὶ τοῦ πλοίου, ἀπερχομένων ἐκ τῆς Λαύρας εἰς τὴν σκήτην ¹ (4). Καὶ νῦν συνάσουν ² ἀργύρια ἵνα αὐτοὺς ἐξαγοράσωσι · καὶ δέδωκα κἀγὼ δι᾽ αὐτοὺς ἕνα χρυσόν. » Καὶ ἀπεκρίθη ὁ γέρων · « Εἰ τῶν πτωχῶν εἶχες δώσῃ, κρεῖσσον ὑπῆρχεν, ὅτι καὶ ὁ πνευ- 20

Marginal notes:
101ᵛ

Periculum divinat.

102

Longinqua procul cernens edisserit.

19. — ¹ εἰς τὴν Ἀμαλφινοῦ K. — ² sic L. — ³ ἐντεῦθεν τῆς Ἀμαλφινῶν K.

20. — ¹ εἰς Σκίρρον K, εἰς τὴν Σκῆρον D. — ² i. e. συνάγουσιν.

(1) Une vingtaine de kilomètres séparent la grotte de S. Niphon du monastère d'Iviron, situé, non loin de Karyès, sur la côte nord de la péninsule.

(2) Sur le monastère latin des Amalfitains, voir le ch. 27 de la Vie des SS. Jean et Euthyme (*Anal. Boll.*, t. XXXVI-XXXVII, p. 37) et la monographie de dom O. Rousseau, *L'ancien monastère bénédictin du Mont Athos*, dans *Revue liturgique et monastique*, t. XIV (Maredsous, 1929), p. 530-47. Cf. B. Leib, *Rome, Kiev et Byzance à la fin du IXᵉ siècle* (Paris, 1924,) p. 100-101, avec de précieuses références aux ouvrages peu accessibles de Porphyre Uspenskij. Ne pas négliger les *Actes de Lavra*, t. I (*897-1178*), publiés par G. Rouillard et P. Collomp (= *Archives de l'Athos*, I, Paris, 1937) ; les pièces 21, 35 et 36 de ce recueil concernent la μονὴ τοῦ Ἀμαλφινοῦ ou τῶν Ἀμαλφινῶν.

(3) Comparez le grec moderne ἐδῶθε, en deçà de.

(4) Aucune skite n'étant mentionnée dans le contexte, on peut se demander si les autres manuscrits n'ont pas conservé la vraie leçon : Σκῦρον. Il y avait, en effet, dans l'île de Skyros (à l'est d'Eubée), un métoque de Lavra (Smyrnakis, p. 395).

ματικὸς καὶ οἱ μετ' αὐτοῦ καλῶς ἔχουσι, καὶ οὐδὲν συνήντησεν
αὐτοὺς κακόν · μάλιστα ἐν ἀνέσει μεγάλῃ διάγουσι καὶ παράκλησιν
μεγάλην ἔχουσιν σήμερον. Εἴθε εἴχαμεν καὶ ἡμεῖς ἐκ τοιαύτης
παρακλήσεως. » | Ἐσημειώσατο γοῦν ὁ μοναχὸς τὴν ἡμέραν · καὶ   102ᵛ
5 ἐλθόντος τοῦ πνευματικοῦ, ἠρώτησεν αὐτόν. Καὶ εἶπεν ὅτι · « Τὴν
ἡμέραν ἐκείνην ἔτυχεν ἡμᾶς ἄγρα ³ ἰχθύων μεγάλων, καὶ οὐ μετρίως ἐπαρεκλήθημεν, ἐσθίοντες καὶ πίνοντες εἰς δόξαν Θεοῦ,
καθώς φησιν ὁ ἀπόστολος (1). » Ταῦτα ἀκούσας ὁ ἀδελφὸς καὶ
θαυμάσας τοῦ ἁγίου τὸ χάρισμα, ἐδόξασε μεγάλως τὸν δοξάζοντα
10 τοὺς ἑαυτοῦ ⁴ θεράποντας (2) · ὅτι καὶ τὰ πόρρω ὡς ἐγγὺς βλέ-
πουσιν ἀληθῶς οἱ δουλεύοντες αὐτῷ γνησίως, χάριτι καὶ φιλαν-
θρωπίᾳ τοῦ Κυρίου καὶ Θεοῦ καὶ σωτῆρος ἡμῶν Ἰησοῦ Χριστοῦ,
ᾧ πρέπει κράτος, δόξα, τιμὴ καὶ προσκύνησις σὺν τῷ ἀνάρχῳ | αὐ-   103
τοῦ Πατρὶ καὶ τῷ παναγίῳ καὶ ζωοποιῷ αὐτοῦ Πνεύματι νῦν
15 καὶ ἀεὶ καὶ εἰς τοὺς αἰῶνας ⁵.

³ ἄγραι L. — ⁴ ἑαυτὸν L. — ⁵ τῶν αἰώνων ἀμήν add. man. rec. Quae sequuntur minoribus litteris scripta sunt: οἱ ἀναγινώσκοντες εὔχεσθε · εἰ
σφαλερὸν εὕρητε, ἀνθρώπινον τὸ ἁμαρτάνειν · ὁ γράψας γὰρ πάμ-
παν καὶ οὐδὲν · ἔτυχε δὲ καὶ τὸ ἀθίβολον χωρικὸν λίαν καὶ πολλὰ
σφαλερὸν · διὰ τοῦτο σύγγνωτε, ἀξιῶ · ὅτι ὑπὸ τεσσάρων γιγάντων
συνέχομαι · ὑπὸ τῆς λήθης, ἐλαφρίας, φιλοσαρκίας τε καὶ κενοδο-
ξίας · διὰ τοῦτο ὁ νοῦς οὐκ ἐδυνήθη εὑρεῖν τὸ ἀψευδὲς τοῦ λόγου.
Deinde alia manu: + ἁγιοπετρίτικον.

(1) Cf. I Cor. 10, 31.
(2) Cf. I Reg. 2, 30.

NOTES ADDITIONNELLES

I   143–156   De la *Legenda mirabilis* de saint Antoine, traduite de l'arabe en latin par Alphonse Bonhome O.P., trois mss supplémentaires et un fragment ont été signalés par Th.Kaeppeli, *Scriptores Ordinis Praedicatorum Medii Aevi*, t.1 (Rome, 1960), p.55. D'autre part, trois mss de la traduction néerlandaise sont mentionnés par S.G.Axters, *Bibliotheca Dominicana Neerlandica manuscripta 1224–1500* (Louvain, 1970), p.137.

146,160, et 200   Sur ces moines égyptiens de Chypre, voir dans les *Mélanges L.-Th.Lefort* (= *Le Muséon*, t.59, 1946), p.511–514: *Un monastère copte à Famagouste au XIVe siècle*. Cet articulet a été reproduit dans mes *Recherches et documents d'hagiographie byzantine* (= *Subsidia hagiographica*, 51, 1971), p.1–4.

III   376   Les Vies coptes de saint Pachôme ont été publiées par L.-Th.Lefort en 1925 et 1933 dans le *Corpus scriptorum christianorum orientalium*; elles ont été traduites en français par le même Lefort en 1943. Cf. P.Peeters dans *Anal.Boll.*, t.64 (1946), p.258–277.

376   Voir mon article sur l'*Histoire Lausiaque et les Vies grecques de saint Pachôme*, dans *Anal.Boll.*, t.48 (1930), p.257–301.

379, 382, 384, 386   Pour les mss hagiographiques grecs de Paris, voir maintenant le no.44 des *Subsidia hagiographica*, paru en 1968.

380   Les *Sancti Pachomii Vitae graecae* ont paru en 1932; elles constituent le no.19 des *Subsidia hagiographica*. Le dernier chapitre de l'Introduction (p.88*–105*) est dû au P.Peeters.

383   Une édition critique de *La Vie latine de saint Pachôme traduite du grec par Denys le Petit* a été publiée naguère par H.van Cranenburgh (Bruxelles, 1969); c'est le no.46 des *Subsidia hagiographica*.

388   Comparer maintenant l'ouvrage du P.A.-J.Festugière, *La première Vie grecque de saint Pachôme* (Paris, 1965), qui constitue la 2e partie du tome IV de ses *Moines d'Orient*.

V   13—20   Un second témoin, le ms. 405 de la collection du Saint-Synode de Russie, actuellement au Musée historique de Moscou, m'a été signalé par le P.Jos.Paramelle, qui en a obtenu un microfilm pour l'Institut des Textes de Paris et qui se propose de commenter un jour ce curieux texte dans les *Analecta Bollandiana*.

VII   14   Il ne faut pas confondre ce *Sinaiticus* grec 549 avec le no.548 du même fonds, qui contient aussi un synaxaire. Cf. J.Noret, *Un nouveau manuscrit important pour l'histoire du Synaxaire*, dans *Anal.Boll.*, t.87 (1969), p.90.

VIII   189—190   Saint Paul de Plousias (ou Prousias) accueillit à Médikion le corps de saint Nicétas (*BHG* 1341, § 48: *Act. SS*. April t.1, p.xxxii c).

190, note 1   D'après Mme Ahrweiler, *Byzance et la mer* (Paris, 1966), p.83, note 3, Syllaion ne fut jamais la résidence du stratège des Cibyrrhéotes, mais bien celle de son *ekprosôpou*.

212, note 3   Il s'agit plutôt d'un autre Heracleion, situé près du Médikion en Bithynie. Voir le § 6 de la Vie de saint Nicéphore de Médikion dans *Anal.Boll.*, t.78 (1960), p.408, et ci-dessus VI 408.

213   Sur ce métochion de Tous-les-Saints, à Constantinople, voir maintenant R.Janin, *Eglises et monastères*, 2e éd. (Paris, 1969), p.390.

214, ligne 9   Entenez: les moines de Chôra (avec une majuscule à ce toponyme). Cf. J.Gouillard, *Un "quartier" d'émigrés palestiniens à Constantinople au IXe siècle?* dans *Revue des études sud-est européennes*, t.7 (1969), p.75.

219, lignes 11—12   Supprimer le point en haut, les crochets droits et la note 4: il ne s'agit pas d'une citation de texte liturgique, mais de la fin des conseils d'Antoine à Pétronas: "... après avoir récité le quatrième canon de saint Nicolas, de bon matin range tes troupes face à l'ennemi et tu remporteras la victoire".

220, note 5   Sur le monastère du diacre Léon, à Constantinople, voir maintenant Janin, *op. cit.*, p.306—307, et Gouillard, *art. cit.*, p.76.

IX   26   Publié d'abord à Salonique dans le t.5 (1961) de *Makedonika*, cet articulet sur le texte acéphale du ms. 109 de Dochiariou a été reproduit, en 1971, dans mes *Recherches et documents d'hagiographie byzantine*, p.155—156.

27   Sur les rapports mutuels des deux biographies de saint Athanase l'Athonite on connaît les positions divergentes du professeur P.Lemerle et du P.Jules Leroy O.S.B. Voir, en dernier lieu, la discussion critique, à propos des *Actes de Lavra*, t.1er (Paris, 1970), publiée par M.J.Mossay, professeur à l'université de Louvain, dans les *Analecta Bollandiana*, t.91 (1973).

27, note 2   L'ouvrage classique du P.H.Delehaye sur *Les Passions des martyrs et les genres littéraires* (1921) a paru naguère en 2e édition, revue et corrigée (Bruxelles, 1966).

31, note 1   La citation de Grégoire de Nazianze provient de son éloge de saint Cyprien, § 5 (*P.G.* 35, 1173, dernière ligne). Je dois cette référence à Mgr Paul Canart.

34   Sur cet Athanase, "président des écoles" de Constantinople et professeur du futur saint Athanase de Lavra, voir P.Lemerle, *Le premier humanisme byzantin* (Paris, 1971), p.258–259.

X   202–210   Au cours des trente dernières années, le P.Germano Giovanelli, de Grottaferrata, a consacré plusieurs ouvrages à saint Barthélemy. J'ai eu maintes fois l'occasion d'en parler dans les *Analecta Bollandiana*, notamment au tome 81 (1963), p.294–295.

202, note 6   Ma communication au "Convegno" de Rome en 1963 a été reproduite dans mes *Recherches et documents d'hagiographie byzantine* (1971), p.229–236.

204   La dernière édition du texte de la Vie de saint Nil vient de paraître à Grottaferrata par les soins du P.Giovanelli.

207–208   Le neuvième centenaire de la mort de saint Barthélemy a été célébré à Grottaferrata en 1955. Cf. *Anal.Boll.*, t.76 (1958), p.233–234.

210, note 1   L'identité de Luc higoumène de Rossano avec Luc archimandrite de Messine ressort des documents signalés par le professeur B.Lavagnini, *Il re e l'archimandrita*, dans *Charistèrion*, Mélanges offerts à A.K.Orlandos, t.1 (Athènes, 1965), p.6–11, notamment p.9.

XI   39, note 3   Le métoque de Vatopédi à Périthéorion est mentionné dans les chartes, par ex. *Epeteris byz. Spoudôn*, t.3 (1926), p.121, et t.4 (1927), p.239.

54, note 2   Sur le métoque de Prosphorion voir le chrysobulle de 1344 publié ibid., t.4, p.228–230.

60, note 1   Sur l'église Saint-Romain, voisine de la porte du même nom, voir maintenant R.Janin, *Eglises et monastères (de Constantinople)*, 2e éd., p.448–449. Un document de 1401 parle du "quartier" de Saint-Romain: Miklosich et Müller, *Acta et diplomata*, t.2 (1862), p.557.

61, note 2   "On appelle *pomata* quatre morceaux d'étoffe richement ornés, chacun desquels est cousu à l'un des quatre angles du manteau épiscopal, *mandyas*" L.Clugnet, *Dictionnaire grec-français des noms liturgiques* (Paris, 1895; reprint Londres, 1971), p.124.

82, lignes 3–4   Un Jacques Maroulès – le même? – était le neveu de saint Germain l'hagiorite. Cf. *Anal.Boll.*, t.70 (1952), p.38.

84, note 1   Il est maintes fois question des Paroria dans la Vie de l'ermite saint Romylos *BHG* 2383. Voir *Byzantion*, t.31 (1961), p.119, avec les notes 1 et 2; reproduit dans mes *Recherches et documents d'hagiographie byzantine* (1971), p.174.

100   Le nom de Morachrida donné par les textes à une métropole de Thrace a été interprété ingénieusement par I.Dujčev dans *Orientalia christiana periodica*, t.3 (1937), p.273–275, et par St. Kyriakidis, *Byzantinai meletai*, II–V (Salonique, 1937–1939), p.251–252.

XII   14   Sur saint Pierre l'Athonite Mlle D.Papachryssanthou prépare une dissertation qui mettra bien des choses au point. Voir, en attendant, *L'office ancien de Pierre l'Athonite* publié par la même érudite dans *Anal.Boll.*, t.88 (1970), p.27–41.

24–25   Sur le grand primicier Jean Paléologue voir G.Ostrogorsky, dans le *Zbornik* de la Faculté de philosophie de Belgrade, 1970, p.277–282; cf. *Byz. Zeitschrift*, t.64 (1971), p.215–216.

INDEX

N'ont été repris dans cet index que les principaux
parmi les noms de personnes et de lieux.

L'abréviation add. renvoie aux Notes additionnelles.

Behabex, père de saint Antoine : I 201
Benoît IX, pape : X 202, 207 et add.
Berrhée (Verria), en Macédoine : XI 54, 101
Bithynie : v. Héraclion; Kios; Médikion; Olympe
Bologne, musée de Saint-Étienne : I 154; II 218-219
Bonhome (Buenhombre), Alphonse, O.P. : I 143-212; II 211, 247
Bouleutèria sur l'Athos, monastère disparu : XI 81; XII 7-8, 15
Bréhier, Louis, byzantiniste : VIII 203-204
Brilès, sur l'Olympe de Bithynie : VIII 189, 204
Buenhombre, A., O.P.: v. Bonhome
Bulgarie : XI 90

Caïn, frère d'Abel : I 207
Calabre : X 204
Calliste Ier, patriarche : XI 38, 48, 81, 94, 106
Causocalybe : v. Maxime le Kausokalybe
Causocalybia : v. Athos, Kausokalybia
Ceballos, Blas Antonio de : II 221
Cédron, mont près du Sinaï : II 226-227, 242
Chalcidos ou Chalcè, île au sud de Constantinople : v. Halki
Chamnos de Lavra : v. Macaire Chamnos
Christophorou (Hagiou) : v. Saint-Christophe
Chypre : I 145; v. aussi Famagouste
Cibyrrhéotes, thème byzantin: VIII 188, 190
Cichonium : v. Kikonion
Clément, abbé des Studites : VIII 204
Colomba, saint abbé : II 231
Constantin V, empereur : VI 409
Constantin VI et sa mère Irène : VI 421
Constantin IX Monomaque : XII 13
Constantinople : VI 405, 422-423; VIII 188-191, 196 et passim; XI 44
Constantinople, Blachernes, sanctuaire marial : XI 72, 74
Constantinople, Chôra, monastère : VIII 214 et add.
Constantinople, Hodegetria : XI 70
Constantinople, monastère de Léon diacre : VIII 198, 204, 220 et add.
Constantinople, quartier de Paulinos : VIII 215-216
Constantinople, Saint-Romain : v. Hagiorrômanitai
Constantinople, sanctuaire des Saints-Cosme-et-Damien : VIII 195, 214-215
Cosme et Damien, martyrs, saints "Anargyres" : XII 17
Cosme de Maïouma, saint : V 14
Cyminas, mont, dans l'Hellespont : IX 34

David, Syméon et Georges de Mytilène, saints : VIII 200
Démétrius, saint martyr vénéré à Salonique : XI 72
Denys l'Athonite, saint moine : XI 49, 56, 95
Denys, métropolite de Berrhée en Macédoine : XI 101
Denys le Petit, moine, traducteur : III 383 et add.
Dionysiou : v. Mikroathônitès Prodromos
Dôrotheou : v. Athos, Dôrotheou
Dosithée, saint moine : V 13
Douchan, souverain serbe : v. Étienne Douchan

Ecchellensis : v. Abraham Ecchellensis
Éphèse, résidence du stratège des Thracésiens : VIII 195, 218
Éphrem le Syrien, saint : I 157, 192
Éphrem, moine, ami de Pétronas : VIII 194-195, 200, 214-217
Épiphane de Chypre, saint : IV 310
Épire : XII 6, 9, 12-13
Escorial, musée de peinture : I 154
Étienne, ministre de Théophile : v. Stéphane

I. Manuscrits grecs.

Andros, Korthion 7 : XI 39
Athènes 2534 (Suppl. 534) : VIII 193-195, 197-198, 209-225
Athènes, Faculté de Théologie 18 : VIII 192
Athènes, Parlement 70 : XI 39
Athos, Dionysiou 52: III 382-383, 385-386
Athos, Dionysiou 132 : XI 39; XII 10-11
Athos, Dionysiou 148 : III 387
Athos, Dionysiou 259 : VIII 192
Athos, Dionysiou 299 : III 385
Athos, Dochiariou 109 : IX 26
Athos, Iviron 367 : III 381
Athos, Iviron 678 : III 387
Athos, Iviron 688 : III 385
Athos, Kausokalyvi 12 : XII 11
Athos, Lavra Δ 62 : III 382-383
Athos, Lavra E 182 : III 385-386
Athos, Lavra Θ 58 : XI 38-39, 42-65; XII 10-27
Athos, Lavra I 98 : III 387
Athos, Lavra K 125 : VIII 192
Athos, Lavra Ω 81 : III 386-387
Athos, Lavra Ω 154 : III 385-386
Athos, Rossicon 552: XI 39,65-109
Athos, Rossicon 667 : III 384
Athos, Rossicon 801 : III 385
Athos, Vatopédi 38 : III 381
Athos, Vatopédi 84 : III 383
Athos, Vatopédi 423 : IX 26-39
Athos, Vatopédi 435 : III 385-386
Athos, Vatopédi 470 : XI 40
Athos, Vatopédi 617 : VIII 192
Athos, Vatopédi 633 : III 383
Athos, Xénophon 25 : XI 40

Berlin, Phillipps 1622 (synaxaire de Sirmond) : VII 13-15
Bruxelles 8163-69 : VIII 187, 193

Chartres 1753 : III 386-387

Florence, Laurentianus XI 9: III 380-381

Grottaferrata B β 2 : X 205
Grottaferrata B β 3 : X 203-204, 206

Istanbul, Ecole théol. de Halki 40 : III 383

Jérusalem, Sab.128 II : III 381
Jérusalem, Sab. 223 : III 383, 385
Jérusalem, Sab. 307 : VIII 193
Jérusalem, Sab. 365 : III 385
Jérusalem, Sab. 633 : III 385
Jérusalem, Sainte-Croix 40 : VI 396; VII 16

Lesbos 43 : III 382-383

Milan, Ambros. D 69 sup. : III 380-381
Moscou, Synod. 390 : VIII 192
Moscou, Synod. 405 : v.add.
Munich, grec 3 : III 385-386
Munich, grec 366 : VI 397-398, 400-428

Oxford, Barocci 240 : III 382-383

Paris, Coislin 37 : III 384
Paris, Coislin 126 : IV 310
Paris, Coislin 223 : VII 14-15
Paris, grecs 881 : III 379, 382-383
Paris grec 1092 : V 13, 16-20
Paris, grec 1453 : III 382- 383
Paris, grec 1587 : VII 16
Paris, grec 1617 : VII 14-15
Paris, Suppl. grec 441 : III 382
Paris, Suppl. grec 480 : III 386-387
Patmos 9 : III 384

Sinaï, grec 549 : VII 13-16

Troyes 1204 (synaxaire de Chifflet) : VII 13

Vatican, Barberini grec 491 : III 380
Vatican, grec 819 : III 380, 382-384
Vatican, grec 1095 : XII 12
Vatican, grec 1096 : XII 12
Vatican, grec 1589 : III 382-383
Vatican, grec 1613 ("ménologe de Basile") : VII 13
Vatican, grec 1989 : X 208-210
Vatican, grec 2033 : III 382-383
Vatican, Ottoboni 450: III 381
Vatican, Palatin grec 27 : VI 397, 399-428
Vatican, Palatin grec 364 : III 381
Venise, Marc. II 92 : XI 40
Venise, Marc. II 115 : VIII 192
Vienne, hist. gr. 31 : VIII 187, 191-193, 197-198, 210-213, 217, 223-225

II. Manuscrits latins.

Baden-Baden, Collège des Jésuites, ms. disparu : I 146-147
Berlin, Theol. Fol. 280 : I 144, 155, 161-162; II 218, 222-223, 250
Bruxelles 2146-54 : I 149
Bruxelles 8077-82 : I 144, 155, 161-185; II 218, 222

Cologne, Wallraf 168 : I 144, 155, 161-162; II 217, 222-242
Copenhague, Inc. Hafn. 2510 : I 156, 199-204

Dantzig, Mar. F 42 : I 144

Florence, Laurent. Palat. 143 : I 143; II 219

Haarlem 89 : I 147, 155, 185-199, 206-212

Klosterneuburg 411 : I 144, 164

La Valette (Malte) : I 143; II 219, 233
Londres, Add.30972 : I 143, 155, 161-185; II 217, 222